中国教育统计年鉴

EDUCATIONAL STATISTICS YEARBOOK OF CHINA

2012

中华人民共和国
教育部发展规划司

DEPARTMENT OF DEVELOPMENT & PLANNING
MINISTRY OF EDUCATION
THE PEOPLE'S REPUBLIC OF CHINA

图书在版编目（CIP）数据

中国教育统计年鉴. 2012 / 中华人民共和国教育部发展规划司编. — 北京 ：人民教育出版社，2013.12
ISBN 978-7-107-27920-1

Ⅰ. ①中… Ⅱ. ①中… Ⅲ. ①教育统计—统计资料—中国—2012—年鉴 Ⅳ. ①G526.6-54

中国版本图书馆CIP数据核字(2014)第009737号

人民教育出版社 出版发行
网址：http://www.pep.com.cn
北京新华印刷有限公司印装　全国新华书店经销
2013年12月第1版　2014年1月第1次印刷
开本：787毫米×1 092毫米　1/16　印张：46
字数：970千字　印数：0 001~1 200册
定价：96.00元

《中国教育统计年鉴》编辑委员会名单

说　　明

《中国教育统计年鉴》（2012）是一本全面反映中华人民共和国教育事业发展情况的资料性年鉴，是由教育部发展规划司根据全国各省、自治区、直辖市教育委员会、教育厅填报的学校基层报表数字整理汇编而成的。教育部教育管理信息中心承担了数据的计算机处理汇总工作。

本年鉴包括以下部分：综合部分、高等教育、中等教育、初等教育、幼儿教育、特殊教育、全国各级各类学校的分布情况、办学条件、科学研究等。

本年鉴是各有关部门研究教育改革和发展的必备资料工具书，是教育界各机关、学校指导部门制定教育计划、指导教育改革必不可少的依据。

本年鉴所列资料，暂缺台湾省、香港特别行政区和澳门特别行政区的数字；凡未注明年份的均为2012年的数字。

Notes from the Compiler

The Educational Statistics Yearbook of China for 2012 is an informational yearbook com- prehensively reflecting the development of the educational undertaking of the People's Republic of China, and it was compiled by the Department of Development and Planning of Ministry of Education, based on the synthetic statistical returns relating to schools of various types and levels completed by the Educational Commissions (or the Bureaus of Education) of the provincial governments and the goverments of various autonomous regions and municipalities directly under the State Council All data were processed and calculated using Computers by the Educational Management Information Center of Ministry of Education.

The yearbook is composed of the following parts: summary tables, higher education, secondary education, primary education, pre-primary education, special education, geographical distribution of schools by type and level, Physical Facilities, Scientific Research Activities.

The yearbook is a requisite reference for all departments concerned with the study of educational reform and development, and provides indispensable factual information to the educational community (circles), the state organs, and all supervisory bodies of education (schools) engaged in curricular development and the guidance of educational reform.

The yearbook lacks the data of Taiwan Province. Hong Kong Special Administrative Region and Macao Special Administrative Region. Data in tables are for 2012, unless otherwise notified.

备　注

自2011年起，我部对教育事业统计报表进行了全面改革，贯彻实施了国家统计局首次颁布的《统计用城乡划分代码》。新的城乡划分标准，将原来的城市、县镇、农村的三个分类调整为三大类七小类，即城区（含主城区、城乡结合区）、镇区（含镇中心区、镇乡结合区、特殊区域）、乡村（含乡中心区、村庄）。

2012 年全国教育事业发展统计公报

教 育 部

2012 年，在党中央国务院坚强领导下，各级党委政府大力支持，全社会共同努力，教育优先发展战略地位进一步落实，教育系统奋发进取，我国教育改革稳步推进。全国各级各类教育蓬勃发展，教育公平进一步推进，入学机会继续扩大，资源配置更趋合理，教育质量逐步提高。学前教育规模保持较大幅度增长，毛入园率继续上升；义务教育办学条件进一步改善，均衡化程度有所提升；高中阶段教育规模略有减少，普及水平稳步提高；高等教育规模适度增长，重点正转向优化结构与提高质量。

学前教育

全国共有幼儿园 18.13 万所，比上年增加 1.45 万所，在园幼儿（包括附设班）3685.76 万人，比上年增加 261.32 万人。幼儿园园长和教师共 167.75 万人，比上年增加 18.15 万人。学前教育毛入园率达到 64.5%，比上年提高 2.2 个百分点。

义务教育

全国共有义务教育阶段学校 28.2 万所，比上年减少 1.36 万所。全国义务教育阶段共招生 3285.43 万人；在校生 14458.96 万人；九年义务教育巩固率 91.8%；专任教师 908.98 万人。

1. 小学

全国共有小学 22.86 万所，比上年减少 1.27 万所；招生 1714.66 万人，比上年减少 22.13 万人；在校生 9695.90 万人，比上年减少 230.47 万人；毕业生 1641.56 万人，比上年减少 21.25 万人。小学学龄儿童净入学率达到 99.85%；其中，男女童净入学率分别为 99.84% 和 99.86%，女童高于男童 0.02 个百分点。

小学教职工 553.85 万人，比上年减少 4.64 万人；专任教师 558.55 万人①，比上年减少 1.94 万人。小学专任教师学历合格率 99.81%，比上年提高 0.09 个百分点，小学生师比 17.36

---

① 注：因九年一贯制学校的教职工数计入初中阶段，十二年一贯制学校的教职工数计入高中阶段，而小学专任教师数包括小学、九年一贯制学校、十二年一贯制学校的专任教师数，故小学教职工数小于专任教师数。

:1，与上年的17.71:1有所改善。

普通小学校舍建筑面积59061.93万平方米，比上年增长2148.8万平方米。小学体育运动场（馆）面积达标学校比例47.29%，比上年提高2个百分点；体育器械配备达标学校比例48.17%，比上年提高3个百分点；音乐器械配备达标学校比例44.78%，比上年提高2个百分点；美术器械配备达标学校比例46.28%，比上年提高4个百分点；数学自然实验仪器达标学校比例50.75%，比上年提高3个百分点。

2. 初中

全国共有初中学校5.32万所（其中职业初中49所），比上年减少901所。招生1570.77万人，比上年减少63.96万人；在校生4763.06万人，比上年减少303.74万人；毕业生1660.78万人，比上年减少75.90万人。初中阶段毛入学率102.1%，比上年提升2.0个百分点。初中毕业生升学率88.4%，与上年基本持平。

初中教职工393.91万人，比上年减少0.51万人；专任教师350.44万人，比上年减少2.02万人。初中专任教师学历合格率99.12%，比上年提高0.21个百分点。生师比13.59:1，比上年的14.38:1有所降低。

初中校舍建筑面积47582.06万平方米，比上年增长2035.8万平方米。初中体育运动场（馆）面积达标学校比例67.40%，比上年提高5个百分点；体育器械配备达标学校比例69.08%，比上年提高5个百分点；音乐器械配备达标学校比例64.56%，比上年提高4个百分点；美术器械配备达标学校比例65.79%，比上年提高6个百分点；理科实验仪器达标学校比例75.05%，比上年提高4个百分点。

3. 进城务工人员随迁子女和农村留守儿童

全国义务教育阶段在校生中进城务工人员随迁子女共1393.87万人。其中，在小学就读1035.54万人，在初中就读358.33万人。

全国义务教育阶段在校生中农村留守儿童共2271.07万人。其中，在小学就读1517.88万人，在初中就读753.19万人。

特殊教育

全国共有特殊教育学校1853所，比上年增加86所；特殊教育学校共有专任教师4.37万人。全国共招收特殊教育学生6.57万人，比上年增加1613人；在校生37.88万人，比上年减少2.00万人。其中，视力残疾学生4.09万人，听力残疾学生10.11万人，智力残疾学生18.67万人，其他残疾学生5.01万人。普通小学、初中随班就读和附设特教班招收的学生3.50万人，在校生19.98万人，分别占特殊教育招生总数和在校生总数的53.30%和52.74%。特殊教育毕业生4.86万人，比上年增加0.44万人。

高中阶段教育

全国高中阶段教育（包括普通高中、成人高中、中等职业学校）共有学校26868所，比上年减少770所；招生1598.74万人，比上年减少65.90万人；在校学生4595.28万人，比上年减少91.33万人。高中阶段毛入学率85.0%，比上年提高1.0个百分点。

1. 普通高中

全国普通高中13509所，比上年减少179所；招生844.61万人，比上年减少6.17万人，降低0.73%；在校生2467.17万人，比上年增加12.35万人，增长0.50%；毕业生791.50万人，比上年增加3.76万人，增长0.48%。

普通高中教职工246.26万人，比上年增加3.52万人；专任教师159.50万人，比上年增加3.82万人，生师比15.47∶1，比上年的15.77∶1有所改善；专任教师学历合格率96.44%，比上年提高0.71个百分点。

普通高中共有校舍建筑面积42246.65万平方米，比上年增长1419.36万平方米。普通高中体育运动场（馆）面积达标学校比例83.01%，比上年提高6个百分点；体育器械配备达标学校比例83.39%，比上年提高3个百分点；音乐器械配备达标学校比例80.63%，比上年提高3个百分点；美术器械配备达标学校比例81.88%，比上年提高4个百分点；理科实验仪器达标学校比例85.81%，比上年提高4个百分点；建立校园网学校比例80.29%，比上年提高3个百分点。

2. 成人高中

全国成人高中696所，比上年减少161所；在校生14.42万人，比上年减少12.03万人；毕业生11.63万人，比上年减少10.57万人。成人高中教职工0.73万人，比上年增加201人；专任教师0.58万人，比上年增加20人。

3. 中等职业教育

全国中等职业教育（包括普通中等专业学校、职业高中、技工学校和成人中等专业学校）共有学校12663所，比上年减少430所。其中，普通中等专业学校3681所，比上年减少72所；职业高中4517所，比上年减少285所；技工学校2901所，比上年减少23所；成人中等专业学校1564所，比上年减少50所。

中等职业教育招生754.13万人，比上年减少59.73万人，占高中阶段教育招生总数的47.17%。其中，普通中专招生277.36万人，比上年减少22.21万人；职业高中招生213.90万人，比上年减少32.52万人；技工学校招生157.06万人，比上年减少6.85万人；成人中专招生105.81万人，比上年增加1.85万人。

中等职业教育在校生2113.69万人，比上年减少91.64万人，占高中阶段教育在校生总数的46.00%。其中，普通中专在校生812.56万人，比上年减少42.65万人；职业高中在校生623.05万人，比上年减少57.93万人；技工学校在校生423.81万人，比上年减少6.62万人；成人中专在校生254.27万人，比上年增加15.55万人。

中等职业教育毕业生674.89万人，比上年增加14.55万人。其中，普通中专毕业生265.31万人，比上年减少4.92万人；职业高中毕业生217.44万人，比上年减少3610人；技工学校毕业生120.51万人，比上年增加1.29万人；成人中专毕业生71.63万人，比上年增加18.54万人。

中等职业教育学校共有教职工118.94万人，比上年减少2.18万人。其中，普通中等专业学校教职工43.06万人，比上年减少4394人；职业高中教职工39.43万人，比上年减少1.24万人；技工学校教职工26.81万人，比上年减少0.20万人；成人中等专业学校教职工7.75万人，比上年减少0.38万人。

中等职业教育学校共有专任教师88.10万人，比上年减少976人，生师比24.19∶1，比上年的25.01∶1有所改善。其中，普通中等专业学校专任教师30.56万人，比上年增加1700人；职业高中专任教师31.17万人，比上年减少3729人；技工学校专任教师19.69万人，比上年增加0.43万人；成人中等专业学校专任教师5.42万人，比上年减少985人。

高等教育

全国各类高等教育总规模达到3325万人，高等教育毛入学率达到30%。全国共有普通高等学校和成人高等学校2790所，比上年增加28所。其中，普通高等学校2442所（含独立学院303所），比上年增加33所；成人高等学校348所，比上年减少5所。普通高校中本科院校1145所，比上年增加16所；高职（专科）院校1297所，比上年增加17所。全国共有培养研究生单位811个，其中高等学校534个，科研机构277个。

研究生招生58.97万人，比上年增加2.95万人，增长5.27%，其中，博士生招生6.84万人，硕士生招生52.13万人。在学研究生171.98万人，比上年增加7.40万人，增长4.50%，其中，在学博士生28.38万人，在学硕士生143.60万人。毕业研究生48.65万人，比上年增加5.65万人，增长13.13%，其中，毕业博士生5.17万人，毕业硕士生43.47万人。

普通高等教育本专科共招生688.83万人，比上年增加7.33万人，增长1.08%；在校生2391.32万人，比上年增加82.81万人，增长3.59%；毕业生624.73万人，比上年增加16.58万人，增长2.73%。

成人高等教育本专科共招生243.96万人，比上年增加25.44万人；在校生583.11万人，比上年增加35.62万人；毕业生195.44万人，比上年增加4.77万人。

全国高等教育自学考试学历教育报考853.90万人次，取得毕业证书73.12万人；非学历教育报考871.1万人次。

普通高等学校本科、高职（专科）全日制在校生平均规模9675人，其中，本科学校13999人，高职（专科）学校5858人。

普通高等学校教职工225.44万人，比上年增加4.96万人；专任教师144.03万人，比上年增加4.76万人。普通高校生师比为17.52∶1。成人高等学校教职工6.56万人，比上年减少0.34万人；专任教师3.94万人，比上年减少0.15万人。

普通高等学校校舍总建筑面积81060.42万平方米（含非产权独立使用），比上年增加2984.28万平方米；教学科研仪器设备总值2935.37亿元（含非产权独立使用），比上年增加380.68亿元。

成人培训与扫盲教育

全国接受各种非学历高等教育的学生 394.84 万人次，当年已结业 778.53 万人次；接受各种非学历中等教育的学生达 4969.81 万人次，当年已结业 5537.04 万人次。

全国职业技术培训机构 12.38 万所，比上年减少 0.58 万所；教职工 50.66 万人；专任教师 28.22 万人。

全国有成人小学 2.7 万所，在校生 164.3 万人，教职工 5.7 万人，其中专任教师 3.0 万人；成人初中 1578 所，在校生 63.1 万人，教职工 0.9 万人，其中专任教师 0.8 万人。

全国共扫除文盲 58.57 万人，比上年减少 23.24 万人；另有 68.90 万人正在参加扫盲学习，比上年减少 5.98 万人。扫盲教育教职工 3.83 万人，比上年减少 1.13 万人；专任教师 1.78 万人，比上年减少 0.54 万人。

民办教育

全国共有各级各类民办学校（教育机构）13.99 万所，比上年增加 0.91 万所；招生 1454.03 万人，比上年增加 53.16 万人；各类教育在校生达 3911.02 万人，比上年增加 197.12 万人。其中：

民办幼儿园 12.46 万所，比上年增加 9234 所；入园儿童 865.62 万人，比上年增加 52.23 万人；在园儿童 1852.74 万人，比上年增加 158.54 万人。

民办普通小学 5213 所，比上年减少 27 所；招生 104.44 万人，比上年增加 3.61 万人；在校生 597.85 万人，比上年增加 30.03 万人。

民办普通初中 4333 所，比上年增加 51 所；招生 157.81 万人，比上年增加 4.16 万人；在校生 451.41 万人，比上年增加 8.85 万人。

民办普通高中 2371 所，比上年减少 23 所；招生 82.13 万人，比上年减少 1.41 万人；在校生 234.96 万人，与上年基本持平。

民办中等职业学校 2649 所，比上年减少 207 所；招生 83.75 万人。比上年减少 11.99 万人；在校生 240.88 万人，比上年减少 28.37 万人。另有非学历中等职业教育学生 34.82 万人。

民办高校 707 所（含独立学院 303 所），比上年增加 9 所；招生 160.28 万人，比上年增加 6.55 万人；在校生 533.18 万人，比上年增加 28.11 万人。其中，硕士研究生在校生 155 人，本科在校生 341.23 万人，专科在校生 191.94 万人；另有自考助学班学生、预科生、进修及培训学生 22.04 万人。民办的非学历高等教育机构 823 所，各类注册学生 82.82 万人。

另外，还有其他民办培训机构 20155 所，860.64 万人次接受了培训。

目　　录

第一部分　教育事业发展

一、综合部分

二、高等教育

三、中等教育

（一）高中阶段教育

(二)初中阶段教育

四、初等教育(小学)

五、工读学校

六、特殊教育

七、幼儿教育

八、各级各类学校分布情况

第二部分　办学条件

一、教育经费

二、教育基本建设投资

第三部分　科学研究活动及其他

一、自然科学与技术

二、社会科学

附表：

CONTENTS

Part Ⅰ

THE DEVELOPMENT OF THE EDUCTIONAL UNDERTAKING

Summary Tables

Higher Education

Secondary Education

Senior Secondary Education

Junior Secondary Education

Primary Education (Primary Schools)

Correctional Work-Study Schools

Special Education

Pre-Primary Education

Geographical Distribution of Schools by Type and Level

Part Ⅱ

PHYSICAL FACILITIES

Public Expenditure on Education

Capital Construction Investment in the Educational Sector

Part Ⅲ

SCIENTIFIC RESEARCH ACTIVITES & OTHER

Natural Science and Technology

Social Science

Appendixes

第一部分
Part I

教育事业发展
THE DEVELOPMENT OF THE EDUCATIONAL UNDERTAKING

一、综合部分
Summary Tables

各级各类学校校数、教职工、专任教师情况

Number of Schools, Educational Personnel and Full-time Teachers by Type and Level

	学校数(所) Schools	教职工数(人) Educational Personnel	专任教师(人) Full-time Teachers
一、高等教育 Higher Education			
(一)研究生培养机构(不计校数) Institutions Providing Postgraduate Programs	(811)		
1. 普通高校 Regular HEIs	(534)		
2. 科研机构 Research Institutes	(277)		
(二)普通高等学校 Regular HEIs	2442	2254372	1440292
1. 本科院校 HEIs Offering Degree Programs	1145	1627642	1013957
其中:独立学院 of Which:Independent Institutions	303	189194	139657
2. 高职(专科)院校 Higher Vocational Colleges	1297	622425	423381
3. 其他机构(点)(不计校数) Other Institutions	(36)	4305	2954
(三)成人高等学校 Adult HEIs	348	65612	39393
(四)民办的其他高等教育机构 Other Non-government HEIs	(823)	31941	14868
二、中等教育 Secondary Education	81662	7607943	5993789
(一)高中阶段教育 Senior Secondary Education	26868	3659356	2481798
1. 高中 Senior Secondary Schools	14205	2469918	1600836
普通高中 Regular Senior Secondary Schools	13509	2462575	1595035
完全中学 Combined Secondary Schools	6108	1089877	525142
高级中学 Regular High Schools	6547	1214827	1030190
十二年一贯制学校 12-year Schools	854	157871	39703
成人高中 Adult High Schools	696	7343	5801
2. 中等职业教育 Secondary Vocational Education	12663	1189438	880962
普通中专 Regular Specialized Secondary Schools	3681	430636	305564
成人中专 Adult Specialized Secondary Schools	1564	77482	54207
职业高中 Vocational High Schools	4517	394292	311743
技工学校 Skilled Workers Schools	2901	268106	196891
其他机构(教学点)(不计校数) Other Institutions	(509)	18922	12557
(二)初中阶段教育 Junior Secondary Education	54794	3948587	3511991
1. 初中 Junior Secondary Schools	53216	3939088	3504363
初级中学 Regular Junior Secondary Schools	39592	2943720	2618519
九年一贯制学校 9-year Schools	13575	993711	431814
十二年一贯制学校 12-year Schools			39938
完全中学 Combined Secondary Schools			412566
职业初中 Vocational Junior Secondary Schools	49	1657	1526
2. 成人初中 Adult Junior Secondary Schools	1578	9499	7628
三、初等教育 Primary Education	255400	5595781	5615781
(一)普通小学 Regular Primary Schools	228585	5538481	5585476
小学 Primary Schools	228585	5538481	5121626
九年一贯制学校 9-year Schools			427841
十二年一贯制学校 12-year Schools			36009
(二)成人小学 Adult Primary Schools	26815	57300	30305
其中:扫盲班 of Which: Literacy Classes	18092	38265	17801
四、工读学校 Correctional Work-Study Schools	79	2706	1756
五、特殊教育 Special Education Schools	1853	53615	43697
六、学前教育 Pre-school Education Institutions	181251	2489972	1479237

注:1. 完全中学的学校数和教职工数计入高中阶段教育,九年一贯制学校的校数和教职工数计入初中阶段教育,十二年一贯制学校的校数和教职工数计入高中阶段教育。专任教师是按照教育层次划分归类。

2. “( )”内数据为不计校数。

Note: 1. The numbers of complete secondary schools and their educational personnel are calculated into the number of senior secondary education, the numbers of Combined Primary and Lower Secondary Schools and their educational personnel are calculated into the junior secondary education, and the numbers of the Combined Primary and Secondary Schools and their educational personnel are calculated into senior secondary education. The fulltime teachers are classified by educational level.

2. The data within “( )” are not calculated as the number of schools.

各级各类学历教育学生情况

Number of Students of Formal Education by Type and Level

单位：人

unit:person

	毕业生数 Graduates	招生数 Entrants	在校生数 Enrolment
一、高等教育 Higher Education			
（一）研究生 Postgraduates	486455	589673	1719818
博　士 Doctor's Degree	51713	68370	283810
硕　士 Master's Degree	434742	521303	1436008
（二）普通本专科 Undergraduates in Regular HEIs	6247338	6888336	23913155
本　科 Normal Courses	3038473	3740574	14270888
专　科 Short-cycle Courses	3208865	3147762	9642267
（三）成人本专科 Undergraduates in Adult HEIs	1954357	2439551	5831123
本　科 Normal Courses	801015	984817	2475495
专　科 Short-cycle Courses	1153342	1454734	3355628
（四）其他各类高等学历教育 Students Enrolled in Other Formal Programs			
1. 在职人员攻读硕士学位 Master's Degree Programs for On-the-job Personnel		140629	489857
2. 网络本专科生 Web-based Undergraduates	1360870	1964468	5704112
本　科 Normal Courses	477949	696698	2002698
专　科 Short-cycle Courses	882921	1267770	3701414
二、中等教育 Secondary Education	32020579	31695120	94214196
（一）高中阶段教育 Senior Secondary Education	14780256	15987420	45952782
1. 高中 Senior Secondary Schools	8031310	8446071	24815911
普通高中 Regular Senior Secondary Schools	7915046	8446071	24671712
完全中学 Combined Secondary Schools	2613879	2878240	8278864
高级中学 Regular High Schools	5119686	5348540	15788100
十二年一贯制学校 12-year Schools	181481	219291	604748
成人高中 Adult High Schools	116264		144199
2. 中等职业教育 Secondary Vocational Education	6748946	7541349	21136871
普通中专 Regular Specialized Secondary Schools	2653135	2773643	8125608
成人中专 Adult Specialized Secondary Schools	716307	1058110	2542747
职业高中 Vocational High Schools	2174398	2139032	6230465
技工学校 Skilled Workers Schools	1205106	1570564	4238051
（二）初中阶段教育 Junior Secondary Education	17240323	15707700	48261414
1. 初中 Junior Secondary Schools	16607751	15707700	47630607
初级中学 Regular Junior Secondary Schools	12382897	11484894	35032212
九年一贯制学校 9-year Schools	1801127	1822554	5402756
十二年一贯制学校 12-year Schools	197499	218920	633749
完全中学 Combined Secondary Schools	2216885	2176027	6543086
职业初中 Vocational Junior Secondary Schools	9343	5305	18804
2. 成人初中 Adult Junior Secondary Schools	632572		630807
三、初等教育 Primary Education	18007271	17146640	98602286
（一）普通小学 Regular Primary Schools	16415565	17146640	96958985
小学 Primary Schools	14902844	15697392	88527616
九年一贯制学校 9-year Schools	1398080	1342630	7778434
十二年一贯制学校 12-year Schools	114641	106618	652935
（二）成人小学 Adult Primary Schools	1591706		1643301
其中：扫盲班 of Which: Literacy Classes	585749		689067
四、工读学校 Correctional Work-Study Schools	3653	4547	10640
五、特殊教育 Special Education Schools	48590	65699	378751
六、学前教育 Pre-school Education Institutions	14335717	19119154	36857624

注：1. 完全中学、九年一贯制学校和十二年一贯制学校的学生数按教育层次分别计入对应教育阶段的学生数中。

2. 特殊教育学生数中包括普通中小学随班就读的学生。

Note: 1. Number of the students in Combined Secondary Schools, 9-year Schools, 12-year Schools are classified by educational level.

2. Number of the Students Followed in the Regular Primary and Middle School in the Special Education.

各级各类非学历教育学生情况

Number of Students of Non-formal Education by Type and Level

单位：人
unit:person

	结业生数 Completers	注册学生数 Enrolment
总　计 Total	**63155796**	**53646475**
一、高等教育 Higher Education	7785349	3948377
（一）研究生课程进修班 Postgraduate Courses	50284	73796
（二）自考助学班 Classes run by Non-government HEIs for Students Preparing for Self-directed State-administered Examinations	184933	397381
（三）普通预科生 College-preparatory Classes		37668
（四）进修及培训 In-service Training	7550132	3439532
其中：资格证书培训 of Which:For Certificates of Vocational Qualifications	2250573	1063044
岗位证书培训 For Certificates of Job-related Qualifications	2159604	696245
二、中等职业教育 Secondary Vocational Education	55370447	49698098
其中：资格证书培训 of Which:For Certificates of Vocational Qualifications	8630967	7577578
岗位证书培训 For Certificates of Job-related Qualifications	12272059	10500068
（一）中等职业学校 Secondary Vocational Schools	7136842	4024560
其中：资格证书培训 of Which:For Certificates of Vocational Qualifications	2683490	1769758
岗位证书培训 For Certificates of Job-related Qualifications	2088129	1094172
（二）职业技术培训机构 Other Vocational-technical Training Institutions	48233605	45673538
其中：资格证书培训 of Which:For Certificates of Vocational Qualifications	5947477	5807820
岗位证书培训 For Certificates of Job-related Qualifications	10183930	9405896

各级各类民办教育基本情况

Number of Non-government Schools by Type and Level

单位：人
unit:person

	学校数（所）Schools	毕业生数 Graduates	招生数 Entrants	在校生数 Enrolment	教职工数 Educational Personnel	专任教师 Full-time Teachers	另有其他学生数 Other Students
一、民办高等教育 Non-government Higher Education							
（一）民办高校 Non-government HEIs	707	1305701	1602828	5331770	387458	267180	220351
硕　士 Master's Degree			155	155			
本科学生 Normal Courses		662629	945174	3412257			
专科学生 Short-cycle Courses		643072	657499	1919358			
其中：独立学院 of Which:Independent Institutions	303	585260	756927	2783983	189194	139657	34080
本科学生 Normal Courses		526880	702972	2621493			
专科学生 Short-cycle Courses		58380	53955	162490			
（二）民办其他高等教育机构 Other Non-government HEIs	（823）				31941	14868	828241
二、民办中等教育 Non-government Secondary Education							
（一）高中阶段教育 Senior Secondary Education	5020	1619990	1658849	4758375	456322	322168	
1. 民办普通高中 Regular Senior Secondary Schools	2371	734095	821302	2349575	321834	234048	
2. 民办中等职业教育 Secondary Vocational Education	2649	885895	837547	2408800	134488	88120	348246
（二）初中阶段教育 Junior Secondary Education	4333	1341982	1578051	4514091	314600	237902	
1. 民办普通初中 Regular Junior Secondary Schools	4333	1341982	1578051	4514091	314600	237902	
2. 民办职业初中 Vocational Junior High Schools							
三、民办普通小学 Non-government Regular Primary Schools	5213	968714	1044393	5978535	196875	143115	
四、民办幼儿园 Non-government Pre-school Education	124638	5900634	8656223	18527444	1633779	913395	
另有：民办培训机构（不计校数）Other Vocational-technical Training Institutions	（20155）				246257	141517	8606443

注：1. “另有其他学生数”包括：自考助学班学生、预科生、进修及培训学生数。
2. 民办普通高中的教职工数和专任教师数中包含民办普通初中的教职工数和专任教师数。
3. 民办中等职业教育数据中未含技工学校数据。
4. “（）”内数据为不计校数。

Note: 1. Number of the other Students Followed in the Classes runby Non-government HEIs for Students Preparing for State-administered Examinatims for Self-directed Leamers, College-preparatory Classes, In-service Traning.
2. Data on Educational Personnel in Non-government Regular Junior High Schools are included in the data of Non-government General Upper Secondary Education Schools.
3. Data on non-government secondary vocational education does not include those of skilled workers schools.
4. The numbers within “（）” are not included.

各级各类学校女学生数

Number of Female Students of Schools by Type and Level

单位：人

unit：person

	总计 Total	男 Male	女学生 Female Students	
			人数 Number	占学生总数的比重（%）Percentage
一、高等教育 Higher Education				
（一）研究生 Postgraduates	1719818	877401	842417	48.98
博　士 Doctor's Degree	283810	180374	103436	36.45
硕　士 Master's Degree	1436008	697027	738981	51.46
（二）普通本专科 Undergraduate in Regular HEIs	23913155	11632665	12280490	51.35
本　科 Normal Courses	14270888	6988925	7281963	51.03
专　科 Short – cycle Courses	9642267	4643740	4998527	51.84
（三）成人本专科 Undergraduate in Adult HEIs	5831123	2661724	3169399	54.35
本　科 Normal Courses	2475495	1100397	1375098	55.55
专　科 Short – cycle Courses	3355628	1561327	1794301	53.47
（四）其他各类高等学历教育 Students Enrolled in Other Formal Programs				
1. 在职人员攻读硕士学位 Master's Degree Programs for on-the-job personnel	489857	319851	170006	34.71
2. 网络本专科生 Web-based Undergraduates	5704112	2881785	2822327	49.48
本　科 Normal Courses	2002698	950780	1051918	52.53
专　科 Short-cycle Courses	3701414	1931005	1770409	47.83
二、中等教育 Secondary Education	94214196	49602753	44611443	47.35
（一）高中阶段教育 Senior Secondary Education	45952782	24067685	21885097	47.63
1. 高中 Senior Secondary Schools	24815911	12556312	12259599	49.40
普通高中 Regular Senior Secondary Schools	24671712	12481477	12190235	49.41
完全中学 Combined Secondary Schools	8278864	4202943	4075921	49.23
高级中学 Regular High Schools	15788100	7945340	7842760	49.68
十二年一贯制学校 12-year Schools	604748	333194	271554	44.90
成人高中 Adult High Schools	144199	74835	69364	48.10
2. 中等职业教育 Secondary Vocational Education	21136871	11511373	9625498	45.54
普通中专 Regular Specialized Secondary Schools	8125608	3766185	4359423	53.65
成人中专 Adult Specialized Secondary Schools	2542747	1398017	1144730	45.02
职业高中 Vocational High Schools	6230465	3322652	2907813	46.67
技工学校 Skilled Workers Schools	4238051	3024519	1213532	28.63
（二）初中阶段教育 Junior Secondary Education	48261414	25535068	22726346	47.09
1. 初中 Junior Secondary Schools	47630607	25200142	22430465	47.09
初级中学 Regular Junior Secondary Schools	35032212	18392989	16639223	47.50
九年一贯制学校 9-year Schools	5402756	2941886	2460870	45.55
十二年一贯制学校 12-year Schools	633749	375152	258597	40.80
完全中学 Combined Secondary Schools	6543086	3480524	3062562	46.81
职业初中 Vocational Junior Secondary Schools	18804	9591	9213	48.99
2. 成人初中 Adult Junior Secondary Schools	630807	334926	295881	46.91
三、初等教育 Primary Education	98602286	52884600	45717686	46.37
（一）普通小学 Regular Primary Schools	96958985	52104568	44854417	46.26
小学 Primary Schools	88527616	47436194	41091422	46.42
九年一贯制学校 9-year Schools	7778434	4281088	3497346	44.96
十二年一贯制学校 12-year Schools	652935	387286	265649	40.69
（二）成人小学 Adult Primary Schools	1643301	780032	863269	52.53
其中：扫盲班 of Which：Literacy Classes	689067	324015	365052	52.98
四、工读学校 Correctional Work-Study Schools	10640	9138	1502	14.12
五、特殊教育 Special Education Schools	378751	244761	133990	35.38
六、学前教育 Pre-school Education Institutions	36857624	19786322	17071302	46.32

各级各类学校女教师、女教职工数

Number of Female Educational Personnel and Full-time Teachers of Schools by Type and Level

单位：人

unit：person

	教职工 Educational Personnel	其中：女教职工 of Which Female Educational Personnel		专任教师 Full-time Teachers	其中：女专任教师 of Which Female Full-time Teachers	
		人数 Number	占教职工总数的比重（%） Percentage		人数 Number	占专任教师总数的比重（%） Percentage
一、高等教育 Higher Education						
（一）研究生培养机构（不计校数） Institutions Providing Postgraduate Programs						
1. 普通高校 Regular HEIs						
2. 科研机构 Research Institutes						
（二）普通高等学校 Regular HEIs	2254372	1039161	46.10	1440292	680918	47.28
1. 本科院校 HEIs Offering Degree Programs	1627642	735037	45.16	1013957	464832	45.84
其中：独立学院 of Which：Independent Institutions	189194	93695	49.52	139657	68779	49.25
2. 高职（专科）院校 Higher Vocational Colleges	622425	302022	48.52	423381	214601	50.69
3. 其他机构（点）（不计校数） Other Institutions	4305	2102	48.83	2954	1485	50.27
（三）成人高等学校 Adult HEIs	65612	31820	48.5	39393	20657	52.44
（四）民办的其他高等教育机构 Other Non-government HEIs	31941	16366	51.24	14868	7408	49.83
二、中等教育 Secondary Education	7607943	3722520	48.93	5993789		
（一）高中阶段教育 Senior Secondary Education	3659356	1769700	48.36	2481798		
1. 高中 Senior Secondary Schools	2469918	1226532	49.66	1600836	784961	49.03
普通高中 Regular Senior Secondary Schools	2462575	1223310	49.68	1595035	782301	49.05
完全中学 Combined Secondary Schools	1089877	550307	50.49	525142	252686	48.12
高级中学 Regular High Schools	1214827	579266	47.68	1030190	511242	49.63
十二年一贯制学校 12-year Schools	157871	93737	59.38	39703	18373	46.28
成人高中 Adult High Schools	7343	3222	43.88	5801	2660	45.85
2. 中等职业教育 Secondary Vocational Education	1189438	543168	45.74	880962		
普通中专 Regular Specialized Secondary Schools	430636	202737	47.08	305564	153668	50.29
成人中专 Adult Specialized Secondary Schools	77482	35445	45.75	54207	26823	49.48
职业高中 Vocational High Schools	394292	184996	46.92	311743	155131	49.76
技工学校 Skilled Workers Schools	268106	111560	41.92	196891		
其他机构（教学点）（不计校数） Other Institutions	18922	8430	44.55	12557	6131	48.83
（二）初中阶段教育 Junior Secondary Education	3948587	1952820	49.46	3511991	1787829	50.91
1. 初中 Junior Secondary Schools	3939088	1948971	49.48	3504363	1784590	50.92
初级中学 Regular Junior Secondary Schools	2943720	1406258	47.77	2618519	1311159	50.07
九年一贯制学校 9-year Schools	993711	541981	54.54	431814	213818	49.52
十二年一贯制学校 12-year Schools				39938	23535	58.93
完全中学 Combined Secondary Schools				412566	235371	57.05
职业初中 Vocational Junior Secondary Schools	1657	732	44.18	1526	707	46.33
2. 成人初中 Adult Junior Secondary Schools	9499	3849	40.52	7628	3239	42.46
三、初等教育 Primary Education	5595781	3196689	57.13	5615781	3341518	59.50
（一）普通小学 Regular Primary Schools	5538481	3172805	57.29	5585476	3328015	59.58
小学 Primary Schools	5538481	3172805	57.29	5121626	3025866	59.08
九年一贯制学校 9-year Schools				427841	274043	64.05
十二年一贯制学校 12-year Schools				36009	28106	78.05
（二）成人小学 Adult Primary Schools	57300	23884	41.68	30305	13503	44.56
其中：扫盲班 of Which：Literacy Classes	38265	15287	39.95	17801	7632	42.87
四、工读学校 Correctional Work-study Schools	2706	910	33.63	1756	685	39.01
五、特殊教育 Special Education Schools	53615	36428	67.94	43697	31624	72.37
六、学前教育 Pre-school Education Institutions	2489972	2280135	91.57	1479237	1449139	97.97

注：普通高中的教职工数中包含普通初中的教职工数。

Note：Data on Educational Personnel in Junior Secondary Education Schools are included in Regular Senior Secondary Education Schools.

各级各类学校少数民族学生数
Number of Minority Students of Schools by Type and Level

单位：人
unit:person

	总计 Total	少数民族学生 Minority Students	
		人数 Number	占学生总数的比重(%) Percentage
一、高等教育 Higher Education			
(一)研究生 Postgraduates	1719818	99441	5.78
博　士 Doctor's Degree	283810	14853	5.23
硕　士 Master's Degree	1436008	84588	5.89
(二)普通本专科 Undergraduate in Regular HEIs	23913155	1779591	7.44
本　科 Normal Courses	14270888	1122258	7.86
专　科 Short-cycle Courses	9642267	657333	6.82
(三)成人本专科 Undergraduate in Adult HEIs	5831123	454351	7.79
本　科 Normal Courses	2475495	199372	8.05
专　科 Short-cycle Courses	3355628	254979	7.60
(四)其他各类高等学历教育 Students Enrolled in Other Formal Programs			
1. 在职人员攻读硕士学位 Master's Degree Programs for On-the-job Personnel	489857		
2. 网络本专科生 Web-based Undergraduates	5704112	322733	5.66
本 科 Normal Courses	2002698	112746	5.63
专 科 Short-cycle Courses	3701414	209987	5.67
二、中等教育 Secondary Education			
(一)高中阶段教育 Senior Secondary Education			
1. 高中 Senior Secondary Schools			
普通高中 Regular Senior Secondary Schools	24671712	2009726	8.15
完全中学 Combined Secondary Schools	8278864	646343	7.81
高中级学 Regular High Schools	15788100	1334249	8.45
十二年一贯制学校 12-year Schools	604748	29134	4.82
成人高中 Adult High Schools	775006	51956	6.70
2. 中等职业教育 Secondary Vocational Education			
普通中专 Regular Specialized Secondary Schools	8125608	655116	8.06
成人中专 Adult Specialized Secondary Schools	2542747	211542	8.32
职业高中 Vocational High Schools	6230465	373288	5.99
技工学校 Skilled Workers Schools			
(二)初中阶段教育 Junior Secondary Education			
1. 初中 Junior Secondary Schools	47630607	4779265	10.03
初级中学 Regular Junior Secondary Schools	35032212	3581123	10.22
九年一贯制学校 9-year Schools	5402756	545925	10.10
十二年一贯制学校 12-year Schools	633749	29165	4.60
完全中学 Combined Secondary Schools	6543086	616647	9.42
职业初中 Vocational Junior Secondary Schools	18804	6405	34.06
2. 成人初中 Adult Junior Secondary Schools			
三、初等教育 Primary Education			
(一)普通小学 Regular Primary Schools	96958985	10375371	10.70
小学 Primary Schools	88527616	9541486	10.78
九年一贯制学校 9-year Schools	7778434	797888	10.26
十二年一贯制学校 12-year Schools	652935	35997	5.51
(二)成人小学 Adult Primary Schools	1643301	189293	11.52
其中:扫盲班 of Which: Literacy Classes			
四、工读学校 Correctional Work-Study Schools			
五、特殊教育 Special Education Schools	378751	27583	7.28
六、学前教育 Pre-school Education Institutions	36857624	2838231	7.70

注：成人高中数据包括成人初中数据。
Note: Data on Minority Students of Adult Junior Secondary Schools are included in the data of Adult High Schools.

各级各类学校少数民族教师、教职工数

Number of Minority Educational Personnel and Full-time Teachers of Schools by Type and Level

单位：人
unit：person

	教职工 Educational Personnel	少数民族教职工 Minority Educational Personnel		专任教师 Full-time Teachers	少数民族专任教师 Minority Full-time Teachers	
		人数 Number	占教职工总数的比重(%) Percentage		人数 Number	占专任教师总数的比重(%) Percentage
一、高等教育 Higher Education						
（一）研究生培养机构（不计校数） Institutions Providing Postgraduate Programs						
1. 普通高校 Regular HEIs						
2. 科研机构 Research Institutes						
（二）普通高等学校 Regular HEIs	2254372	115727	5.13	1440292	71568	4.97
1. 本科院校 HEIs Offering Degree Programs	1627642	86661	5.32	1013957	52499	5.18
其中：独立学院 of Which：Independent Institutions	189194	7195	3.80	139657	4836	3.46
2. 高职（专科）院校 Higher Vocational Colleges	622425	28800	4.63	423381	18931	4.47
3. 其他机构（点）（不计校数） Other Institutions	4305	266	6.18	2954	138	4.67
（三）成人高等学校 Adult HEIs	65612	4451	6.78	39393	2383	6.05
（四）民办的其他高等教育机构 Other Non-government HEIs	31941	368	1.15	14868	170	1.14
二、中等教育 Secondary Education						
（一）高中阶段教育 Senior Secondary Education						
1. 高中 Senior Secondary Schools	2479417	178917	7.22	1608464	115481	7.18
普通高中 Regular Senior Secondary Schools	2462575	177029	7.19	1595035	113975	7.15
完全中学 Combined Secondary Schools	1089877	83029	7.62	525142	37500	7.14
高级中学 Regular High Schools	1214827	86065	7.08	1030190	74272	7.21
十二年一贯制学校 12-year Schools	157871	7935	5.03	39703	2203	5.55
成人高中 Adult High Schools	16842	1888	11.21	13429	1506	11.21
2. 中等职业教育 Secondary Vocational Education						
普通中专 Regular Specialized Secondary Schools	430636	26560	6.17	305564	18686	6.12
成人中专 Adult Specialized Secondary Schools	77482	3959	5.11	54207	2956	5.45
职业高中 Vocational High Schools	394292	17599	4.46	311743	13300	4.27
技工学校 Skilled Workers Schools						
其他机构(教学点)(不计校数) Other Institutions	18922	454	2.40	12557	313	2.49
（二）初中阶段教育 Junior Secondary Education						
1. 初中 Junior Secondary Schools	3939088	352657	8.95	3504363	308210	8.80
初级中学 Regular Junior Secondary Schools	2943720	255032	8.66	2618519	228968	8.74
九年一贯制学校 9-year Schools	993711	97332	9.79	431814	41870	9.70
十二年一贯制学校 12-year Schools				39938	2125	5.32
完全中学 Combined Secondary Schools				412566	34983	8.48
职业初中 Vocational Junior Secondary Schools	1657	293	17.68	1526	264	17.30
2. 成人初中 Adult Junior Secondary Schools						
三、初等教育 Primary Education						
（一）普通小学 Regular Primary Schools	5538481	581951	10.51	5585476	585636	10.48
小学 Primary Schools	5538481	581951	10.51	5121626	538051	10.51
九年一贯制学校 9-year Schools				427841	45196	10.56
十二年一贯制学校 12-year Schools				36009	2389	6.63
（二）成人小学 Adult Primary Schools	57300	6684	11.66	30305	3175	10.48
其中：扫盲班 of Which：Literacy Classes						
四、工读学校 Correctional Work-Study Schools						
五、特殊教育 Special Education Schools	53615	3670	6.85	43697	3031	6.94
六、学前教育 Pre-school Education Institutions	2489972	133003	5.34	1479237	86113	5.82

注：1. 普通高中少数民族教职工数包括普通初中少数民族教职工数；
2. 成人高中少数民族教职工数和专任教师数包括成人初中少数民族教职工数和专任教师数。

Note：1. The number of Minority Educational Personnel employed by Regular Secondary Schools is included in that employed by Regular Senior Secondary Schools.
2. The number of Minority Educational Personnel and Full-time teachers employed by Adult Junior High Schools is included in that employed by Adult High Schools.

各级各类学校校数

Number of Schools by Type and Level

单位：所
unit：institution

	1949	1965	1978	1980	1985	2000	2005	2010	2011	2012
一、高等教育 Higher Education										
（一）研究生培养机构（不计校数） Institutions Providing Postgraduate Programs						738	766	797	755	811
1. 普通高校 Regular HEIs						415	450	481	481	534
2. 科研机构 Research Institutes						323	316	316	274	277
（二）普通高等学校 Regular HEIs	205	434	598	675	1016	1041	1792	2358	2409	2442
1. 本科院校 HEIs Offering Degree Programs						599	701	1112	1129	1145
2. 高职（专科）院校 Higher Vocational Colleges						442	1091	1246	309	1297
3. 其他机构（点）（不计校数） Other Institutions							428	56	47	36
（三）成人高等学校 Adult HEIs	1	964	10395	2775	1216	772	481	365	353	348
（四）民办的其他高等教育机构 Other Non-government HEIs							1077	836	830	823
二、中等教育 Secondary Education							96082	85063	83894	81662
（一）高中阶段教育 Senior Secondary Education							31532	28584	27722	26868
1. 高中 Senior Secondary Schools							17066	14712	14545	14205
普通高中 Regular Senior Secondary Schools	1597	4112	49215	31300	17318	14564	16092	14058	13688	13509
成人高中 Adult High Schools						1939	974	654	857	696
2. 中等职业教育 Secondary Vocational Education							14466	13872	13093	12663
普通中专 Regular Specialized Secondary Schools	1171	1265	2760	3069	3557	3646	3207	3938	3753	3681
成人中专 Adult Specialized Secondary Schools						4634	2582	1720	1614	1564
职业高中 Vocational High Schools						7655	5822	5206	4802	4517
技工学校 Skilled Workers Schools	3	281	2013	3305	3548	3792	2855	3008	2924	2901
其他机构（教学点）（不计校数） Other Institutions							2386	2012	642	509
（二）初中阶段教育 Junior Secondary Education							64550	56479	56172	54794
1. 普通初中 Regular Junior Secondary Schools	2448	13990	113130	87077	75903	62704	61885	54823	54063	53167
2. 职业初中 Vocational Junior Secondary Schools						1194	601	67	54	49
3. 成人初中 Adult Junior Secondary Schools						2001	2064	1589	2055	1578
三、初等教育 Primary Education							427697	290597	271804	255400
（一）普通小学 Regular Primary Schools	346769	1681939	949323	917316	832309	553622	366213	257410	241249	228585
（二）成人小学 Adult Primary Schools					100337	156839	61484	33187	30555	26815
其中：扫盲班 of Which：Literacy Classes					176076	104863	43572	22227	20179	18092
四、工读学校 Correctional Work-Study Schools					98	74	77	77	76	79
五、特殊教育 Special Education Schools		266	292	292	375	1539	1593	1706	1767	1853
六、学前教育 Pre-school Education Institutions		19226	163952	170419	172262	175836	124402	150420	166750	181251

各级各类学历教育学生数
Number of Students of Formal Education by Type and Level

单位：万人

unit：10 thousand persons

	1949	1965	1978	1980	1985	2000	2005	2010	2011	2012
一、高等教育 Higher Education										
（一）研究生（人） Postgraduates（person）	629	4546	10934	21604	87331	301239	978610	1538416	1645845	1719818
（二）普通本专科 Undergraduates in Regular HEIs	11.65	67.44	85.63	114.37	170.31	556.09	1561.78	2231.79	2308.51	2391.32
（三）成人本专科 Undergraduates in Adult HEIs	0.01	41.30	140.80	155.40	172.50	353.64	436.07	536.04	547.50	583.11
（四）其他各类高等学历教育 Students Enrolled in Other Formal Programs										
1. 在职人员攻读硕士学位 Master's Degree Programs for On-the-job Personnel							25.47	42.03	46.17	48.99
2. 网络本专科生 Web-based Undergraduates							265.27	453.14	492.48	570.41
二、中等教育 Secondary Education							10297.15	10019.66	9807.85	9421.42
（一）高中阶段教育 Senior Secondary Education							4030.94	4677.33	4686.61	4595.28
1. 高中 Senior Secondary Schools							2430.90	2438.83	2481.28	2481.59
普通高中 Regular Senior Secondary Schools	20.72	130.82	1553.08	969.79	741.13	1201.26	2409.09	2427.34	2454.82	2467.17
成人高中 Adult High Schools				75.12	138.98	32.40	21.81	11.50	26.45	14.42
2. 中等职业教育 Secondary Vocational Education							1600.04	2238.50	2205.33	2113.69
普通中专 Regular Specialized Secondary Schools	22.88	54.74	88.92	124.34	157.11	489.52	629.77	877.71	855.21	812.56
成人中专 Adult Specialized Secondary Schools	0.01	351.80	123.90	449.40		169.26	112.55	212.40	238.73	254.27
职业高中 Vocational High Schools		77.50		31.92	184.34	414.56	582.43	726.33	680.97	623.05
技工学校 Skilled Workers Schools	0.27	10.10	38.20	70.04	74.17	140.10	275.30	422.05	430.42	423.81
（二）初中阶段教育 Junior Secondary Education							6266.21	5342.33	5121.25	4826.14
1. 普通初中 Regular Junior Secondary Schools	83.18	802.97	4995.17	4538.29	3964.83	6167.65	6171.81	5275.91	5064.21	4761.18
2. 职业初中 Vocational Junior Secondary Schools		365.84		13.45	45.23	88.64	43.14	3.42	2.60	1.88
3. 成人初中 Adult Junior Secondary Schools				302.57	273.30	18.77	51.27	63.00	54.45	63.08
三、初等教育 Primary Education							11171.83	10135.36	10094.28	9860.23
（一）普通小学 Regular Primary Schools	2439.10	11620.90	14624.00	14627.00	13370.20	13013.25	10864.07	9940.70	9926.37	9695.90
（二）成人小学 Adult Primary Schools	1326.80	823.70	6467.20	1646.10	303.23	480.88	307.76	194.66	167.92	164.33
其中：扫盲班 of Which：Literacy Classes	1326.80		1806.70	1220.90	518.98	249.32	192.44	108.08	74.89	68.91
四、工读学校 Correctional Work-Study Schools					0.65	0.77	0.84	1.07	0.90	1.06
五、特殊教育 Special Education Schools		2.29	3.09	3.31	4.17	37.76	36.44	42.56	39.87	37.88
六、学前教育 Pre-school Education Institutions		171.30	787.70	1150.80	1479.70	2244.18	2179.03	2976.67	3424.45	3685.76

各级各类学历教育招生数

Number of Entrants of Formal Education by Type and Level

单位：万人

unit：10 thousand persons

	1949	1965	1978	1980	1985	2000	2005	2010	2011	2012
一、高等教育 Higher Education										
（一）研究生（人）Postgraduates（person）	242	1456	10708	3616	46871	128484	364831	538177	560168	589673
（二）普通本专科 Undergraduates in Regular HEIs	3.06	16.42	40.15	28.12	61.92	220.61	504.46	661.76	681.50	688.83
（三）成人本专科 Undergraduates in Adult HEIs					78.78	156.15	193.03	208.43	218.51	243.96
（四）其他各类高等学历教育 Other Formal Programs										
1. 在职人员攻读硕士学位 Master's Degree Programs for On-the-job Personnel							10.17	12.49	13.41	14.06
2. 网络本专科生 Web-based Undergraduates							89.10	166.37	187.15	196.45
二、中等教育 Secondary Education							3520.98	3423.24	3299.38	3169.51
（一）高中阶段教育 Senior Secondary Education							1533.39	1706.66	1664.65	1598.74
1. 高中 Senior Secondary Schools							877.73	836.24	850.78	844.61
普通高中 Regular Senior Secondary Schools	7.11	45.89	692.91	383.40	257.51	472.69	877.73	836.24	850.78	844.61
成人高中 Adult High Schools				50.05	107.61	30.47				
2. 中等职业教育 Secondary Vocational Education							655.66	870.42	813.87	754.13
普通中专 Regular Specialized Secondary Schools	9.74	20.85	44.70	46.76	66.83	132.59	241.13	316.61	299.57	277.36
成人中专 Adult Specialized Secondary Schools				152.22		53.39	47.95	116.11	103.96	105.81
职业高中 Vocational High Schools		55.67		24.06	98.49	150.39	248.21	278.67	246.43	213.90
技工学校 Skilled Workers Schools			25.70	33.13	35.54	50.38	118.37	159.02	163.90	157.06
（二）初中阶段教育 Junior Secondary Education							1987.58	1716.58	1634.73	1570.77
1. 普通初中 Regular Junior High Schools	34.12	299.89	2005.98	1550.91	1349.40	2263.30	1976.52	1715.49	1634.01	1570.24
2. 职业初中 Vocational Junior High Schools		250.81		6.66	17.61	32.27	11.06	1.09	0.72	0.53
3. 成人初中 Adult Junior High Schools				194.81	237.02	14.67				
三、初等教育 Primary Education							1671.74	1691.70	1736.80	1714.66
（一）普通小学 Regular Primary Schools	680.00	3296.02	3315.36	2942.34	2298.17	1946.47	1671.74	1691.70	1736.80	1714.66
（二）成人小学 Adult Primary Schools				248.29	194.95	452.52				
其中：扫盲班 of Which：Literacy Classes				720.48	326.14	210.61				
四、工读学校 Correctional Work-Study Schools					0.32	0.44	0.35	0.40	0.57	0.45
五、特殊教育 Special Education Schools			0.59	0.59	0.92	5.29	4.93	6.49	6.41	6.57
六、学前教育 Pre-school Education Institutions						1531.11	1356.24	1700.39	1827.31	1911.92

各级各类学校教职工数

Number of Educational Personnel of Schools by Type and Level

单位：万人

unit:10 thousand persons

	1949	1965	1978	1980	1985	2000	2005	2010	2011	2012
一、高等教育 Higher Education										
(一)研究生培养机构(不计校数) Institutions Providing Postgraduate Programs										
1. 普通高校 Regular HEIs										
2. 科研机构 Research Institutes										
(二)普通高等学校 Regular HEIs	4.60	33.30	51.80	63.20	87.06	111.28	174.21	215.66	220.48	225.44
1. 本科院校 HEIs Offering Degree Programs						92.69	119.78	154.80	158.57	162.76
2. 高职(专科)院校 Higher Vocational Colleges						17.50	44.00	60.32	61.47	62.24
3. 其他机构(点)(不计校数) Other Institutions						1.08	10.43	0.54	0.44	0.43
(三)成人高等学校 Adult HEIs				6.45	14.34	18.70	14.89	7.71	6.90	6.56
(四)民办的其他高等教育机构 Other Non-government HEIs							4.81	3.81	3.48	3.19
二、中等教育 Secondary Education							685.77	709.63	759.89	760.79
(一)高中阶段教育 Senior Secondary Education							682.48	708.68	364.57	365.93
1. 高中 Senior Secondary Schools							573.16	586.39	243.45	246.99
普通高中 Regular Senior Secondary Schools	10.40	67.70	391.70	389.70	355.69	491.10	572.02	585.93	242.74	246.26
成人高中 Adult High Schools					5.65	2.17	1.13	0.47	0.71	0.73
2. 中等职业教育 Secondary Vocational Education							109.32	122.29	121.12	118.94
普通中专 Regular Specialized Secondary Schools	2.40	12.20	23.70	29.80	40.32	48.81	33.48	43.50	43.50	43.06
成人中专 Adult Specialized Secondary Schools				3.19		20.84	12.13	8.53	8.13	7.75
职业高中 Vocational High Schools		30.60		4.10	21.59	44.69	38.93	40.32	40.67	39.43
技工学校 Skilled Workers Schools			6.66	13.61	21.53	23.96	20.40	26.63	26.61	26.81
其他机构(教学点)(不计校数) Other Institutions							4.38	3.30	2.20	1.89
(二)初中阶段教育 Junior Secondary Education							3.29	0.94	395.32	394.86
1. 普通初中 Regular Junior Secondary Schools									394.25	393.74
2. 职业初中 Vocational Junior Secondary Schools							2.40	0.22	0.17	0.17
3. 成人初中 Adult Junior Secondary Schools					7.29	0.79	0.89	0.73	0.90	0.95
三、初等教育 Primary Education							624.82	617.56	565.04	559.58
(一)普通小学 Regular Primary Schools	84.90	407.50	562.00	605.40	602.10	645.49	613.22	610.98	558.49	553.85
(二)成人小学 Adult Primary Schools				2.02		16.24	11.61	6.58	6.55	5.73
其中:扫盲班 of Which: Literacy Classes				7.40		11.01	8.94	5.04	4.95	3.83
四、工读学校 Correctional Work-Study Schools					0.32	0.27	0.26	0.26	0.26	0.27
五、特殊教育 Special Education Schools		0.37	0.69	0.80	1.15	4.37	4.23	4.92	5.12	5.36
六、学前教育 Pre-school Education Institutions		16.20	46.90	61.00	79.80	114.43	115.20	184.93	220.44	249.00

各级各类学校专任教师数

Number of Full-time Teachers of Schools by Type and Level

单位：万人

unit:10 thousand persons

	1949	1965	1978	1980	1985	2000	2005	2010	2011	2012
一、高等教育 Higher Education										
（一）研究生培养机构（不计校数） Institutions Providing Postgraduate Programs										
1. 普通高校 Regular HEIs										
2. 科研机构 Research Institutes										
（二）普通高等学校 Regular HEIs	1.61	13.81	20.63	24.69	34.43	46.28	96.58	134.31	139.27	144.03
1. 本科院校 HEIs Offering Degree Programs						37.08	63.00	93.55	97.69	101.40
2. 高职（专科）院校 Higher Vocational Colleges						8.66	26.79	40.41	41.26	42.34
3. 其他机构（点）（不计校数） Other Institutions						0.53	6.80	0.35	0.31	0.30
（三）成人高等学校 Adult HEIs				3.32	6.93	9.34	8.43	4.59	4.09	3.94
（四）民办的其他高等教育机构 Other Non-government HEIs							2.25	1.78	1.61	1.49
二、中等教育 Secondary Education							555.36	592.30	597.60	599.38
（一）高中阶段教育 Senior Secondary Education							205.64	239.32	244.46	248.18
1. 高中 Senior Secondary Schools							130.66	152.17	156.26	160.08
普通高中 Regular Senior Secondary Schools	1.40	7.79	74.13	57.07	49.17	75.69	129.95	151.82	155.68	159.50
成人高中 Adult High Schools					3.23	1.35	0.71	0.35	0.58	0.58
2. 中等职业教育 Secondary Vocational Education							74.98	87.15	88.20	88.10
普通中专 Regular Specialized Secondary Schools	1.56	5.51	9.96	12.87	17.40	25.64	20.30	29.50	30.39	30.56
成人中专 Adult Specialized Secondary Schools				1.78		11.83	7.50	5.70	5.52	5.42
职业高中 Vocational High Schools		5.29		1.65	11.58	28.18	28.25	30.70	31.55	31.17
技工学校 Skilled Workers Schools			2.80	6.14	8.89	14.00	16.11	19.05	19.26	19.69
其他机构（教学点）（不计校数） Other Institutions							2.82	2.20	1.48	1.26
（二）初中阶段教育 Junior Secondary Education							349.72	352.97	353.15	351.20
1. 普通初中 Regular Junior Secondary Schools	5.26	37.92	244.07	244.90	215.99	324.86	347.18	352.34	352.30	350.28
2. 职业初中 Vocational Junior Secondary Schools		14.42		0.67	2.49	3.83	2.02	0.20	0.15	0.15
3. 成人初中 Adult Junior Secondary Schools					5.00	0.43	0.51	0.44	0.70	0.76
三、初等教育 Primary Education							563.71	564.58	563.86	561.58
（一）普通小学 Regular Primary Schools	83.60	385.71	522.55	549.94	537.68	586.03	559.25	561.71	560.49	558.55
（二）成人小学 Adult Primary Schools				1.65	2.87	4.76	4.47	2.87	3.37	3.03
其中：扫盲班 of Which: Literacy Classes				4.83	4.26	2.93	3.17	1.95	2.32	1.78
四、工读学校 Correctional Work-Study Schools					0.13	0.15	0.17	0.17	0.18	0.18
五、特殊教育 Special Education Schools		0.26	0.42	0.48	0.73	3.20	3.19	3.97	4.13	4.37
六、学前教育 Pre-school Education Institutions		6.18	27.75	41.07	54.99	85.65	72.16	114.42	131.56	147.92

高中阶段学生数的构成

Composition of Students in Senior Secondary Education

	合计 Total	普通高中 Regular Senior Secondary Schools	成人高中 Adult High Schools	中等职业教育 Secondary Vocational Education				
				小计 Subtotal	中等专业学校 Regular Specialized Secondary Schools	成人中专 Adult Specialized Secondary Schools	职业高中 Vocational High Schools	技工学校 Skilled Workers Schools
学生数(万人) No. of Students (10 thousand persons)								
1965	622.9	130.8		492.1	52.7	351.8	77.5	10.1
1980	1720.5	969.8	75.1	675.6	124.3	449.4	31.9	70.0
1985	1295.7	741.1	139.0	415.6	157.1		184.3	74.2
1990	1528.6	717.3	47.8	763.5	224.4	158.8	247.1	133.2
2000	2463.2	1201.3	32.4	1229.5	489.5	169.3	414.6	156.1
2001	2606.3	1405.0	31.0	1170.3	457.9	189.2	383.1	140.1
2002	2889.8	1683.8	33.5	1172.5	456.4	153.3	428.1	134.7
2003	3240.9	1964.8	21.5	1254.6	502.4	105.5	455.7	191.1
2004	3649.0	2220.4	19.4	1409.2	554.5	103.3	516.9	234.5
2005	4030.9	2409.1	21.8	1600.0	629.8	112.5	582.4	275.3
2006	4341.9	2514.5	17.5	1809.9	725.8	107.6	655.6	320.8
2007	4527.5	2522.4	18.1	1987.0	781.6	113.0	725.2	367.1
2008	4545.7	2476.3	12.7	2056.7	817.3	120.6	750.3	368.5
2009	4624.4	2434.3	11.5	2178.7	840.4	161.0	778.4	398.8
2010	4677.3	2427.3	11.5	2238.5	877.7	212.4	726.3	422.1
2011	4686.6	2454.8	26.5	2205.3	855.2	238.7	681.0	430.4
2012	4595.3	2467.2	14.4	2113.7	812.6	254.3	623.0	423.8
比重(%)Percentage								
1965	100	21.0		79.0	8.5	56.5	12.4	1.6
1980	100	56.4	4.4	39.3	7.2	26.1	1.9	4.1
1985	100	57.2	10.7	32.1	12.1		14.2	5.7
1990	100	46.9	3.1	49.9	14.7	10.4	16.2	8.7
2000	100	48.8	1.3	49.9	19.9	6.9	16.8	6.3
2001	100	53.9	1.2	44.9	17.6	7.3	14.7	5.4
2002	100	58.3	1.2	40.6	15.8	5.3	14.8	4.7
2003	100	60.6	0.7	38.7	15.5	3.3	14.1	5.9
2004	100	60.8	0.5	38.6	15.2	2.8	14.2	6.4
2005	100	59.8	0.5	39.7	15.6	2.8	14.4	6.8
2006	100	57.9	0.4	41.7	16.7	2.5	15.1	7.4
2007	100	55.7	0.4	43.9	17.3	2.5	16.0	8.1
2008	100	54.5	0.3	45.2	18.0	2.7	16.5	8.1
2009	100	52.6	0.2	47.1	18.2	3.5	16.8	8.6
2010	100	51.9	0.2	47.9	18.8	4.5	15.5	9.0
2011	100	52.4	0.6	47.1	18.2	5.1	14.5	9.2
2012	100	53.7	0.3	46.0	17.7	5.5	13.6	9.2

教育规模

Size of Education

单位：万人

unit:10 thousand persons

年　份 Year	学校数(万所) Schools (10 thousand)	在校生数 Enrolment	教职工数 Educational Personnel	教育人口 Educational Population	教育人口比重(%) Proportion of Education Population
1985	144	21753	1261	23014	22.0
1990	136	23654	1432	25086	22.2
1996	155	30401	1549	31950	26.2
1997	157	31076	1577	32653	26.7
1998	155	31809	1580	33389	27.0
1999	159	32672	1596	34268	27.5
2000	149	32093	1592	33685	26.8
2001	135	32135	1574	33709	26.6
2002	117	31873	1579	33452	26.2
2003	96	31989	1610	33599	26.2
2004	68	32558	1597	34155	26.4
2005	65	36904	1624	38528	29.6
2006	63	31860	1652	33512	25.6
2007	66	32187	1675	33862	25.8
2008	58	32099	1692	33791	25.6
2009	55	32098	1716	33814	25.5
2010	53	32217	1741	33958	25.4
2011	53	32756	1782	34538	25.9
2012	52	32143	1810	33953	25.3

小学学龄儿童净入学率

Net Enrolment Ratio of School-age Children in Primary Schools

单位：万人

unit：10 thousand persons

年　份 Year	学龄儿童净入学率 Net Enrolment Ratio of School-age Children		
	全国学龄儿童数 No. of School-age Children	已入学学龄儿童数 No. of School-age Childen Enrolled	净入学率（%） Net Enrolment Ratio
1965	11603.2	9829.1	84.7
1980	12219.6	11478.2	93.0
1985	10362.3	9942.8	95.9
1990	9740.7	9529.7	97.8
1999	12991.4	12872.8	99.1
2000	12445.3	12333.9	99.1
2001	11766.4	11561.2	99.1
2002	11310.4	11150.0	98.6
2003	10908.3	10761.6	98.7
2004	10548.1	10437.1	98.9
2005	10207.0	10120.3	99.2
2006	10075.5	10001.5	99.3
2007	9947.9	9896.8	99.5
2008	9772.0	9727.1	99.5
2009	9606.6	9548.6	99.4
2010	9501.5	9473.3	99.7
2011	9522.4	9502.5	99.8
2012	9296.8	9282.7	99.9

注：1991 年以前的净入学率是按 7 – 11 周岁统一计算的；从 1991 年起净入学率是按各地不同入学年龄和学制分别计算的。

Note：Net Enrolment Ratio of school-age children before 1991 was calculated on the basis of primary school pupils aged 7 – 11 enroled. From 1991 onwards its calculation has taken account of the age of entry and the lenth of schooling prevailing.

各级教育毛入学率

Gross Enrolment Ratio of Education by Level

单位：%

unit：%

年　份 Year	小学 Primary Education 按各地相应学龄计算 According to Provincial Entrant Age Primary Schools Years	初中阶段 Junior Secondary Education 12 – 14 周岁 the Age of 12 – 14	高中阶段 Senior Secondary Education 15 – 17 周岁 the Age of 15 – 17		高等教育 Higher Education 18 – 22 周岁 the Age of 18 – 22
			职前 Pre. Job	全口径 Full Aperture	
1991	109.5	69.7	23.9		3.5
1992	109.4	71.8	22.6	26.0	3.9
1993	107.3	73.1	24.1	28.4	5.0
1994	108.7	73.8	26.2	30.7	6.0
1995	106.6	78.4	28.8	33.6	7.2
1996	105.7	82.4	31.4	38.0	8.3
1997	104.9	87.1	33.8	40.6	9.1
1998	104.3	87.3	34.4	40.7	9.8
1999	104.3	88.6	35.8	41.0	10.5
2000	104.6	88.6	38.2	42.8	12.5
2001	104.5	88.7	38.6	42.8	13.3
2002	107.5	90.0	38.4	42.8	15.0
2003	107.2	92.7	42.1	43.8	17.0
2004	106.6	94.1	46.5	48.1	19.0
2005	106.4	95.0	50.9	52.7	21.0
2006	106.3	97.0	57.7	59.8	22.0
2007	106.2	98.0		66.0	23.0
2008	105.7	98.5		74.0	23.3
2009	104.8	99.0		79.2	24.2
2010	104.6	100.1		82.5	26.5
2011	104.2	100.1		84.0	26.9
2012	104.3	102.1		85.0	30.0

各级普通学校毕业生升学率

Promotion Rate of Graduates of Regular Schools by Level

单位：%

unit：%

年　份 Year	小学升初中 Promotion Rate of Primary Schools Graduates	初中升高级中学 Promotion Rate of Junior Secondary Schools Graduates	高中升高等教育 Promotion Rate of Senior Secondary Schools Graduates
1990	74.6	40.6	27.3
1991	77.7	42.6	28.7
1992	79.7	43.6	34.9
1993	81.8	44.1	43.3
1994	86.6	47.8	46.7
1995	90.8	50.3	49.9
1996	92.6	49.8	51.0
1997	93.7	51.5	48.6
1998	94.3	50.7	46.1
1999	94.4	50.0	63.8
2000	94.9	51.2	73.2
2001	95.5	52.9	78.8
2002	97.0	58.3	83.5
2003	97.9	59.6	83.4
2004	98.1	63.8	82.5
2005	98.4	69.7	76.3
2006	100.0	75.7	75.1
2007	99.9	80.5	70.3
2008	99.7	82.1	72.7
2009	99.1	85.6	77.6
2010	98.7	87.5	83.3
2011	98.3	88.9	86.5
2012	98.3	88.4	87.0

注：高中升学率为普通高校招生数与普通高中毕业生数之比。

Note：Promotion Rate of Senior Secondary Schools Graduates is the Ratio of Total Number of New Entrants Admitted to HEIs to the Total Number of Graduates of Regular Senior Secondary Schools of the Current Year.

每十万人口各级学校平均在校生数

Number of Enrolment of Per 100,000 Inhabitants by Level

单位：人

unit：person

年　份 Year	高等教育 Higher Education	高中阶段 Senior Secondary Education	初中阶段 Junior Secondary Education	小学 Primary Education	学前教育 Pre-school Education
1991	304	1355	3465	10502	1907
1992	313	1365	3518	10413	2072
1993	376	1448	3599	10656	2190
1994	433	1293	3681	10819	2219
1995	457	1610	3945	11010	2262
1996	470	1780	4180	11273	2208
1997	482	1905	4289	11435	2058
1998	519	1978	4408	11287	1944
1999	594	2032	4656	10855	1864
2000	723	2000	4969	10335	1782
2001	931	2021	5161	9937	1602
2002	1146	2283	5240	9525	1595
2003	1298	2523	5209	9100	1560
2004	1420	2824	5058	8725	1617
2005	1613	3070	4781	8358	1676
2006	1816	3321	4557	8192	1731
2007	1924	3409	4364	8037	1787
2008	2042	3463	4227	7819	1873
2009	2128	3495	4097	7584	2001
2010	2189	3504	3955	7448	2230
2011	2253	3495	3779	7403	2554
2012	2335	3411	3535	7196	2736

各级普通学校生师比
Pupil-Teacher Ratio of Regular Schools by Level

年 份 Year	普通小学 Regular Primary Schools	初中 Junior Secondary Schools	普通高中 Regular Senior Secondary Schools	中等职业学校 Secondary Vocational Schools	普通高校 Regular HEIs		
					全国 Total	本科院校 HEIs Offering Degree Programs	高职(专科)院校 Higher Vocational Colleges
1993	22.37	15.65	14.96	13.42	8.00	7.82	8.61
1994	22.85	16.07	12.16	14.26	9.25	9.00	10.10
1995	23.30	16.73	12.95	15.98	9.83	9.71	10.16
1996	23.73	17.18	13.45	16.42	10.36	10.32	10.20
1997	24.16	17.33	14.05	16.92	10.87	10.80	10.85
1998	23.98	17.56	14.60	16.36	11.62	11.63	11.09
1999	23.12	18.17	15.16	15.68	13.37	13.67	12.23
2000	22.21	19.03	15.87	15.24	16.30	16.04	17.65
2001	21.64	19.24	16.73	15.04	18.22	18.47	17.15
2002	21.04	19.25	17.80	16.58	19.00	20.60	14.20
2003	20.50	19.13	18.35	17.63	17.00	21.07	14.75
2004	19.98	18.65	18.65	19.15	16.22	17.44	13.15
2005	19.43	17.80	18.54	21.34	16.85	17.75	14.78
2006	19.17	17.15	18.13	22.65	17.93	17.77	18.26
2007	18.82	16.52	17.48	23.13	17.28	17.31	17.20
2008	18.38	16.07	16.78	23.32	17.23	17.21	17.27
2009	17.88	15.47	16.30	25.27	17.27	17.23	17.35
2010	17.70	14.98	15.99	25.69	17.33	17.38	17.21
2011	17.71	14.38	15.77	25.01	17.42	17.48	17.28
2012	17.36	13.59	15.47	24.19	17.52	17.65	17.23

普通高等学校校均规模
Average Size of Regular Higher Educational Institutions

单位:人

unit: person

	1994	1995	1996	1997	1998	1999	2000	2001	2002	2003	2004	2005	2006	2007	2008	2009	2010	2011	2012
全 国 Total	2591	2758	2927	3112	3335	3815	5289	5870	6471	7143	7704	7666	8148	8571	8679	9086	9298	9446	9675
本科院校 HEIs Offering Degree Programs	3418	3632	3857	4062	4418	5275	6916	8730	10454	11662	13561	13514	13937	14057	12097	12634	13100	13564	13999
高职(专科)院校 Higher Vocational Colleges	1338	1405	1466	1594	1701	1975	2282	2337	2523	2893	3209	3909	4515	5095	5564	5903	5904	5813	5858

各级自学考试基本情况

Basic Statistics of State-administered Examination for Self-learners by Level

单位:人,人次

unit: person

	2008		2009		2010		2011		2012	
	上半年 First half year	下半年 Second half year	上半年 First half year	下半年 Second half year	上半年 First half year	下半年 Second half year	上半年 First half year	下半年 Second half year	上半年 First half year	下半年 Second half year
毕业生人数 Graduates	274449	277422	309921	310476	345668	341650	370579	372220	373793	357395
本科 Normal Course	187677	185223	203559	199526	230802	230103	245765	265090	272829	263114
专科 Short-cycle Course	86772	92199	106362	110950	114866	111547	124814	107130	100964	94281
单科合格科次数 Passed Main-courses	4884112	4441008	5244892	4946679	4980013	4476856	4939058	4248183	4717831	4020534
本科 Normal Course	3202166	2960187	3499720	3416760	3428805	2977456	3662985	3246036	3633315	3162536
专科 Short-cycle Course	1681946	1480821	1745172	1529919	1551208	1499400	1276073	1002147	1084516	857998
报考人数 Applicants	5208544	4679628	5517385	4907514	5160123	4489937	4955069	4271640	4507361	4031649
本科 Normal Course	3121358	2900792	3426273	3144203	3325005	2784408	3407382	3008956	3244057	2945818
专科 Short-cycle Course	2087186	1778836	2091112	1763311	1835118	1705529	1547687	1262684	1263304	1085831
首次报考人数 First Time	1150218	674658	1268590	640676	983545	600171	916300	553999	895881	551496
本科 Normal Course	690709	424949	798761	432287	664099	388448	667822	395108	668477	386221
专科 Short-cycle Course	459509	249709	469829	208389	319446	211723	248478	158891	227404	165275
报考科次 Main-courses be Examined	12249001	11179996	12870134	11842415	12144181	10883416	11588813	10015717	10581826	9398641
本科 Normal Course	7222194	6921569	7584122	7605841	7813197	6892876	8021397	7187670	7739886	7020328
专科 Short-cycle Course	5026807	4258427	5286012	4236574	4330984	3990540	3567416	2828047	2841940	2378313
实考人数 Actual Examined	3896856	3599817	4318889	3754772	4026556	3460358	4218387	3695715	3576943	3122577
本科 Normal Course	2385104	2269639	2737622	2452057	2640442	2180587	2941630	2650905	2630548	2333736
专科 Short-cycle Course	1511752	1330178	1581267	1302715	1386114	1279771	1276757	1044810	946395	788841
实考科次 Actual Main-courses Examined	8840627	8028150	9781330	8761276	9122514	8074603	8850467	7455512	8012441	6881607
本科 Normal Course	5278441	5068821	6188572	5725407	5958059	5182160	6267730	5489553	6007967	5282901
专科 Short-cycle Course	3562186	2959329	3592758	3035869	3164455	2892443	2582737	1965959	2004474	1598706
在档考生人数 Exmainees with Study Record	30252806	30650042	31608711	31938911	32714917	32973438	33519159	33700938	34223026	34417127
本科 Normal Course	10939721	11179447	11774649	12007410	12440707	12599052	13021109	13151127	13546775	13669882
专科 Short-cycle Course	19313085	19470595	19834062	19931501	20136081	20236257	20359921	20411682	20538122	20609116
其中:新生数 of Which: Current Session	1150218	674658	1268590	640676	983545	600171	916300	553999	895881	551496
本科 Normal Course	690709	424949	798761	432287	664099	388448	667822	395108	668477	386221
专科 Short-cycle Course	459509	249709	469829	208389	319446	211723	248478	158891	227404	165275

二、高等教育
Higher Education

高等教育学校(机构)数

Number of Higher Education Institutions

单位:所

unit: institution

	合计 Total	中央部门 HEIs under Central Ministries & Agencies			地方 HEIs under Local Auth.				民办 Non-government
		小计 Subtotal	教育部 HEIs under MOE	其他部门 HEIs under Other Central Agencies	小计 Subtotal	教育部门 HEIs under MOE	其他部门 Run by Non-ed. Dept.	地方企业 Local Enterprises	
(一)研究生培养机构(不计校数) Institutions Providing Postgraduate Programs	811	340	73	267	466	400	64	2	5
1. 普通高校 Regular HEIs	534	102	73	29	427	399	27	1	5
2. 科研机构 Research Institutes	277	238		238	39	1	37	1	
(二)普通高等学校 Regular HEIs	2442	113	73	40	1623	967	604	52	706
1. 本科院校 HEIs Offering Degree Programs	1145	109	73	36	646	578	67	1	390
其中:独立学院 of Which: Independent Institutions	303								303
2. 高职(专科)院校 Higher Vocational Colleges	1297	4		4	977	389	537	51	316
(三)成人高等学校 Adult HEIs	348	14	1	13	333	118	170	45	1
(四)民办的其他高等教育机构 Other Non-government HEIs	823								823

普通高等学校校数

Number of Regular Higher Educational Institutions

单位:所

unit: institution

	合计 Total	本科院校 HEIs Offering Degree Programs	高职(专科)院校 Higher Vocational Colleges	其中:高等职业技术学院 of Which: Tertiary Vocational-technical Colleges
总 计 Total	**2442**	**1145**	**1297**	**1164**
综合大学 Comprehensive University	578	268	310	306
理工院校 Natural Sciences & Technology	867	330	537	519
农业院校 Agriculture	81	41	40	38
林业院校 Forestry	19	7	12	12
医药院校 Medicine & Pharmacy	183	101	82	37
师范院校 Teacher Training	201	152	49	6
语文院校 Language & Literature	53	29	24	23
财经院校 Finance & Economics	253	116	137	125
政法院校 Political Science & Law	71	31	40	33
体育院校 Physical Culture	32	16	16	15
艺术院校 Art	86	40	46	46
民族院校 Ethnic Nationality	18	14	4	4
合计中:民办高校 of the Total: Non-government HEIs	706	390	316	309

普通高等学校在校生规模
Size of Enrolment of Regular Higher Educational Institutions

单位:所

unit: institution

	学校数 Institutions	300人及以下 300 and Under	301－500人 301 to 500	501－1000人 501 to 1000	1001－1500人 1001 to 1500	1501－2000人 1501 to 2000	2001－3000人 2001 to 3000	3001－4000人 3001 to 4000	4001－5000人 4001 to 5000	5001－10000人 5001 to 10000	10001－20000人 10001 to 20000	20001－30000人 20001 to 30000	30001人及以上 30001 and Over
总　计 Total	**2442**	**38**	**15**	**56**	**80**	**65**	**132**	**139**	**167**	**832**	**696**	**180**	**42**
综合大学 Comprehensive University	578	5	2	8	14	12	31	31	41	199	154	59	22
理工院校 Natural Sciences & Technology	867	13	7	15	28	27	42	48	53	296	263	64	11
农业院校 Agriculture	81	1				2	5	4	5	22	31	8	3
林业院校 Forestry	19		1					1	1	10	5	1	
医药院校 Medicine & Pharmacy	183	1		6	6	4	10	9	16	79	48	4	
师范院校 Teacher Training	201	1		3	5	1	6	5	4	60	83	28	5
语文院校 Language & Literature	53	2		2	3	1	2	4	9	19	10	1	
财经院校 Finance & Economics	253	3	1	7	4	3	10	16	16	99	81	12	1
政法院校 Political Science & Law	71	4		5	2	5	12	8	15	14	6		
体育院校 Physical Culture	32	4	2	1	5	3	3	1	1	11	1		
艺术院校 Art	86	4	2	9	13	6	9	12	6	18	7		
民族院校 Ethnic Nationality	18					1	2			5	7	3	

普通高等学校设置(研究生、本科)专业数
Number of Specialities and Educational Programs Offered by Regular Higher Educational Institutions

	合计 Total	哲学 Philosophy	经济 Economics	法学 Law	教育 Education	文学 Literature	历史 History	理学 Science	工学 Engineering	农学 Agriculture	医学 Medicine	管理学 Administration	其他 other
博士 Doctor's Degree													
种数 No. of Sp.	549	10	20	42	22	27	12	76	185	43	70	24	2
点数 No. of Ed. Prog.	9091	194	466	588	200	454	268	1665	3077	515		502	3
硕士 Master's Degree													
种数 No. of Sp.	568	10	20	42	23	27	12	77	186	44	72	24	13
点数 No. of Ed. Prog.	27861	626	1596	2628	1103	1731	620	4204	8586	1006	3029	1969	19
普通本科 General Bachelor's Degree													
种数 No. of Sp.	707	6	21	43	49	105	8	87	239	36	51	62	
点数 No. of Ed. Prog.	42070	88	1989	1580	1833	7700	322	5662	13046	946	1616	7288	
成人本科 Adult Bachelor's Degree													
种数 No. of Sp.	370	2	12	19	29	54	4	37	119	20	29	45	
点数 No. of Ed. Prog.	12739	4	635	689	866	1971	137	1183	3275	331	868	2780	

普通高等学校设置(高职(专科))专业数

Number of Specialities and Number of Educational Programs Offered by Regular Higher Educational Institutions

	普通专科 General Associate Bachelor's Degrees		成人专科 Adult Associate Bachelor's Degrees	
	种数 No. of Sp.	点数 No. of Ed. Prog.	种数 No. of Sp.	点数 No. of Ed. Prog.
总　计 Total	**1158**	**46263**	**718**	**23187**
农林牧渔大类 Agriculture, Forestry, Husbandry and Fishing	89	1239	50	609
交通运输大类 Transportation and Communication	102	1614	56	617
生化与药品大类 Biochemistry and Medicine	41	1399	30	485
资源开发与测绘大类 Resources Development and Survey	66	796	54	490
材料与能源大类 Material and Energy	65	804	35	405
土建大类 Civil Engineering	59	3900	38	1626
水利大类 Water Resources	25	169	17	131
制造大类 Manufacturing	100	5736	56	2657
电子信息大类 Electronic Information	86	6629	54	2517
环保、气象与安全大类 Environment Protection, Meteorology and Safety	27	368	15	139
轻纺食品大类 Light, Textile and Food	72	1183	42	343
财经大类 Finance	70	7491	47	5306
医药卫生大类 Medical and Health	47	1889	34	1274
旅游大类 Tourism	25	2174	13	838
公共事业大类 Public Service	45	815	24	791
文化教育大类 Culture and Education	90	5691	69	3196
艺术设计传媒大类 Artistic Design and Mass Media	95	3676	56	1222
公安大类 Public Security	25	153	15	35
法律大类 Law	29	537	13	506

高等教育学校(机构)学生数
Number of Students in Higher Education Institutions

单位：人
unit: person

	毕(结)业生数 Graduates	授予学位数 Degree Awarded	招生数 Entrants				在校生数 Enrolment	预计毕业生数 Estimated Graduates for Next Year
			合计 Total	其中 of Which				
				应届生 Autumn Session	春季招生 Spring Session	预科生转入 Preparatory Students Enrolled		
研究生 Postgraduates	486455	481830	589673	389443			1719818	630437
博　士 Doctor's Degree	51713	50399	68370	28040			283810	139411
硕　士 Master's Degree	434742	431431	521303	361403			1436008	491026
普通本专科 Undergraduates in Regular HEIs	6247338	2966148	6888336	6349812	2985345	32113	23913155	6517623
本　科 Normal Courses	3038473	2966148	3740574	3327280	2966148	30553	14270888	3286498
专　科 Short-cycle Courses	3208865		3147762	3022532	19197	1560	9642267	3231125
成人本专科 Undergraduates in Adult HEIs	1954357	126570	2439551				5831123	2120555
本　科 Normal Courses	801015	126570	984817				2475495	848066
专　科 Short-cycle Courses	1153342		1454734				3355628	1272489
网络本专科生 Web-based Undergraduates	1360870	34658	1964468		1008913		5704112	
本　科 Normal Courses	477949	34658	696698		354720		2002698	
专　科 Short-cycle Courses	882921		1267770		654193		3701414	
在职人员攻读硕士学位 Master's Degree Programs for On-the-job Personnel		104781	140629				489857	
自考助学班 Class run by Non-govemment HEIs for Students Preparing for Self-directed State-administered Examination	184933						397381	
普通预科生 College-preparatory Classes							37668	
研究生课程进修班 Postgraduate Courses	50284						73796	
进修及培训 In-service Training	7550132						3439532	
留学生 Foreign Students	83613	18259	102991		29673		157845	

分部门、分计划
Number of Postgraduate Students

	学校(机构)数(所)(Schools)	毕业生数 Graduates			招生数 Entrants		
		合计 Total	博士 Doctor's Degree	硕士 Master's Degree	合计 Total	博士 Doctor's Degree	硕士 Master's Degree
总计 Total	**811**	**486455**	**51713**	**434742**	**589673**	**68370**	**521303**
国家任务 State-planned Programs		349224	40259	308965	441153	55481	385672
委托培养 Contractual Programs		23071	8222	14849	29983	9521	20462
自筹经费 Self-financed Programs		114160	3232	110928	118537	3368	115169
一、中央部门所属 Under Central Ministries& Agencies	**340**	**255967**	**41785**	**214182**	**308909**	**54842**	**254067**
1. 教育部 Under MOE	73	208984	31203	177781	248296	41479	206817
2. 其他部门 Under Other Central Agencies	267	46983	10582	36401	60613	13363	47250
二、地方所属 Under Local Auth.	**471**	**230488**	**9928**	**220560**	**280764**	**13528**	**267236**
1. 教育部门 Run by Edu. Dept.	400	223585	9750	213835	271447	13270	258177
2. 其他部门 Run by Non-ed. Dept.	64	6898	178	6720	9122	258	8864
3. 地方企业 Run by Local Enterprises	2	5		5	40		40
4. 民办 Non-government	5				155		155

分部门、分计划
Number of Postgraduate Students

	学校(机构)数(所)(Schools)	毕业生数 Graduates			招生数 Entrants		
		合计 Total	博士 Doctor's Degree	硕士 Master's Degree	合计 Total	博士 Doctor's Degree	硕士 Master's Degree
总计 Total	**534**	**476019**	**48138**	**427881**	**575438**	**64118**	**511320**
国家任务 State-planned Programs		339348	36889	302459	428104	51456	376648
委托培养 Contractual Programs		22866	8044	14822	29541	9311	20230
自筹经费 Self-financed Programs		113805	3205	110600	117793	3351	114442
一、中央部门所属 Under Central Ministries& Agencies	**102**	**246373**	**38249**	**208124**	**295696**	**50649**	**245047**
1. 教育部 Under MOE	73	208984	31203	177781	248296	41479	206817
2. 其他部门 Under Other Central Agencies	29	37389	7046	30343	47400	9170	38230
二、地方所属 Under Local Auth.	**427**	**229646**	**9889**	**219757**	**279742**	**13469**	**266273**
1. 教育部门 Run by Edu. Dept.	399	223575	9750	213825	271431	13270	258161
2. 其他部门 Run by Non-ed. Dept.	27	6071	139	5932	8116	199	7917
3. 地方企业 Run by Local Enterprises	1				40		40
4. 民办 Non-government	5				155		155

研究生数(总计)
by Sector and Program (Total)

单位：人
unit:person

在校生数 Enrolment			预计毕业生数 Estimated Graduates for Next Year		
合计 Total	博士 Doctor's Degree	硕士 Master's Degree	合计 Total	博士 Doctor's Degree	硕士 Master's Degree
1719818	**283810**	**1436008**	**630437**	**139411**	**491026**
1246511	211018	1035493	430165	94702	335463
112621	55380	57241	55885	34093	21792
360686	17412	343274	144387	10616	133771
930653	**229987**	**700666**	**357259**	**113154**	**244105**
750490	179092	571398	291722	90023	201699
180163	50895	129268	65537	23131	42406
789165	**53823**	**735342**	**273178**	**26257**	**246921**
764658	53000	711658	265439	25945	239494
24308	823	23485	7735	312	7423
44		44	4		4
155		155			

研究生数(普通高校)
by Sector and Program (Regular HEIs)

单位：人
unit:person

在校生数 Enrolment			预计毕业生数 Estimated Graduates for Next Year		
合计 Total	博士 Doctor's Degree	硕士 Master's Degree	合计 Total	博士 Doctor's Degree	硕士 Master's Degree
1678607	**268801**	**1409806**	**616088**	**132917**	**483171**
1207985	196886	1011099	416777	88640	328137
111538	54584	56954	55463	33702	21761
359084	17331	341753	143848	10575	133273
892351	**215217**	**677134**	**343847**	**106765**	**237082**
750490	179092	571398	291722	90023	201699
141861	36125	105736	52125	16742	35383
786256	**53584**	**732672**	**272241**	**26152**	**246089**
764617	53000	711617	265430	25945	239485
21444	584	20860	6811	207	6604
40		40			
155		155			

分部门、分计划

Number of Postgraduate Students

	学校(机构)数(所) Institutions	毕业生数 Graduates			招生数 Entrants		
		合计 Total	博士 Doctor's Degree	硕士 Master's Degree	合计 Total	博士 Doctor's Degree	硕士 Master's Degree
总计 Total	**277**	**10436**	**3575**	**6861**	**14235**	**4252**	**9983**
国家任务 State-planned Programs		9876	3370	6506	13049	4025	9024
委托培养 Contractual Programs		205	178	27	442	210	232
自筹经费 Self-financed Programs		355	27	328	744	17	727
一、中央部门所属 Under Central Ministries& Agencies	**238**	**9594**	**3536**	**6058**	**13213**	**4193**	**9020**
1. 教育部 Under MOE							
2. 其他部门 Under Other Central Agencies	238	9594	3536	6058	13213	4193	9020
二、地方所属 Under Local Auth.	**39**	**842**	**39**	**803**	**1022**	**59**	**963**
1. 教育部门 Run by Edu. Dept.	1	10		10	16		16
2. 其他部门 Run by Non-ed. Dept.	37	827	39	788	1006	59	947
3. 地方企业 Run by Local Enterprises	1	5		5			
4. 民办 Non-government							

分学科研

Number of Postgraduate

	毕业生数 Graduates			招生数 Entrants		
	合计 Total	博士 Doctor's Degree	硕士 Master's Degree	合计 Total	博士 Doctor's Degree	硕士 Master's Degree
总计 Total	**486455**	**51713**	**434742**	**589673**	**68370**	**521303**
其中:女 of Which: Female	242030	19250	222780	294711	25489	269222
学术型学位 Academic Degree	396976	50401	346575	390790	66638	324152
专业学位 Professional Degree	89479	1312	88167	198883	1732	197151
哲学 Philosophy	4859	735	4124	4579	864	3715
经济学 Economics	20257	2314	17943	27428	2946	24482
法学 Law	40840	2789	38051	40960	3610	37350
教育学 Education	23420	1008	22412	30239	1339	28900
文学 Literature	29686	1955	27731	32115	2424	29691
历史学 History	5430	792	4638	5456	939	4517
理学 Science	50266	9762	40504	58124	13336	44788
工学 Engineering	168434	17890	150544	209244	25651	183593
农学 Agriculture	16313	2365	13948	21080	3105	17975
医学 Medicine	56001	7813	48188	64868	8798	56070
军事学 Military Science	206	33	173	250	42	208
管理学 Administrators	58652	3817	54835	78151	4723	73428
艺术学 Art	12091	440	11651	17179	593	16586

研究生数(科研机构)
by Sector and Program (Research Institutes)

单位：人
unit:person

在校生数 Enrolment			预计毕业生数 Estimated Graduates for Next Year		
合计 Total	博士 Doctor's Degree	硕士 Master's Degree	合计 Total	博士 Doctor's Degree	硕士 Master's Degree
41211	**15009**	**26202**	**14349**	**6494**	**7855**
38526	14132	24394	13388	6062	7326
1083	796	287	422	391	31
1602	81	1521	539	41	498
38302	**14770**	**23532**	**13412**	**6389**	**7023**
38302	14770	23532	13412	6389	7023
2909	**239**	**2670**	**937**	**105**	**832**
41		41	9		9
2864	239	2625	924	105	819
4		4	4		4

究生数(总计)
Students by Academic Field (Total)

单位：人
unit:person

在校生数 Enrolment			预计毕业生数 Estimated Graduates for Next Year		
合计 Total	博士 Doctor's Degree	硕士 Master's Degree	合计 Total	博士 Doctor's Degree	硕士 Master's Degree
1719818	**283810**	**1436008**	**630437**	**139411**	**491026**
842417	103436	738981	294470	49180	245290
1270144	277851	992293	488361	137450	350911
449674	5959	443715	142076	1961	140115
15082	3612	11470	6001	1853	4148
73500	12507	60993	26665	6504	20161
121217	14858	106359	46269	7330	38939
77763	5081	72682	27933	2332	25601
93429	9931	83498	34807	5013	29794
17735	4042	13693	6863	2120	4743
180330	49218	131112	65292	21907	43385
616173	116219	499954	225239	59910	165329
58893	12005	46888	21974	5938	16036
188666	30601	158065	63566	12253	51313
831	156	675	330	85	245
227030	23443	203587	88813	13217	75596
49169	2137	47032	16685	949	15736

分学科研
Number of Postgraduate Students

	毕业生数 Graduates			招生数 Entrants		
	合计 Total	博士 Doctor's Degree	硕士 Master's Degree	合计 Total	博士 Doctor's Degree	硕士 Master's Degree
总 计 Total	**476019**	**48138**	**427881**	**575438**	**64118**	**511320**
其中:女 of Which: Female	238177	18080	220097	289087	23973	265114
学术型学位 Academic Degree	387082	46826	340256	378826	62386	316440
专业学位 Professional Degree	88937	1312	87625	196612	1732	194880
哲学 Philosophy	4760	708	4052	4454	824	3630
经济学 Economics	19828	2136	17692	26706	2706	24000
法学 Law	40093	2663	37430	40109	3455	36654
教育学 Education	23420	1008	22412	30239	1339	28900
文学 Literature	29586	1926	27660	31980	2368	29612
历史学 History	5352	774	4578	5360	931	4429
理学 Science	47302	8258	39044	54138	11580	42558
工学 Engineering	164447	16759	147688	203844	24337	179507
农学 Agriculture	15573	2143	13430	20070	2820	17250
医学 Medicine	55252	7588	47664	63941	8539	55402
军事学 Military Science	205	33	172	249	42	207
管理学 Administrators	58274	3759	54515	77343	4639	72704
艺术学 Art	11927	383	11544	17005	538	16467

分学科研
Number of Postgraduate Students

	毕业生数 Graduates			招生数 Entrants		
	合计 Total	博士 Doctor's Degree	硕士 Master's Degree	合计 Total	博士 Doctor's Degree	硕士 Master's Degree
总 计 Total	**10436**	**3575**	**6861**	**14235**	**4252**	**9983**
其中:女 of Which: Female	3853	1170	2683	5624	1516	4108
学术型学位 Academic Degree	9894	3575	6319	11964	4252	7712
专业学位 Professional Degree	542		542	2271		2271
哲学 Philosophy	99	27	72	125	40	85
经济学 Economics	429	178	251	722	240	482
法学 Law	747	126	621	851	155	696
教育学 Education						
文学 Literature	100	29	71	135	56	79
历史学 History	78	18	60	96	8	88
理学 Science	2964	1504	1460	3986	1756	2230
工学 Engineering	3987	1131	2856	5400	1314	4086
农学 Agriculture	740	222	518	1010	285	725
医学 Medicine	749	225	524	927	259	668
军事学 Military Science	1		1	1		1
管理学 Administrators	378	58	320	808	84	724
艺术学 Art	164	57	107	174	55	119

究生数(普通高校)
by Academic Field (Regular HEIs)

单位：人
unit:person

在校生数 Enrolment			预计毕业生数 Estimated Graduates for Next Year		
合计 Total	博 士 Doctor's Degree	硕 士 Master's Degree	合计 Total	博 士 Doctor's Degree	硕 士 Master's Degree
1678607	**268801**	**1409806**	**616088**	**132917**	**483171**
826794	98378	728416	289437	47279	242158
1233383	262842	970541	475388	130956	344432
445224	5959	439265	140700	1961	138739
14690	3477	11213	5856	1796	4060
71673	11680	59993	26031	6160	19871
118796	14362	104434	45263	7136	38127
77763	5081	72682	27933	2332	25601
93098	9796	83302	34698	4967	29731
17461	3980	13481	6767	2083	4684
168021	42969	125052	60887	19111	41776
600147	111285	488862	219821	57747	162074
55985	11059	44926	20986	5554	15432
186033	29827	156206	62748	11967	50781
828	156	672	329	85	244
225482	23177	202305	88280	13102	75178
48630	1952	46678	16489	877	15612

究生数(科研机构)
by Academic Field (Research Institutes)

单位：人
unit:persons

在校生数 Enrolment			预计毕业生数 Estimated Graduates for Next Year		
合计 Total	博 士 Doctor's Degree	硕 士 Master's Degree	合计 Total	博 士 Doctor's Degree	硕 士 Master's Degree
41211	**15009**	**26202**	**14349**	**6494**	**7855**
15623	5058	10565	5033	1901	3132
36761	15009	21752	12973	6494	6479
4450		4450	1376		1376
392	135	257	145	57	88
1827	827	1000	634	344	290
2421	496	1925	1006	194	812
331	135	196	109	46	63
274	62	212	96	37	59
12309	6249	6060	4405	2796	1609
16026	4934	11092	5418	2163	3255
2908	946	1962	988	384	604
2633	774	1859	818	286	532
3		3	1		1
1548	266	1282	533	115	418
539	185	354	196	72	124

在职人员攻读硕士学位分学科学生数
Number of On-the-job Students Studying for Master's Degree by Discipline

单位：人
unit：person

	授予学位数 Degree Awarded	招生数 Entrants	在校生数 Enrolment
总　计 Total	**104781**	**140629**	**489857**
其中：女 of Which：Female	42015	49072	170006
学术型学位 Academic Degree	11607	7177	34729
专业学位 Professional Degree	93174	133452	455128
哲学 Philosophy	70	1	75
经济学 Economics	663	309	1654
法学 Law	6916	6073	22897
教育学 Education	13143	15601	42503
文学 Literature	1377	416	3308
历史学 History	84	12	167
理学 Science	538	86	1092
工学 Engineering	50535	84688	288038
农学 Agriculture	6631	11405	41492
医学 Medicine	3785	4125	16138
军事学 Military Science	2		1
管理学 Administrators	19314	16288	67937

普通高等学校工科分大类本科学生数

Number of Engineering Students for Normal Courses by Subfield of Study in Regular HEIs

单位：人

unit:person

	毕业生数 Graduates	招生数 Entrants	在校生数 Enrolment
总　计 Total	**964583**	**1195234**	**4522917**
地矿类 Applied Geology	22890	27257	104467
材料类 Materials Science	43207	58841	216102
机械类 Mechanical Engineering	160453	192194	731940
仪器仪表类 Instrument & Meter	17169	19225	74834
能源动力类 Thermal & Nuclear Energy	19903	26575	96612
电气信息类 Electronics & Information	374103	453392	1706388
土建类 Civil Engineering & Architcture	119409	161626	630948
水利类 Hydraulics	10321	13852	51891
测绘类 Survey & Measure	13806	15280	60437
环境与安全类 Environment and Safety	28173	33231	125221
化工与制药类 Chemical Engineering & Pharmaceutics	39396	48914	184981
交通运输类 Transportation	28445	37486	142109
海洋工程类 Oceanic	4112	4536	17600
轻工纺织食品类 Light Industry, Textile and Food	42833	55387	202634
航空航天类 Aeronautics & Astronautics	4316	6901	24124
武器类 Weaponry	3138	3588	13377
工程力学类 Engineering Mechanics	3305	4400	16100
生物工程类 Biotechnology	17283	18489	71735
农业工程类 Agriculture Engineering	5775	6421	25836
林业工程类 Forestry Engineering	2450	2967	11195
公安技术类 Public Security Technology	4096	4672	14386

普通、成人本、专科

Number of Students for Regular and Adult

	毕业生数 Graduates			招生数 Entrants	
	合计 Total	本科 Normal Courses	专科 Short-cycle Courses	合计 Total	本科 Normal Courses
普通本、专科总计 Undergraduate in Regular HEIs Total	**6247338**	**3038473**	**3208865**	**6888336**	**3740574**
中央部门所属院校 Under Central Ministries & Agencies	424134	404787	19347	457874	439110
其中:教育部所属院校 of Which: Under MOE	322439	317291	5148	338225	333630
地方所属学校 Under Local Auth.	4550737	1972445	2578292	4865492	2358948
民办 Non-government	1272467	661241	611226	1564970	942516
成人本、专科总计 Undergraduate in Adult HEIs Total	**1954357**	**801015**	**1153342**	**2439551**	**984817**
中央部门所属院校 Inst. Under SEDC	266137	147457	118680	312827	182199
其中:教育部所属院校 of Which: Under MOE	216948	122935	94013	258760	152408
地方所属学校 Under Local Auth.	1654986	652170	1002816	2089021	799960
民办 Non-government	33234	1388	31846	37703	2658

普通本、专科分

Number of Students for Regular

	毕业生数 Graduates			招生数 Entrants	
	合计 Total	本科 Normal Courses	专科 Short-cycle Courses	合计 Total	本科 Normal Courses
总　计 Total	**6247338**	**3038473**	**3208865**	**6888336**	**3740574**
其中:女 of Which:Female	3198197	1517254	1680943	3718356	2017368
一、普通高等学校 Regular HEIs	**6186398**	**3036209**	**3150189**	**6838532**	**3739471**
本科院校 HEIs Offering Degree Programs	3766542	3009446	757096	4264982	3720657
其中:独立学院 of Which: Independent Institutions	583337	526274	57063	755159	702546
高职(专科)院校 Higher Vocational Colleges	2383347	908	2382439	2550021	849
其他机构(点)(不计校数) Other Institutions	36509	25855	10654	23529	17965
综合大学 Comprehensive Universities	1668359	837748	830611	1829083	1015107
理工院校 Natural Sciences & Tech.	2277305	964570	1312735	2498114	1173861
农业院校 Agriculture	249316	146157	103159	272334	171379
林业院校 Forestry	45902	25502	20400	52608	29284
医药院校 Medicine & Pharmacy	326809	159225	167584	387777	205100
师范院校 Teacher Training	656560	442467	214093	710583	542224
语文院校 Language & Literature	101933	46832	55101	111444	65877
财经院校 Finance & Economics	596985	265121	331864	685335	353796
政法院校 Political Science & Law	103188	41160	62028	98270	46154
体育院校 Physical Culture	29153	21622	7531	30290	25319
艺术院校 Art	83471	45161	38310	99899	56776
民族院校 Ethnic Minorities	47417	40644	6773	62795	54594
二、成人高等学校 Adult HEIs	**60940**	**2264**	**58676**	**49804**	**1103**

分举办者学生数

Programs by Providers in HEIs

单位:人

unit: person

专科 Short-cycle Courses	在校生数 Enrolment			预计毕业生数 Estimated Graduates for Next Year		
	合计 Total	本科 Normal Courses	专科 Short-cycle Courses	合计 Total	本科 Normal Courses	专科 Short-cycle Courses
3147762	**23913155**	**14270888**	**9642267**	**6517623**	**3286498**	**3231125**
18764	1788927	1735394	53533	441312	423240	18072
4595	1351644	1338550	13094	334386	329903	4483
2506544	16896214	9129857	7766357	4751827	2130144	2621683
622454	5228014	3405637	1822377	1324484	733114	591370
1454734	**5831123**	**2475495**	**3355628**	**2120555**	**848066**	**1272489**
130628	785500	470917	314583	306446	171184	135262
106352	651766	397848	253918	251773	143800	107973
1289061	4942022	1997958	2944064	1777241	675307	1101934
35045	103601	6620	96981	36868	1575	35293

性质类别学生数

Programs by Type of Schools in HEIs

单位：人

unit: person

专科 Short-cycle Courses	在校生数 Enrolment			预计毕业生数 Estimated Graduates for Next Year		
	合计 Total	本科 Normal Courses	专科 Short-cycle Courses	合计 Total	本科 Normal Courses	专科 Short-cycle Courses
3147762	**23913155**	**14270888**	**9642267**	**6517623**	**3286498**	**3231125**
1700988	12280490	7281963	4998527	3264595	1604559	1660036
3099061	**23749110**	**14264039**	**9485071**	**6458253**	**3284211**	**3174042**
544325	16028782	14164451	1864331	3943659	3255506	688153
52613	2778982	2620206	158776	632529	579075	53454
2549172	7597464	3503	7593961	2476509	922	2475587
5564	122864	96085	26779	38085	27783	10302
813976	6386798	3909448	2477350	1745395	913820	831575
1324253	8482511	4453134	4029377	2374886	1040592	1334294
100955	958124	652158	305966	254566	152756	101810
23324	181159	114797	66362	48063	27132	20931
182677	1448485	881133	567352	363308	175574	187734
168359	2633604	2055413	578191	689263	481496	207767
45567	374929	228500	146429	99554	49394	50160
331539	2294881	1293533	1001348	625009	288050	336959
52116	316069	162976	153093	88144	36254	51890
4971	113194	95639	17555	28981	22309	6672
43123	337016	215185	121831	88314	49822	38492
8201	222340	202123	20217	52770	47012	5758
48701	**164045**	**6849**	**157196**	**59370**	**2287**	**57083**

成人本、专科分

Number of Students for Adult

	毕业生数 Graduates			招生数 Entrants	
	合计 Total	本科 Normal Courses	专科 Short-cycle Courses	合计 Total	本科 Normal Courses
总　计 Total	**1954357**	**801015**	**1153342**	**2439551**	**984817**
其中:女 of Which:Female	1044161	446684	597477	1330098	547657
一、成人高等学校 Adult HEIs	**167654**	**19475**	**148179**	**194795**	**20069**
其中:全脱产 of Which:Full-time	75186	4354	70832	102345	7690
职工高等学校 Workers' Colleges	62333	1807	60526	66622	1847
农民高等学校 Peasants' Colleges	746		746	511	
管理干部学院 Institutes for Administration	20898	3447	17451	18612	2815
教育学院 Educational Colleges	27316	12981	14335	45795	13845
独立函授学院 Independent Correspondence Colleges					
广播电视大学 Radio/TV Universities	55676	1240	54436	63249	1562
其他机构 Other Institutions	685		685	6	
二、普通高等学校 Regular HEIs	**1786703**	**781540**	**1005163**	**2244756**	**964748**
函授 Correspondence	1002823	443018	559805	1338738	584411
业余 Spare time Schools	756399	315618	440781	904159	379308
脱产 Full-time Courses for Adults	27481	22904	4577	1859	1029

普通本科分学科学生数

Number of Regular Students for Normal Courses in HEIs by Discipline

单位:人

unit: person

	毕业生数 Graduates	招生数 Entrants	在校生数 Enrolment	预计毕业生数 Estimated Graduates for Next Year
总　计 Total	**3038473**	**3740574**	**14270888**	**3286498**
其中: 女 of Which: Female	1517254	2017368	7281963	1604559
哲学 Philosophy	2038	2335	8840	2172
经济学 Economics	188257	216289	838204	196306
法学 Law	121634	133717	516789	125144
教育学 Education	103884	142812	517590	116046
文学 Literature	588198	707543	2668900	630275
其中:外语 of Which:Foreign Language	201115	205236	810846	202855
艺术 Art	240957	337810	1215535	271742
历史学 History	15588	18926	70769	16478
理学 Science	294060	344671	1314644	314954
工学 Engineering	964583	1195234	4522917	1050503
农学 Agriculture	53789	63974	244261	58767
医学 Medicine	178085	228294	1006410	195108
管理学 Administrators	528357	686779	2561564	580745
总计中:师范生 of the Total:Students Enrolled in Teacher Training Institutions	328571	367421	1443936	354101

性质类别学生数
Programs by Type of Schools in HEIs

单位：人
unit：person

专科 Short-cycle Courses	在校生数 Enrolment 合计 Total	在校生数 Enrolment 本科 Normal Courses	在校生数 Enrolment 专科 Short-cycle Courses	预计毕业生数 Estimated Graduates for Next Year 合计 Total	预计毕业生数 Estimated Graduates for Next Year 本科 Normal Courses	预计毕业生数 Estimated Graduates for Next Year 专科 Short-cycle Courses
1454734	**5831123**	**2475495**	**3355628**	**2120555**	**848066**	**1272489**
782441	3169399	1375098	1794301	1095603	451061	644542
174726	**438348**	**48411**	**389937**	**182343**	**19813**	**162530**
94655	211115	17439	193676	89382	7050	82332
64775	152829	6157	146672	65694	3428	62266
511	1072		1072	561		561
15797	48036	9127	38909	19970	3633	16337
31950	86852	29763	57089	28655	11379	17276
61687	149189	3364	145825	67269	1373	65896
6	370		370	194		194
1280008	**5392775**	**2427084**	**2965691**	**1938212**	**828253**	**1109959**
754327	3121955	1420258	1701697	1128372	494056	634316
524851	2260860	1002022	1258838	804642	332184	472458
830	9960	4804	5156	5198	2013	3185

普通专科分专业大类学生数
Number of Regular Students for Short-cycle Courses in HEIs by Discipline

单位：人
unit：person

	毕业生数 Graduates	招生数 Entrants	在校生数 Enrolment	预计毕业生数 Estimated Graduates for Next Year
总　计 Total	**3208865**	**3147762**	**9642267**	**3231125**
其中：女 of Which：Female	1680943	1700988	4998527	1660036
农林牧渔大类 Agriculture, Forestry, Husbandry and Fishing	58308	56236	169578	56914
交通运输大类 Transportation and Communication	127177	153172	436213	137107
生化与药品大类 Biochemistry and Medicine	81411	70212	226845	79138
资源开发与测绘大类 Resources Development and Survey	43511	50023	148207	48952
材料与能源大类 Material and Energy	45115	41412	131878	45422
土建大类 Civil Engineering	271421	365236	1050469	317661
水利大类 Water Resources	10955	13908	40420	12411
制造大类 Manufacturing	430682	405538	1261946	431103
电子信息大类 Electronic Information	370232	297772	931847	332897
环保、气象与安全大类 Environment Protection, Meteorology and Safety	14649	14560	45583	14974
轻纺食品大类 Light, Textile and Food	62363	51904	166629	58703
财经大类 Finance	671797	691807	2061042	675479
医药卫生大类 Medical and Health	279290	298521	925804	304614
旅游大类 Tourism	108371	110237	322801	107242
公共事业大类 Public Service	31195	32418	97116	32752
文化教育大类 Culture and Education	388794	297878	1015735	364225
艺术设计传媒大类 Artistic Design and Mass Media	150028	146639	458232	158836
公安大类 Public Security	16741	11504	32359	10611
法律大类 Law	46825	38785	119563	42084
总计中：师范生 of the Total：Students Enrolled in Teacher Training Institutions	183755	150568	523269	183780

成人本科分学科学生数

Number of Adult Students for Normal Courses in HEIs by Discipline

单位:人

unit:person

	毕业生数 Graduates	招生数 Entrants	在校学生数 Enrolment	预计毕业生数 Estimated Graduates for Next Year
总　计 Total	**801015**	**984817**	**2475495**	**848066**
其中:女 of Which: Female	446684	547657	1375098	451061
哲学 Philosophy	24	34	111	57
经济学 Economics	30278	31853	86685	30197
法学 Law	46785	50605	129498	50447
教育学 Education	47721	61467	136001	47964
文学 Literature	133280	107527	314366	124054
其中:外语 of Which:Foreign Language	38334	27962	83286	33521
艺术 Art	17371	18033	52833	16939
历史学 History	2257	1852	4722	1945
理学 Science	27556	22425	61008	25699
工学 Engineering	166500	244996	606031	194434
农学 Agriculture	11164	14163	37093	13403
医学 Medicine	146057	190372	465769	151475
管理学 Administrators	189393	259523	634211	208391
总计中:师范生 of the Total:Students Enrolled in Teacher Training Institutions	118982	106060	269058	108433

成人专科分学科学生数

Number of Adult Students for Short-cycle Courses in HEIs by Discipline

单位:人

unit:person

	毕业生数 Graduates	招生数 Entrants	在校学生数 Enrolment	预计毕业生数 Estimated Graduates for Next Year
总　计 Total	**1153342**	**1454734**	**3355628**	**1272489**
其中:女 of Which: Female	597477	782441	1794301	644542
农林牧渔大类 Agriculture, Forestry, Husbandry and Fishing	22228	24594	61338	26668
交通运输大类 Transportation and Communication	35088	47582	114125	43427
生化与药品大类 Biochemistry and Medicine	15528	14083	38576	15896
资源开发与测绘大类 Resources Development and Survey	29354	41473	99539	32618
材料与能源大类 Material and Energy	15186	13432	37023	14481
土建大类 Civil Engineering	73551	111378	240225	86189
水利大类 Water Resources	3927	5950	14270	6192
制造大类 Manufacturing	161026	172342	409736	160150
电子信息大类 Electronic Information	104034	94052	238719	105668
环保、气象与安全大类 Environment Protection, Meteorology and Safety	2282	2422	5817	2430
轻纺食品大类 Light, Textile and Food	7804	8140	19599	8239
财经大类 Finance	336934	376418	872292	355553
医药卫生大类 Medical and Health	140056	209370	530055	169865
旅游大类 Tourism	18429	23585	54136	22570
公共事业大类 Public Service	31545	47056	100658	38862
文化教育大类 Culture and Education	111246	205747	391887	131629
艺术设计传媒大类 Artistic Design and Mass Media	27609	39301	84757	34465
公安大类 Public Security	2016	1424	4878	1932
法律大类 Law	15499	16385	37998	15655
总计中:师范生 of the Total: Students Enrolled in Teacher Training Institutions	61581	126655	230017	75442

网络本科分学科学生数

Number of Web-based Students for Normal Courses in HEIs by Discipline

单位:人

unit:person

	毕业生数 Graduates	招生数 Entrants	在校生数 Enrolment
总 计 Total	**477949**	**696698**	**2002698**
其中:女 of Which:Female	261961	372157	1051918
哲学 Philosophy			
经济学 Economics	27376	33746	108384
法学 Law	55439	64387	224980
教育学 Education	18264	26271	64408
文学 Literature	51917	45950	174551
其中:外语 of Which:Foreign Language	10970	8954	42680
历史学 History	471	440	1110
理学 Science	7327	6629	18544
工学 Engineering	78147	144903	354584
农学 Agriculture	2638	5186	11958
医学 Medicine	36025	56247	140322
管理学 Administrators	200345	312939	903857
总计中:师范生 of the Total:Students Enrolled in Teacher Training Institutions	28446	28183	71226

高等教育学生

Changes in Enrolment of

	上学年初报表在校学生数 Enrolment at Beginning of Previous Academic Year	增加学生数 Factors of Increase					
		合计 Total	招生 No. of Students Admitted	复学 Students Resuming Studies	转入 Transfers from Other Inst.	其他 Others	合计 Total
博士生 Doctor's Degrees	271261	81746	68370	1259	9037	3080	69197
硕士生 Master's Degrees	1374584	539598	521303	3492	11521	3282	478174
普通本科生 Students Enrolled in Normal Courses	13496577	3965743	3894772	26878	23607	20486	3191432
普通专科生 Students Enrolled in Short-cycle Courses	9588501	3438168	3350392	12447	15180	60149	3384402
成人本科生 Students Enrolled in Normal Courses Provided by Adult HEIs	2336132	1024996	984817	8845	10194	21140	885633
成人专科生 Students Enrolled in Short-cycle Courses Provided by Adult HEIs	3138830	1518699	1454734	7759	14184	42022	1301901
网络本科生 Students Enroned in Normal Courses Provided by Web-based Programs	1754760	800507	696698	22456	13176	68177	552569
网络专科生 Students Enroned in Short-cycle Courses Provided by Web-based Programs	3170073	1523919	1267770	50259	24271	181619	992578

网络专科分专业大类学生数

Number of Web-based Students for Short-cycle Courses in HEIs by Discipline

单位:人

unit:person

	毕业生数 Graduates	招生数 Entrants	在校生数 Enrolment
总　计 Total	**882921**	**1267770**	**3701414**
其中:女 of Which: Female	439878	601284	1770409
农林牧渔大类 Farming, Forestry, Husbandry and Fishing	58618	66809	215762
交通运输大类 Transportation and Communication	18058	29477	73178
生化与药品大类 Biochemistry and Medicine	2773	4261	10701
资源开发与测绘大类 Resource Development and Survey	8325	16709	32203
材料与能源大类 Material and Energy	4486	5245	10941
土建大类 Civil Engineering	56733	119679	283677
水利大类 Water Resources	4925	6327	18377
制造大类 Manufacturing	34869	60222	159950
电子信息大类 Electronic Information	44941	51616	170509
环保、气象与安全大类 Environment Protection, Meteorology and Safety	1548	3157	6707
轻纺食品大类 Light Textile and Food	380	827	2322
财经大类 Finance	286377	385416	1189683
医药卫生大类 Medical and Health	44939	51305	153389
旅游大类 Tourism	4141	5511	18765
公共事业大类 Public Service	163253	254572	708492
文化教育大类 Culture and Education	71758	122482	360740
艺术设计传媒大类 Artistic Design and Mass Media	4474	5727	19931
公安大类 Public Security	844	1081	2153
法律大类 Law	71479	77347	263934
总计中:师范生 of the Total: Students Enrolled in Teacher Training Institutions	14641	23770	51977

数变动情况

Higher Educations

单位: 人

unit: person

减少学生数 Factors of Decrease								本学年初报表在校学生数 Enrolment at Beginning of Current Academic Year
毕业 Graduates	结业 Completers of Courses without Formal Diplomas	休学 Suspended	退学 Quitting	开除 Expelled	死亡 Death	转出 Transfers to Other Inst.	其他 Others	
51713	691	1043	2333	3	30	8964	4420	283810
434742	827	3192	6023	75	89	12806	20420	1436008
3038473	33476	39774	37183	1478	1159	22465	17424	14270888
3208865	25360	28745	50445	1992	604	22069	46322	9642267
801015	6529	10096	30207	353	30	7482	29921	2475495
1153342	14927	16064	50086	372	42	11221	55847	3355628
477949	764	7343	35740	4	24	6888	23857	2002698
882921	1263	21302	37714	152	29	24403	24794	3701414

高等教育非学历教育学生情况

Number of Students of Non-formal Education of Higher Education

单位：人
unit：person

	结业生数 Graduates		注册学生数 Enrolment	
	合计 Total	其中:女 of Which:Female	合计 Total	其中:女 of Which:Female
研究生课程进修班 Postgraduate Courses	50284	26738	73796	38640
自考助学班 Classes run by Non-government HEIs for Students Preparing for Self-directed State-administered Examinations	184933	96987	397381	208259
普通预科生 College-preparatory Classes			37668	19237
进修及培训 In-service Training	7550132	3340919	3439532	1481482
一个月以内 1 Month Under	4428800	1844844	1932953	745903
一个月至三个月以内 1 Month to 3 Months Under	1189885	546048	562522	256053
三个月至半年以内 3 Months to 6 Months Under	770578	391439	462477	261981
半年至一年以内 6 Months to 1 Year Under	971742	470004	300015	128499
一年及以上 1 Year and Over	189127	88584	181565	89046
总计中:资格证书培训 of the Total:For Certificates of Vocational Qualifications	2250573	1005008	1063044	454700
岗位证书培训 For Certificates of Job-related Qualifications	2159604	917477	696245	285504
第一产业类培训 Training for First Industry	481834	193417	155703	64440
第二产业类培训 Training for Second Industry	1224493	373199	580945	165225
第三产业类培训 Training for Third Industry	5843805	2774303	2702884	1251817

高等教育学生中其他情况

Other Circumstances of Students in Higher Education

单位:人
unit: person

	共产党员 Member of C. P. A	共青团员 Member of C. Y. L	华侨 Overseas Chinese	港澳台 From HK, Macao and Taiwan	少数民族 Minorities	残疾人 Disabled
总　计 Total	**3502139**	**26054703**	**3599**	**27991**	**2656116**	**25023**
研究生 Postgraduates	747860	732328	144	6967	99441	294
博　士 Doctor's Degree	617772	671690	113	4127	84588	253
硕　士 Master's Degree	130088	60638	31	2840	14853	41
普通本专科 Undergraduates in Regular HEIs	1774650	20397935	1693	18129	1779591	14297
本　科 Normal Courses	337050	8307338	185	192	657333	7568
专　科 Short-cycle Courses	1437600	12090597	1508	17937	1122258	6729
成人本专科 Undergraduates in Adult HEIs	464610	2466736	1566	2158	454351	1188
本　科 Normal Courses	184242	1540380	295	300	254979	823
专　科 Short-cycle Courses	280368	926356	1271	1858	199372	365
网络本专科生 Web-based Undergraduates	515019	2457704	196	737	322733	9244
本　科 Normal Courses	259586	1667164	110	391	209987	7437
专　科 Short-cycle Courses	255433	790540	86	346	112746	1807

	毕(结)业生数 Graduates	授予学位数 Degrees Awarded	招生数 Entrants 合计 Total	招生数 Entrants 其中:春季招生 of Which: Spring Term
总　计 Total	**83613**	**18259**	**102991**	**29673**
其中:女 of Which:Female	39846	7828	48532	14726
按层次分 by Level of Training	**21569**	**18259**	**32162**	**3709**
博士研究生 Doctor's Degrees	393		755	140
硕士研究生 Master's Degrees	14520	12300	20150	2655
本科 Normal Courses	5614	5145	8898	722
专科 Short-cycle Courses	1042	814	2359	192
培训 In-service Training	62044		70829	25964
分大洲 by Continent				
亚洲 Asia	49720	14273	61765	18011
非洲 Africa	6046	1749	9118	1964
欧洲 Europe	16333	1405	20427	5590
北美洲 North America	8906	503	8838	3550
南美洲 South America	1165	194	1357	308
大洋洲 Australia	1443	135	1486	250
分经费来源 by Sources of Support				
国际组织资助 Aided by IGOs	337	33	346	63
中国政府资助 Aided by Chinese Government	11694	4581	15730	2211
本国政府资助 Aided by Home Government	1146	446	1478	387
学校间交换 Aided by Inter-institutional Exchanges	10078	489	12233	4735
自费 Self-supporting	60358	12710	73204	22277

生 情 况
International Students

单位：人、人次
unit：person

在校生数 Enrolment					
合计 Total	第一年 1st Year	第二年 2nd Year	第三年 3rd Year	第四年 4th Year	第五年及以上 5th Year and Over
157845	**84668**	**30291**	**19161**	**13546**	**10179**
69418	40083	12745	7573	5479	3538
96409	29714	24926	18434	13296	10039
1278	806	168	174	130	
67777	18200	16185	12964	11391	9037
20311	8495	6769	3763	932	352
7043	2213	1804	1533	843	650
61436	54954	5365	727	250	140
104352	51300	20772	13722	10204	8354
17370	7587	4157	2734	1857	1035
22377	16228	3285	1637	836	391
9802	6916	1473	677	454	282
1917	1211	327	218	102	59
2027	1426	277	173	93	58
377	308	30	30	8	1
29941	13961	7279	4823	2914	964
2829	1122	755	334	431	187
11721	9884	1094	456	171	116
112977	59393	21133	13518	10022	8911

高等教育学校(机构)
Number of Educational

	合计 Total	校本部 Educational Personnel			
		小计 Subtotal	专任教师		
			小计 Subtotal	正高级 Senior	副高级 Sub-senior
总　计 Total	**2319984**	**2188812**	**1479685**	**171212**	**424408**
其中:女 of Which: Female	1070981	1016621	701575	48910	185622
普通高校 Regular HEIs	2254372	2124081	1440292	169423	412692
成人高校 Adult HEIs	65612	64731	39393	1789	11716

高等教育学校(机构)
Number of Educational

	合计 Total	校本部 Educational Personnel			
		小计 Subtotal	专任教师		
			小计 Subtotal	正高级 Senior	副高级 Sub-senior
总　计 Total	**2254372**	**2124081**	**1440292**	**169423**	**412692**
其中:女 of Which: Female	1039161	985144	680918	48151	179871
分类型:本科院校 by Type: HEIs Offering Degree Programs	1627642	1512584	1013957	152309	305841
其中:独立学院 of Which: Independent Institutions	189194	188031	139657	15738	36626
高职(专科)院校 Higher Vocational Colleges	622425	607212	423381	16933	106120
其他机构 Other Institutions	4305	4285	2954	181	731
分举办者:1. 中央部门所属 by Providers: Central Ministries & Agencies	378982	315714	182521	45256	63984
教育部 Under MOE	292118	248641	144635	37200	51509
其他部门 Other Central Agencies	86864	67073	37886	8056	12475
2. 地方所属 Local Authorities	1487952	1425561	990596	97936	285763
教育部门 Ed. Dept.	1149045	1094485	758584	86994	223208
其他部门 Non-Ed. Dept.	316203	308822	217760	10633	58259
地方企业 Local Enterprises	22704	22254	14252	309	4296
3. 民办 Non-government	387438	382806	267175	26231	62945

教职工情况(总计)
Personnel in HEIs (Total)

单位：人
unit: person

教职工数 Educational Personnel								
教职工 in Main Campus						科研机构人员 Personnel in Affiliated Research Org.	校办企业职工 Employees in School-run Factories & Farms	其他附设机构人员 Personnel in Others Subsidiary Units
Full-time Teachers			行政人员 Adm. Personnel	教辅人员 Supporting Staff	工勤人员 Workers			
中级 Middle	初级 Junior	未定职级 No-ranking						
592549	**217621**	**73895**	**321388**	**214056**	**173683**	**36964**	**34056**	**60152**
307690	120274	39079	146005	115953	53088	13164	10307	30889
576013	209811	72353	309534	206096	168159	36706	33766	59819
16536	7810	1542	11854	7960	5524	258	290	333

教职工情况(普通高校)
Personnel in HEIs (Regular HEIs)

单位：人
unit: person

教职工数 Educational Personnel								
教职工 in Main Campus						科研机构人员 Personnel in Affiliated Research Org.	校办企业职工 Employees in School-run Factories & Farms	其他附设机构人员 Personnel in Others Subsidiary Units
Full-time Teachers			行政人员 Adm. Personnel	教辅人员 Supporting Staff	工勤人员 Workers			
中级 Middle	初级 Junior	未定职级 No-ranking						
576013	**209811**	**72353**	**309534**	**206096**	**168159**	**36706**	**33766**	**59819**
298751	115940	38205	140871	111815	51540	13044	10192	30781
408119	110451	37237	223014	155186	120427	35310	27414	52334
53712	25305	8276	23315	11997	13062	60	520	583
166527	98865	34936	85806	50580	47445	1386	6352	7475
1367	495	180	714	330	287	10		10
63040	6620	3621	56733	45628	30832	25971	12612	24685
48865	4317	2744	44834	34913	24259	15550	11392	16535
14175	2303	877	11899	10715	6573	10421	1220	8150
416122	146406	44369	198652	131227	105086	9948	18666	33777
321758	96531	30093	152009	103523	80369	8941	15656	29963
88398	46946	13524	43193	25479	22390	872	2788	3721
5966	2929	752	3450	2225	2327	135	222	93
96851	56785	24363	54149	29241	32241	787	2488	1357

高等教育学校(机构)
Number of Educational

	合计 Total	校本部 Educational Personnel			
		小计 Subtotal	专任教师		
			小计 Subtotal	正高级 Senior	副高级 Sub-senior
总　计 Total	**65612**	**64731**	**39393**	**1789**	**11716**
其中:女 of Which: Female	31820	31477	20657	759	5751
分类型:职工高等学校 by Type: Workers' Colleges	22479	22192	13786	371	4205
农民高等学校 Peasants' College	130	130	89		14
管理干部学院 Institutes for Administration	10833	10705	6669	562	2081
教育学院 Educational College	10959	10690	7342	436	2458
独立函授学院 Independent Correspondence Colleges					
广播电视大学 Radio/TV Universities	20458	20261	11063	419	2842
其他机构 Other Institutions	753	753	444	1	116
分举办者:1. 中央部门所属	1201	1185	552	58	212
by Provider: Under Central Ministries & Agencies					
教育部 Under MOE	506	495	151	22	67
其他部门 Other Central Agencies	695	690	401	36	145
2. 地方所属 Local Auth.	64391	63526	38836	1729	11503
教育部门 Ed. Dept.	32202	31921	19304	852	5556
其他部门 Non – ed. Dept.	27679	27149	16946	840	5077
地方企业 Local Enterprises	4510	4456	2586	37	870
3. 民办 Non – government	20	20	5	2	1

教职工情况(成人高校)
Personnel in HEIs (Adult HEIs)

单位：人
unit：person

教职工数 Educational Personnel								
教职工 in Main Campus						科研机构人员 Personnel in Affiliated Research Org.	校办企业职工 Employees in School-run	其他附设机构人员 Personnel in Others Subsidiary Units
Full-time Teachers			行政人员 Adm. Personnel	教辅人员 Supporting Staff	工勤人员 Workers			
中级 Middle	初级 Junior	未定职级 No-ranking						
16536	**7810**	**1542**	**11854**	**7960**	**5524**	**258**	**290**	**333**
8939	4334	874	5134	4138	1548	120	115	108
6180	2622	408	3851	2343	2212	6	164	117
40	35		20	14	7			
2649	1173	204	1891	1171	974	72	10	46
2823	1342	283	1570	954	824	146		123
4651	2505	646	4340	3401	1457	34	116	47
193	133	1	182	77	50			
242	34	6	273	255	105	11	2	3
55	5	2	107	201	36	11		
187	29	4	166	54	69		2	3
16292	7776	1536	11571	7704	5415	247	288	330
8061	3971	864	6076	4265	2276	90	119	72
7058	3383	588	4733	2865	2605	157	117	256
1173	422	84	762	574	534		52	2
2			10	1	4			

研究生指导
Number of Supervisors

	合计 Total	30岁及以下 30 and Under	31—35岁 31 to 35	36—40岁 36 to 40
总　计 Total	**298438**	**2603**	**25917**	**52206**
其中:女 of Which: Female	83941	818	8189	18009
分职称:正高级 by Rank:Senior	146619	126	1858	9613
副高级 Sub-senior	139644	1073	18275	39423
中级 Middle	12175	1404	5784	3170
分指导关系:博士导师	16598	9	279	1136
by Level of Programs Supervised: Supervisors of Doctoral Programs				
其中:女 of Which: Female	2419	1	40	172
硕士导师 Supervisors of Master's Degree Programs	229453	2516	24186	46136
其中:女 of Which: Female	73067	799	7926	16884
博士、硕士导师	52387	78	1452	4934
Supervisors of Doc. & Mas. Degree Programs				
其中:女 of Which: Female	8455	18	223	953

研究生指导教
Number of Supervisors of

	合计 Total	30岁及以下 30 and Under	31—35岁 31 to 35	36—40岁 36 to 40
总　计 Total	**279901**	**2540**	**24693**	**49321**
其中:女 of Which: Female	80762	810	7945	17379
分职称:正高级 by Rank:Senior	133416	114	1649	8481
副高级 Sub-senior	134382	1050	17276	37683
中级 Middle	12103	1376	5768	3157
分指导关系:博士导师	13720	7	229	973
by Level of Programs Supervised: Supervisors of Doctoral Programs				
其中:女 of Which: Female	2112	1	37	159
硕士导师 Supervisors of Master's Degree Programs	217911	2458	23138	43975
其中:女 of Which: Female	70793	791	7708	16383
博士、硕士导师	48270	75	1326	4373
Supervisors of Doc. & Mas. Degree Programs				
其中:女 of Which: Female	7857	18	200	837

教师情况(总计)

of Postgraduate Programs (Total)

单位：人

unit: person

41—45 岁 41 to 45	46—50 岁 46 to 50	51—55 岁 51 to 55	56—60 岁 56 to 60	61—65 岁 61 to 65	66 岁及以上 66 and Over
62215	**83471**	**36529**	**23831**	**6103**	**5563**
20075	22132	8434	4834	878	572
24859	53602	27164	18927	5402	5068
36204	29375	9268	4848	691	487
1152	494	97	56	10	8
2317	5141	2738	2088	1109	1781
453	799	383	315	126	130
50923	60528	25175	15740	2807	1442
17865	18444	6794	3656	485	214
8975	17802	8616	6003	2187	2340
1757	2889	1257	863	267	228

师情况(普通高校)

Postgraduate Programs (Regular HEIs)

单位：人

unit: person

41—45 岁 41 to 45	46—50 岁 46 to 50	51—55 岁 51 to 55	56—60 岁 56 to 60	61—65 岁 61 to 65	66 岁及以上 66 and Over
58156	**77867**	**34206**	**22343**	**5723**	**5052**
19337	21266	8045	4605	837	538
22074	48856	25079	17572	5027	4564
34936	28520	9032	4719	686	480
1146	491	95	52	10	8
1905	4255	2236	1714	920	1481
404	713	321	256	112	109
48190	57200	23899	14964	2704	1383
17333	17836	6546	3519	467	210
8061	16412	8071	5665	2099	2188
1600	2717	1178	830	258	219

分学科专任教师数(总计)

Number of Full-time Teachers by Field of Study(Total)

单位:人
unit: person

	合计 Total	正高级 Senior	副高级 Sub-Senior	中级 Middle	初级 Junior	未定职级 No-ranking
总计 Total	**1479685**	**171212**	**424408**	**592549**	**217621**	**73895**
其中:女 of Which: Female	701575	48910	185622	307690	120274	39079
哲学 Philosophy	43781	5685	13512	16595	5800	2189
经济学 Economics	87956	9881	25597	34946	12703	4829
法学 Law	65118	7175	18190	27233	9284	3236
教育学 Education	126129	9587	35357	51033	22707	7445
其中:体育 of Which:Sport	60755	4165	18504	24878	10537	2671
文学 Literature	308840	23656	74018	136263	57143	17760
其中:外语 of Which:Foreign Language	132148	7271	30491	64014	23808	6564
艺术 Art	92620	6924	18974	39413	21037	6272
历史学 History	17876	3126	5487	6539	2071	653
理学 Science	172586	25718	55890	64906	19294	6778
工学 Engineering	396584	49218	119341	158916	51519	17590
其中:计算机 of Which:Computer	93929	6728	24231	43933	15337	3700
农学 Agriculture	36844	6336	11672	13319	3923	1594
其中:林学 of Which:Forestry	6306	911	1955	2354	841	245
医学 Medicine	107656	18775	33324	36011	15145	4401
管理学 Administrators	116315	12055	32020	46788	18032	7420

注:不含民办的其他高等教育机构数据。

Note:Date of Non-government HEIs are not included.

分学科专任教师数(普通高校)
Number of Full-time Teachers by Field of Study (Regular HEIs)

单位:人
unit: person

	合计 Total	正高级 Senior	副高级 Sub-Senior	中级 Middle	初级 Junior	未定职级 No-ranking
总　计 Total	**1440292**	**169423**	**412692**	**576013**	**209811**	**72353**
其中:女 of Which: Female	680918	48151	179871	298751	115940	38205
哲学 Philosophy	42126	5551	12947	15937	5538	2153
经济学 Economics	84478	9649	24475	33506	12134	4714
法学 Law	62706	7028	17482	26187	8884	3125
教育学 Education	122210	9405	34214	49512	21823	7256
其中:体育 of Which:Sport	59483	4134	18173	24372	10190	2614
文学 Literature	300627	23338	71801	132729	55345	17414
其中:外语 of Which:Foreign Language	129274	7194	29725	62703	23191	6461
艺术 Art	90890	6864	18649	38666	20536	6175
历史学 History	17097	3061	5176	6256	1972	632
理学 Science	168312	25534	54415	63131	18580	6652
工学 Engineering	387410	49025	116738	154878	49559	17210
其中:计算机 of Which:Computer	90569	6655	23374	42335	14616	3589
农学 Agriculture	36301	6321	11552	13087	3759	1582
其中:林学 of Which:Forestry	6255	908	1941	2338	824	244
医学 Medicine	106137	18659	32839	35392	14889	4358
管理学 Administrators	112888	11852	31053	45398	17328	7257

分学科专任教师数(成人高校)

Number of Full-time Teachers by Field of Study(Adult HEIs)

单位:人
unit:person

	合计 Total	正高级 Senior	副高级 Sub-Senior	中级 Middle	初级 Junior	未定职级 No-ranking
总计 Total	**39393**	**1789**	**11716**	**16536**	**7810**	**1542**
其中:女 of Which: Female	20657	759	5751	8939	4334	874
哲学 Philosophy	1655	134	565	658	262	36
经济学 Economics	3478	232	1122	1440	569	115
法学 Law	2412	147	708	1046	400	111
教育学 Education	3919	182	1143	1521	884	189
其中:体育 of Which:Sport	1272	31	331	506	347	57
文学 Literature	8213	318	2217	3534	1798	346
其中:外语 of Which:Foreign Language	2874	77	766	1311	617	103
艺术 Art	1730	60	325	747	501	97
历史学 History	779	65	311	283	99	21
理学 Science	4274	184	1475	1775	714	126
工学 Engineering	9174	193	2603	4038	1960	380
其中:计算机 of Which:Computer	3360	73	857	1598	721	111
农学 Agriculture	543	15	120	232	164	12
其中:林学 of Which:Forestry	51	3	14	16	17	1
医学 Medicine	1519	116	485	619	256	43
管理学 Administrators	3427	203	967	1390	704	163

分学科专任教师数(民办的其他高等教育机构)

Number of Full-time Teachers by Field of Study (Other Non-government HEIs)

单位:人
unit: person

	合计 Total	正高级 Senior	副高级 Sub-Senior	中级 Middle	初级 Junior	未定职级 No-ranking
总计 Total	**14868**	**1517**	**2952**	**4947**	**2406**	**3046**
其中:女 of Which: Female	7408	531	1293	2539	1381	1664
哲学 Philosophy	638	107	182	205	83	61
经济学 Economics	1300	174	361	437	171	157
法学 Law	532	70	152	182	90	38
教育学 Education	1235	80	231	481	244	199
其中:体育 of Which: Sport	334	6	26	115	83	104
文学 Literature	4472	370	701	1490	669	1242
其中:外语 of Which: Foreign Language	1883	110	271	646	296	560
艺术 Art	1348	140	198	329	204	477
历史学 History	197	20	60	59	30	28
理学 Science	1015	144	229	328	180	134
工学 Engineering	3346	230	509	1125	607	875
其中:计算机 of Which: Computer	1832	101	233	569	267	662
农学 Agriculture	103	14	30	29	19	11
其中:林学 of Which: Forestry	28	2	5	8	7	6
医学 Medicine	645	122	210	195	64	54
管理学 Administrators	1385	186	287	416	249	247

专任教师、聘请校外教师学历情况(总计)

Number of Academic Qualifications of Full-time and Part-time Teachers in HEIs (Total)

单位:人
unit: person

	合计 Total	博　士 Doctor's Degrees	硕　士 Master's Degrees	本　科 Normal Courses	专科及以下 Short-cycle Courses and Under
1. 专任教师 Full-time Teachers	1479685	255261	522024	679880	22520
其中:女 of Which: Female	701575	85322	278533	329894	7826
正高级 Senior	171212	75768	34824	59003	1617
副高级 Sub-senior	424408	96659	103350	218797	5602
中　级 Middle	592549	74278	258786	251156	8329
初　级 Junior	217621	1631	92066	119602	4322
未定职级 No-ranking	73895	6925	32998	31322	2650
2. 聘请校外教师 Part-time Teachers	431517	58738	139391	210995	22393
其中:女 of Which: Female	164832	14953	58407	84495	6977
外籍教师 Foreign Teachers	13801	4765	4034	4936	66
其他高校教师 Other HEI Teachers	121410	22482	48859	48092	1977
正高级 Senior	74068	28161	22406	22454	1047
副高级 Sub-senior	134508	17263	42830	70241	4174
中　级 Middle	141457	10398	48388	74479	8192
初　级 Junior	41190	870	14144	23186	2990
未定职级 No-ranking	40294	2046	11623	20635	5990

注:不包含民办的其他高等教育机构数据。

Note: Date of Non-government HEIs are not included.

专任教师、聘请校外教师学历情况(普通高校)

Number of Academic Qualifications of Full-time and Part-time Teachers in HEIs (Regular HEIs)

单位:人
unit: person

	合计 Total	博　士 Doctor's Degrees	硕　士 Master's Degrees	本　科 Normal Courses	专科及以下 Short-cycle Courses and Under
1. 专任教师 Full-time Teachers	1440292	254399	513793	651623	20477
其中:女 of Which: Female	680918	84962	273827	315054	7075
正高级 Senior	169423	75552	34375	57885	1611
副高级 Sub-senior	412692	96281	101262	209819	5330
中　级 Middle	576013	74035	255166	239488	7324
初　级 Junior	209811	1624	90492	113976	3719
未定职级 No-ranking	72353	6907	32498	30455	2493
2. 聘请校外教师 Part-time Teachers	387673	57914	130956	178211	20592
其中:女 of Which: Female	144929	14660	54556	69474	6239
外籍教师 Foreign Teachers	13652	4762	3995	4829	66
其他高校教师 Other HEI Teachers	109718	22156	45849	40157	1556
正高级 Senior	72325	27969	21790	21544	1022
副高级 Sub-senior	121280	16913	39930	60486	3951
中　级 Middle	121314	10186	44874	58917	7337
初　级 Junior	34296	832	13191	17778	2495
未定职级 No-ranking	38458	2014	11171	19486	5787

专任教师、聘请校外教师学历情况(成人高校)

Number of Academic Qualifications of Full-time and Part-time Teachers in HEIs (Adult HEIs)

单位：人
unit：person

	合计 Total	博士 Doctor's Degrees	硕士 Master's Degrees	本科 Normal Courses	专科及以下 Short-cycle Courses and Under
1. 专任教师 Full-time Teachers	39393	862	8231	28257	2043
其中:女 of Which:Female	20657	360	4706	14840	751
正高级 Senior	1789	216	449	1118	6
副高级 Sub-senior	11716	378	2088	8978	272
中 级 Middle	16536	243	3620	11668	1005
初 级 Junior	7810	7	1574	5626	603
未定职级 No-ranking	1542	18	500	867	157
2. 聘请校外教师 Part-time Teachers	43844	824	8435	32784	1801
其中:女 of Which: Female	19903	293	3851	15021	738
外籍教师 Foreign Teachers	149	3	39	107	
其他高校教师 Other HEI Teachers	11692	326	3010	7935	421
正高级 Senior	1743	192	616	910	25
副高级 Sub-senior	13228	350	2900	9755	223
中 级 Middle	20143	212	3514	15562	855
初 级 Junior	6894	38	953	5408	495
未定职级 No-ranking	1836	32	452	1149	203

专任教师、聘请校外教师学历情况(民办的其他高等教育机构)

Number of Academic Qualifications of Full-time and Part-time Teachers in HEIs (Other Non-government HEIs)

单位：人
unit：person

	合计 Total	博士 Doctor's Degrees	硕士 Master's Degrees	本科 Normal Courses	专科及以下 Short-cycle Courses and Under
1. 专任教师 Full-time Teachers	14868	538	3010	10107	1213
其中:女 of Which:Female	7408	149	1483	5186	590
正高级 Senior	1517	190	421	859	47
副高级 Sub-senior	2952	182	699	1925	146
中 级 Middle	4947	92	1172	3316	367
初 级 Junior	2406	21	287	1811	287
未定职级 No-ranking	3046	53	431	2196	366
2. 聘请校外教师 Part-time Teachers	15710	1467	4647	8895	701
其中:女 of Which: Female	6837	474	2122	3879	362
外籍教师 Foreign Teachers	71	3	28	33	7
其他高校教师 Other HEI Teachers	3491	467	1510	1481	33
正高级 Senior	2282	493	773	961	55
副高级 Sub-senior	5068	631	1521	2789	127
中 级 Middle	5473	281	1718	3182	292
初 级 Junior	1616	31	313	1132	140
未定职级 No-ranking	1271	31	322	831	87

专任教师年龄情况(总计)

Number of Full-time Teachers by Age (Total)

单位：人

unit：person

	合计 Total	30岁及以下 30 and Under	31—35岁 31 to 35	36—40岁 36 to 40	41—45岁 41 to 45	46—50岁 46 to 50	51—55岁 51 to 55	56—60岁 56 to 60	61—65岁 61 to 65	66岁及以上 66 and Over
总　计 Total	**1479685**	**301784**	**348644**	**249042**	**205447**	**206216**	**88425**	**57969**	**13640**	**8518**
其中:女 of Which：Female	701575	177223	186299	118860	90538	80858	30172	13517	2771	1337
正高级 Senior	171212	100	1405	9568	28714	61813	32180	25052	7422	4958
副高级 Sub-senior	424408	2050	36272	95020	109244	105935	41972	25496	5171	3248
中　级 Middle	592549	102093	245909	128263	61185	34857	12626	6490	877	249
初　级 Junior	217621	141861	53244	13066	4979	2706	1163	547	49	6
未定职级 No-ranking	73895	55680	11814	3125	1325	905	484	384	121	57

注:不含民办的其他高等教育机构数据。

Note：Data of Non-government HEIs are not included.

专任教师年龄情况(普通高校)

Number of Full-time Teachers by Age (Regular HEIs)

单位：人

unit：person

	合计 Total	30岁及以下 30 and Under	31—35岁 31 to 35	36—40岁 36 to 40	41—45岁 41 to 45	46—50岁 46 to 50	51—55岁 51 to 55	56—60岁 56 to 60	61—65岁 61 to 65	66岁及以上 66 and Over
总　计 Total	**1440292**	**293610**	**340893**	**242377**	**199234**	**200304**	**85343**	**56443**	**13587**	**8501**
其中:女 of Which：Female	680918	172096	181937	115314	87323	77961	28910	13281	2760	1336
正高级 Senior	169423	100	1396	9502	28382	61179	31769	24749	7397	4949
副高级 Sub-senior	412692	2021	35767	92927	106109	102525	40267	24687	5149	3240
中　级 Middle	576013	99963	240622	124432	58787	33198	11756	6134	872	249
初　级 Junior	209811	137107	51439	12432	4674	2527	1083	495	48	6
未定职级 No-ranking	72353	54419	11669	3084	1282	875	468	378	121	57

专任教师年龄情况（成人高校）
Number of Full-time Teachers by Age（Adult HEIs）

单位：人
unit：person

	合计 Total	30岁及以下 30 and Under	31—35岁 31 to 35	36—40岁 36 to 40	41—45岁 41 to 45	46—50岁 46 to 50	51—55岁 51 to 55	56—60岁 56 to 60	61—65岁 61 to 65	66岁及以上 66 and Over
总　计 Total	**39393**	**8174**	**7751**	**6665**	**6213**	**5912**	**3082**	**1526**	**53**	**17**
其中：女 of Which：Female	20657	5127	4362	3546	3215	2897	1262	236	11	1
正高级 Senior	1789		9	66	332	634	411	303	25	9
副高级 Sub-senior	11716	29	505	2093	3135	3410	1705	809	22	8
中　级 Middle	16536	2130	5287	3831	2398	1659	870	356	5	
初　级 Junior	7810	4754	1805	634	305	179	80	52	1	
未定职级 No-ranking	1542	1261	145	41	43	30	16	6		

专任教师年龄情况（民办的其他高等教育机构）
Number of Full-time Teachers by Age（Other Non-government HEIs）

单位：人
unit：person

	合计 Total	30岁及以下 30 and Under	31—35岁 31 to 35	36—40岁 36 to 40	41—45岁 41 to 45	46—50岁 46 to 50	51—55岁 51 to 55	56—60岁 56 to 60	61—65岁 61 to 65	66岁及以上 66 and Over
总　计 Total	**14868**	**4025**	**3054**	**2117**	**1949**	**1185**	**868**	**703**	**585**	**382**
其中：女 of Which：Female	7408	2364	1664	1066	886	543	378	278	150	79
正高级 Senior	1517	54	35	69	164	242	242	260	242	209
副高级 Sub-senior	2952	18	204	481	592	540	422	317	247	131
中　级 Middle	4947	951	1462	1028	844	303	167	92	70	30
初　级 Junior	2406	1299	649	241	134	46	13	15	6	3
未定职级 No-ranking	3046	1703	704	298	215	54	24	19	20	9

专任教师、聘请校外教

Number of Full-time and Part-time Teachers Classified by Teaching

	专任教师中按授课内容分 Full-time Teachers Classified by Teaching Content			
	合计 Total	公共课基础课 Common Required Course	专业课 Special Subjects	
			小计 Subtotal	其中:双师型 of Which: Double-teacher Type
总 计 Total	**1435066**	**391307**	**1043759**	**206950**
其中:女 of Which: Female	682240	204025	478215	95287
正高级 Senior	166618	31192	135426	17430
副高级 Sub-senior	412370	106662	305708	79959
中级 Middle	573527	164246	409281	109561
初级 Junior	211486	67457	144029	
未定职级 No-ranking	71065	21750	49315	
普通高校 Regular HEIs	**1396590**	**379772**	**1016818**	**200013**
其中:女 of Which: Female	662034	197577	464457	91782
正高级 Senior	164862	30786	134076	16943
副高级 Sub-senior	400926	103320	297606	77065
中级 Middle	557369	159403	397966	106005
初级 Junior	203872	64930	138942	
未定职级 No-ranking	69561	21333	48228	
成人高校 Adult HEIs	**38476**	**11535**	**26941**	**6937**
其中:女 of Which: Female	20206	6448	13758	3505
正高级 Senior	1756	406	1350	487
副高级 Sub-senior	11444	3342	8102	2894
中级 Middle	16158	4843	11315	3556
初级 Junior	7614	2527	5087	
未定职级 No-ranking	1504	417	1087	

注:不含民办的其他高等教育机构数据。

Note: Date of Non-government HEIs are not included.

专任教师、聘请校外教

Number of Full-time and Part-time Teachers Classified by Teaching

	专任教师中按授课内容分 Full-time Teachers Classified by Teaching Content			
	合计 Total	公共课基础课 Common Required Course	专业课 Special Subjects	
			小计 Subtotal	其中:双师型 of Which: Double-teacher Type
总 计	**14517**	**4973**	**9544**	**1424**
其中:女 of Which: Female	7279	2549	4730	650
正高级 Senior	1484	484	1000	188
副高级 Sub-senior	2892	1035	1857	478
中级 Middle	4864	1794	3070	758
初级 Junior	2353	848	1505	
未定职级 No-ranking	2924	812	2112	

师岗位分类情况(总计)

Content in HEIs (Total)

单位：人
unit: person

聘请校外教师按授课内容分 Part-time Teachers Classfied by Teaching Content				专任教师中不任课人数 Full-time Teachers by Non-teaching				
合计 Total	公共课基础课 Common Required Course	专业课 Special Subjects: 小计 Subtotal	专业课 Special Subjects: 其中:双师型 of Which: Double-teacher Type	合计 Total	进修 In-service	科研 Research	病休 Sick Leave	其他 Others
431517	**91470**	**340047**	**69416**	**44619**	**21970**	**6574**	**1912**	**14163**
164832	40253	124579	24615	19335	9793	2129	1119	6294
74068	12294	61774	9294	4594	1511	1621	112	1350
134508	27375	107133	29132	12038	6180	2193	449	3216
141457	30858	110599	30990	19022	10777	2261	857	5127
41190	11220	29970		6135	2998	318	405	2414
40294	9723	30571		2830	504	181	89	2056
387673	**77193**	**310480**	**64332**	**43702**	**21850**	**6305**	**1884**	**13663**
144929	33676	111253	22592	18884	9729	1980	1106	6069
72325	11875	60450	8853	4561	1510	1594	110	1347
121280	23259	98021	27009	11766	6162	2080	445	3079
121314	24556	96758	28470	18644	10716	2150	848	4930
34296	8371	25925		5939	2962	301	392	2284
38458	9132	29326		2792	500	180	89	2023
43844	**14277**	**29567**	**5084**	**917**	**120**	**269**	**28**	**500**
19903	6577	13326	2023	451	64	149	13	225
1743	419	1324	441	33	1	27	2	3
13228	4116	9112	2123	272	18	113	4	137
20143	6302	13841	2520	378	61	111	9	197
6894	2849	4045		196	36	17	13	130
1836	591	1245		38	4	1		33

师岗位分类情况(民办的其他高等教育机构)

Content in HEIs (Other Non-government HEIs)

单位：人
unit: person

聘请校外教师按授课内容分 Part-time Teachers Classfied by Teaching Content				专任教师中不任课人数 Full-time Teachers by Non-teaching				
合计 Total	公共课基础课 Common Required Course	专业课 Special Subjects: 小计 Subtotal	专业课 Special Subjects: 其中:双师型 of Which: Double-teacher Type	合计 Total	进修 In-service	科研 Research	病休 Sick Leave	其他 Others
15710	**4611**	**11099**	**1511**	**351**	**71**	**53**	**23**	**204**
6837	2222	4615	592	129	33	7	16	73
2282	712	1570	294	33	6	9	1	17
5068	1484	3584	673	60	13	7	9	31
5473	1689	3784	544	83	11	13	7	52
1616	464	1152		53	6	18	3	26
1271	262	1009		122	35	6	3	78

专任教师
Changes of Full-time

	上学年初报表专任教师数 Number of Full-time Teachers at Beginning of Previous Academic Year	增加专任 Factors of			
		合计 Total	录用毕业生 New Recruits from Current Year Graduates		
			小计 Subtotal	其中 of Which:	
				研究生 Completing Doc. & Mas. Deg.	本科 Completing Normal Courses
总　计 Total	**1433579**	**105025**	**60087**	**48479**	**4961**
其中:女 of Which: Female	674316	53096	31908	25263	2154
普通高校 Regular HEIs	**1393065**	**102896**	**59164**	**47893**	**4945**
其中:女 of Which: Female	653194	51894	31326	24906	2143
成人高校 Adult HEIs	**40514**	**2129**	**923**	**586**	**16**
其中:女 of Which: Female	21122	1202	582	357	11

注:不含民办的其他高等教育机构数据。

Note: Date of Non-government HEIs are not included.

专任教师
Changes of Full-time Teachers in HEIs

	上学年初报表专任教师数 Number of Full-time Teachers at Beginning of Previous Academic Year	增加专任 Factors of			
		合计 Total	录用毕业生 New Recruits from Current Year Graduates		
			小计 Subtotal	其中 of Which:	
				研究生 Completing Doc. & Mas. Deg.	本科 Completing Normal Courses
总　计 Total	**15166**	**2476**	**634**	**200**	**12**
其中:女 of Which: Female	7429	1286	330	95	1

变动情况(总计)

Teachers in HEIs (Total)

单位：人
unit：person

教师数 Increase				减少专任教师数 Factors of Decrease				本学年初报表专任教师数 Number of Full-time Teachers at Beginning of Current Academic Year
外单位教师调入 Teachers Recruited from Other Units		校内、外非教师调入 Non-teaching Personnel Changed into Teachers		合计 Total	自然减员 Retired from their Posts during Previous Academic Year	调离教师岗位 Transferred from Teaching to Non-teaching Posts	其他 Others	
小计 Subtotal	其中：高校调入 of Which：from Reg. HEIs	小计 Subtotal	其中：本校调整 of Which：with Change of Status in Their Own Institutions					
23701	**14373**	**21237**	**12180**	**58919**	**20155**	**13315**	**25449**	**1479685**
11409	6486	9779	5688	25837	8877	5563	11397	701575
23204	**14285**	**20528**	**11617**	**55669**	**19439**	**12773**	**23457**	**1440292**
11099	6433	9469	5455	24170	8485	5283	10402	680918
497	**88**	**709**	**563**	**3250**	**716**	**542**	**1992**	**39393**
310	53	310	233	1667	392	280	995	20657

变动情况(民办的其他高等教育机构)

(Other Non-government HEIs)

单位：人
unit：person

教师数 Increase				减少专任教师数 Factors of Decrease				本学年初报表专任教师数 Number of Full-time Teachers at Beginning of Current Academic Year
外单位教师调入 Teachers Recruited from Other Units		校内、外非教师调入 Non-teaching Personnel Changed into Teachers		合计 Total	自然减员 Retired from their Posts during Previous Academic Year	调离教师岗位 Transferred from Teaching to Non-teaching Posts	其他 Others	
小计 Subtotal	其中：高校调入 of Which：from Reg. HEIs	小计 Subtotal	其中：本校调整 of Which：with Change of Status in Their Own Institutions					
1329	**139**	**513**	**59**	**2774**	**1000**	**603**	**1171**	**14868**
704	74	252	33	1307	481	281	545	7408

资产
Condition of Fixed Assets

	占地面积(平方米) Area of School sites (m^2)			图书音像资料情况 Audio-visual ed. Resources	
				一般图书(万册) Books & Magazines in Libraries (10,000 volume)	
	合计 Total	其中:绿化用地面积 of Which: Green Areas	其中:运动场地面积 of Which: Sports Areas	合计 Total	当年新增 New Added in Current Year
学校产权 Owned by HEIs	**1650003758**	**510326630**	**125994001**	**214857.70**	**12233.82**
非学校产权中独立使用 Not Owned by HEIs	197803206	45900342	14053042	36366.60	11808.00
普通高校 Regular HEIs					
学校产权 Owned by HEIs	**1614681701**	**502442202**	**122840002**	**210098.60**	**12059.58**
非学校产权中独立使用 Not Owned by HEIs	171903719	39844956	10758361	1957.82	100.80
成人高校 Adult HEIs					
学校产权 Owned by HEIs	**35322057**	**7884428**	**3153999**	**4759.11**	**174.25**
非学校产权中独立使用 Not Owned by HEIs	25899487	6055386	3294681	34408.78	11707.20

注:不含民办的其他高等教育机构数据。

Note: Date of Non-government HEIs are not included.

资产情况
Condition of Fixed Assets

	占地面积(平方米) Area of School sites (m^2)			图书音像资料情况 Audio-visual ed. Resources	
				一般图书(万册) Books & Magazines in Libraries (10,000 volume)	
	合计 Total	其中:绿化用地面积 of Which: Green Areas	其中:运动场地面积 of Which: Sports Areas	合计 Total	当年新增 New Added in Current Year
学校产权 Owned by HEIs	**7160376**	**1493751**	**711599**	**1603.74**	**115.02**
非学校产权中独立使用 Not Owned by HEIs	9156002	2018743	925555	39567.63	3035.41

情况(总计)

and Teaching Resources (Total)

计算机数(台) PC (set)		多媒体教室座位数(个) No. of Seats in Multi-media Classrooms	语音实验室座位数(个) No. of Seats in Audio-Labs	固定资产值(万元) Fixed Assets (10,000 yuan)				
					其中:信息化设备资产值 of Which: Assets of Information Facilities		其中:教学、科研仪器设备资产 of Which: Teaching Equipment & Instruments	
合计 Total	其中:教学用计算机 of Which: No. of Computers Used for Instruction			合计 Total	小计 Subtotal	当年新增 New Added in Current Year	小计 Subtotal	其中:软件 of Which: Software
8987462	**6853344**	**21659727**	**1624041**	**140747316. 69**	**29442981. 76**	**3632367. 75**	**8320394. 26**	**1099148. 26**
295197	226866	549892	64583	3384756. 12	731351. 03	53108. 69		
8770627	**6687133**	**21242523**	**1577621**	**138577513. 91**	**28991402. 08**	**3597373. 99**	**8158432. 45**	**1085283. 20**
59751	42268	186605	15547	1934223. 32	362266. 70	28737. 63		
216835	166211	417204	46420	2169802. 78	451579. 68	34993. 76	161961. 81	13865. 06
235446	184598	363287	49036	1450532. 80	369084. 33	24371. 06		

(民办的其他高等教育机构)

and Teaching Resources (Other Non-government HEIs)

计算机数(台) PC (set)		多媒体教室座位数(个) No. of Seats in Multimedia Class rooms	语音实验室座位数(个) No. of Seats in Audio-Labs	固定资产值(万元) Fixed Assets (10,000 yuan)				
					其中:教学、科研仪器设备资产 of Which: Teaching Equipment & Instruments		其中:信息化设备资产值 of Which: Assets of Information Facilities	
合计 Total	其中:教学用计算机 of Which: No. of Computers Used for Instruction			合计 Total	小计 Subtotal	当年新增 New Added in Current Year	小计 Subtotal	其中:软件 of Which: Software
90552	**75131**	**141026**	**26810**	**614249. 70**	**113654. 86**	**8881. 36**	**34850. 14**	**4281. 22**
17464	13505	28756	5357	125323. 78	41187. 62	13023. 95		

校舍情况(总计)

Conditions of School Buildings (Total)

单位：平方米
unit：m^2

	学校产权建筑面积 Floor Area of School Building Owned by HEIs				正在施工面积 Floor Area Under Construction	独立使用非学校产权建筑面积 Floor Area of School Building Not Owned by HEIs
	合计 Total	其中:危房 of Which: Dilapidated Buildings	其中:当年新增 of Which: New Added in Current Year	其中:被外单位借用 of Which: Floor Space Hired by Other Schools or Units		
总　计 Total	**737792235**	**1392814**	**25295801**	**796324**	**47219985**	**103050888**
一、教学及辅助用房 Buildings for Instruction and Ancillary Uses	**327059244**	**498005**	**11940501**	**276137**	**24204023**	**45582400**
教室 Classroom	129213587	208712	4231062	187043	6526051	22536122
图书馆 Library	39630397	35146	1356701	16184	4624329	4691739
实验室、实习场所 Lab. and Practice Facilities	118628009	213553	4348657	56770	8260818	13987772
专用科研用房 Office Special for Research	12488655	18332	655667	7248	2070515	528796
体育馆 Gymnasium	20213359	5037	1054339	7538	2040889	2673007
会堂 Hall	6885237	17225	294075	1354	681421	1164964
二、行政办公用房 Administrative	**44683103**	**104308**	**1211760**	**31360**	**2279844**	**5787855**
三、生活用房 Residential Buildings	**267866478**	**430780**	**9804326**	**324175**	**14307388**	**50907436**
学生宿舍(公寓) Students' Dormitories	200849971	222807	7674863	195224	9062313	40847657
学生食堂 Students' Dining Halls	29369216	21616	1032004	24360	1592854	5182929
教工单身宿舍 Apartments for Single	10379823	68526	491092	14901	2316723	2259778
教工食堂 Dining Halls for Teachers, Staff and Workers	1570070	675	30801	300	127024	276154
生活福利及其他用房 Residential, Welfare and Anxiliary Buildings	25697398	117156	575566	89390	1208474	2340918
四、教工住宅 Residential Quarters for Teachers & Workers	**87864125**	**286209**	**1679607**	**113302**	**4924639**	
五、其他用房 Other	**10319285**	**73512**	**659607**	**51350**	**1504091**	**773197**

注:不包含民办的其他高等教育机构数据。
Note: Date of Non-government HEIs are not included.

校舍情况(普通高校)
Conditions of School Buildings (Regular HEIs)

单位:平方米

unit: m^2

	学校产权建筑面积 Floor Area of School Building Owned by HEIs				正在施工面积 Floor Area Under Construction	独立使用非学校产权建筑面积 Floor Area of School Building Not Owned by HEIs
	合计 Total	其中:危房 of Which: Dilapidated Buildings	其中:当年新增 of Which: New Added in Current Year	其中:被外单位借用 of Which: Floor Space Hired by Other Schools or Units		
总　计 Total	**720206562**	**1328343**	**24750012**	**764278**	**46577982**	**90397641**
一、教学及辅助用房 Buildings for Instruction and Ancillary Uses	**319067624**	**476793**	**11611769**	**263172**	**23831379**	**38666485**
教室 Classroom	125004494	194046	4099153	179438	6372526	18562904
图书馆 Library	38803012	32515	1282761	15764	4586733	4169253
实验室、实习场所 Lab. and Practice Facilities	116630726	210338	4296400	56130	8145019	12133332
专用科研用房 Office Special for Research	12428902	18332	646623	7248	2049045	517143
体育馆 Gymnasium	19600833	5037	999499	4038	2023745	2357450
会堂 Hall	6599657	16525	287333	554	654311	926403
二、行政办公用房 Administrative	**42906709**	**95639**	**1175935**	**31210**	**2196112**	**4508940**
三、生活用房 Residential Buildings	**262014158**	**399187**	**9638645**	**308447**	**14156582**	**46497596**
学生宿舍(公寓) Students' Dormitories	196790298	192149	7554469	187784	8968632	37753832
学生食堂 Students' Dining Halls	28587867	21466	1000895	22860	1582206	4575085
教工单身宿舍 Apartments for Single	10230816	68041	487013	14901	2288616	2085487
教工食堂 Dining Halls for Teachers, Staff and Workers	1476710	375	28859		121124	197322
生活福利及其他用房 Residential, Welfare and Anxiliary Buildings	24928467	117156	567409	82902	1196004	1885870
四、教工住宅 Residential Quarters for Teachers & Workers	**86024076**	**283212**	**1679512**	**113302**	**4909878**	
五、其他用房 Other	**10193995**	**73512**	**644151**	**48147**	**1484031**	**724620**

校舍情况(成人高校)
Conditions of School Buildings (Adult HEIs)

单位：平方米
unit：m^2

	学校产权建筑面积 Floor Area of School Building Owned by HEIs				正在施工面积 Floor Area Under Construction	独立使用非学校产权建筑面积 Floor Area of School Building Not Owned by HEIs
	合计 Total	其中:危房 of Which：Dilapidated Buildings	其中:当年新增 of Which：New Added in Current Year	其中:被外单位借用 of Which：Floor Space Hired by Other Schools or Units		
总　计 Total	**17585673**	**64471**	**545789**	**32046**	**642003**	**12653247**
一、教学及辅助用房 Buildings for Instruction and Ancillary Uses	**7991620**	**21212**	**328732**	**12965**	**372644**	**6915915**
教室 Classroom	4209093	14666	131909	7605	153525	3973218
图书馆 Library	827385	2631	73940	420	37596	522486
实验室、实习场所 Lab. and Practice Facilities	1997283	3215	52257	640	115799	1854440
专用科研用房 Office Special for Research	59753		9044		21470	11653
体育馆 Gymnasium	612526		54840	3500	17144	315557
会堂 Hall	285580	700	6742	800	27110	238561
二、行政办公用房 Administrative	**1776394**	**8669**	**35825**	**150**	**83732**	**1278915**
三、生活用房 Residential Buildings	**5852320**	**31593**	**165681**	**15728**	**150806**	**4409840**
学生宿舍(公寓) Students' Dormitories	4059673	30658	120394	7440	93681	3093825
学生食堂 Students' Dining Halls	781349	150	31109	1500	10648	607844
教工单身宿舍 Apartments for Single	149007	485	4079		28107	174291
教工食堂 Dining Halls for Teachers, Staff and Workers	93360	300	1942	300	5900	78832
生活福利及其他用房 Residential, Welfare and Anxiliary Buildings	768931		8157	6488	12470	455048
四、教工住宅 Residential Quarters for Teachers & Workers	**1840049**	**2997**	**95**		**14761**	
五、其他用房 Other	**125290**		**15456**	**3203**	**20060**	**48577**

校舍情况(民办的其他高等教育机构)

Conditions of School Buildings (Other Non-government HEIs)

单位：平方米

unit：m^2

	学校产权建筑面积 Floor Area of School Building Owned by HEIs				正在施工面积 Floor Area Under Construction	独立使用非学校产权建筑面积 Floor Area of School Building Not Owned by HEIs
	合计 Total	其中:危房 of Which: Dilapidated Buildings	其中:当年新增 of Which: New Added in Current Year	其中:被外单位借用 of Which: Floor Space Hired by Other Schools or Units		
总　计 Total	**3200396**	**5660**	**11844**	**43050**	**323322**	**5316667**
一、教学及辅助用房 Buildings for Instruction and Ancillary Uses	**1497113**	**1500**	**7402**	**25050**	**162273**	**2386478**
教室 Classroom	1005454	1500	7400	22800	120973	1469453
图书馆 Library	116686				20712	218054
实验室、实习场所 Lab. and Practice Facilities	215398		2	2250	10600	392485
专用科研用房 Office Special for Research	2968					28085
体育馆 Gymnasium	91454				6800	192594
会堂 Hall	65153				3188	85807
二、行政办公用房 Administrative	**266529**	**2660**	**500**		**30692**	**384437**
三、生活用房 Residential Buildings	**1314610**	**1500**	**3942**	**18000**	**116158**	**2496333**
学生宿舍(公寓) Students' Dormitories	904528	1500	3842	17000	92305	1930826
学生食堂 Students' Dining Halls	214690			1000	12659	280836
教工单身宿舍 Apartments for Single	100804				8316	126017
教工食堂 Dining Halls for Teachers, Staff and Workers	17697				350	24334
生活福利及其他用房 Residential, Welfare and Anxiliary Buildings	76891		100		2528	134320
四、教工住宅 Residential Quarters for Teachers & Workers	**105870**				**8316**	
五、其他用房 Other	**16274**				**5883**	**49419**

三、中等教育
Secondary Education

(一)高中阶段教育
Senior Secondary Education

普通高中校数、班数

Number of Regular Senior Secondary Schools and Classes

	学校数(所) Schools				班数(个) Classes
	合计 Total	完全中学 Combined Secondary Schools	高级中学 Regular High Schools	十二年一贯制学校 12 - year Schools	
总　计 Total	**13509**	**6108**	**6547**	**854**	**442215**
教育部门办 Run by Ed. Dept.	10948	5039	5682	227	394126
其他部门办 Run by Non-ed. Dept.	175	72	68	35	3580
地方企业办 Run by Local Enterprises	15	8	4	3	213
民办 Non-government	2371	989	793	589	44296
城区 Urban Area	6401	2892	2983	526	208606
教育部门办 Run by Ed. Dept.	4908	2276	2479	153	182895
其他部门办 Run by Non-ed. Dept.	84	35	30	19	1653
地方企业办 Run by Local Enterprises	7	4	3		92
民办 Non-government	1402	577	471	354	23966
其中:城乡结合区 of Which: Urban-rural Transitional Area	938	364	460	114	32599
教育部门办 Run by Ed. Dept.	641	254	375	12	27117
其他部门办 Run by Non-ed. Dept.	8	2	4	2	111
地方企业办 Run by Local Enterprises	2	1	1		24
民办 Non-government	287	107	80	100	5347
镇区 Counties & Towns Area	6390	2842	3284	264	218082
教育部门办 Run by Ed. Dept.	5491	2467	2965	59	198517
其他部门办 Run by Non-ed. Dept.	84	34	37	13	1789
地方企业办 Run by Local Enterprises	8	4	1	3	121
民办 Non-government	807	337	281	189	17655
其中:镇乡结合区 of Which: County-town Transitional Area	1669	635	936	98	57726
教育部门办 Run by Ed. Dept.	1357	514	826	17	51030
其他部门办 Run by Non-ed. Dept.	5	1	3	1	101
地方企业办 Run by Local Enterprises	1			1	9
民办 Non-government	306	120	107	79	6586
乡村 Rural Area	718	374	280	64	15527
教育部门办 Run by Ed. Dept.	549	296	238	15	12714
其他部门办 Run by Non-ed. Dept.	7	3	1	3	138
地方企业办 Run by Local Enterprises					
民办 Non-government	162	75	41	46	2675
总计中:其他学校附设班 of the Total: Classes Attached to Other Schools					2019
独立设置少数民族学校 Inde. Sec. Schools for Minorities	475	296	146	33	10593

普通高中班额情况

Size of Class in Regular Senior Secondary Schools

单位：个

unit：class

	合计 Total	一年级 Grade 1	二年级 Grade 2	三年级 Grade 3
总　计 Total	**442215**	**149162**	**146319**	**146734**
城区 Urban Area				
25 人及以下 Under 25 Persons	4219	1183	1358	1678
26 – 35 人 Between 26 – 35	11133	3362	3705	4066
36 – 45 人 Between 36 – 45	29084	9388	9499	10197
46 – 55 人 Between 46 – 55	76055	25658	25244	25153
56 – 65 人 Between 56 – 65	60591	20587	20341	19663
66 人及以上 Over 66 Persons	27524	9847	9049	8628
其中：城乡结合区 of Which：Urban-rural Transitional Area				
25 人及以下 Under 25 Persons	486	136	148	202
26 – 35 人 Between 26 – 35	1041	325	339	377
36 – 45 人 Between 36 – 45	3883	1292	1262	1329
46 – 55 人 Between 46 – 55	12862	4376	4372	4114
56 – 65 人 Between 56 – 65	9304	3075	3103	3126
66 人及以上 Over 66 Persons	5023	1873	1582	1568
镇区 Counties & Towns Area				
25 人及以下 Under 25 Persons	2382	617	733	1032
26 – 35 人 Between 26 – 35	4556	1084	1481	1991
36 – 45 人 Between 36 – 45	19398	5684	6225	7489
46 – 55 人 Between 46 – 55	74943	24091	25093	25759
56 – 65 人 Between 56 – 65	69368	24435	23165	21768
66 人及以上 Over 66 Persons	47435	17863	15278	14294
其中：镇乡结合区 of Which：County-town Transitional Area				
25 人及以下 Under 25 Persons	710	216	198	296
26 – 35 人 Between 26 – 35	1046	234	351	461
36 – 45 人 Between 36 – 45	5274	1606	1640	2028
46 – 55 人 Between 46 – 55	21320	6920	7293	7107
56 – 65 人 Between 56 – 65	18304	6433	6123	5748
66 人及以上 Over 66 Persons	11072	4202	3451	3419
乡村 Rural Area				
25 人及以下 Under 25 Persons	321	73	101	147
26 – 35 人 Between 26 – 35	556	155	189	212
36 – 45 人 Between 36 – 45	2120	695	637	788
46 – 55 人 Between 46 – 55	6246	2082	2148	2016
56 – 65 人 Between 56 – 65	4410	1636	1502	1272
66 人及以上 Over 66 Persons	1874	722	571	581

普通高中学生数

Number of Students in Regular Senior Secondary Schools

单位：人

unit：person

	毕业生数 Graduates	招生数 Entrants	在校生数 Enrolment					预计毕业生数 Estimated Graduates for Next Year
			合计 Total	其中:女 of Which: Female	一年级 Grade 1	二年级 Grade 2	三年级 Grade 3	
总　计 Total	**7915046**	**8446071**	**24671712**	**12190235**	**8452227**	**8177591**	**8041894**	**8041894**
其中:女 of Which: Female	3863772	4181234	12190235		4183857	4041428	3964950	3964950
少数民族学生 Minority Students	590003	739468	2009726	1015818	741255	654357	614114	614114
十二年一贯制学校 12-year Schools	181481	219291	604748	271554	219430	192601	192717	192717
完全中学 Combined Secondary Schools	2613879	2878240	8278864	4075921	2879288	2742265	2657311	2657311
附设普通高中班 Regular Senior School Classes Attached	36003	35308	99509	49130	35320	33499	30690	30690
独立设置少数民族学校 Independent Schools for Minority	161862	207086	559857	294396	207841	179682	172334	172334
残疾人 Schools for Handicapped	3089	5617	14514	6085	5644	4678	4192	4192
教育部门 Run by Ed. Dept.	7117744	7558773	22129445	11037182	7564188	7348337	7216920	7216920
其他部门 Run by Non-ed. Dept.	59916	62134	182119	93557	62140	60206	59773	59773
地方企业办 Run by Local Enterprises	3291	3862	10573	5276	3862	3291	3420	3420
民办 Non-government	734095	821302	2349575	1054220	822037	765757	761781	761781
城区 Urban Area	3606395	3782122	11196088	5600606	3785807	3721356	3688925	3688925
教育部门办 Run by Ed. Dept.	3197311	3335987	9906714	5013692	3339445	3301619	3265650	3265650
其他部门办 Run by Non-ed. Dept.	28835	29115	85672	43175	29116	28082	28474	28474
地方企业办 Run by Local Enterprises	1588	1681	4814	2443	1681	1462	1671	1671
民办 Non-government	378661	415339	1198888	541296	415565	390193	393130	393130
其中:城乡结合区 of Which: Urban-rural Transitional Area	552015	609976	1787346	877789	611546	592892	582908	582908
教育部门办 Run by Ed. Dept.	469815	517309	1516429	758524	518876	506244	491309	491309
其他部门办 Run by Non-ed. Dept.	1514	1788	5344	2380	1788	1821	1735	1735
地方企业办 Run by Local Enterprises	466	364	1299	654	364	462	473	473
民办 Non-government	80220	90515	264274	116231	90518	84365	89391	89391
镇区 Counties & Towns Area	4044762	4372203	12641342	6182312	4374590	4180071	4086681	4086681
教育部门办 Run by Ed. Dept.	3700739	3982698	11530198	5677122	3984580	3816461	3729157	3729157
其他部门办 Run by Non-ed. Dept.	29295	29851	89010	46504	29856	29840	29314	29314
地方企业办 Run by Local Enterprises	1703	2181	5759	2833	2181	1829	1749	1749
民办 Non-government	313025	357473	1016375	455853	357973	331941	326461	326461
其中:镇乡结合区 of Which: County-town Transitional Area	1044496	1144501	3307249	1617710	1145156	1092605	1069488	1069488
教育部门办 Run by Ed. Dept.	933071	1018297	2939379	1453927	1018516	971989	948874	948874
其他部门办 Run by Non-ed. Dept.	1577	2321	6384	3197	2322	2173	1889	1889
地方企业办 Run by Local Enterprises	89	96	273	134	96	103	74	74
民办 Non-government	109759	123787	361213	160452	124222	118340	118651	118651
乡村 Rural Area	263889	291746	834282	407317	291830	276164	266288	266288
教育部门办 Run by Ed. Dept.	219694	240088	692533	346368	240163	230257	222113	222113
其他部门办 Run by Non-ed. Dept.	1786	3168	7437	3878	3168	2284	1985	1985
地方企业办 Run by Local Enterprises								
民办 Non-government	42409	48490	134312	57071	48499	43623	42190	42190

中学学校教职工数(初级中学、九年一贯制学校、
Number of Educational Personnel in

	教职工数 Educational Personnel			
	合计 Total	专任教师 Full-time Teachers	行政人员 Adm. Personnel	教辅人员 Supporting Staff
总 计 Total	**6401663**	**5563248**	**247055**	**274429**
其中:女 of Which: Female	3172281	2869040	58353	128281
少数民族 Minority	529686	469770	18063	19469
教育部门 Run by Ed. Dept.	5689963	5030451	207969	240475
其他部门 Run by Non-ed. Dept.	71692	57867	4088	3053
地方企业办 Run by Local Enterprises	3574	2980	177	177
民办 Non-government	636434	471950	34821	30724
城区 Urban Area	2282096	1935982	110589	114500
教育部门办 Run by Ed. Dept.	1909573	1656113	88448	95620
其他部门办 Run by Non-ed. Dept.	19909	16343	1186	1176
地方企业办 Run by Local Enterprises	1482	1164	76	117
民办 Non-government	351132	262362	20879	17587
其中:城乡结合区 of Which: Urban-rural Transitional Area	393772	332943	16293	17879
教育部门办 Run by Ed. Dept.	296294	261593	10932	13301
其他部门办 Run by Non-ed. Dept.	2315	1932	102	81
地方企业办 Run by Local Enterprises	222	177	8	13
民办 Non-government	94941	69241	5251	4484
镇区 Counties & Towns Area	3039102	2652778	100389	131740
教育部门办 Run by Ed. Dept.	2760303	2443000	86708	119659
其他部门办 Run by Non-ed. Dept.	45764	36408	2607	1687
地方企业办 Run by Local Enterprises	1980	1713	95	57
民办 Non-government	231055	171657	10979	10337
其中:镇乡结合区 of Which: County-town Transitional Area	789767	687834	26340	33554
教育部门办 Run by Ed. Dept.	700588	621703	22008	29638
其他部门办 Run by Non-ed. Dept.	1544	1270	86	74
地方企业办 Run by Local Enterprises	138	138		
民办 Non-government	87497	64723	4246	3842
乡村 Rural Area	1080465	974488	36077	28189
教育部门办 Run by Ed. Dept.	1020087	931338	32813	25196
其他部门办 Run by Non-ed. Dept.	6019	5116	295	190
地方企业办 Run by Local Enterprises	112	103	6	3
民办 Non-government	54247	37931	2963	2800

职业初中、完全中学、高级中学、十二年一贯制学校）
General Secondary Schools

单位：人
unit：person

工勤人员 Workers	校办企业职工 Employees in School-run Factories & Farms	代课教师 Substitute Teachers	兼任教师 Part-time Teachers
312471	**4460**	**90076**	**15358**
114960	1647	54389	7288
22175	209	5789	918
208099	2969	67338	9751
6665	19	1493	280
240		3	
97467	1472	21242	5327
118875	2150	35638	8332
68036	1356	26844	4842
1194	10	413	195
125			
49520	784	8381	3295
26315	342	5541	991
10387	81	3908	421
200		71	
24			
15704	261	1562	570
152147	2048	37825	5184
109405	1531	26418	3424
5053	9	917	56
115		3	
37574	508	10487	1704
40931	1108	10833	1568
26344	895	6462	864
114		4	29
14473	213	4367	675
41449	262	16613	1842
30658	82	14076	1485
418		163	29
10373	180	2374	328

普通高中分课程专

Number of Full-time Teachers in Regular Senior Secondary Schools

	合计 Total	其中:女 of Which: Female	思想品德(政治) Rirtue Education	语文 Language & Literature	数学 Mathe-matics	外语 Foreign Language				物理 Physics
						计 Total	英语 English	日语 Japanese	俄语 Russian	
总　计 Total	**1595035**	**782301**	**98668**	**251252**	**248631**	**241786**	**239441**	**501**	**494**	**140209**
其中:女 of Which: Female	782301		49791	142206	100727	172778	170464	380	365	43425
少数民族 Minorities	113975	56100	7663	18321	16758	15204	14870	170	28	9811
研究生毕业 Graduate	79860	46211	5991	13665	12035	12036	11878	43	16	6213
本科毕业 Under-graduate	1458377	716799	89605	230736	229946	222753	220677	427	462	129546
专科毕业 Associate Bachelor	55542	18956	3023	6753	6601	6944	6834	30	16	4413
高中阶段毕业 High School Graduate	1202	317	49	93	47	49	48	1		34
高中阶段以下毕业 Below High School Graduate	54	18		5	2	4	4			3
城区 Urban Area	753905	404389	45785	117376	117112	115219	113955	394	217	66644
其中:城乡结合区 of Which: Urban-rural Transitional Area	118430	59998	7346	18402	18259	18138	18041	55	11	10315
镇区 Counties & Towns Area	785499	352924	49294	125024	122886	118359	117318	99	265	68866
其中:镇乡结合区 of Which: County-town Transitional Area	210339	96027	13456	33232	32308	31298	31095	19	47	18225
乡村 Rural Area	55631	24988	3589	8852	8633	8208	8168	8	12	4699

普通高中专任教师专业技术

Number of Full-time Teachers in Regular

	合计 Total	其中:女 of Which: Female	25岁及以下 25 Years and Under	26－30 26 to 30	31－35 31 to 35
总　计 Total	**1595035**	**782301**	**109195**	**333034**	**360053**
其中:女 of Which: Female	782301		69849	203141	193505
少数民族 Minorities	113975	56100	8591	23678	23983
中学高级 Senior	412404	156596	46	310	7729
中学一级 1st Grade	572330	273575	746	45750	193333
中学二级 2nd Grade	489883	279157	45152	242432	150735
中学三级 3rd Grade	13506	6772	3767	6265	2191
未定职级 No-ranking	106912	66201	59484	38277	6065
城区 Urban Area	753905	404389	45392	148249	169438
其中:城乡结合区 of Which: Urban-rural Transitional Area	118430	59998	8589	25799	27262
镇区 Counties & Towns Area	785499	352924	58975	171974	177044
其中:镇乡结合区 of Which: County-town Transitional Area	210339	96027	16799	48424	49328
乡村 Rural Area	55631	24988	4828	12811	13571

任教师学历情况

by Subject Taught & Academic Qualifications

单位：人

unit: person

化学 Chemistry	生物 Biology	地理 Geography	历史 History	信息技术 Infor Technology	通用技术 General Technology	体育与健康 Physical Training and Healthy	艺术 Art	音乐 Music	美术 Fine Arts	综合实践活动 Composite Practice	其他 Others	当年不任课 No Teaching Load in Current Year
134811	**93860**	**83164**	**90205**	**38680**	**11817**	**76537**	**2548**	**27334**	**29281**	**3061**	**9957**	**13234**
61752	48944	38481	43751	16574	3510	15086	1331	18219	13159	1126	5574	5867
9531	6535	5997	6581	2875	626	5615	155	2157	1892	140	2701	1413
7036	6807	3868	6426	1290	271	1697	50	577	823	63	591	421
123747	84365	76136	80976	35672	10689	69476	2256	24940	26644	2651	7749	10490
3994	2658	3140	2783	1685	829	5148	233	1770	1778	303	1415	2072
30	29	19	20	33	27	215	8	47	35	41	186	240
4	1	1			1	1	1		1	3	16	11
64137	44403	39201	42435	18183	5837	37189	985	13143	14062	1295	4616	6283
9900	7089	6313	6822	2884	957	5657	181	2212	2364	169	656	766
66125	46175	40997	44535	19154	5474	36761	1464	13236	14200	1668	4782	6499
17491	12555	11162	12086	5239	1649	9780	440	3727	4172	647	1075	1797
4549	3282	2966	3235	1343	506	2587	99	955	1019	98	559	452

职称、年龄结构情况

Senior Secondary Schools by Rank and Age

单位：人

unit:person

36－40 36 to 40	41－45 41 to 45	46－50 46 to 50	51－55 51 to 55	56－60 56 to 60	61 岁及以上 61 Years and Over
281362	**254869**	**178368**	**52167**	**24231**	**1756**
132956	106935	60083	14316	1175	341
20706	19292	12944	3453	1265	63
63417	143330	136108	40772	19171	1521
179484	100744	38040	9803	4272	158
36207	9743	3636	1330	628	20
707	293	160	83	32	8
1547	759	424	179	128	49
130332	124845	94635	27444	12348	1222
20869	18043	12586	3394	1647	241
141052	122414	79131	23343	11109	457
37721	30668	18879	5577	2760	183
9978	7610	4602	1380	774	77

普通高中专任

Changes of Full-time Teachers in

	上学年初报表专任教师数 Total Number of Full-time Teachers at Beginning of Previous Academic Year	增加教师 Factors of Increase				
		合计 Total	录用毕业生 New Recruits from Current Year Graduates		调入 Teachers Recruited from Other Units	校内调整 of Which: with Change of Status in Their Own Institutions
			小计 Subtotal	其中:师范生 of Which:Students Enrolled in Teacher Training Institutions		
总　计 Total	**1556989**	**137762**	**49508**	**40130**	**53673**	**25305**
其中:女 of Which: Female	752969	74751	32185	25932	26093	12014
城区 Urban Area	732656	64033	22189	18010	23659	13071
其中:女 of Which: Female	389076	36646	14902	12026	12346	6760
其中:城乡结合区 of Which: Urban-rural Transitional Area	113437	12238	4202	3433	5179	1948
其中:女 of Which: Female	56543	6827	2787	2263	2617	996
镇区 Counties & Towns Area	769115	67835	25250	20339	27761	11041
其中:女 of Which: Female	339641	35052	15968	12793	12703	4735
其中:镇乡结合区 of Which: County-town Transitional Area	204289	20420	6948	5658	9158	3231
其中:女 of Which: Female	91885	10327	4402	3553	4185	1309
乡村 Rural Area	55218	5894	2069	1781	2253	1193
其中:女 of Which: Female	24252	3053	1315	1113	1044	519

普通高中学生、专任

Supplementary Information on Students and Full-time

	在校学生中 of Total Students			
	共产党员 Member of C. P. C.	共青团员 Member of C. Y. L.	华侨 Overseas Chinese	港澳台 From H. K, Macao and Taiwan
总　计 Total	**42288**	**16953998**	**2210**	**6145**
其中:女 of Which: Female	20991	8620831	837	2841
城区 Urban Area	13747	7887024	754	5645
其中:女 of Which: Female	7022	4079110	350	2601
其中:城乡结合区 of Which: Urban-rural Transitional Area	2488	1267470	123	1477
其中:女 of Which: Female	1177	640912	67	648
镇区 Counties & Towns Area	28395	8515852	1419	243
其中:女 of Which: Female	13910	4263783	468	121
其中:镇乡结合区 of Which: County-town Transitional Area	7000	2268541	1262	66
其中:女 of Which: Female	3127	1139825	401	29
乡村 Rural Area	146	551122	37	257
其中:女 of Which: Female	59	277938	19	119

教师变动情况

Regular Senior Secondary Schools

单位：人

unit：person

其他 Others	减少教师 Factors of Decrease 合计 Total	自然减员 Retired from Their Posts during Previcus Academic Year	调出 Transferred from Teaching to Non-Teaching Posts	校内调整 with Change of Status in Their Own Institutions	其他 Others	本学年初报表专任教师数 Total Number of Full-time Teachers at Beginning of Current Academic Year
9276	**99716**	**10239**	**53758**	**23718**	**12001**	**1595035**
4459	45419	4284	25220	10364	5551	782301
5114	42784	5786	20129	11712	5157	753905
2638	21333	2751	10298	5672	2612	404389
909	7245	821	3890	1694	840	118430
427	3372	311	1849	836	376	59998
3783	51451	4224	30325	10882	6020	785499
1646	21769	1449	13445	4298	2577	352924
1083	14370	1292	8417	2732	1929	210339
431	6185	411	3829	1107	838	96027
379	5481	229	3304	1124	824	55631
175	2317	84	1477	394	362	24988

教师政治面貌及其他

Teachers of Regular Senior Secondary Schools

单位：人

unit：person

专任教师中 of Total Full-time Teachers 共产党员 Member of C. P. C.	共青团员 Member of C. Y. L.	民主党派 Member of Non-Communist Part	华侨 Overseas Chinese
511480	**137638**	**27960**	**145**
209995	78337	12200	81
271917	62197	22989	132
128498	37667	10586	72
39177	10209	2171	4
16911	5867	788	1
223784	69448	4607	13
76010	37591	1480	9
58215	19303	1313	6
20022	10365	475	4
15779	5993	364	
5487	3079	134	

普通高中
Condition of School Buildings in

	合计 Total	城区 Urban Area	其中:城乡结合区 of Which: Urban-rural Transitional Area
总 计 Total	**422466481**	**212208615**	**39372101**
其中:危房 of Which: Floor Space of Dilapidated Buildings	11680256	4029110	462578
当年新增 New Floor Space Added in Current Year	11858461	5393038	1483786
一、教学及辅助用房 Teaching & Assistant Buildings	164227127	85949929	14816542
教室 Classroom	104197357	51364846	9041447
实验室 Laboratory	25947098	13960211	2439792
图书室 Library	12943076	7347114	1261266
微机室 PC-room	6318696	3350173	546797
语音室 Linguistic	2614407	1327577	243085
体育馆 Gymnasium	12206493	8600008	1284155
二、行政办公用房 Administrative	35233193	19551972	3143786
其中:教师办公室 of Which: for Teachers	21785682	11693089	1826283
三、生活用房 Residential and Welfare	194358794	88143285	18517862
教工宿舍 Apartments for Single	39810203	14943543	3233451
其中:教师周转宿舍 Accommodation for Circulation of Teachers	6035859	2407125	574038
学生宿舍 Students' Dormitories	104692770	47698095	10163591
食堂 Dining Halls	32261070	15573255	3399139
厕所 Toilet	8761362	4803332	806000
其他 Others	8833389	5125060	915681
四、其他用房 Rooms for Other Purposes	28647367	18563429	2893911

普通高中
Condition of School Buildings in

	占地面积(平方米) Areas of School Sites (m^2)			图书(册) Books & Magazines in Libraries (volume)
	合计 Total	其中 of Which		
		绿化用地面积 Green Areas	运动场地面积 Sports Areas	
总 计 Total	**925481274**	**228358765**	**202216559**	**699160253**
城区 Urban Area	412597207	108759709	94762150	358578116
其中:城乡结合区 of Which: Urban-rural Transitional Area	80741570	22542001	17137073	55169570
镇区 Counties & Towns Area	462185073	106143964	97403443	314817616
其中:镇乡结合区 of Which: County-town Transitional Area	129016402	29863584	25966751	82825563
乡村 Rural Area	50698994	13455092	10050966	25764521

办学条件(一)
Regular Senior Secondary Schools (1)

单位：平方米
unit：m^2

镇区 Counties & Towns Area	其中：镇乡结合区 of Which：County-town Transitional Area	乡村 Rural Area
191526078	**53035563**	**18731788**
7029695	1548224	621451
5551209	1427922	914214
71816710	19283149	6460488
48433877	12892026	4398634
11099120	3113242	887767
5136595	1384088	459367
2740651	688960	227872
1186542	300775	100288
3219925	904058	386560
14466168	3935114	1215053
9347387	2540724	745206
96543228	27293427	9672281
22312920	5935581	2553740
3223914	851189	404820
51997245	14848353	4997430
15256532	4527406	1431283
3584751	1022944	373279
3391780	959143	316549
8699972	2523873	1383966

办学条件(二)
Regular Senior Secondary Schools (2)

计算机数(台) PC (set)		多媒体教室座位数(个) No. of Seats in Multi-media Classrooms (seat)	固定资产总值(万元) Total Volue of Fixed Asset (10,000 yuan)		
合计 Total	其中：教学用计算机 of Which：No. of Computers Used for Instruction		合计 Total	其中：教学仪器设备资产值 of Which：Total Volue of Equip & Instru. 小计 Subtotal	其中：实验设备 for Prefession
3746465	**2898191**	**10860867**	**50579090.23**	**5246151.39**	**2103344.36**
2175700	1652733	6420360	28062227.18	3208881.50	1171022.71
307587	229666	985560	5072605.17	458131.74	183977.31
1440587	1145374	4088564	20321004.60	1846702.33	853727.64
381661	303493	1099860	5824178.73	493838.95	229311.69
130178	100084	351943	2195858.45	190567.56	78594.01

普通高中办学条件(三)

Condition of School Buildings in Regular Senior Secondary Schools (3)

单位：所

unit：school

	体育运动场(馆)面积达标校数 Schools No.: Sprots Areas Reached Standard	体育器械配备达标校数 Schools No.: Sports Equip. Reached Standard	音乐器械配备达标校数 Schools No.: Musical Instru. Reached Standard	美术器械配备达标校数 Schools No.: Fine Arts Instru. Reached Standard	理科实验仪器达标校数 Schools No.: Equip. of Natural Sci. Reached Standard	建立校园网校数 Schools No.: Campus Networks Set
总　计 Total	**11214**	**11265**	**10892**	**11061**	**11592**	**10847**
城区 Urban Area	5505	5633	5515	5569	5734	5608
其中:城乡结合区 of Which：Urban-rural Transitional Area	809	815	787	796	818	790
镇区 Counties & Towns Area	5141	5084	4857	4950	5298	4778
其中:镇乡结合区 of Which：County-town Transitional Area	1358	1342	1273	1306	1381	1253
乡村 Rural Area	568	548	520	542	560	461

成人高中

Basic Statistics of

	学校数(所) Schools	教学班(点)(个) External Teaching Sites	毕(结)业生数 Graduates	
			合计 Total	其中:女 of Which：Female
总　计 Total	**696**	**1885**	**116264**	**54507**
职工高中 Senior Sec. Schools for Staff & Workers	178	483	41942	19110
农民高中 Senior Sec. Shools for Peasants	518	1402	74322	35397

中等职业学校(机构)数
Number of Secondary Vocational Schools (Institutions)

单位：人
unit: person

	计 Total	中央部门 HEIs under Central Ministries & Agencies	地方 Under Local Authorities				民办 Non-government
			计 Total	教育部门 Run by Ed. Dept.	其他部门 Run by other Dept.	地方企业 Run by Local Enterprises	
中等职业学校 Secondary Vocational Schools	9762	24	7089	5534	1464	91	2649
其中:普通中等专业学校 of Which: Reg. Specialized Sec. Schools	3681	18	2727	1705	987	35	936
成人中等专业学校 Adults Specialized Sec. Schools	1564	3	1410	1127	257	26	151
职业高中学校 Vocational High Schools	4517	3	2952	2702	220	30	1562
其他机构(教学点)(不计校数) Other Institutions	509	3	420	297	115	8	86
附设中职班(不计校数) Secondary Vocational Classes Attached	1149	3	948	597	332	19	198

注:未含技工学校数据(下同)。
Note: Data on Skilled Workers are not included(Same as the Followings).

基本情况
Adult High Schools

单位：人
unit: person

注册学生数 Enrolment		教职工数 Educational Personnel		专任教师 Full-time Teacher		聘请校外教师 Part-time Teachers
合计 Total	其中:女 of Which: Female	合计 Total	其中:女 of Which: Female	合计 Total	其中:女 of Which: Female	
144199	**69364**	**7343**	**3222**	**5801**	**2660**	**3865**
52825	25480	1835	859	1453	635	1172
91374	43884	5508	2363	4348	2025	2693

中等职业学校分办学类型及

Number of Students and Educational Personnel of Secondary

	合计 Total			中职全日制学生 Full-time Students of SVSs		
	毕业生数 Graduates	招生数 Entrants	在校学生数 Enrolment	毕业生数 Graduates	招生数 Entrants	在校学生数 Enrolment
总　计 Total	**5543840**	**5970785**	**16898820**	**5078408**	**5102062**	**14891891**
其中:女 of Which: Female	2746535	2928400	8411966	2544972	2540128	7520895
分办学类型:普通中专学校 by Type: Reg. Specialized Sec. Schools	2529218	2747233	8047013	2284236	2289713	6847044
成人中等专业学校 Adults Specialized Sec. Schools	280940	253539	689619	183800	144827	428159
职业高中学校 Vocational High Schools	2249388	2421598	6692154	2145878	2169841	6253467
其他机构 Other Institutions	119464	128032	344274	109336	111352	308559
附设中职班 Secondary Vocational Classes Attached	364830	420383	1125760	355158	386329	1054662
分举办者:1. 中央部门 by Providers:Under Central Ministries & Agencies	7890	5423	19078	6226	3471	12841
2. 地方 Under Local Authorities	4650055	5127815	14470942	4228444	4358643	12720045
教育部门 Under Ed. Dept	3546353	4035832	11251236	3223479	3400433	9804105
其他部门 Run by Non-ed. Dept	1065601	1062453	3129044	968537	929713	2827181
地方企业 Run by Local Enterprises	38101	29530	90662	36428	28497	88759
3. 民办 Non-government	885895	837547	2408800	843738	739948	2159005

举办者的中职学生及教职工情况

Vocational Schools by Types and Providers

单位：人
unit: person

中职非全日制学生 Part-time Students of SVSs			教职工数 Educational Personnel							聘请校外教师 Part-time Teachers
				其中:专任教师 of Which: Full-time Teachers						
毕业生数 Graduates	招生数 Entrants	在校学生数 Enrolment	合计 Total	小计 Subtotal	正高级 Senior	副高级 Sub-senior	中级 Middle	初级 Junior	未定职级 No-ranking	
465432	**868723**	**2006929**	**921332**	**684071**	**4018**	**153165**	**277495**	**191865**	**57528**	**106549**
201563	388272	891071	431608	341753	1521	67744	140284	101469	30735	43768
244982	457520	1199969	430636	305564	2168	73266	120416	81886	27828	47896
97140	108712	261460	77482	54207	393	14907	24419	12179	2309	24874
103510	251757	438687	394292	311743	1356	61960	127260	94639	26528	31024
10128	16680	35715	18922	12557	101	3032	5400	3161	863	2755
9672	34054	71098								
1664	1952	6237	2861	1405	9	369	648	289	90	1597
421611	769172	1750897	783983	594546	1652	142230	246004	168240	36420	89970
322874	635399	1447131	609387	483533	822	112855	202874	138776	28206	51525
97064	132740	301863	165020	105585	768	27846	41040	28108	7823	37706
1673	1033	1903	9576	5428	62	1529	2090	1356	391	739
42157	97599	249795	134488	88120	2357	10566	30843	23336	21018	14982

中等职业学校

Number of students in Secondary

	毕业生数 Graduates		招生数 Entrants		
	合计 Total	其中:获得职业资格证书 of Which: Recipients of Vocational Qualifications	合计 Total	其中:应届毕业 of Which: Graduates of Current Year 小计 Subtotal	其中:初中毕业生 of Which: Junior Secondary School Graduates
一、中职学生总计 Students of SVSs Total	5543840	3483872	5970785	5037228	4593465
其中:中职全日制学生 of Which: Full-time Students of SVSs	5078408	3263969	5102062	4642270	4304484
中职非全日制学生 Part-time Students of SVSs	465432	219903	868723	394958	288981
1. 普通中专学生 Students of Regular SSSs	2653135	1658028	2773643	2516668	2326825
2. 成人中专学生 Students of Adult SSSs	716307	322970	1058110	537589	409218
3. 职业高中学生 Students of Vocational High Schools	2174398	1502874	2139032	1982971	1857422
二、培训学生 Trainees	7136842				
三、外国留学生 Foreign Students	1414				

注:SSSs = 中等专业学校

Note: SSSs = Specialized Secondary Schools

中等职业学校

Number of Female students in Secondary

	毕业生数 Graduates		招生数 Entrants		
	合计 Total	其中:获得职业资格证书 of Which: Recipients of Vocational Qualifications	合计 Total	其中:应届毕业 of Which: Graduates of Current Year 小计 Subtotal	其中:初中毕业生 of Which: Junior Secondary School Graduates
一、中职学生总计 Students of SVSs Total	2746535	1657996	2928400	2469403	2244715
其中:中职全日制学生 of Which: Full-time Students of SVSs	2544972	1566519	2540128	2296891	2118234
中职非全日制学生 Part-time Students of SVSs	201563	91477	388272	172512	126481
1. 普通中专学生 Students of Regular SSSs	1408606	822919	1471144	1328987	1220578
2. 成人中专学生 Students of Adult SSSs	317357	138713	475807	239795	182305
3. 职业高中学生 Students of Vocational High Schools	1020572	696364	981449	900621	841832
二、培训学生 Trainees	2984424				
三、外国留学生 Foreign Students	735				

注:SSSs = 中等专业学校

Note: SSSs = Specialized Secondary Schools

(机构)各类学生数
Vocational Schools (Institutions)

单位：人
unit：person

其中：五年制高职中职段 of Which：5-year Secondary Vocational Education	在校学生数 Enrolment					预计毕业生数 Estimated Graduates for Next Year	
	合计 Total	一年级 Grade 1	二年级 Grade 2	三年级 Grade 3	四年级及以上 Over Grade 4	合计 Total	其中：五年制高职中职段 of Which：5-year Secondary Vocational Education
314556	16898820	5980639	5602923	5201659	113599	5663952	200760
313959	14891891	5107832	4950927	4723143	109989	4924091	193677
597	2006929	872807	651996	478516	3610	739861	7083
290993	8125608	2777418	2685393	2571531	91266	2650073	167705
1488	2542747	1062272	837938	637987	4550	932649	12125
22075	6230465	2140949	2079592	1992141	17783	2081230	20930
	4024560						
	1074						

(机构)各类女学生数
Vocational Schools (Institutions)

单位：人
unit：person

其中：五年制高职中职段 of Which：5-year Secondary Vocational Education	在校学生数 Enrolment					预计毕业生数 Estimated Graduates for Next Year	
	合计 Total	一年级 Grade 1	二年级 Grade 2	三年级 Grade 3	四年级及以上 Over Grade 4	合计 Total	其中：五年制高职中职段 of Which：5-year Secondary Vocational Education
172741	8411966	2937512	2792876	2616308	65270	2656934	113152
172531	7520895	2546589	2502792	2407607	63907	2345852	109436
210	891071	390923	290084	208701	1363	311082	3716
162677	4359423	1474615	1441092	1388286	55430	1330691	96634
740	1144730	478811	377037	286986	1896	393938	7389
9324	2907813	984086	974747	941036	7944	932305	9129
	1869632						
	564						

中等职业学校(机构)学生分科类情况(总计)

Number of Students by Field of Education in Secondary Vocational Schools (Institutions) (Total)

单位：人
unit: person

	毕业生数 Graduates		招生数 Entrants			在校学生数 Enrolment	预计毕业生数 Estimated Graduates for Next Year
				其中:应届毕业 of Which: Graduates of Current Year			
	合计 Total	其中:获得职业资格证书 of Which: Recipients of Vocational Qualifications	合计 Total	小计 Subtotal	其中:初中毕业生 of Which: Junior Secondary School Graduates		
总 计 Total	**5543840**	**3483872**	**5970785**	**5037228**	**4593465**	**16898820**	**5663952**
其中:女 of Which: Female	2746535	1657996	2928400	2469403	2244715	8411966	2656934
农林牧渔类 Agriculture, Forestry, Husbandry & Fisheries	579046	281080	719852	462166	395127	2188579	814935
资源环境类 Resources & Environment	39019	23394	48297	36843	26878	108265	43964
能源与新能源类 Energy Resources & New ER	30990	19102	26902	24407	20555	80738	27152
土木水利类 Civil Engineering & Water Conservancy	162198	103482	225438	197857	176992	611926	184942
加工制造类 Manufacturing	964112	700805	896233	784178	723716	2658500	915237
石油化工 Petroleum & Chemical Industries	45499	30795	41640	35596	31441	119058	40013
轻纺食品 Light, Textile & Food Industries	77067	49001	69093	55577	50024	187715	69318
交通运输类 Communication & Transport	317352	219221	428488	365239	332477	1083744	330171
信息技术类 Information Technology	1161673	785308	1048447	913889	837481	2977614	1047588
医药卫生类 Medicine, Pharmaceuticals & Health Care	534092	231860	513420	453474	426818	1539531	504640
休闲保健类 Recreations Services & Make-up Artists	21041	12857	31627	27140	25370	84024	27243
财经商贸类 Finance, Economics, Commerce & Trade	606019	393229	650497	564649	517265	1841117	623547
旅游服务类 Tourist Services	235796	164360	270848	232473	212918	729556	238400
文化艺术类 Culture & Arts	247666	150245	276898	242072	223290	794437	252701
体育与健身 Sports & Body-building	36496	17406	52033	46125	43071	128165	36704
教育类 Educational Services	307139	198340	507755	464183	431017	1319091	354405
司法服务类 Legal Services	27393	10807	25448	19646	17190	70268	23917
公共管理与服务类 Public Administration & Services	75172	46739	70814	56412	50272	196907	71042
其他 Others	76070	45841	67055	55302	51563	179585	58033

中等职业学校(机构)学生分科类情况(全日制学生)

Number of Students by Field of Education in Secondary Vocational Schools (Institutions) (Full-time Students)

单位：人

unit：person

	毕业生数 Graduates		招生数 Entrants			在校学生数 Enrolment	预计毕业生数 Estimated Graduates for Next Year
				其中:应届毕业 of Which：Graduates of Current Year			
	合计 Total	其中:获得职业资格证书 of Which：Recipients of Vocational Qualifications	合计 Total	小计 Subtotal	其中:初中毕业生 of Which：Junior Secondary School Graduates		
总　计 Total	**5078408**	**3263969**	**5102062**	**4642270**	**4304484**	**14891891**	**4924091**
其中:女 of Which：Female	2544972	1566519	2540128	2296891	2118234	7520895	2345852
农林牧渔类 Agriculture，Forestry，Husbandry & Fisheries	473691	248964	512309	397571	353034	1718203	663239
资源环境类 Resources & Environment	34635	21212	43054	33884	25302	98357	39015
能源与新能源类 Energy Resources & New ER	29535	17897	24152	22184	19028	76754	25881
土木水利类 Civil Engineering & Water Conservancy	154139	97857	206068	188962	170729	572835	169947
加工制造类 Manufacturing	904900	664597	771785	728092	680467	2367369	810520
石油化工 Petroleum & Chemical Industries	43543	29710	38762	34592	30798	113339	38871
轻纺食品 Light，Textile & Food Industries	67714	41609	51677	44668	40744	153491	58169
交通运输类 Communication & Transport	292471	201962	375475	342959	315005	968436	291748
信息技术类 Information Technology	1050827	730228	855737	798843	749564	2513647	871241
医药卫生类 Medicine，Pharmaceuticals & Health Care	519415	226635	502225	451743	425239	1509875	490323
休闲保健类 Recreations Services & Make-up Artists	19833	11877	28844	26160	24567	76239	23887
财经商贸类 Finance，Economics，Commerce & Trade	542578	364775	554236	515642	482689	1609216	525766
旅游服务类 Tourist Services	221709	158578	234508	216944	203483	650237	209486
文化艺术类 Culture & Arts	235426	143528	245434	225791	211698	720183	225377
体育与健身 Sports & Body-building	36228	17377	50324	45328	42535	125971	35411
教育类 Educational Services	291656	192867	477320	451650	423225	1245166	321747
司法服务类 Legal Services	24428	10472	22503	19422	16977	61180	20067
公共管理与服务类 Public Administration & Services	64000	41510	49875	45847	41121	145923	49959
其他 Others	71680	42314	57774	51988	48279	165470	53437

中等职业学校(机构)学生分科类情况(普通中专)
Number of Students by Field of Education in Secondary Vocational Schools (Institutions) (Regular SSSs)

单位:人
unit: person

	毕业生数 Graduates		招生数 Entrants			在校学生数 Enrolment	预计毕业生数 Estimated Graduates for Next Year
				其中:应届毕业 of Which: Graduates of Current Year			
	合计 Total	其中:获得职业资格证书 of Which: Recipients of Vocational Qualifications	合计 Total	小计 Subtotal	其中:初中毕业生 of Which: Junior Secondary School Graduates		
总 计 Total	**2653135**	**1658028**	**2773643**	**2516668**	**2326825**	**8125608**	**2650073**
其中:女 of Which: Female	1408606	822919	1471144	1328987	1220578	4359423	1330691
农林牧渔类 Agriculture, Forestry, Husbandry & Fisheries	156138	91953	207945	160170	146040	696277	268249
资源环境类 Resources & Environment	20958	11509	25451	19477	14774	62052	26380
能源与新能源类 Energy Resources & New ER	20735	13795	17787	16568	13894	56254	19800
土木水利类 Civil Engineering & Water Conservancy	100544	59165	142282	129534	114984	392575	115183
加工制造类 Manufacturing	434641	320729	361842	339133	320560	1134381	392256
石油化工 Petroleum & Chemical Industries	26226	17830	25080	22280	19658	75360	25706
轻纺食品 Light, Textile & Food Industries	23894	16246	21244	17688	15842	64434	22830
交通运输类 Communication & Transport	166265	112225	205485	188692	170994	542776	166374
信息技术类 Information Technology	444052	317521	348535	324952	304435	1051383	366581
医药卫生类 Medicine, Pharmaceuticals & Health Care	453583	187427	445464	397872	374625	1348598	438085
休闲保健类 Recreations Services & Make-up Artists	7991	5214	13220	12378	11437	34548	10299
财经商贸类 Finance, Economics, Commerce & Trade	317220	211029	343800	319631	296080	979530	315226
旅游服务类 Tourist Services	94569	65577	104681	97093	90177	286488	91883
文化艺术类 Culture & Arts	105173	59836	116369	103806	94895	349525	104221
体育与健身 Sports & Body-building	25176	9864	31329	26634	24476	82474	23186
教育类 Educational Services	183711	120045	312396	294787	275252	814386	210464
司法服务类 Legal Services	13180	4800	11967	11545	9637	31686	10361
公共管理与服务类 Public Administration & Services	27739	18446	19175	16673	14014	60058	22072
其他 Others	31340	14817	19591	17755	15051	62823	20917

中等职业学校（机构）学生分科类情况（成人中专）

Number of Students by Field of Education in Secondary Vocational Schools（Institutions）（Adult SSSs）

单位：人

unit：person

	毕业生数 Graduates		招生数 Entrants			在校学生数 Enrolment	预计毕业生数 Estimated Graduates for Next Year
				其中：应届毕业 of Which：Graduates of Current Year			
	合计 Total	其中：获得职业资格证书 of Which：Recipients of Vocational Qualifications	合计 Total	小计 Subtotal	其中：初中毕业生 of Which：Junior Secondary School Graduates		
总　计 Total	**716307**	**322970**	**1058110**	**537589**	**409218**	**2542747**	**932649**
其中：女 of Which：Female	317357	138713	475807	239795	182305	1144730	393938
农林牧渔类 Agriculture，Forestry，Husbandry & Fisheries	181687	49779	261435	97683	65737	631777	215993
资源环境类 Resources & Environment	6628	2464	9085	4753	2796	17577	7616
能源与新能源类 Energy Resources & New ER	3125	1458	2899	2369	1652	4742	1694
土木水利类 Civil Engineering & Water Conservancy	14351	9338	26056	13741	10732	58195	21545
加工制造类 Manufacturing	95782	54398	147499	77066	59979	360889	129003
石油化工 Petroleum & Chemical Industries	2306	1354	2957	1043	682	6134	1242
轻纺食品 Light，Textile & Food Industries	10607	7619	17634	11059	9389	36062	12171
交通运输类 Communication & Transport	35992	23976	67808	34393	28816	151243	48923
信息技术类 Information Technology	165237	80595	223030	138892	108733	550039	210141
医药卫生类 Medicine，Pharmaceuticals & Health Care	24896	11094	17720	7898	7297	49963	22724
休闲保健类 Recreations Services & Make-up Artists	1881	1230	2878	1033	856	8321	3573
财经商贸类 Finance，Economics，Commerce & Trade	82633	37323	113791	62165	46428	279870	114399
旅游服务类 Tourist Services	20300	8528	40820	19416	12817	91577	32701
文化艺术类 Culture & Arts	18336	9842	37388	21496	16304	89620	32706
体育与健身 Sports & Body-building	681	397	2025	1112	851	3108	1578
教育类 Educational Services	23914	9881	43993	24293	18817	111331	41674
司法服务类 Legal Services	4476	864	5102	1205	1151	12361	4318
公共管理与服务类 Public Administration & Services	14924	6100	23370	12433	10722	56737	23283
其他 Others	8551	6730	12620	5539	5459	23201	7365

中等职业学校(机构)学生分科类情况(职业高中)

Number of Students by Field of Education in Secondary Vocational Schools (Institutions) (Vocational High Schools)

单位：人

unit：person

	毕业生数 Graduates		招生数 Entrants			在校学生数 Enrolment	预计毕业生数 Estimated Graduates for Next Year
				其中:应届毕业 of Which：Graduates of Current Year			
	合计 Total	其中:获得职业资格证书 of Which：Reciptents of Vocational Qualifications	合计 Total	小计 Subtotal	其中:初中毕业生 of Which：Junior Secondary School Graduates		
总 计 Total	**2174398**	**1502874**	**2139032**	**1982971**	**1857422**	**6230465**	**2081230**
其中:女 of Which：Female	1020572	696364	981449	900621	841832	2907813	932305
农林牧渔类 Agriculture, Forestry, Husbandry & Fisheries	241221	139348	250472	204313	183350	860525	330693
资源环境类 Resources & Environment	11433	9421	13761	12613	9308	28636	9968
能源与新能源类 Energy Resources & New ER	7130	3849	6216	5470	5009	19742	5658
土木水利类 Civil Engineering & Water Conservancy	47303	34979	57100	54582	51276	161156	48214
加工制造类 Manufacturing	433689	325678	386892	367979	343177	1163230	393978
石油化工 Petroleum & Chemical Industries	16967	11611	13603	12273	11101	37564	13065
轻纺食品 Light, Textile & Food Industries	42566	25136	30215	26830	24793	87219	34317
交通运输类 Communication & Transport	115095	83020	155195	142154	132667	389725	114874
信息技术类 Information Technology	552384	387192	476882	450045	424313	1376192	470866
医药卫生类 Medicine, Pharmaceuticals & Health Care	55613	33339	50236	47704	44896	140970	43831
休闲保健类 Recreations Services & Make-up Artists	11169	6413	15529	13729	13077	41155	13371
财经商贸类 Finance, Economics, Commerce & Trade	206166	144877	192906	182853	174757	581717	193922
旅游服务类 Tourist Services	120927	90255	125347	115964	109924	351491	113816
文化艺术类 Culture & Arts	124157	80567	123141	116770	112091	355292	115774
体育与健身 Sports & Body-building	10639	7145	18679	18379	17744	42583	11940
教育类 Educational Services	99514	68414	151366	145103	136948	393374	102267
司法服务类 Legal Services	9737	5143	8379	6896	6402	26221	9238
公共管理与服务类 Public Administration & Services	32509	22193	28269	27306	25536	80112	25687
其他 Others	36179	24294	34844	32008	31053	93561	29751

中等职业学校(机构)分年龄学生数

Number of Students by Age in Secondary Vocational Schools (Institutions)

单位：人

unit: person

	合计 Total	14岁及以下 14 Years and Under	15岁 15 Years	16岁 16 Years	17岁 17 Years	18岁 18 Years	19岁 19 Years	20岁 20 Years	21岁 21 Years	22岁及以上 22 Years and Over
总　计 Total	**16898820**	**192010**	**2057318**	**3866637**	**4048937**	**2711776**	**1275535**	**632019**	**433534**	**1681054**
其中:中职全日制学生 of Which: Full-time Students of SVSs	14891891	188067	1975795	3710676	3866402	2521388	1096051	461230	281099	791183
中职非全日制学生 Part-time Students of SVSs	2006929	3943	81523	155961	182535	190388	179484	170789	152435	889871
1. 普通中专学生 Students of Regular SSSs	8125608	118947	1038330	1993500	2095204	1397493	649739	284975	168019	379401
2. 成人中专学生 Students of Adult SSSs	2542747	11946	139953	257061	293119	265004	221133	197349	171529	985653
3. 职业高中学生 Students of Vocational High Schools	6230465	61117	879035	1616076	1660614	1049279	404663	149695	93986	316000

中等职业学校(机构)分年龄女学生数

Number of Female Students by Age in Secondary Vocational Schools (Institutions)

单位：人

unit: person

	合计 Total	14岁及以下 14 Years and Under	15岁 15 Years	16岁 16 Years	17岁 17 Years	18岁 18 Years	19岁 19 Years	20岁 20 Years	21岁 21 Years	22岁及以上 22 Years and Over
总　计 Total	**8411966**	**103275**	**1047522**	**1983319**	**2059959**	**1356787**	**612175**	**295059**	**198772**	**755098**
其中:中职全日制学生 of Which: Full-time Students of SVSs	7520895	101475	1010430	1912236	1976022	1266709	531517	218842	134140	369524
中职非全日制学生 Part-time Students of SVSs	891071	1800	37092	71083	83937	90078	80658	76217	64632	385574
1. 普通中专学生 Students of Regular SSSs	4359423	68611	568157	1097602	1142542	745408	335220	141642	82380	177861
2. 成人中专学生 Students of Adult SSSs	1144730	5365	66700	119678	136344	124945	99026	87539	73508	431625
3. 职业高中学生 Students of Vocational High Schools	2907813	29299	412665	766039	781073	486434	177929	65878	42884	145612

中等职业学校(机构)

Changes in Enrolment of Secondary

	上学年初报表在校学生数 Enrolment at Beginning of Previous Academic Year	增加学生数 Factors of Increase				
		合计 Total	招生 No. of Students Admitted	复学 Students Resuming Studies	转入 Transfers from Other Inst.	其他 Others
总 计 Total	**17749068**	**6773770**	**5970785**	**10146**	**542776**	**250063**
其中:中职全日制学生 of Which: Full-time Students of SVSs	16030966	5741147	5102062	8479	466024	164582
中职非全日制学生 Part-time Students of SVSs	1718102	1032623	868723	1667	76752	85481
1. 普通中专学生 Students of Regular SSSs	8541768	3113266	2773643	3285	248410	87928
2. 成人中专学生 Students of Adult SSSs	2379442	1269293	1058110	2048	112228	96907
3. 职业高中学生 Students of Vocational High Schools	6827858	2391211	2139032	4813	182138	65228

中等职业学校(机构)

Changes in Female Enrolment of

	上学年初报表在校学生数 Enrolment at Beginning of Previous Academic Year	增加学生数 Factors of Increase				
		合计 Total	招生 No. of Students Admitted	复学 Students Resuming Studies	转入 Transfers from Other Inst.	其他 Others
总 计 Total	**8819452**	**3306259**	**2928400**	**4377**	**258081**	**115401**
其中:中职全日制学生 of Which: Full-time Students of SVSs	8068871	2840210	2540128	3791	224080	72211
中职非全日制学生 Part-time Students of SVSs	750581	466049	388272	586	34001	43190
1. 普通中专学生 Students of Regular SSSs	4550540	1642596	1471144	1427	129522	40503
2. 成人中专学生 Students of Adult SSSs	1062216	576865	475807	858	51917	48283
3. 职业高中学生 Students of Vocational High Schools	3206696	1086798	981449	2092	76642	26615

学生变动情况

Vocational Schools（Institutions）

单位：人
unit：person

减少学生数 Factors of Decrease									本学年初报表在校学生数
合计 Total	毕业 Graduates	结业 Completers of Courses without Formal Awards	休学 Suspended	退学 Quitting	开除 Expelled	死亡 Dead	转出 Transfers to Other Inst.	其他 Others	Total Enrolment at Beginning of Current Academic Year
7624018	**5543840**	**186257**	**44226**	**482701**	**11306**	**396**	**881027**	**474265**	**16898820**
6880222	5078408	109179	36364	428331	11264	394	827026	389256	14891891
743796	465432	77078	7862	54370	42	2	54001	85009	2006929
3529426	2653135	44835	19186	217444	7104	242	384794	202686	8125608
1105988	716307	78737	9027	69920	114	5	118469	113409	2542747
2988604	2174398	62685	16013	195337	4088	149	377764	158170	6230465

女学生变动情况

Secondary Vocational Schools（Institutions）

单位：人
unit：person

减少学生数 Factors of Decrease									本学年初报表在校学生数
合计 Total	毕业 Graduates	结业 Completers of Courses Without Formal Awards	休学 Suspended	退学 Quitting	开除 Expelled	死亡 Dead	转出 Transfers to Other Inst.	其他 Others	Total Enrolment at Beginning of Current Academic Year
3713745	**2746535**	**90806**	**18953**	**218040**	**3591**	**131**	**416822**	**218867**	**8411966**
3388186	2544972	52249	16052	194112	3577	131	393489	183604	7520895
325559	201563	38557	2901	23928	14		23333	35263	891071
1833713	1408606	21202	8328	101300	2314	84	192582	99297	4359423
494351	317357	39443	3622	30667	35		53865	49362	1144730
1385681	1020572	30161	7003	86073	1242	47	170375	70208	2907813

中等职业学校(机构)学生其他情况

Supplementary Information on Students in Secondary Vocational Schools (Institutions)

单位: 人
unit: person

	共产党员 Member of C. P. A	共青团员 Member of C. Y. L	华侨 Overseas Chinese	港澳台 From H. K, Macao and Taiwan	少数民族 Minorities	残疾人 Disabled
总计 Total	**62139**	**10243297**	**471**	**1652**	**1239946**	**16799**
其中:女 of Which: Female	17427	4333896	176	698	527241	4957
中职全日制学生 Full-time Students of SVSs	32115	9779297	446	1469	1055324	16172
中职非全日制学生 Part-time Students of SVSs	30024	464000	25	183	184622	627
1. 普通中专学生 Students of Regular SSSs	17501	5163716	278	1198	655116	9039
2. 成人中专学生 Students of Adult SSSs	35203	711552	30	231	211542	1001
3. 职业高中学生 Students of Vocational High Schools	9435	4368029	163	223	373288	6759

中等职业学校(机构)培训学生情况

Number of Trainees in Secondary Vocational Schools (Institutions)

单位: 人次
unit: person

	结业生数 Graduates		注册学生数 Enrolment	
	合计 Total	其中:女 of Which: Female	合计 Total	其中:女 of Which: Female
总计 Total	**7136842**	**2984424**	**4024560**	**1869632**
其中:少数民族 of Which: Minority	546439	231820	339999	131008
资格证书培训 for Certificates of Vocational Qualifications	2683490	1170073	1769758	772682
岗位证书培训 for Certificates of Job-related Qualifications	2088129	915412	1094172	524960
按产业结构分:第一产业类培训 by Industry: Training for First Industry	2148858	645414	1006679	410437
第二产业类培训 Training for Second Industry	1506285	507404	939073	343935
第三产业类培训 Training for Third Industry	3481699	1831606	2078808	1115260
按培训时间分:一个月以内 by Length of Training: 1 Month Under	4332990	1684025	1904719	859123
一个月至三个月以内 1 Month to 3 Months Under	1253228	582050	780925	371234
三个月至半年以内 3 Months to 6 Months	623330	280362	403672	189392
半年至一年以内 6 Months to 1 Year	538243	260661	358159	182515
一年及以上 1 Year and Over	389051	177326	577085	267368

中等职业学校(机构)外国留学生情况
Number of Foreign Students in Secondary Vocational Schools (Institutions)

单位：人
unit: person

	结业生数 Graduates		注册学生数 Enrolment	
	合计 Total	其中:女 of Which: Female	合计 Total	其中:女 of Which: Female
总　计 Total	**1414**	**735**	**1074**	**564**
按时间分 by Time				
一个月以内 1 Month Under	940	475	3	3
一个月至三个月以内 1 Month to 3 Months	18	15	24	14
三个月至半年以内 3 Months to 6 Months	25	13	33	17
半年至一年以内 6 Months to 1 Year	140	96	124	69
一年及以上 1 Year and Over	291	136	890	461
按大洲分 by Continent				
亚洲 Asia	1117	598	597	338
非洲 Africa	14	1	285	130
欧洲 Europe	243	119	154	77
北美洲 North America	31	10	16	4
南美洲 South America	7	5	15	11
大洋洲 Oceania	2	2	7	4

中等职业学校

Number of Educational Personnel in

	教职工数 Educational		
	合计 Total	校本部 Educational Personnel	
		小计 Subtotal	专任教师 Full-time Teachers
总　计	**921332**	**909012**	**684071**
其中:女 of Which: Female	431608	426013	341753
正高级 Senior	5565	5553	4018
副高级 Sub-senior	181907	181549	153165
中　级 Middle	327176	325973	277495
初　级 Junior	231553	230400	191865
未定职级 No-ranking	175131	165537	57528
总计中:聘任制 of the Total: Part-time	183602	181686	139442
其中:女 of Which: Female	82410	81558	65587
正高级 Senior	1513	1508	1121
副高级 Sub-senior	29784	29694	25889
中　级 Middle	61044	60732	53173
初　级 Junior	49529	49072	41980
未定职级 No-ranking	41732	40680	17279

中等职业学校(机构)

Number of Educational Personnel in

	教职工数 Educational		
	合计 Total	校本部 Educational Personnel	
		小计 Subtotal	专任教师 Full-time Teachers
总　计	**430636**	**423757**	**305564**
其中:女 of Which: Female	202737	199422	153668
正高级 Senior	2925	2919	2168
副高级 Sub-senior	85725	85615	73266
中　级 Middle	144488	144086	120416
初　级 Junior	103277	102575	81886
未定职级 No-ranking	94221	88562	27828
总计中:聘任制 of the Total: Part-time	82160	81333	59815
其中:女 of Which: Female	37344	36891	28388
正高级 Senior	736	736	571
副高级 Sub-senior	12316	12304	10777
中　级 Middle	25298	25232	22075
初　级 Junior	21640	21354	17828
未定职级 No-ranking	22170	21707	8564

（机构）教职工数（总计）

Secondary Vocational Schools（Total）

单位：人
unit：person

Personnel					
教　职　工 in Main Campus			校办企业职工 Employees in School-run Factories & Farms	其他附设机构人员 Personnel in Other Subsidiary Units	聘请校外教师 Part-time Teachers
行政人员 Adm. Personnel	教辅人员 Supporting Staff	工勤人员 Workers			
90036	**63633**	**71272**	**6152**	**6168**	**106549**
31271	29802	23187	2447	3148	43768
1353	156	26	12		3446
22267	5666	451	51	307	23856
25960	21080	1438	204	999	42771
16057	20834	1644	240	913	17098
24399	15897	67713	5645	3949	19378
15732	12295	14217	681	1235	329
5517	5445	5009	223	629	142
354	28	5	5		1
2999	725	81	3	87	24
4041	3306	212	38	274	252
2945	3922	225	34	423	33
5393	4314	13694	601	451	19

教职工数（普通中专）

Secondary Vocational Schools（Institutions）（Regular SSSs）

单位：人
unit：person

Personnel					
教　职　工 in Main Campus			校办企业职工 Employees in School-run Factories & Farms	其他附设机构人员 Personnel in Others Subsidiary Units	聘请校外教师 Part-time Teachers
行政人员 Adm. Personnel	教辅人员 Supporting Staff	工勤人员 Workers			
49374	**30227**	**38592**	**3084**	**3795**	**47896**
18275	15138	12341	1027	2288	21067
629	105	17	6		1647
9821	2300	228	36	74	10725
13472	9482	716	92	310	17841
9840	9917	932	115	587	8475
15612	8423	36699	2835	2824	9208
7748	5956	7814	253	574	226
2883	2741	2879	63	390	86
140	25				1
1202	300	25	3	9	13
1725	1339	93	8	58	180
1554	1861	111	10	276	25
3127	2431	7585	232	231	7

中等职业学校(机构)

Number of Educational Personnel in Secondary

	教职工数 Educational		
	合计 Total	校本部 Educational Personnel	
		小计 Subtotal	专任教师 Full-time Teachers
总　计	**77482**	**76314**	**54207**
其中:女 of Which: Female	35445	34932	26823
正高级 Senior	578	578	393
副高级 Sub-senior	18183	18128	14907
中　级 Middle	30388	30290	24419
初　级 Junior	15708	15649	12179
未定职级 No-ranking	12625	11669	2309
总计中:聘任制 of the Total: Part-time	14532	14458	10817
其中:女 of Which: Female	6537	6501	5199
正高级 Senior	145	145	113
副高级 Sub-senior	3202	3202	2795
中　级 Middle	5727	5727	4782
初　级 Junior	3123	3123	2471
未定职级 No-ranking	2335	2261	656

中等职业学校(机构)

Number of Educational Personnel in Secondary

	教职工数 Educational		
	合计 Total	校本部 Educational Personnel	
		小计 Subtotal	专任教师 Full-time Teachers
总　计	**394292**	**390459**	**311743**
其中:女 of Which: Female	184996	183309	155131
正高级 Senior	1920	1915	1356
副高级 Sub-senior	73979	73846	61960
中　级 Middle	145065	144630	127260
初　级 Junior	108368	108011	94639
未定职级 No-ranking	64960	62057	26528
总计中:聘任制 of the Total: Part-time	82951	81961	65903
其中:女 of Which: Female	36745	36392	30611
正高级 Senior	607	602	420
副高级 Sub-senior	13607	13530	11771
中　级 Middle	28583	28338	25095
初　级 Junior	23813	23647	20892
未定职级 No-ranking	16341	15844	7725

教职工数(成人中专)

Vocational Schools (Institutions) (Adult SSSs)

单位：人
unit: person

Personnel					
教 职 工 in Main Campus			校办企业职工 Employees in School-run Factories & Farms	其他附设机构人员 Personnel in Others Subsidiary Units	聘请校外教师 Part-time Teachers
行政人员 Adm. Personnel	教辅人员 Supporting Staff	工勤人员 Workers			
9428	**6877**	**5802**	**801**	**367**	**24874**
3080	3148	1881	382	131	8614
176	6	3			999
2536	669	16	1	54	7022
2903	2859	109	7	91	13161
1328	2014	128	13	46	2530
2485	1329	5546	780	176	1162
1407	1378	856	67	7	
435	603	264	35	1	
32					
293	110	4			
411	527	7			
221	419	12			
450	322	833	67	7	

教职工数(职业高中)

Vocational Schools (Institutions) (Vocational High Schools)

单位：人
unit: person

Personnel					
教 职 工 in Main Campus			校办企业职工 Employees in School-run Factories & Farms	其他附设机构人员 Personnel in Others Subsidiary Units	聘请校外教师 Part-time Teachers
行政人员 Adm. Personnel	教辅人员 Supporting Staff	工勤人员 Workers			
28676	**24794**	**25246**	**2216**	**1617**	**31024**
9105	10680	8393	1014	673	12797
515	39	5	5		752
9231	2462	193	12	121	5466
8671	8168	531	103	332	10601
4458	8377	537	106	251	5539
5801	5748	23980	1990	913	8666
6188	4622	5248	348	642	87
2069	1944	1768	120	233	47
174	3	5	5		
1412	295	52		77	9
1797	1342	104	30	215	62
1103	1550	102	19	147	4
1702	1432	4985	294	203	12

中等职业学校(机构)

Number of Educational Personnel in Secondary

	教职工数 Educational		
	合计 Total	校本部 Educational Personnel	
		小计 Subtotal	专任教师 Full-time Teachers
总　计 Total	**18922**	**18482**	**12557**
其中:女 of Which: Female	8430	8350	6131
正高级 Senior	142	141	101
副高级 Sub-senior	4020	3960	3032
中　级 Middle	7235	6967	5400
初　级 Junior	4200	4165	3161
未定职级 No-ranking	3325	3249	863
总计中:聘任制 of the Total: Part-time	3959	3934	2907
其中:女 of Which: Female	1784	1774	1389
正高级 Senior	25	25	17
副高级 Sub-senior	659	658	546
中　级 Middle	1436	1435	1221
初　级 Junior	953	948	789
未定职级 No-ranking	886	868	334

教职工数(其他机构)

Vocational Schools (Institutions) (Other Institutions)

单位：人
unit: person

Personnel					聘请校外教师 Part-time Teachers
教 职 工 in Main Campus			校办企业职工 Employees in School-run Factories & Farms	其他附设机构人员 Personnel in Others Subsidiary Units	
行政人员 Adm. Personnel	教辅人员 Supporting Staff	工勤人员 Workers			
2558	**1735**	**1632**	**51**	**389**	**2755**
811	836	572	24	56	1290
33	6	1	1		48
679	235	14	2	58	643
914	571	82	2	266	1168
431	526	47	6	29	554
501	397	1488	40	36	342
389	339	299	13	12	16
130	157	98	5	5	9
8					
92	20			1	2
108	98	8		1	10
67	92		5		4
114	129	291	8	10	

中等职业学校(机构)分科专任教师数(总计)

Number of Full-time Teachers by Field of Education in Secondary Vocational Schools (Institutions) (Total)

单位：人

unit：person

	合计 Total	其中：女 of Which：Female	正高级 Senior	副高级 Sub-Senior	中级 Middle	初级 Junior	未定职级 No-ranking
总 计 Total	**684071**	**341753**	**4018**	**153165**	**277495**	**191865**	**57528**
其中：女 of Which：Female	341753		1521	67744	140284	101469	30735
文化基础课 Common Required Subject	291898	156569	1164	72773	122269	77388	18304
专业课 Specialized Subjects	367280	176858	2756	76916	145442	106522	35644
农林牧渔类 Agriculture，Forestry，Animal Husbandry & Fisheries	23139	9455	168	6219	9914	5558	1280
资源环境类 Resources & Environment	2124	835	21	557	763	574	209
能源与新能源类 Energy Resources & New ER	3445	1334	115	965	1218	820	327
土木水利类 Civil Engineering & Water Conservancy	10091	4207	58	2381	3827	2792	1033
加工制造类 Manufacturing	52134	18609	374	11404	20584	14821	4951
石油化工类 Petroleum & Chemical Industries	2653	1233	19	761	1000	653	220
轻纺食品类 Light，Textile & Food Industries	3919	2135	27	868	1423	1092	509
交通运输类 Communication & Transport	14855	4175	156	2754	5637	4366	1942
信息技术类 Information Technology	67659	31804	344	11523	28616	21278	5898
医药卫生类 Medicine，Pharmacy & Health Care	25620	15359	567	6877	9700	6337	2139
休闲保健类 Recreation Services & Make-up Artists	1256	615	3	178	532	349	194
财经商贸类 Finance，Economics，Commerce & Trade	36978	22655	144	8382	14601	10532	3319
旅游服务类 Tourist Services	16189	10392	68	2899	6394	5028	1800
文化艺术类 Culture & Arts	32634	19328	349	4999	11992	11052	4242
体育与健身 Sports & Body-building	14356	3921	35	2819	5600	4591	1311
教育类 Educational Services	34291	18793	186	8448	13637	9248	2772
司法服务类 Legal Services	1530	676	11	310	526	429	254
公共管理与服务类 Public Administration & Services	6196	3075	37	1213	2445	1849	652
其他 Others	18211	8257	74	3359	7033	5153	2592
实习指导课 Practice Guidance Lessons	24893	8326	98	3476	9784	7955	3580

中等职业学校(机构)分科专任教师数(普通中专)

Number of Full-time Teachers by Field of Education in Secondary Vocational Schools (Institutions) (Regular SSSs)

单位：人

unit：person

	合计 Total	其中：女 of Which：Female	正高级 Senior	副高级 Sub-Senior	中级 Middle	初级 Junior	未定职级 No-ranking
总　计 Total	**305564**	**153668**	**2168**	**73266**	**120416**	**81886**	**27828**
其中：女 of Which：Female	153668		810	33828	60770	43299	14961
文化基础课 Common Required Subject	112427	61294	516	29950	45912	28424	7625
专业课 Specialized Subjects	179910	87936	1599	41484	69446	49135	18246
农林牧渔类 Agriculture, Forestry, Animal Husbandry & Fisheries	8049	3238	86	2637	3210	1589	527
资源环境类 Resources & Environment	1047	437	8	301	370	259	109
能源与新能源类 Energy Resources & New ER	2161	885	103	642	709	455	252
土木水利类 Civil Engineering & Water Conservancy	5889	2599	35	1523	2136	1551	644
加工制造类 Manufacturing	25817	9314	204	6030	10036	6952	2595
石油化工类 Petroleum & Chemical Industries	1554	754	13	513	586	332	110
轻纺食品类 Light, Textile & Food Industries	1882	1037	10	459	665	499	249
交通运输类 Communication & Transport	7285	2033	87	1439	2682	1984	1093
信息技术类 Information Technology	29813	13681	165	5442	12819	8837	2550
医药卫生类 Medicine, Pharmacy & Health Care	19410	12068	417	5633	7030	4689	1641
休闲保健类 Recreation Services & Make-up Artists	456	230		66	183	97	110
财经商贸类 Finance, Economics, Commerce & Trade	19988	12472	54	5090	7859	5143	1842
旅游服务类 Tourist Services	6380	4042	31	1226	2494	1860	769
文化艺术类 Culture & Arts	16567	9673	234	2740	6036	5453	2104
体育与健身 Sports & Body-building	8250	2250	28	1909	3168	2489	656
教育类 Educational Services	14655	8065	82	3636	5380	4068	1489
司法服务类 Legal Services	744	348	1	156	258	201	128
公共管理与服务类 Public Administration & Services	2752	1398	15	560	1091	807	279
其他 Others	7211	3412	26	1482	2734	1870	1099
实习指导课 Practice Guidance Lessons	13227	4438	53	1832	5058	4327	1957

中等职业学校(机构)分科专任教师数(成人中专)

Number of Full-time Teachers by Field of Education in Secondary Vocational Schools (Institutions) (Adult SSSs)

单位：人

unit：person

	合计 Total	其中:女 of Which: Female	正高级 Senior	副高级 Sub-Senior	中级 Middle	初级 Junior	未定职级 No-ranking
总　计 Total	**54207**	**26823**	**393**	**14907**	**24419**	**12179**	**2309**
其中:女 of Which: Female	26823		149	6490	12771	6312	1101
文化基础课 Common Required Subject	28972	15088	116	8863	13291	5687	1015
专业课 Specialized Subjects	23733	11210	270	5802	10394	6128	1139
农林牧渔类 Agriculture, Forestry, Animal Husbandry & Fisheries	4310	1800	53	1019	2073	997	168
资源环境类 Resources & Environment	227	80	3	62	78	65	19
能源与新能源类 Energy Resources & New ER	383	92	5	137	156	79	6
土木水利类 Civil Engineering & Water Conservancy	621	276	2	122	231	205	61
加工制造类 Manufacturing	1560	558	19	418	571	444	108
石油化工类 Petroleum & Chemical Industries	40	18		11	23	6	
轻纺食品类 Light, Textile & Food Industries	138	42	2	34	59	35	8
交通运输类 Communication & Transport	509	146	13	104	236	111	45
信息技术类 Information Technology	2469	1155	28	429	1183	626	203
医药卫生类 Medicine, Pharmacy & Health Care	1112	594	36	337	446	247	46
休闲保健类 Recreation Services & Make-up Artists	43	19		8	16	15	4
财经商贸类 Finance, Economics, Commerce & Trade	2139	1069	22	371	667	1004	75
旅游服务类 Tourist Services	391	240	2	52	138	145	54
文化艺术类 Culture & Arts	813	478	14	126	341	250	82
体育与健身 Sports & Body-building	288	71	1	38	114	92	43
教育类 Educational Services	7045	3778	58	2175	3327	1372	113
司法服务类 Legal Services	113	48	1	39	42	27	4
公共管理与服务类 Public Administration & Services	303	155	4	59	133	82	25
其他 Others	1229	591	7	261	560	326	75
实习指导课 Practice Guidance Lessons	1502	525	7	242	734	364	155

中等职业学校(机构)分科专任教师数(职业高中)

Number of Full-time Teachers by Field of Education in Secondary Vocational Schools (Institutions) (Vocational High Schools)

单位：人

unit: person

	合计 Total	其中:女 of Which: Female	正高级 Senior	副高级 Sub-Senior	中级 Middle	初级 Junior	未定职级 No-ranking
总　计 Total	**311743**	**155131**	**1356**	**61960**	**127260**	**94639**	**26528**
其中:女 of Which: Female	155131		512	26055	64220	50190	14154
文化基础课 Common Required Subject	145224	77393	494	32527	60863	42058	9282
专业课 Specialized Subjects	156789	74517	825	28089	62602	49460	15813
农林牧渔类 Agriculture, Forestry, Animal Husbandry & Fisheries	10559	4320	22	2502	4541	2925	569
资源环境类 Resources & Environment	807	296	10	187	305	225	80
能源与新能源类 Energy Resources & New ER	876	346	7	178	349	273	69
土木水利类 Civil Engineering & Water Conservancy	3459	1277	19	712	1408	1006	314
加工制造类 Manufacturing	24015	8445	145	4808	9692	7164	2206
石油化工类 Petroleum & Chemical Industries	1040	453	6	235	382	307	110
轻纺食品类 Light, Textile & Food Industries	1869	1034	14	367	682	554	252
交通运输类 Communication & Transport	6858	1933	55	1167	2648	2200	788
信息技术类 Information Technology	34385	16497	141	5483	14185	11493	3083
医药卫生类 Medicine, Pharmacy & Health Care	4271	2425	105	752	1713	1296	405
休闲保健类 Recreation Services & Make-up Artists	754	364	3	104	331	237	79
财经商贸类 Finance, Economics, Commerce & Trade	14249	8746	59	2814	5793	4240	1343
旅游服务类 Tourist Services	9231	6006	32	1586	3699	2955	959
文化艺术类 Culture & Arts	14838	8927	98	2070	5442	5225	2003
体育与健身 Sports & Body-building	5489	1495	6	785	2209	1905	584
教育类 Educational Services	11040	6086	38	2168	4280	3440	1114
司法服务类 Legal Services	637	263	9	107	209	193	119
公共管理与服务类 Public Administration & Services	3032	1483	18	569	1169	938	338
其他 Others	9380	4121	38	1495	3565	2884	1398
实习指导课 Practice Guidance Lessons	9730	3221	37	1344	3795	3121	1433

中等职业学校(机构)分科专任教师数(其他机构)

Number of Full-time Teachers by Field of Education in Secondary Vocational Schools (Institutions) (Other Institutions)

单位：人

unit: person

	合计 Total	其中:女 of Which: Female	正高级 Senior	副高级 Sub-Senior	中级 Middle	初级 Junior	未定职级 No-ranking
总　计 Total	**12557**	**6131**	**101**	**3032**	**5400**	**3161**	**863**
其中:女 of Which: Female	6131		50	1371	2523	1668	519
文化基础课 Common Required Subject	5275	2794	38	1433	2203	1219	382
专业课 Specialized Subjects	6848	3195	62	1541	3000	1799	446
农林牧渔类 Agriculture, Forestry, Animal Husbandry & Fisheries	221	97	7	61	90	47	16
资源环境类 Resources & Environment	43	22		7	10	25	1
能源与新能源类 Energy Resources & New ER	25	11		8	4	13	
土木水利类 Civil Engineering & Water Conservancy	122	55	2	24	52	30	14
加工制造类 Manufacturing	742	292	6	148	285	261	42
石油化工类 Petroleum & Chemical Industries	19	8		2	9	8	
轻纺食品类 Light, Textile & Food Industries	30	22	1	8	17	4	
交通运输类 Communication & Transport	203	63	1	44	71	71	16
信息技术类 Information Technology	992	471	10	169	429	322	62
医药卫生类 Medicine, Pharmacy & Health Care	827	272	9	155	511	105	47
休闲保健类 Recreation Services & Make-up Artists	3	2			2		1
财经商贸类 Finance, Economics, Commerce & Trade	602	368	9	107	282	145	59
旅游服务类 Tourist Services	187	104	3	35	63	68	18
文化艺术类 Culture & Arts	416	250	3	63	173	124	53
体育与健身 Sports & Body-building	329	105		87	109	105	28
教育类 Educational Services	1551	864	8	469	650	368	56
司法服务类 Legal Services	36	17		8	17	8	3
公共管理与服务类 Public Administration & Services	109	39		25	52	22	10
其他 Others	391	133	3	121	174	73	20
实习指导课 Practice Guidance Lessons	434	142	1	58	197	143	35

中等职业学校(机构)专任教师、聘请校外教师学历情况(合计)

Number of Full-time and Part-time Teachers by Academic Qualifications in Secondary Vocational Schools (Institutions) (Total)

单位:人
unit: person

	合计 Total	博士研究生 Doctors	硕士研究生 Masters	本科 Normal Courses	专科 Short-cycle Courses	高中阶段及以下 Below High School Graduate
1. 专任教师 Full-time Teacher	684071	792	34425	559588	85177	4089
其中:女 of Which: Female	341753	329	19594	286198	34480	1152
实习指导课教师 Practice Course Teacher	24893	10	580	16626	6991	686
正高级 Senior	4018	207	641	2795	354	21
副高级 Sub-senior	153165	302	10306	132511	9800	246
中　级 Middle	277495	181	13432	229862	32541	1479
初　级 Junior	191865	33	6311	155599	28503	1419
未定职级 No-ranking	57528	69	3735	38821	13979	924
2. 聘请校外教师 Part-time Teacher	106549	575	7703	76189	20480	1602
其中:女 of Which: Female	43768	197	3371	32320	7474	406
实习指导课教师 Practice Course Teacher	10886	42	473	7280	2766	325
外籍教师 Foreign Teachers Among Part-time Teachers	213	5	47	145	15	1
正高级 Senior	3446	197	838	2129	244	38
副高级 Sub-senior	23856	202	2354	18858	2269	173
中　级 Middle	42771	141	2469	31583	8133	445
初　级 Junior	17098	16	971	11705	4166	240
未定职级 No-ranking	19378	19	1071	11914	5668	706

中等职业学校(机构)专任教师、聘请校外教师学历情况(普通中专学校)

Number of Full-time and Part-time Teachers by Academic Qualifications in Secondary Vocational Schools (Institutions) (Regular SSSs)

单位:人

unit: person

	合计 Total	博士研究生 Doctors	硕士研究生 Masters	本科 Normal Courses	专科 Short-cycle Courses	高中阶段及以下 Below High School Graduate
1. 专任教师 Full-time Teacher	305564	426	23179	247160	32515	2284
其中:女 of Which: Female	153668	165	13409	126823	12646	625
实习指导课教师 Practice Course Teacher	13227	8	364	8387	3958	510
正高级 Senior	2168	119	306	1533	189	21
副高级 Sub-senior	73266	141	7048	62196	3690	191
中　级 Middle	120416	89	9174	98230	12117	806
初　级 Junior	81886	25	4270	66583	10303	705
未定职级 No-ranking	27828	52	2381	18618	6216	561
2. 聘请校外教师 Part-time Teacher	47896	322	4559	35550	6803	662
其中:女 of Which: Female	21067	101	2094	16001	2667	204
实习指导课教师 Practice Course Teacher	4879	31	311	3227	1138	172
外籍教师 Foreign Teachers Among Part-time Teachers	128	3	33	84	7	1
正高级 Senior	1647	106	355	1023	130	33
副高级 Sub-senior	10725	139	1258	8380	856	92
中　级 Middle	17841	56	1450	13899	2300	136
初　级 Junior	8475	7	740	6160	1508	60
未定职级 No-ranking	9208	14	756	6088	2009	341

中等职业学校(机构)专任教师、聘请校外教师学历情况(成人中专学校)

Number of Full-time and Part-time Teachers by Academic Qualifications in Secondary Vocational Schools (Institutions) (Adult SSSs)

单位：人

unit：person

	合计 Total	博士研究生 Doctors	硕士研究生 Masters	本科 Normal Courses	专科 Short-cycle Courses	高中阶段及以下 Below High School Graduate
1. 专任教师 Full-time Teacher	54207	38	1541	41241	10966	421
其中：女 of Which：Female	26823	13	734	20785	5127	164
实习指导课教师 Practice Course Teacher	1502	1	31	1046	402	22
正高级 Senior	393	8	65	294	26	
副高级 Sub-senior	14907	18	568	12703	1593	25
中　级 Middle	24419	8	551	18395	5241	224
初　级 Junior	12179	2	229	8491	3330	127
未定职级 No-ranking	2309	2	128	1358	776	45
2. 聘请校外教师 Part-time Teacher	24874	69	1237	17129	6088	351
其中：女 of Which：Female	8614	17	362	6150	2013	72
实习指导课教师 Practice Course Teacher	2042	2	29	1567	378	66
外籍教师 Foreign Teachers Among Part-time Teachers	4		1	1	2	
正高级 Senior	999	47	247	639	66	
副高级 Sub-senior	7022	19	507	5652	809	35
中　级 Middle	13161	3	376	8781	3790	211
初　级 Junior	2530		43	1305	1089	93
未定职级 No-ranking	1162		64	752	334	12

中等职业学校(机构)专任教师、聘请校外教师学历情况(职业高中)

Number of Full-time and Part-time Teachers by Academic Qualifications in Secondary Vocational Schools (Institutions) (Vocational High Schools)

单位:人

unit: person

	合计 Total	博士研究生 Doctors	硕士研究生 Masters	本科 Normal Courses	专科 Short-cycle Courses	高中阶段及以下 Below High School Graduate
1. 专任教师 Full-time Teacher	311743	298	8556	261396	40177	1316
其中:女 of Which: Female	155131	142	4783	133806	16060	340
实习指导课教师 Practice Course Teacher	9730	1	168	6895	2517	149
正高级 Senior	1356	73	244	905	134	
副高级 Sub-senior	61960	123	2339	55108	4365	25
中　级 Middle	127260	81	3214	108994	14549	422
初　级 Junior	94639	6	1613	78072	14389	559
未定职级 No-ranking	26528	15	1146	18317	6740	310
2. 聘请校外教师 Part-time Teacher	31024	119	1454	21726	7170	555
其中:女 of Which: Female	12797	51	683	9346	2604	113
实习指导课教师 Practice Course Teacher	3817	4	124	2392	1213	84
外籍教师 Foreign Teachers Among Part-time Teachers	77	2	11	58	6	
正高级 Senior	752	39	222	440	46	5
副高级 Sub-senior	5466	19	488	4352	564	43
中　级 Middle	10601	48	416	8152	1905	80
初　级 Junior	5539	8	100	3906	1446	79
未定职级 No-ranking	8666	5	228	4876	3209	348

中等职业学校(机构)专任教师、聘请校外教师学历情况(其他机构)

Number of Full-time and Part-time Teachers by Academic Qualifications in Secondary Vocational Schools (Institutions) (Other Institutions)

单位:人

unit: person

	合计 Total	博士研究生 Doctors	硕士研究生 Masters	本科 Normal Courses	专科 Short-cycle Courses	高中阶段及以下 Below High School Graduate
1. 专任教师 Full-time Teacher	12557	30	1149	9791	1519	68
其中:女 of Which: Female	6131	9	668	4784	647	23
实习指导课教师 Practice Course Teacher	434		17	298	114	5
正高级 Senior	101	7	26	63	5	
副高级 Sub-senior	3032	20	351	2504	152	5
中级 Middle	5400	3	493	4243	634	27
初级 Junior	3161		199	2453	481	28
未定职级 No-ranking	863		80	528	247	8
2. 聘请校外教师 Part-time Teacher	2755	65	453	1784	419	34
其中:女 of Which: Female	1290	28	232	823	190	17
实习指导课教师 Practice Course Teacher	148	5	9	94	37	3
外籍教师 Foreign Teachers Among Part-time Teacherss	4		2	2		
正高级 Senior	48	5	14	27	2	
副高级 Sub-senior	643	25	101	474	40	3
中级 Middle	1168	34	227	751	138	18
初级 Junior	554	1	88	334	123	8
未定职级 No-ranking	342		23	198	116	5

中等职业学校(机构)

Number of Full-time Teachers by Age in

	合计 Total	30 岁及以下 30 and Under	31—35 岁 31 to 35	36—40 岁 36 to 40
总　计 Total	**684071**	**157629**	**135073**	**131827**
其中:女 of Which: Female	341753	92796	74432	67792
正高级 Senior	4018	2	11	342
副高级 Sub-senior	153165	51	3250	22886
中　级 Middle	277495	20508	67765	80925
初　级 Junior	191865	92798	56745	24816
未定职级 No-ranking	57528	44270	7302	2858
普通中专学校 Regular SSSs	305564	76346	57575	54439
其中:女 of Which: Female	153668	45069	31706	27731
正高级 Senior	2168	2	9	146
副高级 Sub-senior	73266	39	1602	10795
中　级 Middle	120416	10884	31263	32834
初　级 Junior	81886	43927	21241	9274
未定职级 No-ranking	27828	21494	3460	1390
成人中专学校 Adult SSSs	54207	6570	9429	10187
其中:女 of Which: Female	26823	3597	5036	5693
正高级 Senior	393			54
副高级 Sub-senior	14907		246	1443
中　级 Middle	24419	1153	4234	6516
初　级 Junior	12179	3763	4588	2023
未定职级 No-ranking	2309	1654	361	151
职业高中学校 Vocational High Schools	311743	71993	65790	65044
其中:女 of Which: Female	155131	42452	36433	33225
正高级 Senior	1356		2	141
副高级 Sub-senior	61960	12	1342	10240
中　级 Middle	127260	8110	30963	40189
初　级 Junior	94639	43384	30114	13210
未定职级 No-ranking	26528	20487	3369	1264
其他机构 Other Institutions	12557	2720	2279	2157
其中:女 of Which: Female	6131	1678	1257	1143
正高级 Senior	101			1
副高级 Sub-senior	3032		60	408
中　级 Middle	5400	361	1305	1386
初　级 Junior	3161	1724	802	309
未定职级 No-ranking	863	635	112	53

专任教师分年龄情况

Secondary Vocational Schools（Institutions）

单位：人
unit：person

41—45 岁 41 to 45	46—50 岁 46 to 50	51—55 岁 51 to 55	56—60 岁 56 to 60	61 岁及以上 61 and Over
117527	**88099**	**35872**	**16963**	**1081**
55833	36671	12824	1178	227
772	941	1008	662	280
47422	47875	21097	10054	530
57680	31918	12766	5723	210
10058	6257	753	398	40
1595	1108	248	126	21
50509	41279	16740	8136	540
24283	17880	6292	612	95
344	528	604	396	139
21826	23704	10096	4916	288
23406	13957	5465	2545	62
4203	2631	387	191	32
730	459	188	88	19
10977	9902	5015	2043	84
5779	4623	1970	101	24
68	70	117	52	32
3900	5148	2879	1257	34
5987	3890	1925	697	17
943	737	90	35	
79	57	4	2	1
53454	35292	13380	6358	432
24698	13468	4313	441	101
333	308	263	203	106
20706	18148	7695	3623	194
26925	13502	5114	2333	124
4737	2761	259	166	8
753	573	49	33	
2587	1626	737	426	25
1073	700	249	24	7
27	35	24	11	3
990	875	427	258	14
1362	569	262	148	7
175	128	17	6	
33	19	7	3	1

中等职业学校(机构)专任教师、
Number of Full-time and Part-time Teachers

	本学年授课专任教师 Full-time Teacher by Teaching Content			
	合计 Total	文化基础课 Common Required Subject	专业课、实习指导课 Special Subject and Practice Course	
			小计 Subtotal	其中:双师型 of Which: Double-teacher Type
总　计 Total	**678858**	**289773**	**389085**	**172294**
其中:女 of Which: Female	339458	155592	183866	73897
正高级 Senior	3970	1162	2808	1260
副高级 Sub-senior	151914	72166	79748	43231
中　级 Middle	275400	121422	153978	79784
初　级 Junior	190462	76822	113640	41747
未定职级 No-ranking	57112	18201	38911	6272
普通中专学校 Regular SSSs	303493	111705	191788	89654
其中:女 of Which: Female	152805	60944	91861	39572
正高级 Senior	2129	514	1615	790
副高级 Sub-senior	72812	29743	43069	24954
中　级 Middle	119654	45631	74023	41180
初　级 Junior	81340	28241	53099	19542
未定职级 No-ranking	27558	7576	19982	3188
成人中专学校 Adult SSSs	53542	28744	24798	6611
其中:女 of Which: Female	26488	14985	11503	2516
正高级 Senior	392	116	276	78
副高级 Sub-senior	14732	8806	5926	1758
中　级 Middle	24105	13181	10924	3396
初　级 Junior	12022	5635	6387	1163
未定职级 No-ranking	2291	1006	1285	216
职业高中学校 Vocational High Schools	309458	144107	165351	73965
其中:女 of Which: Female	154097	76892	77205	30980
正高级 Senior	1352	494	858	371
副高级 Sub-senior	61370	32185	29185	16032
中　级 Middle	126341	60445	65896	34190
初　级 Junior	93987	41740	52247	20568
未定职级 No-ranking	26408	9243	17165	2804
其他机构 Other Institutions	12365	5217	7148	2064
其中:女 of Which: Female	6068	2771	3297	829
正高级 Senior	97	38	59	21
副高级 Sub-senior	3000	1432	1568	487
中　级 Middle	5300	2165	3135	1018
初　级 Junior	3113	1206	1907	474
未定职级 No-ranking	855	376	479	64

聘请校外教师岗位分类情况

by Teaching Course in Secondary Vocational Schools（Institutions）

单位：人

unit：person

本学年授课聘请校外教师 Part-time Teacher by Teaching Content				本学年授课专任教师 Full-time Teacher by Non－teaching			
合计 Total	文化基础课 Common Required Subject	专业课、实习指导课 Special Subject and Practice Course		合计 Total	进修 In-service	病休 Sick-Leave	其他 Others
		小计 Subtotal	其中：双师型 of Which：Double-teacher Type				
106549	**26552**	**79997**	**27936**	**5213**	**699**	**804**	**3710**
43768	12874	30894	9706	2295	340	390	1565
3446	604	2842	1043	48		3	45
23856	5200	18656	8680	1251	143	142	966
42771	10242	32529	12778	2095	306	303	1486
17098	5081	12017	3310	1403	187	301	915
19378	5425	13953	2125	416	63	55	298
47896	11721	36175	12574	2071	235	312	1524
21067	6143	14924	4312	863	101	147	615
1647	152	1495	591	39		2	37
10725	2142	8583	3909	454	29	58	367
17841	4263	13578	5445	762	78	108	576
8475	2447	6028	1561	546	81	111	354
9208	2717	6491	1068	270	47	33	190
24874	6472	18402	6895	665	90	29	546
8614	2494	6120	2736	335	62	14	259
999	258	741	209	1			1
7022	1748	5274	2537	175	36	4	135
13161	3176	9985	3586	314	49	12	253
2530	800	1730	525	157	5	13	139
1162	490	672	38	18			18
31024	7516	23508	7945	2285	286	455	1544
12797	3819	8978	2474	1034	141	223	670
752	180	572	235	4			4
5466	1098	4368	2107	590	63	76	451
10601	2479	8122	3466	919	135	181	603
5539	1667	3872	1122	652	74	176	402
8666	2092	6574	1015	120	14	22	84
2755	843	1912	522	192	88	8	96
1290	418	872	184	63	36	6	21
48	14	34	8	4		1	3
643	212	431	127	32	15	4	13
1168	324	844	281	100	44	2	54
554	167	387	102	48	27	1	20
342	126	216	4	8	2		6

	上学年初报表专任教师数 Number of Full-time Teachers at Beginning of Previous Academic Year	增加专任 Factors of				
		合计 Total	录用毕业生 New Recruits from Current Year Graduates			外单位 Teachers Recruited
			小计 Subtotal	研究生 Completing Doc，& Mas. Deg. Prog.	本科生 Completing 1st Degree Courses	小计 Subtotal
总　计 Total	**689363**	**64021**	**16823**	**1876**	**13657**	**22864**
其中：女 of Which：Female	341749	31831	9922	1266	7824	10838
普通中专学校 Regular SSSs	307199	26317	8283	1195	6517	7652
其中：女 of Which：Female	152794	13835	4955	815	3768	3805
成人中专学校 Adult SSSs	54824	4562	488	60	377	2230
其中：女 of Which：Female	26930	2246	243	38	168	1101
职业高中学校 Vocational High Schools	312694	31274	7875	590	6623	12290
其中：女 of Which：Female	154818	14940	4619	387	3809	5582
其他机构 Other Institutions	14646	1868	177	31	140	692
其中：女 of Which：Female	7207	810	105	26	79	350

专任教师变动情况
Vocational Schools (Institutions)

单位：人
unit: person

教师数 Increase				减少专任教师数 Factors of Decrease				本学年初报表专任教师数 Number of Full-time Teachers at Beginning of Current Academic Year
教师调入 from Other Units	非教师调入 Non-teaching Personnel Changed into Teachers							
其中:中职学校调入 of Which: from Other SVSs	小计 Subtotal	其中:本校调整 of Which: with Change of Status in Their Own Institutions	其他 Others	合计 Total	自然减员 Retired from Their Posts during Previcus Academic Year	调离教师岗位 Transferred from Teaching to Non-teaching Posts	其他 Others	
8942	**8562**	**6226**	**15772**	**69313**	**12001**	**17680**	**39632**	**684071**
4101	3693	2668	7378	31827	5546	8000	18281	341753
3581	3282	2268	7100	27952	6191	6856	14905	305564
1789	1587	1048	3488	12961	2862	3037	7062	153668
527	543	391	1301	5179	1047	1639	2493	54207
213	259	177	643	2353	464	720	1169	26823
4584	4201	3405	6908	32225	4464	8171	19590	311743
1972	1747	1351	2992	14627	2080	3672	8875	155131
250	536	162	463	3957	299	1014	2644	12557
127	100	92	255	1886	140	571	1175	6131

中等职业学校

Condition of Fixed Assets and Teaching Resources in

	学校占地面积(平方米) Area of School sites (m^2)			图书(册) Books (volume)	
	合计 Total	其中:绿化用地面积 of Which: Green Areas	其中:运动场地面积 of Which: Sports Areas	合计 Total	当年新增 New Added in Current Year
总 计 Total					
学校产权 Owned by SVSs	509920312	118505212	76227819	362017861	22200621
非学校产权中独立使用 Not Owned by SVSs	58995222	11365162	9696671	20682502	1253973
普通中专学校 Regular SSSs					
学校产权 Owned by SSSs	253591528	62915293	36755994	195108427	9800015
非学校产权中独立使用 Not Owned by SSSs	27190296	5143791	4551035	9669521	493387
成人中专学校 Adult SSSs					
学校产权 Owned by Adult SSSs	25036501	4643232	3414676	23961995	1243288
非学校产权中独立使用 Not Owned by Adult SSSs	3521056	416456	549529	1920336	91651
职业高中学校 Vocational High Schools					
学校产权 Owned by VHSs	220498978	48846508	34311049	135053485	10940136
非学校产权中独立使用 Not Owned by VHSs	25899746	5334690	4051868	8193067	658029
其他机构 Other Institutions					
学校产权 Owned by SVSs	10793305	2100179	1746100	7893954	217182
非学校产权中独立使用 Not Owned by SVSs	2384124	470225	544239	899578	10906

(机构)资产情况
Secondary Vocational Schools (Institutions)

计算机数(台) PC (set)		多媒体教室座位数(个) No. of Seats in Multimedia Class Rooms (seat)	语音实验室座位数(个) No. of Seats in Audio-Labs (seat)	固定资产值(万元) Fixed Assets (10,000 yuan)		
合计 Total	其中:教学用计算机 of Which: No. of Computers Used for Instruction			合计 Total	其中:教学、科研仪器设备资产值 of Which: Teaching Equipment & Instruments 小计 Subtotal	当年新增 New Added in Current Year
2920215	2400220	3930312	610989	24587549. 74	4934855. 52	638787. 91
174728	140524	199438	40399	1370618. 09	244271. 29	36014. 21
1523517	1240654	2152860	320797	13403636. 26	2696608. 91	330111. 62
72227	55500	89491	15784	652500. 35	115460. 17	11897. 71
168559	132419	222442	47773	1120821. 62	192284. 41	19874. 74
15382	12519	17825	3673	88002. 25	19691. 40	3298. 38
1173966	984204	1461807	226165	9429400. 53	1951780. 94	276804. 83
81161	68249	80893	20302	548911. 84	100064. 85	16627. 84
54173	42943	93203	16254	633691. 33	94181. 26	11996. 72
5958	4256	11229	640	81203. 65	9054. 87	4190. 28

中等职业学校(机构)教职工其他情况

Supplementary Information on Educational Personnel in Secondary Vocational Schools (Institutions)

单位:人
unit: person

	共产党员 Member of C. P. A	共青团员 Member of C. Y. L	民主党派 Member of Non-Communist Part	华侨 Overseas Chinese	港澳台 From H. K, Macao and Taiwan	少数民族 Minorities
总计 Total						
教职工 Educational Personnel	307080	71646	12393	113	40	48572
其中:女 of Which: Female	120276	38571	6228	50	22	22782
专任教师 Full-time Teachers	218920	56741	9992	76	24	35255
其中:女 of Which: Female	92724	31111	5256	34	14	17236
普通中专学校 Regular SSSs						
教职工 Educational Personnel	155341	34589	7674	69	23	26560
其中:女 of Which: Female	63582	18853	3829	30	13	12245
专任教师 Full-time Teachers	105565	26416	6204	41	13	18686
其中:女 of Which: Female	47464	14668	3235	17	6	8931
成人中专学校 Adult SSSs						
教职工 Educational Personnel	29422	3909	685	2	3	3959
其中:女 of Which: Female	10943	1854	360		1	1875
专任教师 Full-time Teachers	20541	2585	540	2		2956
其中:女 of Which: Female	8125	1250	272			1458
职业高中学校 Vocational High Schools						
教职工 Educational Personnel	115191	31726	3689	41	14	17599
其中:女 of Which: Female	43197	17104	1861	20	8	8452
专任教师 Full-time Teachers	87940	26566	2974	32	11	13300
其中:女 of Which: Female	35200	14550	1598	17	8	6690
其他机构 Other Institutions						
教职工 Educational Personnel	7126	1422	345	1		454
其中:女 of Which: Female	2554	760	178			210
专任教师 Full-time Teachers	4874	1174	274	1		313
其中:女 of Which: Female	1935	643	151			157

中等职业学校（机构）校舍情况（总计）

Conditions of School Buildings in Secondary Vocational Schools（Institutions）（Total）

单位：平方米
unit：m^2

	学校产权建筑面积 Floor Area of School Building Owned by SVSs				正在施工校舍建筑面积 Floor Area Under Construction	独立使用非学校产权校舍建筑面积 Floor Area of School Building Not Owned by SVSs
	合计 Total	其中：危房 of Which：Dilapidated Buildings	其中：当年新增 of Which：New Added in Current Year	其中：被外单位借用 of Which：Floor Space Hired by Other Schools or Units		
总　计 Total	**212144499**	**3731967**	**7844330**	**495039**	**11479817**	**20664150**
一、教学及辅助用房 Buildings for Instruction and Ancillary Uses	101102074	1563513	4314341	225684	6320680	10264673
教室 Classroom	51059914	1003108	1646827	133306	2446267	5772855
图书馆 Library	6854680	76485	219860	8756	620236	752887
实验室、实习场所 Lab. and Practice Facilities	34695589	391455	2055669	73650	2638544	2561050
体育馆 Gymnasium	5518026	32792	299628	6305	503941	757032
会堂 Hall	2973865	59673	92357	3667	111692	420849
二、行政办公用房 Administrative	15170924	297634	418150	42216	848057	1302050
三、生活用房 Residential Buildings	78563487	1567591	2710090	151946	3817870	8793416
学生宿舍（公寓）Students' Dormitories	51785521	995278	1933630	116446	2699192	5994463
学生食堂 Students' Dining Halls	12659943	182406	503175	10703	689403	1168649
教工宿舍（公寓）Apartments for Single	4905798	179152	118649	6631	215109	671426
教工食堂 Dining Halls for Teachers, Staff and Workers	1157300	12834	33240	139	23234	125538
生活福利及附属用房 Residential, Welfare and Anxiliary Buildings	8054925	197921	121396	18027	190932	833340
四、教工住宅 Residential Quarters for Teachers & Workers	13568269	246616	154284	9649	280002	
五、其他用房 Other	3739745	56613	247465	65544	213208	304011

中等职业学校(机构)校舍情况(普通中专学校)

Conditions of School Buildings in Secondary Vocational Schools (Institutions) (Regular SSSs)

单位：平方米

unit：m^2

	学校产权建筑面积 Floor Area of School Building Owned by Regular SSSs				正在施工校舍建筑面积 Floor Area Under Construction	独立使用非学校产权校舍建筑面积 Floor Area of School Building Not Owned by Regular SSSs
	合计 Total	其中:危房 of Which: Dilapidated Buildings	其中:当年新增 of Which: New Added in Current Year	其中:被外单位借用 of Which: Floor Space Hired by Other Schools or Units		
总　计 Total	**112508727**	**1772949**	**4206272**	**204741**	**6916262**	**10074399**
一、教学及辅助用房 Buildings for Instruction and Ancillary Uses	52976152	722966	2255371	82676	3560226	4868227
教室 Classroom	25290046	410470	914618	46616	1415435	2585849
图书馆 Library	3951426	44579	127177	577	373994	308726
实验室、实习场所 Lab. and Practice Facilities	18690890	199814	959358	31011	1413388	1354446
体育馆 Gymnasium	3507319	29070	197915	1880	297620	424066
会堂 Hall	1536471	39033	56303	2592	59789	195140
二、行政办公用房 Administrative	7255543	129634	209685	10153	477067	588512
三、生活用房 Residential Buildings	41964877	774737	1559073	67761	2477645	4505552
学生宿舍(公寓) Students' Dormitories	28563756	535276	1164635	52494	1810260	3070170
学生食堂 Students' Dining Halls	6521581	85361	270469	2981	415303	556554
教工宿舍(公寓) Apartments for Single	2227892	66102	37646	2980	154842	330320
教工食堂 Dining Halls for Teachers, Staff and Workers	569888	6838	14379		11351	62721
生活福利及附属用房 Residential, Welfare and Anxiliary Buildings	4081760	81160	71944	9306	85889	485787
四、教工住宅 Residential Quarters for Teachers & Workers	8661786	116808	97905	8610	227091	
五、其他用房 Other	1650369	28804	84238	35541	174233	112108

中等职业学校(机构)校舍情况(成人中专学校)

Conditions of School Buildings in Secondary Vocational Schools (Institutions) (Adult SSSs)

单位: 平方米
unit: m^2

	学校产权建筑面积 Floor Area of School Building Owned by Adult SSSs				正在施工校舍建筑面积 Floor Area Under Construction	独立使用非学校产权校舍建筑面积 Floor Area of School Building Not Owned by Adult SSSs
	合计 Total	其中:危房 of Which: Dilapidated Buildings	其中:当年新增 of Which: New Added in Current Year	其中:被外单位借用 of Which: Floor Space Hired by Other Schools or Units		
总　计 Total	**10585085**	**245830**	**315527**	**45921**	**315256**	**2076799**
一、教学及辅助用房 Buildings for Instruction and Ancillary Uses	4723449	94605	169166	21977	216254	1222996
教室 Classroom	3111692	74446	85812	21697	136467	810690
图书馆 Library	329616	3582	9826	200	24912	118724
实验室、实习场所 Lab. and Practice Facilities	921377	10211	61327	80	51067	185753
体育馆 Gymnasium	140104	225	5480		500	60962
会堂 Hall	220660	6141	6721		3308	46867
二、行政办公用房 Administrative	1323629	37507	26257	9485	12717	171804
三、生活用房 Residential Buildings	3570168	92959	109266	13501	79402	669975
学生宿舍(公寓) Students' Dormitories	2181140	48517	74337	10255	45196	491377
学生食堂 Students' Dining Halls	546732	9504	24074	2081	25469	88308
教工宿舍(公寓) Apartments for Single	225211	15703	5358	80	8286	31108
教工食堂 Dining Halls for Teachers, Staff and Workers	86090	1554	2968		100	8043
生活福利及附属用房 Residential, Welfare and Anxiliary Buildings	530995	17681	2529	1085	351	51139
四、教工住宅 Residential Quarters for Teachers & Workers	796364	16257	8450		1000	
五、其他用房 Other	171475	4502	2388	958	5883	12024

中等职业学校(机构)校舍情况(职业高中学校)

Conditions of School Buildings in Secondary Vocational Schools (Institutions) (Vocational High Schools)

单位：平方米

unit：m^2

	学校产权建筑面积 Floor Area of School Building Owned by VHSs				正在施工校舍建筑面积 Floor Area Under Construction	独立使用非学校产权校舍建筑面积 Floor Area of School Building Not Owned by VHSs
	合计 Total	其中:危房 of Which: Dilapidated Buildings	其中:当年新增 of Which: New Added in Current Year	其中:被外单位借用 of Which: Floor Space Hired by Other Schools or Units		
总　计 Total	**83817124**	**1692452**	**3192688**	**241388**	**4117933**	**8034539**
一、教学及辅助用房 Buildings for Instruction and Ancillary Uses	41224152	740857	1826270	118825	2443376	3951347
教室 Classroom	21450612	514075	621814	64337	853933	2227323
图书馆 Library	2373434	28274	77601	6429	213070	314439
实验室、实习场所 Lab. and Practice Facilities	14536788	180512	1019259	42559	1145519	984101
体育馆 Gymnasium	1717090	3497	79313	4425	184821	256293
会堂 Hall	1146228	14499	28283	1075	46033	169191
二、行政办公用房 Administrative	6188061	127243	166357	22578	350115	509402
三、生活用房 Residential Buildings	31215685	690659	1000893	69901	1239751	3394485
学生宿舍(公寓) Students' Dormitories	19876515	407221	664357	53697	827524	2281878
学生食堂 Students' Dining Halls	5252228	85441	201025	5641	245131	495686
教工宿舍(公寓) Apartments for Single	2353684	94865	73595	3571	51821	295702
教工食堂 Dining Halls for Teachers, Staff and Workers	457095	4442	15293	139	10583	49891
生活福利及附属用房 Residential, Welfare and Anxiliary Buildings	3276163	98690	46623	6853	104692	271328
四、教工住宅 Residential Quarters for Teachers & Workers	3594452	113000	40529	1039	51911	
五、其他用房 Other	1594774	20693	158639	29045	32780	179305

中等职业学校(机构)校舍情况(其他机构)

Conditions of School Buildings in Secondary Vocational Schools (Institutions) (Other Institutions)

单位：平方米

unit：m^2

	学校产权建筑面积 Floor Area of School Building Owned by SVSs				正在施工校舍建筑面积 Floor Area Under Construction	独立使用非学校产权校舍建筑面积 Floor Area of School Building Not Owned by SVSs
	合计 Total	其中:危房 of Which: Dilapidated Buildings	其中:当年新增 of Which: New Added in Current Year	其中:被外单位借用 of Which: Floor Space Hired by Other Schools or Units		
总　计 Total	**5233563**	**20736**	**129843**	**2989**	**130366**	**478413**
一、教学及辅助用房 Buildings for Instruction and Ancillary Uses	2178321	5085	63534	2206	100824	222103
教室 Classroom	1207564	4117	24583	656	40432	148993
图书馆 Library	200204	50	5256	1550	8260	10998
实验室、实习场所 Lab. and Practice Facilities	546534	918	15725		28570	36750
体育馆 Gymnasium	153513		16920		21000	15711
会堂 Hall	70506		1050		2562	9651
二、行政办公用房 Administrative	403691	3250	15851		8158	32332
三、生活用房 Residential Buildings	1812757	9236	40858	783	21072	223404
学生宿舍(公寓) Students' Dormitories	1164110	4264	30301		16212	151038
学生食堂 Students' Dining Halls	339402	2100	7607		3500	28101
教工宿舍(公寓) Apartments for Single	99011	2482	2050		160	14296
教工食堂 Dining Halls for Teachers, Staff and Workers	44227		600		1200	4883
生活福利及附属用房 Residential, Welfare and Anxiliary Buildings	166007	390	300	783		25086
四、教工住宅 Residential Quarters for Teachers & Workers	515667	551	7400			
五、其他用房 Other	323127	2614	2200		312	574

职业技术培训

Basic Statistics of Vocational-Technical

	学校数（所）Schools	教学班（点）（个）External Teaching Sites (class)	结业生数
			合计 Total
总　计 Total	**123766**	**506604**	**48233605**
职工技术培训学校（机构）Vocational Technical Training Schools	2768	34414	2946075
教育部门办 Run by Ed. Dept.	1052	15432	1403178
其他部门办 Run by Non-Ed. Dept.	1193	14472	1288111
民办 Non-government	523	4510	254786
农村成人文化技术培训学校（机构）Technical Training Schools for Peasants	100009	280040	35631908
教育部门办 Run by Ed. Dept.	96887	269154	34076594
其中：县办 of Which：County-run	2280	23616	3552310
乡办 Township-run	16443	98889	16445494
村办 Village-run	78164	146649	14078790
其他部门办 Run by Non-Ed. Dept.	2553	7353	1334033
民办 Non-government	569	3533	221281
其他培训机构（含社会培训机构）Others	20989	192150	9655622
教育部门办 Run by Ed. Dept.	822	7657	876231
其他部门办 Run by Non-Ed. Dept.	1104	9951	1460309
民办 Non-government	19063	174542	7319082
总计中：少数民族 of the Total：Minority	2	17	3805927
培训形式：资格证书培训	114	1242	5947477
Mode of Training：for Certificates of Vocational Qualifications			
岗位证书培训 for Certificates of Job-related Qualifications	250	12586	10183930
按产业结构分：第一产业类培训 by Industry：Training for First Industry	576	7646	20892594
第二产业类培训 Training for Second Industry	270	5720	7118984
第三产业类培训 Training for Third Industry	1450	28573	20222027
按培训时间分：by Lengh of Training：			
一个月以内 1 Month	715	8857	31316122
一个月至三个月以内 1 Month to 3 Months	491	8560	7288723
三个月至半年以内 3 Months to 6 Months	531	17766	4578271
半年至一年以内 6 Months to 1 Year	352	4799	3595323
一年及以上 1 Year and Over	207	1957	1455166

机构基本情况
Training Institutions

单位：人次
unit：person

Graduates	注册学生数 Enrolment		教职工数 Educational Personnel		聘请校外教师 Part-time Teachers
其中:女 of Which: Female	合计 Total	其中:女 of Which: Female	合计 Total	其中:专任教师 of Which: Full-time Teacher	
23232301	**45673538**	**21999187**	**506609**	**282233**	**291065**
1238031	2924983	1226380	59974	43114	17214
721296	1362131	682963	40213	29878	8725
401167	1352440	425995	12286	8149	5354
115568	210412	117422	7475	5087	3135
16979442	31760829	15166326	170322	87761	167771
16166783	30590268	14598352	161422	83185	161650
1708331	3362765	1598128	17208	11067	14024
7628975	14605415	6795106	60357	34041	66849
6829477	12622088	6205118	83857	38077	80777
707644	969879	477569	4139	1970	5263
105015	200682	90405	4761	2606	858
5014828	10987726	5606481	276313	151358	106080
442508	1013464	519328	15414	9303	6630
777899	1778913	922783	26878	8231	15567
3794421	8195349	4164370	234021	133824	83883
1813349	3652642	1766577	11644	4669	9824
2610830	5807820	2623972	1819	1095	940
4741012	9405896	4392493	4271	2511	1334
9735806	19024032	8902708	4250	2690	2380
3394986	6515151	3034302	2360	1228	1743
10101509	20134355	10062177	17575	10422	8999
14947681	28281238	13276915	5422	3064	4647
3504235	6962914	3454343	4459	2448	2671
2347112	4754834	2404786	6949	4327	2238
1815482	3976406	2021820	4709	2818	1573
617791	1698146	841323	2646	1683	1993

职业技术培训机构资产情况

Condition of Fixed Assets and Teaching Resources in Vocational Technical Training Institutions

	合 计 Total	职工技术培训学校(机构) Vocational Technical Training Schools (Institutions)	农村成人文化技术培训学校(机构) Technical Training Schools for Peasants	其他培训机构(含社会培训机构) Others
占地面积(平方米) Area of School Sites (m^2)	122923905	27098728	59480652	36344525
教学行政用房建筑面积(平方米) Administrative (m^2)	45483121	8338376	16784019	20360726
图书(册) Books (volume)	141260129	19100379	44535113	77624637
教学用计算机(台) No. of Computers Used for Instruction(set)	801277	142551	230500	428226
多媒体教室座位数(个) No. of Seats in Multimedia Class Rooms (seat)	1094096	176842	310113	607141
语音实验室座位数(个) No. of Seats in Audio - Labs (seat)	1167204	93983	191467	881754
固定资产总值(万元) Fixed Assets (10,000 yuan)	4769955.92	1328472.43	1460659.15	1980824.34
其中:教学、实习仪器设备资产值 of Which:Teaching Equipment & Instruments	1355773.21	317304.70	283529.98	754938.53

（二）初中阶段教育
Junior Secondary Education

初中校数、班数

Number of Schools, Classes of Junior Secondary Schools

	学校数(所) Schools				班数(个) Classes				
	合计 Total	初级中学 Regular Junior Secondary Schools	九年一贯制学校 9-year Schools	职业初中 Vocational Junior Secondary Schools	合计 Total	一年级 Grade 1	二年级 Grade 2	三年级 Grade 3	四年级 Grade 4
总　计 Total	**53216**	**39592**	**13575**	**49**	**947575**	**313536**	**311607**	**311835**	**10597**
教育部门 Run by Ed. Dept.	48299	37980	10271	48	851942	280451	279967	282012	9512
其他部门 Run by Non-ed. Dept.	556	192	363	1	7706	2397	2491	2459	359
地方企业办 Run by Local Enterprises	28	8	20		411	134	134	136	7
民办 Non-government	4333	1412	2921		87516	30554	29015	27228	719
城区 Urban Area	10932	7476	3452	4	291023	97273	94521	93100	6129
教育部门 Run by Ed. Dept.	8761	6826	1932	3	242518	80308	78511	78264	5435
其他部门 Run by Non-ed. Dept.	132	66	65	1	2064	680	678	675	31
地方企业办 Run by Local Enterprises	10	3	7		165	54	54	56	1
民办 Non-government	2029	581	1448		46276	16231	15278	14105	662
其中:城乡结合区 of Which: Urban-rural Transitional Area	2393	1507	886		48915	16745	16034	15505	631
教育部门 Run by Ed. Dept.	1771	1382	389		37697	12660	12292	12162	583
其他部门 Run by Non-ed. Dept.	21	14	7		254	79	79	78	18
地方企业办 Run by Local Enterprises	1	1			15	5	5	5	
民办 Non-government	600	110	490		10949	4001	3658	3260	30
镇区 Counties & Towns Area	22876	18403	4447	26	453567	149766	149800	151046	2955
教育部门 Run by Ed. Dept.	20910	17708	3176	26	414565	136451	136869	138650	2595
其他部门 Run by Non-ed. Dept.	343	100	243		4951	1491	1578	1554	328
地方企业办 Run by Local Enterprises	14	4	10		236	77	78	75	6
民办 Non-government	1609	591	1018		33815	11747	11275	10767	26
其中:镇乡结合区 of Which: County-town Transitional Area	6069	4887	1174	8	116665	38920	38467	38578	700
教育部门 Run by Ed. Dept.	5425	4665	752	8	103787	34402	34185	34517	683
其他部门 Run by Non-ed. Dept.	17	11	6		169	56	54	56	3
地方企业办 Run by Local Enterprises					12	4	4	4	
民办 Non-government	627	211	416		12697	4458	4224	4001	14
乡村 Rural Area	19408	13713	5676	19	202985	66497	67286	67689	1513
教育部门 Run by Ed. Dept.	18628	13446	5163	19	194859	63692	64587	65098	1482
其他部门 Run by Non-ed. Dept.	81	26	55		691	226	235	230	
地方企业办 Run by Local Enterprises	4	1	3		10	3	2	5	
民办 Non-government	695	240	455		7425	2576	2462	2356	31
总计中:四年制 of the Total:4-year					44230	11315	11250	11185	10480
其他学校附设班 Classes Attached to Others Schools					6486	2129	2154	2158	45
独立设置少数民族学校 Inde. Sec. Schools for Minorities					29657	9932	9891	9795	39

初中班额情况

Size of Junior Secondary Schools Education Classes

单位:个

unit:class

	合计 Total	一年级 Grade 1	二年级 Grade 2	三年级 Grade 3	四年级 Grade 4
总　计 Total	**947575**	**313536**	**311607**	**311835**	**10597**
城区 Urban Area					
25 人及以下 Under 25 Persons	7463	2191	2285	2439	548
26 – 35 人 Between 26 – 35	29057	9044	9484	9332	1197
36 – 45 人 Between 36 – 45	70650	23759	22759	22417	1715
46 – 55 人 Between 46 – 55	104846	36002	33966	33453	1425
56 – 65 人 Between 56 – 65	51992	17287	17162	16656	887
66 人及以上 Over 66 Persons	27015	8990	8865	8803	357
其中:城乡结合区 of Which:Urban-rural Transitional Area					
25 人及以下 Under 25 Persons	1105	372	328	387	18
26 – 35 人 Between 26 – 35	4539	1515	1528	1403	93
36 – 45 人 Between 36 – 45	12193	4055	3891	4053	194
46 – 55 人 Between 46 – 55	19292	6809	6393	5919	171
56 – 65 人 Between 56 – 65	7708	2630	2514	2423	141
66 人及以上 Over 66 Persons	4078	1364	1380	1320	14
镇区 Counties & Towns Area					
25 人及以下 Under 25 Persons	6585	2338	2036	2052	159
26 – 35 人 Between 26 – 35	32877	11164	10850	10336	527
36 – 45 人 Between 36 – 45	100458	33078	32801	33653	926
46 – 55 人 Between 46 – 55	170838	55768	56460	57693	917
56 – 65 人 Between 56 – 65	84739	27786	27983	28623	347
66 人及以上 Over 66 Persons	58070	19632	19670	18689	79
其中:镇乡结合区 of Which: County-town Transitional Area					
25 人及以下 Under 25 Persons	1515	537	470	465	43
26 – 35 人 Between 26 – 35	8147	2674	2749	2587	137
36 – 45 人 Between 36 – 45	25477	8405	8349	8509	214
46 – 55 人 Between 46 – 55	44117	14676	14486	14722	233
56 – 65 人 Between 56 – 65	22035	7253	7292	7422	68
66 人及以上 Over 66 Persons	15374	5375	5121	4873	5
乡村 Rural Area					
25 人及以下 Under 25 Persons	6838	2388	2172	2192	86
26 – 35 人 Between 26 – 35	24389	8146	7954	8002	287
36 – 45 人 Between 36 – 45	56484	18399	18731	18864	490
46 – 55 人 Between 46 – 55	69010	21995	22816	23754	445
56 – 65 人 Between 56 – 65	29923	9690	10204	9826	203
66 人及以上 Over 66 Persons	16341	5879	5409	5051	2

初 中

Number of Students in Junior

	毕业生数 Graduates	招生数 Entrants	合计 Total	其中:女 of Which: Female
总 计 Total	**16607751**	**15707700**	**47630607**	**22430465**
其中:女 of Which:Female	7899380	7353018	22430465	
少数民族学生 Minority Students	1587211	1635450	4779265	2160663
四年制 of the Total 4-year	468528	462278	1846279	854925
九年一贯制学校 9-year Schools	1801127	1822554	5402756	2460870
十二年一贯制学校 12-year Schools	197499	218920	633749	258597
完全中学 Combined Secondary Schools	2216885	2176027	6543086	3062562
附设普通初中班 Junior Sec. Classes Attached	113606	102930	312355	141198
附设职业初中班 Vocational Junior Sec. Classes Attached	2299	91	3221	1725
独立设置少数民族学校 Inde. Sec. Schools for Minorities	473028	480899	1418955	686100
进城务工人员随迁子女 Children of Migrant Workers	678030	1292091	3583291	1440171
其中:外省迁入 of Which: from Other Province	229378	515350	1343553	542984
本省外县迁入 From Other County	448652	776741	2239738	897187
农村留守儿童 Children left behind	1829854	2502401	7531887	3325856
教育部门 Run by Ed. Dept.	15150099	14017815	42761096	20384540
其他部门 Run by Non-ed. Dept.	109617	105999	337088	159333
地方企业办 Run by Local Enterprises	6053	5835	18332	8739
民办 Non-government	1341982	1578051	4514091	1877853
城区 Urban Area	4618755	4819611	14410251	6696576
教育部门 Run by Ed. Dept.	3924881	3976777	12009457	5660076
其他部门 Run by Non-ed. Dept.	32310	32470	99489	45038
地方企业办 Run by Local Enterprises	2570	2661	7671	3577
民办 Non-government	658994	807703	2293634	987885
其中:城乡结合区 of Which: Urban-rural Transitional Area	776191	823156	2407389	1092858
教育部门 Run by Ed. Dept.	622084	620698	1854780	869937
其他部门 Run by Non-ed. Dept.	3637	3423	11428	4999
地方企业办 Run by Local Enterprises	215	185	583	281
民办 Non-government	150255	198850	540598	217641
镇区 Counties & Towns Area	8349423	7703760	23479363	11095053
教育部门 Run by Ed. Dept.	7710895	6993593	21408017	10244103
其他部门 Run by Non-ed. Dept.	66900	63973	208672	100644
地方企业办 Run by Local Enterprises	3289	3062	10249	5098
民办 Non-government	568339	643132	1852425	745208
其中:镇乡结合区 of Which: County-town Transitional Area	2107504	2013273	6049443	2837266
教育部门 Run by Ed. Dept.	1900894	1769150	5356041	2562543
其他部门 Run by Non-ed. Dept.	2851	2688	7709	3543
地方企业办 Run by Local Enterprises	169	206	569	274
民办 Non-government	203590	241229	685124	270906
乡村 Rural Area	3639573	3184329	9740993	4638836
教育部门 Run by Ed. Dept.	3514323	3047445	9343622	4480361
其他部门 Run by Non-ed. Dept.	10407	9556	28927	13651
地方企业办 Run by Local Enterprises	194	112	412	64
民办 Non-government	114649	127216	368032	144760

学 生 数
Secondary Schools

单位：人
unit：person

在校生数 Enrolment				预计毕业生数 Estimated Graduates for Next Year
一年级 Grade 1	二年级 Grade 2	三年级 Grade 3	四年级 Grade 4	
15725952	**15668210**	**15764287**	**472158**	**15783497**
7358201	7360292	7484532	227440	7476049
1638164	1588426	1544787	7888	1539049
462549	459060	452948	471722	471722
1825774	1777851	1724401	74730	1725483
219002	208182	202702	3863	202518
2177672	2162630	2164359	38425	2164901
103036	104452	102983	1884	103971
91	352	2778		2744
482239	470691	464587	1438	464731
1294997	1197293	1037399	53602	976911
516558	453639	349285	24071	323660
778439	743654	688114	29531	653251
2507963	2523110	2486164	14650	2414150
14034755	14055134	14244964	426243	14263059
106065	111004	104258	15761	108140
6036	5975	6040	281	6100
1579096	1496097	1409025	29873	1406198
4823540	4685069	4627691	273951	4634200
3980167	3888998	3895669	244623	3904132
32473	32887	32456	1673	33157
2661	2445	2541	24	2544
808239	760739	697025	27631	694367
823662	789949	763742	30036	766039
621168	605403	600322	27887	601953
3423	3511	3423	1071	4159
185	210	188		188
198886	180825	159809	1078	159739
7715082	7761379	7871487	131415	7880704
7004218	7076671	7211061	116067	7217003
64035	68124	62425	14088	65606
3263	3421	3308	257	3365
643566	613163	594693	1003	594730
2015616	1994175	2008892	30760	2010528
1771175	1764326	1790448	30092	1792119
2688	2282	2630	109	2665
207	178	184		184
241546	227389	215630	559	215560
3187330	3221762	3265109	66792	3268593
3050370	3089465	3138234	65553	3141924
9557	9993	9377		9377
112	109	191		191
127291	122195	117307	1239	117101

初中学龄人口及在校学生情况

Number of School-age Population and Enrolment of Junior Secondary Schools

单位：人

unit：person

	在校学龄人口数 School-age Population		在校生数 Enrolment					
	合计 Total	其中:女 of Which: Female	合计 Total	其中:女 of Which: Female	一年级 Grade 1	二年级 Grade 2	三年级 Grade 3	四年级 Grade 4
总　计 Total	**41994058**	**19844619**	**47630607**	**22430465**	**15725952**	**15668210**	**15764287**	**472158**
10 岁及以下 Under 10 Years			22863	11331	21345	1272	244	2
11 岁 11 Years	271930	130544	994024	489674	962179	30240	1598	7
12 岁 12 Years	9222875	4391886	10001233	4780808	8935891	1018090	47165	87
13 岁 13 Years	14486776	6845811	14486776	6845811	4823417	8617776	1037216	8367
14 岁 14 Years	14723153	6922047	14743863	6931221	799757	4983018	8689453	271635
15 岁 15 Years	3289060	1554199	6174030	2848650	146079	849242	5003467	175242
16 岁 16 Years	264	132	999651	434986	26647	134637	823566	14801
17 岁 17 Years			168180	70989	6704	25336	134377	1763
18 岁及以上 Over 18 Years			39987	16995	3933	8599	27201	254
城区 Urban Area	12631777	5898135	14410251	6696576	4823540	4685069	4627691	273951
10 岁及以下 Under 10 Years			8281	4152	7629	562	90	
11 岁 11 Years	188762	90374	427037	210973	413518	12730	782	7
12 岁 12 Years	3214619	1526013	3439762	1639974	2973462	445129	21097	74
13 岁 13 Years	4414614	2059366	4414614	2059366	1209095	2761762	437276	6481
14 岁 14 Years	4309027	1992066	4319530	1996491	186748	1235535	2718635	178612
15 岁 15 Years	504755	230316	1522175	672743	27400	196873	1217571	80331
16 岁 16 Years			238188	96944	4238	26953	199586	7411
17 岁 17 Years			34458	13495	958	4410	28201	889
18 岁及以上 Over 18 Years			6206	2438	492	1115	4453	146
其中:城乡结合区 of Which: Urban-rural Transitional Area	2100888	958527	2407389	1092858	823662	789949	763742	30036
10 岁及以下 Under 10 Years			1290	632	1072	184	34	
11 岁 11 Years	15735	7680	52915	25828	51502	1345	67	1
12 岁 12 Years	491245	228194	530306	247619	475622	52981	1697	6
13 岁 13 Years	735874	333953	735874	333953	244874	436455	54235	310
14 岁 14 Years	725060	328134	725812	328488	43360	247534	419323	15595
15 岁 15 Years	132974	60566	302075	131880	5830	43698	239256	13291
16 岁 16 Years			49480	20492	1018	6346	41363	753
17 岁 17 Years			7988	3291	211	1076	6631	70
18 岁及以上 Over 18 Years			1649	675	173	330	1136	10

初中学龄人口及在校学生情况(续)
Number of School-age Population and Enrolment of Junior Secondary Schools (Cont.)

单位：人
unit: person

	在校学龄人口数 School-age Population		在校学生数 Enrolment					
	合计 Total	其中:女 of Which: Female	合计 Total	其中:女 of Which: Female	一年级 Grade 1	二年级 Grade 2	三年级 Grade 3	四年级 Grade 4
镇区 Counties & Towns Area	20756780	9833721	23479363	11095053	7715082	7761379	7871487	131415
10 岁及以下 Under 10 Years			9661	4892	9072	468	120	1
11 岁 11 Years	58830	28474	394482	194136	381658	12241	583	
12 岁 12 Years	4337662	2063489	4728372	2258670	4308821	400255	19289	7
13 岁 13 Years	7139531	3381198	7139531	3381198	2509830	4208785	419640	1276
14 岁 14 Years	7366292	3477967	7374941	3482015	415860	2610603	4284782	63696
15 岁 15 Years	1854201	882461	3219352	1504813	72804	447176	2637600	61772
16 岁 16 Years	264	132	512750	226871	12466	66462	429686	4136
17 岁 17 Years			82748	35118	2851	11729	67704	464
18 岁及以上 Over 18 Years			17526	7340	1720	3660	12083	63
其中:镇乡结合区 of Which: County-town Transitional Area	5396097	2536453	6049443	2837266	2015616	1994175	2008892	30760
10 岁及以下 Under 10 Years			2403	1196	2295	91	17	
11 岁 11 Years	17131	8482	112369	54866	109014	3217	138	
12 岁 12 Years	1221805	575512	1305562	616986	1187771	111353	6436	2
13 岁 13 Years	1853913	871131	1853913	871131	600169	1137713	115381	650
14 岁 14 Years	1880725	882333	1882895	883355	97074	623569	1145178	17074
15 岁 15 Years	422523	198995	758301	351958	16069	101089	629374	11769
16 岁 16 Years			114738	49931	2350	14172	97139	1077
17 岁 17 Years			16297	6667	559	2299	13268	171
18 岁及以上 Over 18 Years			2965	1176	315	672	1961	17
乡村 Rural Area	8605501	4112763	9740993	4638836	3187330	3221762	3265109	66792
10 岁及以下 Under 10 Years			4921	2287	4644	242	34	1
11 岁 11 Years	24338	11696	172505	84565	167003	5269	233	
12 岁 12 Years	1670594	802384	1833099	882164	1653608	172706	6779	6
13 岁 13 Years	2932631	1405247	2932631	1405247	1104492	1647229	180300	610
14 岁 14 Years	3047834	1452014	3049392	1452715	197149	1136880	1686036	29327
15 岁 15 Years	930104	441422	1432503	671094	45875	205193	1148296	33139
16 岁 16 Years			248713	111171	9943	41222	194294	3254
17 岁 17 Years			50974	22376	2895	9197	38472	410
18 岁及以上 Over 18 Years			16255	7217	1721	3824	10665	45

初中分课程专任

Number of Full-time Teachers in Junior Secondary

	合计 Total	其中:女 of Which: Female	思想品德(政治) Politics	语文 Language & Literature	数学 Mathe-matics	外语 Foreign Languages				科学 Science	物理 Physics
						小计 Subtotal	英语 English	日语 Japanese	俄语 Russian		
总 计 Total	**3504363**	**1784590**	**231046**	**634335**	**608041**	**547335**	**544691**	**419**	**291**	**32029**	**237509**
其中:女 of Which: Female	1784590		110208	372914	282725	410209	406288	355	226	13335	77920
少数民族 Minorities	308210	148185	22357	57542	51541	38926	38398	202	25	640	21718
研究生毕业 Graduate	36424	24344	2755	6853	5646	6243	6175	24	11	488	2236
本科毕业 Under-graduate	2473810	1362492	160505	482621	442451	416340	414423	316	226	24747	167938
专科毕业 Associate Bachelor	963243	390956	65840	142176	156813	123191	122541	78	53	6501	66238
高中阶段毕业 High School Graduate	30136	6676	1908	2643	3078	1534	1525	1	1	287	1089
高中阶段以下毕业 Below High School Graduate	750	122	38	42	53	27	27			6	8
城区 Urban Area	1021532	640760	63140	179805	176335	170508	169398	280	164	12110	69002
其中:城乡结合区 of Which: Urban-rural Transitional Area	173873	98976	10981	31296	30062	28265	28131	42	2	2468	11244
镇区 Counties & Towns Area	1701220	815126	114368	308819	295233	263290	262121	109	89	15058	114658
其中:镇乡结合区 of Which: County-town Transitional Area	437094	215699	29604	79248	75543	67581	67437	13	7	4813	28803
乡村 Rural Area	781611	328704	53538	145711	136473	113537	113172	30	38	4861	53849

教师学历情况

Schools by Subject Taught & Educational Attainment

单位：人
unit：person

化学 Chemistry	生物 Biology	历史与社会 History and Society	地理 Geography	历史 History	体育与健康 Physical Training and Healthy	艺术 Art	音乐 Music	美术 Fine Arts	综合实践活动 Comprehensive Practice			其他 Others	当年不任课 No Teaching Load in Current Year
									小计 Subtotal	信息技术 Information Technique	劳动与技术 Skills Teaching		
152024	**140401**	**32230**	**133685**	**171694**	**179872**	**6498**	**87288**	**83691**	**128675**	**87768**	**37514**	**43005**	**55005**
65556	70643	14015	60156	80647	34914	3104	60979	41913	44969	32251	11152	19804	20579
13924	12285	1560	11330	14714	16870	370	7961	6809	10231	7408	2501	12620	6812
1781	1707	494	1240	2096	1606	28	570	658	998	872	109	567	458
109867	90249	21243	82005	113527	119934	3279	56803	53686	79232	60601	16668	22869	26514
39757	46892	10058	48618	54253	55448	3064	28813	28115	45357	25503	18540	17520	24589
615	1530	428	1792	1792	2798	120	1078	1203	3006	780	2128	1936	3299
4	23	7	30	26	86	7	24	29	82	12	69	113	145
43924	38158	9670	35310	47223	58827	1081	26380	24759	36575	26591	9016	10954	17771
7151	6618	1940	6204	8151	9410	226	4533	4212	6258	4387	1660	2060	2794
72933	69649	15420	67246	85557	84553	3518	41888	40412	62852	41603	19537	19395	26371
18220	18319	4376	17715	22186	21277	971	10765	10307	16220	10624	5186	4579	6567
35167	32594	7140	31129	38914	36492	1899	19020	18520	29248	19574	8961	12656	10863

初中专任教师专业技术
Number of Full-time Teachers in Junior Secondary

	合 计 Total	其中:女 of Which: Female	25 岁及以下 25 Years and Under	26 – 30 26 to 30	31 – 35 31 to 35
总 计 Total	**3504363**	**1784590**	**209732**	**576262**	**744933**
其中:女 of Which:Female	1784590		144804	363265	420004
少数民族 Minorities	308210	148185	18166	57986	69692
中学高级 Senior	523172	227681	104	219	6404
中学一级 1st Grade	1504325	715270	1037	51657	313619
中学二级 2nd Grade	1176614	655169	69900	411824	396488
中学三级 3rd Grade	72541	39948	18947	33853	12359
未定职级 No-ranking	227711	146522	119744	78709	16063
城区 Urban Area	1021532	640760	54671	153839	207049
其中:城乡结合区 of Which: Urban-rural Transitional Area	173873	98976	11420	28344	36321
镇区 Counties & Towns Area	1701220	815126	96908	274046	363171
其中:镇乡结合区 of Which: County-town Transitional Area	437094	215699	25824	68566	95914
乡村 Rural Area	781611	328704	58153	148377	174713

职称、年龄结构情况

Schools by Prefessional Rank and Age

单位：人

unit: person

36－40 36 to 40	41－45 41 to 45	46－50 46 to 50	51－55 51 to 55	56－60 56 to 60	61岁及以上 61 Years and Over
717659	**591958**	**394545**	**173554**	**94359**	**1361**
366818	277367	158368	51297	2255	412
65583	50168	30568	10789	5204	54
68630	171919	163088	75426	36590	792
457516	346392	199680	84842	49175	407
181305	68364	29014	11938	7729	52
3803	1582	1010	599	379	9
6405	3701	1753	749	486	101
208756	194135	128987	51001	22229	865
36197	30608	19581	7659	3651	92
356535	287287	190966	84405	47554	348
93709	72560	47102	21256	12072	91
152368	110536	74592	38148	24576	148

初中专任

Changes of Full-time Teachers in

	上学年初报表专任教师数 Number of Full-time Teachers at Beginning of Previous Academic Year	增加教师 Factors of Increase					
		合计 Total	录用毕业生 New Recruits from Current Year Graduates		调入 Teachers Recruited from Other Units	校内调整 of Which: with Change of Status in Their Own Institutions	其他 Others
			小计 Subtotal	其中:师范生 of Which: Students Enrolled in Teacher Training Institutions			
总　计 Total	**3524055**	**303404**	**76383**	**57716**	**158028**	**50519**	**18474**
其中:女 of Which: Female	1766720	166068	52952	39735	81580	21684	9852
城区 Urban Area	1003020	96612	21870	18203	48961	17541	8240
其中:女 of Which: Female	625064	58835	15757	12978	29109	8942	5027
其中:城乡结合区 of Which: Urban-rural Transitional Area	170899	18466	4246	3500	10210	2868	1142
其中:女 of Which: Female	95952	10672	2968	2425	5778	1323	603
镇区 Counties & Towns Area	1712951	143357	32622	24200	80151	23385	7199
其中:女 of Which: Female	808379	74546	22458	16478	39464	9241	3383
其中:镇乡结合区 of Which: County-town Transitional Area	437862	38788	8150	6019	22845	5920	1873
其中:女 of Which: Female	212799	20496	5702	4168	11467	2428	899
乡村 Rural Area	808084	63435	21891	15313	28916	9593	3035
其中:女 of Which: Female	333277	32687	14737	10279	13007	3501	1442

教师变动情况

Junior Secondary Schools

单位：人

unit：person

减少教师 Factors of Decrease					本学年初报表专任教师数 Number of Full-time Teachers at Beginning of Current Academic Year
合计 Total	自然减员 Retired from Their Posts during Previous Academic Year	调出 Transferred from Teaching to Non-Teaching Posts	校内调整 of Which：with Change of Status in Their Own Institutions	其他 Others	
323096	**36564**	**194556**	**66155**	**25821**	**3504363**
148198	15893	93329	27352	11624	1784590
78100	13123	37279	19616	8082	1021532
43139	7664	20934	10107	4434	640760
15492	1960	8939	2822	1771	173873
7648	970	4611	1192	875	98976
155088	15784	94951	32547	11806	1701220
67799	5888	44718	12274	4919	815126
39556	4265	24512	7706	3073	437094
17596	1611	11780	2929	1276	215699
89908	7657	62326	13992	5933	781611
37260	2341	27677	4971	2271	328704

初中学生、专任教师政治面貌及其他
Supplementary Information on Students and Full-time Teachers of Junior Secondary Schools

单位：人
unit：person

	在校学生中 of Total Students				专任教师中 of Total Full-time Teachers			
	共产党员 Member of C. P. C.	共青团员 Member of C. Y. L.	华侨 Overseas Chinese	港澳台 From H. K, Macao and Taiwan	共产党员 Member of C. P. C.	共青团员 Member of C. Y. L.	民主党派 Member of Non-Communist Part	华侨 Overseas Chinese
总计 Total		**12925126**	**4065**	**10335**	**980877**	**242483**	**22732**	**151**
其中：女 of Which：Female		6604563	1972	4632	352230	146642	12883	83
城区 Urban Area		3143091	1790	9642	317406	70709	17949	109
其中：女 of Which：Female		1652563	819	4308	166626	47566	10899	65
其中：城乡结合区 of Which：Urban-rural Transitional Area		569293	329	2114	49432	13478	1356	22
其中：女 of Which：Female		289778	173	942	21540	8396	693	11
镇区 Counties & Towns Area		6911536	2003	437	447769	113362	3414	34
其中：女 of Which：Female		3497581	1035	193	133271	66123	1470	15
其中：镇乡结合区 of Which：County-town Transitional Area		1764335	213	150	111385	29537	739	12
其中：女 of Which：Female		887849	95	60	33593	17499	287	4
乡村 Rural Area		2870499	272	256	215702	58412	1369	8
其中：女 of Which：Female		1454419	118	131	52333	32953	514	3

初中办学条件(一)

Condition of School Buildings in Junior Secondary Schools (1)

单位:平方米

unit:m^2

	合计 Total	城区 Urban Area	其中:城乡结合区 of Which: Urban-rural Transitional Area	镇区 Counties & Towns Area	其中:镇乡结合区 of Which: County-town Transitional Area	乡村 Rural Area
总　计 Total	**475820604**	**130407215**	**26824387**	**229149923**	**60663512**	**116263466**
其中:危房 of Which:Floor Space of Dilapidated Buildings	22844357	2462447	432768	10907324	2545305	9474586
当年新增 New Added in Current Year	15396902	4497509	1022276	7212869	1939173	3686524
一、教学及辅助用房 Teaching & Assistant Buildings	200105084	61551038	12095204	91263918	24368927	47290128
教室 Classroom	144474083	41653188	8440851	67351372	17895232	35469523
实验室 Laboratory	27816576	8840272	1682949	12699935	3416754	6276369
图书室 Library	9922133	3522891	600415	4222220	1176437	2177022
微机室 PC-room	8834770	2576662	494969	3974436	1043422	2283672
语音室 Linguistic	3127670	1011115	212630	1476599	390283	639956
体育馆 Gymnasium	5929852	3946910	663390	1539356	446799	443586
二、行政办公用房 Administrative	44613008	15365873	2673030	19689297	5291235	9557838
其中:教师办公室 of Which: for Teachers	29123306	9355335	1586002	13126945	3511004	6641026
三、生活用房 Residential and Welfare	196471052	37759350	9260807	105225965	27479636	53485737
教工宿舍 Apartments for Single	51196351	7114741	1997720	28126548	6933376	15955062
其中:教师周转宿舍 of Which:Accommodation for Circulation of Teachers	7420821	890387	235430	4095214	920346	2435220
学生宿舍 Students' Dormitories	87541082	14790156	3909122	49150465	12930658	23600461
食堂 Dining Halls	32842001	7692857	1870345	17062337	4660507	8086807
厕所 Toilet	13107646	3907495	774113	5911212	1625173	3288939
其他 Others	11783972	4254101	709507	4975403	1329922	2554468
四、其他用房 Rooms for Other Purposes	34631460	15730954	2795346	12970743	3523714	5929763

初中办学
Condition of School Buildings in

	占地面积(平方米) Areas Occupied(m^2)			图书(册) Books & Magazines in Libraries (volume)
	合计 Total	其中 of Which		
		绿化用地面积 Green Areas	运动场地面积 Sports Areas	
总　计 Total	**1499945086**	**281889523**	**393597441**	**1176481041**
城区 Urban Area	305791219	64025400	91228251	324047868
其中:城乡结合区 of Which: Urban-rural Transitional Area	74354048	16526273	20284981	62657252
镇区 Counties & Towns Area	742018944	140442693	190099531	556884494
其中:镇乡结合区 of Which: County-town Transitional Area	193582965	36880750	49309265	148971731
乡村 Rural Area	452134923	77421430	112269659	295548679

初中办学
Condition of School Buildings in

	体育运动场(馆)面积达标校数 Schools No: Sprots Areas Reached Standard	体育器械配备达标校数 Schools No: Sports Equip. Reached Standard
总　计 Total	**35865**	**36760**
城区 Urban Area	8409	8805
其中:城乡结合区 of Which: Urban-rural Transitional Area	1822	1858
镇区 Counties & Towns Area	15983	16265
其中:镇乡结合区 of Which: County-town Transitional Area	4143	4279
乡村 Rural Area	11473	11690

条件(二)
Junior Secondary Schools (2)

计算机数(台) PC (set)		多媒体教室座位数(个) No. of Seats in Multi-media Classrooms	固定资产总值(万元) Total Volue of Fixed Asset (10,000 yuan)		
合计 Total	其中:教学用计算机 of Which:No. of Computers Used for Instruction		合计 Total	其中:教学仪器设备资产值 of Which: Total Volue of Equip & Instru.	
				小计 Subtotal	其中:实验设备 of Which: for Prefession
4968448	**3899977**	**11767111**	**44552155.85**	**4831994.31**	**1975771.87**
1793842	1370751	4734396	16018999.67	2056078.84	704969.77
318358	245540	891071	3335441.52	376384.44	152640.12
2118848	1679256	5188199	20000675.42	1924907.87	856613.44
560008	441742	1379012	5566161.51	516122.91	233128.22
1055758	849970	1844516	8532480.76	851007.59	414188.66

条件(三)
Junior Secondary Schools (3)

单位:所
unit: school

音乐器械配备达标校数 Schools No: Musical Instru. Reached Standard	美术器械配备达标校数 Schools No: Fine Arts Instru. Reached Standard	理科实验仪器达标校数 Schools No: Equip. of Natural Sci. Reached Standard	建立校园网校数 Schools No: Campus Networks Set
34356	**35013**	**39941**	**28121**
8522	8559	9086	8032
1768	1788	1883	1563
15138	15431	17770	12587
3937	4014	4609	3268
10696	11023	13085	7502

成人初中基本情况

Basic Statistics of Adult Junior Secondary Schools

单位：人(人次)
unit:person

	学校数(所) Schools	教学班(点)(个) External Teaching Sites	毕(结)业生数 Graduates		注册学生数 Enrolment		教职工数 Educational Personnel		专任教师 Full-time Teachers		聘请校外教师 Part-time Teachers
			合计 Total	其中:女 of Which: Female	合计 Total	其中:女 of Which: Female	合计 Total	其中:女 of Which: Female	合计 Total	其中:女 of Which: Female	
总计 Total	**1578**	**7232**	**632572**	**295018**	**630807**	**295881**	**9499**	**3849**	**7628**	**3239**	**6735**
职工初中 Junior Secondary Schools for Staff & workers	262	759	68805	27384	85570	32362	1568	440	1313	355	1875
农民初中 Junior Secondary Schools for Peasants	1316	6473	563767	267634	545237	263519	7931	3409	6315	2884	4860

四、初等教育(小学)

Primary Education
(Primary Schools)

小学校数、教学点数及班数

Number of Schools, External Teaching Sites & Classes in Primary Schools

	学校数(所) Schools	教学点数(个) Extemal Teaching Sites	班数(个) Classes
总　计 Total	**228585**	**69796**	**2566539**
教育部门 Run by Ed. Dept.	222741	69283	2415221
其他部门 Run by Non-ed. Dept.	579	105	13714
地方企业办 Run by Local Enterprises	52		841
民办 Non-government	5213	408	136763
城区 Urban Area	26146	812	578813
教育部门 Run by Ed. Dept.	24007	797	502909
其他部门 Run by Non-ed. Dept.	166		3321
地方企业办 Run by Local Enterprises	16		288
民办 Non-government	1957	15	72295
其中:城乡结合区 of Which: Urban-rural Transitional Area	8526	594	125153
教育部门 Run by Ed. Dept.	7908	586	101057
其他部门 Run by Non-ed. Dept.	37		457
地方企业办 Run by Local Enterprises	3		33
民办 Non-government	578	8	23606
镇区 Counties & Towns Area	47431	6440	752001
教育部门 Run by Ed. Dept.	45474	6355	700033
其他部门 Run by Non-ed. Dept.	238	22	8220
地方企业办 Run by Local Enterprises	21		437
民办 Non-government	1698	63	43311
其中:镇乡结合区 of Which: County-town Transitional Area	22780	4755	265370
教育部门 Run by Ed. Dept.	22033	4698	247773
其他部门 Run by Non-ed. Dept.	35	11	402
地方企业办 Run by Local Enterprises	5		53
民办 Non-government	707	46	17142
乡村 Rural Area	155008	62544	1235725
教育部门 Run by Ed. Dept.	153260	62131	1212279
其他部门 Run by Non-ed. Dept.	175	83	2173
地方企业办 Run by Local Enterprises	15		116
民办 Non-government	1558	330	21157
总计中:五年制 of Total: 5-year			62686
九年一贯制学校 9-year Schools			182495
十二年一贯制学校 12-year Schools			15927
其他学校附设 Other Primary Schools Attached			7906
独立设置的少数民族学校 Inde. Sec. Schools for Minorities	8236		79912

小学班额情况

Size of Primary Classes

单位：个

unit：class

	合计 Total	一年级 Grade 1	二年级 Grade 2	三年级 Grade 3	四年级 Grade 4	五年级 Grade 5	六年级 Grade 6	复式班 Multiple-grade Classes
总　计 Total	**2566539**	**481102**	**458919**	**427942**	**404862**	**398032**	**381162**	**14520**
城区 Urban Area								
25 人及以下 Under 25 Persons	32376	5562	5529	5588	5832	5202	4617	46
26 – 35 人 Between 26 – 35	72695	12976	12166	12137	12674	12194	10545	3
36 – 45 人 Between 36 – 45	168225	34791	30802	27571	26441	25514	23102	4
46 – 55 人 Between 46 – 55	175438	32084	31483	29813	27421	28017	26615	5
56 – 65 人 Between 56 – 65	84876	14153	14728	14432	12829	14449	14285	
66 人及以上 Over 66 Persons	45203	6748	7406	7549	6717	8308	8475	
其中：城乡结合区 of Which: Urban-rural Transitional Area								
25 人及以下 Under 25 Persons	15428	2727	2755	2637	2662	2384	2238	25
26 – 35 人 Between 26 – 35	20418	3530	3331	3241	3429	3506	3378	3
36 – 45 人 Between 36 – 45	37100	7344	6705	6045	5761	5711	5530	4
46 – 55 人 Between 46 – 55	34643	6623	6338	5981	5281	5358	5061	1
56 – 65 人 Between 56 – 65	12643	2389	2256	2196	1972	1953	1877	
66 人及以上 Over 66 Persons	4921	852	778	822	753	835	881	
镇区 Counties & Towns Area								
25 人及以下 Under 25 Persons	82729	16680	16268	14223	13228	11564	10063	703
26 – 35 人 Between 26 – 35	110701	20211	19135	18592	18019	17572	17098	74
36 – 45 人 Between 36 – 45	204995	37160	34930	32991	32693	33549	33637	35
46 – 55 人 Between 46 – 55	189528	32455	31695	30797	30505	31393	32669	14
56 – 65 人 Between 56 – 65	96181	16004	15629	15798	15135	16343	17262	10
66 人及以上 Over 66 Persons	67867	11557	10784	11296	10483	11657	12083	7
其中：镇乡结合区 of Which: County-town Transitional Area								
25 人及以下 Under 25 Persons	49392	10007	9867	8631	7974	6722	5758	433
26 – 35 人 Between 26 – 35	51253	9381	8985	8653	8292	8103	7793	46
36 – 45 人 Between 36 – 45	71649	13057	12251	11542	11392	11689	11709	9
46 – 55 人 Between 46 – 55	54717	9375	9239	9073	8737	8964	9324	5
56 – 65 人 Between 56 – 65	24303	4105	3803	4021	3818	4137	4418	1
66 人及以上 Over 66 Persons	14056	2432	2202	2281	2070	2399	2672	
乡村 Rural Area								
25 人及以下 Under 25 Persons	508878	111890	105416	86719	76077	63492	53215	12069
26 – 35 人 Between 26 – 35	292980	53387	52445	50446	47282	45453	42822	1145
36 – 45 人 Between 36 – 45	241798	42843	40852	39333	39010	39887	39613	260
46 – 55 人 Between 46 – 55	127676	21531	20053	20696	20566	22105	22638	87
56 – 65 人 Between 56 – 65	46203	7927	7021	7232	7067	8086	8831	39
66 人及以上 Over 66 Persons	18190	3143	2577	2729	2883	3247	3592	19

小　学
Number of Students

	毕业生数 Graduates	招生数 Entrants		在校生数	
		合计 Total	其中:受过学前教育 of Which: Those Received the Pre-school Education	合计 Total	其中:女 of Which: Female
总　计 Total	**16415565**	**17146640**	**16376140**	**96958985**	**44854417**
其中:女 of Which: Female	7634753	7981804	7595179	44854417	
少数民族 Minorities	1677332	1834328	1510468	10375371	4809991
五年制 5-year	456015	483817	481151	2333242	1094522
九年一贯制学校 9-year Schools	1398080	1342630	1289758	7778434	3497346
十二年一贯制学校 12-year Schools	114641	106618	103315	652935	265649
附设小学班 Primary School Classes	169981	27391	25709	360733	158834
复式班 Morning & Afternoon Shift Classes	3229	52121	42114	173917	82787
小学教学点 External Teaching Sites	322959	961100	867139	3436944	1622179
独立设置少数民族学校 Inde. Sec. Schools for Minorities	498771	520920	388358	3014524	1436928
进城务工人员随迁子女 Children of Migrant Workers	1071241	2008592	1897687	10355426	4118314
其中:外省迁入 of Which: from Other Province	515187	1008570	962800	4986825	2002188
本省外县迁入 From Other County	556054	1000022	934887	5368601	2116126
农村留守儿童 Children left behind	1571458	2638792	2395569	15178772	6577594
教育部门 Run by Ed. Dept.	15334152	16012083	15281436	90434874	42158058
其他部门 Run by Non-ed. Dept.	107023	85427	82432	515377	242602
地方企业办 Run by Local Enterprises	5676	4737	4735	30199	14127
民办 Non-government	968714	1044393	1007537	5978535	2439630
城区 Urban Area	4402989	4830142	4729128	26884287	12245579
教育部门 Run by Ed. Dept.	3885010	4208696	4132603	23592976	10866817
其他部门 Run by Non-ed. Dept.	27606	22690	22139	141429	65589
地方企业办 Run by Local Enterprises	1959	1703	1703	11011	5103
民办 Non-government	488414	597053	572683	3138871	1308070
其中:城乡结合区 of Which: Urban-rural Transitional Area	831591	977169	955732	5223635	2333537
教育部门 Run by Ed. Dept.	667860	763564	749329	4132760	1891653
其他部门 Run by Non-ed. Dept.	3396	2742	2724	16308	7607
地方企业办 Run by Local Enterprises	332	170	170	1363	625
民办 Non-government	160003	210693	203509	1073204	433652
镇区 Counties & Towns Area	5770092	5743893	5598014	33549812	15410122
教育部门 Run by Ed. Dept.	5359849	5397258	5261017	31286429	14498869
其他部门 Run by Non-ed. Dept.	66944	51027	49266	305982	144784
地方企业办 Run by Local Enterprises	3197	2621	2619	16408	7696
民办 Non-government	340102	292987	285112	1940993	758773
其中:镇乡结合区 of Which: County-town Transitional Area	1779508	1836799	1790648	10494030	4828955
教育部门 Run by Ed. Dept.	1645376	1716530	1674120	9712286	4520343
其他部门 Run by Non-ed. Dept.	2617	2573	2511	14622	6782
地方企业办 Run by Local Enterprises	341	267	267	1809	834
民办 Non-government	131174	117429	113750	765313	300996
乡村 Rural Area	6242484	6572605	6048998	36524886	17198716
教育部门 Run by Ed. Dept.	6089293	6406129	5887816	35555469	16792372
其他部门 Run by Non-ed. Dept.	12473	11710	11027	67966	32229
地方企业办 Run by Local Enterprises	520	413	413	2780	1328
民办 Non-government	140198	154353	149742	898671	372787

学 生 数

in Primary Schools

单位：人

unit：person

在校生数 Enrolment						预计毕业生数 Estimated Graduates for Next Year
一年级 Grade 1	二年级 Grade 2	三年级 Grade 3	四年级 Grade 4	五年级 Grade 5	六年级 Grade 6	
17278773	**16754480**	**16152389**	**15429664**	**15804784**	**15538895**	**15994027**
8035130	7755808	7479251	7099299	7294423	7190506	7402279
1860064	1762566	1705642	1674874	1694044	1678181	1681279
483966	499051	460589	434504	455132		455132
1351483	1283678	1262214	1236569	1314975	1329515	1389873
107068	106404	106059	102461	112036	118907	122238
27397	27161	29484	34208	57595	184888	187451
56595	58603	27169	17172	8903	5475	5218
971496	865305	608693	434192	311928	245330	246616
531966	498842	486985	490635	498915	507181	509309
2017573	1882893	1770359	1642017	1603350	1439234	1506648
1012577	923443	863176	792347	757587	637695	687331
1004996	959450	907183	849670	845763	801539	819317
2684500	2605542	2525968	2448442	2458731	2455589	2420044
16138296	15668531	15075172	14382547	14711402	14458926	14876822
85788	84620	85035	85213	89402	85319	94228
4837	5239	5029	4857	5121	5116	5232
1049852	996090	987153	957047	998859	989534	1017745
4844811	4736144	4522361	4208359	4398854	4173758	4443064
4220092	4165870	3975402	3693465	3872988	3665159	3911533
22958	23095	22930	22171	24481	25794	26276
1803	1926	1817	1746	1816	1903	1934
599958	545253	522212	490977	499569	480902	503321
980739	926921	880040	817067	824359	794509	828637
766638	735403	694934	645440	655473	634872	661268
2742	2712	2687	2528	2796	2843	2885
170	257	276	224	204	232	232
211189	188549	182143	168875	165886	156562	164252
5788865	5623404	5528264	5358361	5574512	5676406	5780518
5440006	5272171	5161220	4986001	5168206	5258825	5351816
51077	49984	50683	52090	53854	48294	56667
2621	2832	2766	2623	2850	2716	2793
295161	298417	313595	317647	349602	366571	369242
1848159	1782689	1743714	1669584	1713994	1735890	1760339
1727382	1660702	1615037	1542128	1576037	1591000	1614009
2574	2608	2340	2406	2289	2405	2405
267	296	291	288	316	351	351
117936	119083	126046	124762	135352	142134	143574
6645097	6394932	6101764	5862944	5831418	5688731	5770445
6478198	6230490	5938550	5703081	5670208	5534942	5613473
11753	11541	11422	10952	11067	11231	11285
413	481	446	488	455	497	505
154733	152420	151346	148423	149688	142061	145182

小学学龄人口入学

Number of Schools-age Population

	在校学龄人口数 School-age Population		招生数 Entrants		
	合计 Total	其中:女 of Which: Female	合计 Total	其中:受过学前教育 of Which: Those Received the Pre-school Education	合计 Total
总　计 Total	**92826719**	**42996972**	**17146640**	**16376140**	**96958985**
5 岁及以下 Under 5 Years			413582		425743
6 岁 6 Years	12076595	5647560	12674836		13220341
7 岁 7 Years	16386089	7610431	3811749		16386089
8 岁 8 Years	16007067	7418013	201045		16007067
9 岁 9 Years	15141866	7002201	29382		15141866
10 岁 10 Years	15454339	7139031	9698		15454339
11 岁 11 Years	14747895	6782863	3422		14811891
12 岁 12 Years	3012868	1396873	1798		4781265
13 岁 13 Years			606		561346
14 岁 14 Years			223		125491
15 岁及以上 Over 15 Years			299		43547
城区 Urban Area	25793806	11772631	4830142	4729128	26884287
5 岁及以下 Under 5 Years			86306		87372
6 岁 6 Years	3779522	1750337	3915623		4047330
7 岁 7 Years	4657129	2130165	786679		4657129
8 岁 8 Years	4527608	2071451	36198		4527608
9 岁 9 Years	4136780	1880790	3696		4136780
10 岁 10 Years	4343780	1980038	1009		4343780
11 岁 11 Years	3971485	1794246	365		4008449
12 岁 12 Years	377502	165604	125		951435
13 岁 13 Years			56		101969
14 岁 14 Years			20		17733
15 岁及以上 Over 15 Years			65		4702
其中:城乡结合区 of Which: Urban-rural Transitional Area	4980975	2232246	977169	955732	5223635
5 岁及以下 Under 5 Years			17020		17428
6 岁 6 Years	726858	331565	760101		786252
7 岁 7 Years	905534	408043	187624		905534
8 岁 8 Years	875374	393727	10511		875374
9 岁 9 Years	802204	358278	1421		802204
10 岁 10 Years	807846	358771	329		807846
11 岁 11 Years	760059	335831	81		765546
12 岁 12 Years	103100	46031	43		225084
13 岁 13 Years			18		29795
14 岁 14 Years			4		6735
15 岁及以上 Over 15 Years			17		1837

及在校生情况
of Primary Schools

单位：人
unit：person

在校学生数 Enrolment						
其中：女 of Which：Female	一年级 Grade 1	二年级 Grade 2	三年级 Grade 3	四年级 Grade 4	五年级 Grade 5	六年级 Grade 6
44854417	**17278773**	**16754480**	**16152389**	**15429664**	**15804784**	**15538895**
213452	418334	6909	500			
6199306	12743504	466389	9797	651		
7610431	3858848	11998684	514546	13007	1004	
7418013	210705	3933564	11329198	514618	16570	2412
7002201	30706	278671	3859324	10382632	569565	20968
7139031	10090	47489	346596	3994282	10449885	605997
6810835	3570	14258	64246	409482	4172884	10147451
2151074	1848	5372	19543	84681	478151	4191670
237660	625	1889	5423	20986	84291	448132
53240	231	695	1968	6097	23552	92948
19174	312	560	1248	3228	8882	29317
12245579	4844811	4736144	4522361	4208359	4398854	4173758
46100	86540	771	61			
1878143	3926273	118703	2233	121		
2130165	790140	3720094	143650	3063	182	
2071451	36495	837172	3509207	140215	4135	384
1880790	3716	50989	789840	3121106	165094	6035
1980038	1012	6377	65267	849344	3243800	177980
1810168	368	1325	8980	78944	877447	3041385
400869	126	429	2112	12236	91707	844825
39374	56	139	697	2345	12765	85967
6544	20	50	188	674	2758	14043
1937	65	95	126	311	966	3139
2333537	980739	926921	880040	817067	824359	794509
8569	17220	190	18			
358974	762005	23555	649	43		
408043	188984	689027	26623	845	55	
393727	10606	195872	640760	27096	907	133
358278	1428	15038	187915	566500	30021	1302
358771	332	2528	19499	193685	559941	31861
338120	81	467	3407	23021	200655	537915
94454	44	145	844	4567	26516	192968
11344	18	51	230	913	4747	23836
2477	4	21	49	274	1128	5259
780	17	27	46	123	389	1235

小学学龄人口入学

Number of Schools-age Population

	在校学龄人口数 School-age Population		招生数 Entrants		
	合计 Total	其中：女 of Which: Female	合计 Total	其中：受过学前教育 of Which: never received the Pre-school Education	合计 Total
镇区 Counties & Towns Area	32099498	14758352	5743893	5598014	33549812
5 岁及以下 Under 5 Years			146527		150157
6 岁 6 Years	4063758	1891749	4289047		4486926
7 岁 7 Years	5533536	2553322	1237284		5533536
8 岁 8 Years	5467078	2514408	60394		5467078
9 岁 9 Years	5251019	2411647	7259		5251019
10 岁 10 Years	5422623	2484179	2041		5422623
11 岁 11 Years	5340949	2436240	630		5357528
12 岁 12 Years	1020535	466807	492		1655825
13 岁 13 Years			125		178780
14 岁 14 Years			44		35253
15 岁及以上 Over 15 Years			50		11087
其中：镇乡结合区 of Which: County-town Transitional Area	10090255	4649204	1836799	1790648	10494030
5 岁及以下 Under 5 Years			45515		46730
6 岁 6 Years	1355360	631218	1398043		1454999
7 岁 7 years	1757828	812445	371912		1757828
8 岁 8 Years	1725265	796606	18368		1725265
9 岁 9 Years	1639608	753473	2054		1639608
10 岁 10 Years	1672734	768283	630		1672734
11 岁 11 Years	1636285	747347	169		1641341
12 岁 12 Years	303175	139832	76		491240
13 岁 13 Years			19		51103
14 岁 14 Years			2		10483
15 岁及以上 Over 15 Years			11		2699
乡村 Rural Area	34933415	16465989	6572605	6048998	36524886
5 岁及以下 Under 5 Years			180749		188214
6 岁 6 Years	4233315	2005474	4470166		4686085
7 岁 7 Years	6195424	2926944	1787786		6195424
8 岁 8 Years	6012381	2832154	104453		6012381
9 岁 9 Years	5754067	2709764	18427		5754067
10 岁 10 Years	5687936	2674814	6648		5687936
11 岁 11 Years	5435461	2552377	2427		5445914
12 岁 12 Years	1614831	764462	1181		2174005
13 岁 13 Years			425		280597
14 岁 14 Years			159		72505
15 岁及以上 Over 15 Years			184		27758

及在校生情况(续)
of Primary Schools (Cont.)

单位：人
unit: person

在校学生数 Enrolment						
其中:女 of Which: Female	一年级 Grade 1	二年级 Grade 2	三年级 Grade 3	四年级 Grade 4	五年级 Grade 5	六年级 Grade 6
15410122	5788865	5623404	5528264	5358361	5574512	5676406
75877	147906	2092	159			
2096091	4315341	168433	2941	211		
2553322	1251153	4086184	191550	4272	377	
2514408	63126	1265603	3937674	193952	5737	986
2411647	7723	84095	1267273	3666213	218786	6929
2484179	2191	11676	105509	1332939	3734228	236080
2443513	678	3281	16520	129265	1429075	3778709
737157	511	1337	4899	23860	153519	1471699
74486	133	493	1108	5622	24239	147185
14703	48	134	370	1350	6503	26848
4739	55	76	261	677	2048	7970
4828955	1848159	1782689	1743714	1669584	1713994	1735890
23197	45923	762	45			
679386	1404469	49494	984	52		
812445	375806	1324112	56353	1468	89	
796606	18876	379123	1269901	55158	1921	286
753473	2124	24295	378313	1171973	60883	2020
768283	659	3554	30979	393863	1177219	66460
749513	181	912	5054	38024	419647	1177523
219581	81	333	1521	6987	44911	437407
21090	22	53	392	1492	7144	42000
4239	5	33	108	401	1708	8228
1142	13	18	64	166	472	1966
17198716	6645097	6394932	6101764	5862944	5831418	5688731
91475	183888	4046	280			
2225072	4501890	179253	4623	319		
2926944	1817555	4192406	179346	5672	445	
2832154	111084	1830789	3882317	180451	6698	1042
2709764	19267	143587	1802211	3595313	185685	8004
2674814	6887	29436	175820	1811999	3471857	191937
2557154	2524	9652	38746	201273	1866362	3327357
1013048	1211	3606	12532	48585	232925	1875146
123800	436	1257	3618	13019	47287	214980
31993	163	511	1410	4073	14291	52057
12498	192	389	861	2240	5868	18208

小学教

Number of Educational Personnel in

	教职 Educational			
	合计 Total	专任教师 Full-time Teachers	行政人员 Adm. Personnel	教辅人员 Supporting Staff
总　计 Total	**5538481**	**5121626**	**189924**	**96767**
其中：女 of Which：Female	3172805	3025866	52270	41208
少数民族 Minorities	581951	538051	17851	8987
教育部门 Run by Ed. Dept.	5315820	4956692	177507	88137
其他部门 Run by Non-ed. Dept.	23703	20048	1139	668
地方企业办 Run by Local Enterprises	2083	1771	105	93
民办 Non-government	196875	143115	11173	7869
城区 Urban Area	1382016	1254960	59963	28045
教育部门 Run by Ed. Dept.	1273476	1174385	53536	23436
其他部门 Run by Non-ed. Dept.	7033	6068	354	216
地方企业办 Run by Local Enterprises	834	677	36	64
民办 Non-government	100673	73830	6037	4329
其中：城乡结合区 of Which：Urban-rural Transitional Area	267207	243218	11034	4295
教育部门 Run by Ed. Dept.	238419	221907	9266	3292
其他部门 Run by Non-ed. Dept.	1562	1287	89	49
地方企业办 Run by Local Enterprises	83	80		
民办 Non-government	27143	19944	1679	954
镇区 Counties & Towns Area	1858932	1703810	63260	41153
教育部门 Run by Ed. Dept.	1778892	1646091	58970	37976
其他部门 Run by Non-ed. Dept.	13339	10932	682	416
地方企业办 Run by Local Enterprises	972	850	49	20
民办 Non-government	65729	45937	3559	2741
其中：镇乡结合区 of Which：County-town Transitional Area	600204	559101	18652	9554
教育部门 Run by Ed. Dept.	575431	541166	17332	8689
其他部门 Run by Non-ed. Dept.	873	786	39	14
地方企业办 Run by Local Enterprises	116	102	4	5
民办 Non-government	23784	17047	1277	846
乡村 Rural Area	2297533	2162856	66701	27569
教育部门 Run by Ed. Dept.	2263452	2136216	65001	26725
其他部门 Run by Non-ed. Dept.	3331	3048	103	36
地方企业办 Run by Local Enterprises	277	244	20	9
民办 Non-government	30473	23348	1577	799

职工数
Primary Schools

单位：人
unit：person

工　数 Personnel			
工勤人员 Workers	校办企业职工 Employees in School-run Factories & Farms	代课教师 Substitute Teachers	兼任教师 Part-time Teachers
128849	**1315**	**176979**	**14173**
52864	597	126993	8765
16995	67	19310	1946
92604	880	165219	12122
1840	8	411	71
114		99	18
34291	427	11250	1962
38525	523	31706	4540
21895	224	29385	3550
395		222	45
57		13	18
16178	299	2086	927
8609	51	5775	754
3928	26	5527	515
137		5	
3		3	
4541	25	240	239
50058	651	44231	3535
35316	539	38445	3076
1301	8	74	21
53		86	
13388	104	5626	438
12688	209	15818	1166
8062	182	13594	849
34		8	
5			
4587	27	2216	317
40266	141	101042	6098
35393	117	97389	5496
144		115	5
4			
4725	24	3538	597

小学分课程专任教师
Number of Full-time Teachers in Primary School

	合 计 Total	其中:女 of Which: Female	品德与生活(社会) Virtue Education	语 文 Language & Literature	数 学 Mathematics	外语 Foreign		
						小计 Subtotal	英语 English	日语 Japanese
总 计 Total	**5585476**	**3328015**	**214871**	**2111420**	**1703398**	**365930**	**364589**	**90**
女 Female	3328015		97218	1437931	943013	298974	296302	74
少数民族 Minorities	585636	305741	21987	226695	180106	23287	22915	44
研究生毕业 Graduate	14459	10700	521	5055	2830	2115	2106	2
本科毕业 Under - graduate	1805118	1309501	48407	717586	492844	187538	186988	39
专科毕业 Associate Bachelor	2922865	1738961	114203	1109431	932809	164705	164039	44
高中阶段毕业 High School Graduate	832459	266793	50997	275959	271666	11486	11372	5
高中阶段以下毕业 Below High School Graduate	10575	2060	743	3389	3249	86	84	

小学专任教师专业
Number of Full-time Teachers in Primary

	合 计 Total	其中:女 of Which Female	25 岁及以下 25 Years and Under	26 – 30 26 to 30	31 – 35 31 to 35
总 计 Total	**5585476**	**3328015**	**372098**	**824645**	**1085611**
女 Female	3328015		296800	606047	758559
少数民族 Minorities	585636	305741	35348	97852	115838
中学高级 Senior Secondary	103437	53149	69	279	2810
小学高级 Senior Primary	2929897	1606995	1870	73295	421579
小学一级 1st Grade Primary	1928523	1217222	92563	541268	595018
小学二级 2nd Grade Primary	186585	120849	47600	77186	30194
小学三级 3rd Grade Primary	14168	9524	4866	4296	2033
未定职级 No-ranking	422866	320276	225130	128321	33977

学历情况
by Subject Taught and Educational Attainment

单位：人
unit: person

Languages	体 育 Physical	科 学 Science	艺 术 Art	音 乐 Music	美 术 Fine Arts	综合实践活动 Practical Activities			其他 Others	当年不任课 No Teaching Load in Current Year
俄语 Russian						计 Total	信息技术 Information Technique	劳动与技术 Skills Teaching		
47	**253766**	**176931**	**23270**	**179132**	**164845**	**170831**	**110498**	**54384**	**133027**	**88055**
35	55087	70728	13552	134503	94855	65042	38893	21781	78692	38420
18	24015	16576	1892	16936	14302	14647	8996	4900	32057	13136
1	1047	520	40	571	594	565	486	63	372	229
23	83528	42851	5028	68896	58223	53032	41394	10067	30126	17059
20	124561	95832	13949	88182	80423	89492	57922	28506	70600	38678
3	44040	37386	4194	21294	25334	27334	10597	15460	31327	31442
	590	342	59	189	271	408	99	288	602	647

技术职称、年龄结构情况
Schools by Professional Rank and Age

单位：人
unit: person

36 – 40 36 to 40	41 – 45 41 to 45	46 – 50 46 to 50	51 – 55 51 to 55	56 – 60 56 to 60	61 岁及以上 61 Years and Over
886266	**757593**	**729488**	**576353**	**351741**	**1681**
586689	468733	387472	218500	4815	400
99956	83657	76895	46908	28999	183
14180	27523	29310	19581	9555	130
555895	554007	564305	469593	288215	1138
285530	158479	125044	80899	49520	202
13883	6922	4880	3312	2584	24
996	556	540	460	412	9
15782	10106	5409	2508	1455	178

小学专任教
Changes of Full-time

	上学年初报表专任教师数 Number of Full-time Teachers at Beginning of Previous Academic Year	增加教师 Factors of Increase				
		合计 Total	录用毕业生 New Recruits from Current Year Graduates		调入 Teachers Recruited from Other Units	校内调整 of Which: with Change of Status in Their Own Institutions
			小计 Subtotal	其中:师范生 of Which: Students Enrolled in Teacher Training Institutions		
总计 Total	**5605282**	**643173**	**137055**	**98783**	**354467**	**119870**
其中:女 of Which: Female	3289007	382760	106110	76240	203508	54332
城区 Urban Area	1383637	145566	33311	26779	80981	19172
其中:女 of Which: Female	1069106	105926	26963	21445	58962	11431
城乡结合区 Urban-rural Transitional Area	279086	35649	8079	6461	19218	4944
其中:女 of Which: Female	196912	24505	6347	5050	13083	2774
镇区 Counties & Towns Area	1855094	212262	37919	27109	125426	38590
其中:女 of Which: Female	1188221	131294	30499	21601	76761	18605
镇乡结合区 County-town Transitional Area	600161	70381	11304	8123	42415	12640
其中:女 of Which: Female	373725	43139	9158	6529	25862	6397
乡村 Rural Area	2366551	285345	65825	44895	148060	62108
其中:女 of Which: Female	1031680	145540	48648	33194	67785	24296

小学学生、教职工
Supplementary Information on Students and

	在校学生中 of Total Students			教职 of Total Educational	
	共青团员 Member of C. Y. L.	华侨 Overseas Chinese	港澳台 From H. K, Macao and Taiwan	共产党员 Member of C. P. C.	共青团员 Member of C. Y. L.
总计 Total	**107417**	**12521**	**33676**	**1392336**	**283950**
其中:女 of Which: Female	49751	5758	15632	600197	216537
城区 Urban Area	30011	5516	29601	409040	109309
其中:女 of Which: Female	13340	2530	13697	273797	89748
城乡结合区 Urban-rural Transitional Area	5372	1456	5048	69085	20671
其中:女 of Which: Female	2658	657	2394	37545	16644
镇区 Counties & Towns Area	45148	4761	2482	456430	88190
其中:女 of Which: Female	21170	2134	1154	191710	68481
镇乡结合区 County-town Transitional Area	16444	1339	919	133913	26186
其中:女 of Which: Female	7672	606	438	53083	20372
乡村 Rural Area	32258	2244	1593	526866	86451
其中:女 of Which: Female	15241	1094	781	134690	58308

师变动情况

Teachers in Primary Schools

单位：人

unit：person

其他 Others	减少教师 Factors of Decrease 合计 Total	自然减员 Retired from Their Posts during Previous Academic Year	调出 Transferred from Teaching to Non-teaching Posts	校内调整 of Which：with Change of Status in Their Own Institutions	其他 Others	本学年初报表专任教师数 Number of Full-time Teachers at Beginning of Current Academic Year
31781	**662979**	**127669**	**364527**	**130196**	**40587**	**5585476**
18810	343752	62009	200543	59008	22192	3328015
12102	113698	25605	58689	17131	12273	1415505
8570	78566	18470	41340	10384	8372	1096466
3408	30877	6068	16407	5075	3327	283858
2301	19661	3866	10810	2865	2120	201756
10327	197487	40707	107350	36961	12469	1869869
5429	111676	21566	64890	18179	7041	1207839
4022	71040	14823	39210	13018	3989	599502
1722	39046	7188	23180	6364	2314	377818
9352	351794	61357	198488	76104	15845	2300102
4811	153510	21973	94313	30445	6779	1023710

政治面貌及其他

Educational Personnel of Primary Schools

单位：人

unit：person

工　中 Personnel		专任教师中 of Total Full-time Teachers			
民主党派 Member of Dem. Parties	华　侨 Overseas Chinese	共产党员 Member of C. P. C.	共青团员 Member of C. Y. L.	民主党派 Member of Dem. Parties	华　侨 Overseas Chinese
12414	**304**	**1349501**	**326361**	**12332**	**309**
8466	169	605321	248100	8424	178
8420	110	396022	131439	8282	118
6300	78	271759	107122	6201	89
697	19	67913	27957	645	20
470	10	38852	22168	426	14
2079	103	440519	100068	2122	103
1371	49	195443	77207	1417	48
510	12	127622	29772	506	8
327	7	53378	22954	321	5
1915	91	512960	94854	1928	88
795	42	138119	63771	806	41

	合计 Total	城区 Urban Area
总　计 Total	**590619336**	**146120083**
其中:危房 of Which:Floor Space of Dilapidated Buildings	40251644	3717840
当年新增 New Floor Space Added in Current Year	19322802	4734572
一、教学及辅助用房 Teaching & Assistant Buildings	334002186	80167013
教室 Classroom	283680811	64532958
实验室 Laboratory	16285405	4203232
图书室 Library	14060007	3495535
微机室 PC-room	11310579	3143344
语音室 Linguistic	3319119	1132109
体育馆 Gymnasium	5346265	3659835
二、行政办公用房 Administrative	58790844	16615150
其中:教师办公室 of Which: for Teachers	42206859	10560141
三、生活用房 Residential and Welfare	141783641	25423133
教工宿舍 Apartments for Single	49656245	5946796
其中:教师周转宿舍 Accommodation for Circulation of Teachers	6332710	716525
学生宿舍 Students' Dormitories	31131155	3839859
食堂 Dining Halls	22053502	5130606
厕所 Toilet	23816266	5457776
其他 Others	15126473	5048096
四、其他用房 Rooms for Other Purposes	56042665	23914787

条件(一)
in Primary Schools (1)

单位：平方米
unit：m^2

其中:城乡结合区 of Which: Urban-rural Transitional Area	镇区 Counties & Towns Area	其中:镇乡结合区 of Which: County-town Transitional Area	乡村 Rural Area
31766306	**183197962**	**63056172**	**261301291**
959373	9584180	3614267	26949624
1222503	6866523	1940817	7721707
17363485	100647843	36109900	153187330
14099785	85796915	30714004	133350938
948694	4899328	1796846	7182845
778729	3991938	1548982	6572534
663977	3577179	1269786	4590056
234304	1222851	395533	964159
637996	1159632	384749	526798
3227437	18518868	6417588	23656826
2085194	13043357	4621114	18603361
6355144	48828983	15187930	67531525
2003230	17180197	5423201	26529252
239915	2401002	622431	3215183
955950	12826762	3282396	14464534
1173780	7790353	2410026	9132543
1229836	6585149	2519748	11773341
992348	4446522	1552559	5631855
4820240	15202268	5340754	16925610

	占地面积(平方米) Areas Occupied			图书(册) Books & Magazines in Libraries (volume)
	合计 Total	其中 of Which		
		绿化用地面积 Green Areas	运动场地面积 Sports Areas	
总　计 Total	**2250438395**	**361298689**	**656926911**	**1659899090**
城区 Urban Area	336093228	63856207	114476339	501369071
其中:城乡结合区 of Which: Urban-rural Transitional Area	100288799	20699597	32549730	94948746
镇区 Counties & Towns Area	623340805	101730177	182609274	547889694
其中:镇乡结合区 of Which: County-town Transitional Area	235962894	38436699	69960667	181069936
乡村 Rural Area	1291004362	195712305	359841298	610640325

小学办学条件(三)
Condition of School Buildings in Primary Schools (3)

单位：所
unit：school

	体育运动场(馆)面积达标校数 Schools No: Sprots Areas Reached Standard	体育器械配备达标校数 Schools No: Sports Equip. Reached Standard	音乐器械配备达标校数 Schools No: Musical Instru. Reached Standard	美术器械配备达标校数 Schools No: Fine Arts Instru. Reached Standard	教学自然实验仪器达标校数 Schools No: Equip. of Natural Sci. Reached Standard	建立校园网校数 Schools No: Campus Networks Set
总　计 Total	**108109**	**110098**	**102351**	**105783**	**116004**	**48723**
城区 Urban Area	17401	19644	19216	19275	19714	15805
其中:城乡结合区 of Which: Urban-rural Transitional Area	5255	5623	5361	5415	5689	3622
镇区 Counties & Towns Area	25638	27066	25452	25994	28185	14565
其中:镇乡结合区 of Which: County-town Transitional Area	11109	11391	10602	10852	11834	5192
乡村 Rural Area	65070	63388	57683	60514	68105	18353

计算机数(台) PC(set)		多媒体教室座位数(个) No. of Seats in Multi-media Classrooms (seat)	固定资产总值(万元)Total Volue of Fixed Asset (10,000 yuan)		
合计 Total	其中:教学用计算机 of Which:No. of Computers Used for Instruction		合计 Total	其中:教学仪器设备资产值 of Which: Total Volue of Equip & Instru. 小计 Subtotal	其中:实验设备 of Which:for Prefession
6317533	**4973352**	**15346691**	**51593515.71**	**5676189.63**	**1731163.18**
2587460	2011694	7538917	18183482.63	2723184.65	649302.48
458935	352927	1300801	3671636.04	430779.52	131862.60
1983530	1585895	4931984	16162847.25	1586706.41	542193.46
627825	503857	1538113	5113138.46	483424.50	178150.87
1746543	1375763	2875790	17247185.83	1366298.57	539667.24

成人小学基本情况
Basic Statistics of Adult Primary Schools by Province

单位：人(人次)
unit: person

	学校数(所) Schools	教学班(点)(个) External Teaching Sites	毕(结)业生数 Graduates		注册学生数 Enrolment		教职工数 Educational Personnel		专任教师 Full-time Teachers		聘请校外教师 Part-time Teachers
			合计 Total	其中:女 of Which: Female	合计 Total	其中:女 of Which: Female	合计 Total	其中:女 of Which: Female	合计 Total	其中:女 of Which: Female	
总　计 Total	**26815**	**49801**	**1591706**	**830310**	**1643301**	**863269**	**57300**	**23884**	**30305**	**13503**	**27695**
其中:少数民族 of Which:Minority	860	3794	174320	89038	189293	98261	6684	2076	3175	809	4292
职工小学 General Primary Schools for Staff & Workers	403	357	24330	10599	61694	27078	749	261	565	148	316
农民小学 General Primary Shools for Peasants	26412	49444	1567376	819711	1581607	836191	56551	23623	29740	13355	27379
小学班 Primary Classes	8320	16917	981627	501507	892540	471139	18286	8336	11939	5723	8456
扫盲班 Literacy Classes	18092	32527	585749	318204	689067	365052	38265	15287	17801	7632	18923

五、工读学校
Correctional Work-study Schools

工读学校基本情况

Basic Statistics of Correctional Work-study Schools

单位：人

unit：person

	学校数（所）Schools	班 数（个）Classes	离校人数 Sclools Leavers	入校人数 No. of Persons Enrolled	在校生数 Enrolment	教职工数 Educational Personnel	
						合计 Total	其中：专任教师 of Which：Full-time Teachers
总 计 Total	**79**	**396**	**3653**	**4547**	**10640**	**2706**	**1756**
其中：女 of Which：Female			481	511	1502	910	685

六、特殊教育
Special Education

特殊教育

Basic Statistics of

	学校数（所）Schools	班 数（个）Classes	毕业生数 Graduates	招生数 Entrants				
					合计 Total	其中:女 of Which: Female	小学	
							一年级 Grade 1	二年级 Grade 2
总　计 Total	**1853**	**17674**	**48590**	**65699**	**378751**	**133990**	**47202**	**44636**
其中:女 of which:Female			16236	23356	133990		16958	15734
少数民族学生 Minority Students			3052	5447	27583	9189	4250	3587
寄宿生 of the TotalBoarders			12065	18370	124387	40951	16847	14175
特殊教育学校中:寄宿生 of the Special Education Schools: Boarders			8000	14399	106494	34926	16231	13456
职业技术班 Vocational and Technical Classes			881	919	4811	1246	93	104
视力残疾 Visual Impairment	32	1150	6910	7458	40875	14498	3357	3851
听力残疾 Hearing Impairment	456	8077	14085	15426	101083	41319	12335	10911
智力残疾 Intellectual Disability	408	8061	21004	32167	186682	62463	26016	24379
其他残疾 Other Disability	957	386	6591	10648	50111	15710	5494	5495
特殊教育学校 Schools for Special Edu.		17201	19580	30679	178998	69717	28599	22783
视力残疾 Visual Impairment		1129	1409	1820	9639	3418	1185	1083
听力残疾 Hearing Impairment		8030	11300	12025	81546	35274	10428	8592
智力残疾 Intellecutual Disability		7701	6525	15839	83918	29640	16014	12472
其他残疾 Other Disability		341	346	995	3895	1385	972	636
小学附设特教班 Classes Attached to Primary Schools		448	490	417	3109	1167	529	389
视力残疾 Visual Impairment		21	21	17	75	29	18	19
听力残疾 Hearing Impairment		41	50	39	261	108	45	57
智力残疾 Intellecutual Disability		341	388	306	2476	933	397	271
其他残疾 Other Disability		45	31	55	297	97	69	42
小学随班就读 Followers in Primary Schools			14119	17376	138881	43846	18065	21442
视力残疾 Visual Impairment			1846	2073	18283	6152	2154	2749
听力残疾 Hearing Impairment			1192	1782	13674	4150	1857	2257
智力残疾 Intellecutual Disability			8579	9206	77451	24602	9601	11619
其他残疾 Other Disability			2502	4315	29473	8942	4453	4817
初中附设特教班 Special Classes Attached to Junior High Schools		25	29	9	144	47	9	22
视力残疾 Visual Impairment								
听力残疾 Hearing Impairment		6	5	5	32	11	5	5
智力残疾 Intellecutual Disability		19	23	4	111	36	4	17
其他残疾 Other Disability			1		1			
初中随班就读 Followers in Junior High Schools			14372	17218	57619	19213		
视力残疾 Visual Impairment			3634	3548	12878	4899		
听力残疾 Hearing Impairment			1538	1575	5570	1776		
智力残疾 Intellecutual Disability			5489	6812	22726	7252		
其他残疾 Other Disability			3711	5283	16445	5286		
城区 Urban Area	925	10714	19742	24084	154216	57247	18391	16535
其中:城乡结合区 of Which: Urban-rural Transitional Area	130	1468	2604	3733	23596	8701	2959	2931
镇区 Counties & Towns Area	826	6195	19372	27394	142969	50594	18651	17246
其中:镇乡结合区 of Which: County-town Transitional Area	283	2012	4510	7916	40783	14223	6081	5250
乡村 Rural Area	102	765	9476	14221	81566	26149	10160	10855

基本情况
Special Education

单位：人
unit：person

在校生数 Enrolment										
阶段 Primary Education				初中阶段 Junior Secondary Education				高中阶段 Senior Secondary Education		
三年级 Grade 3	四年级 Grade 4	五年级 Grade 5	六年级 Grade 6	一年级 Grade 1	二年级 Grade 2	三年级 Grade 3	四年级 Grade 4	一年级 Grade 1	二年级 Grade 2	三年级及以上 Over 3 Grade
44736	**44769**	**44722**	**42467**	**32194**	**33155**	**32389**	**2030**	**3985**	**3333**	**3133**
15700	15597	15440	14337	11736	11788	11588	780	1666	1373	1293
3534	3273	3276	2820	2160	2159	2053	20	168	146	137
13481	12851	12423	11639	12514	12065	11185	586	2508	2243	1870
12506	11611	11080	10098	8876	8140	7294	581	2508	2243	1870
80	94	68	87	227	263	251	68	1224	1045	1207
3978	4266	4557	4569	4490	5088	5452	32	405	337	493
10764	10648	10834	10495	9152	9226	9043	609	2573	2390	2103
24589	24228	23831	21981	12968	13094	12214	1279	984	592	527
5405	5627	5500	5422	5584	5747	5680	110	23	14	10
21098	19263	18247	16472	14600	13510	12473	1502	3985	3333	3133
980	983	1054	935	752	748	662	22	405	337	493
8309	8152	8346	8203	7536	7356	6983	575	2573	2390	2103
11321	9719	8519	6994	6089	5208	4617	862	984	592	527
488	409	328	340	223	198	211	43	23	14	10
530	491	604	514	11	27	14				
10	11	11	6							
45	46	25	33		10					
424	400	516	426	11	17	14				
51	34	52	49							
23097	24996	25837	25444							
2988	3272	3492	3628							
2402	2443	2460	2255							
12841	14097	14765	14528							
4866	5184	5120	5033							
11	19	34	37			12				
8	7	3	4							
3	12	31	33			11				
						1				
				17583	19618	19890	528			
				3738	4340	4790	10			
				1616	1860	2060	34			
				6868	7869	7572	417			
				5361	5549	5468	67			
16774	16929	17353	16125	13599	13969	13229	1633	3666	3037	2976
2707	2711	2776	2713	2092	2135	1837	73	291	247	124
16611	16113	15965	15566	13802	13935	14160	314	240	251	115
5129	4717	4636	4474	3378	3327	3565	73	82	59	12
11351	11727	11404	10776	4793	5251	5000	83	79	45	42

特殊教育学

Number of Educational Personnel

	教 职 Educational		
	合计 Total	专任教师 Full-time Teachers	行政人员 Adm. Personnel
总 计 Total	**53615**	**43697**	**3724**
其中:女 of Which:Female	36428	31624	1762
少数民族 Minorities	3670	3031	263

特殊教育学校专任

Number of Full-time Teachers in Special Education

	合计 Total	按学历分 By Educational Attainment				
		研究生毕业 Graduate	本科毕业 Under-graduate	专科毕业 Associate Bachelor	高中阶段毕业 High School Graduate	高中阶段以下毕业 Below High School Graduate
总 计 Total	**43697**	**614**	**22480**	**17665**	**2849**	**89**
其中:女 of Which:Female	31624	463	16546	12790	1763	62
受过特教专业培训 Trained in Special Education	20388	414	14002	9674	1345	47

特殊教育专任

Changes of Full-time Teachers in

	上学年初报表专任教师数 Number of Full-time Teachers at Beginning of Previous Academic Year	增 加 教 师 Factors of Increase					
		合计 Total	录用毕业生 New Recruits from Current Year Graduates		调入 Teachers Recruited from Other Units	校内调整 of Which: with Change of Status in Their Own Institutions	其 他 Others
			小计 Subtotal	其中:师范生 of Which: Students Enrolled in Teacher Training Institutions			
总 计 Total	**41311**	**4790**	**1566**	**1139**	**2442**	**493**	**289**
其中:女 of Which: Female	29755	3374	1291	944	1622	253	208

校教职工数

in Special Education Schools

单位：人
unit：person

工　数 Personnel		代课教师 Substitute Teachers	兼任教师 Part-time Teachers
教辅人员 Supporting Staff	工勤人员 Workers		
2404	**3790**	**1078**	**193**
1467	1575	821	115
138	238	39	17

教师学历、职称情况

Schools by Educational Attainment and Professional Rank

单位：人
unit：person

按职称分 By Professional Rank					
中学高级 Senior Secondary	小学高级 Senior Primary	小学一级 1st Grade Primary	小学二级 2nd Grade Primary	小学三级 3rd Grade Primary	未定职级 No-ranking
3549	**21916**	**12902**	**1352**	**98**	**3880**
2070	15816	9535	1029	79	3095
1782	12628	7905	833	77	2232

教师变动情况

Special Education Schools

单位：人
unit：person

减　少　教　师 Factors of Decrease					本学年初报表专任教师数 Number of Full-time Teachers at Beginning of Current Academic Year
合计 Total	自然减员 Retired from Their Posts during Previous Academic Year	调出 Transferred from Teaching to Non-Teaching Posts	校内调整 of Which：with Change of Status in Their Own Institutions	其　他 Others	
2404	**650**	**968**	**520**	**266**	**43697**
1505	482	554	281	188	31624

特殊教育学校办学条件(一)

Condition of School Buildings in Special Education Schools (1)

单位:平方米
unit: m^2

	合计 Total
总　计 Total	**6629702**
其中:危房 of Which:Floor Space of Dilapidated Buildings	180694
当年新增 New Added in Current Year	559186
一、教学及辅助用房 Teaching & Assistant Buildings	3005817
教室 Classroom Only	1771701
专用教室 Classroom	860857
实验室 Laboratory	131547
微机室 PC-room	118904
图书室 Library	122808
二、行政办公用房 Administrative	737184
其中:教师办公室 of Which: for Teachers	437468
三、生活用房 Residential and Welfare	1933011
四、其他用房 Rooms for Other Purposes	953690

特殊教育学校办学条件(二)

Condition of School Buildings in Special Education Schools (2)

	占地面积(平方米) Areas Occupied (m^2)			图书(册) Books & Magazines in Libraries (volume)	数字资源(GB) Digital Resources
	合计 Total	其中 of Which			
		绿化用地面积 Green Areas	运动场地面积 Sports Areas		
总　计 Total	**14872521**	**2957166**	**3349573**	**6553114**	**266477.45**

七、幼儿教育
Pre-primary Education

幼儿园园数、班数

Number of Kindergartens, Classes in Pre-Primary Education

	园数(所) Kindergartens		班数(个) Classes
	合计 Total	其中:少数民族幼儿园 of Which: Minorities	
总 计 Total	**181251**	**3857**	**1266496**
教育部门 Run by Ed. Dept.	36992	3107	475581
其他部门办 Run by Non-ed. Dept.	1853	33	18753
地方企业 Run by Local Enterprises	1406		10699
事业单位 Run by Public Institutions	3192	52	19513
部队 Run by Army	487	1	4046
集体办 Run by Communities	12683	93	65349
民办 Non-government	124638	571	672555
城区 Urban Area	57677	340	433113
教育部门 Run by Ed. Dept.	6706	128	85412
其他部门办 Run by Non-ed. Dept.	1195	4	13343
地方企业 Run by Local Enterprises	1132		8855
事业单位 Run by Public Institutions	986	14	7877
部队 Run by Army	461	1	3902
集体办 Run by Communities	3707	15	26175
民办 Non-government	43490	178	287549
其中:城乡结合区 of Which: Urban-rural Transitional Area	11784	58	79847
教育部门 Run by Ed. Dept.	1100	42	14448
其他部门办 Run by Non-ed. Dept.	48		485
地方企业 Run by Local Enterprises	78		535
事业单位 Run by Public Institutions	133	1	655
部队 Run by Army	16		104
集体办 Run by Communities	1660	3	9441
民办 Non-government	8749	12	54179

幼儿园园数、班数(续)

Number of Kindergartens, Classes in Pre-Primary Education(Cont.)

	园数(所) Kindergartens		班数(个) Classes
	合计 Total	其中:少数民族幼儿园 of Which: Minorities	
镇区 Counties & Towns Area	60483	726	434595
教育部门 Run by Ed. Dept.	13272	477	166405
其他部门办 Run by Non-ed. Dept.	539	10	4679
地方企业 Run by Local Enterprises	225		1591
事业单位 Run by Public Institutions	941	17	5855
部队 Run by Army	13		80
集体办 Run by Communities	2755	11	18348
民办 Non-government	42738	211	237637
其中:镇乡结合区 of Which: County-town Transitional Area	19233	167	131774
教育部门 Run by Ed. Dept.	3853	120	50205
其他部门办 Run by Non-ed. Dept.	55	1	482
地方企业 Run by Local Enterprises	52		338
事业单位 Run by Public Institutions	269	4	1419
部队 Run by Army	1		6
集体办 Run by Communities	1388	7	7444
民办 Non-government	13615	35	71880
乡村 Rural Area	63091	2791	398788
教育部门 Run by Ed. Dept.	17014	2502	223764
其他部门办 Run by Non-ed. Dept.	119	19	731
地方企业 Run by Local Enterprises	49		253
事业单位 Run by Public Institutions	1265	21	5781
部队 Run by Army	13		64
集体办 Run by Communities	6221	67	20826
民办 Non-government	38410	182	147369
总计中:独立设置幼儿园 of the Total: Inde. Kinder.			1016462
附设幼儿班 Kinder. Classes Attached to School			250034

幼儿教育分年龄学生数

Number of Students in Pre-school Education by Age

单位：人

unit：person

	入园(班)人数 Entrants	在园(班)人数 Enrolment	离园(班)人数 Leavers
总 计 Total	**19119154**	**36857624**	**14335717**
其中：女 of Which：Female	8697429	17071302	6880483
少数民族 Minorities	1790051	2838231	1381359
教育部门 Run by Ed. Dept.	9080271	14751032	7151843
3 岁以下 3 Years Under	207879	223959	
3 岁 3 Years	2215727	2499047	
4 岁 4 Years	1726324	3820414	
5 岁 5 Years	3564353	6367647	1551456
6 岁及以上 6 Years and Over	1365988	1839965	5600387
其他部门 Run by Non-ed. Dept.	247267	644423	220072
3 岁以下 3 Years Under	31415	33844	
3 岁 3 Years	116671	156830	
4 岁 4 years	43200	199571	
5 岁 5 Years	43211	220911	46933
6 岁及以上 6 Years and Over	12770	33267	173139
地方企业 Run by Local Enterprises	117659	332217	106699
3 岁以下 3 Years Under	20382	22645	
3 岁 3 Years	56693	87367	
4 岁 4 Years	20242	105160	
5 岁 5 Years	18063	108967	22440
6 岁及以上 6 Years and Over	2279	8078	84259
事业单位 Run by Public Institutions	284925	593417	249930
3 岁以下 3 Years Under	17149	19229	
3 岁 3 Years	88474	116380	
4 岁 4 Years	62481	170452	
5 岁 5 Years	94881	244227	37922
6 岁及以上 6 Years and Over	21940	43129	212008
部队 Run by Army	42669	130534	33282
3 岁以下 3 Years Under	9130	9949	
3 岁 3 Years	23964	36405	
4 岁 4 Years	5297	42308	
5 岁 5 Years	3927	39980	5339
6 岁及以上 6 Years and Over	351	1892	27943
集体 Run by Communities	690140	1878557	673257
3 岁以下 3 Years Under	49142	55517	
3 岁 3 Years	371626	460722	
4 岁 4 Years	135345	601616	
5 岁 5 Years	118187	697707	96427
6 岁及以上 6 Years and Over	15840	62995	576830
民办 Non-government	8656223	18527444	5900634
3 岁以下 3 Years Under	960742	1140549	
3 岁 3 Years	3014102	4302957	
4 岁 4 Years	2225447	5860850	
5 岁 5 Years	2120223	6415535	1453843
6 岁及以上 6 Years and Over	335709	807553	4446791

幼儿教育分年龄学生数(城区)

Number of Students in Pre-school Education by Age (Urban Area)

单位：人

unit: person

	入园(班)人数 Entrants	在园(班)人数 Enrolment	离园(班)人数 Leavers
总　计 Total	**5086902**	**12508076**	**4041462**
其中:女 of Which:Female	2313950	5769479	1925775
少数民族 Minorities	217087	458797	186586
教育部门 Run by Ed. Dept.	1396937	2955681	1142329
3 岁以下 3 Years Under	77733	82888	
3 岁 3 Years	602952	703687	
4 岁 4 Years	206645	865019	
5 岁 5 Years	409189	1150052	248642
6 岁及以上 6 Years and Over	100418	154035	893687
其他部门 Run by Non-ed. Dept.	159860	458151	135359
3 岁以下 3 Years Under	26231	28136	
3 岁 3 Years	88735	120943	
4 岁 4 Years	23148	145290	
5 岁 5 Years	19582	153034	31179
6 岁及以上 6 Years and Over	2164	10748	104180
地方企业 Run by Local Enterprises	92069	275302	87476
3 岁以下 3 Years Under	17677	19716	
3 岁 3 Years	45434	73015	
4 岁 4 Years	14730	86604	
5 岁 5 Years	12729	89496	17586
6 岁及以上 6 Years and Over	1499	6471	69890
事业单位 Run by Public Institutions	106039	254304	90935
3 岁以下 3 Years Under	13484	14747	
3 岁 3 Years	39669	58731	
4 岁 4 Years	17340	74636	
5 岁 5 Years	29288	95750	20750
6 岁及以上 6 and Over	6258	10440	70185
部队 Run by Army	41461	126422	32178
3 岁以下 3 Years Under	8871	9673	
3 岁 3 Years	23194	35225	
4 岁 4 Years	5213	41043	
5 岁 5 Years	3850	38716	5119
6 岁及以上 6 Years and Over	333	1765	27059
集体 Run by Communities	289823	825659	273655
3 岁以下 3 Years Under	28689	32775	
3 岁 3 Years	156445	209885	
4 岁 4 Years	52175	264400	
5 岁 5 Years	48464	297946	47194
6 岁及以上 6 Years and Over	4050	20653	226461
民办 Non-government	3000713	7612557	2279530
3 岁以下 3 Years Under	475038	577971	
3 岁 3 Years	1090845	1789782	
4 岁 4 Years	683601	2351037	
5 岁 5 Years	655262	2616678	518825
6 岁及以上 6 Years and Over	95967	277089	1760705

幼儿教育分年龄学生数(城乡结合区)
Number of Students in Pre-school Education by Age (Urban-rural Transitional Area)

单位:人
unit: person

	入园(班)人数 Entrants	在园(班)人数 Enrolment	离园(班)人数 Leavers
总　计 Total	**983620**	**2266867**	**764811**
其中:女 of Which:Female	441495	1031396	361168
少数民族 Minorities	38956	73264	32170
教育部门 Run by Ed. Dept.	249902	432425	192912
3 岁以下 3 Years Under	8447	9372	
3 岁 3 Years	71539	84524	
4 岁 4 Years	44929	113101	
5 岁 5 Years	95680	184297	41998
6 岁及以上 6 Years and Over	29307	41131	150914
其他部门 Run by Non-ed. Dept.	6372	17670	5614
3 岁以下 3 Years Under	744	780	
3 岁 3 Years	3383	4591	
4 岁 4 Years	1174	5659	
5 岁 5 Years	918	5643	1637
6 岁及以上 6 Years and Over	153	997	3977
地方企业 Run by Local Enterprises	5645	16141	5911
3 岁以下 3 Years Under	1195	1289	
3 岁 3 Years	2385	4216	
4 岁 4 Years	1086	5015	
5 岁 5 Years	911	5132	1261
6 岁及以上 6 Years and Over	68	489	4650
事业单位 Run by Public Institutions	13055	22212	9380
3 岁以下 3 Years Under	230	264	
3 岁 3 Years	3489	3930	
4 岁 4 Years	3258	6377	
5 岁 5 Years	4729	9628	1930
6 岁及以上 6 Years and Over	1349	2013	7450
部队 Run by Army	1707	3112	910
3 岁以下 3 Years Under	234	267	
3 岁 3 Years	565	748	
4 岁 4 Years	359	929	
5 岁 5 Years	369	960	138
6 岁及以上 6 Years and Over	180	208	772
集体 Run by Communities	100682	287373	97669
3 岁以下 3 Years Under	8574	10297	
3 岁 3 Years	51207	70170	
4 岁 4 Years	21008	92653	
5 岁 5 Years	18370	106827	17178
6 岁及以上 6 Years and Over	1523	7426	80491
民办 Non-government	606257	1487934	452415
3 岁以下 3 Years Under	80449	98578	
3 岁 3 Years	219316	345451	
4 岁 4 Years	150653	471086	
5 岁 5 Years	135930	519023	99083
6 岁及以上 6 Years and Over	19909	53796	353332

幼儿教育分年龄学生数(镇区)

Number of Students in Pre-school Education by Age (Counties & Towns Area)

单位：人

unit：person

	入园(班)人数 Entrants	在园(班)人数 Enrolment	离园(班)人数 Leavers
总　计 Total	**7461483**	**13951769**	**5434482**
其中:女 of Which:Female	3376035	6441236	2599532
少数民族 Minorities	660204	1102400	495845
教育部门 Run by Ed. Dept.	3514850	5967777	2745960
3 岁以下 3 Years Under	94000	101005	
3 岁 3 Years	955286	1079892	
4 岁 4 Years	726753	1640304	
5 岁 5 Years	1284570	2512900	631922
6 岁及以上 6 Years and Over	454241	633676	2114038
其他部门 Run by Non-ed. Dept.	75379	165074	74971
3 岁以下 3 Years Under	4861	5374	
3 岁 3 Years	24958	32378	
4 岁 4 Years	17100	48336	
5 岁 5 Years	19386	59141	13067
6 岁及以上 6 Years and Over	9074	19845	61904
地方企业 Run by Local Enterprises	21726	49389	16641
3 岁以下 3 Years Under	2308	2501	
3 岁 3 Years	9905	12605	
4 岁 4 Years	4575	16359	
5 岁 5 Years	4457	16782	4103
6 岁及以上 6 Years and Over	481	1142	12538
事业单位 Run by Public Institutions	93654	189282	90378
3 岁以下 3 Years Under	2590	3154	
3 岁 3 Years	25863	31583	
4 岁 4 Years	22012	51862	
5 岁 5 Years	33634	82325	8870
6 岁及以上 6 Years and Over	9555	20358	81508
部队 Run by Army	709	2336	633
3 岁以下 3 Years Under	136	146	
3 岁 3 Years	465	660	
4 岁 4 Years	56	770	
5 岁 5 Years	46	716	190
6 岁及以上 6 Years and Over	6	44	443
集体 Run by Communities	215400	573498	210578
3 岁以下 3 Years Under	12719	13965	
3 岁 3 Years	118684	138105	
4 岁 4 Years	40726	182026	
5 岁 5 Years	35355	213497	28429
6 岁及以上 6 Years and Over	7916	25905	182149
民办 Non-government	3539765	7004413	2295321
3 岁以下 3 Years Under	334588	387865	
3 岁 3 Years	1203596	1608025	
4 岁 4 Years	950920	2232963	
5 岁 5 Years	898489	2431028	587632
6 岁及以上 6 Years and Over	152172	344532	1707689

幼儿教育分年龄学生数(镇乡结合区)

Number of Students in Pre-school Education by Age (County-town Transitional Area)

单位：人
unit：person

	入园(班)人数 Entrants	在园(班)人数 Enrolment	离园(班)人数 Leavers
总　计 Total	**2120748**	**3920327**	**1553077**
其中:女 of Which:Female	958558	1812848	742804
少数民族 Minorities	134675	213077	103183
教育部门 Run by Ed. Dept.	1004222	1589358	780762
3 岁以下 3 Years Under	19435	21101	
3 岁 3 Years	245684	273091	
4 岁 4 Years	199701	419268	
5 岁 5 Years	404063	701628	166586
6 岁及以上 6 Years and Over	135339	174270	614176
其他部门 Run by Non-ed. Dept.	7120	18352	5836
3 岁以下 3 Years Under	704	750	
3 岁 3 Years	3520	4352	
4 岁 4 Years	1254	6038	
5 岁 5 Years	1338	6196	1253
6 岁及以上 6 Years and Over	304	1016	4583
地方企业 Run by Local Enterprises	4370	10500	3252
3 岁以下 3 Years Under	268	279	
3 岁 3 Years	2328	2795	
4 岁 4 Years	1014	3728	
5 岁 5 Years	643	3475	1143
6 岁及以上 6 Years and Over	117	223	2109
事业单位 Run by Public Institutions	22752	48066	22766
3 岁以下 3 Years Under	521	581	
3 岁 3 Years	7941	8876	
4 岁 4 Years	6201	14358	
5 岁 5 Years	6733	20743	1627
6 岁及以上 6 Years and Over	1356	3508	21139
部队 Run by Army	20	170	65
3 岁以下 3 Years Under			
3 岁 3 Years	15	38	
4 岁 4 Years	3	57	
5 岁 5 Years	1	46	
6 岁及以上 6 Years and Over	1	29	65
集体 Run by Communities	79487	221358	82064
3 岁以下 3 Years Under	4693	5441	
3 岁 3 Years	45084	53351	
4 岁 4 Years	15575	71199	
5 岁 5 Years	12093	83482	9806
6 岁及以上 6 Years and Over	2042	7885	72258
民办 Non-government	1002777	2032523	658332
3 岁以下 3 Years Under	95106	111050	
3 岁 3 Years	360359	483810	
4 岁 4 Years	265560	651426	
5 岁 5 Years	245672	701512	159602
6 岁及以上 6 Years and Over	36080	84725	498730

幼儿教育分年龄学生数(乡村)
Number of Students in Pre-school Education by Age (Rural Area)

单位：人

unit: person

	入园(班)人数 Entrants	在园(班)人数 Enrolment	离园(班)人数 Leavers
总　计 Total	**6570769**	**10397779**	**4859773**
其中:女 of Which:Female	3007444	4860587	2355176
少数民族 Minorities	912760	1277034	698928
教育部门 Run by Ed. Dept.	4168484	5827574	3263554
3 岁以下 3 Years Under	36146	40066	
3 岁 3 Years	657489	715468	
4 岁 4 Years	792926	1315091	
5 岁 5 Years	1870594	2704695	670892
6 岁及以上 6 Years and Over	811329	1052254	2592662
其他部门 Run by Non-ed. Dept.	12028	21198	9742
3 岁以下 3 Years Under	323	334	
3 岁 3 Years	2978	3509	
4 岁 4 Years	2952	5945	
5 岁 5 Years	4243	8736	2687
6 岁及以上 6 Years and Over	1532	2674	7055
地方企业 Run by Local Enterprises	3864	7526	2582
3 岁以下 3 Years Under	397	428	
3 岁 3 Years	1354	1747	
4 岁 4 Years	937	2197	
5 岁 5 Years	877	2689	751
6 岁及以上 6 Years and Over	299	465	1831
事业单位 Run by Public Institutions	85232	149831	68617
3 岁以下 3 Years Under	1075	1328	
3 岁 3 Years	22942	26066	
4 岁 4 Years	23129	43954	
5 岁 5 Years	31959	66152	8302
6 岁及以上 6 Years and Over	6127	12331	60315
部队 Run by Army	499	1776	471
3 岁以下 3 Years Under	123	130	
3 岁 3 Years	305	520	
4 岁 4 Years	28	495	
5 岁 5 Years	31	548	30
6 岁及以上 6 Years and Over	12	83	441
集体 Run by Communities	184917	479400	189024
3 岁以下 3 Years Under	7734	8777	
3 岁 3 Years	96497	112732	
4 岁 4 Years	42444	155190	
5 岁 5 Years	34368	186264	20804
6 岁及以上 6 Years and Over	3874	16437	168220
民办 Non-government	2115745	3910474	1325783
3 岁以下 3 Years Under	151116	174713	
3 岁 3 Years	719661	905150	
4 岁 4 Years	590926	1276850	
5 岁 5 Years	566472	1367829	347386
6 岁及以上 6 Years and Over	87570	185932	978397

幼儿园教

Number of Educational Personnel

	教　职 Educational	
	合　计 Total	园　长 Kindergarten Heads
总　计 Total	**2489972**	**198238**
其中:女 of Which: Female	2280135	180177
少数民族 Minorities	133003	12689
学前教育专业 Pre-primary Education Programmes	1089742	104882
教育部门 Run by Ed. Dept.	536689	35869
其他部门办 Run by Non-ed. Dept.	70403	3477
地方企业 Run by Local Enterprises	42118	2301
事业单位 Run by Public Institutions	40171	3000
部队 Run by Army	17947	845
集体办 Run by Communities	148865	11053
民办 Non-government	1633779	141693
城区 Urban Area	1298693	81484
教育部门 Run by Ed. Dept.	221001	10756
其他部门办 Run by Non-ed. Dept.	55905	2639
地方企业 Run by Local Enterprises	35147	1913
事业单位 Run by Public Institutions	26341	1477
部队 Run by Army	17439	813
集体办 Run by Communities	81913	4736
民办 Non-government	860947	59150
其中:城乡结合区 of Which: Urban-rural Transitional Area	202782	14568
教育部门 Run by Ed. Dept.	18856	1238
其他部门办 Run by Non-ed. Dept.	1924	87
地方企业 Run by Local Enterprises	2233	129
事业单位 Run by Public Institutions	1252	124
部队 Run by Army	485	23
集体办 Run by Communities	26864	1862
民办 Non-government	151168	11105
镇区 Counties & Towns Area	817647	66857
教育部门 Run by Ed. Dept.	230204	14648
其他部门办 Run by Non-ed. Dept.	13496	746
地方企业 Run by Local Enterprises	6122	329
事业单位 Run by Public Institutions	8666	742
部队 Run by Army	220	17
集体办 Run by Communities	39170	2654
民办 Non-government	519769	47721
其中:镇乡结合区 of Which: County-town Transitional Area	220190	19811
教育部门 Run by Ed. Dept.	47963	3694
其他部门办 Run by Non-ed. Dept.	1395	82
地方企业 Run by Local Enterprises	1350	79
事业单位 Run by Public Institutions	2245	239
部队 Run by Army	17	1
集体办 Run by Communities	14862	1188
民办 Non-government	152358	14528
乡村 Rural Area	373632	49897
教育部门 Run by Ed. Dept.	85484	10465
其他部门办 Run by Non-ed. Dept.	1002	92
地方企业 Run by Local Enterprises	849	59
事业单位 Run by Public Institutions	5164	781
部队 Run by Army	288	15
集体办 Run by Communities	27782	3663
民办 Non-government	253063	34822

职工数

in Kindergarten

单位：人
unit：person

工 数 Personnel				代课教师 Substitute Teachers	兼任教师 Part-time Teachers
专任教师 Full-time Teachers	保健医 Health Physician	保 育 员 Caretaker	其 他 Other		
1479237	**65305**	**408871**	**338321**	**153164**	**22935**
1449139	57494	396333	196992	142501	18963
86113	2211	17500	14490	8948	2518
926985	6742	35212	15921	51912	5810
377193	9702	60989	52936	85669	8018
38527	1983	13508	12908	2927	354
23162	1155	7782	7718	1822	207
24762	885	6054	5470	4935	2115
9109	587	3581	3825	226	136
93089	3067	21908	19748	8670	1321
913395	47926	295049	235716	48915	10784
737289	38006	237546	204368	39433	8702
146180	5599	29603	28863	20118	1881
30113	1644	10813	10696	1903	264
19392	1006	6400	6436	1596	159
14741	755	4798	4570	1689	762
8797	576	3508	3745	220	136
47709	2076	14430	12962	1536	280
470357	26350	167994	137096	12371	5220
115372	5670	35970	31202	6883	1388
12736	422	2376	2084	2994	297
1110	56	336	335	57	5
1236	63	373	432	97	21
797	28	177	126	404	33
242	15	104	101	12	
15799	611	4456	4136	618	64
83452	4475	28148	23988	2701	968
512385	18656	124232	95517	75753	8928
168276	3248	24680	19352	46315	3890
7845	311	2512	2082	927	70
3318	128	1195	1152	197	43
6304	102	910	608	1471	907
144	3	29	27	3	
26139	685	5266	4426	3171	611
300359	14179	89640	67870	23669	3407
135198	5417	33341	26423	21231	2397
34675	647	5127	3820	11260	969
950	35	192	136	69	17
746	30	268	227	48	5
1592	27	218	169	560	151
13			3		
9868	282	1757	1767	1402	161
87354	4396	25779	20301	7892	1094
229563	8643	47093	38436	37978	5305
62737	855	6706	4721	19236	2247
569	28	183	130	97	20
452	21	187	130	29	5
3717	28	346	292	1775	446
168	8	44	53	3	
19241	306	2212	2360	3963	430
142679	7397	37415	30750	12875	2157

幼儿园园长、专任教师

Number of Kindergarten Heads, Full-time Teachers

	合计 Total	按学历分 By Educational Attainment				
		研究生毕业 Graduate	本科毕业 Under-graduate	专科毕业 Associate Bachelor	高中阶段毕业 High School Graduate	高中阶段以下毕业 Below High School Graduate
总　计 Total	**1677475**	**3393**	**256028**	**854014**	**515125**	**48915**
园长 Kindergarten Heads	198238	1741	44787	103449	44331	3930
专任教师 Full-time Teachers	1479237	1652	211241	750565	470794	44985
城区 Urban Area	818773	2909	159731	444218	200405	11510
园长 Kindergarten Heads	81484	1486	25524	42204	11464	806
专任教师 Full-time Teachers	737289	1423	134207	402014	188941	10704
其中:城乡结合区 of Which: Urban-rural Transitional Area	129940	188	14053	64641	47615	3443
园长 Kindergarten Heads	14568	108	3059	7998	3144	259
专任教师 Full-time Teachers	115372	80	10994	56643	44471	3184
镇区 Counties & Towns Area	579242	411	76212	292780	190771	19068
园长 Kindergarten Heads	66857	217	13558	36377	15478	1227
专任教师 Full-time Teachers	512385	194	62654	256403	175293	17841
其中:镇乡结合区 of Which: County-town Transitional Area	155009	72	16500	75230	56532	6675
园长 Kindergarten Heads	19811	38	3463	10663	5175	472
专任教师 Full-time Teachers	135198	34	13037	64567	51357	6203
乡村 Rural Area	279460	73	20085	117016	123949	18337
园长 Kindergarten Heads	49897	38	5705	24868	17389	1897
专任教师 Full-time Teachers	229563	35	14380	92148	106560	16440

学历、职称情况

by Educational Attainment and Professional Rank

单位：人
unit：person

按职称分 By Professional Rank					
中学高级 Senior Secondary	小学高级 Senior Primary	小学一级 1st Grade Primary	小学二级 2nd Grade Primary	小学三级 3rd Grade Primary	未定职级 No-ranking
12279	**201446**	**230668**	**66750**	**13634**	**1152698**
6550	39771	22901	5287	1273	122456
5729	161675	207767	61463	12361	1030242
7656	103181	114970	36977	8113	547876
4262	18884	10156	2587	626	44969
3394	84297	104814	34390	7487	502907
607	7446	11247	3895	1190	105555
282	1993	1735	557	127	9874
325	5453	9512	3338	1063	95681
3683	74400	84023	21232	3856	392048
1827	13535	6902	1505	403	42685
1856	60865	77121	19727	3453	349363
692	15289	19005	5430	862	113731
361	3390	1992	483	118	13467
331	11899	17013	4947	744	100264
940	23865	31675	8541	1665	212774
461	7352	5843	1195	244	34802
479	16513	25832	7346	1421	177972

	教职工中 of Total Educational Personnel		
	共产党员 Member of C. P. C.	共青团员 Member of C. Y. L.	民主党派 Member of Dem. Parties
总　计 Total	**178599**	**530981**	**4142**
其中:女 of Which: Female	155356	516056	3719
城区 Urban Area	99108	329341	2711
其中:女 of Which: Female	90165	321318	2446
城乡结合区 Urban-rural Transitional Area	8782	54785	362
其中:女 of Which: Female	7588	53327	310
镇区 Counties & Towns Area	58160	144424	1178
其中:女 of Which: Female	50121	140301	1066
镇乡结合区 County-town Transitional Area	12338	40491	238
其中:女 of Which: Female	10183	39309	221
乡村 Rural Area	21331	57216	253
其中:女 of Which: Female	15070	54437	207

政治面貌及其他
Full-time Teachers of Kindergarten

单位：人
unit：person

	专任教师中 of Total Full-time Teachers			
华　侨 Overseas Chinese	共产党员 Member of C. P. C.	共青团员 Member of C. Y. L.	民主党派 Member of Dem. Parties	华　侨 Overseas Chinese
369	**121780**	**470602**	**2314**	**241**
331	110799	454486	2162	223
269	65397	293590	1477	172
241	61799	283843	1374	157
25	5653	48460	188	16
19	5144	46927	167	15
77	42270	127152	710	53
70	38119	122919	670	51
8	8547	35718	147	4
7	7512	34678	140	4
23	14113	49860	127	16
20	10881	47724	118	15

幼儿园办学条件(一)
Condition of Kindergarten Buildings (1)

单位：平方米
unit：m^2

	合计 Total	城区 Urban Area	其中：城乡结合区 of Which：Urban-rural Transitional Area	镇区 Counties & Towns Area	其中：镇乡结合区 of Which：County-town Transitional Area	乡村 Rural Area
总　计 Total	**171794977**	**81561374**	**13700893**	**59919968**	**16376208**	**30313635**
其中：危房 of Which：Floor Space of Dilapidated Buildings	1778360	509571	38822	805920	162276	462869
当年新增 New Added in Current Year	6090672	1939275	415721	2740922	658531	1410475
一、教学及辅助用房 Teaching & Assistant Buildings	118814381	55958877	9313970	41805306	11400248	21050198
活动室 Recreational	70194147	32345053	5441078	24879302	6775836	12969792
洗手间 Toilet	9661819	4856943	804673	3269975	902533	1534901
睡眠室 Bedroom	30637075	15540178	2458396	10515953	2796887	4580944
保健室 Health Care Room	3796177	1385879	263089	1457094	427738	953204
图书室 Reading Room	4525163	1830824	346734	1682982	497254	1011357
二、行政办公用房 Administrative	12497927	5352721	889302	4559189	1273196	2586017
其中：教师办公室 of Which：for Teachers	7669790	2794752	503421	2975702	842837	1899336
三、生活用房 Residential and Welfare	18431363	8635005	1516453	6355918	1714154	3440440
其中：厨房 of Which：Kitchen	8530112	4063638	699505	2867241	791656	1599233
四、其他用房 Rooms for Other Purposes	22051306	11614771	1981168	7199555	1988610	3236980

幼儿园办学条件(二)
Condition of Kindergarten Buildings (2)

	占地面积(平方米) Areas Occupied(m^2)			图书(册) Books & Magazines in Libraries (volume)	数字资源(GB) Digital Resources
	合计 Total	其中 of Which			
		绿化用地面积 Green Areas	运动场地面积 Sports Areas		
总　计 Total	**345445818**	**55105136**	**113171739**	**182233569**	**18191527.39**
城区 Urban Area	128865934	21983453	43151338	86428274	11885584.99
其中：城乡结合区 of Which：Urban-rural Transitional Area	23463410	4072636	7917560	12969820	2276268.06
镇区 Counties & Towns Area	123600613	19107654	39867175	65100317	4049972.77
其中：镇乡结合区 of Which：County-town Transitional Area	35999124	5558863	11765963	17935578	1114386.24
乡村 Rural Area	92979271	14014029	30153226	30704978	2255969.63

八、各级各类学校分布情况
Geographical Distribution of Schools by Type and Level

高等教育学校(机构)数
Number of Higher Education Institutions

单位:所
unit: institution

地　区 Region	普通高校 Regular HEIs				成人高等学校 Adult HEIs		民办的其他高等教育机构 Other Non-government HEIs
	合计 Total	其中:中央部门 of Which: HEIs under Central Ministries & Agencies	本科院校 HEIs Offering Degree Programs	高职(专科)院校 Higher Vocational Colleges	合计 Total	其中:中央部门 of Which: HEIs under Central Ministries & Agencies	
总　计 Total	**2442**	**113**	**1145**	**1297**	**348**	**14**	**823**
北　京 Beijing	89	35	63	26	26	8	69
天　津 Tianjin	55	3	29	26	14		
河　北 Hebei	113	4	55	58	13		36
山　西 Shanxi	75		27	48	13		53
内蒙古 Inner Mongolia	48		15	33	3		
辽　宁 Liaoning	112	5	63	49	25	2	69
吉　林 Jilin	57	2	37	20	16		14
黑龙江 Heilongjiang	79	3	36	43	26	1	36
上　海 Shanghai	67	10	35	32	18	1	234
江　苏 Jiangsu	153	10	71	82	12	1	
浙　江 Zhejiang	102	2	55	47	10		22
安　徽 Anhui	118	2	44	74	6		7
福　建 Fujian	86	2	32	54	4		
江　西 Jiangxi	88		37	51	10		23
山　东 Shandong	136	2	61	75	17		96
河　南 Henan	120	1	47	73	14		40
湖　北 Hubei	122	8	66	56	14		19

高等教育学校(机构)数(续)

Number of Higher Education Institutions (Cont.)

单位:所

unit: institution

地 区 Region	普通高校 Regular HEIs				成人高等学校 Adult HEIs		民办的其他高等教育机构 Other Non-government HEIs
	合计 Total	其中:中央部门 of Which: HEIs under Central Ministries & Agencies	本科院校 HEIs Offering Degree Programs	高职(专科)院校 Higher Vocational Colleges	合计 Total	其中:中央部门 of Which: HEIs under Central Ministries & Agencies	
湖 南 Hunan	121	3	46	75	14		13
广 东 Guangdong	137	4	57	80	15		31
广 西 Guangxi	70		31	39	6		
海 南 Hainan	17		6	11	1		
重 庆 Chongqing	60	2	24	36	4		8
四 川 Sichuan	99	6	47	52	25	1	15
贵 州 Guizhou	49		25	24	4		
云 南 Yunnan	66		29	37	2		
西 藏 Tibet	6		3	3			
陕 西 Shaanxi	91	6	54	37	18		9
甘 肃 Gansu	42	2	20	22	7		29
青 海 Qinghai	9		4	5	2		
宁 夏 Ningxia	16	1	8	8	1		
新 疆 Xinjiang	39		18	21	8		

高等学校(机

Number of Postgraduate Students in

地 区 Region	毕(结)业生数 Graduates				授予学位数 Degree Awarded	招生数	
	合计 Total	其中:女 of Which: Female	博 士 Doctor's Degree	硕 士 Master's Degree		合计 Total	其中:女 of Which: Female
总 计 Total	**486455**	**242030**	**51713**	**434742**	**481830**	**589673**	**294711**
北 京 Beijing	71215	34493	13478	57737	70975	87890	42569
天 津 Tianjin	14521	7981	1705	12816	14422	17065	9319
河 北 Hebei	10441	6232	401	10040	10420	12318	7554
山 西 Shanxi	7771	4269	291	7480	7430	9212	5163
内蒙古 InnerMongolia	4657	2624	150	4507	4638	5698	3372
辽 宁 Liaoning	27110	14373	2075	25035	26759	31917	17145
吉 林 Jilin	15739	8751	1920	13819	15736	18665	10709
黑龙江 Heilongjiang	16824	8428	1653	15171	16827	20286	10037
上 海 Shanghai	34606	16354	5222	29384	34183	44229	21095
江 苏 Jiangsu	38352	18341	4217	34135	37784	46214	21761
浙 江 Zhejiang	15112	7178	1456	13656	14994	18748	9087
安 徽 Anhui	11977	4912	1134	10843	11902	15677	6931
福 建 Fujian	9511	4934	925	8586	9469	11927	6275
江 西 Jiangxi	7086	3657	135	6951	7260	8950	4358
山 东 Shandong	22882	12457	1657	21225	23041	25483	13917
河 南 Henan	10331	6082	243	10088	10055	11683	6714
湖 北 Hubei	32847	15203	3866	28981	33009	38148	17634
湖 南 Hunan	16216	7990	1473	14743	14763	19801	9641
广 东 Guangdong	23220	11482	2803	20417	23044	28073	13823
广 西 Guangxi	7225	4047	147	7078	7253	8429	4328
海 南 Hainan	877	440	22	855	872	1236	730
重 庆 Chongqing	13844	6831	997	12847	13798	15925	8162
四 川 Sichuan	22198	9759	2120	20078	21962	27553	12304
贵 州 Guizhou	3820	1837	47	3773	3865	4769	2362
云 南 Yunnan	8405	4390	374	8031	8351	9978	5388
西 藏 Tibet	228	117	3	225	227	473	261
陕 西 Shaanxi	25561	11820	2196	23365	25362	31378	14527
甘 肃 Gansu	8002	3763	797	7205	7802	9804	4715
青 海 Qinghai	690	339	26	664	622	1069	588
宁 夏 Ningxia	1114	699	21	1093	1105	1374	825
新 疆 Xinjiang	4073	2247	159	3914	3900	5701	3417

构)研究生数(总计)

Higher Education Institutions (Total)

单位：人
unit: person

Entrants		在校生数 Enrolment				预计毕业生数 Estimated Graduates for Next Year			
博 士 Doctor's Degree	硕 士 Master's Degree	合计 Total	其中:女 of Which: Female	博 士 Doctor's Degree	硕 士 Master' Degree	合计 Total	其中:女 of Which: Female	博 士 Doctor's Degree	硕 士 Master's Degree
68370	521303	1719818	842417	283810	1436008	630437	294470	139411	491026
17463	70427	254610	119234	68731	185879	92167	41543	29904	62263
2022	15043	48452	26185	7745	40707	18088	8905	3761	14327
537	11781	35914	21015	2192	33722	12461	6815	1125	11336
468	8744	26098	14328	2147	23951	8840	4513	1218	7622
236	5462	16227	9435	1035	15192	5975	3145	573	5402
2930	28987	90061	48017	13253	76808	32606	16542	5154	27452
2324	16341	55921	31011	9754	46167	19585	10493	4838	14747
2375	17911	60819	29421	10259	50560	22613	10528	5592	17021
6683	37546	127014	59078	27300	99714	46940	20840	13836	33104
5493	40721	139529	65332	23513	116016	52871	23534	12333	40538
2262	16486	54369	25502	9485	44884	19162	8336	5203	13959
1529	14148	44351	19188	5005	39346	14635	6018	2104	12531
1263	10664	36035	18442	5010	31025	12743	6268	2536	10207
203	8747	25209	12540	809	24400	8447	4307	416	8031
1980	23503	70455	38847	8062	62393	24741	13576	3128	21613
395	11288	31965	18136	1298	30667	11813	6507	559	11254
4986	33162	110856	51061	21687	89169	46232	20890	11777	34455
2033	17768	62745	30044	10401	52344	24760	11049	6383	18377
3459	24614	81459	38974	13438	68021	30614	14355	6444	24170
209	8220	23545	11959	739	22806	8726	4318	337	8389
38	1198	3699	2056	161	3538	1248	661	88	1160
1241	14684	46569	23210	5255	41314	15981	7681	1669	14312
2930	24623	85626	37404	13227	72399	32498	13325	7474	25024
88	4681	13344	6673	307	13037	4439	2200	151	4288
548	9430	29242	15270	2419	26823	10024	4982	1339	8685
5	468	1079	553	14	1065	306	79	3	303
3415	27963	94294	43171	15935	78359	34602	14596	9317	25285
943	8861	28306	13425	3597	24709	9757	4469	1710	8047
41	1028	2821	1504	112	2709	864	453	38	826
29	1345	3748	2253	76	3672	1245	736	22	1223
242	5459	15456	9149	844	14612	5454	2806	379	5075

普通高校

Number of Postgraduate Students in

地　区 Region	毕(结)业生数 Graduates				授予学位数 Degree Awarded	招生数	
	合计 Total	其中:女 of Which: Female	博　士 Doctor's Degree	硕　士 Master's Degree		合计 Total	其中:女 of Which: Female
总　计 Total	**476019**	**238177**	**48138**	**427881**	**471644**	**575438**	**289087**
北　京 Beijing	67162	32792	12299	54863	66935	82459	40275
天　津 Tianjin	14521	7981	1705	12816	14422	17065	9319
河　北 Hebei	10410	6227	401	10009	10389	12282	7547
山　西 Shanxi	7733	4255	291	7442	7392	9153	5136
内蒙古 InnerMongolia	4652	2624	150	4502	4633	5694	3371
辽　宁 Liaoning	26590	14198	1790	24800	26254	31145	16817
吉　林 Jilin	15497	8648	1774	13723	15499	18163	10480
黑龙江 Heilongjiang	16643	8366	1631	15012	16646	20023	9925
上　海 Shanghai	33189	15895	4532	28657	32805	41899	20235
江　苏 Jiangsu	37998	18216	4112	33886	37440	45807	21607
浙　江 Zhejiang	15041	7161	1456	13585	14922	18670	9056
安　徽 Anhui	11719	4851	1030	10689	11644	15322	6825
福　建 Fujian	9414	4907	882	8532	9372	11794	6232
江　西 Jiangxi	7086	3657	135	6951	7260	8950	4358
山　东 Shandong	22707	12384	1590	21117	22869	25277	13826
河　南 Henan	10267	6063	243	10024	9993	11626	6706
湖　北 Hubei	32201	14983	3692	28509	32433	37371	17332
湖　南 Hunan	16155	7973	1461	14694	14704	19731	9615
广　东 Guangdong	22776	11292	2620	20156	22638	27535	13602
广　西 Guangxi	7225	4047	147	7078	7253	8429	4328
海　南 Hainan	877	440	22	855	872	1236	730
重　庆 Chongqing	13823	6825	997	12826	13777	15899	8154
四　川 Sichuan	21686	9588	1980	19706	21450	26886	12064
贵　州 Guizhou	3803	1831	47	3756	3848	4713	2344
云　南 Yunnan	8191	4288	280	7911	8127	9670	5244
西　藏 Tibet	228	117	3	225	227	473	261
陕　西 Shaanxi	25138	11702	2120	23018	24957	30873	14395
甘　肃 Gansu	7606	3645	594	7012	7444	9399	4570
青　海 Qinghai	608	310	2	606	545	980	550
宁　夏 Ningxia	1114	699	21	1093	1105	1374	825
新　疆 Xinjiang	3959	2212	131	3828	3789	5540	3358

研究生数

Regular Higher Education Institutions

单位：人

unit：person

Entrants		在校生数 Enrolment				预计毕业生数 Estimated Graduates for Next Year			
博　士 Doctor's Degree	硕　士 Master's Degree	合计 Total	其中:女 of Which: Female	博　士 Doctor's Degree	硕　士 Master's Degree	合计 Total	其中:女 of Which: Female	博　士 Doctor's Degree	硕　士 Master's Degree
64118	**511320**	**1678607**	**826794**	**268801**	**1409806**	**616088**	**289437**	**132917**	**483171**
15935	66524	239361	113098	63434	175927	86465	39531	27596	58869
2022	15043	48452	26185	7745	40707	18088	8905	3761	14327
537	11745	35815	20992	2192	33623	12431	6809	1125	11306
468	8685	25939	14242	2147	23792	8794	4491	1218	7576
236	5458	16214	9434	1035	15179	5970	3145	573	5397
2606	28539	87638	47127	12000	75638	31727	16278	4547	27180
2167	15996	54518	30418	9204	45314	19169	10317	4596	14573
2350	17673	60083	29140	10143	49940	22384	10446	5532	16852
5964	35935	120503	56714	24623	95880	44957	20127	12678	32279
5368	40439	138284	64892	23073	115211	52431	23396	12150	40281
2261	16409	54140	25424	9479	44661	19087	8308	5201	13886
1388	13934	43295	18906	4524	38771	14276	5933	1893	12383
1216	10578	35648	18302	4867	30781	12622	6228	2484	10138
203	8747	25209	12540	809	24400	8447	4307	416	8031
1905	23372	69810	38539	7850	61960	24495	13453	3043	21452
392	11234	31793	18120	1286	30507	11761	6505	559	11202
4766	32605	108528	50202	20927	87601	45457	20614	11459	33998
2015	17716	62530	29972	10341	52189	24675	11022	6354	18321
3261	24274	79825	38276	12756	67069	30028	14104	6153	23875
209	8220	23545	11959	739	22806	8726	4318	337	8389
38	1198	3699	2056	161	3538	1248	661	88	1160
1241	14658	46503	23190	5255	41248	15960	7677	1669	14291
2756	24130	83645	36719	12622	71023	31823	13105	7220	24603
88	4625	13205	6630	307	12898	4410	2191	151	4259
423	9247	28270	14839	1998	26272	9668	4830	1166	8502
5	468	1079	553	14	1065	306	79	3	303
3290	27583	92703	42726	15463	77240	34029	14446	9121	24908
762	8637	27098	13013	3006	24092	9354	4337	1487	7867
12	968	2579	1392	32	2547	794	417	13	781
29	1345	3748	2253	76	3672	1245	736	22	1223
205	5335	14948	8941	693	14255	5261	2721	302	4959

Number of Postgraduate Students in

地　区 Region	毕(结)业生数 Graduates				授予学位数 Degree Awarded	招生数	
	合计 Total	其中:女 of Which: Female	博　士 Doctor's Degree	硕　士 Master's Degree		合计 Total	其中:女 of Which: Female
总　计 Total	**10436**	**3853**	**3575**	**6861**	**10186**	**14235**	**5624**
北　京 Beijing	4053	1701	1179	2874	4040	5431	2294
天　津 Tianjin							
河　北 Hebei	31	5		31	31	36	7
山　西 Shanxi	38	14		38	38	59	27
内蒙古 InnerMongolia	5			5	5	4	1
辽　宁 Liaoning	520	175	285	235	505	772	328
吉　林 Jilin	242	103	146	96	237	502	229
黑龙江 Heilongjiang	181	62	22	159	181	263	112
上　海 Shanghai	1417	459	690	727	1378	2330	860
江　苏 Jiangsu	354	125	105	249	344	407	154
浙　江 Zhejiang	71	17		71	72	78	31
安　徽 Anhui	258	61	104	154	258	355	106
福　建 Fujian	97	27	43	54	97	133	43
江　西 Jiangxi							
山　东 Shandong	175	73	67	108	172	206	91
河　南 Henan	64	19		64	62	57	8
湖　北 Hubei	646	220	174	472	576	777	302
湖　南 Hunan	61	17	12	49	59	70	26
广　东 Guangdong	444	190	183	261	406	538	221
广　西 Guangxi							
海　南 Hainan							
重　庆 Chongqing	21	6		21	21	26	8
四　川 Sichuan	512	171	140	372	512	667	240
贵　州 Guizhou	17	6		17	17	56	18
云　南 Yunnan	214	102	94	120	224	308	144
西　藏 Tibet							
陕　西 Shaanxi	423	118	76	347	405	505	132
甘　肃 Gansu	396	118	203	193	358	405	145
青　海 Qinghai	82	29	24	58	77	89	38
宁　夏 Ningxia							
新　疆 Xinjiang	114	35	28	86	111	161	59

研究生数
Research Institutes

单位：人
unit：person

Entrants		在校生数 Enrolment				预计毕业生数 Estimated Graduates for Next Year			
博 士 Doctor's Degree	硕 士 Master's Degree	合计 Total	其中:女 of Which: Female	博 士 Doctor's Degree	硕 士 Master's Degree	合计 Total	其中:女 of Which: Female	博 士 Doctor's Degree	硕 士 Master's Degree
4252	**9983**	**41211**	**15623**	**15009**	**26202**	**14349**	**5033**	**6494**	**7855**
1528	3903	15249	6136	5297	9952	5702	2012	2308	3394
	36	99	23		99	30	6		30
	59	159	86		159	46	22		46
	4	13	1		13	5			5
324	448	2423	890	1253	1170	879	264	607	272
157	345	1403	593	550	853	416	176	242	174
25	238	736	281	116	620	229	82	60	169
719	1611	6511	2364	2677	3834	1983	713	1158	825
125	282	1245	440	440	805	440	138	183	257
1	77	229	78	6	223	75	28	2	73
141	214	1056	282	481	575	359	85	211	148
47	86	387	140	143	244	121	40	52	69
75	131	645	308	212	433	246	123	85	161
3	54	172	16	12	160	52	2		52
220	557	2328	859	760	1568	775	276	318	457
18	52	215	72	60	155	85	27	29	56
198	340	1634	698	682	952	586	251	291	295
	26	66	20		66	21	4		21
174	493	1981	685	605	1376	675	220	254	421
	56	139	43		139	29	9		29
125	183	972	431	421	551	356	152	173	183
125	380	1591	445	472	1119	573	150	196	377
181	224	1208	412	591	617	403	132	223	180
29	60	242	112	80	162	70	36	25	45
37	124	508	208	151	357	193	85	77	116

高等教育

Number of Students Enrolled in Normal and

地　区 Region	毕(结)业生数 Graduates				授予学位数 Degree Awarded	招生数	
	合计 Total	其中:女 of Which: Female	本　科 Normal Courses	专　科 Short-cycle Courses		合计 Total	其中:女 of Which: Female
总　计 Total	**8201695**	**4242358**	**3839488**	**4362207**	**3092718**	**9327887**	**5048454**
北　京 Beijing	251968	133568	165020	86948	126856	267939	144547
天　津 Tianjin	141086	72829	75751	65335	60864	170293	88294
河　北 Hebei	395995	223255	169057	226938	137146	435651	252137
山　西 Shanxi	210468	114818	94886	115582	72260	259466	145015
内蒙古 Inner Mongolia	134578	69814	58092	76486	44994	156970	86492
辽　宁 Liaoning	307869	158124	174182	133687	150515	352628	185086
吉　林 Jilin	208033	104358	121242	86791	95140	236312	118366
黑龙江 Heilongjiang	263072	136599	143177	119895	121244	274877	142311
上　海 Shanghai	193295	104769	122579	70716	90950	195350	104131
江　苏 Jiangsu	666833	346346	321655	345178	253952	605608	337524
浙　江 Zhejiang	345067	192824	160081	184986	128908	390511	226235
安　徽 Anhui	328263	160475	140333	187930	114956	377611	202948
福　建 Fujian	207809	110368	102742	105067	89859	248251	138425
江　西 Jiangxi	266864	126213	109632	157232	95276	296358	150482
山　东 Shandong	594670	305939	264677	329993	208756	633210	350191
河　南 Henan	539251	280072	208535	330716	170472	603955	336503
湖　北 Hubei	448343	214245	198322	250021	168022	515278	256777
湖　南 Hunan	402245	200930	160694	241551	132053	421485	219369
广　东 Guangdong	549821	294102	236224	313597	185279	691008	380329
广　西 Guangxi	218921	116346	87670	131251	69313	284054	161092
海　南 Hainan	48860	26898	21840	27020	16951	58892	33227
重　庆 Chongqing	181548	90786	85258	96290	72510	251886	132546
四　川 Sichuan	406975	208250	186932	220043	152698	512799	283506
贵　州 Guizhou	108628	54937	52323	56305	37679	157754	83253
云　南 Yunnan	178024	95642	85838	92186	59130	204866	115736
西　藏 Tibet	11779	5857	6604	5175	5404	14038	7221
陕　西 Shaanxi	329528	163109	155753	173775	129506	377791	194325
甘　肃 Gansu	133451	60874	69864	63587	55267	163601	78217
青　海 Qinghai	16314	8623	9394	6920	7089	20271	11111
宁　夏 Ningxia	30709	15328	14279	16430	11222	47144	25239
新　疆 Xinjiang	81428	46060	36852	44576	28447	102030	57819

本、专科学生数

Short-cycle Courses in Higher Education

单位：人

unit：person

Entrants		在校生数 Enrolment				预计毕业生数 Estimated Graduates for Next Year			
本 科 Normal Courses	专 科 Short-cycle Courses	合计 Total	其中:女 of Which: Female	本 科 Normal Courses	专 科 Short-cycle Courses	合计 Total	其中:女 of Which: Female	本 科 Normal Courses	专 科 Short-cycle Courses
4725391	**4602496**	**29744278**	**15449889**	**16746383**	**12997895**	**8638178**	**4360198**	**4134564**	**4503614**
183695	84244	862491	455296	644769	217722	267947	137850	180033	87914
96424	73869	542121	277404	343466	198655	151786	77547	83090	68696
215772	219879	1457756	806955	769530	688226	415491	226690	183999	231492
122464	137002	818775	438527	432858	385917	227966	116955	101271	126695
77141	79829	490631	258002	262219	228412	147880	74222	65003	82877
201001	151627	1141882	581985	726553	415329	331818	162378	182174	149644
147987	88325	738277	377004	517055	221222	219273	109570	134841	84432
164456	110421	875132	454928	581905	293227	261065	133956	152529	108536
130839	64511	690246	365961	489993	200253	204473	105076	132764	71709
323770	281838	2061191	1028224	1181378	879813	639015	315260	315583	323432
188386	202125	1195450	660985	653971	541479	362547	197085	168494	194053
181932	195679	1209490	603250	626096	583394	357715	177368	151553	206162
129704	118547	820031	431588	473281	346750	227621	116826	113232	114389
146995	149363	1005066	475699	528213	476853	287349	130072	122236	165113
314185	319025	2086670	1096156	1118086	968584	606189	308031	273609	332580
280533	323422	1857148	971506	960117	897031	556190	282126	229666	326524
256031	259247	1661082	810476	920296	740786	471176	223518	215860	255316
206111	215374	1313717	666552	715650	598067	408223	202669	182294	225929
294248	396760	2105955	1128798	1061594	1044361	591118	311134	264063	327055
115874	168180	828336	456582	382929	445407	254960	131926	98307	156653
30379	28513	190852	105758	109726	81126	51557	28479	24227	27330
122707	129179	751448	384519	428355	323093	196278	94961	95507	100771
219396	293403	1554018	812954	805765	748253	464607	236009	204587	260020
79452	78302	469390	244466	273063	196327	119436	60711	61957	57479
112625	92241	696053	379759	409216	286837	184127	97730	91498	92629
8521	5517	44669	23656	28114	16555	11783	5229	6821	4962
211255	166536	1225108	612841	718175	506933	334973	155474	161192	173781
86000	77601	521696	246548	307252	214444	140043	64971	73024	67019
11422	8849	61549	32932	38708	22841	18560	9783	10028	8532
22299	24845	131003	69086	71247	59756	36521	16950	16408	20113
43787	58243	337045	191492	166803	170242	90491	49642	38714	51777

Number of Regular Students Enrolled in Normal and

地　区 Region	毕(结)业生数 Graduates				授予学位数 Degree Awarded	招生数	
	合计 Total	其中:女 of Which: Female	本　科 Normal Courses	专　科 Short-cycle Courses		合计 Total	其中:女 of Which: Female
总　计 Total	**6247338**	**3198197**	**3038473**	**3208865**	**2966148**	**6888336**	**3718356**
北　京 Beijing	155233	79501	113785	41448	111796	158602	84871
天　津 Tianjin	113034	58153	62187	50847	60680	137223	71787
河　北 Hebei	315755	180592	133511	182244	130771	321407	190016
山　西 Shanxi	162571	86444	72240	90331	70430	197181	113909
内蒙古 Inner Mongolia	105054	55536	45711	59343	44824	105629	58128
辽　宁 Liaoning	235984	122345	147471	88513	145610	264385	140238
吉　林 Jilin	146517	73279	98078	48439	93951	162602	83751
黑龙江 Heilongjiang	203792	105684	117948	85844	116672	196970	101295
上　海 Shanghai	136697	72307	85714	50983	83229	136808	72486
江　苏 Jiangsu	470254	238471	231751	238503	222940	435047	248446
浙　江 Zhejiang	247537	133036	126222	121315	123478	269127	156668
安　徽 Anhui	265477	128345	114858	150619	112828	286246	151550
福　建 Fujian	178492	93308	88638	89854	87750	201200	110206
江　西 Jiangxi	232048	106551	93985	138063	92061	237734	116228
山　东 Shandong	474266	240717	205590	268676	203309	466695	257566
河　南 Henan	435308	222885	167801	267507	165295	455289	253138
湖　北 Hubei	353014	170606	168054	184960	164009	402055	199272
湖　南 Hunan	306809	156985	132420	174389	129646	311026	163353
广　东 Guangdong	404011	204172	181333	222678	178731	501939	263528
广　西 Guangxi	162169	82761	62134	100035	60659	192144	101835
海　南 Hainan	40887	22147	17980	22907	16771	49615	27066
重　庆 Chongqing	137635	70544	75002	62633	72020	192940	104873
四　川 Sichuan	286756	148138	153588	133168	150985	364488	199515
贵　州 Guizhou	85285	44391	39680	45605	37207	125093	66355
云　南 Yunnan	118944	64383	58703	60241	56967	142753	82008
西　藏 Tibet	8580	4361	4673	3907	4530	10022	5156
陕　西 Shaanxi	265279	134340	132983	132296	127825	312776	166508
甘　肃 Gansu	102980	46986	57328	45652	55176	130153	62299
青　海 Qinghai	11661	5749	6561	5100	6458	14634	7981
宁　夏 Ningxia	20718	9797	11783	8935	11222	30779	16404
新　疆 Xinjiang	64591	35683	30761	33830	28318	75774	41920

普通本、专科学生数
Short-cycle Courses in Higher Education

单位：人
unit：person

Entrants		在校生数 Enrolment				预计毕业生数 Estimated Graduates for Next Year			
本 科 Normal Courses	专 科 Short-cycle Courses	合计 Total	其中:女 of Which: Female	本 科 Normal Courses	专 科 Short-cycle Courses	合计 Total	其中:女 of Which: Female	本 科 Normal Courses	专 科 Short-cycle Courses
3740574	**3147762**	**23913155**	**12280490**	**14270888**	**9642267**	**6517623**	**3264595**	**3286498**	**3231125**
122651	35951	591243	302232	482930	108313	156992	77652	119139	37853
81275	55948	473114	241457	310599	162515	125076	63106	70483	54593
156118	165289	1168796	649925	622629	546167	336079	186622	147752	188327
98096	99085	637330	348896	353737	283593	174001	90380	76477	97524
56217	49412	391434	204954	221873	169561	111603	57248	51664	59939
168162	96223	934078	474523	645816	288262	247722	123399	151866	95856
115460	47142	578953	293963	442327	136626	147686	70851	104455	43231
127948	69022	704538	363726	500806	203732	186698	95122	118255	68443
89561	47247	506596	263423	359007	147589	141902	72259	90602	51300
240287	194760	1671173	826811	984577	686596	486168	237787	245089	241079
149106	120021	932292	507226	569188	363104	252074	132225	133171	118903
144380	141866	1023033	496960	552299	470734	283626	136316	123985	159641
112217	88983	701392	360777	425131	276261	192804	96835	97873	94931
121441	116293	851119	388301	458454	392665	246056	108357	103043	143013
231536	235159	1658490	861074	901291	757199	482579	242013	215228	267351
225728	229561	1559025	806354	837080	721945	447586	225297	186821	260765
216929	185126	1386086	676982	820973	565113	365847	177601	182844	183003
164841	146185	1082235	547671	630582	451653	299770	150935	145280	154490
239456	262483	1616838	827529	900352	716486	425324	214718	206174	219150
82326	109818	629243	332220	306128	323115	175760	85952	67860	107900
26117	23498	168270	90431	97889	70381	44632	23625	20621	24011
110436	82504	623605	326790	397249	226356	152844	77363	85045	67799
181264	183224	1223680	632044	714011	509669	326793	164964	169660	157133
64830	60263	383815	201277	229505	154310	94510	47840	48380	46130
87663	55090	512178	282234	324722	187456	129754	70270	66413	63341
5596	4426	33452	17409	20576	12876	8213	3318	4787	3426
186830	125946	1026254	527273	651629	374625	257784	124904	138755	119029
71638	58515	431069	202912	269467	161602	110414	50463	61918	48496
8453	6181	48668	25597	31662	17006	12860	6563	7206	5654
17902	12877	96440	50403	62062	34378	22761	12028	12853	9908
36110	39664	268716	149116	146337	122379	71705	38582	32799	38906

Number of Adult Students Enrolled in Normal and

地　区 Region	毕(结)业生数 Graduates				授予学位数 Degrees Awarded	招生数	
	合计 Total	其中:女 of Which: Female	本　科 Normal Courses	专　科 Short－cycle Courses		合计 Total	其中:女 of Which: Female
总　计 Total	**1954357**	**1044161**	**801015**	**1153342**	**126570**	**2439551**	**1330098**
北　京 Beijing	96735	54067	51235	45500	15060	109337	59676
天　津 Tianjin	28052	14676	13564	14488	184	33070	16507
河　北 Hebei	80240	42663	35546	44694	6375	114244	62121
山　西 Shanxi	47897	28374	22646	25251	1830	62285	31106
内蒙古 InnerMongolia	29524	14278	12381	17143	170	51341	28364
辽　宁 Liaoning	71885	35779	26711	45174	4905	88243	44848
吉　林 Jilin	61516	31079	23164	38352	1189	73710	34615
黑龙江 Heilongjiang	59280	30915	25229	34051	4572	77907	41016
上　海 Shanghai	56598	32462	36865	19733	7721	58542	31645
江　苏 Jiangsu	196579	107875	89904	106675	31012	170561	89078
浙　江 Zhejiang	97530	59788	33859	63671	5430	121384	69567
安　徽 Anhui	62786	32130	25475	37311	2128	91365	51398
福　建 Fujian	29317	17060	14104	15213	2109	47051	28219
江　西 Jiangxi	34816	19662	15647	19169	3215	58624	34254
山　东 Shandong	120404	65222	59087	61317	5447	166515	92625
河　南 Henan	103943	57187	40734	63209	5177	148666	83365
湖　北 Hubei	95329	43639	30268	65061	4013	113223	57505
湖　南 Hunan	95436	43945	28274	67162	2407	110459	56016
广　东 Guangdong	145810	89930	54891	90919	6548	189069	116801
广　西 Guangxi	56752	33585	25536	31216	8654	91910	59257
海　南 Hainan	7973	4751	3860	4113	180	9277	6161
重　庆 Chongqing	43913	20242	10256	33657	490	58946	27673
四　川 Sichuan	120219	60112	33344	86875	1713	148311	83991
贵　州 Guizhou	23343	10546	12643	10700	472	32661	16898
云　南 Yunnan	59080	31259	27135	31945	2163	62113	33728
西　藏 Tibet	3199	1496	1931	1268	874	4016	2065
陕　西 Shaanxi	64249	28769	22770	41479	1681	65015	27817
甘　肃 Gansu	30471	13888	12536	17935	91	33448	15918
青　海 Qinghai	4653	2874	2833	1820	631	5637	3130
宁　夏 Ningxia	9991	5531	2496	7495	16365	8835	
新　疆 Xinjiang	16837	10377	6091	10746	129	26256	15899

成人本、专科学生数
Short-cycle Courses in Higher Education

单位：人
unit：person

Entrants		在校生数 Enrolment				预计毕业生数 Estimated Graduates for Next Year			
本　科 Normal Courses	专　科 Short-cycle Courses	合计 Total	其中：女 of Which：Female	本　科 Normal Courses	专　科 Short-cycle Courses	合计 Total	其中：女 of Which：Female	本　科 Normal Courses	专　科 Short-cycle Courses
984817	**1454734**	**5831123**	**3169399**	**2475495**	**3355628**	**2120555**	**1095603**	**848066**	**1272489**
61044	48293	271248	153064	161839	109409	110955	60198	60894	50061
15149	17921	69007	35947	32867	36140	26710	14441	12607	14103
59654	54590	288960	157030	146901	142059	79412	40068	36247	43165
24368	37917	181445	89631	79121	102324	53965	26575	24794	29171
20924	30417	99197	53048	40346	58851	36277	16974	13339	22938
32839	55404	207804	107462	80737	127067	84096	38979	30308	53788
32527	41183	159324	83041	74728	84596	71587	38719	30386	41201
36508	41399	170594	91202	81099	89495	74367	38834	34274	40093
41278	17264	183650	102538	130986	52664	62571	32817	42162	20409
83483	87078	390018	201413	196801	193217	152847	77473	70494	82353
39280	82104	263158	153759	84783	178375	110473	64860	35323	75150
37552	53813	186457	106290	73797	112660	74089	41052	27568	46521
17487	29564	118639	70811	48150	70489	34817	19991	15359	19458
25554	33070	153947	87398	69759	84188	41293	21715	19193	22100
82649	83866	428180	235082	216795	211385	123610	66018	58381	65229
54805	93861	298123	165152	123037	175086	108604	56829	42845	65759
39102	74121	274996	133494	99323	175673	105329	45917	33016	72313
41270	69189	231482	118881	85068	146414	108453	51734	37014	71439
54792	134277	489117	301269	161242	327875	165794	96416	57889	107905
33548	58362	199093	124362	76801	122292	79200	45974	30447	48753
4262	5015	22582	15327	11837	10745	6925	4854	3606	3319
12271	46675	127843	57729	31106	96737	43434	17598	10462	32972
38132	110179	330338	180910	91754	238584	137814	71045	34927	102887
14622	18039	85575	43189	43558	42017	24926	12871	13577	11349
24962	37151	183875	97525	84494	99381	54373	27460	25085	29288
2925	1091	11217	6247	7538	3679	3570	1911	2034	1536
24425	40590	198854	85568	66546	132308	77189	30570	22437	54752
14362	19086	90627	43636	37785	52842	29629	14508	11106	18523
2969	2668	12881	7335	7046	5835	5700	3220	2822	2878
4397	11968	34563	18683	9185	25378	13760	4922	3555	10205
7677	18579	68329	42376	20466	47863	18786	11060	5915	12871

高等教育网络本科、专科

Number of Web-based Students Enrolled in Normal and

地 区 Region	毕(结)业生数 Graduates				授予学位数 Degree Awarded	招生
	合计 Total	其中:女 of Which: Female	本 科 Normal Courses	专 科 Short-cycle Courses		合计 Total
总 计 Total	**1360870**	**701839**	**477949**	**882921**	**34658**	**1964468**
北 京 Beijing	840462	436416	254226	586236	15874	1212811
天 津 Tianjin	13623	6921	6100	7523	476	34096
河 北 Hebei						
山 西 Shanxi						
内蒙古 Inner Mongolia						
辽 宁 Liaoning	48731	22518	23779	24952	2194	95246
吉 林 Jilin	24199	13841	10800	13399		42894
黑龙江 Heilongjiang	19152	7383	4238	14914	588	20058
上 海 Shanghai	58750	31533	19065	39685	2187	54603
江 苏 Jiangsu	12899	6757	7063	5836	2735	22606
浙 江 Zhejiang	15003	9131	13584	1419	1527	18456
安 徽 Anhui	606	202	152	454	12	360
福 建 Fujian	18127	10546	10777	7350	272	25535
江 西 Jiangxi						
山 东 Shandong	30089	15738	12761	17328	1102	50813
河 南 Henan	18742	15616	7043	11699	632	22724
湖 北 Hubei	41606	16502	14567	27039	2644	75067
湖 南 Hunan	23267	12741	8197	15070	189	27149
广 东 Guangdong	23323	14207	11369	11954	450	36787
广 西 Guangxi						
海 南 Hainan						
重 庆 Chongqing	43474	20646	19482	23992	519	59942
四 川 Sichuan	78589	34913	28665	49924	1924	93241
贵 州 Guizhou						
云 南 Yunnan						
西 藏 Tibet						
陕 西 Shaanxi	41952	21872	21099	20853	1333	56079
甘 肃 Gansu	8276	4356	4982	3294		16001
青 海 Qinghai						
宁 夏 Ningxia						
新 疆 Xinjiang						

生学生数
Short-cycle Courses in Higher Education

单位：人
unit：person

数 Entrants			在校生数 Enrolment			
其中:女 of Which: Female	本　科 Normal Courses	专　科 Short-cycle Courses	合计 Total	其中:女 of Which: Female	本　科 Normal Courses	专　科 Short-cycle Courses
973441	**696698**	**1267770**	**5704112**	**2822327**	**2002698**	**3701414**
615164	376254	836557	3978055	2014277	1249605	2728450
17531	14008	20088	68786	35828	30486	38300
38470	45957	49289	225026	93883	111567	113459
27371	18748	24146	100404	53445	43172	57232
7841	6078	13980	54477	20788	18716	35761
28094	14804	39799	137555	73624	32080	105475
11688	13425	9181	45524	23338	25887	19637
11650	13580	4876	51839	30800	41571	10268
89	360		1897	648	957	940
15348	13914	11621	57194	33997	32215	24979
23109	23663	27150	113605	46456	52417	61188
12480	10816	11908	58885	38309	29754	29131
27988	26787	48280	167427	61757	60653	106774
14616	10324	16825	57575	30606	22341	35234
20396	15718	21069	87064	46583	38190	48874
24641	25505	34437	121682	52832	54621	67061
40964	35927	57314	217277	88879	88416	128861
26946	23693	32386	121585	55256	50552	71033
9055	7137	8864	38255	21021	19498	18757

综合大学本科、专科生

Number of Students of

地 区 Region	毕(结)业生数 Graduates			招生数 Entrants		
	合计 Total	本 科 Normal Courses	专 科 Short-cycle Courses	合计 Total	本 科 Normal Courses	专 科 Short-cycle Courses
总 计 Total	**1668359**	**837748**	**830611**	**1829083**	**1015107**	**813976**
北 京 Beijing	20314	14634	5680	18847	14947	3900
天 津 Tianjin	33171	10146	23025	38332	13784	24548
河 北 Hebei	53219	21789	31430	58680	24823	33857
山 西 Shanxi	45020	17938	27082	55018	28052	26966
内蒙古 Inner Mongolia	43080	22571	20509	46223	29790	16433
辽 宁 Liaoning	43638	21594	22044	42331	22925	19406
吉 林 Jilin	23552	21297	2255	25542	23777	1765
黑龙江 Heilongjiang	57978	31264	26714	52999	32397	20602
上 海 Shanghai	14387	13157	1230	13838	12620	1218
江 苏 Jiangsu	78513	62513	16000	72929	65847	7082
浙 江 Zhejiang	90806	33845	56961	97018	38626	58392
安 徽 Anhui	29194	19363	9831	34433	26752	7681
福 建 Fujian	59478	34621	24857	67344	43919	23425
江 西 Jiangxi	89729	30143	59586	88921	41873	47048
山 东 Shandong	229938	90759	139179	217516	101285	116231
河 南 Henan	48194	30347	17847	48680	33989	14691
湖 北 Hubei	39621	34935	4686	46722	42684	4038
湖 南 Hunan	143633	72288	71345	142927	84375	58552
广 东 Guangdong	188041	73225	114816	242473	101974	140499
广 西 Guangxi	47284	23479	23805	47756	27935	19821
海 南 Hainan	6304	6304		8583	8583	
重 庆 Chongqing	39601	24331	15270	49484	31286	18198
四 川 Sichuan	86207	41830	44377	121237	48266	72971
贵 州 Guizhou	30741	13977	16764	45317	18168	27149
云 南 Yunnan	25560	13220	12340	27435	19810	7625
西 藏 Tibet	3594	1860	1734	4216	2047	2169
陕 西 Shaanxi	51235	24810	26425	60499	37765	22734
甘 肃 Gansu	19768	12550	7218	23159	14166	8993
青 海 Qinghai	3490	3004	486	4247	4247	
宁 夏 Ningxia	6865	4815	2050	8011	5614	2397
新 疆 Xinjiang	16204	11139	5065	18366	12781	5585

学生数
Comprehensive Universities

单位：人
unit：person

在校生数 Enrolment			预计毕业生数 Estimated Graduates for Next Year		
合计 Total	本 科 Normal Courses	专 科 Short-cycle Courses	合计 Total	本 科 Normal Courses	专 科 Short-cycle Courses
6386798	**3909448**	**2477350**	**1745395**	**913820**	**831575**
73353	61118	12235	19753	15226	4527
121253	49139	72114	35100	10885	24215
204021	100291	103730	56581	23480	33101
180236	99490	80746	49035	21209	27826
172196	113638	58558	46363	25322	21041
153921	88678	65243	44820	21747	23073
100252	94241	6011	24543	22468	2075
188609	126545	62064	52289	30928	21361
56788	52896	3892	15127	13815	1312
312671	271207	41464	85377	67901	17476
322484	149954	172530	90880	35509	55371
125316	97839	27477	31574	21733	9841
244017	168258	75759	66211	39449	26762
317931	155695	162236	95519	33841	61678
783393	399640	383753	236396	99170	137226
178995	131362	47633	50638	32848	17790
178505	165413	13092	42550	37809	4741
510027	328051	181976	141813	78084	63729
753547	377818	375729	199387	86445	112942
173693	108254	65439	48546	25121	23425
31796	31796		6686	6686	
172693	118044	54649	44328	26603	17725
384574	192583	191991	99977	45732	54245
130145	68934	61211	32285	15627	16658
105031	75572	29459	26082	15128	10954
13459	7593	5866	3589	1783	1806
204191	132036	72155	50673	26506	24167
80450	54946	25504	20823	12854	7969
16508	15603	905	3630	3140	490
27982	21210	6772	6835	4922	1913
68761	51604	17157	17985	11849	6136

高等理工院校本科、
Number of Students of Institutions

地　区 Region	毕(结)业生数 Graduates			招生数	
	合计 Total	本　科 Normal Courses	专　科 Short-cycle Courses	合计 Total	本　科 Normal Courses
总　计 Total	**2277305**	**964570**	**1312735**	**2498114**	**1173861**
北　京 Beijing	64314	47709	16605	66908	52460
天　津 Tianjin	41016	23299	17717	51355	30490
河　北 Hebei	124169	51777	72392	124583	61655
山　西 Shanxi	49887	23497	26390	59258	28871
内蒙古 Inner Mongolia	31853	5467	26386	28576	5365
辽　宁 Liaoning	103720	72410	31310	120766	81823
吉　林 Jilin	52209	28135	24074	59483	32529
黑龙江 Heilongjiang	56423	35233	21190	55909	38168
上　海 Shanghai	57067	35419	21648	56873	37324
江　苏 Jiangsu	264234	98016	166218	239487	100709
浙　江 Zhejiang	67467	40544	26923	71399	45579
安　徽 Anhui	114979	33210	81769	119785	41976
福　建 Fujian	50482	21204	29278	59601	30783
江　西 Jiangxi	72744	32106	40638	77683	43064
山　东 Shandong	118558	50654	67904	115487	55192
河　南 Henan	201294	55990	145304	208715	81786
湖　北 Hubei	220237	80399	139838	247290	105025
湖　南 Hunan	82166	31762	50404	83678	37731
广　东 Guangdong	96076	28958	67118	123034	40852
广　西 Guangxi	47099	15109	31990	60630	20707
海　南 Hainan	7854		7854	9718	
重　庆 Chongqing	45929	17023	28906	72906	27361
四　川 Sichuan	94072	48070	46002	123500	61250
贵　州 Guizhou	10670		10670	14978	
云　南 Yunnan	22517	7516	15001	27770	8701
西　藏 Tibet					
陕　西 Shaanxi	121390	64049	57341	139126	82316
甘　肃 Gansu	35139	15081	20058	45306	16881
青　海 Qinghai	2521		2521	3176	
宁　夏 Ningxia	4471	1933	2538	8846	4649
新　疆 Xinjiang	16748		16748	22288	614

专科生学生数

of Science & Technology

单位：人

unit: person

Entrants	在校生数 Enrolment			预计毕业生数 Estimated Graduates for Next Year		
专 科 Short-cycle Courses	合计 Total	本 科 Normal Courses	专 科 Short-cycle Courses	合计 Total	本 科 Normal Courses	专 科 Short-cycle Courses
1324253	**8482511**	**4453134**	**4029377**	**2374886**	**1040592**	**1334294**
14448	250959	205011	45948	66116	50303	15813
20865	178834	119082	59752	48063	28023	20040
62928	449754	239172	210582	131372	57070	74302
30387	193016	106881	86135	53108	24271	28837
23211	99252	22039	77213	32343	5582	26761
38943	425757	316096	109661	111029	76205	34824
26954	199904	124585	75319	52587	29962	22625
17741	200726	147562	53164	53405	35469	17936
19549	213590	150661	62929	60402	38069	22333
138778	889803	412640	477163	270481	103738	166743
25820	258619	178000	80619	70145	43130	27015
77809	413213	158465	254748	122016	36191	85825
28818	201432	114838	86594	55319	25685	29634
34619	273675	158056	115619	76167	34944	41223
60295	398486	207366	191120	116316	49425	66891
126929	681345	293785	387560	201163	63605	137558
142265	827552	395159	432393	226729	87146	139583
45947	289431	148431	141000	81576	35664	45912
82182	372732	145949	226783	100901	32775	68126
39923	188128	74501	113627	53070	16921	36149
9718	27783		27783	9127		9127
45545	209724	95732	113992	51785	20239	31546
62250	410163	233423	176740	110687	55326	55361
14978	37509		37509	10249		10249
19069	94004	35742	58262	26495	8371	18124
56810	455375	290101	165274	117127	63936	53191
28425	141451	64886	76565	38000	15996	22004
3176	8551		8551	2714		2714
4197	25742	13995	11747	5847	2447	3400
21674	66001	976	65025	20547	99	20448

高等农业院校本科、
Number of Students of

地　区 Region	毕(结)业生数 Graduates			招生数	
	合计 Total	本　科 Normal Courses	专　科 Short-cycle Courses	合计 Total	本　科 Normal Courses
总　计 Total	**249316**	**146157**	**103159**	**272334**	**171379**
北　京 Beijing	6741	4796	1945	5966	4364
天　津 Tianjin	2964	2194	770	3198	2531
河　北 Hebei	10409	6707	3702	11368	8210
山　西 Shanxi	6151	5454	697	10094	9403
内蒙古 Inner Mongolia	7409	6300	1109	7845	6751
辽　宁 Liaoning	11844	5623	6221	14443	7181
吉　林 Jilin	12098	8027	4071	11883	9063
黑龙江 Heilongjiang	22392	10514	11878	22775	12276
上　海 Shanghai	4700	3174	1526	4328	3123
江　苏 Jiangsu	17703	3845	13858	16107	4474
浙　江 Zhejiang	4351	3409	942	5629	3571
安　徽 Anhui	4611	4465	146	4514	4514
福　建 Fujian	11338	5926	5412	11370	5617
江　西 Jiangxi	7043	4155	2888	6279	4438
山　东 Shandong	16166	12525	3641	16553	14469
河　南 Henan	19233	6372	12861	23314	9370
湖　北 Hubei	4332	4332		4682	4682
湖　南 Hunan	9496	5957	3539	9395	6571
广　东 Guangdong	18216	16673	1543	21218	20478
广　西 Guangxi	5899		5899	6743	
海　南 Hainan					
重　庆 Chongqing					
四　川 Sichuan	10082	7083	2999	11297	7839
贵　州 Guizhou					
云　南 Yunnan	7141	2692	4449	7630	4075
西　藏 Tibet	913	610	303	1257	1009
陕　西 Shaanxi	10011	5332	4679	11885	5326
甘　肃 Gansu	6743	3309	3434	9393	4198
青　海 Qinghai	864		864	996	
宁　夏 Ningxia					
新　疆 Xinjiang	10466	6683	3783	12172	7846

专科生学生数

Institutions of Agriculture

单位：人
unit: person

Entrants	在校生数 Enrolment			预计毕业生数 Estimated Graduates for Next Year		
专 科 Short-cycle Courses	合计 Total	本 科 Normal Courses	专 科 Short-cycle Courses	合计 Total	本 科 Normal Courses	专 科 Short-cycle Courses
100955	**958124**	**652158**	**305966**	**254566**	**152756**	**101810**
1602	23686	18581	5105	6509	4781	1728
667	12113	10030	2083	3046	2263	783
3158	43185	32887	10298	11788	8056	3732
691	31071	29184	1887	5734	5027	707
1094	30894	27636	3258	7832	6754	1078
7262	45787	25523	20264	12135	5702	6433
2820	42237	33620	8617	10766	8085	2681
10499	73163	43887	29276	18963	9637	9326
1205	16372	12107	4265	4513	2952	1561
11633	59450	17130	42320	18927	4140	14787
2058	18468	13842	4626	4504	3444	1060
	18333	18233	100	4748	4648	100
5753	39822	22934	16888	11657	6033	5624
1841	25092	17749	7343	7488	4662	2826
2084	60940	52789	8151	15673	12188	3485
13944	73843	32703	41140	20691	6890	13801
	18408	18408		4473	4473	
2824	34714	26135	8579	9628	6538	3090
740	80148	77686	2462	18885	17897	988
6743	19703		19703	6363		6363
3458	42712	31606	11106	11735	7928	3807
3555	26624	14884	11740	7429	3259	4170
248	5362	4367	995	1167	807	360
6559	39028	21914	17114	9953	5469	4484
5195	29728	16413	13315	8019	3958	4061
996	2595		2595	788		788
4326	44646	31910	12736	11152	7165	3987

高等林业院校本科、
Number of Students of

地　区 Region	毕(结)业生数 Graduates			招生数	
	合计 Total	本　科 Normal Courses	专　科 Short-cycle Courses	合计 Total	本　科 Normal Courses
总　计 Total	**45902**	**25502**	**20400**	**52608**	**29284**
北　京 Beijing	3160	3160		3352	3352
天　津 Tianjin					
河　北 Hebei					
山　西 Shanxi	1893		1893	2117	
内蒙古 Inner Mongolia					
辽　宁 Liaoning	1333		1333	2164	
吉　林 Jilin					
黑龙江 Heilongjiang	8848	4577	4271	8235	4701
上　海 Shanghai					
江　苏 Jiangsu	5560	5560		6633	6633
浙　江 Zhejiang	4550	4550		5108	5108
安　徽 Anhui	628		628	991	
福　建 Fujian	1511		1511	2142	
江　西 Jiangxi	1683		1683	1944	
山　东 Shandong					
河　南 Henan					
湖　北 Hubei	1893		1893	2691	
湖　南 Hunan	5777	4853	924	6399	5689
广　东 Guangdong					
广　西 Guangxi	2018		2018	2045	
海　南 Hainan					
重　庆 Chongqing					
四　川 Sichuan					
贵　州 Guizhou					
云　南 Yunnan	4590	2802	1788	5654	3801
西　藏 Tibet					
陕　西 Shaanxi					
甘　肃 Gansu	2458		2458	2913	
青　海 Qinghai					
宁　夏 Ningxia				220	
新　疆 Xinjiang					

专科生学生数
Institutions of Forestry

单位：人
unit：person

Entrants	在校生数 Enrolment			预计毕业生数 Estimated Graduates for Next Year		
专 科 Short-cycle Courses	合计 Total	本 科 Normal Courses	专 科 Short-cycle Courses	合计 Total	本 科 Normal Courses	专 科 Short-cycle Courses
23324	**181159**	**114797**	**66362**	**48063**	**27132**	**20931**
	13218	13218		3263	3263	
2117	5477		5477	1705		1705
2164	5149		5149	1464		1464
3534	30049	19087	10962	8252	4656	3596
	25795	25795		5951	5951	
	20142	20142		5113	5113	
991	3120		3120	1048		1048
2142	5550		5550	1601		1601
1944	6006		6006	2062		2062
2691	7156		7156	2045		2045
710	24355	22118	2237	5826	5072	754
2045	5884		5884	2026		2026
1853	20404	14437	5967	5036	3077	1959
2913	8420		8420	2671		2671
220	434		434			

高等医药院校本科、

Number of Students of Institutions

地　区 Region	毕(结)业生数 Graduates			招生数	
	合计 Total	本　科 Normal Courses	专　科 Short-cycle Courses	合计 Total	本　科 Normal Courses
总　计 Total	**326809**	**159225**	**167584**	**387777**	**205100**
北　京 Beijing	3022	2067	955	3518	2199
天　津 Tianjin	6595	3334	3261	8317	4301
河　北 Hebei	23202	7951	15251	26403	10076
山　西 Shanxi	9703	5881	3822	10353	6492
内蒙古 Inner Mongolia	3114	1758	1356	3612	2325
辽　宁 Liaoning	14968	10868	4100	20583	15823
吉　林 Jilin	7695	2973	4722	8566	3647
黑龙江 Heilongjiang	11628	7288	4340	14180	9105
上　海 Shanghai	2600	752	1848	3769	813
江　苏 Jiangsu	15649	9398	6251	17872	10872
浙　江 Zhejiang	12442	6180	6262	12916	6525
安　徽 Anhui	19977	9493	10484	19971	11042
福　建 Fujian	9984	4783	5201	12727	4858
江　西 Jiangxi	9798	4676	5122	11033	6259
山　东 Shandong	35255	14858	20397	42102	19866
河　南 Henan	23160	6598	16562	22419	7923
湖　北 Hubei	8387	4464	3923	10708	6527
湖　南 Hunan	15482	5702	9780	18086	8020
广　东 Guangdong	19783	15297	4486	22128	16534
广　西 Guangxi	12131	5237	6894	17908	8275
海　南 Hainan	2223	1171	1052	2513	1482
重　庆 Chongqing	8842	2945	5897	11169	4408
四　川 Sichuan	15060	9425	5635	16477	10968
贵　州 Guizhou	11358	6447	4911	16602	9568
云　南 Yunnan	6582	2978	3604	11344	5885
西　藏 Tibet	174	70	104	204	204
陕　西 Shaanxi	7127	2990	4137	8714	5679
甘　肃 Gansu	4310	742	3568	6265	1752
青　海 Qinghai	692		692	984	
宁　夏 Ningxia	1136	790	346	1562	1150
新　疆 Xinjiang	4730	2109	2621	4772	2522

专科生学生数
of Medicine & Pharmacy

单位：人
unit：person

Entrants	在校生数 Enrolment			预计毕业生数 Estimated Graduates for Next Year		
专 科 Short-cycle Courses	合计 Total	本 科 Normal Courses	专 科 Short-cycle Courses	合计 Total	本 科 Normal Courses	专 科 Short-cycle Courses
182677	**1448485**	**881133**	**567352**	**363308**	**175574**	**187734**
1319	12765	9692	3073	3064	2106	958
4016	29462	18175	11287	7202	3627	3575
16327	103565	47397	56168	28086	9134	18952
3861	40131	29638	10493	9632	5980	3652
1287	15568	10390	5178	4061	2169	1892
4760	75685	60823	14862	16587	11457	5130
4919	30413	16173	14240	8075	3363	4712
5075	55141	40164	14977	12992	7758	5234
2956	11430	3739	7691	3030	903	2127
7000	66122	46037	20085	15474	9390	6084
6391	46405	27635	18770	12426	6261	6165
8929	81381	49385	31996	20944	9552	11392
7869	44171	21959	22212	11576	4733	6843
4774	43858	26423	17435	11413	5402	6011
22236	152302	85092	67210	38953	17300	21653
14496	87900	38635	49265	25326	7498	17828
4181	39980	27178	12802	9699	5420	4279
10066	65022	34758	30264	16552	6866	9686
5594	90364	75139	15225	21639	17049	4590
9633	60751	32643	28108	14826	5533	9293
1031	9401	6454	2947	2183	1227	956
6761	39697	18954	20743	10180	3313	6867
5509	67131	48806	18325	17111	10486	6625
7034	56897	36582	20315	13198	6649	6549
5459	38645	23154	15491	8703	3969	4734
	1014	761	253	216	107	109
3035	33759	21765	11994	7450	3832	3618
4513	20348	7385	12963	5312	1207	4105
984	2694		2694	1146		1146
412	6127	4946	1181	1309	939	370
2250	20356	11251	9105	4943	2344	2599

高等师范院校本科、
Number of Students of

地 区 Region	毕(结)业生数 Graduates			招生数	
	合计 Total	本 科 Normal Courses	专 科 Short-cycle Courses	合计 Total	本 科 Normal Courses
总 计 Total	**656560**	**442467**	**214093**	**710583**	**542224**
北 京 Beijing	4436	4436		4966	4862
天 津 Tianjin	8448	7656	792	10393	9774
河 北 Hebei	49642	26090	23552	47169	29306
山 西 Shanxi	18211	11521	6690	21724	13095
内蒙古 Inner Mongolia	10002	5749	4253	10497	7551
辽 宁 Liaoning	19108	11561	7547	19973	12546
吉 林 Jilin	21569	18214	3355	24315	21272
黑龙江 Heilongjiang	21274	16208	5066	18824	15292
上 海 Shanghai	8838	8217	621	9303	8718
江 苏 Jiangsu	45205	31636	13569	37496	31035
浙 江 Zhejiang	22567	19475	3092	24287	22941
安 徽 Anhui	50605	40641	9964	54966	47886
福 建 Fujian	19997	14711	5286	23128	18514
江 西 Jiangxi	19710	14787	4923	20193	15908
山 东 Shandong	16890	12638	4252	21520	16998
河 南 Henan	78180	50919	27261	87542	66362
湖 北 Hubei	21792	12054	9738	24849	15180
湖 南 Hunan	13294	7768	5526	12837	10934
广 东 Guangdong	26042	18099	7943	26753	21728
广 西 Guangxi	17038	9682	7356	20504	13593
海 南 Hainan	9241	5420	3821	10660	6989
重 庆 Chongqing	11603	7840	3763	15273	12541
四 川 Sichuan	42536	26835	15701	41387	27654
贵 州 Guizhou	21531	12463	9068	29304	24305
云 南 Yunnan	21494	11735	9759	23364	15357
西 藏 Tibet	779		779	1026	120
陕 西 Shaanxi	28014	16467	11547	33950	25673
甘 肃 Gansu	15189	10385	4804	19670	15434
青 海 Qinghai	1814	1814		2789	2085
宁 夏 Ningxia	1706	935	771	1904	1489
新 疆 Xinjiang	9805	6511	3294	10017	7082

专科生学生数

Institutions of Teachers

单位：人

unit：person

Entrants	在校生数 Enrolment			预计毕业生数 Estimated Graduates for Next Year		
专科 Short-cycle Courses	合计 Total	本科 Normal Courses	专科 Short-cycle Courses	合计 Total	本科 Normal Courses	专科 Short-cycle Courses
168359	**2633604**	**2055413**	**578191**	**689263**	**481496**	**207767**
104	19236	19132	104	4776	4776	
619	41944	39911	2033	10268	9532	736
17863	181135	117357	63778	51967	28443	23524
8629	77118	49411	27707	22284	11971	10313
2946	40294	30727	9567	11045	7663	3382
7427	73410	48439	24971	20248	11761	8487
3043	90973	81847	9126	22761	19683	3078
3532	72827	62793	10034	19835	16490	3345
585	37426	35777	1649	9790	9256	534
6461	162904	128385	34519	46113	32954	13159
1346	93833	87114	6719	23631	20766	2865
7080	214020	185554	28466	53035	43157	9878
4614	82429	67474	14955	21091	15693	5398
4285	79812	63685	16127	21574	15847	5727
4522	77394	62494	14900	18394	13318	5076
21180	314916	248333	66583	82143	56923	25220
9669	87097	57539	29558	22796	13256	9540
1903	46267	37129	9138	12666	8342	4324
5025	96532	79923	16609	24227	18409	5818
6911	73241	50314	22927	19330	11017	8313
3671	37851	26634	11217	9638	5915	3723
2732	52445	43398	9047	12429	9432	2997
13733	156963	111438	45525	45092	27988	17104
4999	99541	80981	18560	24090	16573	7517
8007	86391	57019	29372	22891	12383	10508
906	2755	120	2635			
8277	113789	85582	28207	28468	18877	9591
4236	65759	52705	13054	15738	11262	4476
704	9275	8118	1157	2129	2032	97
415	6062	4851	1211	1366	885	481
2935	39965	31229	8736	9448	6892	2556

高等语文院校本科、
Number of Students of Institutions

地　区 Region	毕(结)业生数 Graduates			招生数	
	合计 Total	本　科 Normal Courses	专　科 Short-cycle Courses	合计 Total	本　科 Normal Courses
总　计 Total	**101933**	**46832**	**55101**	**111444**	**65877**
北　京 Beijing	11171	8254	2917	11790	8688
天　津 Tianjin	4162	3054	1108	4478	3635
河　北 Hebei	7470		7470	6881	773
山　西 Shanxi	4017		4017	4973	
内蒙古 Inner Mongolia				70	
辽　宁 Liaoning	3823	3030	793	3617	3332
吉　林 Jilin	6734	6502	232	7445	7409
黑龙江 Heilongjiang	2126	2126		2352	2352
上　海 Shanghai	5336	1559	3777	5113	1493
江　苏 Jiangsu					
浙　江 Zhejiang	6014	2986	3028	9298	8689
安　徽 Anhui	3606		3606	3637	941
福　建 Fujian	2164		2164	2252	
江　西 Jiangxi					
山　东 Shandong	1123		1123	2183	
河　南 Henan					
湖　北 Hubei					
湖　南 Hunan	9955		9955	10275	2209
广　东 Guangdong	7096	7096		7424	7424
广　西 Guangxi	3152		3152	3484	1121
海　南 Hainan	1943		1943	988	
重　庆 Chongqing	5421	4449	972	6970	6970
四　川 Sichuan	2999	2434	565	3763	2880
贵　州 Guizhou					
云　南 Yunnan				125	
西　藏 Tibet					
陕　西 Shaanxi	10412	5342	5070	11103	7961
甘　肃 Gansu	3209		3209	3223	
青　海 Qinghai					
宁　夏 Ningxia					
新　疆 Xinjiang					

专科生学生数
of Languages & Literatures

单位：人
unit：person

Entrants	在校生数 Enrolment			预计毕业生数 Estimated Graduates for Next Year		
专 科 Short-cycle Courses	合计 Total	本 科 Normal Courses	专 科 Short-cycle Courses	合计 Total	本 科 Normal Courses	专 科 Short-cycle Courses
45567	**374929**	**228500**	**146429**	**99554**	**49394**	**50160**
3102	42484	33860	8624	11481	8460	3021
843	16898	13910	2988	4519	3243	1276
6108	20833	773	20060	6549		6549
4973	12425		12425	3703		3703
70	181		181	44		44
285	14670	13304	1366	3812	3102	710
36	28849	28587	262	6698	6578	120
	8520	8520		1931	1931	
3620	17387	5972	11415	5307	1457	3850
609	29717	25872	3845	6058	4252	1806
2696	12354	1381	10973	3917		3917
2252	7056		7056	2350		2350
2183	5968		5968	1770		1770
8066	30550	5122	25428	8737		8737
	28915	28915		7314	7314	
2363	9695	1776	7919	2474		2474
988	4764		4764	2038		2038
	24871	23395	1476	5744	4841	903
883	13301	11076	2225	3543	2767	776
125	125		125			
3142	36679	26037	10642	9329	5449	3880
3223	8687		8687	2236		2236

高等财经院校本科、

Number of Students of Institutions

地 区 Region	毕(结)业生数 Graduates			招生数	
	合计 Total	本 科 Normal Courses	专 科 Short-cycle Courses	合计 Total	本 科 Normal Courses
总 计 Total	**596985**	**265121**	**331864**	**685335**	**353796**
北 京 Beijing	23167	13182	9985	23537	15492
天 津 Tianjin	11644	9708	1936	15036	12655
河 北 Hebei	23125	13306	9819	23930	14135
山 西 Shanxi	19414	7949	11465	24667	12183
内蒙古 Inner Mongolia	8546	3866	4680	8595	4435
辽 宁 Liaoning	16433	7475	8958	19225	9991
吉 林 Jilin	12005	7734	4271	13438	10170
黑龙江 Heilongjiang	16992	9406	7586	16433	12166
上 海 Shanghai	31537	15375	16162	32048	17778
江 苏 Jiangsu	27169	11281	15888	29195	10864
浙 江 Zhejiang	31683	12595	19088	35584	15145
安 徽 Anhui	34642	7686	26956	41728	11269
福 建 Fujian	17763	5850	11913	20220	8071
江 西 Jiangxi	22364	8118	14246	21694	8133
山 东 Shandong	35914	16258	19656	32228	14614
河 南 Henan	49558	17575	31983	51394	25441
湖 北 Hubei	33162	17030	16132	37210	21887
湖 南 Hunan	16261	4090	12171	17081	7884
广 东 Guangdong	37627	16778	20849	47579	25107
广 西 Guangxi	14192	3467	10725	17883	3833
海 南 Hainan	11840	5085	6755	15832	9063
重 庆 Chongqing	19958	12660	7298	29355	20946
四 川 Sichuan	14719	5272	9447	18916	5727
贵 州 Guizhou	6553	3671	2882	12098	7923
云 南 Yunnan	21426	10906	10520	27746	20386
西 藏 Tibet	390		390	364	95
陕 西 Shaanxi	24896	6862	18034	34534	13894
甘 肃 Gansu	8349	8349		10439	10439
青 海 Qinghai					
宁 夏 Ningxia	2069		2069	3276	
新 疆 Xinjiang	3587	3587		4070	4070

专科生学生数

of Finance & Economies

单位：人

unit：person

Entrants	在校生数 Enrolment			预计毕业生数 Estimated Graduates for Next Year		
专　科 Short-cycle Courses	合计 Total	本　科 Normal Courses	专　科 Short-cycle Courses	合计 Total	本　科 Normal Courses	专　科 Short-cycle Courses
331539	**2294881**	**1293533**	**1001348**	**625009**	**288050**	**336959**
8045	83904	59848	24056	23003	14571	8432
2381	52603	46119	6484	12096	10086	2010
9795	89540	57854	31686	25705	14877	10828
12484	74244	39133	35111	20148	8019	12129
4160	31671	17443	14228	9352	4174	5178
9234	65158	36860	28298	17782	8371	9411
3268	47129	36929	10200	12300	8663	3637
4267	59990	46602	13388	14518	10009	4509
14270	112508	66924	45584	32257	16160	16097
18331	98458	44732	53726	28602	11552	17050
20439	117060	55990	61070	32344	12526	19818
30459	135315	41442	93873	39409	8704	30705
12149	65974	27588	38386	18643	5394	13249
13561	75715	33008	42707	22751	8347	14404
17614	115610	61540	54070	35730	16351	19379
25953	174210	89577	84633	50130	19057	31073
15323	129462	81290	48172	34265	18072	16193
9197	54306	25802	28504	14981	4714	10267
22472	157641	93663	63978	43590	21309	22281
14050	51913	13874	38039	15771	3565	12206
6769	52758	33005	19753	13600	6793	6807
8409	96383	72294	24089	22281	14680	7601
13189	56762	21618	35144	16132	5129	11003
4175	34081	23054	11027	7537	3893	3644
7360	98077	68168	29909	23137	12719	10418
269	1091	133	958	437		437
20640	99334	43498	55836	23375	7612	15763
	39934	39934		9042	9042	
3276	8439		8439	2430		2430
	15611	15611		3661	3661	

高等政法院校本科、
Number of Students of Institutions of

地区 Region	毕(结)业生数 Graduates			招生数	
	合计 Total	本科 Normal Courses	专科 Short-cycle Courses	合计 Total	本科 Normal Courses
总计 Total	**103188**	**41160**	**62028**	**98270**	**46154**
北京 Beijing	10081	7352	2729	10366	7385
天津 Tianjin	1047		1047	665	
河北 Hebei	8765	2739	6026	7589	2478
山西 Shanxi	2799		2799	2731	
内蒙古 Inner Mongolia	279		279		
辽宁 Liaoning	4093	3007	1086	5107	2370
吉林 Jilin	2938	135	2803	3063	1127
黑龙江 Heilongjiang	1619		1619	1047	
上海 Shanghai	7371	5358	2013	6415	4866
江苏 Jiangsu	3535	1770	1765	2396	2259
浙江 Zhejiang	2810	1119	1691	2351	1258
安徽 Anhui	3555		3555	2679	
福建 Fujian	2466	1543	923	535	455
江西 Jiangxi	3293		3293	3295	904
山东 Shandong	5489	2920	2569	6183	2976
河南 Henan	6791		6791	5469	857
湖北 Hubei	3640	479	3161	3725	940
湖南 Hunan	3474		3474	3015	1428
广东 Guangdong	3558	1410	2148	3620	1664
广西 Guangxi	1340		1340	1544	
海南 Hainan	1482		1482	1321	
重庆 Chongqing	4484	4127	357	5276	5276
四川 Sichuan	4002	1869	2133	3416	1546
贵州 Guizhou	1022		1022	1758	
云南 Yunnan	2356	1447	909	2441	1466
西藏 Tibet	388		388	271	
陕西 Shaanxi	4925	3221	1704	5937	3813
甘肃 Gansu	3327	2664	663	3187	2718
青海 Qinghai	229		229	223	
宁夏 Ningxia	593		593	870	
新疆 Xinjiang	1437		1437	1775	368

专科生学生数

Political Science & Law

单位：人

unit：person

Entrants	在校生数 Enrolment			预计毕业生数 Estimated Graduates for Next Year		
专科 Short-cycle Courses	合计 Total	本科 Normal Courses	专科 Short-cycle Courses	合计 Total	本科 Normal Courses	专科 Short-cycle Courses
52116	**316069**	**162976**	**153093**	**88144**	**36254**	**51890**
2981	35611	27505	8106	9978	7092	2886
665	1935		1935	727		727
5111	25540	8876	16664	8408	2383	6025
2731	7146		7146	2551		2551
	584		584	282		282
2737	11732	7433	4299	2573	1629	944
1936	8391	2655	5736	2166	215	1951
1047	2660		2660	886		886
1549	23313	19866	3447	6701	5402	1299
137	9194	7835	1359	2223	1562	661
1093	7495	3824	3671	1740	523	1217
2679	8241		8241	2976		2976
80	2635	2080	555	1189	886	303
2391	10398	2376	8022	3221		3221
3207	18959	10634	8325	4752	2358	2394
4612	18618	2685	15933	6266		6266
2785	11210	2276	8934	3011	531	2480
1587	8741	3036	5705	2499		2499
1956	10763	5923	4840	2232	1082	1150
1544	2980		2980	717		717
1321	3917		3917	1360		1360
	20175	19125	1050	4462	4403	59
1870	11819	6934	4885	3016	1616	1400
1758	5314		5314	1351		1351
975	8131	5490	2641	1920	1118	802
271	839		839	361		361
2124	19154	13459	5695	4649	2879	1770
469	12523	10596	1927	3226	2575	651
223	684		684	219		219
870	2225		2225	717		717
1407	5142	368	4774	1765		1765

高等体育院校本科、
Number of Students of Institutions

地区 Region	毕(结)业生数 Graduates			招生数	
	合计 Total	本科 Normal Courses	专科 Short-cycle Courses	合计 Total	本科 Normal Courses
总计 Total	**29153**	**21622**	**7531**	**30290**	**25319**
北京 Beijing	2588	2465	123	2962	2944
天津 Tianjin	1488	1325	163	2487	2293
河北 Hebei	1324	1219	105	1264	1176
山西 Shanxi	721		721	656	
内蒙古 Inner Mongolia	294		294	118	
辽宁 Liaoning	1949	1949		2020	1977
吉林 Jilin	1685	1685		1604	1604
黑龙江 Heilongjiang	1332	1332		1491	1491
上海 Shanghai	1068	950	118	1153	996
江苏 Jiangsu	491	428	63	1441	1366
浙江 Zhejiang	191		191	124	
安徽 Anhui	565		565	333	
福建 Fujian	358		358	291	
江西 Jiangxi					
山东 Shandong	1771	1647	124	1674	1674
河南 Henan	857		857	149	
湖北 Hubei	3593	3262	331	4393	4045
湖南 Hunan	822		822	432	
广东 Guangdong	3152	1560	1592	2737	1445
广西 Guangxi	630		630	381	
海南 Hainan					
重庆 Chongqing					
四川 Sichuan	2021	2021		2242	2242
贵州 Guizhou					
云南 Yunnan	449		449	215	
西藏 Tibet					
陕西 Shaanxi	1804	1779	25	2066	2066
甘肃 Gansu					
青海 Qinghai					
宁夏 Ningxia					
新疆 Xinjiang				57	

专科生学生数
of Physical Culture

单位：人
unit：person

Entrants	在校生数 Enrolment			预计毕业生数 Estimated Graduates for Next Year		
专 科 Short-cycle Courses	合计 Total	本 科 Normal Courses	专 科 Short-cycle Courses	合计 Total	本 科 Normal Courses	专 科 Short-cycle Courses
4971	**113194**	**95639**	**17555**	**28981**	**22309**	**6672**
18	10958	10753	205	2645	2565	80
194	7764	7351	413	1420	1293	127
88	5143	4841	302	1420	1246	174
656	1250		1250	575		575
118	403		403	117		117
43	8013	7743	270	2034	1903	131
	6411	6411		1727	1727	
	5646	5646		1377	1377	
157	4491	4025	466	1126	1004	122
75	3850	3617	233	539	476	63
124	747		747	339		339
333	1585		1585	652		652
291	1273		1273	368		368
	6754	6654	100	1678	1578	100
149	1041		1041	619		619
348	16378	15410	968	3875	3542	333
432	1691		1691	639		639
1292	10163	6364	3799	2696	1598	1098
381	1452		1452	617		617
	8787	8787		2071	2071	
215	1273		1273	491		491
	8064	8037	27	1956	1929	27
57	57		57			

高等艺术院校本科、

Number of Students of

地　区 Region	毕(结)业生数 Graduates			招生数	
	合计 Total	本　科 Normal Courses	专　科 Short-cycle Courses	合计 Total	本　科 Normal Courses
总　计 Total	**83471**	**45161**	**38310**	**99899**	**56776**
北　京 Beijing	3502	2993	509	3578	3146
天　津 Tianjin	2211	1471	740	2926	1812
河　北 Hebei	4545	1933	2612	6220	3486
山　西 Shanxi	835		835	715	
内蒙古 Inner Mongolia	477		477	93	
辽　宁 Liaoning	9979	6156	3823	10159	6197
吉　林 Jilin	3446	3376	70	4913	4862
黑龙江 Heilongjiang	467		467	507	
上　海 Shanghai	3793	1753	2040	3968	1830
江　苏 Jiangsu	8231	5040	3191	8569	5125
浙　江 Zhejiang	3678	1519	2159	4442	1664
安　徽 Anhui	679		679	519	
福　建 Fujian	1272		1272	830	
江　西 Jiangxi	2602		2602	2946	862
山　东 Shandong	4114	3331	783	5104	4462
河　南 Henan				1965	
湖　北 Hubei	6766	3245	3521	8198	5063
湖　南 Hunan	2854		2854	2440	
广　东 Guangdong	4420	2237	2183	4973	2250
广　西 Guangxi	3144	1788	1356	4428	3218
海　南 Hainan					
重　庆 Chongqing	1797	1627	170	2507	1648
四　川 Sichuan	8296	3763	4533	12828	4793
贵　州 Guizhou					
云　南 Yunnan	3294	2066	1228	3830	3194
西　藏 Tibet					
陕　西 Shaanxi	2337	2131	206	2369	2337
甘　肃 Gansu					
青　海 Qinghai					
宁　夏 Ningxia					
新　疆 Xinjiang	732	732		872	827

专科生学生数

Institutions of Art

单位：人
unit：person

Entrants	在校生数 Enrolment			预计毕业生数 Estimated Graduates for Next Year		
专　科 Short-cycle Courses	合计 Total	本　科 Normal Courses	专　科 Short-cycle Courses	合计 Total	本　科 Normal Courses	专　科 Short-cycle Courses
43123	**337016**	**215185**	**121831**	**88314**	**49822**	**38492**
432	13808	12951	857	3590	3182	408
1114	10237	6882	3355	2635	1531	1104
2734	22066	13181	8885	5707	3063	2644
715	2344		2344	1025		1025
93	391		391	164		164
3962	37408	26073	11335	10073	6267	3806
51	17385	17279	106	3766	3711	55
507	1269		1269	390		390
2138	13291	7040	6251	3649	1584	2065
3444	29725	20350	9375	8034	5138	2896
2778	14373	6815	7558	3925	1647	2278
519	2225		2225	724		724
830	3046		3046	1231		1231
2084	8408	1462	6946	2359		2359
642	16298	15082	1216	3971	3540	431
1965	5412		5412	1550		1550
3135	28534	18856	9678	7233	4024	3209
2440	7212		7212	2464		2464
2723	16033	8972	7061	4453	2296	2157
1210	14210	10575	3635	3738	2293	1445
859	7617	6307	1310	1635	1534	101
8035	38448	19175	19273	9380	4531	4849
636	13999	11597	2402	3364	2426	938
32	9814	9200	614	2465	2266	199
45	3463	3388	75	789	789	

高等民族院校本科、
Number of Students of

地　区 Region	毕(结)业生数 Graduates			招生数	
	合计 Total	本　科 Normal Courses	专　科 Short-cycle Courses	合计 Total	本　科 Normal Courses
总　计 Total	**47417**	**40644**	**6773**	**62795**	**54594**
北　京 Beijing	2737	2737		2812	2812
天　津 Tianjin					
河　北 Hebei					
山　西 Shanxi					
内蒙古 Inner Mongolia					
辽　宁 Liaoning	3798	3798		3997	3997
吉　林 Jilin					
黑龙江 Heilongjiang	729		729	739	
上　海 Shanghai					
江　苏 Jiangsu					
浙　江 Zhejiang					
安　徽 Anhui					
福　建 Fujian					
江　西 Jiangxi					
山　东 Shandong					
河　南 Henan					
湖　北 Hubei	7925	7854	71	10901	10896
湖　南 Hunan	2460		2460	3906	
广　东 Guangdong					
广　西 Guangxi	3713	3372	341	3969	3644
海　南 Hainan					
重　庆 Chongqing					
四　川 Sichuan	6591	4986	1605	9193	8099
贵　州 Guizhou	3410	3122	288	5036	4866
云　南 Yunnan	3535	3341	194	5199	4988
西　藏 Tibet	2342	2133	209	2684	2121
陕　西 Shaanxi					
甘　肃 Gansu	4248	4248		6050	6050
青　海 Qinghai	2051	1743	308	2219	2121
宁　夏 Ningxia	3878	3310	568	6090	5000
新　疆 Xinjiang					

专科生学生数
Nationalities Institutions

单位：人
unit：person

Entrants	在校生数 Enrolment			预计毕业生数 Estimated Graduates for Next Year		
专　科 Short-cycle Courses	合计 Total	本　科 Normal Courses	专　科 Short-cycle Courses	合计 Total	本　科 Normal Courses	专　科 Short-cycle Courses
8201	**222340**	**202123**	**20217**	**52770**	**47012**	**5758**
	11261	11261		2814	2814	
	14844	14844		3722	3722	
739	1728		1728	338		338
5	39459	39444	15	8571	8571	
3906	8139		8139	1689		1689
325	15471	14191	1280	3911	3410	501
1094	32312	28565	3747	7761	6086	1675
170	20328	19954	374	5800	5638	162
211	19474	18659	815	4206	3963	243
563	8932	7602	1330	2443	2090	353
	22602	22602		5024	5024	
98	8361	7941	420	2234	2034	200
1090	19429	17060	2369	4257	3660	597

高等职业学校本科、
Number of Students of Higher

地 区 Region	毕(结)业生数 Graduates			招生数	
	合计 Total	本 科 Normal Courses	专 科 Short-cycle Courses	合计 Total	本 科 Normal Courses
总 计 Total	**2144388**		**2144388**	**2287500**	
北 京 Beijing	27539		27539	22890	
天 津 Tianjin	43649		43649	49263	
河 北 Hebei	98685		98685	97782	
山 西 Shanxi	54918		54918	70503	
内蒙古 Inner Mongolia	43899		43899	37797	
辽 宁 Liaoning	47879		47879	62950	
吉 林 Jilin	22676		22676	24805	
黑龙江 Heilongjiang	64440		64440	52640	
上 海 Shanghai	32222		32222	29255	
江 苏 Jiangsu	218143		218143	183863	
浙 江 Zhejiang	98846		98846	105302	
安 徽 Anhui	111656		111656	112370	
福 建 Fujian	62082		62082	66785	
江 西 Jiangxi	76895		76895	66124	
山 东 Shandong	183509		183509	152546	
河 南 Henan	138487		138487	133813	
湖 北 Hubei	120198		120198	134869	
湖 南 Hunan	138665		138665	127324	
广 东 Guangdong	173492		173492	231186	
广 西 Guangxi	61223		61223	69608	
海 南 Hainan	13824		13824	16161	
重 庆 Chongqing	38898		38898	68280	
四 川 Sichuan	76244		76244	121500	
贵 州 Guizhou	27134		27134	43481	
云 南 Yunnan	33758		33758	32837	
西 藏 Tibet	1496		1496	2036	
陕 西 Shaanxi	68785		68785	83289	
甘 肃 Gansu	32351		32351	45038	
青 海 Qinghai	4306		4306	5379	
宁 夏 Ningxia	6082		6082	9296	
新 疆 Xinjiang	22407		22407	28528	

专科生学生数
Vocational Colleges

单位：人
unit：person

Entrants	在校生数 Enrolment			预计毕业生数 Estimated Graduates for Next Year		
专科 Short-cycle Courses	合计 Total	本 科 Normal Courses	专 科 Short-cycle Courses	合计 Total	本 科 Normal Courses	专 科 Short-cycle Courses
2287500	**6799209**	**267**	**6798942**	**2215150**	**99**	**2215051**
22890	71243		71243	25006		25006
49263	143192		143192	48004		48004
97782	307348		307348	102639		102639
70503	191088		191088	61481		61481
37797	127396		127396	44820		44820
62950	171977		171977	53584		53584
24805	70848		70848	21025		21025
52640	154106		154106	51006		51006
29255	93754		93754	32867		32867
183863	636750		636750	222428		222428
105302	310424		310424	99091		99091
112370	363184		363184	121297		121297
66785	198526		198526	66316		66316
66124	225724		225724	83492		83492
152546	489659		489659	173415		173415
133813	417251		417251	148998		148998
134869	396877		396877	123127		123127
127324	383687		383687	128366		128366
231186	604557		604557	177030		177030
69608	202928		202928	66267		66267
16161	48556		48556	16342		16342
68280	174122		174122	48193		48193
121500	325124		325124	94051		94051
43481	103743		103743	27852		27852
32837	110645		110645	36953		36953
2036	5291		5291	1590		1590
83289	225990		225990	66246		66246
45038	121056		121056	34967		34967
5379	14524		14524	4867		4867
9296	24017		24017	6751		6751
28528	85622	267	85355	27079	99	26980

地　区 Region	毕业生数 Graduates			招生数	
	合　计 Total	本　科 Normal Courses	专　科 Short-cycle Courses	合　计 Total	本　科 Normal Courses
总　计 Total	**55676**	**1240**	**54436**	**63249**	**1562**
北　京 Beijing	554		554	577	
天　津 Tianjin	689		689	192	
河　北 Hebei	928		928	2249	
山　西 Shanxi	742		742	1405	
内蒙古 Inner Mongolia	897		897	884	
辽　宁 Liaoning	1903		1903	3517	
吉　林 Jilin	1450		1450	1630	
黑龙江 Heilongjiang	1601		1601	904	
上　海 Shanghai					
江　苏 Jiangsu	3246		3246	3019	
浙　江 Zhejiang	2939		2939	5124	
安　徽 Anhui	882	14	868	691	120
福　建 Fujian	1292		1292	4245	
江　西 Jiangxi	592		592	479	
山　东 Shandong	544		544	1303	
河　南 Henan	1856	19	1837	610	9
湖　北 Hubei	3607	240	3367	2067	433
湖　南 Hunan	2278		2278	1193	
广　东 Guangdong	3682		3682	3604	
广　西 Guangxi	298	186	112	381	196
海　南 Hainan	376		376	308	
重　庆 Chongqing	5470		5470	6114	
四　川 Sichuan	9786	776	9010	11096	785
贵　州 Guizhou	1040		1040	2589	
云　南 Yunnan	906	5	901	1888	19
西　藏 Tibet					
陕　西 Shaanxi	2500		2500	1864	
甘　肃 Gansu	3227		3227	2044	
青　海 Qinghai	75		75	211	
宁　夏 Ningxia	1196		1196	2076	
新　疆 Xinjiang	1120		1120	985	

专科学生数
Universities

单位：人
unit：person

Entrants	在校生数 Enrolment			预计毕业生数 Estimated Graduates for Next Year		
专 科 Short-cycle Courses	合 计 Total	本 科 Normal Courses	专 科 Short-cycle Courses	合 计 Total	本 科 Normal Courses	专 科 Short-cycle Courses
61687	**149189**	**3364**	**145825**	**67269**	**1373**	**65896**
577	1475		1475	584		584
192	450		450	258		258
2249	3249		3249	757		757
1405	2519		2519	1076		1076
884	1733		1733	804		804
3517	6104		6104	2513		2513
1630	3629		3629	1999		1999
904	3051		3051	1248		1248
3019	6588		6588	2905		2905
5124	13499		13499	4706		4706
571	1625	252	1373	434	16	418
4245	7743		7743	2292		2292
479	779		779	300		300
1303	1890		1890	414		414
601	1816	24	1792	1206	15	1191
1634	4560	767	3793	2174	244	1930
1193	4432		4432	4429		4429
3604	10856		10856	5334		5334
185	973	448	525	292	29	263
308	720		720	223		223
6114	15773		15773	5573		5573
10311	27571	1835	25736	15930	1050	14880
2589	4156		4156	1280		1280
1869	4094	38	4056	1447	19	1428
1864	7097		7097	3599		3599
2044	5329		5329	2397		2397
211	573		573	350		350
2076	4085		4085	1439		1439
985	2820		2820	1306		1306

职工高等学校本、
Number of Students in

地区 Region	毕业生数 Graduates			招生数	
	合计 Total	本科 Normal Courses	专科 Short-cycle Courses	合计 Total	本科 Normal Courses
总计 Total	**62333**	**1807**	**60526**	**66622**	**1847**
北京 Beijing	4528	137	4391	5060	274
天津 Tianjin	4357		4357	4808	
河北 Hebei	110		110	242	
山西 Shanxi	3241	752	2489	6897	823
内蒙古 Inner Mongolia					
辽宁 Liaoning	6218	193	6025	7916	
吉林 Jilin	2439	671	1768	3265	674
黑龙江 Heilongjiang	3335		3335	3052	
上海 Shanghai	4478		4478	3715	
江苏 Jiangsu	1289		1289	556	
浙江 Zhejiang	2559		2559	2323	
安徽 Anhui	942		942	706	
福建 Fujian					
江西 Jiangxi	504		504	751	
山东 Shandong	1124		1124	1044	
河南 Henan	8314		8314	7581	
湖北 Hubei	19		19	26	
湖南 Hunan	3915		3915	2394	
广东 Guangdong	2067		2067	2248	
广西 Guangxi	206		206	306	
海南 Hainan					
重庆 Chongqing	664		664	267	
四川 Sichuan	6063	46	6017	5928	52
贵州 Guizhou	702		702	1415	
云南 Yunnan	39		39		
西藏 Tibet					
陕西 Shaanxi	4361	8	4353	4646	24
甘肃 Gansu	415		415	609	
青海 Qinghai	425		425	722	
宁夏 Ningxia					
新疆 Xinjiang	19		19	145	

专科学生数
Workers' Colleges

单位：人
unit：person

Entrants	在校生数 Enrolment			预计毕业生数 Estimated Graduates for Next Year		
专 科 Short-cycle Courses	合 计 Total	本 科 Normal Courses	专 科 Short-cycle Courses	合 计 Total	本 科 Normal Courses	专 科 Short-cycle Courses
64775	**152829**	**6157**	**146672**	**65694**	**3428**	**62266**
4786	11797	952	10845	5097	265	4832
4808	10115		10115	4413		4413
242	538		538	269		269
6074	14095	2508	11587	4860	1225	3635
7916	16807		16807	7012		7012
2591	7669	2541	5128	4404	1867	2537
3052	8852		8852	4282		4282
3715	9038		9038	4976		4976
556	1366		1366	833		833
2323	4553		4553	2230		2230
706	1454		1454	748		748
751	2066		2066	862		862
1044	2460		2460	512		512
7581	15593		15593	6001		6001
26	62		62	9		9
2394	6643		6643	4009		4009
2248	5961		5961	2568		2568
306	505		505	226		226
267	1018		1018	437		437
5876	13210	88	13122	4522	36	4486
1415	2332		2332	661		661
4622	13733	68	13665	5513	35	5478
609	1013		1013	279		279
722	1697		1697	958		958
145	252		252	13		13

教育学院本、

Number of Students in

地　区 Region	毕业生数 Graduates			招生数	
	合　计 Total	本　科 Normal Courses	专　科 Short-cycle Courses	合　计 Total	本　科 Normal Courses
总　计 Total	**27316**	**12981**	**14335**	**45795**	**13845**
北　京 Beijing	1581	677	904	1543	385
天　津 Tianjin					
河　北 Hebei	10		10		
山　西 Shanxi	196		196	473	
内蒙古 Inner Mongolia					
辽　宁 Liaoning	1782	716	1066	2114	401
吉　林 Jilin	980	643	337	1729	917
黑龙江 Heilongjiang	2059	644	1415	3769	1338
上　海 Shanghai					
江　苏 Jiangsu	6329	4328	2001	5486	2938
浙　江 Zhejiang	1644	591	1053	3177	1211
安　徽 Anhui					
福　建 Fujian	1336	1064	272	9695	1735
江　西 Jiangxi	3743	1348	2395	7778	3249
山　东 Shandong	27		27	5	
河　南 Henan	3392	1893	1499	4875	604
湖　北 Hubei	1226		1226	1078	
湖　南 Hunan	499		499	835	
广　东 Guangdong	104		104	712	
广　西 Guangxi	1238	951	287	1025	901
海　南 Hainan					
重　庆 Chongqing					
四　川 Sichuan					
贵　州 Guizhou					
云　南 Yunnan					
西　藏 Tibet					
陕　西 Shaanxi	122		122	101	
甘　肃 Gansu					
青　海 Qinghai					
宁　夏 Ningxia					
新　疆 Xinjiang	1048	126	922	1400	166

专科学生数

Educational Colleges

单位：人

unit：person

Entrants	在校生数 Enrolment			预计毕业生数 Estimated Graduates for Next Year		
专 科 Short-cycle Courses	合 计 Total	本 科 Normal Courses	专 科 Short-cycle Courses	合 计 Total	本 科 Normal Courses	专 科 Short-cycle Courses
31950	**86852**	**29763**	**57089**	**28655**	**11379**	**17276**
1158	5283	1664	3619	2064	709	1355
	11		11			
473	628		628	155		155
1713	3837	949	2888	1723	548	1175
812	2810	1627	1183	909	538	371
2431	7340	2611	4729	3053	1123	1930
2548	9674	4978	4696	3639	2040	1599
1966	7270	3218	4052	2318	791	1527
7960	17557	4665	12892	2878	1533	1345
4529	13323	6134	7189	4382	2075	2307
5	15		15	10		10
4271	8129	1759	6370	2901	999	1902
1078	2368		2368	1277		1277
835	1619		1619	784		784
712	1620		1620	178		178
124	1943	1694	249	918	793	125
101	250		250	148		148
1234	3175	464	2711	1318	230	1088

管理干部学院本、

Number of Students in Institutes

地区 Region	毕业生数 Graduates			招生数	
	合计 Total	本科 Normal Courses	专科 Short-cycle Courses	合计 Total	本科 Normal Courses
总 计 Total	**20898**	**3447**	**17451**	**18612**	**2815**
北 京 Beijing	3001	248	2753	2844	268
天 津 Tianjin	81		81	66	
河 北 Hebei	78		78	64	
山 西 Shanxi	1734		1734	3042	
内蒙古 Inner Mongolia					
辽 宁 Liaoning	220	143	77	219	196
吉 林 Jilin	560	150	410	586	169
黑龙江 Heilongjiang	2399	275	2124	3033	295
上 海 Shanghai	1010		1010	342	
江 苏 Jiangsu	2943	269	2674	2877	417
浙 江 Zhejiang					
安 徽 Anhui	374		374	415	
福 建 Fujian					
江 西 Jiangxi	929	379	550	1456	590
山 东 Shandong	3992	1333	2659	2518	599
河 南 Henan					
湖 北 Hubei	1538	306	1232	198	
湖 南 Hunan					
广 东 Guangdong	495		495		
广 西 Guangxi	1313	344	969	635	281
海 南 Hainan					
重 庆 Chongqing					
四 川 Sichuan					
贵 州 Guizhou					
云 南 Yunnan					
西 藏 Tibet					
陕 西 Shaanxi	231		231	317	
甘 肃 Gansu					
青 海 Qinghai					
宁 夏 Ningxia					
新 疆 Xinjiang					

专科学生数

for Administration

单位：人

unit: person

Entrants	在校生数 Enrolment			预计毕业生数 Estimated Graduates for Next Year		
专 科 Short-cycle Courses	合 计 Total	本 科 Normal Courses	专 科 Short-cycle Courses	合 计 Total	本 科 Normal Courses	专 科 Short-cycle Courses
15797	**48036**	**9127**	**38909**	**19970**	**3633**	**16337**
2576	6050	1102	4948	2815	443	2372
66	310		310	192		192
64	184		184	93		93
3042	8637		8637	2440		2440
23	511	449	62	217	178	39
417	1166	345	821	580	176	404
2738	5764	593	5171	2693	298	2395
342	1187		1187	510		510
2460	7437	1500	5937	3093	337	2756
415	717		717	302		302
866	2868	1308	1560	1227	548	679
1919	9849	2673	7176	3985	1151	2834
198	589	76	513	391	76	315
354	2192	1081	1111	1174	426	748
317	575		575	258		258

地 区 Region	毕业生数 Graduates			招生数	
	合 计 Total	本 科 Normal Courses	专 科 Short-cycle Courses	合 计 Total	本 科 Normal Courses
总 计 Total	**685**		**685**	**6**	
北 京 Beijing					
天 津 Tianjin					
河 北 Hebei					
山 西 Shanxi					
内蒙古 Inner Mongolia					
辽 宁 Liaoning	229		229		
吉 林 Jilin					
黑龙江 Heilongjiang					
上 海 Shanghai					
江 苏 Jiangsu					
浙 江 Zhejiang	13		13	6	
安 徽 Anhui					
福 建 Fujian					
江 西 Jiangxi					
山 东 Shandong					
河 南 Henan	420		420		
湖 北 Hubei					
湖 南 Hunan	23		23		
广 东 Guangdong					
广 西 Guangxi					
海 南 Hainan					
重 庆 Chongqing					
四 川 Sichuan					
贵 州 Guizhou					
云 南 Yunnan					
西 藏 Tibet					
陕 西 Shaanxi					
甘 肃 Gansu					
青 海 Qinghai					
宁 夏 Ningxia					
新 疆 Xinjiang					

专科学生数

Other Insitutes

单位：人
unit：person

Entrants	在校生数 Enrolment			预计毕业生数 Estimated Graduates for Next Year		
专科 Short-cycle Courses	合计 Total	本科 Normal Courses	专科 Short-cycle Courses	合计 Total	本科 Normal Courses	专科 Short-cycle Courses
6	**370**		**370**	**194**		**194**
6	59		59	53		53
	258		258	108		108
	53		53	33		33

普通高等学校举办函授、业余、

Number of Students in Correspondence Courses for Adults run

地区 Region	函授、业余 Divisions of Correspondence, Sparetime Schools							
	毕业生数 Graduates			招生数 Entrants			在校生数 Enrolment	
	合计 Total	本科 Normal Courses	专科 Short-cycle Courses	合计 Total	本科 Normal Courses	专科 Short-cycle Courses	合计 Total	本科 Normal Courses
总 计 Total	**1759222**	**758636**	**1000586**	**2242897**	**963719**	**1279178**	**5382815**	**2422280**
北 京 Beijing	86212	49316	36896	99313	60117	39196	246587	158099
天 津 Tianjin	22745	13564	9181	28004	15149	12855	57089	32867
河 北 Hebei	77221	34294	42927	111689	59654	52035	282825	145764
山 西 Shanxi	41651	21843	19808	50468	23545	26923	155566	76613
内蒙古 Inner Mongolia	28336	12090	16246	50457	20924	29533	97464	40346
辽 宁 Liaoning	59788	23914	35874	74477	32242	42235	180470	79264
吉 林 Jilin	54936	21464	33472	65989	30767	35222	142910	70210
黑龙江 Heilongjiang	49298	23724	25574	67149	34875	32274	145413	77726
上 海 Shanghai	50447	36203	14244	54485	41278	13207	173354	130967
江 苏 Jiangsu	178756	81344	97412	158623	80128	78495	364952	190322
浙 江 Zhejiang	88180	31579	56601	110359	37872	72487	236531	81138
安 徽 Anhui	59762	24635	35127	89553	37432	52121	182534	73418
福 建 Fujian	26203	12897	13306	33111	15752	17359	93338	43485
江 西 Jiangxi	28673	13592	15081	48160	21715	26445	134681	62299
山 东 Shandong	113728	57131	56597	161645	82050	79595	413596	214057
河 南 Henan	88625	38048	50577	135600	54192	81408	272327	121254
湖 北 Hubei	87942	28728	59214	109854	38669	71185	266751	98011
湖 南 Hunan	88273	27939	60334	106037	41270	64767	218564	85066
广 东 Guangdong	138579	54454	84125	182505	54792	127713	470518	161242
广 西 Guangxi	53100	23470	29630	89563	32170	57393	193274	73386
海 南 Hainan	7509	3772	3737	8969	4262	4707	21862	11837
重 庆 Chongqing	36138	9072	27066	52565	12271	40294	111037	31091
四 川 Sichuan	102815	31045	71770	130569	37158	93411	288753	89645
贵 州 Guizhou	21063	12114	8949	28657	14622	14035	78965	43500
云 南 Yunnan	56281	25415	30866	60225	24943	35282	179781	84456
西 藏 Tibet	2709	1483	1226	3270	2230	1040	9276	5790
陕 西 Shaanxi	56102	21834	34268	58087	24401	33686	177099	66409
甘 肃 Gansu	26612	12438	14174	30795	14362	16433	84127	37785
青 海 Qinghai	4153	2833	1320	4704	2969	1735	10611	7046
宁 夏 Ningxia	8795	2496	6299	14289	4397	9892	30478	9185
新 疆 Xinjiang	14590	5905	8685	23726	7511	16215	62082	20002

脱产分本专科学生数
divisions, Sparetime Schools & Short-cycle by Regular HEIs

单位：人
unit: person

	脱产 Short-cycle Courses for Adults								
	毕业生数 Graduates			招生数 Entrants			在校生数 Enrolment		
专　科 Short-cycle Courses	合　计 Total	本　科 Normal Courses	专　科 Short-cycle Courses	合　计 Total	本　科 Normal Courses	专　科 Short-cycle Courses	合　计 Total	本　科 Normal Courses	专科 Short-cycle Courses
2960535	**27481**	**22904**	**4577**	**1859**	**1029**	**830**	**9960**	**4804**	**5156**
88488	859	857	2				56	22	34
24222	180		180				1043		1043
137061	1893	1252	641				2153	1137	1016
78953	333	51	282						
57118	291	291							
101206	1745	1745					75	75	
72700	405	236	169				68	5	63
67687	588	586	2				174	169	5
42387	663	662	1				71	19	52
174630	4016	3963	53				1	1	
155393	2195	1689	506	395	197	198	1246	427	819
109116	826	826					127	127	
49853	486	143	343				1		1
72382	375	328	47				230	18	212
199539	989	623	366				370	65	305
151073	1336	774	562						
168740	997	994	3				666	469	197
133498	448	335	113				171	2	169
309276	883	437	446				162		162
119888	597	585	12				206	192	14
10025	88	88							
79946	1641	1184	457				15	15	
199108	1555	1477	78	718	137	581	804	186	618
35465	538	529	9				122	58	64
95325	1854	1715	139						
3486	490	448	42	746	695	51	1941	1748	193
110690	933	928	5				100	69	31
46342	217	98	119				158		158
3565									
21293									
42080	60	60							

在职人员攻读硕士
Number of On-the-job

	授予学位数 Degree Awarded
总　计 Total	**104781**
北　京 Beijing	14900
天　津 Tianjin	2515
河　北 Hebei	1794
山　西 Shanxi	1388
内蒙古 Inner Mongolia	1589
辽　宁 Liaoning	4603
吉　林 Jilin	3530
黑龙江 Heilongjiang	3115
上　海 Shanghai	8508
江　苏 Jiangsu	8878
浙　江 Zhejiang	3879
安　徽 Anhui	1861
福　建 Fujian	2531
江　西 Jiangxi	1313
山　东 Shandong	7171
河　南 Henan	1987
湖　北 Hubei	7962
湖　南 Hunan	3203
广　东 Guangdong	4735
广　西 Guangxi	735
海　南 Hainan	237
重　庆 Chongqing	2545
四　川 Sichuan	6185
贵　州 Guizhou	707
云　南 Yunnan	2480
西　藏 Tibet	2
陕　西 Shaanxi	4212
甘　肃 Gansu	968
青　海 Qinghai	295
宁　夏 Ningxia	327
新　疆 Xinjiang	626

学位学生数

Students Studying for Master's Degree

单位：人

unit：person

招生数(人) Entrants	在校生数(人) Enrolment
140629	**489857**
19888	72675
3915	12713
2738	8829
2119	5040
1600	5410
5966	19235
4443	14469
5134	15792
9498	37465
10220	43546
4283	16890
2694	8628
4044	13021
2137	8559
7842	27707
3119	8396
11592	38879
4237	17794
5135	17603
1066	3721
476	1512
6207	14902
8070	27955
692	2654
3489	12384
8	32
7045	24342
1475	5059
265	754
396	956
836	2935

高等教育非学历

Number of Students in Non-formal Education

	毕(结)业生数 Graduates												
	自考助学班 Classes Run by Non-government HEIs for Students Preparing for Self-directed State-administered Examinations	普通预科生 College-preparatory Classes	研究生课程进修班 Postgraduate Courses	进修及培训 In-service Training									
				合计 Total	其中：资格证书培训 of Which: For Certificates of Vocational Qualifications	岗位证书培训 For Certificates of Job-related Qualifications	其中：第一产业类培训 of Which: Training for First Industry	第二产业类培训 Training for Second Industry	第三产业类培训 Training for Third Industry	一个月以内 1 Month Under	一个月至三个月以内 1 Month to 3 Months Under	三个月至半年以内 3 Months to 6 Months Under	半年至一年以内 6 Months to 1 Year Under
总　计 Total	**184933**		**50284**	**7550132**	**2250573**	**2159604**	**481834**	**1224493**	**5843805**	**4428800**	**1189885**	**770578**	**971742**
北　京 Beijing	25478		12782	642919	60393	124253	33477	67520	541922	421072	106485	56576	38760
天　津 Tianjin	1733		899	150389	50364	56117	21552	18852	109985	117912	21699	5789	4764
河　北 Hebei	6917		1447	113860	47090	23926	11347	20228	82285	78277	26427	2661	1411
山　西 Shanxi	3855		97	27172	5507	4173	611	1647	24914	20890	968	911	1658
内蒙古 Inner Mongolia			27	56315	20642	28835	934	25894	29487	49346	3935	1494	1435
辽　宁 Liaoning	10272		494	200703	66439	99536	5287	96767	98649	154083	39535	5440	1538
吉　林 Jilin	1693		6302	92438	44450	25971	8237	32519	51682	56501	34188	669	374
黑龙江 Heilongjiang	417		220	89045	23124	31555	24971	24473	39601	75027	11624	1665	680
上　海 Shanghai	4522		4794	747914	110806	133121	2625	71626	673663	299963	119300	244575	49886
江　苏 Jiangsu	9399		3166	528407	225393	114217	84004	125716	318687	299476	145122	62353	16043
浙　江 Zhejiang	10577		1696	650360	212278	151604	23739	57271	569350	525738	77683	26572	17174
安　徽 Anhui	635		908	263273	58666	51264	15450	54443	193380	105717	14682	14487	121881
福　建 Fujian	8978		150	296563	54752	173743	21800	83397	191366	103622	27098	153632	1834
江　西 Jiangxi	12539		167	54955	29734	13644	9541	9503	35911	31794	6845	3835	8705
山　东 Shandong	7288		2703	371606	133745	147242	27959	89874	253773	272794	58126	26042	8387
河　南 Henan	5501		2480	357219	270193	68064	8047	17001	332171	304998	39795	3714	5721
湖　北 Hubei	29239		2851	271534	120600	76691	27607	103129	140798	186717	45759	18791	14633
湖　南 Hunan	12886		242	180764	101381	59070	21775	43416	115573	123946	32446	10453	10742
广　东 Guangdong	7904		4476	812957	106175	331020	17691	33510	761756	400085	136688	59790	199915
广　西 Guangxi	3437		1339	178613	50717	77383	8007	45860	124746	141537	23594	5926	6021
海　南 Hainan	1858			16084	3901	5041	234	641	15209	13888	403	358	1151
重　庆 Chongqing	4509		431	544367	93312	24589	6302	53771	484294	110176	22609	10439	399051
四　川 Sichuan	7782		1049	295866	95461	99229	26415	21014	248437	197111	62028	23320	11297
贵　州 Guizhou	1009		104	73564	44174	21127	2489	19436	51639	36344	7557	4055	
云　南 Yunnan	2016		478	116065	45587	50453	28189	40966	46910	77216	31383	5353	2113
西　藏 Tibet				5036	3538	1456	195		4841	4909	85		
陕　西 Shaanxi	30		360	111197	38677	27002	12369	35215	63613	64574	31426	9733	1691
甘　肃 Gansu	4067		370	195331	97482	85832	13190	4334	177807	74547	46738	4687	44693
青　海 Qinghai				13633	102	6469		5938	7695	12263	1275		95
宁　夏 Ningxia			70	26171	8929	17242	2181	12107	11883	16967	4329	4875	
新　疆 Xinjiang	392		182	65812	26961	29735	15609	8425	41778	51310	10053	2383	89

注：包含民办的其他高等教育机构数据。

Note: Date of Non-government HEIs are included.

教育学生情况（总计）

of HEIs（Total）

单位：人

unit：person

	注册学生数 Enrolment													
				进修及培训 In-service Training										
一年及以上 1 Year and Over	自考助学班 Classes Run by Non-government HEIs for Students Preparing for Self-directed State-administered Examinations	普通预科生 College-preparatory Classes	研究生课程进修班 Postgraduate Courses	合计 Total	其中：资格证书培训 of Which：For Certificates of Vocational Qualifications	岗位证书培训 For Certificates of Job-related Qualifications	其中：第一产业类培训 of Which：Training for First Industry	第二产业类培训 Training for Second Industry	第三产业类培训 Training for Third Industry	一个月以内 1 Month Under	一个月至三个月以内 1 Month to 3 Months Under	三个月至半年以内 3 Months to 6 Months Under	半年至一年以内 6 Months to 1 Year Under	一年及以上 1 Year and Over
189127	**397381**	**37668**	**73796**	**3439532**	**1063044**	**696245**	**155703**	**580945**	**2702884**	**1932953**	**562522**	**462477**	**300015**	**181565**
20026	50811	2534	17977	453632	47167	49299	24874	31845	396913	277828	62146	36283	38786	38589
225	3957	230	1664	57583	30470	21632	20104	7039	30440	36437	14919	2629	3292	306
5084	6090	575	1731	40464	20412	8152	7016	8376	25072	30380	5032	2043	1508	1501
2745	4461		135	18621	7557	362	563	1980	16078	5013	681	3704	2859	6364
105		1191	178	29324	9236	14270	·	9271	20053	26334	2296	205	218	271
107	20023	1264	2218	59889	5592	52929	14	52783	7092	53811	2507	686	1446	1439
706	6848	727	314	14188	3220	4374	345	10013	3830	8598	3835	724	467	564
49	1200	234	314	16331	13755	1195	1944	1765	12622	6110	7593	1374	736	518
34190	7457		5019	613100	85024	100046	2243	69172	541685	191888	82557	240855	45891	51909
5413	23914	113	6263	151605	83869	51571	13984	49615	88006	85644	41703	13271	6919	4068
3193	34683	163	3407	346477	142951	67013	5261	32002	309214	263907	45523	18039	13381	5627
6506	1270	211	2578	154292	23032	15029	805	7682	145805	9198	6358	9025	119550	10161
10377	8231	1135	276	29986	17815	4329	1200	3769	25017	24719	2786	1981		500
3776	16551	2628	457	36235	20380	8793	1408	9962	24865	21346	5887	3352	2633	3017
6257	16018	197	3522	157160	58533	38896	6589	48254	102317	101076	33526	6758	6189	9611
2991	21506	2546	2610	50642	30263	14744	429	11118	39095	27275	8045	7411	3154	4757
5634	65494	3241	3556	175439	61862	45014	16029	63261	96149	122875	22305	12557	11494	6208
3177	26841	2761	485	57836	46756	10332	2730	8777	46329	27959	12538	8472	3067	5800
16479	18464	732	10963	428355	70248	24872	9876	25282	393197	304185	55660	45695	11481	11334
1535	9630	826	4068	90741	53063	27631	697	39040	51004	63331	14931	5058	1513	5908
284	9426	119		10997	3386	356			10997	10533	464			
2092	11790	1184	582	94639	70875	9072	2228	28406	64005	68562	14329	5297	5870	581
2110	14120	3129	2501	147501	48105	68296	9786	10850	126865	60261	58025	15315	9693	4207
25608	4495	3120	398	33643	15083	10297	1921	11445	20277	21524	4598	4131		3390
	2264	1949	967	44671	24723	19203	10105	11479	23087	22205	16027	4323	2116	
42				2508	1229	1271			2508	2472	28	8		
3773	826	493	493	34553	20507	6141		6796	27757	20885	10068	3082	129	389
24666	8865	1997	445	43148	27815	625	10979	3575	28594	11827	18842	2719	7543	2217
	1392	1033		1842					1842	1842				
		3336	42	24285	8567	15718	1674	10153	12458	13610	4751	5924		
1977	754		633	19845	11549	4783	2899	7235	9711	11318	4562	1556	80	2329

高等教育非学历
Number of Students in Non-formal

	毕(结)业生数 Graduates												
				进修及培训 In-service Training									
	自考助学班 Classes Run by Non-government HEIs for Students Preparing for Self-directed State-administered Examinations	普通预科生 College-preparatory Classes	研究生课程进修班 Postgraduate Courses	合计 Total	其中:资格证书培训 of Which: For Certificates of Vocational Qualifications	岗位证书培训 For Certificates of Job-related Qualific-ations	其中:第一产业类培训 of Which: Training for First Industry	第二产业类培训 Training for Second Industry	第三产业类培训 Training for Third Industry	一个月以内 1 Month Under	一个月至三个月以内 1 Month to 3 Months Under	三个月至半年以内 3 Months to 6 Months Under	半年至一年以内 6 Months to 1 Year Under
总 计 Total	**103252**		**50010**	**4440259**	**1513668**	**1197414**	**356253**	**939572**	**3144434**	**3192871**	**731039**	**305853**	**161416**
北 京 Beijing	4249		12508	386505	30955	79190	10537	51231	324737	251678	60285	34034	31874
天 津 Tianjin	894		899	100079	36261	27729	2602	12685	84792	78096	15706	3374	2758
河 北 Hebei	377		1447	82012	24681	19498	8874	20143	52995	73179	4695	843	864
山 西 Shanxi			97	16478	3185	514	101	1574	14803	15496			648
内蒙古 Inner Mongolia			27	51465	15792	28835	934	25894	24637	44496	3935	1494	1435
辽 宁 Liaoning	903		494	136896	36960	65208	5287	95566	36043	108378	22816	4174	1421
吉 林 Jilin	1022		6302	39384	13185	4414	6953	10581	21850	32816	4995	649	260
黑龙江 Heilongjiang			220	80581	21846	24369	21144	23376	36061	66858	11624	1370	680
上 海 Shanghai			4794	164490	49295	47141	1144	7340	156006	101456	33397	17552	11436
江 苏 Jiangsu	9399		3166	436598	202682	85798	75581	109192	251825	226534	137184	57304	12913
浙 江 Zhejiang	4005		1696	579783	201593	137100	18112	49446	512225	483127	66987	16713	11150
安 徽 Anhui	183		908	118513	42475	46568	14547	52661	51305	87633	12598	13942	4092
福 建 Fujian	8978		150	74901	43610	18717	7190	17743	49968	47446	12618	12234	783
江 西 Jiangxi	9587		167	44488	28111	9304	9393	9356	25739	27659	6091	2666	7925
山 东 Shandong	1318		2703	287067	106947	103505	24904	69213	192950	224598	45334	12746	1365
河 南 Henan	958		2480	91758	42779	34774	6874	16551	68333	71428	11857	2165	5321
湖 北 Hubei	24916		2851	266397	117632	74522	25282	101034	140081	184229	44572	17329	14633
湖 南 Hunan	7787		242	146661	73512	52836	21493	38975	86193	94015	32446	6685	10338
广 东 Guangdong	4889		4476	494322	87480	57146	9417	23509	461396	366916	64450	46825	8348
广 西 Guangxi	3437		1339	152143	50423	71477	7353	45254	99536	115897	23064	5926	5721
海 南 Hainan	1858			9424	3861	4921	234	641	8549	7268	363	358	1151
重 庆 Chongqing	3701		431	112974	69827	23208	2886	35273	74815	75325	22479	7266	6336
四 川 Sichuan	7295		1049	252787	86084	72706	24348	17114	211325	176795	45297	18432	10959
贵 州 Guizhou	1009		104	48709	20831	19615	2489	19436	26784	36344	5806	4055	
云 南 Yunnan	2016		478	106995	44617	42447	24561	35524	46910	77216	22313	5353	2113
西 藏 Tibet				5036	3538	1456	195		4841	4909	85		
陕 西 Shaanxi	30		360	52201	16267	3150	2771	21537	27893	42453	5620	3302	119
甘 肃 Gansu	4049		370	18863	5781	2780	11778	3361	3724	6830	3072	2294	6667
青 海 Qinghai				13633	102	6469		5938	7695	12263	1275		95
宁 夏 Ningxia			70	25141	8929	16212	2181	11077	11883	15937	4329	4875	
新 疆 Xinjiang	392		182	43975	24427	15805	7088	8347	28540	35596	5746	1893	11

教育学生情况(普通高校)
Education of Regular HEIs

单位：人,人次

unit：person

	注册学生数 Enrolment													
	自考助学班 Classes Run by Non-government HEIs for Students Preparing for Self-directed State-administered Examinations	普通预科生 College-preparatory Classes	研究生课程进修班 Postgraduate Courses	进修及培训 In-service Training										
一年及以上 1 Year and Over				合计 Total	其中:资格证书培训 of Which: For Certificates of Vocational Qualifications	岗位证书培训 For Certificates of Job-related Qualifications	其中:第一产业类培训 of Which: Training for First Industry	第二产业类培训 Training for Second Industry	第三产业类培训 Training for Third Industry	一个月以内 1 Month Under	一个月至三个月以内 1 Month to 3 Months Under	三个月至半年以内 3 Months to 6 Months Under	半年至一年以内 6 Months to 1 Year Under	一年及以上 1 Year and Over
49080	**214672**	**37668**	**73462**	**2332545**	**888747**	**508072**	**87982**	**464881**	**1779682**	**1571691**	**402959**	**193559**	**105976**	**58360**
8634	8018	2534	17643	253077	32013	26407	2300	26324	224453	169877	26122	22354	23351	11373
145	3587	230	1664	28442	21628	6496	160	4233	24049	12088	14186	1495	527	146
2431	1053	575	1731	36135	18199	7769	5048	8239	22848	29880	4309	621	531	794
334			135	7076	4980	345		1920	5156	3714	49	265	987	2061
105		1191	178	29324	9236	14270		9271	20053	26334	2296	205	218	271
107	1609	1264	2218	56097	4276	51664	14	51092	4991	53686	661	76	1446	228
664	4679	727	314	12555	1977	4374	300	9884	2371	7580	3790	689	222	274
49		234	314	16331	13755	1195	1944	1765	12622	6110	7593	1374	736	518
649			5019	71773	24930	16932	588	4994	66191	37093	15909	7421	9974	1376
2663	23914	113	6263	135041	79103	39893	13231	45282	76528	77112	40648	12870	3093	1318
1806	10199	163	3407	321368	136627	52641	3471	26221	291676	257640	39473	12673	6967	4615
248	941	211	2578	26840	13408	13323	359	6462	20019	9055	6142	8855	2788	
1820	8231	1135	276	29986	17815	4329	1200	3769	25017	24719	2786	1981		500
147	11140	2628	457	30061	19441	8743	1048	9592	19421	21346	3750	2835	2025	105
3024	5818	197	3522	140883	53640	36700	4736	45457	90690	94894	32900	4755	4189	4145
987	8334	2546	2610	39262	27468	11655	429	10173	28660	25050	5155	6154	2903	
5634	50000	3241	3556	168398	58831	43004	13704	61251	93443	118387	21223	11792	11494	5502
3177	13395	2761	485	57003	46320	10332	2730	8449	45824	27959	11969	8472	3067	5536
7783	12818	732	10963	417181	68883	22621	8645	23031	385505	304065	54168	43872	9537	5539
1535	9630	826	4068	90087	53063	26977	43	39040	51004	62677	14931	5058	1513	5908
284	3704	119		4336	3345	236			4336	3913	423			
1568	6944	1184	582	73267	51885	7576	1289	9807	62171	51347	14329	3610	3981	
1304	12433	3129	2501	120521	45118	48124	6981	10680	102860	53206	41911	14886	8477	2041
2504	4495	3120	398	33643	15083	10297	1921	11445	20277	21524	4598	4131		3390
	2264	1949	967	39804	22615	17122	5238	11479	23087	22205	11160	4323	2116	
42				2508	1229	1271			2508	2472	28	8		
707	826	493	493	31107	19003	4199		4350	26757	17439	10068	3082	129	389
	8494	1997	445	15914	4760	445	9399	3361	3154	4918	3069	2222	5703	2
	1392	1033		1842					1842	1842				
		3336	42	24285	8567	15718	1674	10153	12458	13610	4751	5924		
729	754		633	18398	11549	3414	1530	7157	9711	9949	4562	1556	2	2329

高等教育非学历

Number of Students in Non-formal

	毕(结)业生数 Graduates												
	自考助学班 Classes Run by Non-government HEIs for Students Preparing for Self-directed State-administered Examinations	普通预科生 College-preparatory Classes	研究生课程进修班 Postgraduate Courses	进修及培训 In-service Training									
				合计 Total	其中:资格证书培训 of Which: For Certificates of Vocational Qualifications	岗位证书培训 For Certificates of Job-related Qualific-ations	其中:第一产业类培训 of Which: Training for First Industry	第二产业类培训 Training for Second Industry	第三产业类培训 Training for Third Industry	一个月以内 1 Month Under	一个月至三个月以内 1 Month to 3 Months Under	三个月至半年以内 3 Months to 6 Months Under	半年至一年以内 6 Months to 1 Year Under
总　计 Total	**1169**			**2329844**	**583819**	**829052**	**82899**	**182313**	**2064632**	**960669**	**336961**	**211333**	**746489**
北　京 Beijing	152			187947	19473	40563		11009	176938	120622	42779	18693	3955
天　津 Tianjin	839			50310	14103	28388	18950	6167	25193	39816	5993	2415	2006
河　北 Hebei	70			26222	20483	4038	778		25444	4605	21217	400	
山　西 Shanxi				3821	186	3635			3821	3821			
内蒙古 Inner Mongolia				4850	4850				4850	4850			
辽　宁 Liaoning				63807	29479	34328		1201	62606	45705	16719	1266	117
吉　林 Jilin				23137	1580	21557	1244	21893		22779	358		
黑龙江 Heilongjiang				8169	1093	7076	3702	1033	3434	8169			
上　海 Shanghai				84994	12697	19299		6367	78627	42487	28332	7967	1974
江　苏 Jiangsu				91809	22711	28419	8423	16524	66862	72942	7938	5049	3130
浙　江 Zhejiang	70			48516	5285	2613	5195	4310	39011	39684	2790	5288	461
安　徽 Anhui				138583	12268	3342	80	317	138186	17834	1762		115686
福　建 Fujian				221662	11142	155026	14610	65654	141398	56176	14480	141398	1051
江　西 Jiangxi	38			4656	462	3859			4656	4135	428	29	
山　东 Shandong				18542	854	12653		680	17862	15131	1473	1938	
河　南 Henan				261480	226953	33060	1053		260427	233387	27093	1000	
湖　北 Hubei				802	643	159		85	717		105	697	
湖　南 Hunan				34103	27869	6234	282	4441	29380	29931		3768	404
广　东 Guangdong				275307	5985	265599	3186	883	271238	8966	64806	11412	188123
广　西 Guangxi				26470	294	5906	654	606	25210	25640	530		300
海　南 Hainan				6660	40	120			6660	6620	40		
重　庆 Chongqing				427105	21857	70	2488	17215	407402	34851	130	1598	390526
四　川 Sichuan				32468	3895	22502	441	3700	28327	16393	15388	564	123
贵　州 Guizhou				24855	23343	1512			24855		1751		
云　南 Yunnan				9070	970	8006	3628	5442			9070		
西　藏 Tibet													
陕　西 Shaanxi				58996	22410	23852	9598	13678	35720	22121	25806	6431	1572
甘　肃 Gansu				172636	90360	82276	66		172570	67260	43666	930	36983
青　海 Qinghai													
宁　夏 Ningxia				1030		1030		1030		1030			
新　疆 Xinjiang				21837	2534	13930	8521	78	13238	15714	4307	490	78

教育学生情况(成人高校)

Education of Adults HEIs

单位：人,人次

unit：person

	注册学生数 Enrolment													
				进修及培训 In-service Training										
一年及以上 1 Year and Over	自考助学班 Classes Run by Non-government HEIs for Students Preparing for Self-directed State-administered Examinations	普通预科生 College-preparatory Classes	研究生课程进修班 Postgraduate Courses	合计 Total	其中:资格证书培训 of Which: For Certificates of Vocational Qualifications	岗位证书培训 For Certificates of Job-related Qualifications	其中:第一产业类培训 of Which: Training for First Industry	第二产业类培训 Training for Second Industry	第三产业类培训 Training for Third Industry	一个月以内 1 Month Under	一个月至三个月以内 1 Month to 3 Months Under	三个月至半年以内 3 Months to 6 Months Under	半年至一年以内 6 Months to 1 Year Under	一年及以上 1 Year and Over
74392	**7915**			**453540**	**75281**	**97601**	**29016**	**36450**	**388074**	**169773**	**102489**	**26719**	**134504**	**20055**
1898				128761	1876	18982			128761	67722	34712	12260	10320	3747
80	370			29141	8842	15136	19944	2806	6391	24349	733	1134	2765	160
				3792	1316	1265		1691	2101	125	1846	610		1211
4234				67069	8836	23412		6469	60600	18912	24356	10772	1306	11723
2750				16564	4766	11678	753	4333	11478	8532	1055	401	3826	2750
293	389			4725	1335	272	1319	914	2492	3208	1008	251	209	49
3301				116122					116122			51	116000	71
8557														
64	1338													
				5007	227	483			5007	4899	108			
	96			5572	2483	3089			5572	2089	2483	1000		
				833	436			328	505		569			264
2000														
				654		654	654			654				
	5722			6661	41	120			6661	6620	41			
				17215	17215			17215		17215				
				18902	1534	17118	110	170	18622	3724	14938	240		
23104														
				4867	2108	2081	4867				4867			
3066				3446	1504	1942		2446	1000	3446				
23797				22762	22762				22762	6909	15773			80
1248				1447	0	1369	1369	78		1369			78	

高等教育非学历

Number of Students in Non-formal

	毕(结)业生数 Graduates												
	自考助学班 Classes Run by Non-government HEIs for Students Preparing for Self-directed State-administered Examinations	普通预科生 College-preparatory Classes	研究生课程进修班 Postgraduate Courses	进修及培训 In-service Training									
				合计 Total	其中:资格证书培训 of Which: For Certificates of Vocational Qualifications	岗位证书培训 For Certificates of Job-related Qualific-ations	其中:第一产业类培训 of Which: Training for First Industry	第二产业类培训 Training for Second Industry	第三产业类培训 Training for Third Industry	一个月以内 1 Month Under	一个月至三个月以内 1 Month to 3 Months Under	三个月至半年以内 3 Months to 6 Months Under	半年至一年以内 6 Months to 1 Year Under
总　计 Total			**274**										
北　京 Beijing			274										
天　津 Tianjin													
河　北 Hebei													
山　西 Shanxi													
内蒙古 Inner Mongolia													
辽　宁 Liaoning													
吉　林 Jilin													
黑龙江 Heilongjiang													
上　海 Shanghai													
江　苏 Jiangsu													
浙　江 Zhejiang													
安　徽 Anhui													
福　建 Fujian													
江　西 Jiangxi													
山　东 Shandong													
河　南 Henan													
湖　北 Hubei													
湖　南 Hunan													
广　东 Guangdong													
广　西 Guangxi													
海　南 Hainan													
重　庆 Chongqing													
四　川 Sichuan													
贵　州 Guizhou													
云　南 Yunnan													
西　藏 Tibet													
陕　西 Shaanxi													
甘　肃 Gansu													
青　海 Qinghai													
宁　夏 Ningxia													
新　疆 Xinjiang													

教育学生情况(科研机构)

Education of Research Institutes

单位：人,人次

unit：person

	注册学生数 Enrolment													
	自考助学班 Classes Run by Non-government HEIs for Students Preparing for Self-directed State-administered Examinations	普通预科生 College-preparatory Classes	研究生课程进修班 Postgraduate Courses	进修及培训 In-service Training										
一年及以上 1 Year and Over				合计 Total	其中:资格证书培训 of Which：For Certificates of Vocational Qualifications	岗位证书培训 For Certificates of Job-related Qualifications	其中：第一产业类培训 of Which：Training for First Industry	第二产业类培训 Training for Second Industry	第三产业类培训 Training for Third Industry	一个月以内 1 Month Under	一个月至三个月以内 1 Month to 3 Months Under	三个月至半年以内 3 Months to 6 Months Under	半年至一年以内 6 Months to 1 Year Under	一年及以上 1 Year and Over
			334											
			334											

高等教育非学历

Number of Students in Non-formal Education

	毕(结)业生数 Graduates												
	自考助学班 Classes Run by Non-government HEIs for Students Preparing for Self-directed State-administered Examinations	普通预科生 College-preparatory Classes	研究生课程进修班 Postgraduate Courses	进修及培训 In-service Training									
				合计 Total	其中:资格证书培训 of Which: For Certificates of Vocational Qualifications	岗位证书培训 For Certificates of Job-related Qualific-ations	其中:第一产业类培训 of Which: Training for First Industry	第二产业类培训 Training for Second Industry	第三产业类培训 Training for Third Industry	一个月以内 1 Month Under	一个月至三个月以内 1 Month to 3 Months Under	三个月至半年以内 3 Months to 6 Months Under	半年至一年以内 6 Months to 1 Year Under
总 计 Total	**80512**			**780029**	**153086**	**133138**	**42682**	**102608**	**634739**	**275260**	**121885**	**253392**	**63837**
北 京 Beijing	21077			68467	9965	4500	22940	5280	40247	48772	3421	3849	2931
天 津 Tianjin													
河 北 Hebei	6470			5626	1926	390	1695	85	3846	493	515	1418	547
山 西 Shanxi	3855			6873	2136	24	510	73	6290	1573	968	911	1010
内蒙古 Inner Mongolia													
辽 宁 Liaoning	9369												
吉 林 Jilin	671			29917	29685		40	45	29832	906	28835	20	114
黑龙江 Heilongjiang	417			295	185	110	125	64	106			295	
上 海 Shanghai	4522			498430	48814	66681	1481	57919	439030	156020	57571	219056	36476
江 苏 Jiangsu													
浙 江 Zhejiang	6502			22061	5400	11891	432	3515	18114	2927	7906	4571	5563
安 徽 Anhui	452			6177	3923	1354	823	1465	3889	250	322	545	2103
福 建 Fujian													
江 西 Jiangxi	2914			5811	1161	481	148	147	5516		326	1140	780
山 东 Shandong	5970			65997	25944	31084	3055	19981	42961	33065	11319	11358	7022
河 南 Henan	4543			3981	461	230	120	450	3411	183	845	549	400
湖 北 Hubei	4323			4335	2325	2010	2325	2010		2488	1082	765	
湖 南 Hunan	5099												
广 东 Guangdong	3015			43328	12710	8275	5088	9118	29122	24203	7432	1553	3444
广 西 Guangxi													
海 南 Hainan													
重 庆 Chongqing	808			4288	1628	1311	928	1283	2077			1575	2189
四 川 Sichuan	487			10611	5482	4021	1626	200	8785	3923	1343	4324	215
贵 州 Guizhou													
云 南 Yunnan													
西 藏 Tibet													
陕 西 Shaanxi													
甘 肃 Gansu	18			3832	1341	776	1346	973	1513	457		1463	1043
青 海 Qinghai													
宁 夏 Ningxia													
新 疆 Xinjiang													

教育学生情况(民办的其他高等教育机构)

of Other Non-government HEIs

单位：人,人次

unit：person

	注册学生数 Enrolment													
				进修及培训 In-service Training										
一年及以上 1 Year and Over	自考助学班 Classes run by Non-government HEIs for Students Preparing for Self-directed State-administered Examinations	普通预科生 College-preparatory Classes	研究生课程进修班 Postgraduate Courses	合计 Total	其中:资格证书培训 of Which: For Certificates of Vocational Qualifications	岗位证书培训 For Certificates of Job-related Qualifications	其中:第一产业类培训 of Which: Training for First Industry	第二产业类培训 Training for Second Industry	第三产业类培训 Training for Third Industry	一个月以内 1 Month Under	一个月至三个月以内 1 Month to 3 Months Under	三个月至半年以内 3 Months to 6 Months Under	半年至一年以内 6 Months to 1 Year Under	一年及以上 1 Year and Over
65655	**174794**			**653447**	**99016**	**90572**	**38705**	**79614**	**535128**	**191489**	**57074**	**242199**	**59535**	**103150**
9494	42793			71794	13278	3910	22574	5521	43699	40229	1312	1669	5115	23469
2653	5037			4329	2213	383	1968	137	2224	500	723	1422	977	707
2411	4461			11545	2577	17	563	60	10922	1299	632	3439	1872	4303
	18414													
42	2169			1633	1243		45	129	1459	1018	45	35	245	290
	1200													
29307	7457			474258	51258	59702	1655	57709	414894	135883	42292	222662	34611	38810
1094	24095			20384	4989	14100	471	4867	15046	3059	5042	5115	6205	963
2957	329			11330	9624	1706	446	1220	9664	143	216	119	762	10090
3565	4073			6174	939	50	360	370	5444		2137	517	608	2912
3233	10200			11270	4666	1713	1853	2797	6620	1283	518	2003	2000	5466
2004	13076			5808	312			945	4863	136	407	257	251	4757
	15494			7041	3031	2010	2325	2010	2706	4488	1082	765		706
	13446													
6696	5646			11174	1365	2251	1231	2251	7692	120	1492	1823	1944	5795
524	4846			4157	1775	1496	939	1384	1834			1687	1889	581
806	1687			8078	1453	3054	2695		5383	3331	1176	189	1216	2166
869	371			4472	293	180	1580	214	2678			497	1840	2135

	毕(结)业生数 Graduates	授予学位数 Degrees Awarded	招生数 Entrants	
			合计 Total	其中:春季招生 of Which:Spring Term
总　计 Total	**83613**	**18259**	**102991**	**29673**
北　京 Beijing	25586	4455	29181	7815
天　津 Tianjin	4440	537	3089	1339
河　北 Hebei	613	271	869	332
山　西 Shanxi	33		56	36
内蒙古 Inner Mongolia	290	194	648	57
辽　宁 Liaoning	3715	969	5298	1383
吉　林 Jilin	1814	670	2518	961
黑龙江 Heilongjiang	2291	617	3165	878
上　海 Shanghai	9426	2049	13151	2958
江　苏 Jiangsu	5736	1255	7681	2120
浙　江 Zhejiang	4868	391	6978	2352
安　徽 Anhui	353	66	490	199
福　建 Fujian	2000	476	2889	1193
江　西 Jiangxi	715	434	522	178
山　东 Shandong	3948	524	4733	1830
河　南 Henan	607	303	740	86
湖　北 Hubei	2893	1029	3098	789
湖　南 Hunan	1267	266	1437	228
广　东 Guangdong	2800	799	3631	630
广　西 Guangxi	2169	685	2684	845
海　南 Hainan	248	99	500	113
重　庆 Chongqing	1581	549	1420	467
四　川 Sichuan	1063	365	1448	364
贵　州 Guizhou	33	11	297	10
云　南 Yunnan	1961	556	1825	793
西　藏 Tibet	21		20	
陕　西 Shaanxi	1580	401	2202	1029
甘　肃 Gansu	172	53	514	65
青　海 Qinghai	128		155	107
宁　夏 Ningxia	168		365	130
新　疆 Xinjiang	1094	235	1387	386

学生情况
Foreign Students

单位:人

unit: person

在校生数 Enrolment					
合计 Total	第一年 1st Year	第二年 2nd Year	第三年 3rd Year	第四年 4th year	第五年及以上 5th year
157845	**84668**	**30291**	**19161**	**13546**	**10179**
40549	24709	6762	4339	3098	1641
6558	3290	1432	735	586	515
1640	567	341	336	241	155
130	53	59	10	8	
1592	641	312	261	236	142
8797	4398	1837	1233	890	439
3987	1745	774	575	522	371
4071	2129	775	508	413	246
19367	10410	3452	2526	1750	1229
12105	6700	2091	1319	920	1075
8458	5000	1552	857	458	591
896	484	200	93	30	89
2501	1346	632	235	128	160
1823	580	475	141	185	442
5878	3822	845	559	347	305
1328	497	302	220	138	171
6973	2979	1587	965	691	751
2196	1122	540	271	163	100
6969	2974	1683	1047	664	601
4361	2040	898	749	567	107
477	390	31	22	32	2
2428	1347	589	236	140	116
2988	1230	778	447	248	285
392	297	59	10	26	
3435	1835	637	456	318	189
27	20	7			
3934	1937	793	584	359	261
871	367	170	117	118	99
275	137	69	27	19	23
420	235	145	29	9	2
2419	1387	464	254	242	72

高等教育学校(机构)
Number of Educational Personnel

	教职 Educational					
	合计 Total	校本部 Educational Personnel				
		小计 Subtotal	专任教师 Full-time Teachers			
			小计 Subtotal	正高级 Senior	副高级 Sub-senior	中级 Middle
总　计 Total	**2319984**	**2188812**	**1479685**	**171212**	**424408**	**592549**
北　京 Beijing	142183	117339	62379	13195	21561	22820
天　津 Tianjin	48537	47213	31030	4450	10145	12031
河　北 Hebei	100862	97089	66255	8682	18729	25955
山　西 Shanxi	61193	58479	39934	2943	10451	14766
内蒙古 Inner Mongolia	38605	37549	24921	2350	7640	9245
辽　宁 Liaoning	100709	96314	62972	8389	19835	25203
吉　林 Jilin	65194	61187	38765	5551	11934	14845
黑龙江 Heilongjiang	80873	77286	47494	7074	14716	19041
上　海 Shanghai	75081	68617	41051	6809	12808	17057
江　苏 Jiangsu	166000	155515	107424	12134	32880	46968
浙　江 Zhejiang	85474	80337	55199	7230	16760	24644
安　徽 Anhui	76729	74049	53848	4272	14222	20535
福　建 Fujian	63594	60562	41740	4562	11543	15966
江　西 Jiangxi	74078	70728	51738	5201	14182	20285
山　东 Shandong	146656	140951	98975	10114	27307	41641
河　南 Henan	124445	119587	88874	7161	23062	35895
湖　北 Hubei	129595	121794	81779	10027	24749	30693
湖　南 Hunan	97869	92658	63552	6567	18344	25812
广　东 Guangdong	134882	128741	90216	10371	23186	36375
广　西 Guangxi	54874	49890	36045	3529	9458	13925
海　南 Hainan	13343	13097	8363	868	1955	3033
重　庆 Chongqing	54144	52125	36368	3781	10105	15022
四　川 Sichuan	112659	106743	74665	7433	19235	30254
贵　州 Guizhou	32750	32393	23164	2166	7129	8726
云　南 Yunnan	46792	45519	32268	3282	8752	12617
西　藏 Tibet	3485	3442	2369	141	647	993
陕　西 Shaanxi	103760	98228	63235	7496	17007	26249
甘　肃 Gansu	35181	32878	23655	2434	6784	9442
青　海 Qinghai	6929	6160	3878	768	1352	1115
宁　夏 Ningxia	10316	9858	6700	953	1909	2248
新　疆 Xinjiang	33192	32484	20829	1279	6021	9148

注:不含民办的其他高等教育机构数据。

Note: Date of Non-government HEIs are not included.

教职工情况(总计)
in HEIs (Total)

单位：人
unit：person

工　数 Personnel							
教职工 in Main Campus					科研机构人员 Personnel in Affiliated Research Org.	校办企业职工 Employees in School-run Factories & Farms	其他附设机构人员 Personnel in Others Subsidiary Units
初级 Junior	未定职级 No-Ranking	行政人员 Adm. Personnel	教辅人员 Supporting Staff	工勤人员 Workers			
217621	**73895**	**321388**	**214056**	**173683**	**36964**	**34056**	**60152**
3014	1789	23309	17602	14049	13448	1785	9611
3561	843	7653	4793	3737	496	519	309
9816	3073	13642	8655	8537	322	1359	2092
8758	3016	7985	5565	4995	674	564	1476
4091	1595	5818	4037	2773	96	333	627
7816	1729	15130	9744	8468	1000	1300	2095
5821	614	8912	6424	7086	932	1113	1962
5285	1378	12283	8186	9323	1374	668	1545
3014	1363	12514	8788	6264	1810	2554	2100
12470	2972	22605	14918	10568	2696	2395	5394
4013	2552	13498	7757	3883	1888	946	2303
11742	3077	8410	6717	5074	711	530	1439
7356	2313	9473	5891	3458	797	1465	770
9448	2622	8935	5654	4401	520	1694	1136
16729	3184	19347	12734	9895	1317	2813	1575
18247	4509	12902	8824	8987	460	1013	3385
12125	4185	18568	12126	9321	1742	2908	3151
8712	4117	13561	9173	6372	648	1733	2830
11833	8451	19613	12584	6328	1143	1619	3379
5406	3727	6469	3953	3423	112	760	4112
1670	837	2084	1336	1314	61	27	158
5363	2097	7796	4288	3673	372	569	1078
13572	4171	13814	9211	9053	895	2190	2831
3387	1756	4683	2809	1737	179	65	113
5332	2285	5803	3958	3490	403	443	427
424	164	529	252	292	23		20
10419	2064	14587	10685	9721	1705	1762	2065
3706	1289	4035	2783	2405	588	338	1377
498	145	887	756	639	344	401	24
1087	503	1586	885	687	130		328
2906	1475	4957	2968	3730	78	190	440

高等教育学校(机构)

Number of Female Educational Personnel

	教职 Educational					
	合计 Total	校本部 Educational				
		小计 Subtotal	专任教师 Full-time Teachers			
			小计 Subtotal	正高级 Senior	副高级 Sub-senior	中级 Middle
总　计 Total	**1070981**	**1016621**	**701575**	**48910**	**185622**	**307690**
北　京 Beijing	69008	57715	29454	3465	10506	12780
天　津 Tianjin	23268	22851	15637	1421	4915	6767
河　北 Hebei	51176	49632	36342	3630	9924	14998
山　西 Shanxi	30650	29374	21537	1145	5274	8144
内蒙古 Inner Mongolia	19412	19060	13710	987	4063	5255
辽　宁 Liaoning	48840	47323	33494	3109	10210	14748
吉　林 Jilin	30464	29071	20131	2119	6171	8206
黑龙江 Heilongjiang	38386	36819	24812	2841	7304	10722
上　海 Shanghai	33752	31788	19099	1306	5619	9703
江　苏 Jiangsu	74634	70095	48363	2524	13157	24166
浙　江 Zhejiang	38634	36941	24710	1663	6702	12780
安　徽 Anhui	31588	30528	22331	846	4802	9251
福　建 Fujian	29501	28289	19731	1113	4791	8232
江　西 Jiangxi	31316	30041	21907	1503	5335	9183
山　东 Shandong	66987	64897	47880	3040	12075	21796
河　南 Henan	56545	54047	41631	2307	9805	17322
湖　北 Hubei	57052	53758	35665	2231	9627	14880
湖　南 Hunan	44818	42850	29074	1520	7445	12992
广　东 Guangdong	63476	60371	41572	2532	9711	18717
广　西 Guangxi	26307	23554	16875	1050	4012	7009
海　南 Hainan	6427	6293	4067	270	823	1642
重　庆 Chongqing	23903	23253	16297	841	3746	7700
四　川 Sichuan	50804	48532	34209	1857	7686	15150
贵　州 Guizhou	15841	15693	11322	777	3468	4577
云　南 Yunnan	23074	22480	16324	1066	4121	6817
西　藏 Tibet	1576	1553	1124	44	274	513
陕　西 Shaanxi	44778	42674	27811	1855	6816	12493
甘　肃 Gansu	14673	13802	10235	629	2627	4385
青　海 Qinghai	3159	2871	1975	331	723	565
宁　夏 Ningxia	5049	4909	3475	370	946	1225
新　疆 Xinjiang	15883	15557	10781	518	2944	4972

注:不含民办的其他高等教育机构数据。

Note:Date of Non-government HEIs are not included.

女教职工情况(总计)
in HEIs (Total)

单位：人
unit: person

工数(人) Personnel							
教职工 Personnel in Main Campus					科研机构人员 Personnel in Affiliated Research Org.	校办企业职工 Employees in School-run Factories & Farms	其他附设机构人员 Personnel in Others Subsidiary Units
初 级 Junior	未定职级 No-Ranking	行政人员 Adm. Personnel	教辅人员 Supporting Staff	工勤人员 Workers			
120274	**39079**	**146005**	**115953**	**53088**	**13164**	**10307**	**30889**
1713	990	12735	10821	4705	4950	458	5885
2034	500	3775	2425	1014	155	100	162
5879	1911	5744	4821	2725	111	369	1064
5186	1788	3274	3219	1344	250	225	801
2522	883	2445	2197	708	40	61	251
4450	977	6737	5195	1897	321	303	893
3310	325	3596	3584	1760	420	382	591
3157	788	5130	4305	2572	652	179	736
1795	676	6751	4469	1469	620	608	736
7005	1511	10388	7898	3446	858	652	3029
2225	1340	6818	4259	1154	529	216	948
5960	1472	3385	3312	1500	209	162	689
4288	1307	4354	3035	1169	255	511	446
4722	1164	3840	2770	1524	161	640	474
9235	1734	6970	7037	3010	560	767	763
9905	2292	5336	4525	2555	157	296	2045
6739	2188	8406	6684	3003	562	1222	1510
4951	2166	6423	5293	2060	242	463	1263
6242	4370	9678	6703	2418	451	566	2088
2766	2038	3165	2159	1355	42	310	2401
840	492	936	758	532	27	3	104
2973	1037	3707	2303	946	101	128	421
7501	2015	6506	4618	3199	324	777	1171
1746	754	2242	1658	471	70	14	64
3042	1278	2682	2134	1340	174	101	319
216	77	227	144	58	10		13
5463	1184	6043	5686	3134	558	522	1024
2014	580	1516	1344	707	156	64	651
278	78	316	412	168	119	157	12
634	300	686	550	198	46		94
1483	864	2194	1635	947	34	51	241

	合计 Total	教职 Educational					
		校本部 Educational Personnel					
		小计 Subtotal	专任教师 Full-time Teachers				
			小计 Subtotal	正高级 Senior	副高级 Sub-senior	中级 Middle
总　计 Total	**2254372**	**2124081**	**1440292**	**169423**	**412692**	**576013**
北　京 Beijing	138776	113977	60852	13091	21089	22064
天　津 Tianjin	46513	45189	29929	4405	9673	11594
河　北 Hebei	98815	95054	65043	8575	18408	25488
山　西 Shanxi	58146	55469	38124	2883	9820	14098
内蒙古 Inner Mongolia	38057	37001	24654	2342	7523	9138
辽　宁 Liaoning	96584	92198	60502	8271	18885	24334
吉　林 Jilin	62505	58557	37022	5428	11362	14176
黑龙江 Heilongjiang	77510	73941	45448	6928	13843	18304
上　海 Shanghai	73348	66910	40118	6781	12610	16498
江　苏 Jiangsu	163592	153178	106023	11964	32457	46353
浙　江 Zhejiang	83843	78717	54154	7196	16437	24111
安　徽 Anhui	75411	72766	53108	4258	14017	20190
福　建 Fujian	62513	59523	41119	4546	11329	15742
江　西 Jiangxi	71620	68293	50205	5033	13715	19828
山　东 Shandong	142370	136716	96058	9952	26465	40535
河　南 Henan	120156	115321	85982	7052	22309	34607
湖　北 Hubei	127921	120141	80665	9998	24373	30244
湖　南 Hunan	96322	91134	62541	6543	18017	25340
广　东 Guangdong	130127	124085	87402	10315	22625	35168
广　西 Guangxi	53344	48366	35027	3445	9160	13456
海　南 Hainan	13188	12942	8290	864	1943	3004
重　庆 Chongqing	52932	50939	35744	3757	9940	14706
四　川 Sichuan	110033	104122	73137	7416	18837	29585
贵　州 Guizhou	32153	31796	22803	2148	7040	8595
云　南 Yunnan	44901	43650	31322	3271	8549	12190
西　藏 Tibet	3485	3442	2369	141	647	993
陕　西 Shaanxi	100881	95401	61500	7459	16590	25434
甘　肃 Gansu	34571	32276	23232	2426	6652	9230
青　海 Qinghai	6668	5899	3717	763	1313	1037
宁　夏 Ningxia	10202	9744	6632	946	1877	2223
新　疆 Xinjiang	27885	27334	17570	1226	5187	7748

教职工情况(普通高校)

in Regular HEIs

单位：人

unit:person

工数(人) Personnel							
教职工 in Main Campus					科研机构人员 Personnel in Affiliated Research Org.	校办企业职工 Employees in School-run Factories & Farms	其他附设机构人员 Personnel in Others Subsidiary Units
初　级 Junior	未定职级 No-Ranking	行政人员 Adm. Personnel	教辅人员 Supporting Staff	工勤人员 Workers			
209811	**72353**	**309534**	**206096**	**168159**	**36706**	**33766**	**59819**
2865	1743	22355	16972	13798	13437	1779	9583
3423	834	7281	4432	3547	496	519	309
9574	2998	13262	8414	8335	310	1359	2092
8378	2945	7412	5207	4726	670	546	1461
4057	1594	5712	3924	2711	96	333	627
7323	1689	14490	9156	8050	1000	1295	2091
5460	596	8561	6100	6874	915	1113	1920
5046	1327	11696	7837	8960	1374	650	1545
2877	1352	12194	8493	6105	1810	2530	2098
12314	2935	22143	14600	10412	2625	2395	5394
3908	2502	13199	7561	3803	1885	946	2295
11594	3049	8170	6526	4962	711	530	1404
7226	2276	9211	5787	3406	755	1465	770
9074	2555	8557	5404	4127	505	1686	1136
15958	3148	18755	12374	9529	1307	2783	1564
17537	4477	12206	8384	8749	460	990	3385
11883	4167	18263	11972	9241	1721	2908	3151
8555	4086	13294	9070	6229	643	1717	2828
11234	8060	18683	12026	5974	1118	1550	3374
5286	3680	6240	3820	3279	106	760	4112
1653	826	2025	1326	1301	61	27	158
5261	2080	7554	4058	3583	372	551	1070
13183	4116	13224	8999	8762	895	2190	2826
3266	1754	4565	2718	1710	179	65	113
5113	2199	5461	3542	3325	403	437	411
424	164	529	252	292	23		20
9999	2018	14075	10429	9397	1705	1747	2028
3639	1285	3920	2748	2376	588	332	1375
472	132	847	716	619	344	401	24
1084	502	1556	878	678	130		328
2145	1264	4094	2371	3299	62	162	327

高等教育学校(机构)
Number of Female Educational

	教 职 Educational					
	合计 Total	校本部 Educational Personnel				
		小计 Subtotal	专任教师 Full-time Teachers			
			小计 Subtotal	正高级 Senior	副高级 Sub-senior	中级 Middle
总　计 Total	**1039161**	**985144**	**680918**	**48151**	**179871**	**298751**
北　京 Beijing	67071	55804	28465	3419	10208	12267
天　津 Tianjin	22233	21816	14967	1400	4653	6483
河　北 Hebei	50104	48568	35590	3573	9730	14701
山　西 Shanxi	29151	27889	20561	1123	4966	7734
内蒙古 Inner Mongolia	19132	18780	13550	984	3989	5188
辽　宁 Liaoning	46688	45174	32030	3047	9673	14198
吉　林 Jilin	29027	27645	19100	2042	5857	7802
黑龙江 Heilongjiang	36845	35283	23768	2772	6882	10340
上　海 Shanghai	32879	30928	18574	1298	5525	9378
江　苏 Jiangsu	73456	68947	47651	2482	12950	23821
浙　江 Zhejiang	37873	36186	24182	1653	6553	12508
安　徽 Anhui	31028	29982	22008	844	4721	9110
福　建 Fujian	28978	27786	19415	1109	4704	8093
江　西 Jiangxi	30294	29027	21239	1442	5132	8999
山　东 Shandong	65022	62962	46455	2960	11720	21235
河　南 Henan	54379	51888	40031	2251	9428	16625
湖　北 Hubei	56249	52964	35109	2224	9456	14636
湖　南 Hunan	44187	42225	28622	1506	7308	12795
广　东 Guangdong	61071	58018	40093	2513	9430	18058
广　西 Guangxi	25573	22822	16369	1020	3880	6759
海　南 Hainan	6353	6219	4025	268	813	1627
重　庆 Chongqing	23379	22733	16015	836	3694	7532
四　川 Sichuan	49693	47421	33530	1856	7505	14879
贵　州 Guizhou	15527	15379	11131	764	3420	4506
云　南 Yunnan	22235	21647	15901	1066	4045	6624
西　藏 Tibet	1576	1553	1124	44	274	513
陕　西 Shaanxi	43470	41378	26979	1842	6634	12098
甘　肃 Gansu	14361	13492	10042	626	2571	4288
青　海 Qinghai	3057	2769	1903	329	701	531
宁　夏 Ningxia	4998	4858	3445	365	934	1214
新　疆 Xinjiang	13272	13001	9044	493	2515	4209

女教职工情况(普通高校)
Personnel in Regular HEIs

单位：人
unit:person

工　数 Personnel							
教职工 in Main Campus					科研机构人员 Personnel in Affiliated Research Org.	校办企业职工 Employees in School-run Factories & Farms	其他附设机构人员 Personnel in Others Subsidiary Units
初级 Junior	未定职级 No-ranking	行政人员 Adm. Personnel	教辅人员 Supporting Staff	工勤人员 Workers			
115940	**38205**	**140871**	**111815**	**51540**	**13044**	**10192**	**30781**
1614	957	12216	10466	4657	4944	454	5869
1938	493	3616	2254	979	155	100	162
5724	1862	5584	4710	2684	103	369	1064
4991	1747	3058	3022	1248	246	223	793
2506	883	2410	2128	692	40	61	251
4149	963	6444	4884	1816	321	302	891
3090	309	3453	3377	1715	409	382	591
3019	755	4888	4134	2493	652	174	736
1706	667	6581	4330	1443	620	596	735
6916	1482	10161	7741	3394	828	652	3029
2168	1300	6709	4171	1124	527	216	944
5875	1458	3293	3209	1472	209	162	675
4229	1280	4247	2977	1147	235	511	446
4535	1131	3706	2636	1446	157	636	474
8825	1715	6751	6862	2894	556	749	755
9458	2269	5065	4303	2489	157	289	2045
6612	2181	8278	6597	2980	553	1222	1510
4867	2146	6321	5253	2029	240	459	1263
5883	4209	9260	6389	2276	442	523	2088
2703	2007	3062	2091	1300	40	310	2401
833	484	907	757	530	27	3	104
2924	1029	3602	2180	936	101	126	419
7308	1982	6258	4516	3117	324	777	1171
1689	752	2191	1601	456	70	14	64
2934	1232	2542	1953	1251	174	100	314
216	77	227	144	58	10		13
5250	1155	5819	5549	3031	558	516	1018
1980	577	1433	1320	697	156	63	650
266	76	309	395	162	119	157	12
632	300	669	547	197	46		94
1100	727	1811	1319	827	25	46	200

	教职 Educational					
	合计 Total	校本部 Educational Personnel				
		小计 Subtotal	专任教师 Full-time Teachers			
			小计 Subtotal	正高级 Senior	副高级 Sub-senior	中级 Middle
总　计 Total	**65612**	**64731**	**39393**	**1789**	**11716**	**16536**
北　京 Beijing	3407	3362	1527	104	472	756
天　津 Tianjin	2024	2024	1101	45	472	437
河　北 Hebei	2047	2035	1212	107	321	467
山　西 Shanxi	3047	3010	1810	60	631	668
内蒙古 Inner Mongolia	548	548	267	8	117	107
辽　宁 Liaoning	4125	4116	2470	118	950	869
吉　林 Jilin	2689	2630	1743	123	572	669
黑龙江 Heilongjiang	3363	3345	2046	146	873	737
上　海 Shanghai	1733	1707	933	28	198	559
江　苏 Jiangsu	2408	2337	1401	170	423	615
浙　江 Zhejiang	1631	1620	1045	34	323	533
安　徽 Anhui	1318	1283	740	14	205	345
福　建 Fujian	1081	1039	621	16	214	224
江　西 Jiangxi	2458	2435	1533	168	467	457
山　东 Shandong	4286	4235	2917	162	842	1106
河　南 Henan	4289	4266	2892	109	753	1288
湖　北 Hubei	1674	1653	1114	29	376	449
湖　南 Hunan	1547	1524	1011	24	327	472
广　东 Guangdong	4755	4656	2814	56	561	1207
广　西 Guangxi	1530	1524	1018	84	298	469
海　南 Hainan	155	155	73	4	12	29
重　庆 Chongqing	1212	1186	624	24	165	316
四　川 Sichuan	2626	2621	1528	17	398	669
贵　州 Guizhou	597	597	361	18	89	131
云　南 Yunnan	1891	1869	946	11	203	427
西　藏 Tibet						
陕　西 Shaanxi	2879	2827	1735	37	417	815
甘　肃 Gansu	610	602	423	8	132	212
青　海 Qinghai	261	261	161	5	39	78
宁　夏 Ningxia	114	114	68	7	32	25
新　疆 Xinjiang	5307	5150	3259	53	834	1400

教职工情况(成人高校)

in Adult HEIs

单位：人

unit：person

工　数 Personnel							
教职工 in Main Campus					科研机构人员 Personnel in Affiliated Research Org.	校办企业职工 Employees in School-run Factories & Farms	其他附设机构人员 Personnel in Others Subsidiary Units
		行政人员 Adm. Personnel	教辅人员 Supporting Staff	工勤人员 Workers			
初　级 Junior	未定职级 No-ranking						
7810	**1542**	**11854**	**7960**	**5524**	**258**	**290**	**333**
149	46	954	630	251	11	6	28
138	9	372	361	190			
242	75	380	241	202	12		
380	71	573	358	269	4	18	15
34	1	106	113	62			
493	40	640	588	418		5	4
361	18	351	324	212	17		42
239	51	587	349	363		18	
137	11	320	295	159		24	2
156	37	462	318	156	71		
105	50	299	196	80	3		8
148	28	240	191	112			35
130	37	262	104	52	42		
374	67	378	250	274	15	8	
771	36	592	360	366	10	30	11
710	32	696	440	238		23	
242	18	305	154	80	21		
157	31	267	103	143	5	16	2
599	391	930	558	354	25	69	5
120	47	229	133	144	6		
17	11	59	10	13			
102	17	242	230	90		18	8
389	55	590	212	291			5
121	2	118	91	27			
219	86	342	416	165		6	16
420	46	512	256	324		15	37
67	4	115	35	29		6	2
26	13	40	40	20			
3	1	30	7	9			
761	211	863	597	431	16	28	113

高等教育学校(机构)

Number of Female Educational

	教职 Educational					
	合计 Total	校本部 Educational Personnel				
		小计 Subtotal	专任教师 Full-time Teachers			
			小计 Subtotal	正高级 Senior	副高级 Sub-senior	中级 Middle
总　计 Total	**31820**	**31477**	**20657**	**759**	**5751**	**8939**
北　京 Beijing	1937	1911	989	46	298	513
天　津 Tianjin	1035	1035	670	21	262	284
河　北 Hebei	1072	1064	752	57	194	297
山　西 Shanxi	1499	1485	976	22	308	410
内蒙古 Inner Mongolia	280	280	160	3	74	67
辽　宁 Liaoning	2152	2149	1464	62	537	550
吉　林 Jilin	1437	1426	1031	77	314	404
黑龙江 Heilongjiang	1541	1536	1044	69	422	382
上　海 Shanghai	873	860	525	8	94	325
江　苏 Jiangsu	1178	1148	712	42	207	345
浙　江 Zhejiang	761	755	528	10	149	272
安　徽 Anhui	560	546	323	2	81	141
福　建 Fujian	523	503	316	4	87	139
江　西 Jiangxi	1022	1014	668	61	203	184
山　东 Shandong	1965	1935	1425	80	355	561
河　南 Henan	2166	2159	1600	56	377	697
湖　北 Hubei	803	794	556	7	171	244
湖　南 Hunan	631	625	452	14	137	197
广　东 Guangdong	2405	2353	1479	19	281	659
广　西 Guangxi	734	732	506	30	132	250
海　南 Hainan	74	74	42	2	10	15
重　庆 Chongqing	524	520	282	5	52	168
四　川 Sichuan	1111	1111	679	1	181	271
贵　州 Guizhou	314	314	191	13	48	71
云　南 Yunnan	839	833	423		76	193
西　藏 Tibet						
陕　西 Shaanxi	1308	1296	832	13	182	395
甘　肃 Gansu	312	310	193	3	56	97
青　海 Qinghai	102	102	72	2	22	34
宁　夏 Ningxia	51	51	30	5	12	11
新　疆 Xinjiang	2611	2556	1737	25	429	763

女教职工情况（成人高校）
Personnel in Adult HEIs

单位：人
unit：person

工　数 Personnel							
教职工 in Main Campus					科研机构人员 Personnel in Affiliated Research Org.	校办企业职工 Employees in School-run Factories & Farms	其他附设机构人员 Personnel in Others Subsidiary Units
		行政人员 Adm. Personnel	教辅人员 Supporting Staff	工勤人员 Workers			
初　级 Junior	未定职级 No-ranking						
4334	**874**	**5134**	**4138**	**1548**	**120**	**115**	**108**
99	33	519	355	48	6	4	16
96	7	159	171	35			
155	49	160	111	41	8		
195	41	216	197	96	4	2	8
16		35	69	16			
301	14	293	311	81		1	2
220	16	143	207	45	11		
138	33	242	171	79		5	
89	9	170	139	26		12	1
89	29	227	157	52	30		
57	40	109	88	30	2		4
85	14	92	103	28			14
59	27	107	58	22	20		
187	33	134	134	78	4	4	
410	19	219	175	116	4	18	8
447	23	271	222	66		7	
127	7	128	87	23	9		
84	20	102	40	31	2	4	
359	161	418	314	142	9	43	
63	31	103	68	55	2		
7	8	29	1	2			
49	8	105	123	10		2	2
193	33	248	102	82			
57	2	51	57	15			
108	46	140	181	89		1	5
213	29	224	137	103		6	6
34	3	83	24	10		1	1
12	2	7	17	6			
2		17	3	1			
383	137	383	316	120	9	5	41

高等教育学校(机构)教职工
Number of Educational Personnel

		教职 Educational					
		校本部 Educational Personnel					
	合计 Total	小计 Subtotal	专任教师 Full-time Teachers				
			小计 Subtotal	正高级 Senior	副高级 Sub-senior	中级 Middle
总　计 Total	**31941**	**31401**	**14868**	**1517**	**2952**	**4947**
北　京 Beijing	6119	6104	2521	350	574	697
天　津 Tianjin						
河　北 Hebei	799	793	446	78	123	142
山　西 Shanxi	2295	2111	1272	203	256	379
内蒙古 Inner Mongolia						
辽　宁 Liaoning	1555	1555	934	53	233	533
吉　林 Jilin	1338	1316	624	132	128	284
黑龙江 Heilongjiang	700	700	408	26	80	165
上　海 Shanghai	5389	5379	1558	181	311	453
江　苏 Jiangsu						
浙　江 Zhejiang	2093	2089	806	29	81	295
安　徽 Anhui	1007	982	671	11	28	68
福　建 Fujian						
江　西 Jiangxi	777	736	386	41	71	152
山　东 Shandong	4936	4783	2972	243	587	1003
河　南 Henan	904	844	428	40	71	163
湖　北 Hubei	746	746	162	17	65	50
湖　南 Hunan	330	330	156	16	32	51
广　东 Guangdong	1271	1269	678	31	110	278
广　西 Guangxi						
海　南 Hainan						
重　庆 Chongqing	655	644	331	16	106	141
四　川 Sichuan	658	658	335	17	35	58
贵　州 Guizhou						
云　南 Yunnan						
西　藏 Tibet						
陕　西 Shaanxi						
甘　肃 Gansu	369	362	180	33	61	35
青　海 Qinghai						
宁　夏 Ningxia						
新　疆 Xinjiang						

情况（民办的其他高等教育机构）
in Other Non-government HEIs

单位：人
unit：person

工　数 Personnel							
教职工 in Main Campus					科研机构人员 Personnel in Affiliated Research Org.	校办企业职工 Employees in School-run Factories & Farms	其他附设机构人员 Personnel in Others Subsidiary Units
		行政人员 Adm. Personnel	教辅人员 Supporting Staff	工勤人员 Workers			
初　级 Junior	未定职级 No-ranking						
2406	**3046**	**8582**	**4494**	**3457**	**53**	**278**	**209**
357	543	1786	1042	755		4	11
78	25	167	103	77			6
236	198	391	250	198	2	171	11
110	5	350	182	89			
45	35	215	107	370			22
96	41	138	62	92			
102	511	2181	1279	361	10		
224	177	623	317	343	2	2	
40	524	153	88	70	7	16	2
97	25	167	91	92	8	20	13
646	493	1012	356	443	22	62	69
78	76	216	121	79			60
16	14	279	167	138			
32	25	95	50	29			
105	154	345	125	121	2		
46	22	177	76	60		3	8
65	160	164	47	112			
33	18	123	31	28			7

高等教育学校(机构)

Number of Female Educational Personnel

	教职 Educational					
	合计 Total	校本部 Educational Personnel				
		小计 Subtotal	专任教师 Full-time Teachers			
			小计 Subtotal	正高级 Senior	副高级 Sub-senior	中级 Middle
总 计 Total	**16366**	**16059**	**7408**	**531**	**1293**	**2539**
北 京 Beijing	3068	3059	1182	89	230	346
天 津 Tianjin						
河 北 Hebei	417	411	244	25	55	91
山 西 Shanxi	1123	1004	637	112	113	196
内蒙古 Inner Mongolia						
辽 宁 Liaoning	875	875	509	37	134	286
吉 林 Jilin	750	734	355	40	67	199
黑龙江 Heilongjiang	465	465	268	10	53	109
上 海 Shanghai	2985	2980	752	48	110	226
江 苏 Jiangsu						
浙 江 Zhejiang	1254	1252	495	13	40	182
安 徽 Anhui	457	446	315	2	6	30
福 建 Fujian						
江 西 Jiangxi	315	295	152	14	22	63
山 东 Shandong	2347	2256	1478	90	275	475
河 南 Henan	400	377	187	10	20	82
湖 北 Hubei	405	405	74	6	29	22
湖 南 Hunan	184	184	101	11	16	38
广 东 Guangdong	537	536	258	7	35	93
广 西 Guangxi						
海 南 Hainan						
重 庆 Chongqing	299	295	144	5	39	63
四 川 Sichuan	315	315	165	3	11	26
贵 州 Guizhou						
云 南 Yunnan						
西 藏 Tibet						
陕 西 Shaanxi						
甘 肃 Gansu	170	170	92	9	38	12
青 海 Qinghai						
宁 夏 Ningxia						
新 疆 Xinjiang						

女教职工情况（民办的其他高等教育机构）
in Other Non-government HEIs

单位：人
unit: person

工 数 Personnel							
教职工 in Main Campus					科研机构人员 Personnel in Affiliated Research Org.	校办企业职工 Employees in School-run Factories & Farms	其他附设机构人员 Personnel in Others Subsidiary Units
初 级 Junior	未定职级 No-ranking	行政人员 Adm. Personnel	教辅人员 Supporting Staff	工勤人员 Workers			
1381	**1664**	**4488**	**2595**	**1568**	**15**	**179**	**113**
219	298	926	593	358		2	7
59	14	73	60	34			6
147	69	165	132	70	2	115	2
49	3	187	123	56			
24	25	115	58	206			16
72	24	96	48	53			
58	310	1239	826	163	5		
145	115	362	213	182	1	1	
19	258	78	27	26	1	9	1
44	9	70	34	39		13	7
339	299	493	152	133	5	39	47
36	39	109	58	23			23
11	6	160	97	74			
24	12	46	27	10			
45	78	162	70	46	1		
27	10	77	41	33			4
42	83	76	23	51			
21	12	54	13	11			

专任教师学历、职称情况(总计)

Number of Full-time Teacher by Academic Qualification and Professional Rank(Total)

单位：人

unit: person

	合计 Total	按学历分 By Academic Qualification				按职称分 By Professional Rank				
		博士 Doctor's Degrees	硕士 Master's Degrees	本科 Normal Courses	专科及以下 Short-cycle Courses and Under	正高级 Senior	副高级 Sub-Senior	中级 Middle	初级 Junior	未定职级 No-ranking
总 计 Total	**1479685**	**255261**	**522024**	**679880**	**22520**	**171212**	**424408**	**592549**	**217621**	**73895**
北 京 Beijing	62379	29828	18447	13388	716	13195	21561	22820	3014	1789
天 津 Tianjin	31030	8234	10663	11794	339	4450	10145	12031	3561	843
河 北 Hebei	66255	6882	22832	35670	871	8682	18729	25955	9816	3073
山 西 Shanxi	39934	3326	13911	21835	862	2943	10451	14766	8758	3016
内蒙古 Inner Mongolia	24921	2162	8878	13255	626	2350	7640	9245	4091	1595
辽 宁 Liaoning	62972	11107	23384	27689	792	8389	19835	25203	7816	1729
吉 林 Jilin	38765	6896	14887	16374	608	5551	11934	14845	5821	614
黑龙江 Heilongjiang	47494	8473	15425	23230	366	7074	14716	19041	5285	1378
上 海 Shanghai	41051	16771	13538	10062	680	6809	12808	17057	3014	1363
江 苏 Jiangsu	107424	23317	36624	46579	904	12134	32880	46968	12470	2972
浙 江 Zhejiang	55199	12523	18901	23186	589	7230	16760	24644	4013	2552
安 徽 Anhui	53848	6251	22041	25024	532	4272	14222	20535	11742	3077
福 建 Fujian	41740	7025	14398	19810	507	4562	11543	15966	7356	2313
江 西 Jiangxi	51738	4846	15305	30687	900	5201	14182	20285	9448	2622
山 东 Shandong	98975	14208	35643	47576	1548	10114	27307	41641	16729	3184
河 南 Henan	88874	9612	32241	45936	1085	7161	23062	35895	18247	4509
湖 北 Hubei	81779	15453	29449	35575	1302	10027	24749	30693	12125	4185
湖 南 Hunan	63552	8459	20505	33411	1177	6567	18344	25812	8712	4117
广 东 Guangdong	90216	17161	33343	38056	1656	10371	23186	36375	11833	8451
广 西 Guangxi	36045	3517	14843	17251	434	3529	9458	13925	5406	3727
海 南 Hainan	8363	1007	2705	4518	133	868	1955	3033	1670	837
重 庆 Chongqing	36368	5609	14201	15885	673	3781	10105	15022	5363	2097
四 川 Sichuan	74665	10175	27148	35042	2300	7433	19235	30254	13572	4171
贵 州 Guizhou	23164	1660	7694	13222	588	2166	7129	8726	3387	1756
云 南 Yunnan	32268	3722	11204	16759	583	3282	8752	12617	5332	2285
西 藏 Tibet	2369	170	989	1155	55	141	647	993	424	164
陕 西 Shaanxi	63235	11688	23923	27060	564	7496	17007	26249	10419	2064
甘 肃 Gansu	23655	2669	8927	11725	334	2434	6784	9442	3706	1289
青 海 Qinghai	3878	228	944	2555	151	768	1352	1115	498	145
宁 夏 Ningxia	6700	604	2090	3869	137	953	1909	2248	1087	503
新 疆 Xinjiang	20829	1678	6941	11702	508	1279	6021	9148	2906	1475

注:不含民办的其他高等教育机构数据。

Note: Date of Non-government HEIs are not included.

专任教师学历、职称情况(普通高校)

Number of Full-time Teacher by Academic Qualification and Professional Rank (Regular HEIs)

单位：人

unit: person

	合计 Total	按学历分 By Academic Qualification				按职称分 By Professional Rank				
		博士 Doctor's Degrees	硕士 Master's Degrees	本科 Normal Courses	专科及以下 Short-cycle Courses and Under	正高级 Senior	副高级 Sub-Senior	中级 Middle	初级 Junior	未定职级 No-ranking
总计 Total	**1440292**	**254399**	**513793**	**651623**	**20477**	**169423**	**412692**	**576013**	**209811**	**72353**
北京 Beijing	60852	29631	17883	12647	691	13091	21089	22064	2865	1743
天津 Tianjin	29929	8185	10517	10934	293	4405	9673	11594	3423	834
河北 Hebei	65043	6870	22515	34821	837	8575	18408	25488	9574	2998
山西 Shanxi	38124	3318	13555	20482	769	2883	9820	14098	8378	2945
内蒙古 Inner Mongolia	24654	2161	8839	13030	624	2342	7523	9138	4057	1594
辽宁 Liaoning	60502	11087	22980	25756	679	8271	18885	24334	7323	1689
吉林 Jilin	37022	6856	14425	15234	507	5428	11362	14176	5460	596
黑龙江 Heilongjiang	45448	8456	15212	21514	266	6928	13843	18304	5046	1327
上海 Shanghai	40118	16735	13233	9490	660	6781	12610	16498	2877	1352
江苏 Jiangsu	106023	23185	36150	45827	861	11964	32457	46353	12314	2935
浙江 Zhejiang	54154	12473	18664	22456	561	7196	16437	24111	3908	2502
安徽 Anhui	53108	6247	21897	24454	510	4258	14017	20190	11594	3049
福建 Fujian	41119	7006	14203	19418	492	4546	11329	15742	7226	2276
江西 Jiangxi	50205	4806	14982	29533	884	5033	13715	19828	9074	2555
山东 Shandong	96058	14182	34825	45629	1422	9952	26465	40535	15958	3148
河南 Henan	85982	9566	31682	43756	978	7052	22309	34607	17537	4477
湖北 Hubei	80665	15446	29158	34779	1282	9998	24373	30244	11883	4167
湖南 Hunan	62541	8447	20393	32605	1096	6543	18017	25340	8555	4086
广东 Guangdong	87402	17110	32751	36066	1475	10315	22625	35168	11234	8060
广西 Guangxi	35027	3475	14473	16652	427	3445	9160	13456	5286	3680
海南 Hainan	8290	1007	2693	4457	133	864	1943	3004	1653	826
重庆 Chongqing	35744	5601	14018	15545	580	3757	9940	14706	5261	2080
四川 Sichuan	73137	10163	26942	34096	1936	7416	18837	29585	13183	4116
贵州 Guizhou	22803	1657	7630	12954	562	2148	7040	8595	3266	1754
云南 Yunnan	31322	3714	11133	15945	530	3271	8549	12190	5113	2199
西藏 Tibet	2369	170	989	1155	55	141	647	993	424	164
陕西 Shaanxi	61500	11684	23581	25765	470	7459	16590	25434	9999	2018
甘肃 Gansu	23232	2667	8871	11399	295	2426	6652	9230	3639	1285
青海 Qinghai	3717	228	924	2456	109	763	1313	1037	472	132
宁夏 Ningxia	6632	604	2090	3804	134	946	1877	2223	1084	502
新疆 Xinjiang	17570	1662	6585	8964	359	1226	5187	7748	2145	1264

专任教师学历、职称情况(成人高校)

Number of Full-time Teacher by Academic Qualification and Professional Rank (Adult HEIs)

单位:人

unit: person

	合计 Total	按学历分 By Academic Qualification				按职称分 By Professional Rank				
		博士 Doctor's Degrees	硕士 Master's Degrees	本科 Normal Courses	专科及以下 Short-cycle Courses and Under	正高级 Senior	副高级 Sub-Senior	中级 Middle	初级 Junior	未定职级 No-ranking
总计 Total	**39393**	**862**	**8231**	**28257**	**2043**	**1789**	**11716**	**16536**	**7810**	**1542**
北京 Beijing	1527	197	564	741	25	104	472	756	149	46
天津 Tianjin	1101	49	146	860	46	45	472	437	138	9
河北 Hebei	1212	12	317	849	34	107	321	467	242	75
山西 Shanxi	1810	8	356	1353	93	60	631	668	380	71
内蒙古 Inner Mongolia	267	1	39	225	2	8	117	107	34	1
辽宁 Liaoning	2470	20	404	1933	113	118	950	869	493	40
吉林 Jilin	1743	40	462	1140	101	123	572	669	361	18
黑龙江 Heilongjiang	2046	17	213	1716	100	146	873	737	239	51
上海 Shanghai	933	36	305	572	20	28	198	559	137	11
江苏 Jiangsu	1401	132	474	752	43	170	423	615	156	37
浙江 Zhejiang	1045	50	237	730	28	34	323	533	105	50
安徽 Anhui	740	4	144	570	22	14	205	345	148	28
福建 Fujian	621	19	195	392	15	16	214	224	130	37
江西 Jiangxi	1533	40	323	1154	16	168	467	457	374	67
山东 Shandong	2917	26	818	1947	126	162	842	1106	771	36
河南 Henan	2892	46	559	2180	107	109	753	1288	710	32
湖北 Hubei	1114	7	291	796	20	29	376	449	242	18
湖南 Hunan	1011	12	112	806	81	24	327	472	157	31
广东 Guangdong	2814	51	592	1990	181	56	561	1207	599	391
广西 Guangxi	1018	42	370	599	7	84	298	469	120	47
海南 Hainan	73		12	61		4	12	29	17	11
重庆 Chongqing	624	8	183	340	93	24	165	316	102	17
四川 Sichuan	1528	12	206	946	364	17	398	669	389	55
贵州 Guizhou	361	3	64	268	26	18	89	131	121	2
云南 Yunnan	946	8	71	814	53	11	203	427	219	86
西藏 Tibet										
陕西 Shaanxi	1735	4	342	1295	94	37	417	815	420	46
甘肃 Gansu	423	2	56	326	39	8	132	212	67	4
青海 Qinghai	161		20	99	42	5	39	78	26	13
宁夏 Ningxia	68			65	3	7	32	25	3	1
新疆 Xinjiang	3259	16	356	2738	149	53	834	1400	761	211

专任教师学历、职称情况(民办的其他高等教育机构)

Number of Full-time Teacher by Academic Qualification and Professional Rank (Other Non-government HEIs)

单位：人

unit: person

	合计 Total	按学历分 By Academic Qualification				按职称分 By Professional Rank				
		博士 Doctor's Degrees	硕士 Master's Degrees	本科 Normal Courses	专科及以下 Short-cycle Courses and Under	正高级 Senior	副高级 Sub-Senior	中级 Middle	初级 Junior	未定职级 No-ranking
总 计 Total	**14868**	**538**	**3010**	**10107**	**1213**	**1517**	**2952**	**4947**	**2406**	**3046**
北 京 Beijing	2521	169	720	1504	128	350	574	697	357	543
天 津 Tianjin										
河 北 Hebei	446	7	72	316	51	78	123	142	78	25
山 西 Shanxi	1272	47	249	878	98	203	256	379	236	198
内蒙古 Inner Mongolia										
辽 宁 Liaoning	934		187	725	22	53	233	533	110	5
吉 林 Jilin	624	61	304	234	25	132	128	284	45	35
黑龙江 Heilongjiang	408		19	325	64	26	80	165	96	41
上 海 Shanghai	1558	93	382	971	112	181	311	453	102	511
江 苏 Jiangsu										
浙 江 Zhejiang	806	6	130	625	45	29	81	295	224	177
安 徽 Anhui	671	6	63	563	39	11	28	68	40	524
福 建 Fujian										
江 西 Jiangxi	386	11	75	265	35	41	71	152	97	25
山 东 Shandong	2972	65	410	2118	379	243	587	1003	646	493
河 南 Henan	428	12	67	270	79	40	71	163	78	76
湖 北 Hubei	162	20	43	92	7	17	65	50	16	14
湖 南 Hunan	156	17	41	83	15	16	32	51	32	25
广 东 Guangdong	678	17	170	435	56	31	110	278	105	154
广 西 Guangxi										
海 南 Hainan										
重 庆 Chongqing	331		25	289	17	16	106	141	46	22
四 川 Sichuan	335	5	30	263	37	17	35	58	65	160
贵 州 Guizhou										
云 南 Yunnan										
西 藏 Tibet										
陕 西 Shaanxi										
甘 肃 Gansu	180	2	23	151	4	33	61	35	33	18
青 海 Qinghai										
宁 夏 Ningxia										
新 疆 Xinjiang										

聘请校外教师学历情况(总计)

Number of Part-time Teacher by Academic Qualification (Total)

单位：人

unit: person

	合计 Total	博士 Doctor's Degrees	硕士 Master's Degrees	本科 Normal Courses	专科及以下 Short-cycle Courses and Under
总计 Total	**431517**	**58738**	**139391**	**210995**	**22393**
北京 Beijing	15875	4835	5106	5332	602
天津 Tianjin	9282	914	2666	5102	600
河北 Hebei	17126	1951	5196	8949	1030
山西 Shanxi	5877	620	1839	3134	284
内蒙古 Inner Mongolia	6580	506	1848	3848	378
辽宁 Liaoning	14274	1954	5208	6666	446
吉林 Jilin	8232	1489	2176	4015	552
黑龙江 Heilongjiang	15362	3076	5895	6000	391
上海 Shanghai	13495	3388	4627	5011	469
江苏 Jiangsu	36757	5001	12176	17334	2246
浙江 Zhejiang	23256	2369	5476	13198	2213
安徽 Anhui	16827	2599	6784	7061	383
福建 Fujian	10766	1489	2882	5673	722
江西 Jiangxi	12020	1155	4484	5968	413
山东 Shandong	33907	4213	10417	17480	1797
河南 Henan	21538	2416	8283	10416	423
湖北 Hubei	27025	4976	9956	10927	1166
湖南 Hunan	17026	2244	4767	9531	484
广东 Guangdong	29313	2252	7785	16056	3220
广西 Guangxi	9791	760	3073	5406	552
海南 Hainan	2461	350	770	1262	79
重庆 Chongqing	13358	1636	4989	6414	319
四川 Sichuan	21597	2927	6262	11325	1083
贵州 Guizhou	4681	229	1559	2663	230
云南 Yunnan	8885	846	2850	4225	964
西藏 Tibet	234	35	81	118	
陕西 Shaanxi	19071	2538	7605	8529	399
甘肃 Gansu	7711	1294	1838	4196	383
青海 Qinghai	619	17	66	417	119
宁夏 Ningxia	1755	60	506	1122	67
新疆 Xinjiang	6816	599	2221	3617	379

注:不含民办的其他高等教育机构数据。

Note: Date of Non-government HEIs are not included.

聘请校外教师学历情况(普通高校)

Number of Part-time Teacher by Academic Qualification (Regular HEIs)

单位：人

unit: person

	合计 Total	博士 Doctor's Degrees	硕士 Master's Degrees	本科 Normal Courses	专科及以下 Short-cycle Courses and Under
总计 Total	**387673**	**57914**	**130956**	**178211**	**20592**
北京 Beijing	15347	4800	4976	4989	582
天津 Tianjin	7108	903	2397	3286	522
河北 Hebei	15625	1933	4922	7866	904
山西 Shanxi	5191	608	1681	2633	269
内蒙古 Inner Mongolia	6454	506	1825	3757	366
辽宁 Liaoning	12471	1948	4804	5308	411
吉林 Jilin	6792	1473	2025	2796	498
黑龙江 Heilongjiang	14074	3049	5719	4949	357
上海 Shanghai	13019	3338	4430	4782	469
江苏 Jiangsu	33309	4941	11713	14494	2161
浙江 Zhejiang	19247	2304	4706	10122	2115
安徽 Anhui	16565	2594	6688	6900	383
福建 Fujian	9940	1481	2754	4999	706
江西 Jiangxi	11750	1151	4372	5816	411
山东 Shandong	33054	4194	10185	16886	1789
河南 Henan	19177	2378	7805	8627	367
湖北 Hubei	26768	4960	9847	10800	1161
湖南 Hunan	16796	2244	4736	9344	472
广东 Guangdong	24698	2216	7024	12541	2917
广西 Guangxi	9117	756	2955	4858	548
海南 Hainan	2410	350	746	1235	79
重庆 Chongqing	12079	1605	4258	5902	314
四川 Sichuan	16112	2732	5402	7182	796
贵州 Guizhou	4563	227	1538	2589	209
云南 Yunnan	8549	844	2787	4063	855
西藏 Tibet	234	35	81	118	
陕西 Shaanxi	14911	2424	6389	5839	259
甘肃 Gansu	4981	1290	1704	1815	172
青海 Qinghai	579	17	66	395	101
宁夏 Ningxia	1655	60	502	1026	67
新疆 Xinjiang	5098	553	1919	2294	332

聘请校外教师学历情况（成人高校）
Number of Part-time Teacher by Academic Qualification（Adult HEIs）

单位：人
unit：person

	合计 Total	博士 Doctor's Degrees	硕士 Master's Degrees	本科 Normal Courses	专科及以下 Short-cycle Courses and Under
总计 Total	**43844**	**824**	**8435**	**32784**	**1801**
北京 Beijing	528	35	130	343	20
天津 Tianjin	2174	11	269	1816	78
河北 Hebei	1501	18	274	1083	126
山西 Shanxi	686	12	158	501	15
内蒙古 Inner Mongolia	126		23	91	12
辽宁 Liaoning	1803	6	404	1358	35
吉林 Jilin	1440	16	151	1219	54
黑龙江 Heilongjiang	1288	27	176	1051	34
上海 Shanghai	476	50	197	229	
江苏 Jiangsu	3448	60	463	2840	85
浙江 Zhejiang	4009	65	770	3076	98
安徽 Anhui	262	5	96	161	
福建 Fujian	826	8	128	674	16
江西 Jiangxi	270	4	112	152	2
山东 Shandong	853	19	232	594	8
河南 Henan	2361	38	478	1789	56
湖北 Hubei	257	16	109	127	5
湖南 Hunan	230		31	187	12
广东 Guangdong	4615	36	761	3515	303
广西 Guangxi	674	4	118	548	4
海南 Hainan	51		24	27	
重庆 Chongqing	1279	31	731	512	5
四川 Sichuan	5485	195	860	4143	287
贵州 Guizhou	118	2	21	74	21
云南 Yunnan	336	2	63	162	109
西藏 Tibet					
陕西 Shaanxi	4160	114	1216	2690	140
甘肃 Gansu	2730	4	134	2381	211
青海 Qinghai	40			22	18
宁夏 Ningxia	100		4	96	
新疆 Xinjiang	1718	46	302	1323	47

聘请校外教师学历情况(民办的其他高等教育机构)
Number of Part-time Teacher by Academic Qualification (Other Non-government HEIs)

单位：人
unit: person

	合计 Total	博士 Doctor's Degrees	硕士 Master's Degrees	本科 Normal Courses	专科及以下 Short-cycle Courses and Under
总计 Total	**15710**	**1467**	**4647**	**8895**	**701**
北京 Beijing					
天津 Tianjin					
河北 Hebei	2245	210	767	1189	79
山西 Shanxi					
内蒙古 Inner Mongolia	327	12	128	173	14
辽宁 Liaoning	741	90	109	490	52
吉林 Jilin					
黑龙江 Heilongjiang	489	43	152	294	
上海 Shanghai	273	48	105	104	16
江苏 Jiangsu	201		32	160	9
浙江 Zhejiang	5339	603	1355	3119	262
安徽 Anhui					
福建 Fujian	854	25	221	579	29
江西 Jiangxi	315	33	90	190	2
山东 Shandong					
河南 Henan	179	4	44	127	4
湖北 Hubei	1367	117	448	655	147
湖南 Hunan	1359	95	305	881	78
广东 Guangdong	692	79	285	327	1
广西 Guangxi	164	1	117	46	
海南 Hainan	381	71	148	157	5
重庆 Chongqing					
四川 Sichuan					
贵州 Guizhou	269	3	117	149	
云南 Yunnan	185	12	80	90	3
西藏 Tibet					
陕西 Shaanxi					
甘肃 Gansu					
青海 Qinghai					
宁夏 Ningxia	330	21	144	165	
新疆 Xinjiang					

	占地面积(平方米) Area of School Sites (m^2)			图书(万册) Books & Magazines in Libraries (10,000 volume)	
	合计 Total	其中:绿化用地面积 of Which: Green Areas	其中:运动场地面积 of Which: Sports Areas	合计 Total	当年新增 New Added in Current Year
总　计 Total	**1650003758**	**510326630**	**125994001**	**214857.71**	**12233.84**
北　京 Beijing	43158369	13055968	3538891	10689.63	521.10
天　津 Tianjin	34281577	9463586	2772591	4645.03	210.33
河　北 Hebei	68206109	17212094	7600030	8935.80	458.82
山　西 Shanxi	32258072	7291723	2925240	5083.07	224.72
内蒙古 Inner Mongolia	35419845	7852739	2606191	3229.15	168.15
辽　宁 Liaoning	62500916	17374165	5137178	8182.85	490.15
吉　林 Jilin	40370403	11151896	3123416	5570.34	391.92
黑龙江 Heilongjiang	57870386	14338620	4704730	6925.46	303.33
上　海 Shanghai	34095011	12481527	2814287	6782.48	299.89
江　苏 Jiangsu	125523721	43567008	8499422	15362.09	847.14
浙　江 Zhejiang	53476698	17638273	4885971	8928.73	571.40
安　徽 Anhui	64093308	21135413	5508047	7692.54	469.28
福　建 Fujian	49361220	15491420	3681422	6170.12	494.56
江　西 Jiangxi	68976666	26676983	5377173	7706.33	393.26
山　东 Shandong	126565446	40000596	9006266	15275.06	735.68
河　南 Henan	104673901	29279818	7761083	12940.46	775.81
湖　北 Hubei	87258642	29846348	6838342	12022.93	627.67
湖　南 Hunan	72211711	21604458	5018374	9379.03	367.97
广　东 Guangdong	95142273	31967500	6643700	13011.54	844.64
广　西 Guangxi	44228000	11923148	2912971	5078.00	295.59
海　南 Hainan	12956435	4864507	856544	1300.43	73.49
重　庆 Chongqing	48538914	18095955	3407169	5126.66	394.18
四　川 Sichuan	84045435	25453910	5586220	10186.67	803.22
贵　州 Guizhou	31092243	10630650	2125524	3234.54	188.29
云　南 Yunnan	36831025	11889601	2703864	4569.11	333.38
西　藏 Tibet	3207952	786864	235323	304.36	16.22
陕　西 Shaanxi	57966201	14286403	4727266	9335.51	525.57
甘　肃 Gansu	25063181	7591897	1815842	3146.72	209.29
青　海 Qinghai	3954320	1272417	344892	467.03	10.11
宁　夏 Ningxia	10703030	3921068	718281	789.88	49.45
新　疆 Xinjiang	35972748	12180075	2117751	2786.16	139.23

注:不含民办的其他高等教育机构数据。

Note: Date of Non-government HEIs are not included.

产权）（总计）

Resources（Owned by HEIs）（Total）

计算机数（台）No. of Computers		多媒体教室座位数（个）No. of Seats in Multimedia Class Rooms	语音实验室座位数（个）No. of Seats in Audio Labs	固定资产值（万元）Fixed Assets（10,000 yuan）				
合计 Total	其中：教学用计算机 of Which：No. of Computers Used for Instruction			合计 Total	其中：教学、科研仪器设备资产 of Which：Teaching Equipment & Instruments		其中：信息化设备资产值 of Which：Assets of Information Facilities	
					小计 Subtotal	当年新增 New Added in Current Year	小计 Subtotal	其中：软件 of Which：Software
8987462	**6853344**	**21659727**	**1624041**	**140747316.69**	**29442981.76**	**3632367.74**	**8320394.26**	**1099148.26**
640341	386768	1005235	47981	11423281.24	3739237.30	504007.97	971375.02	185587.12
187087	137636	397496	26114	2753550.43	755503.95	121540.51	179520.73	22641.84
336147	275794	928651	86399	4833708.52	941042.34	110640.79	223284.63	24415.99
154600	126888	433866	35816	2208697.68	492841.42	46058.51	125028.68	11930.26
123966	105932	356580	22917	2143088.03	381619.67	48462.46	108973.28	10081.92
379827	306899	758623	70792	5567685.20	1033982.51	146456.45	346102.55	39589.73
218036	157443	430085	43096	3545905.94	707454.39	87406.40	211184.08	17278.92
274290	225394	586794	44938	4838825.23	1008724.31	117412.35	224555.55	26406.81
389932	266595	669671	37402	6193315.28	1680375.88	231305.18	471196.07	67393.08
822703	642049	1920075	155705	13201930.79	2576726.35	337168.83	743078.96	87206.88
477038	354411	1081366	58683	6841032.03	1466492.58	199706.81	488436.48	62737.49
272952	217123	720822	56264	4147605.23	884741.89	127541.73	184170.71	16133.85
258707	200615	686249	60635	3957769.74	764910.46	90271.81	235466.30	38639.14
290859	236193	671022	85342	4055991.39	663364.20	67599.08	207863.72	20212.93
546018	432396	1505459	105213	9387168.36	1665525.79	157620.02	501580.32	46509.03
432826	355573	1309164	90180	5942598.12	1115407.68	132440.63	318317.36	24673.07
507355	379922	1256785	78810	7346209.29	1519153.96	166843.39	380963.87	46457.60
348532	269546	881143	70190	5225454.94	960388.08	93604.14	273680.72	31260.33
570017	444262	1696127	83775	8636256.61	1750565.74	207286.98	547774.63	86111.74
188215	158923	466947	42902	2199793.91	521602.60	69605.86	126906.63	13617.88
46294	37629	154329	12670	858486.26	141041.65	21206.59	35611.10	4738.14
223069	168445	630654	37542	4242429.57	578644.52	77808.60	217403.90	25985.18
384125	288547	1126516	78435	6320834.98	1317266.58	159464.70	396485.14	103318.49
110611	89258	276344	35610	1399468.19	286343.61	43178.62	104301.01	9344.25
164307	126601	469996	39636	3428709.28	385332.24	44774.94	152905.18	13160.41
8028	6521	35722	1693	178367.21	31278.28	4043.92	13891.93	1999.14
367441	255357	686059	69556	6148061.55	1269175.39	117838.13	295099.48	39257.13
114193	82893	220881	18252	1689878.27	357642.49	34392.94	98224.18	7488.70
16539	13235	26988	2646	155369.42	45557.66	7095.37	12556.60	522.94
37630	30831	75628	4971	553381.78	114598.75	20548.46	38261.00	4769.97
95777	73665	194450	19876	1322462.22	286439.49	39035.57	86194.45	9678.30

	占地面积(平方米) Area of School Sites (m^2)			图书(万册) Books & Magazines in Libraries (10,000 volume)	
	合计 Total	其中:绿化用地面积 of Which: Green Areas	其中:运动场地面积 of Which: Sports Areas	合计 Total	当年新增 New Added in Current Year
总　计 Total	**1614681701**	**502442202**	**122840002**	**210098.60**	**12059.59**
北　京 Beijing	41636412	12774914	3444962	10472.68	517.91
天　津 Tianjin	33709872	9344327	2615543	4461.54	208.41
河　北 Hebei	66871616	16938384	7549364	8769.72	453.00
山　西 Shanxi	30708981	7041587	2739408	4865.85	214.87
内蒙古 Inner Mongolia	35135658	7819079	2574891	3190.11	167.81
辽　宁 Liaoning	61357592	17211995	4913343	7934.14	483.28
吉　林 Jilin	38952745	10795849	2975568	5393.72	383.67
黑龙江 Heilongjiang	56807687	14136327	4566328	6704.64	301.76
上　海 Shanghai	33344675	12396394	2772845	6619.38	298.70
江　苏 Jiangsu	124365861	43239891	8401084	15145.91	844.08
浙　江 Zhejiang	52930071	17487947	4815957	8802.45	568.86
安　徽 Anhui	63384253	21019255	5450057	7601.40	467.39
福　建 Fujian	49058621	15431027	3661800	6084.79	492.38
江　西 Jiangxi	66103416	25679516	5199292	7443.63	379.19
山　东 Shandong	121363578	38998961	8783250	14921.30	724.39
河　南 Henan	101982530	28845744	7457390	12506.98	740.46
湖　北 Hubei	86407733	29651932	6765420	11863.84	623.90
湖　南 Hunan	71491768	21413901	4949727	9241.66	359.13
广　东 Guangdong	94208401	31725233	6576828	12894.16	843.32
广　西 Guangxi	43650001	11797916	2868592	4916.47	291.64
海　南 Hainan	12881445	4831942	854024	1292.14	73.05
重　庆 Chongqing	47486592	17704912	3317529	5042.78	383.54
四　川 Sichuan	81968970	25047678	5343497	10046.61	801.78
贵　州 Guizhou	30592200	10466084	2079884	3182.63	187.29
云　南 Yunnan	36681654	11828509	2702057	4474.81	330.13
西　藏 Tibet	3207952	786864	235323	304.36	16.22
陕　西 Shaanxi	56426873	13938911	4553855	9120.28	522.41
甘　肃 Gansu	24858790	7574057	1808241	3103.94	208.16
青　海 Qinghai	3871352	1256123	324783	455.29	10.11
宁　夏 Ningxia	10680553	3914268	714661	786.58	49.45
新　疆 Xinjiang	32553849	11342675	1824499	2454.81	113.30

产权)(普通高校)

Resources (Owned by HEIs) (Regular HEIs)

计算机数(台) No. of Computers		多媒体教室座位数(个) No. of Seats in Multimedia Class Rooms	语音实验室座位数(个) No. of Seats in Audio Labs	固定资产值(万元) Fixed Assets (10,000 yuan)				
合计 Total	其中:教学用计算机 of Which: No. of Computers Used for Instruction			合计 Total	其中:教学、科研仪器设备资产 of Which: Teaching Equipment & Instruments		其中:信息化设备资产值 of Which: Assets of Information Facilities	
					小计 Subtotal	当年新增 New Added in Current Year	小计 Subtotal	其中:软件 of Which: Software
8770627	**6687133**	**21242523**	**1577621**	**138577513.91**	**28991402.08**	**3597373.98**	**8158432.45**	**1085283.20**
625838	377358	975845	46755	11148772.26	3711478.15	501744.24	950982.14	184710.95
180272	132715	386616	25244	2714464.82	742270.83	120967.78	174800.52	22429.95
328949	270773	906973	85625	4774897.53	926176.26	109359.80	218748.67	24277.56
147269	120798	420343	32435	2145241.75	473514.33	43347.86	120914.04	11496.57
121432	104249	354352	22581	2132086.53	378432.17	48353.26	107275.48	10013.23
365237	295147	736329	68204	5463471.46	1013525.80	145247.05	339053.40	38569.82
212087	152960	417085	42121	3477638.47	689512.05	86416.32	206407.05	16484.42
267133	219866	577659	43686	4782172.28	996974.37	116888.88	218896.68	25923.34
376873	256967	647673	35992	6074213.51	1651519.24	230490.38	455069.05	66928.78
813000	634468	1887094	153382	13029877.85	2559672.64	335922.53	734405.40	86293.36
469177	348325	1062621	57492	6788312.20	1454334.12	198704.13	484478.06	62451.63
267966	213378	714812	55754	4109729.82	877802.99	126983.72	179680.90	15955.94
255053	198397	676427	59989	3914432.56	757337.42	89526.98	233476.57	38338.50
282402	228763	649556	81745	3955207.43	642178.19	63922.16	201001.88	19293.12
533082	422544	1478372	103028	9218613.16	1634654.39	155474.87	494425.25	45635.88
419667	344641	1276425	86791	5824397.36	1088421.78	130642.87	310140.76	23692.82
503337	376469	1246022	77710	7302454.39	1507620.32	166584.19	378493.96	46393.97
341468	263069	874222	69030	5175529.80	946452.32	93071.35	271832.77	31158.73
558905	435579	1669094	81912	8570031.78	1724544.68	206489.51	538102.03	85801.19
182446	154042	452451	42151	2172930.01	513312.45	68765.11	124629.05	13424.30
45627	37122	153349	12622	855076.42	139643.05	21093.23	34393.33	4721.14
217546	164491	619463	36112	4164323.51	567778.89	76961.37	211965.55	25690.93
377568	283643	1114015	76607	6212966.63	1297591.58	158541.67	392216.95	102281.37
107093	86410	271770	35316	1323091.88	278287.99	41913.00	97783.15	8750.25
159379	123844	466676	34956	3400731.94	377327.20	44774.94	150394.78	13030.41
8028	6521	35722	1693	178367.21	31278.28	4043.92	13891.93	1999.14
359372	249636	676477	67361	6064199.29	1244325.07	115021.02	290829.21	38739.36
111989	81197	219512	17988	1676516.59	354502.14	34261.46	95549.52	7423.40
15602	12516	26262	2554	151867.42	44284.66	7039.37	12006.60	492.94
36728	29946	74792	4826	550930.47	113891.35	20485.08	37802.00	4632.49
80102	61299	174514	15959	1224967.58	252757.37	34335.93	78785.77	8247.71

	占地面积(平方米) Area of School Sites (m^2)			图书(万册) Books & Magazines in Libraries (10,000 volume)	
	合计 Total	其中:绿化用地面积 of Which: Green Areas	其中:运动场地面积 of Which: Sports Areas	合计 Total	当年新增 New Added in Current Year
总　计 Total	**35322057**	**7884428**	**3153999**	**4759.11**	**174.25**
北　京 Beijing	1521957	281054	93929	216.95	3.19
天　津 Tianjin	571705	119259	157048	183.49	1.92
河　北 Hebei	1334493	273710	50666	166.08	5.82
山　西 Shanxi	1549091	250136	185832	217.22	9.85
内蒙古 Inner Mongolia	284187	33660	31300	39.04	0.34
辽　宁 Liaoning	1143324	162170	223835	248.71	6.87
吉　林 Jilin	1417658	356047	147848	176.62	8.25
黑龙江 Heilongjiang	1062699	202293	138402	220.82	1.57
上　海 Shanghai	750336	85133	41442	163.10	1.19
江　苏 Jiangsu	1157860	327117	98338	216.18	3.06
浙　江 Zhejiang	546627	150326	70014	126.28	2.54
安　徽 Anhui	709055	116158	57990	91.14	1.89
福　建 Fujian	302599	60393	19622	85.33	2.18
江　西 Jiangxi	2873250	997467	177881	262.70	14.07
山　东 Shandong	5201868	1001635	223016	353.76	11.29
河　南 Henan	2691371	434074	303693	433.48	35.35
湖　北 Hubei	850909	194416	72922	159.09	3.77
湖　南 Hunan	719943	190557	68647	137.37	8.84
广　东 Guangdong	933872	242267	66872	117.38	1.32
广　西 Guangxi	577999	125232	44379	161.53	3.95
海　南 Hainan	74990	32565	2520	8.29	0.44
重　庆 Chongqing	1052322	391043	89640	83.88	10.64
四　川 Sichuan	2076465	406232	242723	140.06	1.44
贵　州 Guizhou	500043	164566	45640	51.91	1.00
云　南 Yunnan	149371	61092	1807	94.30	3.25
西　藏 Tibet					
陕　西 Shaanxi	1539328	347492	173411	215.23	3.16
甘　肃 Gansu	204391	17840	7601	42.78	1.13
青　海 Qinghai	82968	16294	20109	11.74	
宁　夏 Ningxia	22477	6800	3620	3.30	
新　疆 Xinjiang	3418899	837400	293252	331.35	25.93

产权)(成人高校)
Resources (Owned by HEIs) (Adult HEIs)

计算机数(台) No. of Computers		多媒体教室座位数(个) No. of Seats in Multimedia Class Rooms	语音实验室座位数(个) No. of Seats in Audio Labs	固定资产值(万元) Fixed Assets (10,000 yuan)				
合计 Total	其中:教学用计算机 of Which: No. of Computers Used for Instruction			合计 Total	其中:教学、科研仪器设备资产 of Which: Teaching Equipment & Instruments		其中:信息化设备资产值 of Which: Assets of Information Facilities	
					小计 Subtotal	当年新增 New Added in Current Year	小计 Subtotal	其中:软件 of Which: Software
216835	**166211**	**417204**	**46420**	**2169802.78**	**451579.68**	**34993.76**	**161961.81**	**13865.06**
14503	9410	29390	1226	274508.98	27759.15	2263.73	20392.88	876.17
6815	4921	10880	870	39085.61	13233.12	572.73	4720.21	211.89
7198	5021	21678	774	58810.99	14866.08	1280.99	4535.96	138.43
7331	6090	13523	3381	63455.93	19327.09	2710.65	4114.64	433.69
2534	1683	2228	336	11001.50	3187.50	109.20	1697.80	68.69
14590	11752	22294	2588	104213.74	20456.71	1209.40	7049.15	1019.91
5949	4483	13000	975	68267.47	17942.34	990.08	4777.03	794.50
7157	5528	9135	1252	56652.95	11749.94	523.47	5658.87	483.47
13059	9628	21998	1410	119101.77	28856.64	814.80	16127.02	464.30
9703	7581	32981	2323	172052.94	17053.71	1246.30	8673.56	913.52
7861	6086	18745	1191	52719.83	12158.46	1002.68	3958.42	285.86
4986	3745	6010	510	37875.41	6938.90	558.01	4489.81	177.91
3654	2218	9822	646	43337.18	7573.04	744.83	1989.73	300.64
8457	7430	21466	3597	100783.96	21186.01	3676.92	6861.84	919.81
12936	9852	27087	2185	168555.20	30871.40	2145.15	7155.07	873.15
13159	10932	32739	3389	118200.76	26985.90	1797.76	8176.60	980.25
4018	3453	10763	1100	43754.90	11533.64	259.20	2469.91	63.63
7064	6477	6921	1160	49925.14	13935.76	532.79	1847.95	101.60
11112	8683	27033	1863	66224.83	26021.06	797.47	9672.60	310.55
5769	4881	14496	751	26863.90	8290.15	840.75	2277.58	193.58
667	507	980	48	3409.84	1398.60	113.36	1217.77	17.00
5523	3954	11191	1430	78106.06	10865.63	847.23	5438.35	294.25
6557	4904	12501	1828	107868.35	19675.00	923.03	4268.19	1037.12
3518	2848	4574	294	76376.31	8055.62	1265.62	6517.86	594.00
4928	2757	3320	4680	27977.34	8005.04		2510.40	130.00
8069	5721	9582	2195	83862.26	24850.32	2817.11	4270.27	517.77
2204	1696	1369	264	13361.68	3140.35	131.48	2674.66	65.30
937	719	726	92	3502.00	1273.00	56.00	550.00	30.00
902	885	836	145	2451.31	707.40	63.38	459.00	137.48
15675	12366	19936	3917	97494.64	33682.12	4699.64	7408.68	1430.59

	占地面积(平方米) Area of School Sites (m^2)			图书(万册) Books & Magazines in Libraries (10,000 volume)	
	合计 Total	其中:绿化用地面积 of Which: Green Areas	其中:运动场地面积 of Which: Sports Areas	合计 Total	当年新增 New Added in Current Year
总　计 Total	**7160376**	**1493751**	**711599**	**1603.74**	**115.02**
北　京 Beijing	1050823	269697	65680	258.93	11.75
天　津 Tianjin					
河　北 Hebei	300999	84495	35800	24.92	1.62
山　西 Shanxi	612959	86926	67377	125.47	34.77
内蒙古 Inner Mongolia					
辽　宁 Liaoning	131750	25402	15300	238.10	
吉　林 Jilin	235725	90920	15600	81.76	4.55
黑龙江 Heilongjiang	23042	2000	5000	16.66	
上　海 Shanghai	160015	14084	8137	76.68	3.31
江　苏 Jiangsu					
浙　江 Zhejiang	146310	87648	19385	35.44	2.52
安　徽 Anhui	375668	86970	23844	71.75	1.80
福　建 Fujian					
江　西 Jiangxi	704262	158767	136047	57.00	6.80
山　东 Shandong	2311412	331414	157784	226.74	30.80
河　南 Henan	129567	13880	16780	78.52	5.90
湖　北 Hubei	274876	70928	28672	25.10	1.80
湖　南 Hunan				23.75	1.15
广　东 Guangdong	278931	51864	29060	182.22	3.59
广　西 Guangxi					
海　南 Hainan					
重　庆 Chongqing	304340	91901	60933	39.42	3.40
四　川 Sichuan	115864	25855	25200	21.50	1.10
贵　州 Guizhou					
云　南 Yunnan					
西　藏 Tibet					
陕　西 Shaanxi					
甘　肃 Gansu	3833	1000	1000	19.78	0.16
青　海 Qinghai					
宁　夏 Ningxia					
新　疆 Xinjiang					

产权)(民办的其他高等教育机构)
Resources (Owned by HEIs)(Other Non-government HEIs)

计算机数(台) No. of Computers		多媒体教室座位数(个) No. of Seats in Multimedia Class Rooms	语音实验室座位数(个) No. of Seats in Audio Labs	固定资产值(万元) Fixed Assets (10,000 yuan)				
合计 Total	其中:教学用计算机 of Which: No. of Computers Used for Instruction			合计 Total	其中:教学、科研仪器设备资产 of Which: Teaching Equipment & Instruments		其中:信息化设备资产值 of Which: Assets of Information Facilities	
					小计 Subtotal	当年新增 New Added in Current Year	小计 Subtotal	其中:软件 of Which: Software
90552	**75131**	**141026**	**26810**	**614249.70**	**113654.86**	**8881.36**	**34850.14**	**4281.22**
20182	16445	42624	3467	190411.66	21443.95	1692.07	9857.10	641.05
1950	1628	5184	1285	6774.26	2537.95	71.30	417.16	73.50
5237	4420	6611	2048	42070.47	6921.54	433.66	940.53	174.87
358	217	26	116	13865.40	3958.00	5.00	137.70	
3912	3675	7585	600	60659.67	4749.34	688.67	3014.57	163.73
1273	1130	1553	553	2380.80	820.80	2.00	93.67	13.19
8284	6135	14312	1979	19922.91	6708.31	490.27	1655.48	346.54
5781	4780	9900	1169	33618.03	8290.71	466.30	2566.71	416.06
8111	7414	5822	1136	14404.56	6874.60	59.00	3509.00	166.80
4496	4043	2682	1697	23591.24	7167.69	421.30	1185.20	325.10
13990	11550	12543	6437	86327.31	18384.59	926.73	3664.19	869.17
2248	1967	8093	692	14418.29	5713.60	342.28	5481.26	647.41
2588	1951	4219	734	39896.78	6041.78	2610.30	566.00	35.90
2018	1027	1078	694	2134.00	1176.00	171.00	370.00	115.00
5159	4588	9322	1426	24508.34	6059.13	140.30	475.57	27.90
2851	2357	4588	822	29290.46	4605.15	173.64	643.50	210.00
1766	1556	4589	1831	8145.00	1855.00	184.00	224.50	53.50
348	248	295	124	1830.52	346.72	3.54	48.00	1.50

	占地面积(平方米) Area of School Sites (m^2)			图书(万册) Books & Magazines in Libraries (10,000 volume)	
	合计 Total	其中:绿化用地面积 of Which: Green Areas	其中:运动场地面积 of Which: Sports Areas	合计 Total	当年新增 New Added in Current Year
总　计 Total	**197803206**	**45900342**	**14053042**	**36366.60**	**11808.00**
北　京 Beijing	6641246	1609612	593458	32.27	1.30
天　津 Tianjin	1460900	142281	135874	187.26	2.47
河　北 Hebei	5892260	930186	413209	182.28	3.40
山　西 Shanxi	5427056	1067362	655408	251.93	6.03
内蒙古 Inner Mongolia	1825028	123331	114881	21.11	0.53
辽　宁 Liaoning	5624262	753731	467426	271.44	5.31
吉　林 Jilin	6653229	1152829	197964	55.97	2.00
黑龙江 Heilongjiang	5949679	828107	595443	174.17	8.61
上　海 Shanghai	5442644	1998218	315001	337.24	8.84
江　苏 Jiangsu	18175741	6059005	1556922	587.58	63.07
浙　江 Zhejiang	8429760	1972452	690098	315.60	16.67
安　徽 Anhui	5316329	1243245	337810	159.78	5.00
福　建 Fujian	8119647	1951981	614504	167.44	25.78
江　西 Jiangxi	7427376	1260071	609350	43.20	
山　东 Shandong	13491850	3332920	722975	121.03	19.50
河　南 Henan	5003154	921963	326359	373.96	2.90
湖　北 Hubei	11366868	1830299	588782	310.19	4.22
湖　南 Hunan	6729030	1269892	273528	336.53	5.95
广　东 Guangdong	26369780	7048104	1780121	613.11	15.88
广　西 Guangxi	6622558	1709314	455587	80.75	15.05
海　南 Hainan	1023224	230923	15317		
重　庆 Chongqing	2861853	300842	70060	17.87	0.42
四　川 Sichuan	9936006	2494279	842984	152.41	
贵　州 Guizhou	1368511	434586	62160	53.31	5.00
云　南 Yunnan	3686514	475256	173584	62.25	0.50
西　藏 Tibet					
陕　西 Shaanxi	13593255	4066053	1005068	242.54	12.11
甘　肃 Gansu	2802806	550981	382317	31157.00	11576.41
青　海 Qinghai	33333	10667	5500		
宁　夏 Ningxia	317815	88494	30310	54.38	1.05
新　疆 Xinjiang	211492	43358	21042	4.00	

注:不含民办的其他高等教育机构数据。

Note:Date of Non-government HEIs are not included.

(非学校产权独立使用)(总计)

Resources (Not Owned by HEIs)(Total)

计算机数(台) No. of Computers		多媒体教室座位数(个) No. of Seats in Multimedia Class Rooms	语音实验室座位数(个) No. of Seats in Audio Labs	固定资产值(万元) Fixed Assets (10,000 yuan)				
合计 Total	其中:教学用计算机 of Which: No. of Computers Used for Instruction			合计 Total	其中:教学、科研仪器设备资产 of Which: Teaching Equipment & Instruments		其中:信息化设备资产值 of Which: Assets of Information Facilities	
					小计 Subtotal	当年新增 New Added in Current Year	小计 Subtotal	其中:软件 of Which: Software
295197	**226866**	**549892**	**64583**	**3384756.12**	**731351.03**	**53108.69**		
11510	3825	13576	1139	275758.28	221761.73	15202.02		
11314	10044	13015	1980	66933.28	10769.42	422.38		
11787	10216	19700	1704	86697.52	22619.98	1054.24		
7794	6795	14158	1341	44549.25	13762.23	1800.00		
				19328.70				
10556	8167	23767	3185	237003.44	26648.15	1494.14		
3883	2759	2059	865	91207.38	10994.78	401.98		
8298	6742	8986	2298	44978.67	10859.72	629.54		
3334	2701	18556	1652	191585.99	10835.31	69.47		
31010	24876	49277	6007	550372.72	81110.26	7336.94		
30022	23391	85253	4881	243501.90	46592.72	4115.56		
9210	7749	16643	1976	77686.99	18485.04			
14698	12517	17761	2475	82188.61	21256.93	1173.77		
250	200	400	64	4726.35	1537.00			
1670	763	4135	926	147870.77	8303.98	519.00		
11758	8759	21897	2745	88494.06	23001.63	158.00		
12133	9523	12964	2775	113505.36	22057.84	157.64		
3022	2971	12963	1470	77742.07	8272.05	1358.00		
57156	45358	146645	15071	558543.22	87466.08	8534.09		
7730	4102	8279	2363	102707.59	22849.99	3635.93		
1131	782							
775	623	1659	188	14597.35	2859.11	700.38		
15605	11349	17054	2188	78840.74	14942.64	824.45		
				3250.80	1385.60			
1904	1550	8915	516	24450.89	3985.70	177.00		
12363	9351	14375	4127	70031.38	14525.62	511.39		
15148	10987	16013	2461	72159.31	21612.36	2632.77		
693	413	1592	106	15988.50	2800.16	150.00		
443	353	250	80	55.00	55.00	50.00		

资产情况

Condition of Fixed Assets and Teaching

	占地面积(平方米) Area of School Sites (m^2)			图书(万册) Books & Magazines in Libraries (10,000 volume)	
	合计 Total	其中:绿化用地面积 of Which: Green Areas	其中:运动场地面积 of Which: Sports Areas	合计 Total	当年新增 New Added in Current Year
总 计 Total	**171903719**	**39844956**	**10758361**	**1957.82**	**100.80**
北 京 Beijing	6559143	1549612	586858	30.07	1.30
天 津 Tianjin	681008	66020	5000	14.20	0.20
河 北 Hebei	5249707	750414	364155	63.81	0.21
山 西 Shanxi	5273607	1018362	631038	216.29	6.03
内蒙古 Inner Mongolia	1825028	123331	114881	21.11	0.53
辽 宁 Liaoning	4571672	639271	256384	71.37	1.45
吉 林 Jilin	6253328	1102749	117118		
黑龙江 Heilongjiang	5003687	729625	374344	10.70	
上 海 Shanghai	5442516	1998218	315001	337.24	8.84
江 苏 Jiangsu	14035022	4778155	968075	88.80	0.30
浙 江 Zhejiang	5441749	1146547	318392	6.50	0.80
安 徽 Anhui	3565945	1010501	236006	64.50	5.00
福 建 Fujian	7504595	1837173	614504	75.92	25.20
江 西 Jiangxi	7364916	1243933	604450	43.20	
山 东 Shandong	13491850	3332920	722975	121.03	19.50
河 南 Henan	3281992	435028	202497	50.02	2.90
湖 北 Hubei	9283725	1462975	391409	10.00	
湖 南 Hunan	6677370	1244892	273528	328.33	5.95
广 东 Guangdong	22767508	5965382	1200950	91.39	1.25
广 西 Guangxi	6467548	1686333	429759	13.50	13.50
海 南 Hainan	1023224	230923	15317		
重 庆 Chongqing	2861853	300842	70060	17.87	0.42
四 川 Sichuan	8854446	2366370	712447	30.00	
贵 州 Guizhou	1368511	434586	62160	53.31	5.00
云 南 Yunnan	3628157	470412	170278	59.40	0.50
西 藏 Tibet					
陕 西 Shaanxi	12082801	3691615	886219	83.57	0.87
甘 肃 Gansu	822901	95394	69704	1.31	
青 海 Qinghai	33333	10667	5500		
宁 夏 Ningxia	317815	88494	30310	54.38	1.05
新 疆 Xinjiang	168762	34212	9042		

(非学校产权独立使用)(普通高校)

Resources (Not Owned by HEIs)(Regular HEIs)

计算机数(台) No. of Computers		多媒体教室座位数(个) No. of Seats in Multimedia Class Rooms	语音实验室座位数(个) No. of Seats in Audio Labs	固定资产值(万元) Fixed Assets (10,000 yuan)				
合计 Total	其中:教学用计算机 of Which: No. of Computers Used for Instruction			合计 Total	其中:教学、科研仪器设备资产 of Which: Teaching Equipment & Instruments		其中:信息化设备资产值 of Which: Assets of Information Facilities	
					小计 Subtotal	当年新增 New Added in Current Year	小计 Subtotal	其中:软件 of Which: Software
59751	**42268**	**186605**	**15547**	**1934223.32**	**362266.70**	**28737.63**		
11460	3821	13316	1139	275718.28	221756.73	15202.02		
670	600	1700	192	31558.00				
2298	2158	4576	234	29990.36	10537.00	88.00		
4116	4070	12779	854	33459.00	11441.00	1800.00		
				19328.70				
1085	869	13569	1548	157372.06	2374.00	216.00		
				69722.34	4100.78	330.98		
128	115	2680	80	3162.47	606.77	1.77		
3334	2701	18556	1652	191585.99	10835.31	69.47		
4509	3638	14143	444	240295.52	13087.37	100.00		
65	65	17387	682	64549.29	668.85	426.75		
590	590	582	312	8644.60	5102.00			
6622	5613	9847	1136	33996.61	9680.93	582.77		
250	200	400	64	4726.35	1537.00			
1670	763	4135	926	147870.77	8303.98	519.00		
2302	1724	5232	444	13795.78	2685.78	158.00		
				43311.61	3631.31			
2754	2703	12301	1422	74941.07	7137.00	1268.00		
6813	6341	28412	1422	298227.90	13880.31	3615.26		
3205	693	4836	1480	77983.65	17971.41	3332.23		
1131	782							
775	623	1659	188	14597.35	2859.11	700.38		
2419	1321	8119	188	25321.49	2593.73			
				3250.80	1385.60			
1499	1255	8505	396	20146.39	3496.70	177.00		
973	880	2179	593	31610.44	2511.55			
180	120	100	45	3068.00	1282.32			
693	413	1592	106	15988.50	2800.16	150.00		
210	210							

	占地面积(平方米) Area of School Sites (m^2)			图书(万册) Books & Magazines in Libraries (10,000 volume)	
	合计 Total	其中:绿化用地面积 of Which: Green Areas	其中:运动场地面积 of Which: Sports Areas	合计 Total	当年新增 New Added in Current Year
总　计 Total	**25899487**	**6055386**	**3294681**	**34408.78**	**11707.20**
北　京 Beijing	82103	60000	6600	2.20	
天　津 Tianjin	779892	76261	130874	173.06	2.27
河　北 Hebei	642553	179772	49054	118.47	3.19
山　西 Shanxi	153449	49000	24370	35.64	
内蒙古 Inner Mongolia					
辽　宁 Liaoning	1052590	114460	211042	200.07	3.86
吉　林 Jilin	399901	50080	80846	55.97	2.00
黑龙江 Heilongjiang	945992	98482	221099	163.47	8.61
上　海 Shanghai	128				
江　苏 Jiangsu	4140719	1280850	588847	498.78	62.77
浙　江 Zhejiang	2988011	825905	371706	309.10	15.87
安　徽 Anhui	1750384	232744	101804	95.28	
福　建 Fujian	615052	114808		91.52	0.58
江　西 Jiangxi	62460	16138	4900		
山　东 Shandong					
河　南 Henan	1721162	486935	123862	323.94	
湖　北 Hubei	2083143	367324	197373	300.19	4.22
湖　南 Hunan	51660	25000		8.20	
广　东 Guangdong	3602272	1082722	579171	521.72	14.63
广　西 Guangxi	155010	22981	25828	67.25	1.55
海　南 Hainan					
重　庆 Chongqing					
四　川 Sichuan	1081560	127909	130537	122.41	
贵　州 Guizhou					
云　南 Yunnan	58357	4844	3306	2.85	
西　藏 Tibet					
陕　西 Shaanxi	1510454	374438	118849	158.97	11.24
甘　肃 Gansu	1979905	455587	312613	31155.69	11576.41
青　海 Qinghai					
宁　夏 Ningxia					
新　疆 Xinjiang	42730	9146	12000	4.00	

(非学校产权独立使用)(成人高校)

Resources (Not Owned by HEIs)(Adult HEIs)

计算机数(台) No. of Computers		多媒体教室座位数(个) No. of Seats in Multimedia Class Rooms	语音实验室座位数(个) No. of Seats in Audio Labs	固定资产值(万元) Fixed Assets (10,000 yuan)				
合计 Total	其中:教学用计算机 of Which: No. of Computers Used for Instruction			合计 Total	其中:教学、科研仪器设备资产 of Which: Teaching Equipment & Instruments		其中:信息化设备资产值 of Which: Assets of Information Facilities	
					小计 Subtotal	当年新增 New Added in Current Year	小计 Subtotal	其中:软件 of Which: Software
235446	**184598**	**363287**	**49036**	**1450532.80**	**369084.33**	**24371.06**		
50	4	260		40.00	5.00			
10644	9444	11315	1788	35375.28	10769.42	422.38		
9489	8058	15124	1470	56707.16	12082.98	966.24		
3678	2725	1379	487	11090.25	2321.23			
9471	7298	10198	1637	79631.38	24274.15	1278.14		
3883	2759	2059	865	21485.04	6894.00	71.00		
8170	6627	6306	2218	41816.20	10252.95	627.77		
26501	21238	35134	5563	310077.20	68022.89	7236.94		
29957	23326	67866	4199	178952.61	45923.87	3688.81		
8620	7159	16061	1664	69042.39	13383.04			
8076	6904	7914	1339	48192.00	11576.00	591.00		
9456	7035	16665	2301	74698.28	20315.85			
12133	9523	12964	2775	70193.75	18426.53	157.64		
268	268	662	48	2801.00	1135.05	90.00		
50343	39017	118233	13649	260315.32	73585.77	4918.83		
4525	3409	3443	883	24723.94	4878.58	303.70		
13186	10028	8935	2000	53519.25	12348.91	824.45		
405	295	410	120	4304.50	489.00			
11390	8471	12196	3534	38420.94	12014.07	511.39		
14968	10867	15913	2416	69091.31	20330.04	2632.77		
233	143	250	80	55.00	55.00	50.00		

	占地面积(平方米) Area of School Sites (m^2)			图书(万册) Books & Magazines in Libraries (10,000 volume)	
	合计 Total	其中:绿化用地面积 of Which: Green Areas	其中:运动场地面积 of Which: Sports Areas	合计 Total	当年新增 New Added in Current Year
总 计 Total	**9156002**	**2018743**	**925555**	**39567.63**	**3035.41**
北 京 Beijing	3280664	751956	328927	12.01	0.01
天 津 Tianjin					
河 北 Hebei	214692	11670	23866	4.48	
山 西 Shanxi	352074	85271	47937	3021.77	3003.01
内蒙古 Inner Mongolia					
辽 宁 Liaoning	80186	5790	8950	2.53	
吉 林 Jilin	1026157	5500	7550	11.50	0.10
黑龙江 Heilongjiang	330374	123998	26166	10.00	
上 海 Shanghai	189232	17669	14956	360.58	27.08
江 苏 Jiangsu					
浙 江 Zhejiang	417871	96385	54964	11.00	1.10
安 徽 Anhui	199690	37200	19600	7.80	0.10
福 建 Fujian					
江 西 Jiangxi	444182	354501	19912	3.19	0.21
山 东 Shandong	1305418	244472	215002	105.01	2.54
河 南 Henan	215845	28171	35968	36001.45	0.11
湖 北 Hubei	214465	97065	15231	2.10	0.25
湖 南 Hunan	45854	1400	2300	0.50	
广 东 Guangdong	517431	73638	59526	11.81	0.80
广 西 Guangxi					
海 南 Hainan					
重 庆 Chongqing	240631	67059	32550		
四 川 Sichuan	55360	12600	6000	1.90	0.10
贵 州 Guizhou					
云 南 Yunnan					
西 藏 Tibet					
陕 西 Shaanxi					
甘 肃 Gansu	25876	4398	6150		
青 海 Qinghai					
宁 夏 Ningxia					
新 疆 Xinjiang					

(非学校产权独立使用)(民办的其他高等教育机构)
Resources (Not Owned by HEIs) (Other Non-government HEIs)

计算机数(台) No. of Computers		多媒体教室座位数(个) No. of Seats in Multimedia Class Rooms	语音实验室座位数(个) No. of Seats in Audio Labs	固定资产值(万元) Fixed Assets (10,000 yuan)				
合计 Total	其中:教学用计算机 of Which: No. of Computers Used for Instruction			合计 Total	其中:教学、科研仪器设备资产 of Which: Teaching Equipment & Instruments		其中:信息化设备资产值 of Which: Assets of Information Facilities	
					小计 Subtotal	当年新增 New Added in Current Year	小计 Subtotal	其中:软件 of Which: Software
17464	**13505**	**28756**	**5357**	**125323.78**	**41187.62**	**13023.95**		
1575	1203	6042	309	6932.88	1260.62	159.60		
632	554	890	70	468.00	223.25	5.90		
1220	1034	986	419	1494.96	708.65	80.50		
2150	1468	501		4528.72	1825.50	0.50		
126	114	100						
182	160	108	120	123.00	123.00			
2441	1906	3483	519	29854.83	29274.42	12028.57		
854	654	235	31	2427.20	907.48	160.00		
		900	500					
158	66	771	150	802.80	672.00	73.80		
3368	2611	2219	2527	68582.65	3058.20	25.00		
1000	850	1370		975.90	319.38	20.08		
757	636	1923	254	4500.00	800.00	300.00		
10		688	80	840.00	840.00			
1906	1284	3950	98	1331.00	238.28	50.00		
844	726	4340	230	2431.84	931.84	120.00		
241	239	250	50	30.00	5.00			

校舍情况(总计)

Conditions of School Buidings (Total)

单位：平方米

unit：m^2

	学校产权建筑面积 Floor Area of School Building Owned by HEIs				正在施工面积 Floor Area Under Construction	独立使用非学校产权建筑面积 Floor Area of School Building Not Owned by HEIs
	合计 Total	其中:危房 of Which: Dilapidated Buildings	其中:当年新增 of Which: New Added in Current Year	其中:被外单位借用 of Which: Floor Space Hired by Other Schools or Units		
总　计 Total	**737792235**	**1392814**	**25295801**	**796324**	**47219985**	**103050888**
北　京 Beijing	34155506	100800	1131845	73307	2247973	2246606
天　津 Tianjin	15329482		473672	25785	430370	1171827
河　北 Hebei	32761679		1196777		1320630	2651743
山　西 Shanxi	17227492	35931	657637	13590	2756389	2649098
内蒙古 Inner Mongolia	12787588	13379	643220	6000	932375	939935
辽　宁 Liaoning	26379623	26758	652715	2048	2427267	3647187
吉　林 Jilin	18815122	134183	377051	1024	909448	1579940
黑龙江 Heilongjiang	25279332	53917	186701	14715	988824	1399307
上　海 Shanghai	18650396		579666	45774	775311	3911157
江　苏 Jiangsu	52020340	88898	897406	80333	2890906	9501161
浙　江 Zhejiang	26619016	185	703466	194663	2576209	6986707
安　徽 Anhui	29524839	139720	1677079	32550	1272664	2902477
福　建 Fujian	17573924	12787	398621		2056893	5478611
江　西 Jiangxi	28760299	2303	979163	52810	1495021	3870350
山　东 Shandong	53651116	37999	966037	25186	1541758	5980612
河　南 Henan	51451761	15230	2303128	5040	2227201	3422323
湖　北 Hubei	45400559	30129	1287124	24959	1742720	5801124
湖　南 Hunan	32496534	119444	761618	43111	819581	4217058
广　东 Guangdong	37294696	18352	1345908	11900	1708576	12964264
广　西 Guangxi	16828353	36429	1182113	19449	2147550	3208511
海　南 Hainan	3822786	18674	163394		201267	1355529
重　庆 Chongqing	20929815	68950	1050610		1208460	1217313
四　川 Sichuan	33703935	90754	1331312	10602	2093036	5518837
贵　州 Guizhou	11946378	8478	1966699		1756482	487936
云　南 Yunnan	13701197	76369	683069	45124	1582951	2958377
西　藏 Tibet	1068699	10795	12193	6265	67652	
陕　西 Shaanxi	32982933	50264	845089	653	4211779	5259564
甘　肃 Gansu	11483409	80687	447516		1337649	1521277
青　海 Qinghai	1582356	13765	29231		116935	16878
宁　夏 Ningxia	2929330		149972	6589	169367	35599
新　疆 Xinjiang	10633740	107634	215769	54847	1206741	149580

注:不含民办的其他高等教育机构数据。

Note: Date of Non-government HEIs are not included.

校舍情况（普通高校）

Conditions of School Buidings（Regular HEIs）

单位：平方米

unit：m^2

	学校产权建筑面积 Floor Area of School Building Owned by HEIs				正在施工面积 Floor Area Under Construction	独立使用非学校产权建筑面积 Floor Area of School Building Not Owned by HEIs
	合计 Total	其中：危房 of Which：Dilapidated Buildings	其中：当年新增 of Which：New Added in Current Year	其中：被外单位借用 of Which：Floor Space Hired by Other Schools or Units		
总　计 Total	**720206562**	**1328343**	**24750012**	**764278**	**46577982**	**90397641**
北　京 Beijing	33287563	100800	1130735	73307	2207973	2232578
天　津 Tianjin	14973995		469029	25785	430100	600653
河　北 Hebei	32144364		1196777		1320630	2219597
山　西 Shanxi	16308761	35931	460194	13590	2730691	2636883
内蒙古 Inner Mongolia	12692950	13379	643220	6000	932375	939935
辽　宁 Liaoning	25681673	26758	600372	2048	2407267	3139529
吉　林 Jilin	18033762	132686	377051	1024	810462	1350324
黑龙江 Heilongjiang	24571273	53917	181501		988824	929783
上　海 Shanghai	18049218		579666	38497	771648	3878491
江　苏 Jiangsu	51293938	88898	897406	79409	2890906	7802374
浙　江 Zhejiang	26291896		703466	194663	2492819	5385290
安　徽 Anhui	29137138	139720	1656297	32550	1272664	2422870
福　建 Fujian	17391580	12787	398621		2056893	5158864
江　西 Jiangxi	27611825	2303	930576	51130	1495021	3834675
山　东 Shandong	52244808	37999	952660	25186	1376546	5980612
河　南 Henan	49874918	15230	2299097	5040	2227201	2125623
湖　北 Hubei	44938249	30129	1287124	20759	1742720	4986950
湖　南 Hunan	32010817	119444	755843	43111	819581	4190182
广　东 Guangdong	36831194	18352	1345908	11900	1708576	11032584
广　西 Guangxi	16370926	8657	1115896	19449	2081333	3085627
海　南 Hainan	3788646	18674	163394		181267	1355529
重　庆 Chongqing	20466500	68950	1050610		1185716	1217313
四　川 Sichuan	32759432	90754	1279976	10602	2040124	5014893
贵　州 Guizhou	11650785	8478	1941154		1756482	366656
云　南 Yunnan	13580807	74418	683069	45124	1582951	2790445
西　藏 Tibet	1068699	10795	12193	6265	67652	
陕　西 Shaanxi	31931439	50264	845089	653	4211779	4732081
甘　肃 Gansu	11347878	80687	441816		1337649	801787
青　海 Qinghai	1549901	3765	29231		116935	16878
宁　夏 Ningxia	2900459		149972	6589	169367	35599
新　疆 Xinjiang	9421168	84568	172069	51597	1163830	133036

校舍情况(成人高校)

Conditions of School Buidings (Adult HEIs)

单位:平方米

unit: m^2

	学校产权建筑面积 Floor Area of School Building Owned by HEIs				正在施工面积 Floor Area Under Construction	独立使用非学校产权建筑面积 Floor Area of School Building Not Owned by HEIs
	合计 Total	其中:危房 of Which: Dilapidated Buildings	其中:当年新增 of Which: New Added in Current Year	其中:被外单位借用 of Which: Floor Space Hired by Other Schools or Units		
总 计 Total	**17585673**	**64471**	**545789**	**32046**	**642003**	**12653247**
北 京 Beijing	867943		1110		40000	14028
天 津 Tianjin	355487		4643		270	571174
河 北 Hebei	617315					432146
山 西 Shanxi	918731		197443		25698	12215
内蒙古 Inner Mongolia	94638					
辽 宁 Liaoning	697950		52343		20000	507658
吉 林 Jilin	781360	1497			98986	229616
黑龙江 Heilongjiang	708059		5200	14715		469524
上 海 Shanghai	601178			7277	3663	32666
江 苏 Jiangsu	726402			924		1698787
浙 江 Zhejiang	327120	185			83390	1601417
安 徽 Anhui	387701		20782			479607
福 建 Fujian	182344					319747
江 西 Jiangxi	1148474		48587	1680		35675
山 东 Shandong	1406308		13377		165212	
河 南 Henan	1576843		4031			1296700
湖 北 Hubei	462310			4200		814174
湖 南 Hunan	485717		5775			26876
广 东 Guangdong	463502					1931680
广 西 Guangxi	457427	27772	66217		66217	122884
海 南 Hainan	34140				20000	
重 庆 Chongqing	463315				22744	
四 川 Sichuan	944503		51336		52912	503944
贵 州 Guizhou	295593		25545			121280
云 南 Yunnan	120390	1951				167932
西 藏 Tibet						
陕 西 Shaanxi	1051494					527483
甘 肃 Gansu	135531		5700			719490
青 海 Qinghai	32455	10000				
宁 夏 Ningxia	28871					
新 疆 Xinjiang	1212572	23066	43700	3250	42911	16544

校舍情况(民办的其他高等教育机构)
Conditions of School Buidings (Other Non-government HEIs)

单位:平方米
unit: m^2

	学校产权建筑面积 Floor Area of School Building Owned by HEIs				正在施工面积 Floor Area Under Construction	独立使用非学校产权建筑面积 Floor Area of School Building Not Owned by HEIs
	合计 Total	其中:危房 of Which: Dilapidated Buildings	其中:当年新增 of Which: New Added in Current Year	其中:被外单位借用 of Which: Floor Space Hired by Other Schools or Units		
总　计 Total	**3200396**	**5660**	**11844**	**43050**	**323322**	**5316667**
北　京 Beijing	420176		2			1673988
天　津 Tianjin						
河　北 Hebei	197882				120416	157171
山　西 Shanxi	320005					226972
内蒙古 Inner Mongolia						
辽　宁 Liaoning	188560					115329
吉　林 Jilin	209465					126641
黑龙江 Heilongjiang	10951					85104
上　海 Shanghai	49544		2400	1000	423	499327
江　苏 Jiangsu						
浙　江 Zhejiang	165502					390479
安　徽 Anhui	239185					170075
福　建 Fujian						
江　西 Jiangxi	317039				38000	233447
山　东 Shandong	478217	5660	9442		60000	684501
河　南 Henan	41493				104483	179246
湖　北 Hubei	190311					160708
湖　南 Hunan						87316
广　东 Guangdong	145181			20000		306333
广　西 Guangxi						
海　南 Hainan						
重　庆 Chongqing	165251			22050		106444
四　川 Sichuan	59870					83722
贵　州 Guizhou						
云　南 Yunnan						
西　藏 Tibet						
陕　西 Shaanxi						
甘　肃 Gansu	1764					29864
青　海 Qinghai						
宁　夏 Ningxia						
新　疆 Xinjiang						

普通高中校数、班数(总计)
Number of Schools and Classes in Regular Senior Secondary Schools (Total)

	学校数(所) Schools				班数(个) Classes			
	合计 Total	完全中学 Combined Secondary Schools	高级中学 Regular High Schools	十二年一贯制学校 12 - year Schools	合计 Total	一年级 Grade 1	二年级 Grade 2	三年级 Grade 3
总　计 Total	**13509**	**6108**	**6547**	**854**	**442215**	**149162**	**146319**	**146734**
北　京 Beijing	289	199	44	46	5764	1872	1935	1957
天　津 Tianjin	202	120	77	5	4067	1298	1366	1403
河　北 Hebei	565	191	349	25	20223	6472	6609	7142
山　西 Shanxi	511	234	244	33	15621	5236	5040	5345
内蒙古 Inner Mongolia	272	116	140	16	9100	3079	3007	3014
辽　宁 Liaoning	417	74	334	9	13440	4523	4458	4459
吉　林 Jilin	244	67	171	6	8501	2813	2891	2797
黑龙江 Heilongjiang	398	112	271	15	11457	3727	3807	3923
上　海 Shanghai	246	91	136	19	4559	1493	1495	1571
江　苏 Jiangsu	594	187	369	38	24589	7775	8232	8582
浙　江 Zhejiang	571	91	445	35	18321	5977	6163	6181
安　徽 Anhui	716	410	248	58	23141	7982	7766	7393
福　建 Fujian	543	415	106	22	14026	4462	4761	4803
江　西 Jiangxi	435	253	137	45	14883	5327	5091	4465
山　东 Shandong	557	105	423	29	29194	10181	9746	9267
河　南 Henan	785	157	578	50	28572	9649	9193	9730
湖　北 Hubei	575	95	444	36	18470	5674	6086	6710
湖　南 Hunan	589	233	316	40	17794	6080	5909	5805
广　东 Guangdong	1017	611	328	78	40691	13905	13618	13168
广　西 Guangxi	450	190	248	12	12944	4534	4226	4184
海　南 Hainan	103	77	11	15	3037	1104	1015	918
重　庆 Chongqing	262	243	18	1	11265	3826	3687	3752
四　川 Sichuan	735	556	140	39	25299	8552	8334	8413
贵　州 Guizhou	446	242	174	30	12875	5119	4081	3675
云　南 Yunnan	444	285	141	18	12456	4395	4125	3936
西　藏 Tibet	30	6	22	2	872	303	292	277
陕　西 Shaanxi	530	228	265	37	15993	5281	5164	5548
甘　肃 Gansu	445	248	183	14	11376	3838	3702	3836
青　海 Qinghai	109	52	37	20	2048	705	654	689
宁　夏 Ningxia	63	22	41		2695	928	900	867
新　疆 Xinjiang	366	198	107	61	8942	3052	2966	2924

普通高中校数、班数(城区)

Number of Schools and Classes in Regular Senior Secondary Schools (Urban Area)

	学校数(所) Schools				班数(个) Classes			
	合计 Total	完全中学 Combined Secondary Schools	高级中学 Regular High Schools	十二年一贯制学校 12 – year Schools	合计 Total	一年级 Grade 1	二年级 Grade 2	三年级 Grade 3
总　计 Total	**6401**	**2892**	**2983**	**526**	**208606**	**70025**	**69196**	**69385**
北　京 Beijing	253	176	34	43	5030	1628	1690	1712
天　津 Tianjin	146	104	38	4	2793	896	938	959
河　北 Hebei	239	112	114	13	8387	2716	2735	2936
山　西 Shanxi	242	149	79	14	6413	2168	2105	2140
内蒙古 Inner Mongolia	150	67	72	11	4903	1655	1612	1636
辽　宁 Liaoning	314	65	245	4	9636	3243	3199	3194
吉　林 Jilin	155	40	110	5	5888	1945	1995	1948
黑龙江 Heilongjiang	230	60	158	12	6692	2173	2221	2298
上　海 Shanghai	217	84	115	18	3945	1292	1297	1356
江　苏 Jiangsu	322	103	197	22	12675	4060	4213	4402
浙　江 Zhejiang	289	51	211	27	9588	3176	3211	3201
安　徽 Anhui	230	123	83	24	7673	2641	2559	2473
福　建 Fujian	201	144	44	13	5766	1865	1956	1945
江　西 Jiangxi	145	97	33	15	5054	1820	1735	1499
山　东 Shandong	286	60	211	15	15237	5310	5098	4829
河　南 Henan	330	87	219	24	11000	3787	3571	3642
湖　北 Hubei	318	61	231	26	10295	3177	3367	3751
湖　南 Hunan	205	101	83	21	6509	2191	2169	2149
广　东 Guangdong	593	320	210	63	24460	8310	8203	7947
广　西 Guangxi	183	79	97	7	5362	1868	1764	1730
海　南 Hainan	56	39	5	12	1799	630	607	562
重　庆 Chongqing	122	117	5		5306	1825	1719	1762
四　川 Sichuan	251	180	45	26	9759	3321	3187	3251
贵　州 Guizhou	145	66	66	13	4027	1493	1312	1222
云　南 Yunnan	142	88	43	11	4002	1387	1319	1296
西　藏 Tibet	10	2	6	2	295	99	99	97
陕　西 Shaanxi	237	140	69	28	5649	1866	1836	1947
甘　肃 Gansu	153	80	68	5	3576	1190	1182	1204
青　海 Qinghai	38	14	15	9	584	198	190	196
宁　夏 Ningxia	35	11	24		1596	544	532	520
新　疆 Xinjiang	164	72	53	39	4707	1551	1575	1581

普通高中校数、班数(城乡结合区)

Number of Schools and Classes in Regular Senior Secondary Schools (Urban-rural Transitional Area)

	学校数(所) Schools				班数(个) Classes			
	合计 Total	完全中学 Combined Secondary Schools	高级中学 Regular High Schools	十二年一贯制学校 12 - year Schools	合计 Total	一年级 Grade 1	二年级 Grade 2	三年级 Grade 3
总　计 Total	**938**	**364**	**460**	**114**	**32599**	**11077**	**10806**	**10716**
北　京 Beijing	17	7	3	7	284	96	95	93
天　津 Tianjin	9	6	3		189	61	65	63
河　北 Hebei	43	8	30	5	1759	575	561	623
山　西 Shanxi	34	14	20		881	298	283	300
内蒙古 Inner Mongolia	6	2	4		210	72	61	77
辽　宁 Liaoning	33	8	25		1180	408	395	377
吉　林 Jilin	13	7	5	1	263	100	81	82
黑龙江 Heilongjiang	24	8	15	1	630	202	211	217
上　海 Shanghai	12	3	5	4	170	59	55	56
江　苏 Jiangsu	37	14	20	3	1668	527	553	588
浙　江 Zhejiang	71	6	57	8	2325	773	780	772
安　徽 Anhui	29	19	7	3	725	246	247	232
福　建 Fujian	43	33	6	4	1131	354	389	388
江　西 Jiangxi	14	8	3	3	608	231	204	173
山　东 Shandong	71	8	56	7	4026	1409	1361	1256
河　南 Henan	52	11	36	5	1859	632	601	626
湖　北 Hubei	42	9	29	4	1533	441	488	604
湖　南 Hunan	38	18	15	5	1284	442	416	426
广　东 Guangdong	163	82	56	25	6406	2215	2181	2010
广　西 Guangxi	37	17	16	4	1192	412	390	390
海　南 Hainan	5	3	1	1	93	49	26	18
重　庆 Chongqing	6	5	1		353	125	112	116
四　川 Sichuan	31	18	6	7	1119	395	377	347
贵　州 Guizhou	25	12	11	2	662	275	206	181
云　南 Yunnan	30	19	8	3	959	324	315	320
西　藏 Tibet								
陕　西 Shaanxi	25	9	10	6	510	167	159	184
甘　肃 Gansu	7	4	3		137	44	49	44
青　海 Qinghai	5	2	3		55	20	18	17
宁　夏 Ningxia	4	1	3		135	46	44	45
新　疆 Xinjiang	12	3	3	6	253	79	83	91

普通高中校数、班数(镇区)

Number of Schools and Classes in Regular Senior Secondary Schools (Counties & Towns Area)

	学校数(所) Schools				班数(个) Classes			
	合计 Total	完全中学 Combined Secondary Schools	高级中学 Regular High Schools	十二年一贯制学校 12 - year Schools	合计 Total	一年级 Grade 1	二年级 Grade 2	三年级 Grade 3
总计 Total	**6390**	**2842**	**3284**	**264**	**218082**	**73774**	**71975**	**72333**
北京 Beijing	28	18	7	3	563	194	190	179
天津 Tianjin	50	14	35	1	1151	364	386	401
河北 Hebei	300	70	221	9	11250	3573	3687	3990
山西 Shanxi	225	64	145	16	7984	2654	2529	2801
内蒙古 Inner Mongolia	117	46	68	3	4146	1404	1380	1362
辽宁 Liaoning	96	8	84	4	3622	1216	1200	1206
吉林 Jilin	83	24	58	1	2551	851	870	830
黑龙江 Heilongjiang	161	47	111	3	4618	1508	1537	1573
上海 Shanghai	26	5	20	1	560	183	180	197
江苏 Jiangsu	267	84	168	15	11757	3666	3966	4125
浙江 Zhejiang	250	31	213	6	7912	2526	2681	2705
安徽 Anhui	437	261	148	28	14256	4924	4783	4549
福建 Fujian	286	219	59	8	7302	2296	2474	2532
江西 Jiangxi	267	143	100	24	9510	3386	3245	2879
山东 Shandong	253	42	201	10	13243	4608	4410	4225
河南 Henan	420	68	328	24	16997	5655	5435	5907
湖北 Hubei	220	32	180	8	7129	2172	2362	2595
湖南 Hunan	342	117	208	17	10498	3600	3482	3416
广东 Guangdong	365	255	102	8	14317	4912	4781	4624
广西 Guangxi	256	102	149	5	7333	2573	2382	2378
海南 Hainan	43	35	6	2	1157	445	382	330
重庆 Chongqing	131	117	13	1	5611	1888	1850	1873
四川 Sichuan	457	357	90	10	15021	5057	4974	4990
贵州 Guizhou	272	154	104	14	8415	3431	2643	2341
云南 Yunnan	264	175	85	4	7804	2772	2596	2436
西藏 Tibet	13	3	10		399	136	135	128
陕西 Shaanxi	264	77	179	8	9504	3137	3054	3313
甘肃 Gansu	251	137	107	7	7287	2469	2356	2462
青海 Qinghai	63	32	20	11	1318	460	415	443
宁夏 Ningxia	26	11	15		1021	352	343	326
新疆 Xinjiang	157	94	50	13	3846	1362	1267	1217

普通高中校数、班数(镇乡结合区)
Number of Schools and Classes in Regular Senior Secondary Schools (County-town Transitional Area)

	学校数(所) Schools				班数(个) Classes			
	合计 Total	完全中学 Combined Secondary Schools	高级中学 Regular High Schools	十二年一贯制学校 12 - year Schools	合计 Total	一年级 Grade 1	二年级 Grade 2	三年级 Grade 3
总　计 Total	**1669**	**635**	**936**	**98**	**57726**	**19611**	**19056**	**19059**
北　京 Beijing	9	6	1	2	168	58	58	52
天　津 Tianjin	20	3	16	1	492	151	167	174
河　北 Hebei	124	34	84	6	4318	1355	1415	1548
山　西 Shanxi	81	18	54	9	2587	876	858	853
内蒙古 Inner Mongolia	8	2	5	1	315	107	106	102
辽　宁 Liaoning	21	3	17	1	720	251	231	238
吉　林 Jilin	2	2			36	9	15	12
黑龙江 Heilongjiang	17	2	14	1	512	168	175	169
上　海 Shanghai	6	2	3	1	91	31	29	31
江　苏 Jiangsu	57	15	35	7	2465	789	822	854
浙　江 Zhejiang	95	14	78	3	2876	922	965	989
安　徽 Anhui	111	58	42	11	3493	1254	1149	1090
福　建 Fujian	82	65	12	5	2010	619	673	718
江　西 Jiangxi	43	20	19	4	1487	541	515	431
山　东 Shandong	115	17	93	5	6150	2138	2068	1944
河　南 Henan	142	19	115	8	5370	1753	1697	1920
湖　北 Hubei	55	8	44	3	1672	517	555	600
湖　南 Hunan	104	33	62	9	2933	1000	981	952
广　东 Guangdong	139	85	52	2	5954	2045	1972	1937
广　西 Guangxi	27	9	17	1	583	214	188	181
海　南 Hainan	11	9	2		278	121	86	71
重　庆 Chongqing	29	26	3		1451	487	475	489
四　川 Sichuan	65	41	21	3	2351	769	792	790
贵　州 Guizhou	78	39	32	7	1977	841	595	541
云　南 Yunnan	81	46	33	2	2698	952	909	837
西　藏 Tibet	2		2		74	29	26	19
陕　西 Shaanxi	60	18	39	3	2173	736	698	739
甘　肃 Gansu	53	26	27		1606	563	551	492
青　海 Qinghai	8	5	2	1	224	82	72	70
宁　夏 Ningxia	3	1	2		134	43	41	50
新　疆 Xinjiang	21	9	10	2	528	190	172	166

普通高中校数、班数(乡村)

Number of Schools and Classes in Regular Senior Secondary Schools (Rural Area)

	学校数(所) Schools				班数(个) Classes			
	合计 Total	完全中学 Combined Secondary Schools	高级中学 Regular High Schools	十二年一贯制学校 12 - year Schools	合计 Total	一年级 Grade 1	二年级 Grade 2	三年级 Grade 3
总　计 Total	**718**	**374**	**280**	**64**	**15527**	**5363**	**5148**	**5016**
北　京 Beijing	8	5	3		171	50	55	66
天　津 Tianjin	6	2	4		123	38	42	43
河　北 Hebei	26	9	14	3	586	183	187	216
山　西 Shanxi	44	21	20	3	1224	414	406	404
内蒙古 Inner Mongolia	5	3		2	51	20	15	16
辽　宁 Liaoning	7	1	5	1	182	64	59	59
吉　林 Jilin	6	3	3		62	17	26	19
黑龙江 Heilongjiang	7	5	2		147	46	49	52
上　海 Shanghai	3	2	1		54	18	18	18
江　苏 Jiangsu	5		4	1	157	49	53	55
浙　江 Zhejiang	32	9	21	2	821	275	271	275
安　徽 Anhui	49	26	17	6	1212	417	424	371
福　建 Fujian	56	52	3	1	958	301	331	326
江　西 Jiangxi	23	13	4	6	319	121	111	87
山　东 Shandong	18	3	11	4	714	263	238	213
河　南 Henan	35	2	31	2	575	207	187	181
湖　北 Hubei	37	2	33	2	1046	325	357	364
湖　南 Hunan	42	15	25	2	787	289	258	240
广　东 Guangdong	59	36	16	7	1914	683	634	597
广　西 Guangxi	11	9	2		249	93	80	76
海　南 Hainan	4	3		1	81	29	26	26
重　庆 Chongqing	9	9			348	113	118	117
四　川 Sichuan	27	19	5	3	519	174	173	172
贵　州 Guizhou	29	22	4	3	433	195	126	112
云　南 Yunnan	38	22	13	3	650	236	210	204
西　藏 Tibet	7	1	6		178	68	58	52
陕　西 Shaanxi	29	11	17	1	840	278	274	288
甘　肃 Gansu	41	31	8	2	513	179	164	170
青　海 Qinghai	8	6	2		146	47	49	50
宁　夏 Ningxia	2		2		78	32	25	21
新　疆 Xinjiang	45	32	4	9	389	139	124	126

普通高中学生数(总计)

Number of Students in Regular Senior Secondary Schools (Total)

单位:人

unit: person

	毕业生数 Graduates	招生数 Entrants	在校生数 Enrolment					预计毕业生数 Estimated Graduates for Next Year
			合计 Total	其中:女 of Which: Female	一年级 Grade 1	二年级 Grade 2	三年级 Grade 3	
总计 Total	**7915046**	**8446071**	**24671712**	**12190235**	**8452227**	**8177591**	**8041894**	**8041894**
北京 Beijing	55657	63381	193505	100435	63533	64724	65248	65248
天津 Tianjin	62257	58012	181235	94377	58036	61475	61724	61724
河北 Hebei	423748	384133	1176885	617950	384186	384864	407835	407835
山西 Shanxi	285255	292630	854986	436719	292662	277866	284458	284458
内蒙古 Inner Mongolia	161274	171722	500280	257993	171747	166986	161547	161547
辽宁 Liaoning	237962	228358	695933	359246	228395	233243	234295	234295
吉林 Jilin	154289	160363	476748	245610	160363	161326	155059	155059
黑龙江 Heilongjiang	206310	202090	612579	317632	202166	204487	205926	205926
上海 Shanghai	54416	52497	157709	82489	52821	51964	52924	52924
江苏 Jiangsu	444765	376936	1208697	574729	377082	403397	428218	428218
浙江 Zhejiang	297101	277919	875802	443870	278143	299721	297938	297938
安徽 Anhui	412810	439725	1292863	594105	440252	436883	415728	415728
福建 Fujian	225581	218650	690542	337649	218789	236077	235676	235676
江西 Jiangxi	233135	308315	836602	350701	308690	286918	240994	240994
山东 Shandong	482883	581797	1645402	816613	581848	551157	512397	512397
河南 Henan	640137	665703	1926336	936098	665707	624269	636360	636360
湖北 Hubei	412235	327506	1074507	485547	329067	352630	392810	392810
湖南 Hunan	310055	370069	1026563	501506	370115	339857	316591	316591
广东 Guangdong	688461	773249	2259282	1110732	773444	759766	726072	726072
广西 Guangxi	237474	292818	795828	415036	293104	256949	245775	245775
海南 Hainan	52620	62969	175526	81941	62999	58829	53698	53698
重庆 Chongqing	203616	225080	659744	337822	225174	217383	217187	217187
四川 Sichuan	478101	521938	1516531	768176	522158	506227	488146	488146
贵州 Guizhou	195861	318188	772972	377426	318222	243421	211329	211329
云南 Yunnan	196248	261312	706180	372426	261628	232253	212299	212299
西藏 Tibet	13286	17529	47825	25499	17609	15364	14852	14852
陕西 Shaanxi	317300	318788	941528	457241	318828	303167	319533	319533
甘肃 Gansu	213620	226107	664879	312384	226348	216293	222238	222238
青海 Qinghai	35807	38197	106005	54007	38338	33573	34094	34094
宁夏 Ningxia	47693	54814	157521	82449	54828	52953	49740	49740
新疆 Xinjiang	135089	155276	440717	241827	155945	143569	141203	141203

普通高中学生数(城区)

Number of Students in Regular Senior Secondary Schools (Urban Area)

单位:人

unit: person

	毕业生数 Graduates	招生数 Entrants	在校生数 Enrolment					预计毕业生数 Estimated Graduates for Next Year
			合计 Total	其中:女 of Which: Female	一年级 Grade 1	二年级 Grade 2	三年级 Grade 3	
总　计 Total	**3606395**	**3782122**	**11196088**	**5600606**	**3785807**	**3721356**	**3688925**	**3688925**
北　京 Beijing	49147	54892	167425	86814	55016	55989	56420	56420
天　津 Tianjin	40814	38085	117763	61720	38109	39468	40186	40186
河　北 Hebei	163667	156106	476403	251325	156129	155263	165011	165011
山　西 Shanxi	114327	120162	352727	180327	120172	115262	117293	117293
内蒙古 Inner Mongolia	88402	92528	270954	140323	92539	90170	88245	88245
辽　宁 Liaoning	167068	158737	480776	248578	158766	160359	161651	161651
吉　林 Jilin	104501	110852	332616	171570	110852	113170	108594	108594
黑龙江 Heilongjiang	121303	115860	353941	183684	115917	117812	120212	120212
上　海 Shanghai	45526	45071	134589	70283	45334	44451	44804	44804
江　苏 Jiangsu	216709	187292	593871	290295	187392	198306	208173	208173
浙　江 Zhejiang	152167	145988	452655	229751	146068	154063	152524	152524
安　徽 Anhui	131388	140503	415987	197432	140530	139884	135573	135573
福　建 Fujian	91135	92176	282754	141500	92211	95828	94715	94715
江　西 Jiangxi	77874	102431	279436	118347	102490	96585	80361	80361
山　东 Shandong	244441	299216	852134	427521	299267	286528	266339	266339
河　南 Henan	227605	240108	689063	342687	240108	223259	225696	225696
湖　北 Hubei	216107	178360	580248	264770	179815	188357	212076	212076
湖　南 Hunan	116330	128662	367429	180487	128692	122480	116257	116257
广　东 Guangdong	414591	457055	1346468	661912	457218	453695	435555	435555
广　西 Guangxi	95356	116054	323774	167065	116189	106336	101249	101249
海　南 Hainan	31949	35964	102838	47223	35989	34783	32066	32066
重　庆 Chongqing	91341	99962	293681	154264	100008	96288	97385	97385
四　川 Sichuan	182758	196198	575215	294479	196288	190825	188102	188102
贵　州 Guizhou	64485	90769	238284	118549	90780	77604	69900	69900
云　南 Yunnan	65828	79385	222095	119464	79401	72968	69726	69726
西　藏 Tibet	5172	5536	15995	8374	5592	5173	5230	5230
陕　西 Shaanxi	108655	105108	317069	157903	105132	101242	110695	110695
甘　肃 Gansu	65934	67129	199415	93931	67129	65024	67262	67262
青　海 Qinghai	8948	10534	29570	15112	10653	9435	9482	9482
宁　夏 Ningxia	26086	31096	90925	47382	31096	30986	28843	28843
新　疆 Xinjiang	76781	80303	239988	127534	80925	79763	79300	79300

普通高中学生数(城乡结合区)
Number of Students in Regular Senior Secondary Schools (Urban-rural Transitional Area)

单位:人
unit: person

	毕业生数 Graduates	招生数 Entrants	在校生数 Enrolment					预计毕业生数 Estimated Graduates for Next Year
			合计 Total	其中:女 of Which: Female	一年级 Grade 1	二年级 Grade 2	三年级 Grade 3	
总　计 Total	**552015**	**609976**	**1787346**	**877789**	**611546**	**592892**	**582908**	**582908**
北　京 Beijing	2153	3298	9210	4736	3301	2929	2980	2980
天　津 Tianjin	2830	2823	8835	4857	2823	3003	3009	3009
河　北 Hebei	33853	33615	103096	54136	33615	32648	36833	36833
山　西 Shanxi	14924	16825	48939	24405	16825	16093	16021	16021
内蒙古 Inner Mongolia	3918	3906	10714	5483	3906	2792	4016	4016
辽　宁 Liaoning	18939	20491	60401	30661	20493	20430	19478	19478
吉　林 Jilin	3982	5666	14096	7311	5666	4315	4115	4115
黑龙江 Heilongjiang	11585	10627	32971	17200	10627	10991	11353	11353
上　海 Shanghai	2046	1993	5813	3180	2009	1929	1875	1875
江　苏 Jiangsu	29893	24392	78366	37007	24392	26028	27946	27946
浙　江 Zhejiang	36416	34953	108891	54826	34956	36836	37099	37099
安　徽 Anhui	12132	12975	39142	18801	12975	13370	12797	12797
福　建 Fujian	18793	17877	56332	26223	17891	19019	19422	19422
江　西 Jiangxi	8121	11646	31201	11993	11646	10801	8754	8754
山　东 Shandong	62897	80011	227214	111301	80055	76854	70305	70305
河　南 Henan	39601	40628	119908	59108	40628	39577	39703	39703
湖　北 Hubei	34557	24474	88472	39294	25886	27870	34716	34716
湖　南 Hunan	21722	25999	73106	35122	26002	23558	23546	23546
广　东 Guangdong	103421	121063	349999	169110	121080	119659	109260	109260
广　西 Guangxi	20256	26720	74468	37813	26756	24344	23368	23368
海　南 Hainan	1314	3227	5906	2197	3227	1654	1025	1025
重　庆 Chongqing	6635	6778	20033	10225	6778	6519	6736	6736
四　川 Sichuan	17186	22624	62926	32479	22624	21208	19094	19094
贵　州 Guizhou	9406	16698	39340	19800	16698	12172	10470	10470
云　南 Yunnan	16439	20296	58128	30825	20296	18940	18892	18892
西　藏 Tibet								
陕　西 Shaanxi	9526	10348	29634	14501	10368	9139	10127	10127
甘　肃 Gansu	1936	2140	6776	3181	2140	2434	2202	2202
青　海 Qinghai	614	1022	2616	1308	1022	818	776	776
宁　夏 Ningxia	2429	2532	7465	3992	2532	2445	2488	2488
新　疆 Xinjiang	4491	4329	13348	6714	4329	4517	4502	4502

普通高中学生数(镇区)

Number of Students in Regular Senior Secondary Schools (Counties & Towns Area)

单位:人
unit: person

	毕业生数 Graduates	招生数 Entrants	在校生数 Enrolment					预计毕业生数 Estimated Graduates for Next Year
			合计 Total	其中:女 of Which: Female	一年级 Grade 1	二年级 Grade 2	三年级 Grade 3	
总　计 Total	**4044762**	**4372203**	**12641342**	**6182312**	**4374590**	**4180071**	**4086681**	**4086681**
北　京 Beijing	5100	6913	20767	11008	6934	7027	6806	6806
天　津 Tianjin	19157	18137	57332	29435	18137	19855	19340	19340
河　北 Hebei	247232	216717	665578	348105	216747	218359	230472	230472
山　西 Shanxi	147295	149870	435784	223360	149892	140619	145273	145273
内蒙古 Inner Mongolia	72148	78228	226721	116348	78242	75963	72516	72516
辽　宁 Liaoning	67620	66370	205313	105890	66378	69589	69346	69346
吉　林 Jilin	48914	48862	141732	72886	48862	47092	45778	45778
黑龙江 Heilongjiang	81878	83831	250528	130005	83850	83998	82680	82680
上　海 Shanghai	8134	6784	21088	11139	6845	6843	7400	7400
江　苏 Jiangsu	223972	187183	607162	280837	187229	202516	217417	217417
浙　江 Zhejiang	132255	119407	384920	194958	119548	132962	132410	132410
安　徽 Anhui	259476	277681	810731	365511	278174	274069	258488	258488
福　建 Fujian	119557	112573	361931	176177	112675	124302	124954	124954
江　西 Jiangxi	150270	199375	540852	226308	199690	184739	156423	156423
山　东 Shandong	226796	268171	754168	369286	268171	251509	234488	234488
河　南 Henan	401830	413470	1204919	577505	413474	390205	401240	401240
湖　北 Hubei	173191	131519	435656	195439	131621	144481	159554	159554
湖　南 Hunan	182354	223738	613825	299460	223753	202472	187600	187600
广　东 Guangdong	243909	279048	809440	397537	279075	271794	258571	258571
广　西 Guangxi	138268	171160	458111	240792	171311	146117	140683	140683
海　南 Hainan	19401	25476	67918	32568	25479	22447	19992	19992
重　庆 Chongqing	106172	118104	345057	173068	118132	113943	112982	112982
四　川 Sichuan	286528	316067	913091	458965	316197	305941	290953	290953
贵　州 Guizhou	126937	216654	512149	247815	216677	159360	136112	136112
云　南 Yunnan	120863	167416	446453	232486	167706	147350	131397	131397
西　藏 Tibet	5456	7805	21374	11465	7820	6880	6674	6674
陕　西 Shaanxi	193204	197372	576432	276761	197385	186381	192666	192666
甘　肃 Gansu	138127	148817	436735	204850	149058	142295	145382	145382
青　海 Qinghai	24475	25022	68965	35088	25044	21672	22249	22249
宁　夏 Ningxia	20406	21807	61901	32614	21821	20428	19652	19652
新　疆 Xinjiang	53837	68626	184709	104646	68663	58863	57183	57183

普通高中学生数(镇乡结合区)

Number of Students in Regular Senior Secondary Schools (County-town Transitional Area)

单位:人
unit: person

	毕业生数 Graduates	招生数 Entrants	在校生数 Enrolment					预计毕业生数 Estimated Graduates for Next Year
			合计 Total	其中:女 of Which: Female	一年级 Grade 1	二年级 Grade 2	三年级 Grade 3	
总 计 Total	**1044496**	**1144501**	**3307249**	**1617710**	**1145156**	**1092605**	**1069488**	**1069488**
北 京 Beijing	1309	1775	5556	2883	1781	1935	1840	1840
天 津 Tianjin	8197	7829	24723	12940	7829	8639	8255	8255
河 北 Hebei	96825	80977	255287	133367	80977	83453	90857	90857
山 西 Shanxi	45344	48219	141033	72776	48236	46955	45842	45842
内蒙古 Inner Mongolia	5359	6254	16836	8405	6254	5405	5177	5177
辽 宁 Liaoning	12457	13642	39899	20979	13647	13006	13246	13246
吉 林 Jilin	1171	401	1773	895	401	662	710	710
黑龙江 Heilongjiang	8583	8865	26283	13554	8870	8881	8532	8532
上 海 Shanghai	1293	1183	3473	1694	1183	1101	1189	1189
江 苏 Jiangsu	45507	41211	131414	59510	41217	43476	46721	46721
浙 江 Zhejiang	47838	43563	138649	70266	43610	47048	47991	47991
安 徽 Anhui	60151	66689	191606	86082	67131	63796	60679	60679
福 建 Fujian	32566	29860	97773	46518	29877	33230	34666	34666
江 西 Jiangxi	22750	31485	82684	32837	31488	28354	22842	22842
山 东 Shandong	104597	123284	345825	169108	123284	115545	106996	106996
河 南 Henan	119591	124653	369233	178647	124653	119325	125255	125255
湖 北 Hubei	38693	30256	99571	45769	30288	33281	36002	36002
湖 南 Hunan	49897	63417	173449	84961	63423	57460	52566	52566
广 东 Guangdong	100479	115106	330348	161321	115107	109014	106227	106227
广 西 Guangxi	10259	13171	34649	18498	13171	11041	10437	10437
海 南 Hainan	4442	6720	16932	7795	6720	5468	4744	4744
重 庆 Chongqing	27880	31298	91206	45969	31298	30080	29828	29828
四 川 Sichuan	44959	46585	139682	72223	46591	47733	45358	45358
贵 州 Guizhou	28696	52862	118846	57044	52877	35387	30582	30582
云 南 Yunnan	44365	55881	152214	78888	55917	51302	44995	44995
西 藏 Tibet	654	2061	4923	2555	2061	1628	1234	1234
陕 西 Shaanxi	42234	45611	131668	62476	45611	42833	43224	43224
甘 肃 Gansu	26074	34419	96410	44313	34429	32524	29457	29457
青 海 Qinghai	2323	4518	11347	5807	4518	3570	3259	3259
宁 夏 Ningxia	3060	2905	8258	4421	2905	2564	2789	2789
新 疆 Xinjiang	6943	9801	25699	15209	9802	7909	7988	7988

普通高中学生数(乡村)

Number of Students in Regular Senior Secondary Schools (Rural Area)

单位:人

unit: person

	毕业生数 Graduates	招生数 Entrants	在校生数 Enrolment					预计毕业生数 Estimated Graduates for Next Year
			合计 Total	其中:女 of Which: Female	一年级 Grade 1	二年级 Grade 2	三年级 Grade 3	
总计 Total	**263889**	**291746**	**834282**	**407317**	**291830**	**276164**	**266288**	**266288**
北京 Beijing	1410	1576	5313	2613	1583	1708	2022	2022
天津 Tianjin	2286	1790	6140	3222	1790	2152	2198	2198
河北 Hebei	12849	11310	34904	18520	11310	11242	12352	12352
山西 Shanxi	23633	22598	66475	33032	22598	21985	21892	21892
内蒙古 Inner Mongolia	724	966	2605	1322	966	853	786	786
辽宁 Liaoning	3274	3251	9844	4778	3251	3295	3298	3298
吉林 Jilin	874	649	2400	1154	649	1064	687	687
黑龙江 Heilongjiang	3129	2399	8110	3943	2399	2677	3034	3034
上海 Shanghai	756	642	2032	1067	642	670	720	720
江苏 Jiangsu	4084	2461	7664	3597	2461	2575	2628	2628
浙江 Zhejiang	12679	12524	38227	19161	12527	12696	13004	13004
安徽 Anhui	21946	21541	66145	31162	21548	22930	21667	21667
福建 Fujian	14889	13901	45857	19972	13903	15947	16007	16007
江西 Jiangxi	4991	6509	16314	6046	6510	5594	4210	4210
山东 Shandong	11646	14410	39100	19806	14410	13120	11570	11570
河南 Henan	10702	12125	32354	15906	12125	10805	9424	9424
湖北 Hubei	22937	17627	58603	25338	17631	19792	21180	21180
湖南 Hunan	11371	17669	45309	21559	17670	14905	12734	12734
广东 Guangdong	29961	37146	103374	51283	37151	34277	31946	31946
广西 Guangxi	3850	5604	13943	7179	5604	4496	3843	3843
海南 Hainan	1270	1529	4770	2150	1531	1599	1640	1640
重庆 Chongqing	6103	7014	21006	10490	7034	7152	6820	6820
四川 Sichuan	8815	9673	28225	14732	9673	9461	9091	9091
贵州 Guizhou	4439	10765	22539	11062	10765	6457	5317	5317
云南 Yunnan	9557	14511	37632	20476	14521	11935	11176	11176
西藏 Tibet	2658	4188	10456	5660	4197	3311	2948	2948
陕西 Shaanxi	15441	16308	48027	22577	16311	15544	16172	16172
甘肃 Gansu	9559	10161	28729	13603	10161	8974	9594	9594
青海 Qinghai	2384	2641	7470	3807	2641	2466	2363	2363
宁夏 Ningxia	1201	1911	4695	2453	1911	1539	1245	1245
新疆 Xinjiang	4471	6347	16020	9647	6357	4943	4720	4720

普通高中女学生数

Number of Female Students in Regular Senior Secondary Schools

单位：人

unit：person

	毕业生数 Graduates	招生数 Entrants	在校生数 Enrolment				预计毕业生数 Estimated Graduates for Next Year
			合计 Total	一年级 Grade 1	二年级 Grade 2	三年级 Grade 3	
总　计 Total	**3863772**	**4181234**	**12190235**	**4183857**	**4041428**	**3964950**	**3964950**
北　京 Beijing	30509	32553	100435	32608	33510	34317	34317
天　津 Tianjin	32521	29893	94377	29902	31921	32554	32554
河　北 Hebei	220978	201531	617950	201540	201149	215261	215261
山　西 Shanxi	144816	149065	436719	149080	142545	145094	145094
内蒙古 Inner Mongolia	83305	88607	257993	88613	85768	83612	83612
辽　宁 Liaoning	123217	117509	359246	117526	120967	120753	120753
吉　林 Jilin	78345	81923	245610	81923	83283	80404	80404
黑龙江 Heilongjiang	105606	105137	317632	105169	105671	106792	106792
上　海 Shanghai	28824	27393	82489	27512	27398	27579	27579
江　苏 Jiangsu	206096	182151	574729	182215	191503	201011	201011
浙　江 Zhejiang	150068	140754	443870	140831	151643	151396	151396
安　徽 Anhui	183269	205741	594105	205943	200612	187550	187550
福　建 Fujian	110597	107349	337649	107395	114792	115462	115462
江　西 Jiangxi	96703	129447	350701	129556	120983	100162	100162
山　东 Shandong	233354	291500	816613	291521	272997	252095	252095
河　南 Henan	306642	325178	936098	325178	304168	306752	306752
湖　北 Hubei	187639	149510	485547	150402	158888	176257	176257
湖　南 Hunan	149999	177691	501506	177693	165545	158268	158268
广　东 Guangdong	333336	380497	1110732	380583	374715	355434	355434
广　西 Guangxi	124092	150664	415036	150725	134571	129740	129740
海　南 Hainan	23629	29519	81941	29582	27575	24784	24784
重　庆 Chongqing	103411	115177	337822	115229	111266	111327	111327
四　川 Sichuan	239665	264633	768176	264704	256370	247102	247102
贵　州 Guizhou	92495	155551	377426	155559	119421	102446	102446
云　南 Yunnan	101417	137474	372426	137576	123403	111447	111447
西　藏 Tibet	7134	9205	25499	9241	8176	8082	8082
陕　西 Shaanxi	151899	155083	457241	155088	146608	155545	155545
甘　肃 Gansu	97606	107518	312384	107565	102092	102727	102727
青　海 Qinghai	17991	19554	54007	19597	17136	17274	17274
宁　夏 Ningxia	24545	29057	82449	29063	27697	25689	25689
新　疆 Xinjiang	74064	84370	241827	84738	79055	78034	78034

中学学校教职工数(总计)

Number of Educational Personnel in General Secondary Schools (Total)

单位:人
unit: person

	教职工数 Educational Personnel						代课教师 Substitute Teachers	兼任教师 Part-time Teachers
	合计 Total	专任教师 Full-time Teachers	行政人员 Adm. Personnel	教辅人员 Supporting Staff	工勤人员 Workers	校办企业职工 Employees in School-run Factories & Farms		
总　计 Total	**6401663**	**5563248**	**247055**	**274429**	**312471**	**4460**	**90076**	**15358**
北　京 Beijing	78730	57379	8674	8231	4269	177		1312
天　津 Tianjin	53354	43249	4644	3481	1949	31	311	563
河　北 Hebei	309906	265108	12545	18431	13512	310	8356	371
山　西 Shanxi	222654	189722	7078	9841	15081	932	13848	1254
内蒙古 Inner Mongolia	132139	103937	7669	10715	9652	166	2928	299
辽　宁 Liaoning	210150	175956	23549	4645	5967	33	359	54
吉　林 Jilin	134079	105969	10218	12603	5177	112	1855	467
黑龙江 Heilongjiang	188989	158066	10831	9688	10358	46	1330	495
上　海 Shanghai	75758	59633	5453	6115	4480	77	648	327
江　苏 Jiangsu	349851	300990	10136	18742	19717	266	1389	389
浙　江 Zhejiang	228228	200080	6693	8873	12470	112		1307
安　徽 Anhui	283342	249286	9031	7736	17250	39	5927	878
福　建 Fujian	174546	154468	6057	6691	7239	91	930	173
江　西 Jiangxi	203049	185756	3721	4441	9033	98	2544	467
山　东 Shandong	464942	398762	15719	31192	19059	210	4161	480
河　南 Henan	458884	407156	15893	14823	20916	96	10855	968
湖　北 Hubei	259884	224492	7985	13091	14037	279	5391	420
湖　南 Hunan	309794	267198	11355	14449	16560	232	2735	673
广　东 Guangdong	529900	466656	20111	16768	26000	365	4388	783
广　西 Guangxi	195764	167871	6561	9422	11775	135	1289	900
海　南 Hainan	48942	41414	1297	1500	4683	48	769	609
重　庆 Chongqing	133154	119191	4614	3821	5455	73	1049	178
四　川 Sichuan	384577	348179	9353	8456	18470	119	4873	325
贵　州 Guizhou	182299	167428	5080	3061	6445	285	294	324
云　南 Yunnan	191755	173173	3233	4612	10715	22	835	117
西　藏 Tibet	13387	12797	156	46	388		111	22
陕　西 Shaanxi	207578	178993	10769	9994	7779	43	4575	383
甘　肃 Gansu	146331	134587	3395	4348	3983	18	1855	537
青　海 Qinghai	29145	27111	392	617	1019	6	2304	39
宁　夏 Ningxia	33747	30813	506	1284	1141	3	886	135
新　疆 Xinjiang	166805	147828	4337	6712	7892	36	3281	109

中学学校教职工数(城区)
Number of Educational Personnel in General Secondary Schools (Urban Area)

单位:人
unit: person

	教职工数 Educational Personnel						代课教师 Substitute Teachers	兼任教师 Part-time Teachers
	合计 Total	专任教师 Full-time Teachers	行政人员 Adm. Personnel	教辅人员 Supporting Staff	工勤人员 Workers	校办企业职工 Employees in School-run Factories & Farms		
总　计 Total	**2282096**	**1935982**	**110589**	**114500**	**118875**	**2150**	**35638**	**8332**
北　京 Beijing	61347	45267	6878	5838	3187	177		1268
天　津 Tianjin	33647	26441	3175	2580	1427	24	289	555
河　北 Hebei	96060	81396	4136	5838	4476	214	2733	141
山　西 Shanxi	71372	59152	3268	3702	5005	245	5256	668
内蒙古 Inner Mongolia	52299	41796	4216	3793	2485	9	1503	195
辽　宁 Liaoning	107264	90332	11844	2003	3068	17	62	38
吉　林 Jilin	60139	47807	4229	5497	2505	101	1287	208
黑龙江 Heilongjiang	81316	68254	4905	4329	3790	38	703	315
上　海 Shanghai	61312	48125	4231	5357	3531	68	602	296
江　苏 Jiangsu	156080	135479	4977	8049	7522	53	762	221
浙　江 Zhejiang	106565	91797	3345	4314	7043	66		931
安　徽 Anhui	67264	58927	2374	2217	3732	14	2489	386
福　建 Fujian	58402	51042	2177	2259	2885	39	600	43
江　西 Jiangxi	48350	43845	1298	1078	2072	57	552	132
山　东 Shandong	175982	149146	6851	12884	6956	145	950	280
河　南 Henan	128023	109932	6651	5235	6128	77	3450	447
湖　北 Hubei	104952	89643	3941	5633	5588	147	2279	214
湖　南 Hunan	75663	62264	3133	4551	5606	109	1053	355
广　东 Guangdong	283795	243313	11124	11881	17236	241	4230	445
广　西 Guangxi	51048	43422	1989	2544	3089	4	662	288
海　南 Hainan	19871	16224	731	740	2130	46	382	275
重　庆 Chongqing	46271	41161	1598	1472	2005	35	424	111
四　川 Sichuan	96622	84055	3031	3499	5972	65	1272	104
贵　州 Guizhou	37140	32933	1376	831	1917	83	145	114
云　南 Yunnan	37468	32778	1060	1383	2229	18	27	15
西　藏 Tibet	2676	2448	92	12	124		111	22
陕　西 Shaanxi	57786	47805	4506	2774	2680	21	1274	118
甘　肃 Gansu	31894	28051	1316	1179	1342	6	348	69
青　海 Qinghai	6592	6100	105	119	268		313	1
宁　夏 Ningxia	13580	12373	267	486	452	2	706	8
新　疆 Xinjiang	51316	44674	1765	2423	2425	29	1174	69

中学学校教职工数(城乡结合区)

Number of Educational Personnel in General Secondary Schools (Urban - rural Transitional Area)

单位:人
unit: person

	教职工数 Educational Personnel						代课教师 Substitute Teachers	兼任教师 Part-time Teachers
	合计 Total	专任教师 Full-time Teachers	行政人员 Adm. Personnel	教辅人员 Supporting Staff	工勤人员 Workers	校办企业职工 Employees in School-run Factories & Farms		
总　计 Total	**393772**	**332943**	**16293**	**17879**	**26315**	**342**	**5541**	**991**
北　京 Beijing	5280	3576	636	598	470			52
天　津 Tianjin	2481	1939	201	256	83	2		1
河　北 Hebei	22588	19037	803	1333	1401	14	494	21
山　西 Shanxi	7449	6299	295	378	462	15	779	59
内蒙古 Inner Mongolia	2026	1612	145	165	104		22	
辽　宁 Liaoning	11240	9519	1232	146	338	5	3	9
吉　林 Jilin	3992	3076	353	337	217	9	46	2
黑龙江 Heilongjiang	8273	6784	522	422	545		34	8
上　海 Shanghai	3520	2907	219	221	170	3	39	22
江　苏 Jiangsu	20290	17780	597	1013	892	8	84	2
浙　江 Zhejiang	25924	21590	871	949	2490	24		360
安　徽 Anhui	8734	7456	273	169	832	4	174	53
福　建 Fujian	13597	11575	411	486	1116	9	138	
江　西 Jiangxi	7065	6153	198	174	540		32	43
山　东 Shandong	43738	37068	1522	3089	1991	68	227	36
河　南 Henan	24031	21211	842	621	1325	32	373	38
湖　北 Hubei	15332	12885	436	900	1103	8	474	22
湖　南 Hunan	16336	13139	709	926	1554	8	130	22
广　东 Guangdong	88113	74632	3611	3321	6441	108	1499	63
广　西 Guangxi	11043	9386	381	548	728		57	41
海　南 Hainan	1301	1071	36	41	153		3	58
重　庆 Chongqing	3624	3100	161	78	285		6	
四　川 Sichuan	14170	11799	496	708	1163	4	126	11
贵　州 Guizhou	6466	5812	211	92	351		23	41
云　南 Yunnan	8250	7182	220	275	566	7	17	12
西　藏 Tibet								
陕　西 Shaanxi	8233	6832	645	362	392	2	139	2
甘　肃 Gansu	2568	2386	54	41	87		130	8
青　海 Qinghai	823	763	14	8	38		59	
宁　夏 Ningxia	1799	1688	27	31	53		311	
新　疆 Xinjiang	5486	4686	172	191	425	12	122	5

中学学校教职工数(镇区)

Number of Educational Personnel in General Secondary Schools (Counties & Towns Area)

单位:人

unit: person

	教职工数 Educational Personnel						代课教师 Substitute Teachers	兼任教师 Part-time Teachers
	合计 Total	专任教师 Full-time Teachers	行政人员 Adm. Personnel	教辅人员 Supporting Staff	工勤人员 Workers	校办企业职工 Employees in School-run Factories & Farms		
总　计 Total	**3039102**	**2652778**	**100389**	**131740**	**152147**	**2048**	**37825**	**5184**
北　京 Beijing	11851	8261	1088	1785	717			27
天　津 Tianjin	14583	12419	1042	683	432	7	13	8
河　北 Hebei	165096	140510	6119	10703	7668	96	3512	107
山　西 Shanxi	107261	92378	2555	4727	6979	622	5799	430
内蒙古 Inner Mongolia	67929	52772	2932	6052	6028	145	1198	94
辽　宁 Liaoning	77912	64403	8757	2287	2452	13	266	11
吉　林 Jilin	48055	37639	3620	4869	1927		377	141
黑龙江 Heilongjiang	78030	64212	4264	4063	5483	8	391	124
上　海 Shanghai	12431	9902	1057	659	804	9	39	29
江　苏 Jiangsu	176877	151027	4609	9914	11135	192	592	168
浙　江 Zhejiang	101383	90059	2733	3927	4623	41		353
安　徽 Anhui	147064	127154	4732	4579	10574	25	2531	374
福　建 Fujian	81042	71880	2606	3275	3229	52	148	85
江　西 Jiangxi	111484	101206	1818	2962	5457	41	1223	249
山　东 Shandong	226753	195160	7323	14691	9514	65	2881	156
河　南 Henan	233837	207312	6780	7988	11753	4	6068	302
湖　北 Hubei	115008	99969	2898	5575	6440	126	2081	123
湖　南 Hunan	154613	132507	5464	8104	8429	109	851	175
广　东 Guangdong	198380	181111	6813	4159	6269	28	121	291
广　西 Guangxi	116158	99503	3510	5863	7160	122	541	407
海　南 Hainan	25857	22374	499	722	2260	2	323	327
重　庆 Chongqing	73437	65801	2498	2150	2951	37	458	55
四　川 Sichuan	203812	185151	4376	4539	9693	53	1780	184
贵　州 Guizhou	94037	86382	2321	1852	3280	202	92	170
云　南 Yunnan	97298	87679	1313	2627	5675	4	320	100
西　藏 Tibet	7747	7507	47	11	182			
陕　西 Shaanxi	127736	111614	5147	6420	4533	22	2838	253
甘　肃 Gansu	68116	62110	1445	2611	1941	9	741	332
青　海 Qinghai	15687	14442	253	420	566	6	1438	34
宁　夏 Ningxia	14420	12968	197	710	544	1	95	44
新　疆 Xinjiang	65208	57366	1573	2813	3449	7	1108	31

中学学校教职工数(镇乡结合区)
Number of Educational Personnel in General Secondary Schools (County-town Transitional Area)

单位:人
unit: person

	教职工数 Educational Personnel						代课教师 Substitute Teachers	兼任教师 Part-time Teachers
	合计 Total	专任教师 Full-time Teachers	行政人员 Adm. Personnel	教辅人员 Supporting Staff	工勤人员 Workers	校办企业职工 Employees in School-run Factories & Farms		
总　计 Total	**789767**	**687834**	**26340**	**33554**	**40931**	**1108**	**10833**	**1568**
北　京 Beijing	3506	2399	472	472	163			11
天　津 Tianjin	5567	4694	448	260	165		12	
河　北 Hebei	68734	58885	2582	3988	3267	12	1204	40
山　西 Shanxi	32048	26716	803	1602	2414	513	1979	164
内蒙古 Inner Mongolia	5633	4344	238	527	497	27	119	13
辽　宁 Liaoning	11969	9865	1427	323	350	4	177	11
吉　林 Jilin	4300	3332	321	396	251		19	25
黑龙江 Heilongjiang	6836	5889	332	371	244		74	10
上　海 Shanghai	3242	2623	232	141	242	4	4	2
江　苏 Jiangsu	39498	33953	1060	2069	2314	102	149	48
浙　江 Zhejiang	35314	31356	883	1365	1689	21		101
安　徽 Anhui	37200	31113	1351	1153	3581	2	692	228
福　建 Fujian	22948	20346	809	865	911	17	49	61
江　西 Jiangxi	20706	18221	356	714	1410	5	164	43
山　东 Shandong	92920	79913	3060	5978	3929	40	1294	45
河　南 Henan	80330	70819	2439	2884	4188		1906	151
湖　北 Hubei	27154	23497	748	1174	1683	52	694	27
湖　南 Hunan	50656	43617	1821	2148	3028	42	327	116
广　东 Guangdong	66701	60287	2519	1497	2387	11	47	65
广　西 Guangxi	17065	14774	515	741	1035		38	103
海　南 Hainan	4016	3306	95	187	428		53	38
重　庆 Chongqing	15931	14436	465	467	563		156	38
四　川 Sichuan	34180	30551	973	834	1784	38	428	86
贵　州 Guizhou	22683	20572	551	414	945	201	46	71
云　南 Yunnan	26251	23442	315	843	1651		91	28
西　藏 Tibet	921	889	9	4	19			
陕　西 Shaanxi	26556	23248	1110	1195	991	12	787	13
甘　肃 Gansu	13783	12666	223	501	388	5	58	14
青　海 Qinghai	3100	3018	14	34	34		188	
宁　夏 Ningxia	2734	2501	37	124	72		15	
新　疆 Xinjiang	7285	6562	132	283	308		63	16

中学学校教职工数(乡村)

Number of Educational Personnel in General Secondary Schools (Rural Area)

单位:人
unit: person

	教职工数 Educational Personnel						代课教师 Substitute Teachers	兼任教师 Part-time Teachers
	合计 Total	专任教师 Full-time Teachers	行政人员 Adm. Personnel	教辅人员 Supporting Staff	工勤人员 Workers	校办企业职工 Employees in School-run Factories & Farms		
总　计 Total	**1080465**	**974488**	**36077**	**28189**	**41449**	**262**	**16613**	**1842**
北　京 Beijing	5532	3851	708	608	365			17
天　津 Tianjin	5124	4389	427	218	90		9	
河　北 Hebei	48750	43202	2290	1890	1368		2111	123
山　西 Shanxi	44021	38192	1255	1412	3097	65	2793	156
内蒙古 Inner Mongolia	11911	9369	521	870	1139	12	227	10
辽　宁 Liaoning	24974	21221	2948	355	447	3	31	5
吉　林 Jilin	25885	20523	2369	2237	745	11	191	118
黑龙江 Heilongjiang	29643	25600	1662	1296	1085		236	56
上　海 Shanghai	2015	1606	165	99	145		7	2
江　苏 Jiangsu	16894	14484	550	779	1060	21	35	
浙　江 Zhejiang	20280	18224	615	632	804	5		23
安　徽 Anhui	69014	63205	1925	940	2944		907	118
福　建 Fujian	35102	31546	1274	1157	1125		182	45
江　西 Jiangxi	43215	40705	605	401	1504		769	86
山　东 Shandong	62207	54456	1545	3617	2589		330	44
河　南 Henan	97024	89912	2462	1600	3035	15	1337	219
湖　北 Hubei	39924	34880	1146	1883	2009	6	1031	83
湖　南 Hunan	79518	72427	2758	1794	2525	14	831	143
广　东 Guangdong	47725	42232	2174	728	2495	96	37	47
广　西 Guangxi	28558	24946	1062	1015	1526	9	86	205
海　南 Hainan	3214	2816	67	38	293		64	7
重　庆 Chongqing	13446	12229	518	199	499	1	167	12
四　川 Sichuan	84143	78973	1946	418	2805	1	1821	37
贵　州 Guizhou	51122	48113	1383	378	1248		57	40
云　南 Yunnan	56989	52716	860	602	2811		488	2
西　藏 Tibet	2964	2842	17	23	82			
陕　西 Shaanxi	22056	19574	1116	800	566		463	12
甘　肃 Gansu	46321	44426	634	558	700	3	766	136
青　海 Qinghai	6866	6569	34	78	185		553	4
宁　夏 Ningxia	5747	5472	42	88	145		85	83
新　疆 Xinjiang	50281	45788	999	1476	2018		999	9

中学学校女教职工数
Number of Female Educational Personnel in General Secondary Schools

单位:人
unit: person

	教职工数 Educational Personnel						代课教师 Substitute Teachers	兼任教师 Part-time Teachers
	合计 Total	专任教师 Full-time Teachers	行政人员 Adm. Personnel	教辅人员 Supporting Staff	工勤人员 Workers	校办企业职工 Employees in School-run Factories & Farms		
总　计 Total	**3172281**	**2869040**	**58353**	**128281**	**114960**	**1647**	**54389**	**7288**
北　京 Beijing	52768	42333	4277	4747	1339	72		915
天　津 Tianjin	33303	29051	1684	2090	466	12	224	375
河　北 Hebei	187429	171049	2548	9247	4473	112	5963	206
山　西 Shanxi	133210	119552	1850	4985	6494	329	9067	727
内蒙古 Inner Mongolia	73720	63813	2251	4998	2607	51	1778	117
辽　宁 Liaoning	127298	115677	7816	2559	1245	1	275	44
吉　林 Jilin	78033	68003	2665	5853	1468	44	1167	241
黑龙江 Heilongjiang	111315	99534	3458	4540	3767	16	868	246
上　海 Shanghai	49930	41903	2681	3994	1324	28	398	205
江　苏 Jiangsu	163668	147883	1683	7275	6738	89	791	214
浙　江 Zhejiang	122457	109922	1539	4644	6319	33		726
安　徽 Anhui	105260	93457	1411	3375	7012	5	2769	227
福　建 Fujian	77400	69970	1251	3266	2878	35	622	54
江　西 Jiangxi	79279	72852	676	1938	3787	26	1466	155
山　东 Shandong	219815	200924	2765	11403	4632	91	2049	106
河　南 Henan	235420	217725	3491	6897	7255	52	6575	462
湖　北 Hubei	100313	89343	1359	4811	4693	107	2848	152
湖　南 Hunan	132226	118499	1248	6377	6000	102	1618	283
广　东 Guangdong	280812	254852	3656	9926	12211	167	2483	262
广　西 Guangxi	93513	82752	1125	4303	5257	76	906	415
海　南 Hainan	23546	20078	342	828	2271	27	432	317
重　庆 Chongqing	58881	55292	824	1551	1187	27	617	44
四　川 Sichuan	168129	156584	1782	4192	5529	42	3294	151
贵　州 Guizhou	72250	66800	867	1421	3102	60	159	119
云　南 Yunnan	89552	81685	670	2196	4996	5	432	78
西　藏 Tibet	6286	6037	59	34	156		57	5
陕　西 Shaanxi	105772	96193	2409	4456	2704	10	2416	74
甘　肃 Gansu	57331	53997	414	1672	1243	5	864	233
青　海 Qinghai	14684	13835	92	275	480	2	1392	13
宁　夏 Ningxia	16431	15371	75	542	442	1	547	78
新　疆 Xinjiang	102250	94074	1385	3886	2885	20	2312	44

中学学校教职工总数中
Number of General Secondary Schools Educational

	教职工数 Educational Personnel		
	合计 Total	专任教师 Full-time Teachers	行政人员 Adm. Personnel
总　计 Total	**636434**	**471950**	**34821**
北　京 Beijing	7808	5017	1002
天　津 Tianjin	2567	1641	295
河　北 Hebei	27305	20551	1450
山　西 Shanxi	39569	27891	1863
内蒙古 Inner Mongolia	4683	3491	420
辽　宁 Liaoning	8329	7104	810
吉　林 Jilin	7453	5840	459
黑龙江 Heilongjiang	6491	4806	458
上　海 Shanghai	8485	6335	559
江　苏 Jiangsu	39888	31430	1487
浙　江 Zhejiang	40267	29406	1514
安　徽 Anhui	49301	35282	2705
福　建 Fujian	20066	15459	1162
江　西 Jiangxi	22264	15484	1191
山　东 Shandong	31441	23781	1829
河　南 Henan	61241	47073	3427
湖　北 Hubei	20242	14595	1031
湖　南 Hunan	27943	19253	1506
广　东 Guangdong	103010	78642	4957
广　西 Guangxi	13185	9411	828
海　南 Hainan	7663	5113	395
重　庆 Chongqing	7150	5525	361
四　川 Sichuan	29697	21762	1519
贵　州 Guizhou	15814	11766	853
云　南 Yunnan	7990	6077	558
西　藏 Tibet	21	17	2
陕　西 Shaanxi	18739	13443	1682
甘　肃 Gansu	3325	2579	232
青　海 Qinghai	384	286	23
宁　夏 Ningxia	809	652	38
新　疆 Xinjiang	3304	2238	205

民办教职工数

Personnel Maintained by the Communties

单位:人
unit:person

教辅人员 Supporting Staff	工勤人员 Workers	校办企业职工 Employees in School-run Factories & Farms	代课教师 Substitute Teachers	兼任教师 Part-time Teachers
30724	**97467**	**1472**	**21242**	**5327**
776	951	62		53
392	239		261	304
1455	3825	24	413	228
1855	7801	159	4762	866
168	603	1	133	56
248	167		11	7
368	777	9	393	38
300	908	19	94	124
854	714	23	268	239
1899	5058	14	303	170
2050	7267	30		1082
2225	9072	17	2526	430
803	2589	53	36	68
1053	4475	61	217	180
2019	3733	79	2297	76
2184	8498	59	6339	228
938	3655	23	680	122
1829	5288	67	28	219
4257	14830	324	879	152
603	2244	99	19	188
236	1894	25	41	25
306	954	4	129	27
1785	4550	81		125
348	2630	217	6	83
273	1075	7	173	98
1	1			
1089	2524	1	899	74
157	355	2	262	44
3	72			
43	76		65	1
207	642	12	8	20

普通高中专任教师

Number of Full-time Teachers in Regular Senior Secondary Schools

	合 计 Total	其中:女 of Which: Female	按学历分 By Academic Qualification			
			研究生毕业 Graduate	本科毕业 Under-graduate	专科毕业 Associate Bachelor	高中阶段毕业 High School Graduate
总 计 Total	**1595035**	**782301**	**79860**	**1458377**	**55542**	**1202**
北 京 Beijing	20623	14510	3412	17050	156	5
天 津 Tianjin	15440	10495	1452	13712	259	17
河 北 Hebei	82918	50632	3120	76719	3025	54
山 西 Shanxi	58088	34536	2973	52623	2437	51
内蒙古 Inner Mongolia	32229	18517	1942	29057	1192	38
辽 宁 Liaoning	47276	31339	2952	43453	811	58
吉 林 Jilin	27832	17345	1948	25222	645	15
黑龙江 Heilongjiang	42606	26511	1771	39683	1132	18
上 海 Shanghai	16588	10630	1774	14764	49	1
江 苏 Jiangsu	97223	45707	7695	88377	1132	18
浙 江 Zhejiang	64506	32200	3783	60093	611	19
安 徽 Anhui	71790	26075	2770	66335	2648	37
福 建 Fujian	52049	23833	1770	48108	2129	41
江 西 Jiangxi	48232	17563	2334	41997	3838	61
山 东 Shandong	115208	56132	5174	107772	2205	56
河 南 Henan	107347	51236	6310	97310	3690	37
湖 北 Hubei	70896	26477	3813	63732	3177	152
湖 南 Hunan	67080	25974	1755	63678	1597	48
广 东 Guangdong	141835	72489	8941	127206	5612	75
广 西 Guangxi	44557	21867	2331	40394	1787	44
海 南 Hainan	10892	5343	326	10034	531	1
重 庆 Chongqing	36392	16485	1532	33775	1038	45
四 川 Sichuan	86461	36580	2176	80339	3882	63
贵 州 Guizhou	41572	16829	713	38961	1852	45
云 南 Yunnan	45255	21295	1176	42802	1243	32
西 藏 Tibet	3658	1634	139	3402	112	5
陕 西 Shaanxi	56218	28319	3355	50791	2030	42
甘 肃 Gansu	40467	14930	1184	36282	2935	64
青 海 Qinghai	7680	3627	223	6625	818	14
宁 夏 Ningxia	9742	4718	400	9008	324	9
新 疆 Xinjiang	32375	18473	616	29073	2645	37

学历、职称情况(总计)

by Academic Qualification and Professional Rank (Total)

单位:人

unit: person

高中阶段毕业以下 Below High School Graduate	按职称分 By Professional Rank				
	中学高级 Senior Secondary	中学一级 1st Grade	中学二级 2nd Grade	中学三级 3rd Grade	未定职级 No-ranking
54	**412404**	**572330**	**489883**	**13506**	**106912**
	7188	6759	5021	37	1618
	5811	6558	2595	34	442
	17921	31995	27523	981	4498
4	10719	16175	22634	800	7760
	10815	9702	8878	237	2597
2	17498	15869	10232	309	3368
2	7422	12030	7001	152	1227
2	13718	15372	11238	395	1883
	5403	7771	2976	5	433
1	29535	38181	25661	315	3531
	19126	25142	15976	282	3980
	20325	23344	20176	1262	6683
1	14363	19101	16851	262	1472
2	16664	16824	11283	802	2659
1	24405	39931	44837	571	5464
	22854	34314	42819	2143	5217
22	21338	27492	18357	949	2760
2	19117	29171	16223	387	2182
1	29343	57034	39293	883	15282
1	8958	19171	13234	367	2827
	2815	3530	3594	33	920
2	7705	11898	13359	167	3263
1	24346	31248	25450	108	5309
1	8899	12754	13592	471	5856
2	12298	13821	15568	193	3375
	352	1319	1576	19	392
	12099	17817	21728	561	4013
2	6928	12938	17099	365	3137
	2672	2699	1715	76	518
1	2793	2791	3081	167	910
4	8974	9579	10313	173	3336

普通高中专任教师

Number of Full-time Teachers in Regular Senior Secondary Schools

	合 计 Total	其中:女 of Which: Female	按学历分 By Academic Qualifications			
			研究生毕业 Graduate	本科毕业 Under- graduate	专科毕业 Associate Bachelor	高中阶段毕业 High School Graduate
总 计 Total	**753905**	**404389**	**54771**	**681017**	**17705**	**403**
北 京 Beijing	17815	12670	3039	14630	141	5
天 津 Tianjin	10747	7623	1298	9293	148	8
河 北 Hebei	33638	21395	1648	31129	838	23
山 西 Shanxi	23227	14505	1549	21038	635	5
内蒙古 Inner Mongolia	17161	10239	1390	15273	493	5
辽 宁 Liaoning	34187	23267	2485	31229	443	30
吉 林 Jilin	18479	11772	1627	16452	394	5
黑龙江 Heilongjiang	25566	16388	1462	23377	714	11
上 海 Shanghai	14254	9251	1617	12590	46	1
江 苏 Jiangsu	50318	25372	5184	44619	502	12
浙 江 Zhejiang	34073	17439	2436	31353	275	9
安 徽 Anhui	23457	10076	1298	21507	645	7
福 建 Fujian	21123	11424	1220	19348	541	13
江 西 Jiangxi	17028	7192	1197	14892	916	23
山 东 Shandong	59783	31319	3528	55444	783	28
河 南 Henan	40975	20863	3598	36436	930	11
湖 北 Hubei	39579	16133	2905	35288	1348	38
湖 南 Hunan	24020	10257	996	22648	362	14
广 东 Guangdong	87334	46220	7706	77440	2159	29
广 西 Guangxi	18062	9575	1378	16138	529	17
海 南 Hainan	6575	3376	223	6128	224	
重 庆 Chongqing	17857	8627	1146	16288	412	11
四 川 Sichuan	33426	15070	1296	31024	1077	29
贵 州 Guizhou	13247	6531	387	12438	406	15
云 南 Yunnan	14195	7400	691	13274	228	2
西 藏 Tibet	1203	528	58	1123	21	1
陕 西 Shaanxi	19032	10373	1886	16608	527	11
甘 肃 Gansu	12641	5465	651	11347	627	14
青 海 Qinghai	2237	1177	66	1927	235	9
宁 夏 Ningxia	5794	2971	308	5338	147	1
新 疆 Xinjiang	16872	9891	498	15398	959	16

学历、职称情况（城区）

by Academic Qualification and Professional Rank（Urban Area）

单位：人

unit：person

高中阶段毕业以下 Below High School Graduate	按职称分 By Professional Rank 中学高级 Senior Secondary	中学一级 1st Grade	中学二级 2nd Grade	中学三级 3rd Grade	未定职级 No-ranking
9	**228406**	**273986**	**200617**	**4355**	**46541**
	6491	6006	4119	25	1174
	4207	4497	1706	31	306
	8472	13545	9745	319	1557
	5132	6641	7672	221	3561
	6228	5246	4148	108	1431
	13079	11761	6803	217	2327
1	5313	7772	4548	68	778
2	8873	9282	6096	252	1063
	4751	6762	2337	3	401
1	17794	19896	10928	84	1616
	11376	12973	7362	181	2181
	7353	7775	5827	244	2258
1	6663	7140	6496	117	707
	6573	5998	3461	180	816
	13641	20923	21964	278	2977
	10756	13277	14569	396	1977
	13951	14298	9349	421	1560
	8474	10398	4355	85	708
	21841	34654	22930	353	7556
	4452	7239	4901	155	1315
	1871	2144	2038	23	499
	4557	5805	5988	33	1474
	10630	12427	8552	46	1771
1	3836	3893	3951	65	1502
	4953	4461	3774	45	962
	169	480	437	16	101
	5490	6550	5727	135	1130
2	3353	4455	3945	101	787
	930	735	444	23	105
	1897	1696	1597	42	562
1	5300	5257	4848	88	1379

普通高中专任教师

Number of Full-time Teachers in Regular Senior Secondary Schools

	合 计 Total	其中:女 of Which: Female	按学历分 By Academic Qualifications			
			研究生毕业 Graduate	本科毕业 Under- graduate	专科毕业 Associate Bachelor	高中阶段毕业 High School Graduate
总 计 Total	**118430**	**59998**	**7576**	**107514**	**3265**	**74**
北 京 Beijing	889	572	81	798	10	
天 津 Tianjin	756	530	59	689	6	2
河 北 Hebei	7513	4722	295	6945	269	4
山 西 Shanxi	3121	1912	216	2781	122	2
内蒙古 Inner Mongolia	732	411	70	634	28	
辽 宁 Liaoning	3898	2530	255	3601	38	4
吉 林 Jilin	963	563	120	818	25	
黑龙江 Heilongjiang	2498	1589	158	2244	95	1
上 海 Shanghai	640	418	69	564	7	
江 苏 Jiangsu	6585	3095	446	6078	61	
浙 江 Zhejiang	8266	4263	579	7625	58	4
安 徽 Anhui	2221	796	56	2070	94	1
福 建 Fujian	4256	2158	167	3877	205	6
江 西 Jiangxi	1680	597	38	1549	86	7
山 东 Shandong	15586	7722	1014	14284	279	9
河 南 Henan	7415	3707	760	6307	343	5
湖 北 Hubei	5762	2188	347	5265	148	2
湖 南 Hunan	4647	1769	191	4392	53	11
广 东 Guangdong	22162	11283	1808	19619	726	9
广 西 Guangxi	3963	2028	173	3629	159	2
海 南 Hainan	382	177	14	354	14	
重 庆 Chongqing	1206	563	96	1103	7	
四 川 Sichuan	3847	1724	238	3472	136	1
贵 州 Guizhou	1951	940	43	1845	63	
云 南 Yunnan	3424	1709	99	3273	52	
西 藏 Tibet						
陕 西 Shaanxi	1959	1011	126	1783	49	1
甘 肃 Gansu	501	212	17	438	45	1
青 海 Qinghai	210	98	10	177	22	1
宁 夏 Ningxia	567	250	14	538	15	
新 疆 Xinjiang	830	461	17	762	50	1

学历、职称情况(城乡结合区)

by Academic Qualification and Professional Rank (Urban-rural Transitional Area)

单位:人

unit: person

	按职称分 By Professional Rank				
高中阶段毕业以下 Below High School Graduate	中学高级 Senior Secondary	中学一级 1st Grade	中学二级 2nd Grade	中学三级 3rd Grade	未定职级 No-ranking
1	**30401**	**41902**	**35615**	**946**	**9566**
	270	256	265	1	97
	283	326	115	2	30
	1682	3024	2411	52	344
	486	820	1172	24	619
	300	228	163	20	21
	1492	1322	789	36	259
	303	417	223		20
	956	717	608	93	124
	248	257	97	2	36
	1975	2684	1689	3	234
	2459	3078	1966	89	674
	558	528	644	11	480
1	1263	1454	1405	44	90
	563	591	348	35	143
	2819	4937	6610	110	1110
	1673	2129	3020	87	506
	2040	2172	1275	51	224
	1595	2056	838	14	144
	4878	9008	5593	160	2523
	705	1400	1527	43	288
	41	69	144		128
	268	308	508	1	121
	994	1304	1102	2	445
	460	506	712	1	272
	1104	1016	1012	9	283
	428	611	680	26	214
	108	152	213	2	26
	72	80	46	4	8
	223	226	75		43
	155	226	365	24	60

普通高中专任教师

Number of Full-time Teachers in Regular Senior Secondary Schools

	合 计 Total	其中：女 of Which: Female	按学历分 By Academic Qualification			
			研究生毕业 Graduate	本科毕业 Under-graduate	专科毕业 Associate Bachelor	高中阶段毕业 High School Graduate
总 计 Total	**785499**	**352924**	**22945**	**726731**	**35028**	**750**
北 京 Beijing	2140	1408	293	1833	14	
天 津 Tianjin	4214	2599	141	3959	105	9
河 北 Hebei	46958	27944	1393	43443	2092	30
山 西 Shanxi	30324	17471	1181	27514	1590	35
内蒙古 Inner Mongolia	14929	8222	544	13661	691	33
辽 宁 Liaoning	12535	7739	438	11701	366	28
吉 林 Jilin	8972	5383	311	8414	236	10
黑龙江 Heilongjiang	16479	9795	299	15775	398	7
上 海 Shanghai	2106	1237	137	1967	2	
江 苏 Jiangsu	46328	20082	2484	43211	627	6
浙 江 Zhejiang	27721	13442	1206	26212	293	10
安 徽 Anhui	44752	14848	1374	41494	1856	28
福 建 Fujian	27249	11075	510	25431	1284	24
江 西 Jiangxi	30262	10081	1109	26350	2767	34
山 东 Shandong	52393	23236	1528	49547	1291	26
河 南 Henan	63871	29311	2560	58635	2654	22
湖 北 Hubei	27221	8831	687	24699	1703	110
湖 南 Hunan	40043	14630	694	38202	1111	34
广 东 Guangdong	48058	23327	852	44095	3067	43
广 西 Guangxi	25661	11906	943	23451	1239	27
海 南 Hainan	4030	1825	89	3635	305	1
重 庆 Chongqing	17507	7400	380	16506	587	32
四 川 Sichuan	51149	20653	830	47613	2672	33
贵 州 Guizhou	27081	9863	312	25387	1352	30
云 南 Yunnan	28795	12892	439	27388	939	27
西 藏 Tibet	1613	708	60	1502	48	3
陕 西 Shaanxi	34273	16373	1299	31547	1397	30
甘 肃 Gansu	26067	8881	506	23350	2162	49
青 海 Qinghai	4987	2247	147	4313	523	4
宁 夏 Ningxia	3631	1586	90	3366	166	8
新 疆 Xinjiang	14150	7929	109	12530	1491	17

学历、职称情况(镇区)

by Academic Qualification and Professional Rank (Counties & Towns Area)

单位:人

unit: person

	按职称分 By Professional Rank				
高中阶段毕业以下 Below High School Graduate	中学高级 Senior Secondary	中学一级 1st Grade	中学二级 2nd Grade	中学三级 3rd Grade	未定职级 No-ranking
45	**173884**	**278650**	**269920**	**8420**	**54625**
	536	531	653	8	412
	1448	1805	831	3	127
	9005	17652	16909	635	2757
4	4985	8398	13217	462	3262
	4552	4416	4682	123	1156
2	4277	3939	3282	87	950
1	2039	4049	2355	82	447
	4681	5914	4943	140	801
	577	909	587	1	32
	11603	18076	14511	231	1907
	7155	11115	7792	95	1564
	12331	14489	13048	993	3891
	6997	10551	8995	120	586
2	9845	10529	7592	576	1720
1	10177	17909	21686	281	2340
	11765	20282	27060	1714	3050
22	6552	11522	7704	400	1043
2	10054	17330	11044	282	1333
1	6577	19723	14710	487	6561
1	4418	11559	8029	202	1453
	819	1305	1487	10	409
2	3015	5770	6986	127	1609
1	13255	18017	16371	59	3447
	4820	8485	9216	395	4165
2	6847	8669	10955	86	2238
	131	614	716	3	149
	6095	10352	14848	398	2580
	3406	7971	12260	229	2201
	1631	1775	1156	35	390
1	881	1060	1323	74	293
3	3410	3934	4972	82	1752

普通高中专任教师

Number of Full-time Teachers in Regular Senior Secondary Schools

	合 计 Total	其中:女 of Which: Female	按学历分 By Academic Qualifications			
			研究生毕业 Graduate	本科毕业 Under-graduate	专科毕业 Associate Bachelor	高中阶段毕业 High School Graduate
总 计 Total	**210339**	**96027**	**5981**	**194870**	**9299**	**183**
北 京 Beijing	634	380	128	505	1	
天 津 Tianjin	1763	1069	56	1642	57	8
河 北 Hebei	18400	10900	570	16980	838	12
山 西 Shanxi	10344	6009	324	9344	664	10
内蒙古 Inner Mongolia	1156	632	47	1009	100	
辽 宁 Liaoning	2329	1464	64	2208	53	4
吉 林 Jilin	156	84	3	136	17	
黑龙江 Heilongjiang	1691	960	39	1623	29	
上 海 Shanghai	304	179	17	287		
江 苏 Jiangsu	9721	4260	603	9001	117	
浙 江 Zhejiang	10031	4847	391	9479	156	5
安 徽 Anhui	10943	3700	414	10064	454	11
福 建 Fujian	7111	2909	125	6622	360	4
江 西 Jiangxi	4361	1437	151	3634	576	
山 东 Shandong	24400	10843	650	23149	585	16
河 南 Henan	20597	9715	908	18777	906	6
湖 北 Hubei	6316	1881	147	5863	296	10
湖 南 Hunan	10953	3981	188	10450	312	3
广 东 Guangdong	19256	9500	348	17518	1364	25
广 西 Guangxi	2177	1071	56	2030	86	5
海 南 Hainan	1025	487	17	959	49	
重 庆 Chongqing	4667	1962	76	4433	140	16
四 川 Sichuan	8261	3535	145	7813	297	6
贵 州 Guizhou	6509	2213	57	6097	348	7
云 南 Yunnan	10076	4670	112	9747	206	10
西 藏 Tibet	335	152	12	316	6	1
陕 西 Shaanxi	7632	3457	217	7029	379	7
甘 肃 Gansu	5826	1964	85	5140	590	11
青 海 Qinghai	953	428	13	833	107	
宁 夏 Ningxia	456	248	7	443	6	
新 疆 Xinjiang	1956	1090	11	1739	200	6

学历、职称情况（镇乡结合区）

by Academic Qualification and Professional Rank（County-town Transitional Area）

单位：人

unit：person

	按职称分 By Professional Rank				
高中阶段毕业以下 Below High School Graduate	中学高级 Senior Secondary	中学一级 1st Grade	中学二级 2nd Grade	中学三级 3rd Grade	未定职级 No-ranking
6	**42306**	**73775**	**75575**	**2584**	**16099**
	119	142	187		186
	578	736	383	3	63
	3480	6634	6977	204	1105
2	1601	2814	4497	192	1240
	347	332	345		132
	746	657	608	24	294
	17	83	49		7
	476	623	500	13	79
	83	150	65	1	5
	2434	3641	3077	103	466
	2337	4053	2990	49	602
	2737	3362	3192	433	1219
	1671	2776	2396	39	229
	1212	1392	1216	165	376
	4462	8472	10469	84	913
	3713	6607	8848	564	865
	1521	2747	1700	128	220
	2609	4750	3140	73	381
1	2726	8088	5732	183	2527
	293	1088	664	11	121
	199	305	370	6	145
2	653	1422	1979	39	574
	2087	2744	2861	5	564
	1121	2062	2114	98	1114
1	2366	3132	3858	23	697
	36	97	143		59
	1343	2235	3244	87	723
	677	1598	2798	50	703
	231	380	250		92
	95	115	184	2	60
	336	538	739	5	338

普通高中专任教师

Number of Full-time Teachers in Regular Senior Secondary Schools

	合 计 Total	其中:女 of Which: Female	按学历分 By Academic Qualifications			
			研究生毕业 Graduate	本科毕业 Under- graduate	专科毕业 Associate Bachelor	高中阶段毕业 High School Graduate
总 计 Total	**55631**	**24988**	**2144**	**50629**	**2809**	**49**
北 京 Beijing	668	432	80	587	1	
天 津 Tianjin	479	273	13	460	6	
河 北 Hebei	2322	1293	79	2147	95	1
山 西 Shanxi	4537	2560	243	4071	212	11
内蒙古 Inner Mongolia	139	56	8	123	8	
辽 宁 Liaoning	554	333	29	523	2	
吉 林 Jilin	381	190	10	356	15	
黑龙江 Heilongjiang	561	328	10	531	20	
上 海 Shanghai	228	142	20	207	1	
江 苏 Jiangsu	577	253	27	547	3	
浙 江 Zhejiang	2712	1319	141	2528	43	
安 徽 Anhui	3581	1151	98	3334	147	2
福 建 Fujian	3677	1334	40	3329	304	4
江 西 Jiangxi	942	290	28	755	155	4
山 东 Shandong	3032	1577	118	2781	131	2
河 南 Henan	2501	1062	152	2239	106	4
湖 北 Hubei	4096	1513	221	3745	126	4
湖 南 Hunan	3017	1087	65	2828	124	
广 东 Guangdong	6443	2942	383	5671	386	3
广 西 Guangxi	834	386	10	805	19	
海 南 Hainan	287	142	14	271	2	
重 庆 Chongqing	1028	458	6	981	39	2
四 川 Sichuan	1886	857	50	1702	133	1
贵 州 Guizhou	1244	435	14	1136	94	
云 南 Yunnan	2265	1003	46	2140	76	3
西 藏 Tibet	842	398	21	777	43	1
陕 西 Shaanxi	2913	1573	170	2636	106	1
甘 肃 Gansu	1759	584	27	1585	146	1
青 海 Qinghai	456	203	10	385	60	1
宁 夏 Ningxia	317	161	2	304	11	
新 疆 Xinjiang	1353	653	9	1145	195	4

学历、职称情况(乡村)

by Academic Qualification and Professional Rank (Rural Area)

单位:人

unit: person

	按职称分 By Professional Rank				
高中阶段毕业以下 Below High School Graduate	中学高级 Senior Secondary	中学一级 1st Grade	中学二级 2nd Grade	中学三级 3rd Grade	未定职级 No-ranking
	10114	**19694**	**19346**	**731**	**5746**
	161	222	249	4	32
	156	256	58		9
	444	798	869	27	184
	602	1136	1745	117	937
	35	40	48	6	10
	142	169	147	5	91
	70	209	98	2	2
	164	176	199	3	19
	75	100	52	1	
	138	209	222		8
	595	1054	822	6	235
	641	1080	1301	25	534
	703	1410	1360	25	179
	246	297	230	46	123
	587	1099	1187	12	147
	333	755	1190	33	190
	835	1672	1304	128	157
	589	1443	824	20	141
	925	2657	1653	43	1165
	88	373	304	10	59
	125	81	69		12
	133	323	385	7	180
	461	804	527	3	91
	243	376	425	11	189
	498	691	839	62	175
	52	225	423		142
	514	915	1153	28	303
	169	512	894	35	149
	111	189	115	18	23
	15	35	161	51	55
	264	388	493	3	205

普通高中办学
Condition of School Buildings in Regular Senior

	校舍建筑面积 Floor Space	教学及辅助用房 Teaching & Assistant Buildings							行政办公用房 Administrative	
		合计 Total	其中 of Which:						合计 Total	其中:教师办公室 of Which: for Teachers
			教室 Classroom	实验室 Laboratory	图书室 Library	微机室 PC-room	语音室 Linguistic	体育馆 Gymnasium		
总　计 Total	**422466481**	**164227127**	**104197357**	**25947098**	**12943076**	**6318696**	**2614407**	**12206493**	**35233193**	**21785682**
北　京 Beijing	8142956	2822647	1572022	483685	229550	117462	23638	396290	795380	435820
天　津 Tianjin	4211772	1643073	891760	260410	138079	68535	31788	252501	473763	329574
河　北 Hebei	19453195	7722587	4775437	1476185	656331	294511	133368	386755	1636001	1216137
山　西 Shanxi	14957181	5528565	3517384	906681	477475	213198	103994	309833	1326993	874090
内蒙古 Inner Mongolia	7759839	3107611	1958227	421435	231411	127451	71321	297766	780677	546300
辽　宁 Liaoning	9899600	3777052	2186733	534639	358223	160445	76736	460276	1079870	589774
吉　林 Jilin	5258818	2079765	1339991	231284	126704	82516	38209	261061	622846	332160
黑龙江 Heilongjiang	7649062	3586692	2301600	468913	213827	130927	70179	401246	892236	583399
上　海 Shanghai	5987012	2463301	1247787	442930	248864	103682	39664	380374	629724	280155
江　苏 Jiangsu	27535372	11577358	6528836	1923076	1152075	533691	180391	1259289	2577288	1603899
浙　江 Zhejiang	21384601	8320495	4246200	1506848	917842	268820	121716	1259069	1710942	1027270
安　徽 Anhui	20462216	8066467	5524520	1215578	546757	300647	120635	358330	1501713	880858
福　建 Fujian	16092039	6955810	3888769	1512676	791530	245980	92158	424697	1206622	644429
江　西 Jiangxi	14414445	6008084	4095803	765209	470161	239314	130427	307170	1087626	727968
山　东 Shandong	25649046	8929669	5499886	1633661	722679	383977	153752	535714	2495282	1429205
河　南 Henan	26299937	9403026	6439744	1385644	745385	344671	132135	355447	2344228	1638721
湖　北 Hubei	17860645	5996695	4020664	898149	436641	199482	101170	340589	1412565	850682
湖　南 Hunan	21203433	7912117	5002756	1118322	652481	280261	118187	740110	1306683	747024
广　东 Guangdong	42710684	17029580	10793133	2710640	1235959	584799	267204	1437845	3113495	1739370
广　西 Guangxi	12423527	4116691	2802835	575635	317651	157053	57007	206510	735101	506140
海　南 Hainan	3654733	1368514	883157	210617	111497	53146	21482	88615	210276	121135
重　庆 Chongqing	11624134	4275851	2970100	588010	231358	152927	51451	282005	772408	436485
四　川 Sichuan	24471196	9584893	6773630	1252795	559426	365532	150803	482707	1655886	1025261
贵　州 Guizhou	8836205	3542718	2500054	509312	224325	121009	39233	148785	694891	434993
云　南 Yunnan	11746035	4740724	3176795	778595	346978	196444	70778	171134	767041	473529
西　藏 Tibet	1130024	364352	255251	38357	17230	5857	4357	43300	76784	41478
陕　西 Shaanxi	12246104	4902849	3311124	839519	284482	198657	91877	177190	1291819	832575
甘　肃 Gansu	8107096	3535822	2529257	502415	194015	153707	49727	106701	842584	615306
青　海 Qinghai	1637301	716395	494436	100138	43504	32576	13627	32114	174987	121535
宁　夏 Ningxia	2469629	1141174	640566	226141	89613	63153	27786	93915	303914	240455
新　疆 Xinjiang	7188644	3006550	2028900	429599	171023	138266	29607	209155	713568	459955

条件(一)(总计)

Secondary Schools (1) (Total)

单位:平方米

unit: m^2

生活用房 Residential and Welfare								其他用房 Rooms for Other Purposes	校舍面积中 of the Floor Space	
合计 Total	教工宿舍 Apartments for Single 小计 Subtotal	其中:教师周转宿舍 of Which: Accommodation for Circulation of Teachers	学生宿舍 Students' Dormitories	食堂 Dining Halls	厕所 Toilet	其他 Others			危房面积 Floor Space of Dilapidated Buildings	当年新增 New Added in Current Year
194358794	**39810203**	**6035859**	**104692770**	**32261070**	**8761362**	**8833389**		**28647367**	**11680256**	**11858461**
2428214	357278	56013	1020324	506367	248070	296175		2096715	200	260962
1323151	91601	12478	611334	260617	140985	218614		771785	10413	20364
8997702	1176543	180265	5337427	1649484	383252	450996		1096905	240740	461393
7003992	1215937	105118	3759641	1291439	334013	402962		1097631	227783	352819
3320852	178622	45457	2068471	644931	176230	252598		550699	94607	424741
4141371	237250	33423	2414466	912029	281514	296112		901307	41296	276953
2079903	63508	3469	1159137	461673	173962	221623		476304		118261
2596141	122862	25672	1618709	538016	164521	152033		573993	199309	158183
1984691	112900	13430	904278	406444	238022	323047		909296		53836
11484147	1781696	257483	6339786	2391990	464806	505869		1896579		375623
9851741	1343789	238458	5643361	1963184	500675	400732		1501423		228779
10099679	2568096	205796	5349209	1484454	364483	333437		794357	297695	642722
6699251	1899806	275568	3328725	1004621	245228	220871		1230356	60188	329431
6732378	1506916	164132	3696666	1104387	213607	210802		586357	668641	392762
12562213	2153748	498589	6672826	2548720	595632	591287		1661882	69375	808149
13425021	2631736	293474	7656389	2217513	515386	403997		1127662	388327	287809
9556339	3088938	337974	4447271	1346332	317272	356526		895046	693893	198415
10874558	3357612	529121	5094668	1662421	374669	385188		1110075	550260	207239
18555041	4884619	771724	9546491	2542466	833277	748188		4012568	185714	906281
7102770	2141978	244074	3717936	805832	188225	248799		468965	1034773	303983
1880358	686066	132406	834889	221095	62971	75337		195585	198730	269086
6049798	1685365	171070	3193249	825297	179261	166626		526077	355765	226706
12353391	2385137	589156	7163363	1900985	557986	345920		877026	727608	1770256
4078300	768299	118638	2368766	592830	183019	165386		520296	35643	702293
5696084	1124423	238119	3241807	816171	229526	284157		542186	2547557	645435
603209	246668	150141	255540	87149	8950	4902		85679	32608	44246
5311556	1220219	178197	2804987	787895	261155	237300		739880	124896	459849
3265324	446864	56908	1886712	473650	234209	223889		463366	2710446	396454
634448	90411	35894	351842	101098	50436	40661		111471	60612	156633
920352	29331	7651	586350	203364	54207	47100		104189	61591	16985
2746819	211985	65961	1618150	508616	185813	222255		721707	61586	361813

普通高中办学
Condition of School Buildings in Regular Senior

	校舍建筑面积 Floor Space	教学及辅助用房 Teaching & Assistant Buildings							行政办公用房 Administrative	
		合计 Total	其中 of Which:						合计 Total	其中:教师办公室 of Which: for Teachers
			教室 Classroom	实验室 Laboratory	图书室 Library	微机室 PC-room	语音室 Linguistic	体育馆 Gymnasium		
总　计 Total	**212208615**	**85949929**	**51364846**	**13960211**	**7347114**	**3350173**	**1327577**	**8600008**	**19551972**	**11693089**
北　京 Beijing	7103382	2447796	1374852	389478	200058	100537	19648	363223	705589	383191
天　津 Tianjin	3315440	1310317	678185	199475	112247	54537	23919	241954	381869	267444
河　北 Hebei	8652002	3673792	2202324	669214	331605	142995	63608	264046	781416	595752
山　西 Shanxi	6318283	2437151	1535338	403631	222275	87058	37825	151024	668094	418556
内蒙古 Inner Mongolia	4443822	1809224	1098829	241456	142336	74601	37877	214125	466270	308205
辽　宁 Liaoning	7243523	2823362	1568354	416795	269799	121602	56662	390150	806481	424943
吉　林 Jilin	3747838	1516668	942108	161385	94084	58245	25706	235140	456811	228355
黑龙江 Heilongjiang	4610674	2206239	1380728	284120	138875	75211	39753	287552	550424	339297
上　海 Shanghai	5224808	2209030	1119330	392149	224431	88969	36258	347893	528310	246016
江　苏 Jiangsu	15181488	6656247	3607985	1127076	707047	305901	102161	806077	1498704	934593
浙　江 Zhejiang	12515456	4939955	2453809	870345	546839	165062	69109	834791	1020224	585278
安　徽 Anhui	6543362	2970767	1894418	495199	227985	114423	42861	195881	584521	341277
福　建 Fujian	6542158	3069361	1591123	691702	358053	102620	32925	292938	559457	323998
江　西 Jiangxi	5154772	2269577	1396244	341431	200463	93664	58269	179506	435428	320429
山　东 Shandong	13523460	4880651	2852351	951662	445632	233311	86685	311010	1384278	813442
河　南 Henan	11216705	4407184	2828733	711077	408559	139309	54724	264782	1104975	711117
湖　北 Hubei	9820946	3554357	2304944	561142	273174	118131	53561	243405	866671	516730
湖　南 Hunan	8301902	3379526	1994795	519592	281991	123234	44290	415624	593782	296106
广　东 Guangdong	27596260	10969150	6540359	1825522	857360	405319	168745	1171845	2212237	1217772
广　西 Guangxi	5316505	1933688	1238266	277574	156862	79982	27600	153404	365891	240293
海　南 Hainan	2267087	848892	516923	142678	73281	33457	14657	67896	150513	89674
重　庆 Chongqing	5802814	2265479	1540521	305042	153141	86886	25581	154308	452354	243170
四　川 Sichuan	10171826	4215715	2837911	555585	272882	163046	65392	320899	772004	459659
贵　州 Guizhou	3299220	1340386	868899	189497	105033	45680	15113	116164	279682	179101
云　南 Yunnan	4590303	1841079	1131836	308534	160439	83217	29593	127460	355134	199982
西　藏 Tibet	375128	137111	103293	10149	5420	1609	1274	15366	19935	3175
陕　西 Shaanxi	4868137	2035696	1330174	344562	116516	79083	39282	126079	554434	314469
甘　肃 Gansu	2748276	1289163	866310	196845	87993	53062	22513	62440	327095	240001
青　海 Qinghai	505015	238819	147810	37814	18833	10286	4498	19578	70395	40606
宁　夏 Ningxia	1491992	709157	404773	128885	61833	35770	13653	64243	204411	162768
新　疆 Xinjiang	3716031	1564390	1013321	210595	92068	73366	13835	161205	394583	247690

条件(一)(城区)
Secondary Schools (1) (Urban Area)

单位:平方米
unit: m²

生活用房 Residential and Welfare							其他用房 Rooms for Other Purposes	校舍面积中 of the Floor Space	
合计 Total	教工宿舍 Apartments for Single		学生宿舍 Students' Dormitories	食堂 Dining Halls	厕所 Toilet	其他 Others		危房面积 Floor Space of Dilapidated Buildings	当年新增 New Added in Current Year
	小计 Subtotal	其中:教师周转宿舍 of Which: Accommodation for Circulation of Teachers							
88143285	**14943543**	**2407125**	**47698095**	**15573255**	**4803332**	**5125060**	**18563429**	**4029110**	**5393038**
2003465	302338	55540	783617	431202	221590	264718	1946532	200	173186
894661	53288	5438	368274	182546	112413	178140	728593	10413	19363
3517070	403237	78698	2039251	655222	175297	244063	679724	79148	108955
2723988	493331	45662	1398443	492699	145676	193839	489050	145455	145103
1804734	126093	44252	1107766	344177	104961	121737	363594	25055	249530
2870325	178290	20683	1629759	633737	219361	209178	743355	20998	266454
1399187	52708	3147	722720	298629	129694	195436	375172		48524
1470486	71843	5136	874724	318196	106742	98981	383525	142763	75861
1700805	94582	11220	759432	344527	215261	287003	786663		53836
5846696	549724	101225	3399880	1287291	294322	315479	1179841		104414
5597693	679906	134079	3215539	1117043	298002	287203	957584		160339
2605772	398349	29156	1540877	436492	118097	111957	382302	56977	181796
2292882	498619	99078	1214155	352197	106133	121778	620458	11337	128127
2197435	550499	93398	1114330	361699	83161	87746	252332	150634	178276
6288649	785979	250411	3405778	1389579	339628	367685	969882	2784	656642
5097096	859877	134677	2909860	942206	227543	157610	607450	108010	111548
4901347	1467661	116549	2285925	723164	191003	233594	498571	301022	63411
3803905	1018145	173147	1871370	603947	158728	151715	524689	123764	112091
11379917	2563042	461073	6047780	1689988	575554	503553	3034956	145616	516134
2834986	800785	90538	1505736	318126	83640	126699	181940	241880	122129
1136217	357753	66926	547922	145857	39564	45121	131465	162987	131715
2738870	630627	38279	1552608	358913	97451	99271	346111	157584	139223
4726702	782805	175046	2750991	794614	247244	151048	457405	174163	789476
1401174	204746	23979	837345	220728	60337	78018	277978	27370	177739
2062691	365345	46077	1156107	305020	96965	139254	331399	842418	265702
187084	82583	32454	80254	20294	2648	1305	30998	32608	
1791811	368386	24633	952491	262385	118215	90334	486196	38450	155081
911401	92179	12752	505557	142593	82099	88973	220617	976103	81338
133409	1076	120	73055	18543	24009	16726	62392	16976	10724
497749	14698	7651	300561	120880	36390	25220	80675	14277	12929
1325078	95049	26101	745988	260761	91604	131676	431980	20118	153392

普通高中办学

Condition of School Buildings in Regular Senior

	校舍建筑面积 Floor Space	教学及辅助用房 Teaching & Assistant Buildings							行政办公用房 Administrative	
		合计 Total	其中 of Which:						合计 Total	其中:教师办公室 of Which: for Teachers
			教室 Classroom	实验室 Laboratory	图书室 Library	微机室 PC-room	语音室 Linguistic	体育馆 Gymnasium		
总 计 Total	**39372101**	**14816542**	**9041447**	**2439792**	**1261266**	**546797**	**243085**	**1284155**	**3143786**	**1826283**
北 京 Beijing	567541	191255	101463	14826	8866	5523	3255	57322	35410	20769
天 津 Tianjin	189543	60239	25735	8169	6434	2689	894	16318	13891	5662
河 北 Hebei	2276385	920649	541567	185006	79676	27603	16363	70434	156504	127365
山 西 Shanxi	815211	300351	199010	53757	32179	8948	3437	3020	76563	59590
内蒙古 Inner Mongolia	276465	101094	58783	13370	6553	2113	10663	9612	22471	18442
辽 宁 Liaoning	1070642	362181	210081	46871	34547	17465	6021	47196	84315	42821
吉 林 Jilin	403623	111329	65299	11874	4438	3739	1993	23986	29027	22159
黑龙江 Heilongjiang	482815	244565	167586	24394	14055	7059	4910	26561	59203	28117
上 海 Shanghai	495517	179000	105740	17116	20002	5851	2519	27772	59951	21172
江 苏 Jiangsu	2292102	978033	569231	184801	83327	41235	17956	81483	235857	128610
浙 江 Zhejiang	3243626	1288931	646979	206353	144582	26762	10803	253452	232742	145426
安 徽 Anhui	717591	289255	203181	44840	23579	7243	3150	7262	46377	29621
福 建 Fujian	1666278	667260	371587	157418	75879	20309	7506	34561	100511	54148
江 西 Jiangxi	672387	261537	167471	39010	23022	14388	7355	10291	36714	28688
山 东 Shandong	4062269	1491268	863114	322283	123933	85295	30934	65709	370035	202106
河 南 Henan	2064715	715557	500439	101853	69136	25430	8082	10617	198342	134008
湖 北 Hubei	1546656	494973	323479	64331	41519	20664	11425	33555	129363	69532
湖 南 Hunan	2077405	842966	493130	146155	83685	21901	5445	92650	134716	56630
广 东 Guangdong	8096167	3028172	1875600	471451	235299	107037	55969	282816	592053	315688
广 西 Guangxi	1140834	351432	260123	39236	21042	12785	5181	13065	65911	46389
海 南 Hainan	177043	55764	30498	8953	6860	1517	1521	6415	15374	6384
重 庆 Chongqing	456101	154710	110052	19933	8254	8559	1740	6172	31902	8625
四 川 Sichuan	1638189	615564	439045	77797	28948	27798	5666	36310	124069	53797
贵 州 Guizhou	696367	277803	176730	44074	24405	10283	3203	19108	58312	38826
云 南 Yunnan	1107027	403945	230434	84063	36433	18034	8580	26401	96885	51861
西 藏 Tibet										
陕 西 Shaanxi	544437	181910	130892	21728	11409	7680	4673	5528	55855	41352
甘 肃 Gansu	137985	61798	45681	7316	1425	2500	2201	2675	13888	9403
青 海 Qinghai	29329	15306	11940	1697	704	965			3789	2779
宁 夏 Ningxia	149420	53615	31570	10584	3798	1771	1325	4567	42719	42019
新 疆 Xinjiang	278431	116080	85007	10533	7277	3651	315	9297	21037	14294

条件(一)(城乡结合区)
Secondary Schools (1) (Urban-rural Transitional Area)

单位:平方米
unit: m²

生活用房 Residential and Welfare							其他用房 Rooms for Other Purposes	校舍面积中 of the Floor Space	
合计 Total	教工宿舍 Apartments for Single		学生宿舍 Students' Dormitories	食堂 Dining Halls	厕所 Toilet	其他 Others		危房面积 Floor Space of Dilapidated Buildings	当年新增 New Added in Current Year
	小计 Subtotal	其中:教师周转宿舍 of Which: Accommodation for Circulation of Teachers							
18517862	**3233451**	**574038**	**10163591**	**3399139**	**806000**	**915681**	**2893911**	**462578**	**1483786**
288406	73204	3746	149205	41008	14512	10477	52470		
66620	6862	2234	37863	14815	4412	2668	48793		
1004739	131589	19539	581200	173348	44150	74452	194493	23618	4194
390128	49806	1043	199767	102008	18901	19646	48169	61074	17877
149314	5060		77464	20039	3830	42921	3586	3919	11580
470810	36143	3712	288484	96360	26971	22852	153336	3259	22165
183919	4871	24	83342	35138	17048	43520	79348		7795
161038	9125	50	99214	34068	5830	12801	18009	7720	22391
236433	19222	45	132315	33321	27874	23701	20133		9779
991395	73917	19499	593284	225901	37553	60740	86817		56074
1525706	193875	57847	904368	295091	75567	56805	196247		34918
324133	56149	4454	186055	66251	11587	4091	57826	9623	23558
740771	192549	30537	368961	116517	21970	40774	157736		17361
340600	73266	7733	163256	74927	7563	21588	33536	16854	77380
1932742	163061	32697	1039493	498553	104254	127381	268224		398689
1081210	205871	44116	614134	191680	38405	31120	69606	1605	1860
872569	234860	8661	427994	140614	26970	42131	49751	39842	23766
955010	203165	52269	521874	184206	21989	23776	144713	13206	66904
3538075	818832	132034	1855664	558853	174439	130287	937867	27841	114012
687014	178607	40176	376949	86124	23468	21866	36477	100346	23245
100733	23250	5139	56029	13506	5093	2855	5172		4400
237205	34885		156617	30035	9002	6666	32284	15046	
876566	207857	75283	483953	152147	24472	8137	21990		326298
317656	54650	6231	182278	53845	14013	12870	42596		118633
521534	98687	22243	304598	81082	18097	19070	84663	90935	71950
283082	65189	642	155856	35080	10130	16827	23590	4789	8600
60272	7102	20	37117	9568	3380	3105	2027	41462	6190
7944	400	60	6183	520	461	380	2290		1584
46376	280		20528	10533	5638	9397	6710		2600
125862	11117	4004	59546	24001	8421	22777	15452	1439	9983

普通高中办学

Condition of School Buildings in Regular Senior

	校舍建筑面积 Floor Space	教学及辅助用房 Teaching & Assistant Buildings							行政办公用房 Administrative	
		合计 Total	其中 of Which:						合计 Total	其中:教师办公室 of Which: for Teachers
			教室 Classroom	实验室 Laboratory	图书室 Library	微机室 PC-room	语音室 Linguistic	体育馆 Gymnasium		
总 计 Total	**191526078**	**71816710**	**48433877**	**11099120**	**5136595**	**2740651**	**1186542**	**3219925**	**14466168**	**9347387**
北 京 Beijing	823803	311836	163460	77774	24255	14131	3360	28856	63973	40109
天 津 Tianjin	803307	298797	187904	56915	25044	12876	6722	9336	80163	56869
河 北 Hebei	10121335	3820493	2412339	779649	309597	144273	65464	109171	811967	588056
山 西 Shanxi	7154544	2669873	1698038	446742	212745	108140	54654	149554	555745	374757
内蒙古 Inner Mongolia	3188994	1268587	845684	176618	86295	51798	32451	75741	300795	230443
辽 宁 Liaoning	2335477	859466	551773	108604	82408	34250	18220	64211	256574	155581
吉 林 Jilin	1454015	540022	379152	67392	32029	23546	11982	25921	159837	100933
黑龙江 Heilongjiang	2897120	1321691	876330	179433	71770	53296	29056	111806	329572	235153
上 海 Shanghai	697280	234298	118771	47736	20949	13697	2994	30151	96103	31957
江 苏 Jiangsu	12132758	4838043	2876194	779359	437453	225781	77683	441573	1056648	660168
浙 江 Zhejiang	7904672	3041058	1625152	579938	341055	92070	48417	354426	626080	395301
安 徽 Anhui	12525894	4621261	3262853	670577	288362	170087	71506	157876	841885	498097
福 建 Fujian	8057985	3322936	1945474	712237	373094	123170	53191	115770	551310	279551
江 西 Jiangxi	8605561	3486145	2483724	409852	263560	140772	68510	119727	614641	390176
山 东 Shandong	11067935	3739279	2489508	636253	239714	136360	62159	175285	1050282	581767
河 南 Henan	14553974	4832971	3482481	658670	330149	198004	76002	87665	1181233	885324
湖 北 Hubei	6799464	2024356	1419146	288678	131401	71589	43721	69821	477024	295582
湖 南 Hunan	11951019	4223120	2780925	564516	351145	148932	65834	311768	665981	428458
广 东 Guangdong	12805663	5214193	3702647	758494	324775	155948	85545	186784	777733	445232
广 西 Guangxi	6867929	2123195	1515729	293722	159126	75497	28515	50606	361040	261843
海 南 Hainan	1248134	487968	349069	65205	34678	18120	6413	14483	50090	27646
重 庆 Chongqing	5510703	1933665	1372962	271143	75045	62184	24634	127697	307946	185420
四 川 Sichuan	13621292	5120263	3751519	656867	274427	194880	83111	159459	845598	545039
贵 州 Guizhou	5045274	2021492	1494317	297958	104206	69853	22657	32501	374386	226945
云 南 Yunnan	6361628	2582961	1827996	420782	165836	95852	34951	37544	367583	247374
西 藏 Tibet	462440	143113	89108	19284	5824	2932	2399	23566	40277	31254
陕 西 Shaanxi	6678380	2579643	1803963	451585	149077	107904	45335	21779	686820	483310
甘 肃 Gansu	4903486	2081577	1533025	286611	99121	92458	26261	44101	463241	334903
青 海 Qinghai	1016353	426299	307747	57078	22600	18895	7443	12536	94832	71746
宁 夏 Ningxia	903730	399235	213587	87753	27301	26909	14073	29612	93021	73000
新 疆 Xinjiang	3025929	1248874	873300	191695	73554	56447	13279	40599	283788	185393

条件(一)(镇区)

Secondary Schools (1) (Counties & Towns Area)

单位:平方米
unit: m^2

生活用房 Residential and Welfare							其他用房 Rooms for Other Purposes	校舍面积中 of the Floor Space	
合计 Total	教工宿舍 Apartments for Single		学生宿舍 Students' Dormitories	食堂 Dining Halls	厕所 Toilet	其他 Others		危房面积 Floor Space of Dilapidated Buildings	当年新增 New Added in Current Year
	小计 Subtotal	其中:教师周转宿舍 of Which: Accommodation for Circulation of Teachers							
96543228	**22312920**	**3223914**	**51997245**	**15256532**	**3584751**	**3391780**	**8699972**	**7029695**	**5551209**
318076	37783	423	185629	60884	19750	14030	129918		87776
385322	34531	6408	218784	70081	24692	37234	39025		1001
5110616	677931	90142	3098790	947915	192811	193169	378259	161592	339543
3501957	601277	37064	1916210	661099	141939	181432	426969	74871	96646
1450697	47043	1205	923920	288185	67913	123636	168915	69552	175211
1111140	47714	10210	678176	246745	53575	84930	108297	20298	10499
658146	10700	322	421441	157049	43407	25549	96010		63776
1061788	48115	20480	700895	205358	55128	52292	184069	46224	82322
262795	17958	2010	135326	53840	20310	35361	104084		
5529485	1218384	156258	2870376	1088270	167159	185296	708582		244649
3769889	556437	94894	2184486	746234	182889	99843	467645		68440
6701936	1918265	159566	3409701	948118	223993	201859	360812	207425	389004
3677455	1145064	144765	1785865	545555	118461	82510	506284	48851	173915
4218114	889179	62997	2398352	697695	121276	111612	286661	483971	191893
5778132	1287449	230891	2979757	1068406	226555	215965	500242	66591	137532
8042824	1693069	156217	4602297	1232435	279588	235435	496946	245324	175401
3958440	1396661	198068	1807780	538323	110625	105051	339644	389454	15524
6530115	2139092	320156	2985130	987681	199727	218485	531803	379956	95083
6015430	1967141	218865	2945187	697192	201743	204167	798307	32936	270289
4108258	1282237	147731	2133999	471817	101021	119184	275436	781934	174651
666388	298103	64290	252849	65892	20853	28691	43688	35743	137371
3095908	992048	128447	1527592	432034	78205	66029	173184	182121	86743
7249211	1497195	391563	4212104	1053145	299637	187130	406220	532817	906897
2448631	503397	82032	1416868	336351	112980	79035	200765	8273	492621
3245923	655137	178493	1868964	464363	122844	134615	165161	1433675	300625
245331	99730	68045	101226	39618	3530	1227	33719		553
3180437	770302	149929	1679587	474209	131663	124676	231480	83906	247385
2134200	301503	40288	1258117	305328	141001	128251	224468	1623761	288887
449547	82301	33400	250316	71389	24022	21519	45675	43516	122076
388080	14633		257887	77213	16977	21370	23394	47314	3936
1248957	82541	28755	789634	224108	80477	72197	244310	29590	170960

普通高中办学

Condition of School Buildings in Regular Senior

	校舍建筑面积 Floor Space	教学及辅助用房 Teaching & Assistant Buildings							行政办公用房 Administrative	
		合计 Total	其中 of Which: 教室 Classroom	实验室 Laboratory	图书室 Library	微机室 PC-room	语音室 Linguistic	体育馆 Gymnasium	合计 Total	其中:教师办公室 of Which: for Teachers
总　计 Total	**53035563**	**19283149**	**12892026**	**3113242**	**1384088**	**688960**	**300775**	**904058**	**3935114**	**2540724**
北　京 Beijing	285484	92117	45192	28311	10381	4774	1253	2206	18402	9103
天　津 Tianjin	282817	98412	69809	18688	3683	3963	2085	184	28937	21146
河　北 Hebei	3931135	1413905	921066	294647	90007	52768	25781	29636	312650	221311
山　西 Shanxi	2686430	1038973	609264	173026	73720	39096	17483	126384	226521	146880
内蒙古 Inner Mongolia	338495	146084	86699	27600	13177	2938	1042	14628	17767	16707
辽　宁 Liaoning	474448	146012	94408	20545	12772	9237	2414	6636	51178	34889
吉　林 Jilin	42996	14547	12159	1268	288	554	278		5437	3661
黑龙江 Heilongjiang	362747	161740	104280	28092	6541	9380	1974	11473	42012	29193
上　海 Shanghai	148455	40421	22263	8748	2864	1528	260	4758	14325	5957
江　苏 Jiangsu	2584537	967800	582490	183238	91266	40148	9057	61601	216092	133085
浙　江 Zhejiang	2836467	1081951	609782	200022	114986	30215	18099	108847	219778	134923
安　徽 Anhui	3525463	1238639	904562	164505	83221	38839	22344	25168	212547	124724
福　建 Fujian	2482444	932937	555352	206105	101061	28601	11334	30484	163065	86832
江　西 Jiangxi	1362266	480616	345448	60777	28627	22942	11574	11248	76823	53456
山　东 Shandong	5387709	1824682	1198243	318858	109647	64273	29894	103767	461798	289014
河　南 Henan	4655644	1504499	1098932	190421	114479	59516	23058	18093	369013	264513
湖　北 Hubei	1680019	506713	351811	71915	35309	16923	12310	18445	112045	68344
湖　南 Hunan	3589717	1208357	818980	158204	93147	43598	17631	76797	205470	138942
广　东 Guangdong	4659367	2029486	1410945	278535	135275	58739	31262	114730	322668	183395
广　西 Guangxi	622015	208044	150486	30370	14353	5741	2187	4907	31455	19416
海　南 Hainan	328550	125653	88873	12763	11681	5384	564	6388	14277	10081
重　庆 Chongqing	1505151	468941	330058	67876	18929	16422	7139	28517	97132	56020
四　川 Sichuan	2288484	849238	573945	120072	51325	35240	9445	59211	149707	103473
贵　州 Guizhou	1330681	520010	380588	75974	23917	13715	4603	21213	92097	56742
云　南 Yunnan	2156013	838690	588445	149666	53192	31470	9166	6751	137261	92714
西　藏 Tibet	69876	19613	17124	992	81	663	753		4260	4260
陕　西 Shaanxi	1559400	567123	372663	106651	41193	26210	16023	4383	173105	120068
甘　肃 Gansu	1113350	459296	339585	65278	28285	17212	7533	1403	95305	70580
青　海 Qinghai	166504	61457	46815	9872	1509	1671	1590		9486	7413
宁　夏 Ningxia	109773	46857	30191	9973	2466	2545	1482	200	12889	12252
新　疆 Xinjiang	469126	190336	131568	30250	16706	4655	1157	6000	41612	21630

条件(一)(镇乡结合区)

Secondary Schools (1) (County-town Transitional Area)

单位:平方米

unit: m^2

生活用房 Residential and Welfare							其他用房 Rooms for Other Purposes	校舍面积中 of the Floor Space	
合计 Total	教工宿舍 Apartments for Single		学生宿舍 Students' Dormitories	食堂 Dining Halls	厕所 Toilet	其他 Others		危房面积 Floor Space of Dilapidated Buildings	当年新增 New Added in Current Year
	小计 Subtotal	其中:教师周转宿舍 of Which: Accommodation for Circulation of Teachers							
27293427	**5935581**	**851189**	**14848353**	**4527406**	**1022944**	**959143**	**2523873**	**1548224**	**1427922**
137143	21243		77291	25354	5575	7680	37822		1539
138874	16218	2428	80629	26809	7555	7663	16594		1001
2084322	302414	45182	1257567	370486	76633	77222	120258	18507	109772
1261813	215367	15527	709101	230617	48967	57761	159123	10333	19800
163618	7500		100347	32693	5822	17256	11026		3564
242429	11265	5098	144106	52472	13331	21255	34829	10246	4600
20424			11793	5285	1334	2012	2588		
149682	14344	8225	97464	27479	4722	5673	9313	7649	2370
52401	1941		22526	12759	4412	10763	41308		
1246894	248821	35509	655368	244504	42341	55860	153751		41277
1342452	181950	25850	777952	273802	65100	43648	192286		33613
1967535	441630	34004	1092587	314238	61623	57457	106742	67305	108369
1225643	365488	56330	616986	182805	43119	17245	160799	9231	37360
778668	176230	10751	449685	125630	17057	10066	26159	110849	6769
2864893	609281	95009	1521114	548518	94877	91103	236336	54658	24587
2649100	579598	58046	1500270	393345	90927	84960	133032	164627	87687
957289	281388	46054	473011	141310	33018	28562	103972	89694	1035
1984200	603597	44927	914971	332480	69469	63683	191690	116994	24863
2003016	570375	73452	984079	279899	91299	77364	304197	14341	111197
359193	120425	6352	181411	48554	5444	3359	23323	17160	75403
187777	72175	36779	70975	17909	7071	19647	843	2568	68452
876299	277227	53227	422465	120206	23648	32753	62779	58505	17810
1202019	211272	69610	717715	184307	53997	34728	87520	14295	202205
653533	116448	21289	378080	106911	31157	20937	65041	2277	251973
1097659	209041	55851	642240	161033	40879	44466	82403	487744	112984
45117	16349	16349	23143	5433	192		886		
774904	175258	19612	422445	117873	27375	31953	44268	12204	22113
496415	60490	4539	304034	79175	35239	17477	62334	269451	35742
82747	16274	10269	44410	14652	4835	2576	12814	8086	1095
47827			34995	10957	286	1589	2200		
199541	11972	920	119593	39911	15640	12425	37637	1500	20742

普通高中办学

Condition of School Buildings in Regular Senior

	校舍建筑面积 Floor Space	教学及辅助用房 Teaching & Assistant Buildings							行政办公用房 Administrative	
		合计 Total	其中 of Which:						合计 Total	其中:教师办公室 of Which: for Teachers
			教室 Classroom	实验室 Laboratory	图书室 Library	微机室 PC-room	语音室 Linguistic	体育馆 Gymnasium		
总 计 Total	**18731788**	**6460488**	**4398634**	**887767**	**459367**	**227872**	**100288**	**386560**	**1215053**	**745206**
北 京 Beijing	215771	63015	33710	16433	5237	2794	630	4211	25818	12520
天 津 Tianjin	93025	33959	25671	4020	788	1122	1147	1211	11731	5261
河 北 Hebei	679858	228302	160774	27322	15129	7243	4296	13538	42618	32329
山 西 Shanxi	1484354	421541	284008	56308	42455	18000	11515	9255	103154	80777
内蒙古 Inner Mongolia	127023	29800	13714	3361	2780	1052	993	7900	13612	7652
辽 宁 Liaoning	320600	94224	66606	9240	6016	4593	1854	5915	16815	9250
吉 林 Jilin	56965	23075	18731	2507	591	725	521		6198	2872
黑龙江 Heilongjiang	141268	58762	44542	5360	3182	2420	1370	1888	12240	8949
上 海 Shanghai	64924	19973	9686	3045	3484	1016	412	2330	5311	2182
江 苏 Jiangsu	221126	83068	44657	16641	7575	2009	547	11639	21936	9138
浙 江 Zhejiang	964473	339482	167239	56565	29948	11688	4190	69852	64638	46691
安 徽 Anhui	1392960	474439	367249	49802	30410	16137	6268	4573	75307	41484
福 建 Fujian	1491896	563513	352172	108737	60383	20190	6042	15989	95855	40880
江 西 Jiangxi	654112	252362	215835	13926	6138	4878	3648	7937	37557	17363
山 东 Shandong	1057651	309739	158027	45746	37333	14306	4908	49419	60722	33996
河 南 Henan	529258	162871	128530	15897	6677	7358	1409	3000	58020	42280
湖 北 Hubei	1240235	417982	296574	48329	32066	9762	3888	27363	68870	38370
湖 南 Hunan	950512	309471	227036	34214	19345	8095	8063	12718	46920	22460
广 东 Guangdong	2308761	846237	550127	126624	53824	23532	12914	79216	123525	76366
广 西 Guangxi	239093	59808	48840	4339	1663	1574	892	2500	8170	4004
海 南 Hainan	139512	31654	17165	2734	3538	1569	412	6236	9673	3815
重 庆 Chongqing	310617	76707	56617	11825	3172	3857	1236		12108	7895
四 川 Sichuan	678078	248915	184200	40343	12117	7606	2300	2349	38284	20563
贵 州 Guizhou	491711	180840	136838	21857	15086	5476	1463	120	40823	28947
云 南 Yunnan	794104	316684	216963	49279	20703	17375	6234	6130	44324	26173
西 藏 Tibet	292456	84128	62850	8924	5986	1316	684	4368	16572	7049
陕 西 Shaanxi	699587	287510	176987	43372	18889	11670	7260	29332	50565	34796
甘 肃 Gansu	455334	165082	129922	18959	6901	8187	953	160	52248	40402
青 海 Qinghai	115933	51277	38879	5246	2071	3395	1686		9760	9183
宁 夏 Ningxia	73907	32782	22206	9503	479	474	60	60	6482	4687
新 疆 Xinjiang	446684	193286	142279	27309	5401	8453	2493	7351	35197	26872

条件(一)(乡村)
Secondary Schools (1) (Rural Area)

单位:平方米
unit: m^2

生活用房 Residential and Welfare							其他用房 Rooms for Other Purposes	校舍面积中 of the Floor Space	
合计 Total	教工宿舍 Apartments for Single		学生宿舍 Students' Dormitories	食堂 Dining Halls	厕所 Toilet	其他 Others		危房面积 Floor Space of Dilapidated Buildings	当年新增 New Added in Current Year
	小计 Subtotal	其中:教师周转宿舍 of Which: Accommodation for Circulation of Teachers							
9672281	**2553740**	**404820**	**4997430**	**1431283**	**373279**	**316549**	**1383966**	**621451**	**914214**
106673	17157	50	51078	14281	6730	17427	20265		
43168	3782	632	24276	7990	3880	3240	4167		
370016	95375	11425	199386	46347	15144	13764	38922		12895
778047	121329	22392	444988	137641	46398	27691	181612	7457	111070
65421	5486		36785	12569	3356	7225	18190		
159906	11246	2530	106531	31547	8578	2004	49655		
22570	100		14976	5995	861	638	5122		5961
63867	2904	56	43090	14462	2651	760	6399	10322	
21091	360	200	9520	8077	2451	683	18549		
107966	13588		69530	16429	3325	5094	8156		26560
484159	107446	9485	243336	99907	19784	13686	76194		
791971	251482	17074	398631	99844	22393	19621	51243	33293	71922
728914	256123	31725	328705	106869	20634	16583	103614		27389
316829	67238	7737	183984	44993	9170	11444	47364	34036	22593
495432	80320	17287	287291	90735	29449	7637	191758		13975
285101	78790	2580	144232	42872	8255	10952	23266	34993	860
696552	224616	23357	353566	84845	15644	17881	56831	3417	119480
540538	200375	35818	238168	70793	16214	14988	53583	46540	65
1159694	354436	91786	553524	155286	55980	40468	179305	7162	119858
159526	58956	5805	78201	15889	3564	2916	11589	10959	7203
77753	30210	1190	34118	9346	2554	1525	20432		
215020	62690	4344	113049	34350	3605	1326	6782	16060	740
377478	105137	22547	200268	53226	11105	7742	13401	20628	73883
228495	60156	12627	114553	35751	9702	8333	41553		31933
387470	103941	13549	216736	46788	9717	10288	45626	271464	79108
170794	64355	49642	74060	27237	2772	2370	20962		43693
339308	81531	3635	172909	51301	11277	22290	22204	2540	57383
219723	53182	3868	123038	25729	11109	6665	18281	110582	26229
51492	7034	2374	28471	11166	2405	2416	3404	120	23833
34523			27902	5271	840	510	120		120
172784	34395	11105	82528	23747	13732	18382	45417	11878	37461

普通高中办

Condition of School Buildings in Regular Senior

	占地面积(平方米) Areas of School Sites (m²)			图书(册) Books & Magazines in Libraries (volume)	计算机数(台) PC (set)	
	合计 Total	其中 of Which			合计 Total	其中:教学用计算机 of Which: No. of Computers Used for Instruction
		绿化用地面积 Green Areas	运动场地面积 Sports Areas			
总 计 Total	**925481274**	**228358765**	**202216559**	**699160253**	**3746465**	**2898191**
北 京 Beijing	12585733	2482352	3923094	17303811	150947	128222
天 津 Tianjin	8381740	1166616	2302083	8692281	54227	35196
河 北 Hebei	43281006	7481965	9419022	30263907	167964	133948
山 西 Shanxi	30892286	4755557	6341899	18886829	111902	92433
内蒙古 Inner Mongolia	20046837	3138737	4959345	10716508	59355	44617
辽 宁 Liaoning	22043774	3801171	6034162	15017625	104899	72820
吉 林 Jilin	12300868	2248870	3635422	8681375	54436	39715
黑龙江 Heilongjiang	20545212	2898580	4964861	7398867	74732	58396
上 海 Shanghai	9422990	3096276	2274300	13082843	101511	83980
江 苏 Jiangsu	55010211	17824627	12337396	51374697	296155	225548
浙 江 Zhejiang	43942441	14016844	9812191	36386746	217192	169575
安 徽 Anhui	50635442	11096857	10017549	29350948	153504	120788
福 建 Fujian	35399566	9621202	9568217	40881746	162485	119245
江 西 Jiangxi	34753068	10084811	6676074	22138304	117401	91361
山 东 Shandong	59071627	16122047	13419569	42449281	253900	178842
河 南 Henan	56891980	11098873	10734281	33406098	145771	120204
湖 北 Hubei	38160309	10124575	7403822	20096322	107866	83024
湖 南 Hunan	45236442	13217677	8373027	27555995	141958	112840
广 东 Guangdong	84854452	27132801	17192035	90944926	398022	298746
广 西 Guangxi	28882304	7285017	5986497	20317332	87427	63822
海 南 Hainan	9220481	2577980	2195001	4918510	26555	20612
重 庆 Chongqing	21003575	5914776	4696179	14025939	90293	72232
四 川 Sichuan	47144740	11403250	10913367	39526375	181121	144037
贵 州 Guizhou	22849652	4364220	4801062	19391022	66132	53948
云 南 Yunnan	32256036	9121753	5497103	17057834	95610	78872
西 藏 Tibet	2881490	431557	396380	1150600	5353	3913
陕 西 Shaanxi	23375270	4256486	6211367	24774892	123156	100535
甘 肃 Gansu	18417359	2788199	4724317	15091365	78867	61748
青 海 Qinghai	5122812	710563	1100302	3252025	20038	14526
宁 夏 Ningxia	7288076	2154861	1195729	4093197	26151	19580
新 疆 Xinjiang	23583495	5939665	5110906	10932053	71535	54866

学条件(二)(总计)

Secondary Schools (2) (Total)

多媒体教室座位数(个) No. of Seats in Multi-media Classrooms (seat)	固定资产总值(万元) Total Volue of Fixed Asset (10,000 yuan)		
	合计 Total	其中:教学仪器设备资产值 of Which:Total Volue of Equip & Instru.	
		小计 Subtotal	其中:实验设备 of Which: for Prefession
10860867	**50579090.23**	**5246151.39**	**2103344.36**
550659	1494140.95	332005.25	44325.49
113297	540612.75	60806.63	18700.43
531949	2030308.33	167236.97	79141.46
354291	1706131.71	164413.14	86375.84
63215	989470.34	91483.36	40933.25
164625	1164398.97	141641.23	57672.88
83022	636217.35	64545.09	32694.65
72382	913586.27	107098.73	58319.83
52153	1383666.29	208729.62	58407.04
1025252	4592348.31	446551.95	157501.22
831794	3175527.00	283030.36	85848.84
323703	2312860.37	183952.18	86993.38
687305	1776227.85	202894.53	98596.84
314939	1221357.14	117929.30	51897.82
833911	3221233.05	307748.42	97501.42
337433	2113910.62	162321.36	87468.18
277237	1974290.81	189700.29	83341.77
449386	2301398.99	219617.58	102581.15
1244696	5136959.00	656537.00	282145.00
260039	931343.62	99001.27	43182.35
83143	470149.30	42810.94	18258.27
342931	1277485.37	113247.50	36520.75
508136	2909028.54	285893.05	114920.87
170797	922752.50	86905.54	49672.36
286904	1486547.56	109121.00	39683.67
5040	130974.38	9750.24	6872.65
363346	1475622.12	172538.87	90551.43
212532	875764.86	84340.70	40460.15
32312	215076.38	24375.99	6867.34
100217	315963.61	30243.38	11641.20
184221	883735.89	79679.92	34266.84

普通高中办

Condition of School Buildings in Regular Senior

	占地面积(平方米) Areas of School Sites (m^2)			图书(册) Books & Magazines in Libraries (volume)	计算机数(台) PC (set)	
	合计 Total	其中 of Which			合计 Total	其中:教学用计算机 of Which: No. of Computers Used for Instruction
		绿化用地面积 Green Areas	运动场地面积 Sports Areas			
总　计 Total	**412597207**	**108759709**	**94762150**	**358578116**	**2175700**	**1652733**
北　京 Beijing	9990804	1820740	3204610	15750900	136898	115789
天　津 Tianjin	5748256	822173	1602294	6840449	44292	28363
河　北 Hebei	16620181	3095735	3627425	13462210	83967	66700
山　西 Shanxi	11963404	1893762	2776075	9632397	58103	46639
内蒙古 Inner Mongolia	9683631	1670778	2446452	6419024	35934	25889
辽　宁 Liaoning	15495730	2824587	4295064	11634455	82906	58453
吉　林 Jilin	7872622	1504600	2243003	6227558	38847	28408
黑龙江 Heilongjiang	10692776	1501321	2488220	4359610	46332	35380
上　海 Shanghai	7813474	2573626	1905932	11783364	89815	75373
江　苏 Jiangsu	29160862	10062349	6411461	27269197	171272	130120
浙　江 Zhejiang	24036195	7822912	5269308	19594689	125691	95651
安　徽 Anhui	13841000	3657991	2917785	9454886	58059	44318
福　建 Fujian	12905121	3493387	3245838	16787870	79846	56038
江　西 Jiangxi	11328781	3517413	2184197	7867820	52907	39693
山　东 Shandong	29674852	7839649	7073118	23927328	148918	101385
河　南 Henan	22220908	4899875	4566888	14994103	76437	61941
湖　北 Hubei	20472672	6077058	4233057	11733442	66633	51595
湖　南 Hunan	15262173	4786234	3092505	10162896	60597	46873
广　东 Guangdong	47575058	15399689	10152592	56187621	290723	212635
广　西 Guangxi	10765012	2918659	2369602	8927231	45098	32084
海　南 Hainan	5029406	1388926	1393336	2751256	17129	12966
重　庆 Chongqing	9608342	3099865	2381850	7438974	53263	43967
四　川 Sichuan	18128045	4618901	4476869	14970833	84124	66692
贵　州 Guizhou	6885766	1497624	1382487	5754178	26209	21181
云　南 Yunnan	9424070	2977565	1836520	6936780	42572	34520
西　藏 Tibet	892409	138441	180476	385413	2207	1603
陕　西 Shaanxi	8018136	1579071	2328726	11654213	59372	46434
甘　肃 Gansu	5600898	974738	1388262	6215887	31421	23913
青　海 Qinghai	1518895	243145	300424	1211947	8200	5337
宁　夏 Ningxia	4178553	1331905	743068	2679326	16987	12435
新　疆 Xinjiang	10189175	2726990	2244706	5562259	40941	30358

学条件(二)(城区)

Secondary Schools (2) (Urban Area)

多媒体教室座位数(个) No. of Seats in Multi-media Classrooms (seat)	固定资产总值(万元) Total Volue of Fixed Asset (10,000 yuan)		
	合计 Total	其中:教学仪器设备资产值 of Which: Total Volue of Equip & Instru.	
		小计 Subtotal	其中:实验设备 of Which: for Prefession
6420360	**28062227.18**	**3208881.50**	**1171022.71**
493704	1368362.52	305960.17	40776.68
93158	434657.36	49163.51	14507.72
284683	969228.75	85948.34	38178.50
162331	817092.80	88054.46	46519.14
33980	598358.67	59490.96	25826.54
140742	917494.67	110691.68	45045.13
62889	471708.19	49790.78	24741.19
43055	596381.32	67479.46	35768.79
46053	1191747.82	187027.31	53608.94
593339	2977534.47	297350.24	93659.25
462872	1888367.59	167945.29	43208.52
129649	750828.70	64503.03	29746.77
364319	846641.98	97228.09	47799.60
141470	466845.89	54674.89	19997.75
503078	1735173.88	186859.86	53082.01
194306	886690.93	76986.28	39356.60
179515	1175439.73	109067.26	47316.09
194611	1004796.25	100085.24	46203.05
879952	3529483.00	451487.00	192593.00
124931	427981.68	57421.79	20326.56
54911	302005.36	30443.29	10901.47
224532	762158.22	64836.65	17042.69
259926	1268060.10	134185.73	51483.44
69951	382160.42	43372.11	23751.35
145308	631726.70	57804.68	15598.86
3318	30846.98	3381.98	2385.80
238061	581555.93	90375.58	43788.53
81292	321747.36	39170.09	14768.63
8800	45291.44	9499.05	2817.99
75667	186499.11	20021.41	7452.71
129957	495359.36	48575.29	22769.41

普通高中办

Condition of School Buildings in Regular Senior

	占地面积(平方米) Areas of School Sites (m^2)			图书(册) Books & Magazines in Libraries (volume)	计算机数(台) PC (set)	
	合计 Total	其中 of Which			合计 Total	其中:教学用计算机 of Which: No. of Computers Used for Instruction
		绿化用地面积 Green Areas	运动场地面积 Sports Areas			
总　计 Total	**80741570**	**22542001**	**17137073**	**55169570**	**307587**	**229666**
北　京 Beijing	1246779	178992	315251	502190	5601	3661
天　津 Tianjin	425375	35354	119037	418339	2497	1735
河　北 Hebei	4205038	912733	906848	2681873	16480	14159
山　西 Shanxi	1569993	206482	346429	1145303	6807	6039
内蒙古 Inner Mongolia	647468	199032	117367	316924	1851	886
辽　宁 Liaoning	2139469	462128	520975	1208552	9093	6408
吉　林 Jilin	1001701	196485	191473	532338	2178	1681
黑龙江 Heilongjiang	1263747	244150	286272	562859	4664	3592
上　海 Shanghai	875239	347087	138934	487845	4775	3863
江　苏 Jiangsu	4559258	1310366	870017	3380220	19204	14567
浙　江 Zhejiang	6536415	2048465	1419902	4368634	28985	22391
安　徽 Anhui	1923901	521989	353014	960473	4236	3589
福　建 Fujian	3152147	999727	908059	3558670	14706	10558
江　西 Jiangxi	1613605	419111	304723	1007598	4032	3047
山　东 Shandong	9329112	2611238	2131642	6109569	36443	23634
河　南 Henan	5066303	1032319	909687	1946138	11676	9193
湖　北 Hubei	3294517	1145549	678745	1788930	9261	6829
湖　南 Hunan	4261155	1291633	706690	2219551	13181	10436
广　东 Guangdong	14527629	4873600	3027121	14452877	66167	48741
广　西 Guangxi	2201035	566323	459540	1356804	8621	5511
海　南 Hainan	488525	164822	75731	176111	949	867
重　庆 Chongqing	731532	290504	176760	335743	2710	2423
四　川 Sichuan	3001411	788287	793340	1263697	11371	8820
贵　州 Guizhou	1679677	326662	258368	956997	3539	2832
云　南 Yunnan	2435193	794446	402969	1274634	7692	6163
西　藏 Tibet						
陕　西 Shaanxi	1100977	266424	343425	1170884	5177	4283
甘　肃 Gansu	276579	26621	88705	314261	1141	875
青　海 Qinghai	115992	24134	19600	103045	585	393
宁　夏 Ningxia	434141	77472	85500	263122	859	813
新　疆 Xinjiang	637657	179866	180949	305389	3106	1677

学条件(二)(城乡结合区)

Secondary Schools (2) (Urban-rural Transitional Area)

多媒体教室座位数(个) No. of Seats in Multi-media Classrooms (seat)	固定资产总值(万元) Total Volue of Fixed Asset(10,000 yuan)		
	合计 Total	其中:教学仪器设备资产值 of Which:Total Volue of Equip & Instru.	
		小计 Subtotal	其中:实验设备 of Which: for Prefession
985560	**5072605.17**	**458131.74**	**183977.31**
25017	99435.50	6867.20	1722.47
4810	48622.70	4519.75	479.81
36587	202350.73	18202.72	9568.39
15366	98433.11	7182.58	2849.14
650	101478.20	1420.07	590.97
7027	153708.96	13489.34	6458.76
2936	34830.73	3764.50	925.66
6602	80918.59	10575.12	4882.72
2958	65318.09	8662.03	1927.36
54686	422878.75	46559.38	17233.71
113916	451535.51	36386.97	9877.28
11192	101852.00	3728.67	2265.39
72933	181019.45	15695.97	7316.44
11886	51707.67	3702.21	1199.61
160569	473918.57	42937.38	14016.05
35045	176884.08	11384.54	5215.91
33138	172757.74	21238.44	6530.42
45495	284672.98	26128.95	12256.05
204931	1036826.00	109157.00	49581.00
21964	88199.99	6089.71	3044.41
2099	34486.10	4408.95	1107.00
6973	73656.20	3447.50	800.90
38941	239130.00	19501.04	7021.18
12270	83926.93	6488.37	3211.19
30774	176763.82	9668.56	5044.38
16468	56178.52	10705.61	6577.51
3003	17976.48	981.29	653.03
428	3800.50	313.00	127.00
3632	22837.90	1942.94	759.28
3264	36499.37	2981.95	734.29

普通高中办

Condition of School Buildings in Regular Senior

	占地面积(平方米) Areas of School Sites (m^2)			图书(册) Books & Magazines in Libraries (volume)	计算机数(台) PC (set)	
	合计 Total	其中 of Which			合计 Total	其中:教学用计算机 of Which: No. of Computers Used for Instruction
		绿化用地面积 Green Areas	运动场地面积 Sports Areas			
总　计 Total	**462185073**	**106143964**	**97403443**	**314817616**	**1440587**	**1145374**
北　京 Beijing	1794637	439719	527915	1198972	10227	8867
天　津 Tianjin	2352763	275115	616580	1643585	9156	6468
河　北 Hebei	24456195	3893225	5361143	15977682	77895	62937
山　西 Shanxi	15744055	2302206	2950323	8103459	46290	39482
内蒙古 Inner Mongolia	9778544	1304209	2402491	4253402	22997	18432
辽　宁 Liaoning	5899193	853658	1667091	3102438	20567	13451
吉　林 Jilin	4167052	680905	1321376	2331635	14932	10862
黑龙江 Heilongjiang	9486681	1350059	2385041	2891537	27145	21847
上　海 Shanghai	1478497	502321	346118	1141717	10090	7511
江　苏 Jiangsu	25419067	7615624	5847966	23731806	122880	93938
浙　江 Zhejiang	17640079	5485083	4118083	15470471	82792	67289
安　徽 Anhui	32849782	6627047	6433080	18309151	87796	70650
福　建 Fujian	18821583	5184816	5272501	20409113	71734	54801
江　西 Jiangxi	21790380	6064231	4023299	13669658	61872	49659
山　东 Shandong	26333358	6841571	5846145	17229583	98201	72546
河　南 Henan	32831514	5922541	5874731	17780714	66261	56064
湖　北 Hubei	15225179	3443750	2704674	7129149	35985	27262
湖　南 Hunan	27721033	7876765	4877851	16139016	75262	61474
广　东 Guangdong	31134974	9527417	5853884	30951582	90612	74284
广　西 Guangxi	17348115	4172076	3512499	11075289	40872	30655
海　南 Hainan	3779121	1039728	748450	2058826	8404	6882
重　庆 Chongqing	10631099	2563426	2175121	6346833	34987	26843
四　川 Sichuan	27466186	6333904	6029001	23513389	91589	73165
贵　州 Guizhou	14424511	2531022	3147346	12887578	37477	30685
云　南 Yunnan	20043433	5514844	3202727	9037621	45988	38338
西　藏 Tibet	1383009	115370	136880	533800	2180	1794
陕　西 Shaanxi	13801793	2380103	3513144	12060744	57924	49279
甘　肃 Gansu	11562009	1636381	3039862	8183208	43435	34363
青　海 Qinghai	3128991	384126	713417	1920052	10828	8496
宁　夏 Ningxia	2668328	761526	424661	1364971	8936	6917
新　疆 Xinjiang	11023912	2521196	2330043	4370635	25273	20133

学条件(二)(镇区)

Secondary Schools (2) (Counties & Towns Area)

多媒体教室座位数(个) No. of Seats in Multi-media Classrooms (seat)	固定资产总值(万元) Total Volue of Fixed Asset (10,000 yuan)		
	合计 Total	其中:教学仪器设备资产值 of Which: Total Volue of Equip & Instru.	
		小计 Subtotal	其中:实验设备 of Which: for Prefession
4088564	**20321004.60**	**1846702.33**	**853727.64**
45258	87893.20	19422.15	2582.19
18086	97298.91	11242.59	4065.51
232510	1013162.48	77247.56	39481.93
173181	665479.58	59242.89	31198.66
28716	373814.08	31493.95	14891.26
23646	221981.30	26843.05	11730.75
19582	158148.16	14308.41	7829.56
28171	302837.05	38249.17	21785.24
5530	179630.94	13827.31	3399.45
422580	1580279.76	147046.69	62889.65
338152	1134410.80	105762.08	38328.65
171656	1439473.72	110840.71	53538.61
285172	753382.38	87667.19	44591.66
166697	701127.86	60700.81	30465.30
304706	1304538.61	112555.97	42354.94
133584	1199264.40	83577.02	47069.10
90262	641296.96	66701.45	29694.02
233487	1215193.06	111533.71	53305.19
310729	1321561.00	177587.00	78906.00
133877	494826.94	40733.28	22417.59
22938	150874.94	10090.65	6286.80
114829	484499.57	45819.02	18396.06
229166	1575750.53	144369.09	60450.12
97908	490005.33	40391.52	23567.65
126745	758095.70	41985.79	20226.62
1429	57839.23	2144.76	932.65
113391	810839.69	73989.43	42036.84
121008	505286.82	41530.76	23897.72
22712	155629.84	14473.21	3823.32
23692	110468.90	10167.64	4154.90
49164	336112.86	25157.47	9429.71

普通高中办

Condition of School Buildings in Regular Senior

	占地面积(平方米) Areas of School Sites (m^2)			图书(册) Books & Magazines in Libraries (volume)	计算机数(台) PC (set)	
	合计 Total	其中 of Which			合计 Total	其中:教学用计算机 of Which: No. of Computers Used for Instruction
		绿化用地面积 Green Areas	运动场地面积 Sports Areas			
总　计 Total	**129016402**	**29863584**	**25966751**	**82825563**	**381661**	**303493**
北　京 Beijing	626237	166823	184220	408233	3294	2774
天　津 Tianjin	951860	82392	279690	569859	3736	2623
河　北 Hebei	9697634	1438523	2090756	6348380	28614	22943
山　西 Shanxi	6371107	1041335	1053304	2884578	17391	14363
内蒙古 Inner Mongolia	819431	50300	164605	282590	1452	1326
辽　宁 Liaoning	1455061	152259	353584	524315	4199	3136
吉　林 Jilin	153062	31800	38352	60835	267	227
黑龙江 Heilongjiang	1219559	96815	265528	300912	3067	2398
上　海 Shanghai	317234	102181	64847	150237	1773	1338
江　苏 Jiangsu	5863122	1790117	1302402	4974365	26676	19755
浙　江 Zhejiang	6494730	1935514	1484259	5478570	28293	22921
安　徽 Anhui	8938337	2083736	1783779	4777633	20781	16060
福　建 Fujian	5781060	1639033	1493958	5682395	20064	15665
江　西 Jiangxi	3349883	904793	540874	1615686	7675	6298
山　东 Shandong	12348031	3229692	2813040	7724611	45185	33778
河　南 Henan	11451358	1718910	1885168	5892367	20605	16990
湖　北 Hubei	4039134	925072	679155	1767278	9789	7599
湖　南 Hunan	8805285	2730214	1493997	4182971	21838	17483
广　东 Guangdong	11047457	3334644	2030491	11881792	36541	30737
广　西 Guangxi	1754432	432421	318617	1075939	4042	2859
海　南 Hainan	827758	185039	120280	393557	1981	1646
重　庆 Chongqing	3175883	747830	496161	1401355	7687	5708
四　川 Sichuan	4415082	1023494	1109144	3536118	16789	13352
贵　州 Guizhou	3950178	597337	876914	3112492	9930	8205
云　南 Yunnan	6438844	1830454	1024906	2843384	14188	11892
西　藏 Tibet	207336	58990	22841	110735	319	305
陕　西 Shaanxi	3330951	706884	761023	2368859	12141	10498
甘　肃 Gansu	2881356	379566	760245	1837651	9021	6806
青　海 Qinghai	429612	67669	118790	187775	1020	838
宁　夏 Ningxia	312077	36970	53316	112348	685	676
新　疆 Xinjiang	1563311	342777	302505	337743	2618	2294

学条件(二)(镇乡结合区)

Secondary Schools (2)(County-Town Transitional Area)

多媒体教室座位数(个) No. of Seats in Multi-media Classrooms (seat)	固定资产总值(万元) Total Volue of Fixed Asset(10,000 yuan)		
	合计 Total	其中:教学仪器设备资产值 of Which: Total Volue of Equip & Instru.	
		小计 Subtotal	其中:实验设备 of Which: for Prefession
1099860	**5824178.73**	**493838.95**	**229311.69**
11670	18631.99	6315.93	1382.87
6915	27125.65	3358.83	1197.01
85849	371060.03	27969.06	15800.16
47982	206136.09	19156.95	9547.90
670	39538.60	2324.00	496.00
6544	61999.30	6275.00	3258.00
426	2230.50	62.30	18.60
1853	47433.37	5518.40	3451.10
1085	13392.00	2469.02	1039.82
103014	372972.25	32238.28	13983.54
111418	472470.23	34841.95	11441.34
43526	423803.96	26643.15	12940.24
80262	255742.60	29014.99	14708.27
12366	143216.68	12313.24	6433.44
133712	626681.27	57924.69	23157.49
43857	353248.19	22796.39	13172.56
14574	181490.73	20309.82	7142.00
55950	375917.60	32434.10	13219.58
119037	483400.00	47887.00	25507.00
12730	42924.02	3831.99	1681.96
2059	41794.00	2340.10	1086.00
26830	124663.03	12523.32	6628.66
76624	320189.94	32137.78	12361.68
15923	150237.40	10593.53	6317.07
38962	286061.71	15780.90	9710.87
60	11012.91	369.21	357.00
15144	167936.62	14923.29	8583.98
23547	118256.49	7098.22	2758.94
1110	26817.89	880.68	377.90
1036	2463.90	723.40	723.40
5125	55329.78	2783.43	827.31

Condition of School Buildings in Regular Senior

	占地面积(平方米) Areas of School Sites (m^2)			图书(册) Books & Magazines in Libraries (volume)	计算机数(台) PC (set)	
	合计 Total	其中 of Which			合计 Total	其中:教学用计算机 of Which: No. of Computers Used for Instruction
		绿化用地面积 Green Areas	运动场地面积 Sports Areas			
总 计 Total	**50698994**	**13455092**	**10050966**	**25764521**	**130178**	**100084**
北 京 Beijing	800292	221893	190569	353939	3822	3566
天 津 Tianjin	280721	69328	83209	208247	779	365
河 北 Hebei	2204630	493005	430454	824015	6102	4311
山 西 Shanxi	3184827	559589	615501	1150973	7509	6312
内蒙古 Inner Mongolia	584662	163750	110402	44082	424	296
辽 宁 Liaoning	648851	122926	72007	280732	1426	916
吉 林 Jilin	261194	63365	71043	122182	657	445
黑龙江 Heilongjiang	365755	47200	91600	147720	1255	1169
上 海 Shanghai	131019	20329	22250	157762	1606	1096
江 苏 Jiangsu	430282	146654	77969	373694	2003	1490
浙 江 Zhejiang	2266167	708849	424800	1321586	8709	6635
安 徽 Anhui	3944660	811819	666684	1586911	7649	5820
福 建 Fujian	3672862	942999	1049878	3684763	10905	8406
江 西 Jiangxi	1633907	503167	468578	600826	2622	2009
山 东 Shandong	3063417	1440827	500306	1292370	6781	4911
河 南 Henan	1839558	276457	292662	631281	3073	2199
湖 北 Hubei	2462458	603767	466091	1233731	5248	4167
湖 南 Hunan	2253236	554678	402671	1254083	6099	4493
广 东 Guangdong	6144420	2205695	1185559	3805723	16687	11827
广 西 Guangxi	769177	194282	104396	314812	1457	1083
海 南 Hainan	411954	149326	53215	108428	1022	764
重 庆 Chongqing	764134	251485	139208	240132	2043	1422
四 川 Sichuan	1550509	450445	407497	1042153	5408	4180
贵 州 Guizhou	1539375	335574	271229	749266	2446	2082
云 南 Yunnan	2788533	629344	457856	1083433	7050	6014
西 藏 Tibet	606072	177746	79024	231387	966	516
陕 西 Shaanxi	1555341	297312	369497	1059935	5860	4822
甘 肃 Gansu	1254452	177080	296193	692270	4011	3472
青 海 Qinghai	474926	83292	86461	120026	1010	693
宁 夏 Ningxia	441195	61430	28000	48900	228	228
新 疆 Xinjiang	2370408	691479	536157	999159	5321	4375

学条件(二)(乡村)

Secondary Schools (2) (Rural Area)

多媒体教室座位数(个) No. of Seats in Multi-media Classrooms (seat)	固定资产总值(万元) Total Volue of Fixed Asset (10,000 yuan)		
	合计 Total	其中:教学仪器设备资产值 of Which: Total Volue of Equip & Instru.	
		小计 Subtotal	其中:实验设备 of Which: for Prefession
351943	**2195858.45**	**190567.56**	**78594.01**
11697	37885.23	6622.93	966.62
2053	8656.48	400.53	127.20
14756	47917.10	4041.07	1481.03
18779	223559.33	17115.79	8658.04
519	17297.59	498.45	215.45
237	24923.00	4106.50	897.00
551	6361.00	445.90	123.90
1156	14367.90	1370.10	765.80
570	12287.53	7875.00	1398.65
9333	34534.08	2155.02	952.32
30770	152748.61	9322.99	4311.67
22398	122557.95	8608.44	3708.00
37814	176203.49	17999.25	6205.58
6772	53383.39	2553.60	1434.77
26127	181520.56	8332.59	2064.47
9543	27955.29	1758.06	1042.48
7460	157554.12	13931.58	6331.66
21288	81409.68	7998.63	3072.91
54015	285915.00	27463.00	10646.00
1231	8535.00	846.20	438.20
5294	17269.00	2277.00	1070.00
3570	30827.58	2591.83	1082.00
19044	65217.91	7338.23	2987.31
2938	50586.75	3141.91	2353.36
14851	96725.16	9330.53	3858.19
293	42288.17	4223.50	3554.20
11894	83226.50	8173.86	4726.06
10232	48730.68	3639.85	1793.80
800	14155.10	403.73	226.03
858	18995.60	54.33	33.59
5100	52263.67	5947.16	2067.72

中等职业学

Number of Secondary

地区 Region	中等职业学校 Secondary Vocational Schools				普通中等专业学校 Reg. Specialized Sec. Schools			
	合计 Total	中央部门 HEIs under Central Ministries& Agencies	地方部门 HEIs under Local Auth.	民办 Non-government	合计 Total	中央部门 HEIs under Central Ministries& Agencies	地方部门 HEIs under Local Auth.	民办 Non-government
总计 Total	**9762**	**24**	**7089**	**2649**	**3681**	**18**	**2727**	**936**
北京 Beijing	96	7	67	22	31	6	25	
天津 Tianjin	88		81	7	40		39	1
河北 Hebei	663	1	453	209	281	1	103	177
山西 Shanxi	456		353	103	90		77	13
内蒙古 Inner Mongolia	276		201	75	86		44	42
辽宁 Liaoning	317		228	89	124		114	10
吉林 Jilin	300		223	77	53		48	5
黑龙江 Heilongjiang	387		325	62	73		40	33
上海 Shanghai	112	1	105	6	61	1	57	3
江苏 Jiangsu	285		263	22	168		153	15
浙江 Zhejiang	358		257	101	46		42	4
安徽 Anhui	487		347	140	112		97	15
福建 Fujian	251	1	204	46	251	1	204	46
江西 Jiangxi	446	1	284	161	71	1	58	12
山东 Shandong	560		413	147	249		200	49
河南 Henan	735	3	498	234	147	2	132	13
湖北 Hubei	332	2	248	82	241	2	179	60
湖南 Hunan	525		296	229	38		38	
广东 Guangdong	522		389	133	397		284	113
广西 Guangxi	319		217	102	319		217	102
海南 Hainan	83		51	32	26		23	3
重庆 Chongqing	155		125	30	25		23	2
四川 Sichuan	515		282	233	253		82	171
贵州 Guizhou	229		165	64	88		76	12
云南 Yunnan	396	2	337	57	87	1	72	14
西藏 Tibet	6		6		6		6	
陕西 Shaanxi	342	2	206	134	47	1	44	2
甘肃 Gansu	266	1	233	32	124		119	5
青海 Qinghai	40		33	7	34		29	5
宁夏 Ningxia	34		29	5	18		13	5
新疆 Xinjiang	181	3	170	8	95	2	89	4

注:未含技工学校数据(下同)

Note: Data on Skilled Workers are not included(Same as the Followings).

校(机构)数
Vocational Schools (Institutions)

单位:人
unit: person

成人中等专业学校 Adult Specialized Sec. Schools				职业高中学校 Vocational High Schools			
合计 Total	中央部门 HEIs under Central Ministries& Agencies	地方部门 HEIs under Local Auth.	民办 Non-government	合计 Total	中央部门 HEIs under Central Ministries& Agencies	地方部门 HEIs under Local Auth.	民办 Non-government
1564	**3**	**1410**	**151**	**4517**	**3**	**2952**	**1562**
11	1	9	1	54		33	21
22		22		26		20	6
166		154	12	216		196	20
120		120		246		156	90
61		61		129		96	33
1		1		192		113	79
81		81		166		94	72
163		160	3	151		125	26
23		22	1	28		26	2
42		41	1	75		69	6
39		37	2	273		178	95
72		62	10	303		188	115
92		92		283		134	149
91		69	22	220		144	76
179		122	57	409	1	244	164
13		10	3	78		59	19
92		72	20	395		186	209
13		13		112		92	20
5		5		52		23	29
48		44	4	82		58	24
23		13	10	239		187	52
16		13	3	125		76	49
128	1	127		181		138	43
8		8		287	1	154	132
33	1	30	2	109		84	25
2		2		4		2	2
3		3		13		13	
17		17		69	1	64	4

中等职业学校

Number of students in Secondary

地区 Region	毕业生数 Graduates		招生数 Entrants			
	合计 Total	其中:获得职业资格证书 of Which: Reciptents of Vocational Qualifications	合计 Total	其中:应届毕业 of Which: Graduates of Current Year		其中:五年制高职中职段 of Which:5 – year Secondary Vocational Education
				小计 Subtotal	其中:初中毕业生 of Which: Junior Secondary School Graduates	
总　计 Total	**5543840**	**3483872**	**5970785**	**5037228**	**4593465**	**314556**
北　京 Beijing	58915	33608	64076	44534	42750	4545
天　津 Tianjin	37107	18277	34835	28707	27239	5089
河　北 Hebei	388585	176417	299526	234614	209128	7481
山　西 Shanxi	171100	117057	172417	153615	134372	9485
内蒙古 Inner Mongolia	109495	50544	96021	80295	66975	11024
辽　宁 Liaoning	131308	65801	121355	100994	94951	7785
吉　林 Jilin	89817	33902	72100	55849	47413	2880
黑龙江 Heilongjiang	124133	62767	100212	68481	61811	2233
上　海 Shanghai	44859	35862	49540	45893	42218	1380
江　苏 Jiangsu	248643	189166	275225	261910	250211	46927
浙　江 Zhejiang	203459	179344	203220	191775	189638	17248
安　徽 Anhui	296110	182493	408824	344895	311047	24574
福　建 Fujian	175933	147765	240792	143906	125098	5309
江　西 Jiangxi	190635	111883	202862	181645	163807	17728
山　东 Shandong	380451	247022	404670	340628	311526	37937
河　南 Henan	522733	280108	522537	450852	397545	18144
湖　北 Hubei	272883	173281	143530	133701	124568	1807
湖　南 Hunan	251480	163758	253092	224826	206621	21807
广　东 Guangdong	419163	271335	495758	444271	405925	7633
广　西 Guangxi	214890	116957	312754	193672	164257	10829
海　南 Hainan	41583	15022	51055	40809	35909	999
重　庆 Chongqing	108446	68602	136624	129297	123328	6340
四　川 Sichuan	359099	322539	501110	414209	385435	12011
贵　州 Guizhou	100340	68419	150784	134330	127779	3435
云　南 Yunnan	162754	95764	183174	168931	161569	11114
西　藏 Tibet	9350	4861	7901	7325	6526	219
陕　西 Shaanxi	201747	123532	196170	178301	163178	13616
甘　肃 Gansu	101413	55471	117672	104351	92193	684
青　海 Qinghai	23660	14488	30143	22430	20830	526
宁　夏 Ningxia	32461	17281	36055	30587	28884	1086
新　疆 Xinjiang	71288	40546	86751	81595	70734	2681

(机构)学生数

Vocational Schools (Institutions)

单位:人
unit: person

在校学生数 Enrolment					预计毕业生数 Estimated Graduates for Next Year	
合计 Total	一年级 Grade 1	二年级 Grade 2	三年级 Grade 3	四年级及以上 Grade 4 and Over	合计 Total	其中:五年制高职中职段 of Which: 5 - year Secondary Vocational Education
16898820	**5980639**	**5602923**	**5201659**	**113599**	**5663952**	**200760**
189740	64120	67440	42591	15589	69983	2964
105735	34837	35721	34725	452	40604	2098
934042	300045	323304	308049	2644	341903	7072
483237	172423	148755	155025	7034	160642	3878
275527	96021	92030	85807	1669	97420	7005
380601	121871	124217	124037	10476	135443	6584
228866	72147	80518	75379	822	81190	1634
292987	100212	107451	83873	1451	94281	456
156490	49733	49614	41162	15981	42951	455
884549	275320	289233	308039	11957	267884	19353
618597	203272	215471	196890	2964	206664	10103
1002374	411833	323449	261460	5632	331375	14888
582998	240927	196067	144023	1981	179605	3867
549084	203324	183750	161362	648	155110	13637
1147012	404813	396670	335754	9775	383290	20780
1456626	522537	488459	443963	1667	539172	18469
500540	144038	158054	196276	2172	200699	103
734242	253458	252373	220308	8103	234023	10279
1495738	495910	505417	492523	1888	511788	10166
862445	314131	274263	272490	1561	261830	8163
141876	51057	48756	41596	467	42405	1123
372049	136902	127354	106870	923	94473	7386
1262600	501110	400180	360457	853	445125	12195
383367	150786	121883	110555	143	116931	1488
567843	183310	164875	219111	547	219728	2937
18291	7958	4818	5490	25	6526	291
526654	196641	175442	153790	781	175708	10588
327834	117721	105049	103585	1479	95733	513
76842	30163	23598	22063	1018	21496	356
104757	36055	40293	28338	71	32448	171
235277	87964	78419	66068	2826	77522	1758

中等职业学校

Number of Female students in Secondary

地 区 Region	毕业生数 Graduates 合计 Total	毕业生数 Graduates 其中:获得职业资格证书 of Which: Recipients of Vocational Qualifications	招生数 Entrants 合计 Total	其中:应届毕业 of Which: Graduates of Current Year 小计 Subtotal	其中:初中毕业生 of Which: Junior Secondary School Graduates	其中:五年制高职中职段 of Which:5 – year Secondary Vocational Education
总 计 Total	**2746535**	**1657996**	**2928400**	**2469403**	**2244715**	**172741**
北 京 Beijing	30008	14815	37077	22014	20466	1953
天 津 Tianjin	17510	8151	14405	12157	11153	1683
河 北 Hebei	195429	89221	153328	117829	103335	4579
山 西 Shanxi	91896	59397	88313	80415	72486	5885
内蒙古 Inner Mongolia	51406	21948	44215	37219	30002	4848
辽 宁 Liaoning	63152	29920	56305	49276	45737	4514
吉 林 Jilin	41312	14443	32785	26698	22573	1866
黑龙江 Heilongjiang	57642	28985	47552	34068	31435	1181
上 海 Shanghai	21363	15535	21469	20119	18131	580
江 苏 Jiangsu	119104	85998	130129	123051	115017	26120
浙 江 Zhejiang	99371	86972	93347	88253	87015	8239
安 徽 Anhui	141341	82758	193432	164015	148500	15898
福 建 Fujian	84550	68023	108263	65201	55911	2777
江 西 Jiangxi	98208	57215	107461	95149	84666	8650
山 东 Shandong	178803	111188	192926	157452	143922	20382
河 南 Henan	267129	138127	268887	228838	197877	8216
湖 北 Hubei	131591	78214	68613	64189	60022	1336
湖 南 Hunan	127978	80422	128786	110110	99701	13167
广 东 Guangdong	216431	134365	254444	227826	210786	4904
广 西 Guangxi	98247	50121	135634	85899	75056	4442
海 南 Hainan	20342	6323	24046	18904	17490	786
重 庆 Chongqing	53402	33833	67763	63547	59988	4284
四 川 Sichuan	180631	161325	252945	213021	199860	7161
贵 州 Guizhou	50030	32296	78314	69138	64176	2433
云 南 Yunnan	83714	47758	92280	85184	80296	7168
西 藏 Tibet	4142	2144	3382	3241	2747	102
陕 西 Shaanxi	108079	61940	96153	86496	79574	7827
甘 肃 Gansu	54405	25362	62825	55769	50060	315
青 海 Qinghai	10141	5010	13451	10166	9523	233
宁 夏 Ningxia	15788	7214	19579	16233	14817	299
新 疆 Xinjiang	33390	18973	40291	37926	32393	913

(机构)女学生数

Vocational Schools (Institutions)

单位:人

unit: person

在校学生数 Enrolment					预计毕业生数 Estimated Graduates for Next Year	
合计 Total	一年级 Grade 1	二年级 Grade 2	三年级 Grade 3	四年级及以上 Grade 4 and Over	合计 Total	其中:五年制高职中职段 of Which: 5 - year Secondary Vocational Education
8411966	**2937512**	**2792876**	**2616308**	**65270**	**2656934**	**113152**
102876	37098	36239	20903	8636	36198	1014
45901	14425	15291	15867	318	16224	912
471130	153832	164381	151971	946	154168	3688
249795	88711	77721	80591	2772	77551	2988
129074	44233	42711	41208	922	44586	3526
188900	56811	60853	62105	9131	62099	4428
105614	32959	36674	35655	326	36052	990
141335	47552	51224	42067	492	42867	99
71577	21506	22294	19416	8361	19404	209
426925	130340	138751	149755	8079	123241	9603
290847	93547	101170	95148	982	97261	5297
487196	195250	159328	129629	2989	148492	9745
273027	108330	93596	70427	674	78968	2710
292553	107716	99161	85329	347	76894	7311
554056	193449	189959	166145	4503	169515	12719
755574	268997	251765	233779	1033	255180	10471
245836	68781	75871	99939	1245	96472	35
372745	129393	127029	111748	4575	113508	5357
767880	254645	259964	251940	1331	257912	5313
381912	136993	120689	123609	621	112015	4049
71614	24061	25461	21860	232	21929	942
187737	68039	63836	55126	736	46527	4903
645977	252945	209088	183171	773	210042	7229
199383	78343	65307	55632	101	55733	928
289961	92484	84896	112183	398	107327	1545
8100	3409	2323	2354	14	2830	139
270872	96452	91015	82792	613	84008	5929
177966	62943	57156	56732	1135	48071	248
35122	13451	11021	10169	481	9772	187
56205	19579	21813	14761	52	15779	73
114276	41238	36289	34297	2452	36309	565

普通中等
Number of Students in Reg.

地　区 Region	毕业生数 Graduates		招生数 Entrants			
	合计 Total	其中：获得职业资格证书 of Which: Reciptents of Vocational Qualifications	合计 Total	其中：应届毕业 of Which: Graduates of Current Year		其中：五年制高职中职段 of Which: 5 - year Secondary Vocational Education
				小计 Subtotal	其中：初中毕业生 of Which: Junior Secondary School Graduates	
总　计 Total	**2653135**	**1658028**	**2773643**	**2516668**	**2326825**	**290993**
北　京 Beijing	16111	8693	14753	14169	13659	4273
天　津 Tianjin	25060	12692	22660	20882	19663	2797
河　北 Hebei	169314	74412	135106	115723	103821	6839
山　西 Shanxi	73455	52105	74147	65536	56349	9485
内蒙古 Inner Mongolia	53353	18450	45390	34313	31813	9978
辽　宁 Liaoning	65725	37271	62561	51528	48081	7785
吉　林 Jilin	26703	7730	24412	21295	19702	2742
黑龙江 Heilongjiang	37357	22496	42296	32896	31080	2233
上　海 Shanghai	27670	22947	27637	27341	27269	1303
江　苏 Jiangsu	154510	114610	195668	193217	186218	46351
浙　江 Zhejiang	35471	31364	34103	33535	32427	6162
安　徽 Anhui	89940	48682	92838	86945	77824	24574
福　建 Fujian	117405	106236	113033	107224	101589	5309
江　西 Jiangxi	76432	50166	97913	90971	83284	17438
山　东 Shandong	197019	124436	222016	202610	189272	35488
河　南 Henan	223645	118775	232771	197243	169174	17951
湖　北 Hubei	204380	133233	103648	96061	88801	1710
湖　南 Hunan	63145	34978	79238	70462	62326	20438
广　东 Guangdong	292654	205142	350346	319493	300293	6941
广　西 Guangxi	132940	81567	146962	138506	132066	10829
海　南 Hainan	26528	7388	30108	23095	19908	999
重　庆 Chongqing	28605	16055	38757	35661	30919	6131
四　川 Sichuan	166791	139875	187300	174064	167245	11364
贵　州 Guizhou	56328	35042	73782	65085	61544	3435
云　南 Yunnan	82408	43679	109580	100195	95678	10278
西　藏 Tibet	9029	4861	7874	7325	6526	219
陕　西 Shaanxi	47453	16011	36120	31527	27121	13404
甘　肃 Gansu	67803	33699	71526	67928	59940	244
青　海 Qinghai	19876	13085	21825	17861	16703	526
宁　夏 Ningxia	20192	13383	23177	21915	20220	1086
新　疆 Xinjiang	45833	28965	56096	52062	46310	2681

专业学生数

Specialized Sec. Schools

单位：人

unit：person

在校学生数 Enrolment					预计毕业生数 Estimated Graduates for Next Year	
合计 Total	一年级 Grade 1	二年级 Grade 2	三年级 Grade 3	四年级及以上 Grade 4 and Over	合计 Total	其中：五年制高职中职段 of Which：5 – year Secondary Vocational Education
8125608	**2777418**	**2685393**	**2571531**	**91266**	**2650073**	**167705**
59895	14786	14982	17186	12941	16885	2964
70910	22662	23160	24899	189	26584	1295
435644	135447	148300	149290	2607	162742	6579
191949	74147	58085	57900	1817	66469	3878
137575	45390	44785	45731	1669	50093	6628
194753	62783	59622	62671	9677	70745	6584
89520	24412	33595	30870	643	31622	1584
120694	42296	41917	35030	1451	38067	456
98815	27780	27728	28030	15277	28069	455
627941	195746	198697	221667	11831	176442	18708
108901	34109	36745	36431	1616	36342	4144
273333	93132	89700	85142	5359	88414	14888
333280	113150	110892	107665	1573	113674	3867
257603	97913	85074	74279	337	72390	10682
622549	222157	213211	182561	4620	198113	19976
662950	232771	230306	198278	1595	238733	18469
375190	104156	119820	149128	2086	151653	
210856	79362	71963	54587	4944	60400	9571
960934	350497	323035	285514	1888	297201	5903
404229	146973	128416	127918	922	122348	1582
88229	30108	31120	26737	264	26867	1123
104335	39035	36051	28331	918	27160	1722
542948	187300	182985	171827	836	176226	9010
204616	73784	67267	63430	135	65474	1488
315612	109652	94691	110734	535	110517	2937
18053	7931	4743	5354	25	6390	291
126733	36120	48431	41601	581	40588	10511
201081	71526	64251	63887	1417	58021	125
60669	21845	18634	19428	762	18926	356
66742	23177	23678	19816	71	21025	171
159069	57271	53509	45609	2680	51893	1758

普通中等专业

Number of Female students in Reg.

地 区 Region	毕业生数 Graduates		招生数 Entrants			
	合计 Total	其中:获得职业资格证书 of Which: Recipients of Vocational Qualifications	合计 Total	其中:应届毕业 of Which: Graduates of Current Year		其中:五年制高职中职段 of Which:5 - year Secondary Vocational Education
				小计 Subtotal	其中:初中毕业生 of Which: Junior Secondary School Graduates	
总 计 Total	**1408606**	**822919**	**1471144**	**1328987**	**1220578**	**162677**
北 京 Beijing	8063	4608	6849	6269	5889	1794
天 津 Tianjin	11957	5622	9526	8909	8102	971
河 北 Hebei	86815	38425	67080	56343	49703	4271
山 西 Shanxi	43162	27404	41412	37472	34360	5885
内蒙古 Inner Mongolia	25621	7675	21136	16340	14120	4298
辽 宁 Liaoning	33807	17618	29320	26259	24587	4514
吉 林 Jilin	14912	2729	13465	11954	10929	1852
黑龙江 Heilongjiang	20371	10941	21789	17846	17493	1181
上 海 Shanghai	12976	9781	12638	12476	11837	555
江 苏 Jiangsu	74134	54018	94878	92905	87614	25869
浙 江 Zhejiang	19550	17640	19333	19080	18515	3818
安 徽 Anhui	52749	23194	52054	48976	43889	15898
福 建 Fujian	58896	50457	53270	50974	47070	2777
江 西 Jiangxi	45562	27503	59506	54244	48416	8488
山 东 Shandong	101118	60292	115133	103871	93741	19320
河 南 Henan	127697	63655	132288	111185	93272	8216
湖 北 Hubei	98288	59611	50455	46971	44089	1325
湖 南 Hunan	41079	21987	49164	40249	34875	12345
广 东 Guangdong	157240	102955	186849	170496	161425	4696
广 西 Guangxi	67371	36940	71465	65189	63026	4442
海 南 Hainan	12861	2875	15137	11595	11278	786
重 庆 Chongqing	15416	9941	22939	20892	19036	4251
四 川 Sichuan	90383	75609	108368	101197	97970	6727
贵 州 Guizhou	30275	17371	40241	34770	31453	2433
云 南 Yunnan	48459	25877	62302	57605	54494	6484
西 藏 Tibet	4050	2144	3372	3241	2747	102
陕 西 Shaanxi	27402	7086	19720	16758	14990	7827
甘 肃 Gansu	37102	15208	39732	37307	33321	107
青 海 Qinghai	8257	4386	9973	8121	7642	233
宁 夏 Ningxia	8958	5380	12549	12111	10721	299
新 疆 Xinjiang	24075	13987	29201	27382	23974	913

学校女学生数
Specialized Sec. Schools

单位：人
unit：person

在校学生数 Enrolment					预计毕业生数 Estimated Graduates for Next Year	
合计 Total	一年级 Grade 1	二年级 Grade 2	三年级 Grade 3	四年级及以上 Grade 4 and Over	合计 Total	其中：五年制高职中职段 of Which：5－year Secondary Vocational Education
4359423	**1474615**	**1441092**	**1388286**	**55430**	**1330691**	**96634**
28761	6862	7000	8032	6867	8157	1014
30492	9528	9843	11003	118	10846	504
216779	67380	75173	73297	929	70567	3496
111390	41430	34258	34988	714	34622	2988
65435	21136	20739	22638	922	23980	3355
102692	29535	30730	33939	8488	34666	4428
48181	13477	17929	16597	178	16429	990
63810	21789	22062	19467	492	18587	99
46796	12669	12932	13138	8057	12725	209
310425	95059	97562	109850	7954	81418	9286
60629	19342	20178	20384	725	19286	2615
155003	52079	50860	49153	2911	48185	9745
163463	53324	55218	54247	674	55259	2710
156477	59509	52208	44493	267	39169	6258
330751	115624	112547	99938	2642	97668	12282
376663	132320	129679	113666	998	120482	10471
187053	50573	58599	76697	1184	72613	
133447	49364	45106	36020	2957	37931	4928
515685	187040	172762	154552	1331	157348	3415
198714	71654	63816	62674	570	55963	585
46423	15137	16988	14100	198	14096	942
59869	23196	19264	16678	731	15056	1218
314646	108368	107782	97737	759	93308	5648
110609	40242	37236	33035	96	31924	928
178867	62464	54720	61294	389	57989	1545
8024	3399	2293	2318	14	2794	139
73610	19734	27654	25784	438	22897	5919
114627	39734	36345	37451	1097	31196	92
28742	9973	9289	9118	362	8922	187
35352	12549	12411	10340	52	9991	73
86008	30125	27909	25658	2316	26617	565

成人中等
Number of Students in Adult

地　区 Region	毕业生数 Graduates		招生数 Entrants			
	合计 Total	其中：获得职业资格证书 of Which: Recipients of Vocational Qualifications	合计 Total	其中：应届毕业 of Which: Graduates of Current Year		其中：五年制高职中职段 of Which: 5 - year Secondary Vocational Education
				小计 Subtotal	其中：初中毕业生 of Which: Junior Secondary School Graduates	
总　计 Total	**716307**	**322970**	**1058110**	**537589**	**409218**	**1488**
北　京 Beijing	23523	12771	27398	12243	12139	
天　津 Tianjin	4143	981	3886	732	587	
河　北 Hebei	57900	16094	41243	21353	17027	
山　西 Shanxi	6840	264	11033	6057	3937	
内蒙古 Inner Mongolia	12259	5351	10309	7965	1102	
辽　宁 Liaoning	8119	1023	10576	5242	4441	
吉　林 Jilin	13592	268	16789	8169	3250	35
黑龙江 Heilongjiang	41854	7968	25274	9878	8612	
上　海 Shanghai	6838	3635	9709	6359	2771	
江　苏 Jiangsu	28864	17917	30059	19197	15460	
浙　江 Zhejiang	12860	8414	14340	4052	3358	130
安　徽 Anhui	51367	22987	142466	93628	78095	
福　建 Fujian	58528	41529	127759	36682	23509	
江　西 Jiangxi	6414	2286	5041	1691	1575	
山　东 Shandong	38186	24481	53650	27183	22860	668
河　南 Henan	50651	14734	49173	31469	21480	
湖　北 Hubei	14533	2987	5366	3584	2660	97
湖　南 Hunan	47697	28513	32652	19339	16155	
广　东 Guangdong	58606	20267	59866	43663	36712	
广　西 Guangxi	81950	35390	165792	55166	32191	
海　南 Hainan	1024		303			
重　庆 Chongqing	9375	4118	7320	6167	6092	88
四　川 Sichuan	48748	43893	160765	90217	77484	82
贵　州 Guizhou	4081	1635	8883	4179	3060	
云　南 Yunnan	2090	691	1649	355		
西　藏 Tibet	321		27			
陕　西 Shaanxi	2898	663	3230	1454	490	
甘　肃 Gansu	7264	1924	13599	8511	5762	388
青　海 Qinghai	3762	1381	7952	4256	3814	
宁　夏 Ningxia	3242	536	3575	800	800	
新　疆 Xinjiang	8778	269	8426	7998	3795	

专业学生数
Specialized Sec. Schools

单位：人
unit：person

在校学生数 Enrolment					预计毕业生数 Estimated Graduates for Next Year	
合计 Total	一年级 Grade 1	二年级 Grade 2	三年级 Grade 3	四年级及以上 Grade 4 and Over	合计 Total	其中：五年制高职中职段 of Which：5 – year Secondary Vocational Education
2542747	**1062272**	**837938**	**637987**	**4550**	**932649**	**12125**
64858	27398	31291	5523	646	33294	
8615	3886	4160	569		4453	114
105051	41243	42314	21457	37	38851	
31074	11039	11021	9014		9839	
19428	10309	5964	3155		8912	
28446	10576	9827	8043		10195	
32266	16789	11123	4354		7565	
63802	25274	27167	11361		15804	
22260	9714	9635	2852	59	5943	
80890	30059	31557	19148	126	26357	
34642	14340	15147	5155		14395	118
253102	145160	67724	40218		92842	
249718	127777	85175	36358	408	65931	
17086	5041	9613	2432		3797	
135169	53650	41730	38153	1636	50923	523
97695	49173	25063	23459		51095	
14177	5366	4094	4631	86	5254	
119657	32652	44046	42302	657	45242	73
291216	59866	105180	126170		130612	
458216	167158	145847	144572	639	139482	6581
1042	303	499	240		240	
26614	7320	9333	9961		3609	4304
264738	160765	62713	41260		119555	
20692	8883	2907	8902		12628	
3678	1649	1070	959		1268	
238	27	75	136		136	
15182	3267	4758	7157		7819	24
37200	13635	10730	12835		12157	388
15453	7952	4736	2509	256	2539	
11603	3575	5912	2116		4055	
18939	8426	7527	2986		7857	

成人中等
Number of Female Students

地　区 Region	毕业生数 Graduates		招生数 Entrants			
	合计 Total	其中:获得职业资格证书 of Which: Recipients of Vocational Qualifications	合计 Total	其中:应届毕业 of Which: Graduates of Current Year 小计 Subtotal	其中:初中毕业生 of Which: Junior Secondary School Graduates	其中:五年制高职中职段 of Which:5 – year Secondary Vocational Education
总　计 Total	**317357**	**138713**	**475807**	**239795**	**182305**	**740**
北　京 Beijing	12627	4292	19370	7191	7153	
天　津 Tianjin	1602	240	1404	459	354	
河　北 Hebei	29002	6822	23049	11617	8715	
山　西 Shanxi	3513	36	4579	3225	1865	
内蒙古 Inner Mongolia	6556	3062	4633	3561	524	
辽　宁 Liaoning	3368	418	4390	2134	1603	
吉　林 Jilin	4288	66	5452	3234	1163	13
黑龙江 Heilongjiang	17080	3916	10958	4385	3952	
上　海 Shanghai	3516	1454	3481	2293	944	
江　苏 Jiangsu	14526	6965	13293	8188	5853	
浙　江 Zhejiang	6501	3572	7187	2795	2429	126
安　徽 Anhui	19697	9190	61628	38750	32873	
福　建 Fujian	25654	17566	54993	14227	8841	
江　西 Jiangxi	2830	1374	1627	439	426	
山　东 Shandong	17824	10915	25887	11552	9514	350
河　南 Henan	22309	5881	24465	15966	9680	
湖　北 Hubei	7974	1879	3034	2313	1552	11
湖　南 Hunan	20451	12045	15066	8955	7839	
广　东 Guangdong	26198	9576	29016	20958	18123	
广　西 Guangxi	30876	13181	64169	20710	12030	
海　南 Hainan	570		242			
重　庆 Chongqing	4069	2201	3464	2868	2841	33
四　川 Sichuan	23378	21057	74394	42819	36589	51
贵　州 Guizhou	1678	707	4505	2262	1601	
云　南 Yunnan	633	85	387	18		
西　藏 Tibet	92		10			
陕　西 Shaanxi	934	375	832	392	250	
甘　肃 Gansu	3550	782	5911	3574	2673	156
青　海 Qinghai	1878	618	3304	1921	1757	
宁　夏 Ningxia	2029	321	1946	167	167	
新　疆 Xinjiang	2154	117	3131	2822	994	

专业女学生数
in Adult Specialized Sec. Schools

单位:人

unit: person

在校学生数 Enrolment					预计毕业生数 Estimated Graduates for Next Year	
合计 Total	一年级 Grade 1	二年级 Grade 2	三年级 Grade 3	四年级及以上 Grade 4 and Over	合计 Total	其中:五年制高职中职段 of Which: 5 - year Secondary Vocational Education
1144730	**478811**	**377037**	**286986**	**1896**	**393938**	**7389**
41035	19370	18571	2779	315	18345	
3110	1404	1399	307		1474	96
58464	23149	24474	10824	17	20688	
10476	4948	3511	2017		2445	
8021	4633	2398	990		4141	
11353	4390	4049	2914		3628	
10493	5452	3464	1577		2415	
27338	10958	11202	5178		6515	
8516	3481	3807	1203	25	2211	
36814	13293	14142	9254	125	12237	
17729	7193	7246	3290		6822	116
110751	62705	31218	16828		34959	
109564	55006	38378	16180		23709	
7425	1627	4442	1356		1664	
62914	25913	18580	17689	732	21270	321
48970	24465	11302	13203		20493	
7905	3034	1752	3058	61	3610	
52087	15170	19335	17131	451	17010	40
139185	29016	51079	59090		60993	
183198	65339	56873	60935	51	56052	3464
788	242	358	188		188	
14883	3483	5740	5660		1874	3186
123703	74394	29964	19345		53079	
10050	4505	1442	4103		5620	
740	387	105	248		289	
76	10	30	36		36	
5281	854	1408	3019		2827	10
15911	6009	4290	5612		4664	156
6072	3304	1652	997	119	831	
6146	1946	3150	1050		2030	
5732	3131	1676	925		1819	

职业高中
Number of Students in

地 区 Region	毕业生数 Graduates		招生数 Entrants			
	合计 Total	其中:获得职业资格证书 of Which: Recipients of Vocational Qualifications	合计 Total	其中:应届毕业 of Which: Graduates of Current Year		其中:五年制高职中职段 of Which: 5 - year Secondary Vocational Education
				小计 Subtotal	其中:初中毕业生 of Which: Junior Secondary School Graduates	
总 计 Total	**2174398**	**1502874**	**2139032**	**1982971**	**1857422**	**22075**
北 京 Beijing	19281	12144	21925	18122	16952	272
天 津 Tianjin	7904	4604	8289	7093	6989	2292
河 北 Hebei	161371	85911	123177	97538	88280	642
山 西 Shanxi	90805	64688	87237	82022	74086	
内蒙古 Inner Mongolia	43883	26743	40322	38017	34060	1046
辽 宁 Liaoning	57464	27507	48218	44224	42429	
吉 林 Jilin	49522	25904	30899	26385	24461	103
黑龙江 Heilongjiang	44922	32303	32642	25707	22119	
上 海 Shanghai	10351	9280	12194	12193	12178	77
江 苏 Jiangsu	65269	56639	49498	49496	48533	576
浙 江 Zhejiang	155128	139566	154777	154188	153853	10956
安 徽 Anhui	154803	110824	173520	164322	155128	
福 建 Fujian						
江 西 Jiangxi	107789	59431	99908	88983	78948	290
山 东 Shandong	145246	98105	129004	110835	99394	1781
河 南 Henan	248437	146599	240593	222140	206891	193
湖 北 Hubei	53970	37061	34516	34056	33107	
湖 南 Hunan	140638	100267	141202	135025	128140	1369
广 东 Guangdong	67903	45926	85546	81115	68920	692
广 西 Guangxi						
海 南 Hainan	14031	7634	20644	17714	16001	
重 庆 Chongqing	70466	48429	90547	87469	86317	121
四 川 Sichuan	143560	138771	153045	149928	140706	565
贵 州 Guizhou	39931	31742	68119	65066	63175	
云 南 Yunnan	78256	51394	71945	68381	65891	836
西 藏 Tibet						
陕 西 Shaanxi	151396	106858	156820	145320	135567	212
甘 肃 Gansu	26346	19848	32547	27912	26491	52
青 海 Qinghai	22	22	366	313	313	
宁 夏 Ningxia	9027	3362	9303	7872	7864	
新 疆 Xinjiang	16677	11312	22229	21535	20629	

学生数
Vocational High Schools

单位:人
unit: person

在校学生数 Enrolment					预计毕业生数 Estimated Graduates for Next Year	
合计 Total	一年级 Grade 1	二年级 Grade 2	三年级 Grade 3	四年级及以上 Grade 4 and Over	合计 Total	其中:五年制高职中职段 of Which: 5 - year Secondary Vocational Education
6230465	**2140949**	**2079592**	**1992141**	**17783**	**2081230**	**20930**
64987	21936	21167	19882	2002	19804	
26210	8289	8401	9257	263	9567	689
393347	123355	132690	137302		140310	493
260214	87237	79649	88111	5217	84334	
118524	40322	41281	36921		38415	377
157402	48512	54768	53323	799	54503	
107080	30946	35800	40155	179	42003	50
108491	32642	38367	37482		40410	
35415	12239	12251	10280	645	8939	
175718	49515	58979	67224		65085	645
475054	154823	163579	155304	1348	155927	5841
475939	173541	166025	136100	273	150119	
274395	100370	89063	84651	311	78923	2955
389294	129006	141729	115040	3519	134254	281
695981	240593	233090	222226	72	249344	
111173	34516	34140	42517		43792	103
403729	141444	136364	123419	2502	128381	635
243588	85547	77202	80839		83975	4263
52605	20646	17137	14619	203	15298	
241100	90547	81970	68578	5	63704	1360
454914	153045	154482	147370	17	149344	3185
158059	68119	51709	38223	8	38829	
248553	72009	69114	107418	12	107943	
384739	157254	122253	105032	200	127301	53
89553	32560	30068	26863	62	25555	
720	366	228	126		31	
26412	9303	10703	6406		7368	
57269	22267	17383	17473	146	17772	

职业高中
Number of Female Students

地 区 Region	毕业生数 Graduates		招生数 Entrants			
	合计 Total	其中：获得职业资格证书 of Which: Recipients of Vocational Qualifications	合计 Total	其中：应届毕业 of Which: Graduates of Current Year 小计 Subtotal	其中：初中毕业生 of Which: Junior Secondary School Graduates	其中：五年制高职中职段 of Which: 5 - year Secondary Vocational Education
总 计 Total	**1020572**	**696364**	**981449**	**900621**	**841832**	**9324**
北 京 Beijing	9318	5915	10858	8554	7424	159
天 津 Tianjin	3951	2289	3475	2789	2697	712
河 北 Hebei	79612	43974	63199	49869	44917	308
山 西 Shanxi	45221	31957	42322	39718	36261	
内蒙古 Inner Mongolia	19229	11211	18446	17318	15358	550
辽 宁 Liaoning	25977	11884	22595	20883	19547	
吉 林 Jilin	22112	11648	13868	11510	10481	1
黑龙江 Heilongjiang	20191	14128	14805	11837	9990	
上 海 Shanghai	4871	4300	5350	5350	5350	25
江 苏 Jiangsu	30444	25015	21958	21958	21550	251
浙 江 Zhejiang	73320	65760	66827	66378	66071	4295
安 徽 Anhui	68895	50374	79750	76289	71738	
福 建 Fujian						
江 西 Jiangxi	49816	28338	46328	40466	35824	162
山 东 Shandong	59861	39981	51906	42029	40667	712
河 南 Henan	117123	68591	112134	101687	94925	
湖 北 Hubei	25329	16724	15124	14905	14381	
湖 南 Hunan	66448	46390	64556	60906	56987	822
广 东 Guangdong	32993	21834	38579	36372	31238	208
广 西 Guangxi						
海 南 Hainan	6911	3448	8667	7309	6212	
重 庆 Chongqing	33917	21691	41360	39787	38111	
四 川 Sichuan	66870	64659	70183	69005	65301	383
贵 州 Guizhou	18077	14218	33568	32106	31122	
云 南 Yunnan	34622	21796	29591	27561	25802	684
西 藏 Tibet						
陕 西 Shaanxi	79743	54479	75601	69346	64334	
甘 肃 Gansu	13753	9372	17182	14888	14066	52
青 海 Qinghai	6	6	174	124	124	
宁 夏 Ningxia	4801	1513	5084	3955	3929	
新 疆 Xinjiang	7161	4869	7959	7722	7425	

女学生数
in Vocational High Schools

单位:人

unit: person

在校学生数 Enrolment					预计毕业生数 Estimated Graduates for Next Year	
合计 Total	一年级 Grade 1	二年级 Grade 2	三年级 Grade 3	四年级及以上 Grade 4 and Over	合计 Total	其中:五年制高职中职段 of Which: 5 - year Secondary Vocational Education
2907813	**984086**	**974747**	**941036**	**7944**	**932305**	**9129**
33080	10866	10668	10092	1454	9696	
12299	3493	4049	4557	200	3904	312
195887	63303	64734	67850		62913	192
127929	42333	39952	43586	2058	40484	
55618	18464	19574	17580		16465	171
74855	22886	26074	25252	643	23805	
46940	14030	15281	17481	148	17208	
50187	14805	17960	17422		17765	
16265	5356	5555	5075	279	4468	
79686	21988	27047	30651		29586	317
212489	67012	73746	71474	257	71153	2566
221442	80466	77250	63648	78	65348	
128651	46580	42511	39480	80	36061	1053
160391	51912	58832	48518	1129	50577	116
329941	112212	110784	106910	35	114205	
50878	15174	15520	20184		20249	35
187211	64859	62588	58597	1167	58567	389
113010	38589	36123	38298		39571	1898
24403	8682	8115	7572	34	7645	
112985	41360	38832	32788	5	29597	499
207628	70183	71342	66089	14	63655	1581
78724	33596	26629	18494	5	18189	
110354	29633	30071	50641	9	49049	
191981	75864	61953	53989	175	58284	
47428	17200	16521	13669	38	12211	
308	174	80	54		19	
14707	5084	6252	3371		3758	
22536	7982	6704	7714	136	7873	

中等职业学校(机

Number of Students by Age in Secondary

地　区 Region	合计 Total	14 岁及以下 14 Years and Under	15 岁 15 Years	16 岁 16 Years	17 岁 17 Years
总　计 Total	**16898820**	**192010**	**2057318**	**3866637**	**4048937**
北　京 Beijing	189740	4115	20065	32499	36251
天　津 Tianjin	105735	587	7882	24048	29024
河　北 Hebei	934042	4573	77167	178669	219226
山　西 Shanxi	483237	6200	63925	120205	118025
内蒙古 Inner Mongolia	275527	1215	20568	45935	56403
辽　宁 Liaoning	380601	8686	38852	79535	92374
吉　林 Jilin	228866	2352	11420	33507	52852
黑龙江 Heilongjiang	292987	3866	20269	53056	60341
上　海 Shanghai	156490	1251	21317	38104	40636
江　苏 Jiangsu	884549	8266	136262	223785	254301
浙　江 Zhejiang	618597	5027	99425	173500	187288
安　徽 Anhui	1002374	6622	154681	239593	236297
福　建 Fujian	582998	3653	42091	85091	107461
江　西 Jiangxi	549084	12159	101473	152315	137283
山　东 Shandong	1147012	9463	151195	268685	268269
河　南 Henan	1456626	14564	198784	352536	360326
湖　北 Hubei	500540	8969	71469	134020	147516
湖　南 Hunan	734242	21100	143617	195754	158154
广　东 Guangdong	1495738	11489	125849	327452	382640
广　西 Guangxi	862445	6053	39859	107163	122299
海　南 Hainan	141876	2088	10078	27281	30179
重　庆 Chongqing	372049	7534	50794	114826	103824
四　川 Sichuan	1262600	10476	221351	365906	316590
贵　州 Guizhou	383367	5751	44173	94630	91677
云　南 Yunnan	567843	9530	60978	117503	131128
西　藏 Tibet	18291	1024	1679	3914	4496
陕　西 Shaanxi	526654	4876	60605	130458	135110
甘　肃 Gansu	327834	3137	23729	62140	77080
青　海 Qinghai	76842	1411	6733	13919	14258
宁　夏 Ningxia	104757	927	10236	21782	23651
新　疆 Xinjiang	235277	5046	20792	48826	53978

构）分年龄学生数

Vocational Schools（Institutions）

单位：人

unit：person

18 岁 18 Years	19 岁 19 Years	20 岁 20 Years	21 岁 21 Years	22 岁及以上 22 Years and Over
2711776	**1275535**	**632019**	**433534**	**1681054**
32103	14421	9085	3550	37651
24535	10559	3659	2643	2798
141135	70857	33977	25638	182800
65230	25084	13722	9619	61227
43130	27183	15214	10201	55678
72087	35176	16604	8716	28571
42772	25115	15019	11423	34406
52091	26849	15187	13187	48141
30244	11409	3042	984	9503
146076	51678	20470	7679	36032
104369	29567	4859	3449	11113
153151	75049	39467	25067	72447
88609	47504	26755	21765	160069
74245	31246	12809	7833	19721
174638	84791	46301	32394	111276
229921	109968	52465	47472	90590
85607	27876	10810	4545	9728
84011	38403	23533	22378	47292
292778	147241	73273	37702	97314
108924	72093	55612	48762	301680
24569	15640	7214	3949	20878
58746	20004	6391	3280	6650
190936	78393	30870	19903	28175
64980	34147	14759	7560	25690
92407	43393	17539	11741	83624
3414	2165	659	401	539
101410	43276	20034	13741	17144
60500	34593	19277	12558	34820
11278	8545	4367	2994	13337
19032	8547	4950	3357	12275
38848	24763	14096	9043	19885

中等职业学校(机构)

Number of Female Students by Age in

	合计 Total	14 岁及以下 14 Years and Under	15 岁 15 Years	16 岁 16 Years
总　计 Total	**8411966**	**103275**	**1047522**	**1983319**
北　京 Beijing	102876	2658	10502	16777
天　津 Tianjin	45901	275	3671	10549
河　北 Hebei	471130	2223	38824	90789
山　西 Shanxi	249795	3227	32814	67024
内蒙古 Inner Mongolia	129074	622	10199	22379
辽　宁 Liaoning	188900	5689	19438	40857
吉　林 Jilin	105614	1300	5468	17380
黑龙江 Heilongjiang	141335	2327	11534	27025
上　海 Shanghai	71577	709	9559	17222
江　苏 Jiangsu	426925	4508	67661	107505
浙　江 Zhejiang	290847	2443	47750	82298
安　徽 Anhui	487196	2920	75723	122116
福　建 Fujian	273027	1777	20745	42713
江　西 Jiangxi	292553	6080	55387	83935
山　东 Shandong	554056	4771	73896	134533
河　南 Henan	755574	8252	104548	184846
湖　北 Hubei	245836	4985	36915	69041
湖　南 Hunan	372745	11308	74396	102921
广　东 Guangdong	767880	6721	64689	170152
广　西 Guangxi	381912	3041	19241	51124
海　南 Hainan	71614	1112	6031	14755
重　庆 Chongqing	187737	3831	24208	56461
四　川 Sichuan	645977	5857	114047	188684
贵　州 Guizhou	199383	3126	23259	51163
云　南 Yunnan	289961	5380	32282	62543
西　藏 Tibet	8100	374	816	1711
陕　西 Shaanxi	270872	2427	31314	68725
甘　肃 Gansu	177966	1824	12915	35424
青　海 Qinghai	35122	813	3608	6703
宁　夏 Ningxia	56205	445	5375	10954
新　疆 Xinjiang	114276	2250	10707	25010

分年龄女学生数

Secondary Vocational Schools (Institutions)

单位:人

unit: person

17 岁 17 Years	18 岁 18 Years	19 岁 19 Years	20 岁 20 Years	21 岁 21 Years	22 岁及以上 22 Years and Over
2059959	**1356787**	**612175**	**295059**	**198772**	**755098**
17468	18646	7495	6570	1488	21272
13068	11278	4434	1140	796	690
111763	72740	33214	16496	12684	92397
65800	36319	12043	5941	3752	22875
27541	20294	12248	7488	4836	23467
46937	37839	16607	7082	3437	11014
25585	19643	10728	6198	5158	14154
29917	26641	12651	6179	5481	19580
18794	14037	5636	1425	401	3794
124811	70823	24737	8333	2983	15564
89262	48328	13398	1985	1248	4135
119556	74882	35435	16140	10349	30075
54397	43157	22262	11919	9089	66968
74545	37302	16182	6465	4376	8281
130708	82441	38282	19845	14379	55201
185349	118642	55072	25929	25886	47050
72489	39302	12409	4573	1783	4339
81924	41313	17533	11526	10834	20990
203374	150794	72310	35135	17393	47312
57844	53294	33268	24138	19626	120336
15953	12211	6924	3580	1928	9120
53781	30396	10855	3649	1775	2781
162560	95757	39687	16536	9886	12963
48916	33121	17651	7165	3570	11412
66506	47322	21006	8219	5511	41192
2353	1173	981	262	199	231
71182	51651	21279	9639	6276	8379
43050	33224	18508	10391	6444	16186
6890	5348	3273	1806	1149	5532
12974	10329	4339	2519	1612	7658
24662	18540	11728	6786	4443	10150

地 区 Region	结业生数					
	合计 Total	其中:女 of Which: Female	其中:少数民族 of Which: Minority	其中:资格证书培训 of Which: Vocational Qualifications Training	其中:岗位证书培训 of Which: Job Certificate Training	其中:第一产业类培训 of Which: Training for First Industry
总 计 Total	**7136842**	**2984424**	**546439**	**2683490**	**2088129**	**2148858**
北 京 Beijing	59864	34777	1679	24756	16799	3419
天 津 Tianjin	43708	21156	1083	32840	5960	9974
河 北 Hebei	373331	192712	22831	100382	109363	113438
山 西 Shanxi	139869	74674	152	50059	50707	19159
内蒙古 Inner Mongolia	140998	72217	28741	49698	49627	25917
辽 宁 Liaoning	293743	84079	50070	116220	104285	120635
吉 林 Jilin	39898	14921	2293	11977	4800	10313
黑龙江 Heilongjiang	258214	112518	2092	120310	68846	115913
上 海 Shanghai	99105	47027	22	42484	45149	1080
江 苏 Jiangsu	523936	255942	1984	196744	219156	42155
浙 江 Zhejiang	410779	167645	2898	189020	126034	69372
安 徽 Anhui	394417	163043	1477	165316	154081	99521
福 建 Fujian	206606	89095	1936	121200	46627	49595
江 西 Jiangxi	177438	82724	1114	67993	60558	44583
山 东 Shandong	425328	175328	1607	138842	146236	61594
河 南 Henan	409356	206270	3397	151284	142257	97447
湖 北 Hubei	297117	106985	50029	50382	31854	201381
湖 南 Hunan	248330	115128	18695	115610	91624	61562
广 东 Guangdong	244905	119070	964	124050	107544	27600
广 西 Guangxi	180320	83043	67172	95670	45175	41550
海 南 Hainan	49111	33598	3674	15001	5224	9493
重 庆 Chongqing	127960	59050	15235	53379	36689	33433
四 川 Sichuan	311840	144447	11611	168579	89114	52981
贵 州 Guizhou	178229	79358	55848	69383	84591	34195
云 南 Yunnan	1035869	219052	128056	224525	124678	700911
西 藏 Tibet	6752	2061	6320	797	1249	895
陕 西 Shaanxi	170566	82991	761	68348	40448	42132
甘 肃 Gansu	108332	59079	5809	43448	37291	22643
青 海 Qinghai	26573	8314	6313	11071	7913	1629
宁 夏 Ningxia	56647	27551	14016	22265	4816	7784
新 疆 Xinjiang	97701	50569	38560	41857	29434	26554

构)培训结业学生情况
Vocational Schools (Institutions)

单位:人
unit: person

Graduates

其中:第二产业类培训 of Which: Training for Second Industry	其中:第三产业类培训 of Which: Training for Third Industry	一个月以内 1 Month Under	一个月至三个月以内 1 Month to 3 Months	三个月至半年以内 3 Months to 6 Months	半年至一年以内 6 Months to 1 Year	一年及以上 1 Year and Over
1506285	**3481699**	**4332990**	**1253228**	**623330**	**538243**	**389051**
6751	49694	27551	18272	4479	2056	7506
13796	19938	6446	14555	18133	1711	2863
64140	195753	185407	73786	42359	49017	22762
18907	101803	85596	23164	12085	11457	7567
28912	86169	84326	21259	22330	7863	5220
82341	90767	211261	37923	20921	17133	6505
10907	18678	26996	7512	1607	3282	501
41469	100832	213659	19728	13484	5930	5413
6547	91478	40263	23455	19514	8770	7103
146233	335548	283734	134055	44192	47922	14033
125810	215597	201934	93113	43166	36131	36435
95636	199260	200522	100026	35741	38334	19794
36977	120034	111996	18990	25470	13399	36751
36698	96157	75278	27911	25868	36913	11468
112028	251706	266472	70943	28983	34598	24332
89164	222745	193253	85178	48060	49103	33762
36770	58966	229888	24710	13318	11554	17647
57743	129025	125427	63364	31072	16195	12272
77762	139543	111598	61164	25438	20386	26319
34820	103950	102767	52378	11882	4295	8998
2021	37597	25799	2827	1646	18839	
31234	63293	83515	28383	5677	3681	6704
113109	145750	141713	69135	22629	43123	35240
66882	77152	135744	23370	12927	3354	2834
49911	285047	898678	51089	42052	25420	18630
127	5730	2628	1459	2665		
56339	72095	65051	56509	28029	12782	8195
22737	62952	70063	17703	11439	6934	2193
4721	20223	12465	6582	3344	1079	3103
9374	39489	47929	7559	277	505	377
26419	44728	65031	17126	4543	6477	4524

中等职业学校（机

Number of Enrolment in Secondary

地区 Region	注册学生数 合计 Total	其中：女 of Which: Female	其中：少数民族 of Which: Minority	其中：资格证书培训 of Which: Vocational Qualifications Training	其中：岗位证书培训 of Which: Job Certificate Training	其中：第一产业类培训 of Which: Training for First Industry
总　计 Total	**4024560**	**1869632**	**339999**	**1769758**	**1094172**	**1006679**
北　京 Beijing	36752	20479	434	20051	7389	2373
天　津 Tianjin	25887	10744	294	19940	3691	689
河　北 Hebei	171389	84676	2070	57546	38710	57795
山　西 Shanxi	73018	38428	15	30516	26365	9744
内蒙古 Inner Mongolia	86427	43006	19081	24222	28765	8701
辽　宁 Liaoning	102548	29656	28559	60823	23585	57248
吉　林 Jilin	28065	8139	1501	11319	2283	6114
黑龙江 Heilongjiang	180334	83585	1234	111842	25225	85475
上　海 Shanghai	48360	24975	38	23039	15982	1012
江　苏 Jiangsu	355224	177477	5873	140612	143997	25531
浙　江 Zhejiang	281148	118514	2222	134401	88033	44943
安　徽 Anhui	254676	109308	1585	118847	77578	61525
福　建 Fujian	149667	64503	900	92771	23522	32079
江　西 Jiangxi	97886	47770	1144	40180	30487	22145
山　东 Shandong	222046	95637	959	91249	68788	41885
河　南 Henan	272859	144846	2001	99213	87262	66241
湖　北 Hubei	245008	83265	50020	32652	12444	197843
湖　南 Hunan	119462	58142	9918	61939	32325	30702
广　东 Guangdong	193926	98086	3025	95226	79849	25205
广　西 Guangxi	119987	53775	47247	59288	18722	36164
海　南 Hainan	36531	28602	2798	13626	4054	2606
重　庆 Chongqing	60927	28942	5707	32470	13857	6952
四　川 Sichuan	246488	119571	6172	152009	51740	47094
贵　州 Guizhou	154370	72935	48127	52576	78082	33431
云　南 Yunnan	188787	84964	53197	77024	42304	41483
西　藏 Tibet	6581	1972	6189	2346	1249	657
陕　西 Shaanxi	115278	58711	841	46599	35913	28307
甘　肃 Gansu	59538	31367	4912	21226	15079	15961
青　海 Qinghai	4723	1334	1595	2524	638	280
宁　夏 Ningxia	39759	22985	10073	18041	4302	6635
新　疆 Xinjiang	46909	23238	22268	25641	11952	9859

构)培训注册学生情况

Vocational Schools (Institutions)

单位:人
unit: person

Enrolment

其中:第二产业类培训 of Which: Training for Second Industry	其中:第三产业类培训 of Which: Training for Third Industry	一个月以内 1 Month Under	一个月至三个月以内 1 Month to 3 Months	三个月至半年以内 3 Months to 6 Months	半年至一年以内 6 Months to 1 Year	一年及以上 1 Year and Over
939073	**2078808**	**1904719**	**780925**	**403672**	**358159**	**577085**
5687	28692	18847	11955	2783	1675	1492
13623	11575	713	9154	10494	1203	4323
18645	94949	46826	29687	21937	29621	43318
15103	48171	34368	9556	3181	8896	17017
19861	57865	47806	12918	11351	5936	8416
22639	22661	71291	12729	4413	3145	10970
11313	10638	17468	8097	144	1457	899
30294	64565	145085	13178	7696	5828	8547
5906	41442	14449	14208	6899	3866	8938
112574	217119	164740	91619	38886	38011	21968
81025	155180	121937	64925	35588	25214	33484
62235	130916	107385	67831	24759	27442	27259
27154	90434	73956	12218	13586	10350	39557
18728	57013	28996	16384	18567	22469	11470
63824	116337	88062	48041	13548	27986	44409
48079	158539	121187	54255	30965	20181	46271
15551	31614	197067	15204	4850	5698	22189
25833	62927	52776	21140	12693	7316	25537
48060	120661	71342	61255	21465	10184	29680
28258	55565	65020	39513	10768	547	4139
2854	31071	9818	5495	1216	19651	351
13880	40095	24166	9769	3783	3512	19697
87509	111885	50221	48141	26044	36955	85127
69141	51798	107770	21034	15033	1450	9083
19863	127441	89129	27164	30068	19810	22616
92	5832	1384	612	4585		
34174	52797	38800	30886	18632	11030	15930
15326	28251	36263	8463	6941	3544	4327
1437	3006	1194	500			3029
7165	25959	31468	7864	77	350	
13240	23810	25185	7130	2720	4832	7042

中等职业学校(机构)

Changes of Enrolment in Secondary

	上学年初报表在校学生数 Enrolment at Beginning of Previous Academic Year	增加学生数 Factors of Increase			
		合计 Total	招生 No. of Students Admitted	复学 Students Resuming Studies	转入 Transfers from Other Inst.
总计 Total	**17749068**	**6773770**	**5970785**	**10146**	**542776**
北京 Beijing	168982	110540	64076	89	12476
天津 Tianjin	108094	38175	34835	20	2082
河北 Hebei	1065994	375125	299526	61	65150
山西 Shanxi	508529	193406	172417	134	10163
内蒙古 Inner Mongolia	307919	108051	96021	105	9532
辽宁 Liaoning	407577	125306	121355	302	1216
吉林 Jilin	265952	76624	72100	6	2449
黑龙江 Heilongjiang	323219	110062	100212	12	5819
上海 Shanghai	154008	56962	49540	243	3164
江苏 Jiangsu	926984	325033	275225	226	39190
浙江 Zhejiang	652001	213251	203220	226	8002
安徽 Anhui	947984	483471	408824	1860	62511
福建 Fujian	573082	250069	240792	278	2686
江西 Jiangxi	587317	222956	202862	507	14064
山东 Shandong	1177130	475676	404670	124	61415
河南 Henan	1567770	619445	522537	511	61048
湖北 Hubei	720915	158459	143530	80	11996
湖南 Hunan	778750	293754	253092	1428	20046
广东 Guangdong	1520525	546899	495758	262	25504
广西 Guangxi	841953	334110	312754	294	2357
海南 Hainan	148743	53970	51055	13	880
重庆 Chongqing	379534	147268	136624	415	5530
四川 Sichuan	1266229	569867	501110	2201	56073
贵州 Guizhou	379908	162628	150784	191	8048
云南 Yunnan	578273	188971	183174	113	4788
西藏 Tibet	19767	8172	7901		26
陕西 Shaanxi	603772	209515	196170	95	10012
甘肃 Gansu	332561	145355	117672	66	24594
青海 Qinghai	80057	33671	30143	26	483
宁夏 Ningxia	112500	43099	36055	6	5737
新疆 Xinjiang	243039	93880	86751	252	5735

学生数变动情况
Vocational Schools (Institutions)

单位:人
unit: person

其他 Others	减少学生数 Factors of Decrease 合计 Total	毕业 Graduates	结业 Completers of Courses without Formal Awards	休学 Suspended	退学 Quitting	开除 Expelled	死亡 Dead	转出 Transfers to Other Inst.	其他 Others	本学年初报表在校学生数 Enrolment at Beginning of Current Academic Year
250063	**7624018**	**5543840**	**186257**	**44226**	**482701**	**11306**	**396**	**881027**	**474265**	**16898820**
33899	89782	58915	147	271	3274	143	11	11737	15284	189740
1238	40534	37107		43	2499	31	5	431	418	105735
10388	507077	388585	3412	1003	21530	229	11	76212	16095	934042
10692	218698	171100	3907	435	6829	99	5	11639	24684	483237
2393	140443	109495	4584	513	7866	232	7	14535	3211	275527
2433	152282	131308	1546	591	9772	525	12	3783	4745	380601
2069	113710	89817	1176	110	13364	111	2	8470	660	228866
4019	140294	124133	678	260	3450	355	1	8422	2995	292987
4015	54480	44859	312	408	3253		11	2546	3091	156490
10392	367468	248643	1502	767	10102	160	25	97625	8644	884549
1803	246655	203459	1309	1190	14189	170	21	20595	5722	618597
10276	429081	296110	32726	949	13235	282	10	65213	20556	1002374
6313	240153	175933	14093	5865	19528	620	17	8163	15934	582998
5523	261189	190635	6702	2968	13510	459	5	24321	22589	549084
9467	505794	380451	5476	976	23557	364	8	78642	16320	1147012
35349	730589	522733	24578	1383	14752	426	1	109745	56971	1456626
2853	378834	272883	2059	1380	18587	287	16	26029	57593	500540
19188	338262	251480	9197	1942	19754	456	14	38578	16841	734242
25375	571686	419163	26364	1562	52230	599	35	40166	31567	1495738
18705	313618	214890	11343	6768	37281	875	21	6306	36134	862445
2022	60837	41583	966	284	9913	298	5	3846	3942	141876
4699	154753	108446	110	1005	14694	285	24	13602	16587	372049
10483	573496	359099	13780	6085	49303	1097	42	104689	39401	1262600
3605	159169	100340	6551	3809	19594	1510	21	16877	10467	383367
896	199401	162754	473	841	20604	664	33	7960	6072	567843
245	9648	9350			150			40	108	18291
3238	286633	201747	8053	1682	19081	169	7	36921	18973	526654
3023	150082	101413	1869	658	11686	120		29181	5155	327834
3019	36886	23660	1399	39	5177	50	3	1923	4635	76842
1301	50842	32461	1116	125	6007	124	4	5922	5083	104757
1142	101642	71288	829	314	17930	566	19	6908	3788	235277

中等职业学校(机构)

Changes of Female Enrolment in Secondary

	上学年初报表在校学生数 Total Enrolment at Beginning of Previous Academic Year	增加学生数 Factors of Increase			
		合计 Total	招生 No. of Students Admitted	复学 Students Resuming Studies	转入 Transfers from Other Inst.
总 计 Total	**8819452**	**3306259**	**2928400**	**4377**	**258081**
北 京 Beijing	85549	69184	37077	45	8679
天 津 Tianjin	48895	15775	14405	10	815
河 北 Hebei	533603	188115	153328	15	30781
山 西 Shanxi	263246	98428	88313	63	6014
内蒙古 Inner Mongolia	146344	48505	44215	28	3906
辽 宁 Liaoning	202839	58288	56305	104	537
吉 林 Jilin	121760	34575	32785	1	988
黑龙江 Heilongjiang	154756	51292	47552	4	2465
上 海 Shanghai	72055	24816	21469	118	1843
江 苏 Jiangsu	454125	152337	130129	113	17552
浙 江 Zhejiang	309914	98114	93347	92	3521
安 徽 Anhui	456873	225357	193432	1067	27208
福 建 Fujian	272872	110605	108263	96	905
江 西 Jiangxi	307530	116872	107461	259	6241
山 东 Shandong	568841	219994	192926	35	23927
河 南 Henan	809469	316472	268887	161	29222
湖 北 Hubei	349568	76343	68613	42	5884
湖 南 Hunan	398592	145534	128786	412	9052
广 东 Guangdong	777296	278504	254444	119	12572
广 西 Guangxi	376928	144789	135634	119	1193
海 南 Hainan	75491	25803	24046	6	603
重 庆 Chongqing	189625	74954	67763	128	4623
四 川 Sichuan	637642	290558	252945	1041	31556
贵 州 Guizhou	193289	83472	78314	107	3945
云 南 Yunnan	295198	94845	92280	59	2189
西 藏 Tibet	8933	3464	3382		3
陕 西 Shaanxi	317828	102081	96153	12	4251
甘 肃 Gansu	178458	75954	62825	28	11869
青 海 Qinghai	35991	14799	13451	23	224
宁 夏 Ningxia	56910	23385	19579	3	3243
新 疆 Xinjiang	119032	43045	40291	67	2270

女学生数变动情况

Vocational Schools（Institutions）

单位：人

unit：person

	减少学生数 Factors of Decrease									本学年初报表在校学生数 Total Enrolment at Beginning of Current Academic Year
其他 Others	合计 Total	毕业 Graduates	结业 Completers of Courses without Formal Awards	休学 Suspended	退学 Quitting	开除 Expelled	死亡 Dead	转出 Transfers to Other Inst.	其他 Others	
115401	**3713745**	**2746535**	**90806**	**18953**	**218040**	**3591**	**131**	**416822**	**218867**	**8411966**
23383	51857	30008	40	117	1378	13	2	8220	12079	102876
545	18769	17510		15	982	8	2	125	127	45901
3991	250588	195429	2108	172	8226	107	2	37323	7221	471130
4038	111879	91896	1758	143	3347	48	1	6491	8195	249795
356	65775	51406	2318	224	3992	75	2	6519	1239	129074
1342	72227	63152	546	335	4293	220	4	1695	1982	188900
801	50721	41312	362	27	4796	65	2	3919	238	105614
1271	64713	57642	345	48	1603	143		4008	924	141335
1386	25294	21363	97	166	1329		8	1089	1242	71577
4543	179537	119104	610	287	4051	48	11	51667	3759	426925
1154	117181	99371	471	348	5626	17	7	8301	3040	290847
3650	195034	141341	12644	494	5924	111	4	26860	7656	487196
1341	110450	84550	6207	2061	6990	230	1	3983	6428	273027
2911	131849	98208	3394	1555	6577	87	2	10871	11155	292553
3106	234779	178803	3030	504	10696	48	2	32969	8727	554056
18202	370367	267129	11653	521	7889	193		54581	28401	755574
1804	180075	131591	1229	619	7596	54	4	11624	27358	245836
7284	171381	127978	4312	1054	10329	164	6	19016	8522	372745
11369	287920	216431	18320	710	23427	185	17	15040	13790	767880
7843	139805	98247	5080	2645	16277	255	6	2391	14904	381912
1148	29680	20342	331	106	5178	133		1890	1700	71614
2440	76842	53402	37	466	7173	112	3	8485	7164	187737
5016	282223	180631	6148	3032	23172	343	15	51178	17704	645977
1106	77378	50030	3092	1615	8969	387	8	8243	5034	199383
317	100082	83714	212	279	9859	171	11	3205	2631	289961
79	4297	4142			46			33	76	8100
1665	149037	108079	4255	951	9634	62	4	16753	9299	270872
1232	76446	54405	616	221	5367	41		13354	2442	177966
1101	15668	10141	672	12	2588	6		797	1452	35122
560	24090	15788	661	70	1946	51	2	3184	2388	56205
417	47801	33390	258	156	8780	214	5	3008	1990	114276

中等职业学校(机

Number of Foreign Students in Secondary

地　区 Region	结业生数				
	合计 Total	其中:女 of Which: Female	分时间		
			一个月以内 1 Month Under	一个月至 三个月以内 1 Month to 3 Months	三个月至 半年以内 3 Months to 6 Months
总　计 Total	**1414**	**735**	**940**	**18**	**25**
北　京 Beijing	645	290	584	1	8
天　津 Tianjin					
河　北 Hebei					
山　西 Shanxi					
内蒙古 Inner Mongolia	6	5			
辽　宁 Liaoning	6				
吉　林 Jilin					
黑龙江 Heilongjiang					
上　海 Shanghai	16	11		12	
江　苏 Jiangsu					
浙　江 Zhejiang					
安　徽 Anhui					
福　建 Fujian					
江　西 Jiangxi					
山　东 Shandong	5	3			
河　南 Henan					
湖　北 Hubei					
湖　南 Hunan					
广　东 Guangdong	233	132			
广　西 Guangxi	458	277	356	5	11
海　南 Hainan					
重　庆 Chongqing					
四　川 Sichuan					
贵　州 Guizhou					
云　南 Yunnan	32	14			
西　藏 Tibet					
陕　西 Shaanxi					
甘　肃 Gansu					
青　海 Qinghai					
宁　夏 Ningxia					
新　疆 Xinjiang	13	3			6

构)外国留学生情况
Vocational Schools (Institutions)

单位:人
unit: person

Graduates							
by Time		分地区 by Continent					
半年至一年以内 6 Months to 1 Year	一年及以上 1 Year and Over	亚洲 Asia	非洲 Africa	欧洲 Europe	北美洲 North America	南美洲 South America	大洋洲 Australia
140	**291**	**1117**	**14**	**243**	**31**	**7**	**2**
26	26	410		203	30		2
	6	6					
	6	6					
1	3	1		14		1	
	5	5					
63	170	186	14	26	1	6	
46	40	458					
4	28	32					
	7	13					

中等职业学校

Number of Educational Personnel in Secondary

	教职工数 Educational		
		校本部教职工 Educational	
	合计 Total	小计 Subtotal	专任教师 Full-time Teachers
总　计 Total	**921332**	**909012**	**684071**
北　京 Beijing	12164	11953	7254
天　津 Tianjin	10449	10344	7363
河　北 Hebei	59944	59666	45704
山　西 Shanxi	33738	33370	25264
内蒙古 Inner Mongolia	21120	20870	15325
辽　宁 Liaoning	31282	31011	21657
吉　林 Jilin	26357	26272	18513
黑龙江 Heilongjiang	25240	25087	17891
上　海 Shanghai	13084	13012	7900
江　苏 Jiangsu	55140	54749	43828
浙　江 Zhejiang	38701	38364	32276
安　徽 Anhui	42636	41758	34314
福　建 Fujian	22278	22170	17710
江　西 Jiangxi	24431	23555	17467
山　东 Shandong	71449	70557	52430
河　南 Henan	76395	74511	57173
湖　北 Hubei	33442	32764	23796
湖　南 Hunan	38410	37777	27293
广　东 Guangdong	60847	60310	46193
广　西 Guangxi	30431	28753	20755
海　南 Hainan	6755	6676	4579
重　庆 Chongqing	17964	17902	14241
四　川 Sichuan	53620	53111	40076
贵　州 Guizhou	16473	16147	12585
云　南 Yunnan	27842	27705	21174
西　藏 Tibet	746	746	632
陕　西 Shaanxi	28143	27914	19515
甘　肃 Gansu	20856	20696	15805
青　海 Qinghai	3188	3126	2454
宁　夏 Ningxia	3468	3449	2552
新　疆 Xinjiang	14739	14687	10352

(机构)教职工数

Vocational Schools (Institutions)

单位:人

unit: person

Personnel					聘请校外教师 Part-time Teachers
Personnel in Main Campus			校办企业职工 Employees in School-run Factories & Farms	其他附设机构人员 Personnel in Others Subsidiary Units	
行政人员 Adm. Personnel	教辅人员 Supporting Staff	工勤人员 Workers			
90036	**63633**	**71272**	**6152**	**6168**	**106549**
2301	1086	1312	27	184	1451
1665	591	725	54	51	1098
5635	4226	4101	182	96	3724
3285	2201	2620	151	217	4893
2121	1883	1541	99	151	1406
4199	2242	2913	161	110	3902
3447	2662	1650	12	73	1143
2982	1920	2294	111	42	1806
2039	1403	1670	54	18	1306
3231	3499	4191	236	155	6209
2089	2075	1924	162	175	6478
2964	1963	2517	191	687	7181
1878	1326	1256	16	92	3943
2846	1483	1759	699	177	3447
6792	6623	4712	697	195	3525
7045	5086	5207	926	958	7913
3708	2500	2760	452	226	4265
4433	3009	3042	499	134	3467
5718	3677	4722	177	360	6730
2877	2117	3004	367	1311	4141
788	519	790	4	75	612
1494	1054	1113	36	26	2979
4753	3229	5053	297	212	4689
1816	610	1136	211	115	4265
1976	1661	2894	81	56	5563
50	10	54			118
3945	2330	2124	112	117	3587
1822	1334	1735	69	91	1319
243	132	297	44	18	735
312	249	336	4	15	579
1582	933	1820	21	31	4075

中等职业学校(机

Number of Female Educational Personnel in Secondary

	教职工数 Educational		
		校本部教职工 Educational	
	合计 Total	小计 Subtotal	专任教师 Full-time Teachers
总　计 Total	**431608**	**426013**	**341753**
北　京 Beijing	7181	7120	4980
天　津 Tianjin	5787	5740	4568
河　北 Hebei	32845	32744	27636
山　西 Shanxi	18029	17810	14725
内蒙古 Inner Mongolia	10662	10534	8539
辽　宁 Liaoning	17263	17087	13302
吉　林 Jilin	14205	14170	11043
黑龙江 Heilongjiang	13208	13167	10309
上　海 Shanghai	6856	6836	4838
江　苏 Jiangsu	26525	26359	22461
浙　江 Zhejiang	19888	19751	17276
安　徽 Anhui	15268	14979	12464
福　建 Fujian	10202	10171	8423
江　西 Jiangxi	9573	9167	7081
山　东 Shandong	30882	30566	24673
河　南 Henan	34902	34092	28047
湖　北 Hubei	13495	13255	9865
湖　南 Hunan	16062	15744	12168
广　东 Guangdong	29238	29000	23046
广　西 Guangxi	13762	12639	9375
海　南 Hainan	2986	2959	2117
重　庆 Chongqing	8321	8301	7015
四　川 Sichuan	22760	22586	17838
贵　州 Guizhou	7138	6902	5534
云　南 Yunnan	13087	13030	10176
西　藏 Tibet	309	309	260
陕　西 Shaanxi	12685	12620	9537
甘　肃 Gansu	8371	8298	6512
青　海 Qinghai	1325	1303	1069
宁　夏 Ningxia	1535	1528	1171
新　疆 Xinjiang	7258	7246	5705

构）女教职工数
Vocational Schools（Institutions）

单位：人
unit：person

Personnel					
Personnel in Main Campus			校办企业职工 Employees in School-run Factories & Farms	其他附设机构人员 Personnel in Others Subsidiary Units	聘请校外教师 Part-time Teachers
行政人员 Adm. Personnel	教辅人员 Supporting Staff	工勤人员 Workers			
31271	**29802**	**23187**	**2447**	**3148**	**43768**
1175	572	393	5	56	775
686	332	154	6	41	425
1770	2024	1314	70	31	1887
1055	1156	874	88	131	2021
705	894	396	33	95	700
1743	1202	840	115	61	1928
1330	1372	425	5	30	554
1234	968	656	15	26	1009
942	673	383	12	8	580
1006	1683	1209	99	67	2706
680	1028	767	61	76	2093
913	829	773	47	242	2257
645	665	438	3	28	1397
928	497	661	343	63	1392
2013	2716	1164	205	111	1367
2237	2263	1545	439	371	3313
1340	1065	985	143	97	1504
1293	1204	1079	235	83	1425
2100	1970	1884	54	184	2734
1001	1057	1206	68	1055	1461
294	223	325	1	26	297
504	493	289	8	12	1445
1683	1365	1700	90	84	1976
683	261	424	181	55	1504
726	837	1291	29	28	1949
17	9	23			48
1306	1035	742	34	31	1412
509	717	560	35	38	615
74	54	106	16	6	364
102	119	136	1	6	316
577	519	445	6	6	2314

普通中等专业学

Number of Educational Personnel in Regular Specialized

	教职工数 Educational		
	合计 Total	校本部教职工 Educational	
		小计 Subtotal	专任教师 Full-time Teachers
总　计 Total	**430636**	**423757**	**305564**
北　京 Beijing	3738	3544	1984
天　津 Tianjin	6834	6740	4656
河　北 Hebei	20369	20186	13792
山　西 Shanxi	12300	12045	7903
内蒙古 Inner Mongolia	7208	7168	4834
辽　宁 Liaoning	15840	15749	10864
吉　林 Jilin	6680	6653	4754
黑龙江 Heilongjiang	7302	7244	4211
上　海 Shanghai	8484	8442	4797
江　苏 Jiangsu	34919	34704	28049
浙　江 Zhejiang	6701	6655	5482
安　徽 Anhui	13433	13124	10169
福　建 Fujian	22278	22170	17710
江　西 Jiangxi	8205	8092	5618
山　东 Shandong	37108	36355	27180
河　南 Henan	23550	22843	16581
湖　北 Hubei	25488	24827	17672
湖　南 Hunan	5670	5591	3887
广　东 Guangdong	46353	45829	34222
广　西 Guangxi	30375	28697	20743
海　南 Hainan	3093	3057	1862
重　庆 Chongqing	3951	3950	2820
四　川 Sichuan	27082	26792	17800
贵　州 Guizhou	7446	7393	5553
云　南 Yunnan	10947	10921	7522
西　藏 Tibet	746	746	632
陕　西 Shaanxi	5900	5878	3661
甘　肃 Gansu	13254	13113	9908
青　海 Qinghai	2897	2835	2246
宁　夏 Ningxia	1960	1941	1279
新　疆 Xinjiang	10525	10473	7173

校(机构)教职工数
Secondary Vocational Schools (Institutions)

单位:人
unit: person

Personnel					聘请校外教师 Part-time Teachers
Personnel in Main Campus			校办企业职工 Employees in School-run Factories & Farms	其他附设机构人员 Personnel in Others Subsidiary Units	
行政人员 Adm. Personnel	教辅人员 Supporting Staff	工勤人员 Workers			
49374	**30227**	**38592**	**3084**	**3795**	**47896**
849	284	427	12	182	563
1191	415	478	48	46	405
2933	1553	1908	135	48	1613
1857	1009	1276	64	191	1433
1063	601	670	19	21	782
2206	1072	1607	42	49	1673
948	421	530		27	48
1203	778	1052	58		950
1594	837	1214	40	2	949
2204	2036	2415	124	91	3398
385	427	361	16	30	840
1257	698	1000	50	259	2077
1878	1326	1256	16	92	3943
1297	598	579	71	42	1697
3796	2949	2430	589	164	2357
2524	1619	2119	474	233	1461
3031	1866	2258	439	222	2500
863	327	514	36	43	564
4801	2882	3924	177	347	5867
2849	2105	3000	367	1311	4141
479	371	345		36	385
540	328	262	1		791
3465	2215	3312	133	157	2479
969	297	574	21	32	1381
1126	926	1347	11	15	1705
50	10	54			118
1072	608	537	15	7	986
1247	701	1257	57	84	577
197	124	268	44	18	671
243	156	263	4	15	294
1257	688	1355	21	31	1248

普通中等专业学

Number of Female Educational Personnel in Regular

	教职工数 Educational		
		校本部教职工 Educational	
	合计 Total	小计 Subtotal	专任教师 Full-time Teachers
总　计 Total	**202737**	**199422**	**153668**
北　京 Beijing	1942	1886	1269
天　津 Tianjin	3607	3565	2752
河　北 Hebei	10548	10482	7937
山　西 Shanxi	6331	6177	4626
内蒙古 Inner Mongolia	3752	3732	2790
辽　宁 Liaoning	8900	8840	6834
吉　林 Jilin	3673	3657	2923
黑龙江 Heilongjiang	3699	3685	2461
上　海 Shanghai	4250	4238	2854
江　苏 Jiangsu	17652	17558	14977
浙　江 Zhejiang	3593	3574	3011
安　徽 Anhui	5386	5229	4238
福　建 Fujian	10202	10171	8423
江　西 Jiangxi	3497	3441	2539
山　东 Shandong	16135	15899	12876
河　南 Henan	11043	10661	8411
湖　北 Hubei	10278	10046	7257
湖　南 Hunan	2429	2377	1798
广　东 Guangdong	22281	22049	17127
广　西 Guangxi	13741	12618	9371
海　南 Hainan	1413	1397	957
重　庆 Chongqing	1819	1818	1399
四　川 Sichuan	11633	11524	7995
贵　州 Guizhou	3499	3481	2716
云　南 Yunnan	5542	5534	4010
西　藏 Tibet	309	309	260
陕　西 Shaanxi	2651	2643	1822
甘　肃 Gansu	5559	5499	4391
青　海 Qinghai	1212	1190	989
宁　夏 Ningxia	900	893	628
新　疆 Xinjiang	5261	5249	4027

校(机构)女教职工数
Specialized Secondary Schools (Institutions)

单位:人
unit: person

Personnel					
Personnel in Main Campus			校办企业职工 Employees in School-run Factories & Farms	其他附设机构人员 Personnel in Others Subsidiary Units	聘请校外教师 Part-time Teachers
行政人员 Adm. Personnel	教辅人员 Supporting Staff	工勤人员 Workers			
18275	**15138**	**12341**	**1027**	**2288**	**21067**
392	147	78		56	315
471	248	94	6	36	181
1125	783	637	52	14	848
665	549	337	28	126	821
446	326	170	10	10	392
957	635	414	30	30	921
369	263	102		16	8
491	436	297	14		567
739	367	278	11	1	445
774	1040	767	44	50	1498
172	244	147	6	13	396
424	330	237	21	136	837
645	665	438	3	28	1397
430	259	213	36	20	707
1114	1331	578	147	89	918
881	819	550	230	152	687
1122	849	818	137	95	1065
289	140	150	23	29	262
1783	1553	1586	54	178	2370
991	1050	1206	68	1055	1461
176	150	114		16	206
198	159	62	1		443
1334	942	1253	46	63	1084
407	155	203	10	8	519
458	532	534	1	7	828
17	9	23			48
400	261	160	2	6	425
371	368	369	24	36	284
62	52	87	16	6	342
90	70	105	1	6	171
482	406	334	6	6	621

成人中等专业学校教

Number of Educational Personnel in

	教职工数 Educational		
	合计 Total	校本部教职工 Educational	
		小计 Subtotal	专任教师 Full-time Teachers
总　计 Total	**77482**	**76314**	**54207**
北　京 Beijing	592	590	342
天　津 Tianjin	719	714	482
河　北 Hebei	7374	7344	5493
山　西 Shanxi	4170	4170	3430
内蒙古 Inner Mongolia	2295	2232	1727
辽　宁 Liaoning	539	539	406
吉　林 Jilin	5982	5970	4378
黑龙江 Heilongjiang	6800	6763	5233
上　海 Shanghai	532	532	245
江　苏 Jiangsu	3192	3173	1900
浙　江 Zhejiang	1630	1630	1061
安　徽 Anhui	3006	2965	2245
福　建 Fujian			
江　西 Jiangxi	2391	1852	1543
山　东 Shandong	4397	4351	2931
河　南 Henan	13144	12877	8701
湖　北 Hubei	1470	1470	797
湖　南 Hunan	4569	4534	3112
广　东 Guangdong	793	793	589
广　西 Guangxi			
海　南 Hainan	198	191	150
重　庆 Chongqing	2558	2554	1807
四　川 Sichuan	1432	1401	939
贵　州 Guizhou	1699	1676	1216
云　南 Yunnan	3386	3383	2659
西　藏 Tibet			
陕　西 Shaanxi	1415	1415	783
甘　肃 Gansu	1742	1738	936
青　海 Qinghai	230	230	164
宁　夏 Ningxia	180	180	106
新　疆 Xinjiang	1047	1047	832

职工数
Adult Specialized Sec. Schools

单位：人
unit：person

Personnel					聘请校外教师 Part-time Teachers
Personnel in Main Campus			校办企业职工 Employees in School-run Factories & Farms	其他附设机构人员 Personnel in Others Subsidiary Units	
行政人员 Adm. Personnel	教辅人员 Supporting Staff	工勤人员 Workers			
9428	**6877**	**5802**	**801**	**367**	**24874**
131	61	56		2	412
112	52	68		5	605
916	472	463		30	336
282	205	253			2257
212	170	123	60	3	12
86	28	19			1229
723	601	268	2	10	59
706	455	369	36	1	454
115	95	77			115
374	362	537	5	14	1548
285	193	91			2929
317	226	177	17	24	799
145	77	87	536	3	24
515	474	431	46		347
1839	1353	984	42	225	3683
255	282	136			1274
566	488	368	32	3	687
75	36	93			126
10	12	19		7	
318	220	209	4		222
181	144	137	17	14	138
261	82	117	4	19	1574
279	132	313		3	2455
293	216	123			833
286	360	156		4	323
45	8	13			57
40	15	19			118
61	58	96			2258

成人中等专业学校女

Number of Female Educational Personnel in

	教职工数 Educational		
		校本部教职工 Educational	
	合计 Total	小计 Subtotal	专任教师 Full-time Teachers
总　计 Total	**35445**	**34932**	**26823**
北　京 Beijing	324	324	187
天　津 Tianjin	317	312	237
河　北 Hebei	4011	4001	3379
山　西 Shanxi	2331	2331	2010
内蒙古 Inner Mongolia	1114	1097	937
辽　宁 Liaoning	269	269	212
吉　林 Jilin	3118	3116	2533
黑龙江 Heilongjiang	3503	3503	2916
上　海 Shanghai	244	244	118
江　苏 Jiangsu	1121	1120	806
浙　江 Zhejiang	659	659	445
安　徽 Anhui	1144	1139	873
福　建 Fujian			
江　西 Jiangxi	998	705	616
山　东 Shandong	1849	1815	1347
河　南 Henan	5916	5804	4224
湖　北 Hubei	542	542	313
湖　南 Hunan	1631	1614	1169
广　东 Guangdong	267	267	202
广　西 Guangxi			
海　南 Hainan	60	59	48
重　庆 Chongqing	1140	1139	818
四　川 Sichuan	643	632	436
贵　州 Guizhou	679	677	507
云　南 Yunnan	1468	1468	1184
西　藏 Tibet			
陕　西 Shaanxi	641	641	386
甘　肃 Gansu	828	826	415
青　海 Qinghai	88	88	67
宁　夏 Ningxia	72	72	49
新　疆 Xinjiang	468	468	389

教职工数
Adult Specialized Sec. Schools

单位:人
unit: person

Personnel					聘请校外教师 Part-time Teachers
Personnel in Main Campus			校办企业职工 Employees in School-run Factories & Farms	其他附设机构人员 Personnel in Others Subsidiary Units	
行政人员 Adm. Personnel	教辅人员 Supporting Staff	工勤人员 Workers			
3080	**3148**	**1881**	**382**	**131**	**8614**
74	32	31			229
44	19	12		5	193
235	229	158		10	190
86	117	118			585
49	89	22	16	1	
36	12	9			490
247	273	63		2	21
294	211	82			231
48	52	26			47
87	149	78		1	677
104	68	42			465
104	106	56	5		187
32	35	22	292	1	15
166	170	132	34		144
617	626	337	16	96	1390
84	96	49			214
145	176	124	15	2	158
20	10	35			38
3	5	3		1	
119	130	72	1		76
65	74	57	3	8	73
98	33	39		2	473
77	50	157			677
115	91	49			247
84	260	67		2	184
12	2	7			16
9	8	6			41
26	25	28			1553

职业高中学

Number of Educational Personnel

	教职工数 Educational		
		校本部教职工 Educational	
	合计 Total	小计 Subtotal	专任教师 Full-time Teachers
总　计 Total	**394292**	**390459**	**311743**
北　京 Beijing	7834	7819	4928
天　津 Tianjin	2896	2890	2225
河　北 Hebei	30853	30788	25448
山　西 Shanxi	16652	16539	13597
内蒙古 Inner Mongolia	11475	11328	8715
辽　宁 Liaoning	14903	14723	10387
吉　林 Jilin	12077	12042	8368
黑龙江 Heilongjiang	11060	11002	8394
上　海 Shanghai	4068	4038	2858
江　苏 Jiangsu	14239	14095	11912
浙　江 Zhejiang	29102	28829	24868
安　徽 Anhui	24216	23694	20431
福　建 Fujian			
江　西 Jiangxi	13667	13443	10169
山　东 Shandong	28115	28030	21139
河　南 Henan	37752	37198	30801
湖　北 Hubei	6163	6153	5110
湖　南 Hunan	26770	26256	19467
广　东 Guangdong	12413	12400	10484
广　西 Guangxi			
海　南 Hainan	3429	3393	2536
重　庆 Chongqing	11009	10968	9265
四　川 Sichuan	24436	24248	20881
贵　州 Guizhou	7277	7027	5784
云　南 Yunnan	12914	12806	10580
西　藏 Tibet			
陕　西 Shaanxi	20800	20593	15044
甘　肃 Gansu	5758	5743	4887
青　海 Qinghai	61	61	44
宁　夏 Ningxia	1186	1186	1074
新　疆 Xinjiang	3167	3167	2347

校教职工数
in Vocational High Schools

单位:人
unit: person

Personnel					
Personnel in Main Campus			校办企业职工 Employees in School-run Factories & Farms	其他附设机构人员 Personnel in Others Subsidiary Units	聘请校外教师 Part-time Teachers
行政人员 Adm. Personnel	教辅人员 Supporting Staff	工勤人员 Workers			
28676	**24794**	**25246**	**2216**	**1617**	**31024**
1321	741	829	15		476
362	124	179	6		88
1639	2114	1587	47	18	1411
976	950	1016	87	26	1182
803	1093	717	20	127	479
1907	1142	1287	119	61	1000
1526	1427	721	10	25	973
1064	675	869	17	41	380
330	471	379	14	16	242
398	840	945	103	41	602
1272	1323	1366	129	144	2461
1147	893	1223	124	398	3949
1389	802	1083	92	132	1726
2252	2926	1713	56	29	729
2403	1996	1998	401	153	2571
391	322	330	6	4	457
2689	2063	2037	426	88	2103
692	619	605		13	586
297	136	424	4	32	227
609	487	607	28	13	1901
1006	819	1542	147	41	1960
567	231	445	186	64	1305
499	580	1147	70	38	1358
2579	1506	1464	97	110	1768
271	270	315	12	3	387
1		16			7
22	57	33			127
264	187	369			569

职业高中学校女

Number of Female Educational Personnel

	教职工数 Educational		
		校本部教职工 Educational	
	合计 Total	小计 Subtotal	专任教师 Full-time Teachers
总　计 Total	**184996**	**183309**	**155131**
北　京 Beijing	4915	4910	3524
天　津 Tianjin	1863	1863	1579
河　北 Hebei	17640	17615	15779
山　西 Shanxi	9158	9093	7959
内蒙古 Inner Mongolia	5727	5636	4783
辽　宁 Liaoning	8094	7978	6256
吉　林 Jilin	6485	6471	4911
黑龙江 Heilongjiang	5971	5944	4906
上　海 Shanghai	2362	2354	1866
江　苏 Jiangsu	6453	6386	5711
浙　江 Zhejiang	14976	14868	13315
安　徽 Anhui	8093	7968	6903
福　建 Fujian			
江　西 Jiangxi	5025	4968	3883
山　东 Shandong	12103	12059	9855
河　南 Henan	17222	16948	14883
湖　北 Hubei	2536	2534	2201
湖　南 Hunan	11393	11146	8843
广　东 Guangdong	6062	6056	5242
广　西 Guangxi			
海　南 Hainan	1502	1492	1104
重　庆 Chongqing	5132	5123	4622
四　川 Sichuan	10183	10129	9197
贵　州 Guizhou	2934	2718	2292
云　南 Yunnan	5806	5757	4785
西　藏 Tibet			
陕　西 Shaanxi	9379	9322	7315
甘　肃 Gansu	1945	1934	1677
青　海 Qinghai	25	25	13
宁　夏 Ningxia	483	483	438
新　疆 Xinjiang	1529	1529	1289

教职工数
in Vocational High Schools

单位:人
unit: person

Personnel					
Personnel in Main Campus			校办企业职工 Employees in School-run Factories & Farms	其他附设机构人员 Personnel in Others Subsidiary Units	聘请校外教师 Part-time Teachers
行政人员 Adm. Personnel	教辅人员 Supporting Staff	工勤人员 Workers			
9105	**10680**	**8393**	**1014**	**673**	**12797**
709	393	284	5		231
171	65	48			51
378	973	485	18	7	651
278	474	382	60	5	615
193	467	193	7	84	218
750	555	417	85	31	517
619	711	230	5	9	486
447	316	275	1	26	199
155	254	79	1	7	88
62	360	253	53	14	222
362	653	538	46	62	1068
309	332	424	21	104	1157
462	199	424	15	42	670
686	1100	418	23	21	263
680	765	620	192	82	1132
122	106	105		2	219
703	838	762	195	52	963
246	329	239		6	254
114	68	206	1	9	91
173	192	136	3	6	895
240	323	369	41	13	777
171	73	182	171	45	509
171	246	555	28	21	427
791	683	533	32	25	740
44	89	124	11		129
		12			6
	28	17			79
69	88	83			140

其他机构
Number of Educational Personnel

	教职工数 Educational		
		校本部教职工 Educational	
	合计 Total	小计 Subtotal	专任教师 Full-time Teachers
总　计 Total	**18922**	**18482**	**12557**
北　京 Beijing			
天　津 Tianjin			
河　北 Hebei	1348	1348	971
山　西 Shanxi	616	616	334
内蒙古 Inner Mongolia	142	142	49
辽　宁 Liaoning			
吉　林 Jilin	1618	1607	1013
黑龙江 Heilongjiang	78	78	53
上　海 Shanghai			
江　苏 Jiangsu	2790	2777	1967
浙　江 Zhejiang	1268	1250	865
安　徽 Anhui	1981	1975	1469
福　建 Fujian			
江　西 Jiangxi	168	168	137
山　东 Shandong	1829	1821	1180
河　南 Henan	1949	1593	1090
湖　北 Hubei	321	314	217
湖　南 Hunan	1401	1396	827
广　东 Guangdong	1288	1288	898
广　西 Guangxi	56	56	12
海　南 Hainan	35	35	31
重　庆 Chongqing	446	430	349
四　川 Sichuan	670	670	456
贵　州 Guizhou	51	51	32
云　南 Yunnan	595	595	413
西　藏 Tibet			
陕　西 Shaanxi	28	28	27
甘　肃 Gansu	102	102	74
青　海 Qinghai			
宁　夏 Ningxia	142	142	93
新　疆 Xinjiang			

教职工数
in Other Institutions

单位：人
unit: person

Personnel					聘请校外教师 Part-time Teachers
Personnel in Main Campus			校办企业职工 Employees in School-run Factories & Farms	其他附设机构人员 Personnel in Others Subsidiary Units	
行政人员 Adm. Personnel	教辅人员 Supporting Staff	工勤人员 Workers			
2558	**1735**	**1632**	**51**	**389**	**2755**
147	87	143			364
170	37	75			21
43	19	31			133
250	213	131		11	63
9	12	4			22
255	261	294	4	9	661
147	132	106	17	1	248
243	146	117		6	356
15	6	10			
229	274	138	6	2	92
279	118	106	9	347	198
31	30	36	7		34
315	131	123	5		113
150	140	100			151
28	12	4			
2		2			
27	19	35	3	13	65
101	51	62			112
19					5
72	23	87			45
1					
18	3	7			32
7	21	21			40

其他机构女

Number of Female Educational

	教职工数 Educational		
		校本部教职工 Educational	
	合计 Total	小计 Subtotal	专任教师 Full-time Teachers
总　计 Total	**8430**	**8350**	**6131**
北　京 Beijing			
天　津 Tianjin			
河　北 Hebei	646	646	541
山　西 Shanxi	209	209	130
内蒙古 Inner Mongolia	69	69	29
辽　宁 Liaoning			
吉　林 Jilin	929	926	676
黑龙江 Heilongjiang	35	35	26
上　海 Shanghai			
江　苏 Jiangsu	1299	1295	967
浙　江 Zhejiang	660	650	505
安　徽 Anhui	645	643	450
福　建 Fujian			
江　西 Jiangxi	53	53	43
山　东 Shandong	795	793	595
河　南 Henan	721	679	529
湖　北 Hubei	139	133	94
湖　南 Hunan	609	607	358
广　东 Guangdong	628	628	475
广　西 Guangxi	21	21	4
海　南 Hainan	11	11	8
重　庆 Chongqing	230	221	176
四　川 Sichuan	301	301	210
贵　州 Guizhou	26	26	19
云　南 Yunnan	271	271	197
西　藏 Tibet			
陕　西 Shaanxi	14	14	14
甘　肃 Gansu	39	39	29
青　海 Qinghai			
宁　夏 Ningxia	80	80	56
新　疆 Xinjiang			

教职工数
Personnel in Other Institutions

单位：人
unit：person

Personnel					聘请校外教师 Part-time Teachers
Personnel in Main Campus			校办企业职工 Employees in School-run Factories & Farms	其他附设机构人员 Personnel in Others Subsidiary Units	
行政人员 Adm. Personnel	教辅人员 Supporting Staff	工勤人员 Workers			
811	**836**	**572**	**24**	**56**	**1290**
32	39	34			198
26	16	37			
17	12	11			90
95	125	30		3	39
2	5	2			12
83	134	111	2	2	309
42	63	40	9	1	164
76	61	56		2	76
4	4	2			
47	115	36	1	1	42
59	53	38	1	41	104
12	14	13	6		6
156	50	43	2		42
51	78	24			72
10	7				
1		2			
14	12	19	3	6	31
44	26	21			42
7					3
20	9	45			17
10					18
3	13	8			25

中等职业学校(机构)专

Number of Full-time Teachers By Professional Rank and Academic

地区 Region	合计 Total	按职称分 By Professional Rank 正高级 Senior	副高级 Sub-Senior	中级 Middle
总计 Total	**684071**	**4018**	**153165**	**277495**
北京 Beijing	7254	38	1830	3012
天津 Tianjin	7363	27	2852	2821
河北 Hebei	45704	252	10443	20231
山西 Shanxi	25264	119	3606	9326
内蒙古 Inner Mongolia	15325		4642	5456
辽宁 Liaoning	21657	404	6930	8155
吉林 Jilin	18513	208	5509	8121
黑龙江 Heilongjiang	17891	157	6005	7178
上海 Shanghai	7900	21	1655	4162
江苏 Jiangsu	43828	107	10958	18716
浙江 Zhejiang	32276	40	7022	12430
安徽 Anhui	34314	5	7876	14030
福建 Fujian	17710	14	3900	6888
江西 Jiangxi	17467	159	4589	6496
山东 Shandong	52430	320	12898	20425
河南 Henan	57173	326	11223	23731
湖北 Hubei	23796	158	5486	10760
湖南 Hunan	27293	285	5704	12693
广东 Guangdong	46193	97	7133	20458
广西 Guangxi	20755	213	2910	9028
海南 Hainan	4579	34	768	1311
重庆 Chongqing	14241	81	2723	5052
四川 Sichuan	40076	511	8321	14725
贵州 Guizhou	12585	89	2302	4708
云南 Yunnan	21174	39	5752	7956
西藏 Tibet	632		35	238
陕西 Shaanxi	19515	241	3445	7705
甘肃 Gansu	15805	45	2825	5914
青海 Qinghai	2454	4	764	917
宁夏 Ningxia	2552	16	610	870
新疆 Xinjiang	10352	8	2449	3982

任教师职称、学历情况

Qualifications in Secondary Vocational Schools (Institutions)

单位：人

unit: person

初级 Junior	未定职级 No-ranking	按学历分 By Academic Qualifications				
		博士研究生 Doctor's Degree	硕士研究生 Master's Degree	本科 Normal Courses	专科 Short-cycle Courses	高中阶段及以下 Below High School Graduate
191865	**57528**	**792**	**34425**	**559588**	**85177**	**4089**
1750	624	27	681	6123	376	47
1451	212	3	570	6112	582	96
12010	2768	14	1334	38203	5959	194
9882	2331	4	839	20169	4043	209
3863	1364	37	643	12221	2350	74
4543	1625	18	1409	17930	2127	173
3917	758	31	952	15210	2225	95
3695	856	34	486	14871	2432	68
1812	250	17	888	6642	313	40
11409	2638	22	4801	36737	2117	151
9217	3567	3	1587	28753	1850	83
9380	3023	7	939	29573	3695	100
5367	1541	6	709	14996	1852	147
4622	1601	49	851	13229	3196	142
15158	3629	131	3071	44390	4564	274
18677	3216	43	2973	47015	6980	162
6082	1310	6	983	18615	3861	331
6416	2195	48	1113	22090	3909	133
12859	5646	29	3116	37569	5123	356
6047	2557	7	1263	16069	3173	243
1624	842	2	135	3701	720	21
4465	1920	6	496	11980	1712	47
11898	4621	64	1002	30983	7806	221
3698	1788	4	442	9622	2420	97
5615	1812	4	886	17113	2956	215
310	49		42	521	61	8
6397	1727	165	940	14420	3896	94
5711	1310	8	613	12693	2353	138
521	248		56	1718	627	53
649	407	2	152	2106	272	20
2820	1093	1	453	8214	1627	57

普通中等专业学校专任

Number of Full-time Teachers By Professional Rank and Academic

地 区 Region	合计 Total	按职称分 By Professional Rank		
		正高级 Senior	副高级 Sub-Senior	中级 Middle
总 计 Total	**305564**	**2168**	**73266**	**120416**
北 京 Beijing	1984	20	498	858
天 津 Tianjin	4656	10	1735	1715
河 北 Hebei	13792	208	3457	5230
山 西 Shanxi	7903	31	1849	2811
内蒙古 Inner Mongolia	4834		1618	1618
辽 宁 Liaoning	10864	264	3608	4084
吉 林 Jilin	4754	59	1851	1815
黑龙江 Heilongjiang	4211	88	1400	1249
上 海 Shanghai	4797	18	1136	2385
江 苏 Jiangsu	28049	86	6983	11982
浙 江 Zhejiang	5482	21	1306	2115
安 徽 Anhui	10169	1	2800	3571
福 建 Fujian	17710	14	3900	6888
江 西 Jiangxi	5618	26	1497	1948
山 东 Shandong	27180	222	7627	10658
河 南 Henan	16581	88	4288	6710
湖 北 Hubei	17672	139	4235	7778
湖 南 Hunan	3887	42	1178	1577
广 东 Guangdong	34222	95	5084	14739
广 西 Guangxi	20743	213	2908	9019
海 南 Hainan	1862	3	390	522
重 庆 Chongqing	2820	33	702	1068
四 川 Sichuan	17800	363	3517	6230
贵 州 Guizhou	5553	62	1323	2068
云 南 Yunnan	7522	6	2303	2392
西 藏 Tibet	632		35	238
陕 西 Shaanxi	3661	23	1108	1393
甘 肃 Gansu	9908	16	2098	3814
青 海 Qinghai	2246	3	734	829
宁 夏 Ningxia	1279	12	305	349
新 疆 Xinjiang	7173	2	1793	2763

教师职称、学历情况
Qualifications in Reg. Specialized Sec. Schools

单位：人
unit: person

		按学历分 By Academic Qualifications				
初级 Junior	未定职级 No-ranking	博士研究生 Doctor's Degree	硕士研究生 Master's Degree	本科 Normal Courses	专科 Short-cycle Courses	高中阶段及以下 Below High School Graduate
81886	**27828**	**426**	**23179**	**247160**	**32515**	**2284**
488	120	20	418	1395	122	29
1025	171	2	407	3805	373	69
3401	1496	13	697	10645	2315	122
2495	717	1	613	6557	654	78
1148	450	21	414	3655	720	24
2367	541	18	1094	8945	725	82
925	104	10	398	3962	365	19
1035	439	31	290	3435	437	18
1106	152	17	722	3779	243	36
7156	1842	22	3890	22861	1158	118
1619	421	2	393	4840	230	17
2811	986	7	511	8626	968	57
5367	1541	6	709	14996	1852	147
1729	418	6	505	4436	633	38
6881	1792	102	2150	22673	2130	125
4560	935	27	1571	13816	1071	96
4429	1091	6	764	13837	2836	229
825	265	1	285	3327	251	23
9867	4437	25	2560	27603	3728	306
6046	2557	7	1263	16057	3173	243
623	324	1	61	1693	97	10
637	380	5	215	2298	293	9
4820	2870	58	777	13055	3789	121
1405	695	2	346	4423	749	33
1916	905	4	656	6223	602	37
310	49		42	521	61	8
879	258	6	375	2817	440	23
3382	598	4	529	8317	982	76
468	212		56	1578	559	53
305	308	1	83	1062	118	15
1861	754	1	385	5923	841	23

成人中等专业学校专任

Number of Full-time Teachers By Professional Rank and Academic

地 区 Region	合计 Total	按职称分 By Professional Rank 正高级 Senior	副高级 Sub-Senior	中级 Middle
总 计 Total	**54207**	**393**	**14907**	**24419**
北 京 Beijing	342	2	89	147
天 津 Tianjin	482	6	202	210
河 北 Hebei	5493	21	1623	2732
山 西 Shanxi	3430	12	397	1767
内蒙古 Inner Mongolia	1727		799	635
辽 宁 Liaoning	406	24	98	205
吉 林 Jilin	4378	13	1438	2262
黑龙江 Heilongjiang	5233	56	2250	2224
上 海 Shanghai	245	1	38	159
江 苏 Jiangsu	1900	9	443	807
浙 江 Zhejiang	1061	8	431	408
安 徽 Anhui	2245	1	539	1001
福 建 Fujian				
江 西 Jiangxi	1543		768	595
山 东 Shandong	2931	29	829	1115
河 南 Henan	8701	112	1618	3439
湖 北 Hubei	797	9	122	447
湖 南 Hunan	3112	34	856	1600
广 东 Guangdong	589		85	292
广 西 Guangxi				
海 南 Hainan	150		68	58
重 庆 Chongqing	1807	29	546	695
四 川 Sichuan	939	10	110	276
贵 州 Guizhou	1216	9	142	635
云 南 Yunnan	2659	2	833	1316
西 藏 Tibet				
陕 西 Shaanxi	783		88	364
甘 肃 Gansu	936	2	194	478
青 海 Qinghai	164	1	26	84
宁 夏 Ningxia	106		26	55
新 疆 Xinjiang	832	3	249	413

教师职称、学历情况
Qualifications in Adult Specialized Sec. Schools

单位：人
unit：person

		按学历分 By Academic Qualifications				
初级 Junior	未定职级 No-ranking	博士研究生 Doctor's Degree	硕士研究生 Master's Degree	本科 Normal Courses	专科 Short-cycle Courses	高中阶段及以下 Below High School Graduate
12179	**2309**	**38**	**1541**	**41241**	**10966**	**421**
76	28	2	13	300	27	
57	7		8	393	75	6
1021	96	1	127	4153	1181	31
1156	98		16	2502	877	35
268	25		41	1353	322	11
65	14		7	299	99	1
617	48	1	65	3400	873	39
628	75	2	63	4055	1083	30
40	7		9	210	26	
465	176		117	1576	199	8
119	95	1	95	858	106	1
529	175		58	1751	434	2
165	15	21	25	1137	343	17
774	184	2	109	2397	389	34
2945	587	3	365	6713	1601	19
213	6		31	403	309	54
478	144		71	2389	637	15
170	42		12	464	105	8
24			8	118	24	
435	102		107	1466	225	9
310	233	4	23	646	253	13
361	69		24	876	311	5
481	27		71	1878	636	74
299	32		11	389	383	
247	15		27	644	258	7
53				121	43	
17	8	1	12	71	22	
166	1		26	679	125	2

职业高中学校专任教
Number of Full-time Teachers By Professional Rank and Academic

地 区 Region	合计 Total	按职称分 By Professional Rank		
		正高级 Senior	副高级 Sub-Senior	中级 Middle
总 计 Total	**311743**	**1356**	**61960**	**127260**
北 京 Beijing	4928	16	1243	2007
天 津 Tianjin	2225	11	915	896
河 北 Hebei	25448	16	5028	11820
山 西 Shanxi	13597	76	1288	4605
内蒙古 Inner Mongolia	8715		2218	3198
辽 宁 Liaoning	10387	116	3224	3866
吉 林 Jilin	8368	106	1864	3684
黑龙江 Heilongjiang	8394	10	2336	3683
上 海 Shanghai	2858	2	481	1618
江 苏 Jiangsu	11912	6	2924	5049
浙 江 Zhejiang	24868	11	5100	9556
安 徽 Anhui	20431	1	4253	8625
福 建 Fujian				
江 西 Jiangxi	10169	131	2286	3879
山 东 Shandong	21139	53	4135	8267
河 南 Henan	30801	121	5165	13190
湖 北 Hubei	5110	7	1067	2454
湖 南 Hunan	19467	197	3440	9123
广 东 Guangdong	10484		1779	4932
广 西 Guangxi				
海 南 Hainan	2536	31	302	718
重 庆 Chongqing	9265	17	1452	3193
四 川 Sichuan	20881	131	4636	8016
贵 州 Guizhou	5784	18	836	1985
云 南 Yunnan	10580	31	2576	4133
西 藏 Tibet				
陕 西 Shaanxi	15044	218	2242	5938
甘 肃 Gansu	4887	27	515	1581
青 海 Qinghai	44		4	4
宁 夏 Ningxia	1074		244	434
新 疆 Xinjiang	2347	3	407	806

师职称、学历情况

Qualifications in Vocational High Schools

单位：人

unit：person

		按学历分 By Academic Qualifications				
初级 Junior	未定职级 No-ranking	博士研究生 Doctor's Degree	硕士研究生 Master's Degree	本科 Normal Courses	专科 Short-cycle Courses	高中阶段及以下 Below High School Graduate
94639	**26528**	**298**	**8556**	**261396**	**40177**	**1316**
1186	476	5	250	4428	227	18
369	34	1	155	1914	134	21
7420	1164		417	22591	2404	36
6120	1508	3	208	10908	2405	73
2410	889	16	184	7169	1307	39
2111	1070		308	8686	1303	90
2123	591	20	367	7030	917	34
2027	338	1	132	7341	900	20
666	91		157	2653	44	4
3397	536		544	10820	536	12
7279	2922		1049	22287	1467	65
5731	1821		264	18028	2101	38
2705	1168	22	287	7554	2219	87
7084	1600	1	687	18430	1911	110
10800	1525	13	952	25645	4145	46
1401	181		176	4262	628	44
4950	1757	43	657	15697	2977	93
2682	1091	4	454	8781	1206	39
967	518	1	66	1879	579	11
3247	1356	1	172	7950	1113	29
6617	1481	2	189	16944	3659	87
1921	1024	2	72	4301	1350	59
3036	804		137	8690	1655	98
5209	1437	159	551	11192	3071	71
2073	691	4	54	3670	1104	55
	36			19	25	
315	81		25	915	129	5
793	338		42	1612	661	32

其他机构专任教师

Number of Full-time Teachers By Professional Rank and Academic

地区 Region	合计 Total	按职称分 By Professional Rank 正高级 Senior	副高级 Sub-Senior	中级 Middle
总计 Total	**12557**	**101**	**3032**	**5400**
北京 Beijing				
天津 Tianjin				
河北 Hebei	971	7	335	449
山西 Shanxi	334		72	143
内蒙古 Inner Mongolia	49		7	5
辽宁 Liaoning				
吉林 Jilin	1013	30	356	360
黑龙江 Heilongjiang	53	3	19	22
上海 Shanghai				
江苏 Jiangsu	1967	6	608	878
浙江 Zhejiang	865		185	351
安徽 Anhui	1469	2	284	833
福建 Fujian				
江西 Jiangxi	137	2	38	74
山东 Shandong	1180	16	307	385
河南 Henan	1090	5	152	392
湖北 Hubei	217	3	62	81
湖南 Hunan	827	12	230	393
广东 Guangdong	898	2	185	495
广西 Guangxi	12		2	9
海南 Hainan	31		8	13
重庆 Chongqing	349	2	23	96
四川 Sichuan	456	7	58	203
贵州 Guizhou	32		1	20
云南 Yunnan	413		40	115
西藏 Tibet				
陕西 Shaanxi	27		7	10
甘肃 Gansu	74		18	41
青海 Qinghai				
宁夏 Ningxia	93	4	35	32
新疆 Xinjiang				

职称、学历情况
Qualifications in Other Institutions

单位:人
unit: person

		按学历分 By Academic Qualifications				
初级 Junior	未定职级 No-ranking	博士研究生 Doctor's Degree	硕士研究生 Master's Degree	本科 Normal Courses	专科 Short-cycle Courses	高中阶段及以下 Below High School Graduate
3161	**863**	**30**	**1149**	**9791**	**1519**	**68**
168	12		93	814	59	5
111	8		2	202	107	23
37			4	44	1	
252	15		122	818	70	3
5	4		1	40	12	
391	84		250	1480	224	13
200	129		50	768	47	
309	41		106	1168	192	3
23			34	102	1	
419	53	26	125	890	134	5
372	169		85	841	163	1
39	32		12	113	88	4
163	29	4	100	677	44	2
140	76		90	721	84	3
1				12		
10				11	20	
146	82		2	266	81	
151	37		13	338	105	
11				22	10	
182	76		22	322	63	6
10			3	22	2	
9	6		3	62	9	
12	10		32	58	3	

Condition of Fixed Assets and Teaching Resources in Secondary

地　　区 Region	学校占地面积(平方米) Area of School Sites (m^2)			图书(册) Books (volume)	
	合计 Total	其中:绿化用地面积 of Which: Green Areas	其中:运动场地面积 of Which: Sports Areas	合计 Total	当年新增 New Added in Current Year
总　计 Total	**509920312**	**118505212**	**76227819**	**362017861**	**22200621**
北　京 Beijing	5267515	979789	990591	4700049	80231
天　津 Tianjin	4268744	700535	566544	4346746	122524
河　北 Hebei	24522003	3924177	4543763	23170152	1200639
山　西 Shanxi	14331616	2128185	1884800	9226816	537877
内蒙古 Inner Mongolia	10428300	1800639	2070938	5598811	431792
辽　宁 Liaoning	11956426	1721903	2706740	9308529	165404
吉　林 Jilin	6982207	1402036	1556101	6185662	157481
黑龙江 Heilongjiang	9969075	1875354	1665679	4924986	137101
上　海 Shanghai	3484556	1180750	738287	6316473	125216
江　苏 Jiangsu	35447742	9772919	5082811	29075326	1667659
浙　江 Zhejiang	21012686	5935144	3684825	15253476	1231742
安　徽 Anhui	37505128	7617884	4921071	26459092	3684671
福　建 Fujian	13215611	3641516	2234372	11698614	648873
江　西 Jiangxi	25502847	8269473	2479313	12248868	595140
山　东 Shandong	40468612	10254897	6311593	25104274	1341361
河　南 Henan	36815417	6470520	5172488	31112444	1624700
湖　北 Hubei	19642621	5689571	2708633	14045551	576247
湖　南 Hunan	20673926	5646502	3147409	14609326	756287
广　东 Guangdong	32717783	9787082	5436077	27094687	1584607
广　西 Guangxi	25880426	5505709	2543339	14715585	818509
海　南 Hainan	3154791	798934	587503	1924829	143582
重　庆 Chongqing	9875003	2796060	1536100	6960587	379803
四　川 Sichuan	24208897	5345857	4111957	18067378	1559091
贵　州 Guizhou	10263486	2536716	1477611	6217782	487695
云　南 Yunnan	15521636	3171180	1901133	9439666	447347
西　藏 Tibet	527741	86798	33839	134268	1016
陕　西 Shaanxi	16085370	2270338	2156896	10671057	851507
甘　肃 Gansu	9907363	1975283	1567009	6362685	168471
青　海 Qinghai	2509295	604155	353932	1091801	69528
宁　夏 Ningxia	4961736	1114746	397567	1302794	180242
新　疆 Xinjiang	12811753	3500560	1658898	4649547	424278

资产情况(学校产权)

Vocational Schools (Institutions) (Owned by SVSs)

计算机数(台) PC (set)		多媒体教室座位数(个) No. of Seats in Multimedia Class Rooms (seat)	语音实验室座位数(个) No. of Seats in Audio Labs (seat)	固定资产值(万元) Fixed Assets (10,000 yuan)		
合计 Total	其中:教学用计算机 of Which: No. of Computers Used for Instruction			合计 Total	其中:教学、科研仪器设备资产值 of Which: Teaching Equipment & Instruments	
					小计 Subtotal	当年新增 New Added in Current Year
2920215	**2400220**	**3930312**	**610989**	**24587549.74**	**4934855.52**	**638787.91**
52615	42763	119429	4283	453930.98	143581.89	19199.96
32675	28387	28068	2471	196250.02	62403.55	5478.58
149361	122702	191681	32859	1156160.20	216617.58	17216.83
69025	61018	103469	14186	551122.57	101785.01	17345.40
45564	35933	55500	10566	409301.18	84231.55	20421.82
95398	76900	91023	17884	691879.09	160399.69	15207.37
46061	32760	54713	8288	360093.17	68108.63	6736.81
47482	39407	56024	10884	418945.14	71214.16	7138.58
71574	58860	33950	7951	690072.32	177745.94	15049.36
214927	177933	401981	28493	2439902.41	425169.42	41200.14
163191	134150	369049	19258	1375440.62	302491.28	39967.68
131202	106578	154350	31467	1455574.28	284045.03	44970.55
94070	77276	167459	13610	613405.91	151941.56	19588.22
82782	69925	88864	16973	694762.45	124828.81	11494.10
194619	152095	242173	41652	2011240.53	338037.92	47421.78
206619	176678	263853	43218	1474550.10	294844.51	34945.33
133553	96266	110011	25628	923927.24	158763.54	18240.22
138800	117917	165262	35093	1102467.93	199924.38	22278.68
271332	230033	382732	125785	1884867.00	441525.00	49037.00
109455	91737	138584	16503	773403.83	209631.87	22776.75
17464	15037	35887	3322	143337.72	34953.93	6020.25
66476	55913	114388	11773	624014.16	108587.15	20907.90
156969	129748	150132	25323	1298533.07	238624.59	43222.45
56012	47319	77777	8553	372786.96	81582.34	18273.66
80379	66445	95019	11481	636298.21	94018.82	16056.27
1429	1092	976	248	21726.21	2648.47	722.84
78406	64690	93533	18843	735263.97	142868.30	21673.67
54382	44458	68768	8790	441615.01	82982.12	11910.85
10970	7587	8435	826	173193.01	21999.86	5682.81
13417	11275	17424	4520	126800.96	25226.10	3725.50
34006	27338	49798	10258	336683.49	84072.52	14876.55

中等职业学校(机构)

Condition of Fixed Assets and Teaching Resources in Secondary

地　区 Region	学校占地面积(平方米) Area of School Sites (m^2)			图书(册) Books (volume)	
	合计 Total	其中:绿化用地面积 of Which: Green Areas	其中:运动场地面积 of Which: Sports Areas	合计 Total	当年新增 New Added in Current Year
总　计 Total	**58995222**	**11365162**	**9696671**	**20682502**	**1253973**
北　京 Beijing	737978	47970	62021	64857	1000
天　津 Tianjin	438477	24577	73226	216593	2016
河　北 Hebei	3570512	416778	620794	2008205	40575
山　西 Shanxi	1920032	203704	331926	282750	12800
内蒙古 Inner Mongolia	978495	130614	365010	525766	38830
辽　宁 Liaoning	1389726	163321	246088	135016	14316
吉　林 Jilin	991679	212968	237584	393100	11900
黑龙江 Heilongjiang	1517682	134662	294215	502917	66039
上　海 Shanghai	214396	50633	33547	7865	
江　苏 Jiangsu	1567791	445013	222171	959645	25264
浙　江 Zhejiang	1684939	432137	311689	644391	75547
安　徽 Anhui	1920030	295807	247524	1114550	97630
福　建 Fujian	1504773	455710	293796	439289	29534
江　西 Jiangxi	3394095	1186919	307796	1178565	58757
山　东 Shandong	3687780	963255	748415	1294397	83513
河　南 Henan	4715084	624593	800321	2388375	148333
湖　北 Hubei	1944971	372609	339453	899460	10800
湖　南 Hunan	4402090	1148242	837723	1207472	73489
广　东 Guangdong	2603853	446713	562941	319151	39631
广　西 Guangxi	4262645	854329	414737	2242871	134848
海　南 Hainan	404379	45970	56300	48532	4950
重　庆 Chongqing	1337085	162318	169318	317609	23968
四　川 Sichuan	4340292	762324	791294	777095	91762
贵　州 Guizhou	2477258	274544	325746	859439	13122
云　南 Yunnan	3013607	658886	265929	396314	20310
西　藏 Tibet	180000	20000	21000	120000	
陕　西 Shaanxi	2229686	432786	427777	1078854	110489
甘　肃 Gansu	1030666	172182	210016	167158	6200
青　海 Qinghai	199193	45737	29136	33326	200
宁　夏 Ningxia	107494	7245	24356	36000	18000
新　疆 Xinjiang	228534	172616	24822	22940	150

资产情况(非学校产权中独立使用)
Vocational Schools (Institutions)(Not Owned by SVSs)

计算机数(台) PC (set)		多媒体教室座位数(个) No. of Seats in Multimedia Class Rooms (seat)	语音实验室座位数(个) No. of Seats in Audio Labs (seat)	固定资产值(万元) Fixed Assets (10,000 yuan)		
合计 Total	其中:教学用计算机 of Which: No. of Computers Used for Instruction			合计 Total	其中:教学、科研仪器设备资产值 of Which: Teaching Equipment & Instruments	
					小计 Subtotal	当年新增 New Added in Current Year
174728	**140524**	**199438**	**40399**	**1370618.09**	**244271.29**	**36014.21**
670	528	1325	360	3394.00	765.00	18.00
1867	1601	765	52	22636.60	3104.50	141.00
15930	10532	18953	3018	88688.94	12730.38	853.20
2921	2204	2476	198	58646.24	5846.74	1028.90
2143	1395	3427	596	43802.00	7920.96	891.00
2088	1694	3330	300	13966.20	1964.00	29.00
4082	2734	6006	1378	17799.98	2458.36	227.00
3951	3461	2949	2859	33181.62	8670.90	1581.30
877	766	80	375	326.80	237.20	41.50
5895	4353	9238	1095	53109.77	12974.64	571.29
6886	5769	12585	845	44403.02	7853.84	1040.59
4017	3631	3930	966	75789.60	20596.00	5774.00
2234	1811	6026	653	18610.24	3253.47	315.67
9776	8514	10080	3238	53752.20	8149.00	598.10
10345	7707	9773	2260	162528.47	26899.65	1738.90
18856	15703	11970	3374	94805.22	19807.73	3436.17
7299	6175	7614	2443	68129.60	14240.16	371.00
20768	17461	25004	3857	87618.36	19156.45	4922.66
7289	5431	9323	1420	38113.00	9339.00	837.00
9085	8274	10158	690	56430.07	13987.61	2141.73
1232	923	1196	2	4872.00	394.00	255.50
4716	4297	8653	1068	60719.89	6511.47	1446.53
11828	9198	12000	4073	107539.39	13733.28	1822.53
4820	3518	8587	2034	38318.02	5852.96	1946.31
5023	4369	6164	979	34519.48	4923.28	1282.68
52	52	52		3844.60	240.00	0.00
7411	6496	6346	1953	64188.45	8343.21	1742.83
2097	1445	1345	310	14130.77	2563.78	358.50
242	180	80		2394.00	235.00	100.00
226	221	3	3	4010.00	1406.72	476.72
102	81			349.56	112.00	24.60

地区 Region	学校占地面积(平方米) Area of School Sites (m^2)			图书(册) Books (volume)	
	合计 Total	其中:绿化用地面积 of Which: Green Areas	其中:运动场地面积 of Which: Sports Areas	合计 Total	当年新增 New Added in Current Year
总　计 Total	**253591528**	**62915293**	**36755994**	**195108427**	**9800015**
北　京 Beijing	1513732	405434	335451	1692309	35643
天　津 Tianjin	3368502	599089	396402	2564398	54800
河　北 Hebei	7389178	1381749	1483065	10489021	319540
山　西 Shanxi	6540978	1019590	765815	4909397	191224
内蒙古 Inner Mongolia	3175728	904472	698261	2066216	95766
辽　宁 Liaoning	5833471	1065209	1333632	5593999	56942
吉　林 Jilin	2445345	556664	453281	1919989	74650
黑龙江 Heilongjiang	2882426	486537	442857	2231394	32295
上　海 Shanghai	2156462	728541	436796	4061580	89957
江　苏 Jiangsu	22738919	6809005	3385281	19182845	1006356
浙　江 Zhejiang	3661425	1069426	596123	2764526	286270
安　徽 Anhui	14768620	2990104	1935101	9280083	818904
福　建 Fujian	13215611	3641516	2234372	11698614	648873
江　西 Jiangxi	6719220	2198109	674103	3651088	113120
山　东 Shandong	21845158	5563363	3134930	14574319	848144
河　南 Henan	13177263	2893821	1907166	12879967	673639
湖　北 Hubei	14487203	3703198	2070617	11677742	414394
湖　南 Hunan	2734761	821526	481265	2869260	165777
广　东 Guangdong	25341966	7573594	4056543	21332014	1234535
广　西 Guangxi	25787152	5503889	2542529	14705465	818509
海　南 Hainan	1185054	308714	253693	1131531	88587
重　庆 Chongqing	2051843	709473	246936	1750655	51347
四　川 Sichuan	11864988	2748928	2037107	10133728	748107
贵　州 Guizhou	5673317	1537409	740876	3723134	250783
云　南 Yunnan	7204189	1414828	767436	5371270	132783
西　藏 Tibet	527741	86798	33839	134268	1016
陕　西 Shaanxi	3754537	635849	467154	2580528	53555
甘　肃 Gansu	7195018	1572513	1048248	4882493	84707
青　海 Qinghai	2368089	603245	337532	974928	69528
宁　夏 Ningxia	2806138	647561	231821	686342	48192
新　疆 Xinjiang	9177494	2735139	1227762	3595324	292072

资产情况(学校产权)
Resources in Regular SSSs (Owned by Regular SSSs)

计算机数(台) PC (set)		多媒体教室座位数(个) No. of Seats in Multimedia Class Rooms (seat)	语音实验室座位数(个) No. of Seats in Audio Labs (seat)	固定资产值(万元) Fixed Assets (10,000 yuan)		
合计 Total	其中:教学用计算机 of Which: No. of Computers Used for Instruction			合计 Total	其中:教学、科研仪器设备资产值 of Which: Teaching Equipment & Instruments 小计 Subtotal	当年新增 New Added in Current Year
1523517	**1240654**	**2152860**	**320797**	**13403636.26**	**2696608.91**	**330111.62**
16974	14260	43917	1450	219747.51	63980.71	6696.45
20479	17413	25328	1686	154032.19	45260.94	3897.41
61331	49793	65969	14078	409678.00	82729.70	4633.42
29751	26081	54390	4976	278254.35	54937.91	4984.10
18289	14627	23757	3762	152400.93	35411.01	9841.05
52164	41510	55737	7093	352023.65	82258.75	7085.50
16287	10498	16887	2807	105152.85	18928.02	1607.80
17449	14727	33104	3456	244754.87	32248.41	3686.13
42800	34268	24423	5124	459158.36	123249.09	10746.90
149438	124777	304388	19206	1839014.30	315558.15	29339.05
26828	21923	57869	2107	234692.15	56122.72	6914.03
50627	41582	68059	8310	519851.85	99201.98	15666.86
94070	77276	167459	13610	613405.91	151941.56	19588.22
33077	26853	44454	5873	298525.38	53295.06	3671.01
107076	85648	141472	24612	1260957.65	196969.77	28359.76
75858	65407	123053	13800	613263.44	123657.93	14197.37
107950	75269	85342	19831	730833.33	126909.87	15763.98
16625	12723	26707	3786	205370.06	35658.21	5810.82
207695	177369	300018	103381	1521355.00	339231.00	34838.00
109280	91585	137684	16503	763515.83	209631.87	22776.75
9026	7570	23292	2076	79007.93	18742.90	3893.45
14274	12528	18736	1223	127985.43	19977.69	2208.03
80644	64184	76847	12157	637114.03	124044.15	23907.63
29204	23991	50710	5292	178721.80	46591.39	10698.31
36844	29994	49761	4695	342586.70	46598.29	7703.01
1429	1092	976	248	21726.21	2648.47	722.84
19151	15613	32849	2704	239194.66	42556.87	4997.93
36124	29026	45125	6397	324547.03	55501.39	8347.58
10488	7473	8380	826	168642.01	21590.86	5640.81
6435	4991	5876	1709	77658.41	11721.88	1688.09
25850	20603	40291	8019	230464.44	59452.36	10199.33

普通中专学校资产
Condition of Fixed Assets and Teaching

地　区 Region	学校占地面积(平方米) Area of School Sites (m^2)			图书(册) Books (volume)	
	合计 Total	其中:绿化用地面积 of Which: Green Areas	其中:运动场地面积 of Which: Sports Areas	合计 Total	当年新增 New Added in Current Year
总　计 Total	**27190296**	**5143791**	**4551035**	**9669521**	**493387**
北　京 Beijing	53614	2650	8550		
天　津 Tianjin	162138	8100	34400	97951	16
河　北 Hebei	2492278	320992	451511	1179014	30205
山　西 Shanxi	674224	65980	64987	3000	3000
内蒙古 Inner Mongolia	352545	40822	112577	127116	10656
辽　宁 Liaoning	382088	44282	60092	32150	150
吉　林 Jilin	259719	103040	65229	74991	1000
黑龙江 Heilongjiang	562914	65526	89268	143320	200
上　海 Shanghai	204290	50373	32600	6365	
江　苏 Jiangsu	887826	246452	130125	446165	4264
浙　江 Zhejiang	332889	93246	83288	71554	2978
安　徽 Anhui	111869	12830	25158	53000	
福　建 Fujian	1504773	455710	293796	439289	29534
江　西 Jiangxi	784224	250321	125825	461693	36000
山　东 Shandong	1620106	478419	319855	794932	77993
河　南 Henan	978264	173861	249943	778507	1000
湖　北 Hubei	1661995	291297	302507	761530	9600
湖　南 Hunan	231007	36641	33619	185280	
广　东 Guangdong	2346468	408256	499707	281962	39045
广　西 Guangxi	4262645	854329	414737	2242871	134848
海　南 Hainan	220761	22532	19652	8000	500
重　庆 Chongqing	108461	27484	26254	30520	5520
四　川 Sichuan	3561413	649441	637787	501255	68120
贵　州 Guizhou	1551858	156080	150901	484512	3008
云　南 Yunnan	489016	75522	86172	143255	350
西　藏 Tibet	180000	20000	21000	120000	
陕　西 Shaanxi	253338	46458	52294	56323	15000
甘　肃 Gansu	660080	91165	107709	93600	2200
青　海 Qinghai	192533	44737	27136	1326	200
宁　夏 Ningxia	106960	7245	24356	36000	18000
新　疆 Xinjiang				14040	

情况(非学校产权中独立使用)
Resources in Regular SSSs (Not Owned by Regular SSSs)

计算机数(台) PC (set)		多媒体教室座位数(个) No. of Seats in Multimedia Class Rooms (seat)	语音实验室座位数(个) No. of Seats in Audio Labs (seat)	固定资产值(万元) Fixed Assets (10,000 yuan)		
合计 Total	其中:教学用计算机 of Which: No. of Computers Used for Instruction			合计 Total	其中:教学、科研仪器设备资产值 of Which: Teaching Equipment & Instruments	
					小计 Subtotal	当年新增 New Added in Current Year
72227	**55500**	**89491**	**15784**	**652500.35**	**115460.17**	**11897.71**
910	708	630	12	18698.60	2654.50	140.00
9858	5602	7021	2168	68603.22	8541.38	398.20
67	67	70		12392.32	913.30	302.90
247	161	840	120	2102.00	593.96	115.00
722	536	2485	50	9297.20	951.00	
218	14	2090	46	3840.50	49.00	10.00
1105	1021	1430	484	9924.32	2710.20	327.60
821	716	80	223			
2948	2366	6176	479	28834.80	7607.00	185.00
428	265	2448	48	3720.00	833.00	180.00
				6318.00		
2234	1811	6026	653	18610.24	3253.47	315.67
2612	2273	2319	300	8601.00	1926.00	20.00
6667	4588	4610	1388	102558.91	19513.47	1565.90
4226	3608	1248	647	39301.00	7922.00	480.00
6477	5405	7234	2288	57773.20	12977.86	306.00
1317	1189	7500	248	18468.00	3231.00	1088.00
6373	4592	8567	1348	35924.00	8598.00	832.00
9085	8274	10158	690	56430.07	13987.61	2141.73
289	289		2	22.00	0.50	0.50
580	555	1143	51	13810.68	735.68	6.53
9874	7600	10945	3736	82545.50	10303.75	1493.55
1701	1060	2348	270	14347.00	2692.00	1256.00
1829	1599	3000	360	17993.80	997.10	90.00
52	52	52		3844.60	240.00	
242	115	468	50	8026.33	981.59	115.83
960	680	600	120	7655.00	1889.00	160.00
135	120			70.00	35.00	
226	221	3	3	2600.00	1290.00	360.00
24	13			188.06	32.80	7.30

地　区 Region	学校占地面积(平方米) Area of School Sites (m^2)			图书(册) Books (volume)	
	合计 Total	其中:绿化用地面积 of Which: Green Areas	其中:运动场地面积 of Which: Sports Areas	合计 Total	当年新增 New Added in Current Year
总　计 Total	**25036501**	**4643232**	**3414676**	**23961995**	**1243288**
北　京 Beijing	238611	56952	23076	148809	605
天　津 Tianjin	75899	7630	5690	182573	560
河　北 Hebei	1400378	138705	227298	1775590	78980
山　西 Shanxi	380918	47088	31686	529659	15617
内蒙古 Inner Mongolia	711854	129913	138274	822567	13100
辽　宁 Liaoning	43008	2970	14027	157820	18615
吉　林 Jilin	651293	103087	135739	1525452	5215
黑龙江 Heilongjiang	2260340	661352	229282	1126795	63125
上　海 Shanghai	112129	35259	20002	269068	540
江　苏 Jiangsu	3030314	212361	112803	1040408	135633
浙　江 Zhejiang	414445	99099	56250	539866	10636
安　徽 Anhui	1459056	247463	200645	1571731	205840
福　建 Fujian					
江　西 Jiangxi	756069	195202	87961	945652	7239
山　东 Shandong	2431640	455809	480329	1509927	38809
河　南 Henan	3860100	478641	554715	5028162	325448
湖　北 Hubei	1079196	278458	191799	587179	93254
湖　南 Hunan	2199076	643043	336709	2055103	38832
广　东 Guangdong	584611	242732	125626	354429	55109
广　西 Guangxi					
海　南 Hainan	67487	12963	7486	48405	1500
重　庆 Chongqing	688343	133586	110674	872061	16451
四　川 Sichuan	486368	83011	102430	565613	52286
贵　州 Guizhou	415763	68726	43194	653738	12884
云　南 Yunnan	918172	182238	106482	799196	14037
西　藏 Tibet					
陕　西 Shaanxi	126716	9266	15200	279522	1040
甘　肃 Gansu	310911	86981	41617	237738	4885
青　海 Qinghai	23563	910	1200	111287	
宁　夏 Ningxia	44770	5435	9390	62586	200
新　疆 Xinjiang	265471	24352	5092	161059	32848

资产情况(学校产权)
Resources in Adult SSSs (Owned by Adult SSSs)

计算机数(台) PC (set)		多媒体教室座位数(个) No. of Seats in Multimedia Class Rooms (seat)	语音实验室座位数(个) No. of Seats in Audio Labs (seat)	固定资产值(万元) Fixed Assets (10,000 yuan)		
合计 Total	其中:教学用计算机 of Which: No. of Computers Used for Instruction			合计 Total	其中:教学、科研仪器设备资产值 of Which: Teaching Equipment & Instruments 小计 Subtotal	当年新增 New Added in Current Year
168559	**132419**	**222442**	**47773**	**1120821.62**	**192284.41**	**19874.74**
2184	1771	7239	248	12273.90	3603.70	105.00
2076	1890	650	156	7060.27	1958.70	125.18
14119	11042	26425	7645	67513.73	10899.47	1105.29
4636	4161	3909	951	13994.46	2536.16	192.17
4306	3274	3651	1506	16851.50	3140.11	77.60
972	773	585	132	5575.63	1092.00	19.00
5990	3261	10113	1539	33775.73	5757.98	435.14
8126	5993	8731	2335	44919.27	8405.56	282.80
2607	2148	2502	552	14248.71	3607.30	23.75
8334	6463	10921	784	83950.18	12579.75	649.30
7039	5358	15555	3579	44126.33	6700.30	457.80
7922	5846	9337	3396	98865.31	16443.40	1682.30
3352	2371	4556	1078	18090.89	1643.24	246.44
12092	9822	14828	2991	74534.22	13289.58	1468.49
34965	28225	46108	8667	208068.97	39250.01	4637.27
3883	3309	3040	352	34099.68	6308.90	545.90
13385	11843	12041	4464	84106.30	11349.84	1059.90
2486	2206	4638	1231	19586.00	7925.00	720.00
401	320	1201	230	2172.75	615.00	50.00
7993	5597	13442	2584	49393.86	9520.35	1563.63
4302	3515	4664	983	17326.38	4177.18	864.00
3621	2525	2738	85	73685.54	7039.68	1584.50
6695	5508	9441	1646	32417.05	4909.13	816.87
1931	1483	1846	318	42412.08	3722.64	128.00
2865	1995	2865	243	12237.49	3644.29	640.38
427	80	55		2157.00	350.00	42.00
1151	1072	430		1338.24	532.92	273.23
699	568	931	78	6040.15	1282.22	78.80

地区 Region	学校占地面积(平方米) Area of School Sites (m^2)			图书(册) Books (volume)	
	合计 Total	其中:绿化用地面积 of Which: Green Areas	其中:运动场地面积 of Which: Sports Areas	合计 Total	当年新增 New Added in Current Year
总计 Total	**3521056**	**416456**	**549529**	**1920336**	**91651**
北京 Beijing	6004	1000	1500	30500	500
天津 Tianjin	9100	205	500	8500	2000
河北 Hebei	188540	11350	14756	255519	6300
山西 Shanxi	33736	1250	7952	11150	
内蒙古 Inner Mongolia	20239	4360	6871	30000	
辽宁 Liaoning	23314	1600	12000	53000	13000
吉林 Jilin	59689	22473	11873	96399	
黑龙江 Heilongjiang	141225	13274	25920	108928	3789
上海 Shanghai	5606			1500	
江苏 Jiangsu	77891	22158	2400		
浙江 Zhejiang	17042	3000	3654	20860	
安徽 Anhui	308500	28320	46800	302148	300
福建 Fujian					
江西 Jiangxi	79033	11928	6572	102916	1524
山东 Shandong	185448	45769	61724	41720	
河南 Henan	1169621	98941	135751	463559	51590
湖北 Hubei	1530	232	218		
湖南 Hunan	519048	73027	65589	96390	4976
广东 Guangdong	5400	700	1900	500	
广西 Guangxi					
海南 Hainan					
重庆 Chongqing	150132	31268	33758	105171	3028
四川 Sichuan	290997	24760	53207	1500	
贵州 Guizhou	131639	4131	31284	31539	2484
云南 Yunnan	18671	2510	1300	52287	2060
西藏 Tibet					
陕西 Shaanxi	48195	5000	10000	66750	
甘肃 Gansu	22777	8200	12000	7500	100
青海 Qinghai	6660	1000	2000	32000	
宁夏 Ningxia	534				
新疆 Xinjiang	485				

资产情况(非学校产权中独立使用)
Resources in Adult SSSs (Not Owned by Adult SSSs)

计算机数(台) PC (set)		多媒体教室座位数(个) No. of Seats in Multimedia Class Rooms (seat)	语音实验室座位数(个) No. of Seats in Audio Labs (seat)	固定资产值(万元) Fixed Assets (10,000 yuan)		
合计 Total	其中:教学用计算机 of Which: No. of Computers Used for Instruction			合计 Total	其中:教学、科研仪器设备资产值 of Which: Teaching Equipment & Instruments	
					小计 Subtotal	当年新增 New Added in Current Year
15382	**12519**	**17825**	**3673**	**88002.25**	**19691.40**	**3298.38**
368	278	395	130	1190.00	374.00	
175	135	90		694.00	102.00	1.00
1917	1557	3451	400	6146.00	1168.28	77.60
389	318	121		2116.60	889.50	
123	100	150	50	360.00	89.00	
233	190	120	120	410.00	190.00	
414	253	133	2	1673.00	367.00	122.00
488	332	251	350	10037.70	3838.00	661.00
56	50		152	78.80	57.20	37.50
132	132	400	48	411.58	105.67	
407	339	904	250	10699.00	3607.00	1056.00
654	527	455	121	2600.90	320.50	102.80
553	496	648	382	2437.09	523.05	
5310	4427	5954	928	19154.74	3315.69	459.28
1410	1241	1173	296	5254.80	1978.80	292.70
				1108.00	326.00	
787	680	530	72	4242.00	580.00	82.00
283	258	150	120	2566.00	150.00	30.00
428	345	2340	200	10400.54	142.31	105.00
333	248	270		869.50	372.40	171.00
694	553	210	52	3123.00	895.00	
121				105.00	100.00	0.50
107	60	80		2324.00	200.00	100.00

Condition of Fixed Assets and Teaching Resources

地 区 Region	学校占地面积(平方米) Area of School Sites (m^2)			图书(册) Books (volume)	
	合计 Total	其中:绿化用地面积 of Which: Green Areas	其中:运动场地面积 of Which: Sports Areas	合计 Total	当年新增 New Added in Current Year
总 计 Total	**220498978**	**48846508**	**34311049**	**135053485**	**10940136**
北 京 Beijing	3515172	517403	632064	2858931	43983
天 津 Tianjin	824343	93816	164452	1599775	67164
河 北 Hebei	15172680	2354831	2672828	10171657	797119
山 西 Shanxi	7199555	1054907	1055487	3684118	317036
内蒙古 Inner Mongolia	6512262	766054	1233903	2678844	322926
辽 宁 Liaoning	6079947	653724	1359081	3556710	89847
吉 林 Jilin	3529689	645244	866481	2097568	76446
黑龙江 Heilongjiang	4820099	721981	993540	1558797	41681
上 海 Shanghai	1215965	416950	281489	1985825	34719
江 苏 Jiangsu	7345557	2317746	1200946	7375083	481816
浙 江 Zhejiang	16126779	4570664	2908252	11384251	927888
安 徽 Anhui	20082990	4060617	2636145	14581940	2590799
福 建 Fujian					
江 西 Jiangxi	17951876	5853106	1703819	7530328	471381
山 东 Shandong	14359227	3954687	2537428	8622790	443348
河 南 Henan	18873528	3028037	2612604	12681308	605855
湖 北 Hubei	3984316	1698865	427117	1733098	68599
湖 南 Hunan	14896293	3912117	2075087	9080012	528948
广 东 Guangdong	6221692	1812726	1127056	4448646	286999
广 西 Guangxi					
海 南 Hainan	1889880	477257	325944	743893	53495
重 庆 Chongqing	6975351	1944501	1148790	4264176	311385
四 川 Sichuan	11584022	2404615	1949893	7178020	753498
贵 州 Guizhou	4149406	930381	678541	1828410	224028
云 南 Yunnan	7222240	1559629	1004779	3071554	294527
西 藏 Tibet					
陕 西 Shaanxi	12200152	1625123	1674092	7796007	796912
甘 肃 Gansu	2357478	314589	468901	1197128	78879
青 海 Qinghai	117643		15200	5586	
宁 夏 Ningxia	1922048	415869	131086	445866	131500
新 疆 Xinjiang	3368788	741069	426044	893164	99358

资产情况(学校产权)
in Vocational High Schools (Owned by VHSs)

计算机数(台) PC (set)		多媒体教室座位数(个) No. of Seats in Multimedia Class Rooms (seat)	语音实验室座位数(个) No. of Seats in Audio Labs (seat)	固定资产值(万元) Fixed Assets (10,000 yuan)		
合计 Total	其中:教学用计算机 of Which: No. of Computers Used for Instruction			合计 Total	其中:教学、科研仪器设备资产值 of Which: Teaching Equipment & Instruments 小计 Subtotal	当年新增 New Added in Current Year
1173966	**984204**	**1461807**	**226165**	**9429400.53**	**1951780.94**	**276804.83**
33457	26732	68273	2585	221909.57	75997.48	12398.51
10120	9084	2090	629	35157.56	15183.91	1455.99
71112	59528	95151	10394	581927.47	114111.21	11397.42
34079	30362	43170	7879	251161.76	40773.50	9059.13
22864	17948	27862	5298	239654.85	45486.23	10503.17
42262	34617	34701	10659	334279.81	77048.94	8102.87
21909	17766	24433	3328	190431.48	37858.45	4671.42
21817	18617	14119	5093	128481.00	30481.19	3130.65
26167	22444	7025	2275	216665.25	50889.55	4278.71
46407	38120	67917	6687	446886.11	85300.04	9561.49
121874	100969	283480	13072	1033881.21	232825.66	31628.00
67401	54624	62022	17255	781558.51	155105.89	26291.59
45521	39896	39129	9966	370816.19	69093.30	7547.00
71822	53991	82878	12924	594030.53	122778.20	17462.38
91806	80017	88930	20092	610891.47	122526.62	14430.87
20837	17099	21199	5233	150625.43	23960.97	1850.34
104785	90391	120668	25189	761777.67	143959.33	14211.96
55018	45471	61483	19137	301826.00	87544.00	12851.00
7969	7107	11354	1016	60392.04	14713.03	2076.80
43141	36881	81725	7871	424402.72	76784.61	16700.24
69370	59829	66758	11051	627890.48	106333.76	18249.82
23137	20778	24299	3176	120291.62	27911.27	5965.85
35585	29921	34105	4704	241513.85	39938.33	7146.39
57282	47552	58778	15821	453614.25	96588.79	16547.74
15133	13197	20668	2150	101946.49	23533.44	2922.89
55	34			2394.00	59.00	
5579	5062	11014	520	44814.31	11656.30	1764.18
7457	6167	8576	2161	100178.90	23337.94	4598.42

职业高中学校资产情况
Condition of Fixed Assets and Teaching Resources

地区 Region	学校占地面积(平方米) Area of School Sites (m^2)			图书(册) Books (volume)	
	合计 Total	其中:绿化用地面积 of Which: Green Areas	其中:运动场地面积 of Which: Sports Areas	合计 Total	当年新增 New Added in Current Year
总　计 Total	**25899746**	**5334690**	**4051868**	**8193067**	**658029**
北　京 Beijing	678360	44320	51971	34357	500
天　津 Tianjin	267239	16272	38326	110142	
河　北 Hebei	682270	75866	145427	412472	4070
山　西 Shanxi	1092520	133474	247355	267600	8800
内蒙古 Inner Mongolia	546325	83432	213882	368650	28174
辽　宁 Liaoning	984324	117439	173996	49866	1166
吉　林 Jilin	667271	87455	160482	221710	10900
黑龙江 Heilongjiang	773033	50378	179027	250669	62050
上　海 Shanghai	4500	260	947		
江　苏 Jiangsu	520862	170281	72550	448000	21000
浙　江 Zhejiang	1198242	299441	189142	528023	72519
安　徽 Anhui	1251332	195117	141464	441342	97280
福　建 Fujian					
江　西 Jiangxi	2530838	924670	175399	613956	21233
山　东 Shandong	1806126	430417	351766	369120	5520
河　南 Henan	2369433	303603	377127	1027849	94743
湖　北 Hubei	248217	55219	34904	137930	1200
湖　南 Hunan	3152035	838574	438515	913802	66513
广　东 Guangdong	245985	37607	61134	5560	
广　西 Guangxi					
海　南 Hainan	183618	23438	36648	40532	4450
重　庆 Chongqing	976193	91576	99906	158148	15300
四　川 Sichuan	487622	88123	100300	274340	23642
贵　州 Guizhou	789554	114033	140621	342388	7630
云　南 Yunnan	1939836	526934	140367	145872	11800
西　藏 Tibet					
陕　西 Shaanxi	1928153	381328	365483	955781	95489
甘　肃 Gansu	347809	72817	90307	66058	3900
青　海 Qinghai					
宁　夏 Ningxia					
新　疆 Xinjiang	228049	172616	24822	8900	150

(非学校产权中独立使用)
in Vocational High Schools (Not Owned by VHSs)

计算机数(台) PC (set)		多媒体教室座位数(个) No. of Seats in Multimedia Class Rooms (seat)	语音实验室座位数(个) No. of Seats in Audio Labs (seat)	固定资产值(万元) Fixed Assets (10,000 yuan)		
					其中:教学、科研仪器设备资产值 of Which: Teaching Equipment & Instruments	
合计 Total	其中:教学用计算机 of Which: No. of Computers Used for Instruction			合计 Total	小计 Subtotal	当年新增 New Added in Current Year
81161	**68249**	**80893**	**20302**	**548911.84**	**100064.85**	**16627.84**
302	250	930	230	2204.00	391.00	18.00
782	758	45	40	3244.00	348.00	
3080	2438	2750	140	9279.00	2585.00	374.40
2325	1714	2245	198	14010.92	3014.00	726.00
1773	1134	2437	426	41340.00	7238.00	776.00
1133	968	725	130	4259.00	823.00	29.00
3450	2467	3783	1330	12286.48	2042.36	95.00
2358	2108	1268	2025	12619.60	2122.70	592.70
				248.00	180.00	4.00
2120	1670	1231	574	17111.57	4549.24	382.29
5714	4974	8322	707	35492.44	6710.67	810.59
3283	3002	2326	716	53160.60	14909.00	2838.00
6510	5714	7306	2817	42550.30	5902.50	475.30
2715	2363	3965	450	44612.47	6649.30	173.00
8486	7069	4528	1799	27692.68	6514.04	971.09
819	770	380	155	9756.00	1258.30	65.00
17921	15029	16211	3312	63535.56	13826.65	3501.96
196	189	754	32	1081.00	415.00	5.00
943	634	1196		4850.00	393.50	255.00
3099	2862	6930	900	41549.06	4695.79	1313.00
1671	1340	905	217	22361.89	3279.53	298.98
2639	2061	3899	1564	13570.48	3018.65	585.31
2273	2074	2344	499	11115.40	1961.30	379.20
6475	5828	5668	1851	53039.12	6466.62	1627.00
1016	765	745	190	6370.77	574.78	198.00
				1410.00	116.72	116.72
78	68			161.50	79.20	17.30

其他机构资产

Condition of Fixed Assets and Teaching Resources in Other

地　区 Region	学校占地面积(平方米) Area of School Sites (m^2)			图书(册) Books (volume)	
	合计 Total	其中:绿化用地面积 of Which: Green Areas	其中:运动场地面积 of Which: Sports Areas	合计 Total	当年新增 New Added in Current Year
总　计 Total	**10793305**	**2100179**	**1746100**	**7893954**	**217182**
北　京 Beijing					
天　津 Tianjin					
河　北 Hebei	559767	48892	160572	733884	5000
山　西 Shanxi	210165	6600	31812	103642	14000
内蒙古 Inner Mongolia	28456	200	500	31184	
辽　宁 Liaoning					
吉　林 Jilin	355880	97041	100600	642653	1170
黑龙江 Heilongjiang	6210	5484		8000	
上　海 Shanghai					
江　苏 Jiangsu	2332952	433807	383781	1476990	43854
浙　江 Zhejiang	810037	195955	124200	564833	6948
安　徽 Anhui	1194462	319700	149180	1025338	69128
福　建 Fujian					
江　西 Jiangxi	75682	23056	13430	121800	3400
山　东 Shandong	1832587	281038	158906	397238	11060
河　南 Henan	904526	70021	98003	523007	19758
湖　北 Hubei	91906	9050	19100	47532	
湖　南 Hunan	843796	269816	254348	604951	22730
广　东 Guangdong	569514	158030	126852	959598	7964
广　西 Guangxi	93274	1820	810	10120	
海　南 Hainan	12370		380	1000	
重　庆 Chongqing	159466	8500	29700	73695	620
四　川 Sichuan	273519	109303	22527	190017	5200
贵　州 Guizhou	25000	200	15000	12500	
云　南 Yunnan	177035	14485	22436	197646	6000
西　藏 Tibet					
陕　西 Shaanxi	3965	100	450	15000	
甘　肃 Gansu	43956	1200	8243	45326	
青　海 Qinghai					
宁　夏 Ningxia	188780	45881	25270	108000	350
新　疆 Xinjiang					

情况(学校产权)
Institutions (Owned by SVSs)

计算机数(台) PC (set)		多媒体教室座位数(个) No. of Seats in Multimedia Class Rooms (seat)	语音实验室座位数(个) No. of Seats in Audio Labs (seat)	固定资产值(万元) Fixed Assets (10,000 yuan)		
					其中:教学、科研仪器设备资产值 of Which: Teaching Equipment & Instruments	
合计 Total	其中:教学用计算机 of Which: No. of Computers Used for Instruction			合计 Total	小计 Subtotal	当年新增 New Added in Current Year
54173	**42943**	**93203**	**16254**	**633691.33**	**94181.26**	**11996.72**
2799	2339	4136	742	97041.00	8877.20	80.70
559	414	2000	380	7712.00	3537.44	3110.00
105	84	230		393.90	194.20	
1875	1235	3280	614	30733.11	5564.18	22.45
90	70	70		790.00	79.00	39.00
10748	8573	18755	1816	70051.82	11731.48	1650.30
7450	5900	12145	500	62740.93	6842.60	967.85
5252	4526	14932	2506	55298.61	13293.76	1329.80
832	805	725	56	7329.99	797.21	29.65
3629	2634	2995	1125	81718.13	5000.37	131.15
3990	3029	5762	659	42326.22	9409.95	1679.82
883	589	430	212	8368.80	1583.80	80.00
4005	2960	5846	1654	51213.90	8957.00	1196.00
6133	4987	16593	2036	42100.00	6825.00	628.00
175	152	900		9888.00		
68	40	40		1765.00	883.00	
1068	907	485	95	22232.15	2304.50	436.00
2653	2220	1863	1132	16202.18	4069.50	201.00
50	25	30		88.00	40.00	25.00
1255	1022	1712	436	19780.61	2573.07	390.00
42	42	60		42.98		
260	240	110		2884.00	303.00	
252	150	104	2291	2990.00	1315.00	

其他机构资产情况
Condition of Fixed Assets and Teaching Resources

地　区 Region	学校占地面积(平方米) Area of School Sites (m^2)			图书(册) Books (volume)	
	合计 Total	其中:绿化用地面积 of Which: Green Areas	其中:运动场地面积 of Which: Sports Areas	合计 Total	当年新增 New Added in Current Year
总　计 Total	**2384124**	**470225**	**544239**	**899578**	**10906**
北　京 Beijing					
天　津 Tianjin					
河　北 Hebei	207424	8570	9100	161200	
山　西 Shanxi	119552	3000	11632	1000	1000
内蒙古 Inner Mongolia	59386	2000	31680		
辽　宁 Liaoning					
吉　林 Jilin	5000				
黑龙江 Heilongjiang	40510	5484			
上　海 Shanghai					
江　苏 Jiangsu	81212	6122	17096	65480	
浙　江 Zhejiang	136766	36450	35605	23954	50
安　徽 Anhui	248329	59540	34102	318060	50
福　建 Fujian					
江　西 Jiangxi					
山　东 Shandong	76100	8650	15070	88625	
河　南 Henan	197766	48188	37500	118460	1000
湖　北 Hubei	33229	25861	1824		
湖　南 Hunan	500000	200000	300000	12000	2000
广　东 Guangdong	6000	150	200	31129	586
广　西 Guangxi					
海　南 Hainan					
重　庆 Chongqing	102299	11990	9400	23770	120
四　川 Sichuan	260				
贵　州 Guizhou	4207	300	2940	1000	
云　南 Yunnan	566084	53920	38090	54900	6100
西　藏 Tibet					
陕　西 Shaanxi					
甘　肃 Gansu					
青　海 Qinghai					
宁　夏 Ningxia					
新　疆 Xinjiang					

（非学校产权中独立使用）
in Other Institutions（Not Owned by SVSs）

计算机数（台） PC（set）		多媒体教室座位数（个） No. of Seats in Multimedia Class Rooms（seat）	语音实验室座位数（个） No. of Seats in Audio Labs（seat）	固定资产值（万元） Fixed Assets（10,000 yuan）		
合计 Total	其中：教学用计算机 of Which：No. of Computers Used for Instruction			合计 Total	其中：教学、科研仪器设备资产值 of Which：Teaching Equipment & Instruments	
					小计 Subtotal	当年新增 New Added in Current Year
5958	**4256**	**11229**	**640**	**81203.65**	**9054.87**	**4190.28**
1075	935	5731	310	4660.72	435.72	3.00
140	105	40		30126.40	1029.94	
				600.00		
827	317	1831	42	7163.40	818.40	4.00
612	398	1415	42	4779.00	204.50	50.00
327	290	700		5612.00	2080.00	1880.00
410	260	550	40	12920.00	213.83	
834	599	240		8656.80	2056.00	1525.80
3				600.40	4.00	
120	2	120	1	360.00	120.00	40.00
720	650	2	40			
250	200	50	45	1118.15	500.00	45.00
				66.00		
52	52					
588	448	550	120	4540.78	1592.48	642.48

中等职业学校(机构)校舍情况(总计)

Conditions of School Buildings in Secondary Vocational Schools (Institutions) (Total)

单位:平方米

unit:m²

	学校产权建筑面积 Floor Area of School Building Owned by SVSs				正在施工校舍建筑面积 Floor Area Under Construction	独立使用非学校产权校舍建筑面积 Floor Area of School Building Not Owned by SVSs
	合计 Total	其中:危房 of Which: Dilapidated Buildings	其中:当年新增 of Which: New Added in Current Year	其中:被外单位借用 of Which: Floor Space Hired by Other Schools or Units		
总 计 Total	**212144499**	**3731967**	**7844330**	**495039**	**11479817**	**20664150**
北 京 Beijing	2280305	1974	3356	19275	105705	261163
天 津 Tianjin	1951661		8846	539	55208	353222
河 北 Hebei	10073164	179437	199037	44251	341044	1258421
山 西 Shanxi	6295272	107032	344054	6904	263693	634963
内蒙古 Inner Mongolia	3440777	28678	263062	4912	302109	351204
辽 宁 Liaoning	5605477	24302	232780	10528	319860	866020
吉 林 Jilin	3070720		120168		151700	506013
黑龙江 Heilongjiang	3116066	74915	52991	3000	142592	491783
上 海 Shanghai	2585206		111764	33173	157160	305263
江 苏 Jiangsu	16177256		698345	78725	724778	163953
浙 江 Zhejiang	10014570		294679	18250	282297	683604
安 徽 Anhui	14138495	136844	891543	63426	840206	854973
福 建 Fujian	5332966	46370	346600	7902	458426	649220
江 西 Jiangxi	7168020	140505	119117	4563	287515	585981
山 东 Shandong	17219808	57984	491096	7274	712767	959082
河 南 Henan	17191118	288678	318756	6736	845164	1444085
湖 北 Hubei	8628525	140385	150526	6032	210363	687810
湖 南 Hunan	9926500	156929	157449	10359	384507	1362696
广 东 Guangdong	15760980	44070	293984	21496	722951	1540561
广 西 Guangxi	8191221	122126	267156	17255	632196	1091760
海 南 Hainan	1576864	56670	67101	12993	68637	202437
重 庆 Chongqing	5376784	21342	343768	14462	287873	421699
四 川 Sichuan	11341247	167187	625878	32510	602349	2501684
贵 州 Guizhou	3486691	37414	335863	8917	703361	592415
云 南 Yunnan	5488913	995085	446537	28369	566420	672997
西 藏 Tibet	256654	5200			41699	4328
陕 西 Shaanxi	6375486	93212	130044	10940	323523	809271
甘 肃 Gansu	4196571	655674	171153	2737	169572	295724
青 海 Qinghai	883249	31623	105086		85236	28064
宁 夏 Ningxia	1165400	8779	10591		63325	40215
新 疆 Xinjiang	3828533	109552	243000	19511	627581	43539

普通中专学校校舍情况

Conditions of School Buidings in Regular Specialized Sec. Schools

单位:平方米

unit:m^2

	学校产权建筑面积 Floor Area of School Building Owned by SVSs				正在施工校舍建筑面积 Floor Area Under Construction	独立使用非学校产权校舍建筑面积 Floor Area of School Building Not Owned by SVSs
	合计 Total	其中:危房 of Which: Dilapidated Buildings	其中:当年新增 of Which: New Added in Current Year	其中:被外单位借用 of Which: Floor Space Hired by Other Schools or Units		
总 计 Total	**112508727**	**1772949**	**4206272**	**204741**	**6916262**	**10074399**
北 京 Beijing	857136			783	65095	48852
天 津 Tianjin	1487169		8846		55208	137995
河 北 Hebei	4160875	98375	81226	721	92443	862922
山 西 Shanxi	3169602	55760	95025	4722	81167	170510
内蒙古 Inner Mongolia	1426105	15114	126328		99059	191421
辽 宁 Liaoning	3005154	17609	137400	8843	262623	475953
吉 林 Jilin	1049907		11000		83737	42022
黑龙江 Heilongjiang	1180536	15457	21497		89498	302099
上 海 Shanghai	1679392		111764	27128	157160	237516
江 苏 Jiangsu	10937460		367089	32724	486794	98516
浙 江 Zhejiang	1904387		95935		38846	187147
安 徽 Anhui	4866387	61784	220355	43318	577912	110872
福 建 Fujian	5332966	46370	346600	7902	458426	649220
江 西 Jiangxi	2895740	47106	27361	1880	136912	89465
山 东 Shandong	9981108	27930	405350	3000	489952	369717
河 南 Henan	7278572	126281	178933	4376	323725	121096
湖 北 Hubei	6856299	91121	148007	5032	191338	568873
湖 南 Hunan	1833475	24909	20749	788	68064	79404
广 东 Guangdong	12489905	30128	211268	19588	571507	1324975
广 西 Guangxi	8149029	122126	267156	17255	632196	1091760
海 南 Hainan	872996	27216	50857	6734	57654	60118
重 庆 Chongqing	1041754		108614	500	49653	84063
四 川 Sichuan	5650465	32594	409949	9530	368716	2073963
贵 州 Guizhou	1929211	11603	178697	5917	210149	178648
云 南 Yunnan	2628514	378205	217928		435993	269173
西 藏 Tibet	256654	5200			41699	4328
陕 西 Shaanxi	2181486	27203	773	4000	82787	59853
甘 肃 Gansu	3142944	369304	118334		131007	133498
青 海 Qinghai	843866	31623	105086		85236	6577
宁 夏 Ningxia	593499	8779	3591		53220	39723
新 疆 Xinjiang	2826134	101152	130554		438486	4120

成人中专学校校舍情况

Conditions of School Buidings in Adult Specialized Sec. Schools

单位：平方米

unit：m^2

	学校产权建筑面积 Floor Area of School Building Owned by SVSs				正在施工校舍建筑面积 Floor Area Under Construction	独立使用非学校产权校舍建筑面积 Floor Area of School Building Not Owned by SVSs
	合计 Total	其中：危房 of Which：Dilapidated Buildings	其中：当年新增 of Which：New Added in Current Year	其中：被外单位借用 of Which：Floor Space Hired by Other Schools or Units		
总　计 Total	**10585085**	**245830**	**315527**	**45921**	**315256**	**2076799**
北　京 Beijing	135768			18492	1675	8046
天　津 Tianjin	48681			224		11656
河　北 Hebei	579393	10507	1256	9068	496	83999
山　西 Shanxi	166261	7342	98		200	84845
内蒙古 Inner Mongolia	166650	11339	4164	312		1936
辽　宁 Liaoning	25355			1665		32655
吉　林 Jilin	357717		4280			35447
黑龙江 Heilongjiang	551458	9139	2006		2000	44484
上　海 Shanghai	76218					6231
江　苏 Jiangsu	681226		3525		32845	3390
浙　江 Zhejiang	285281		2890	1860		14912
安　徽 Anhui	763155	2150	250			225100
福　建 Fujian						
江　西 Jiangxi	264026	10714		1494	8145	20577
山　东 Shandong	1019830	9093	24398	3700		169658
河　南 Henan	2019522	15720	52310	1000	108773	719375
湖　北 Hubei	229365	666	490	1000		1530
湖　南 Hunan	969621	14608	58677		12922	291076
广　东 Guangdong	214535					280
广　西 Guangxi						
海　南 Hainan	42243	12795		480		
重　庆 Chongqing	524473	4802	42314			71298
四　川 Sichuan	256536	4690	81084			112562
贵　州 Guizhou	375398		17700		143200	30030
云　南 Yunnan	369316	116965	10773	3626		12016
西　藏 Tibet						
陕　西 Shaanxi	171505					32397
甘　肃 Gansu	151201	14700	5312		5000	40475
青　海 Qinghai	24348					21302
宁　夏 Ningxia	17390					492
新　疆 Xinjiang	98613	600	4000	3000		1030

职业高中学校校舍情况

Conditions of School Buidings in Vocational High Schools

单位:平方米

unit: m^2

	学校产权建筑面积 Floor Area of School Building Owned by SVSs				正在施工校舍建筑面积 Floor Area Under Construction	独立使用非学校产权校舍建筑面积 Floor Area of School Building Not Owned by SVSs
	合计 Total	其中:危房 of Which: Dilapidated Buildings	其中:当年新增 of Which: New Added in Current Year	其中:被外单位借用 of Which: Floor Space Hired by Other Schools or Units		
总 计 Total	**83817124**	**1692452**	**3192688**	**241388**	**4117933**	**8034539**
北 京 Beijing	1287401	1974	3356		38935	204265
天 津 Tianjin	415811			315		203571
河 北 Hebei	5017201	70555	110955	34462	233106	256556
山 西 Shanxi	2876144	43930	223288	2182	175326	379608
内蒙古 Inner Mongolia	1831042	2225	132570	4600	203050	113216
辽 宁 Liaoning	2574968	6693	95380	20	57237	357412
吉 林 Jilin	1504162		104888		67963	428544
黑龙江 Heilongjiang	1369846	50319	26262	3000	51094	110900
上 海 Shanghai	829596			6045		61516
江 苏 Jiangsu	3633599		315131	44920	200222	38564
浙 江 Zhejiang	7355126		195384	16390	243451	424600
安 徽 Anhui	7955538	67082	637978	20108	252294	492903
福 建 Fujian						
江 西 Jiangxi	3949202	82685	91756	1189	142458	475939
山 东 Shandong	5688599	20834	57348	574	186815	389539
河 南 Henan	7411044	145189	84953	1360	403566	571276
湖 北 Hubei	1456544	48598	2029		19025	98186
湖 南 Hunan	6547752	116688	77423	9571	267411	992216
广 东 Guangdong	2590382	13037	82716		139204	213002
广 西 Guangxi						
海 南 Hainan	660149	16659	16244	5779	10983	142319
重 庆 Chongqing	3732528	16540	188851	13962	238220	208083
四 川 Sichuan	5278973	121817	123650	22980	233633	313779
贵 州 Guizhou	1177982	25811	139466	3000	350012	366969
云 南 Yunnan	2372597	498297	190836	24743	130427	314230
西 藏 Tibet						
陕 西 Shaanxi	4018135	64049	129271	6940	240736	717021
甘 肃 Gansu	861523	271670	47507	2737	33565	121751
青 海 Qinghai	15035					185
宁 夏 Ningxia	502459		7000		10105	
新 疆 Xinjiang	903786	7800	108446	16511	189095	38389

Conditions of School Buidings

	学校产权 Floor Area of School	
	合计 Total	其中:危房 of Which: Dilapidated Buildings
总　计 Total	**5233563**	**20736**
北　京 Beijing		
天　津 Tianjin		
河　北 Hebei	315695	
山　西 Shanxi	83265	
内蒙古 Inner Mongolia	16980	
辽　宁 Liaoning		
吉　林 Jilin	158934	
黑龙江 Heilongjiang	14226	
上　海 Shanghai		
江　苏 Jiangsu	924971	
浙　江 Zhejiang	469776	
安　徽 Anhui	553415	5828
福　建 Fujian		
江　西 Jiangxi	59052	
山　东 Shandong	530271	127
河　南 Henan	481980	1488
湖　北 Hubei	86317	
湖　南 Hunan	575652	724
广　东 Guangdong	466158	905
广　西 Guangxi	42192	
海　南 Hainan	1476	
重　庆 Chongqing	78029	
四　川 Sichuan	155273	8086
贵　州 Guizhou	4100	
云　南 Yunnan	118486	1618
西　藏 Tibet		
陕　西 Shaanxi	4360	1960
甘　肃 Gansu	40903	
青　海 Qinghai		
宁　夏 Ningxia	52052	
新　疆 Xinjiang		

校舍情况
in Other Institutions

单位:平方米
unit: m²

建筑面积 Building Owned by SVSs		正在施工校舍建筑面积 Floor Area Under Construction	独立使用非学校产权校舍建筑面积 Floor Area of School Building Not Owned by SVSs
其中:当年新增 of Which: New Added in Current Year	其中:被外单位借用 of Which: Floor Space Hired by Other Schools or Units		
129843	**2989**	**130366**	**478413**
5600		14999	54944
25643		7000	
			44631
3226			34300
12600	1081	4917	23483
470			56945
32960		10000	26098
4000		36000	30168
2560		9100	32338
			19221
600		36110	
	1908	12240	2304
3989			58255
11195			1380
			16768
27000			77578

职业技术培训
Basic Statistics of Vocational Technical

地　区 Region	学校数 (所) Schools	教学班(点) (个) External Teaching Sites (class)	结业生数 Graduates	
			合计 Total	其中:女 of Which: Female
总　计 Total	**123766**	**506604**	**48233605**	**23232301**
北　京 Beijing	3711	40644	2640055	1330821
天　津 Tianjin	2970	21472	1152509	607413
河　北 Hebei	5089	18602	1821693	881977
山　西 Shanxi	6312	21581	2386864	939851
内蒙古 Inner Mongolia	2056	4036	416459	175076
辽　宁 Liaoning	6735	36363	1871726	918793
吉　林 Jilin	2396	4841	321367	146763
黑龙江 Heilongjiang	2273	7730	593142	311616
上　海 Shanghai	799	28014	1744857	973327
江　苏 Jiangsu	11425	55288	7312071	3356448
浙　江 Zhejiang	4599	34707	3191994	1503203
安　徽 Anhui	274	2296	254450	131614
福　建 Fujian	1868	8635	860111	451293
江　西 Jiangxi	1103	2091	150033	76165
山　东 Shandong	8988	23528	2461921	1202564
河　南 Henan	13018	24255	3445250	1668431
湖　北 Hubei	1510	3197	350343	151620
湖　南 Hunan	734	3446	489636	193177
广　东 Guangdong	2296	41939	1887526	974829
广　西 Guangxi	822	2814	428386	175563
海　南 Hainan	243	2109	45410	33540
重　庆 Chongqing	4231	14853	1436820	710987
四　川 Sichuan	5496	23125	2647282	1239784
贵　州 Guizhou	7863	13167	1984866	1000504
云　南 Yunnan	10465	28681	4693014	2360568
西　藏 Tibet				
陕　西 Shaanxi	9824	18877	1436157	682434
甘　肃 Gansu	3562	5701	542887	251807
青　海 Qinghai	1006	3240	313664	173528
宁　夏 Ningxia	40	412	33880	15299
新　疆 Xinjiang	2058	10960	1319232	593306

机构基本情况(总计)
Training Institutions (Total)

单位:人次
unit:person

注册学生数 Enrolment		教职工数 Educational Personnel		聘请校外教师 Part-time Teachers
合计 Total	其中:女 of Which: Female	合计 Total	其中:专任教师 of Which: Full-time Teacher	
45673538	**21999187**	**506609**	**282233**	**291065**
2543507	1283416	58613	19306	19934
1196620	580870	17900	8616	12143
1426101	712047	18363	10864	9309
2570978	1066264	21413	10350	10199
452300	192916	6029	4420	2201
2266910	1141756	52276	31508	17862
444477	183375	8588	5200	2278
457351	200831	16254	10894	2050
1751599	989343	17407	7289	13350
6146077	2773259	43902	30091	40955
3047893	1440029	21033	13858	27193
255550	128019	2206	1479	3441
833633	434217	10657	5175	7440
155825	77490	2937	1854	1326
2134772	1030032	47757	35111	16575
3071727	1518268	31379	18860	20321
392806	176112	6313	4643	2318
415400	186250	5008	3428	1484
1932904	996392	24185	14340	13122
412723	165340	2434	975	2018
45410	33540	905	139	766
1392630	700362	7187	4130	5729
2389241	1110404	15320	8882	7618
2014520	1029638	17599	5339	9656
3932063	1965528	8358	2848	15837
1491036	689385	23907	12725	16124
625074	295894	12632	6746	2762
299741	165729	1674	799	1288
38280	17231	581	426	86
1536390	715250	3792	1938	5680

地　区 Region	学校数 (所) Schools	教学班(点) (个) External Teaching Sites (class)	结业生数 Graduates	
			合计 Total	其中:女 of Which: Female
总　计 Total	**2768**	**34414**	**2946075**	**1238031**
北　京 Beijing	86	2127	83290	31840
天　津 Tianjin	24	491	21638	10506
河　北 Hebei	37	689	51788	25769
山　西 Shanxi	490	7896	825185	192267
内蒙古 Inner Mongolia	98	354	34521	13595
辽　宁 Liaoning	61	359	46435	27625
吉　林 Jilin	74	286	32763	11482
黑龙江 Heilongjiang	58	287	22689	11323
上　海 Shanghai	17	1414	107790	71456
江　苏 Jiangsu	443	6127	316196	157555
浙　江 Zhejiang	168	2382	166650	74491
安　徽 Anhui	26	418	26048	13777
福　建 Fujian	120	1080	133901	75350
江　西 Jiangxi	41	296	21677	10811
山　东 Shandong	66	328	109855	47360
河　南 Henan	300	1912	229465	108163
湖　北 Hubei	59	514	49237	19653
湖　南 Hunan	41	786	65481	37427
广　东 Guangdong	46	622	42863	28024
广　西 Guangxi	55	177	13885	6767
海　南 Hainan	27	176	9442	7065
重　庆 Chongqing	58	513	25136	11327
四　川 Sichuan	113	2760	265261	131079
贵　州 Guizhou	11	74	21465	7369
云　南 Yunnan	5	52	9386	3613
西　藏 Tibet				
陕　西 Shaanxi	92	1385	99028	52399
甘　肃 Gansu	93	505	73083	25976
青　海 Qinghai	41	71	6738	3917
宁　夏 Ningxia	2	8	6106	2601
新　疆 Xinjiang	16	325	29073	17444

学校基本情况
Training Schools

单位：人次
unit：person

注册学生数 Enrolment		教职工数 Educational Personnel		聘请校外教师 Part-time Teachers
合计 Total	其中：女 of Which：Female	合计 Total	其中：专任教师 of Which：Full-time Teacher	
2924983	**1226380**	**59974**	**43114**	**17214**
38332	24301	1025	705	496
12809	6201	580	481	358
52472	26412	2638	2034	110
833298	198639	3795	2352	1389
37112	19185	1130	857	192
42861	22719	1382	970	176
56972	22400	773	573	129
33647	14812	1747	1302	109
109954	73257	1196	905	644
313884	152599	10784	8447	4866
169505	74115	2981	2394	1894
25918	14203	582	441	244
113301	64490	2038	1828	888
21466	10621	534	426	178
100660	43647	2587	2132	313
255302	121930	9189	4934	1336
45700	19558	1591	1103	368
53631	30164	1797	1377	266
45953	27294	874	463	439
13179	6357	281	196	67
9442	7065	142	124	18
19919	9803	1314	946	527
259366	120247	4355	3120	799
22051	7757	311	259	38
9486	3628	68	62	45
102240	51919	2793	2035	658
92145	35567	2891	2203	448
10439	6290	65	50	20
5706	2201	61	44	20
18233	8999	470	351	179

农村成人文化技术

Basic Statistics of Technical

地　区 Region	学校数（所） Schools	教学班(点)（个） External Teaching Sites (class)	结业生数 Graduates	
			合计 Total	其中:女 of Which: Female
总　计 Total	**100009**	**280040**	**35631908**	**16979442**
北　京 Beijing	2107	8519	804835	416577
天　津 Tianjin	2312	6547	534519	263955
河　北 Hebei	4408	13651	1633811	778959
山　西 Shanxi	5215	10253	1362490	653299
内蒙古 Inner Mongolia	1732	2773	346793	143347
辽　宁 Liaoning	1775	5676	948278	447377
吉　林 Jilin	1179	1434	216380	99289
黑龙江 Heilongjiang	1101	1789	314261	170208
上　海 Shanghai	108	6418	724592	406928
江　苏 Jiangsu	9335	37805	5254736	2332604
浙　江 Zhejiang	3174	23553	2521940	1160296
安　徽 Anhui	204	1571	189802	100044
福　建 Fujian	1432	4973	529320	256101
江　西 Jiangxi	1003	1401	106584	55803
山　东 Shandong	6999	16444	1751834	845518
河　南 Henan	12157	21000	3007714	1454007
湖　北 Hubei	1339	1968	258724	112158
湖　南 Hunan	579	2085	379533	133075
广　东 Guangdong	866	9949	1132446	540357
广　西 Guangxi	745	2545	403242	164986
海　南 Hainan	216	1933	35968	26475
重　庆 Chongqing	3978	12881	1348424	669064
四　川 Sichuan	5033	18749	2245800	1039270
贵　州 Guizhou	7531	11696	1845047	937143
云　南 Yunnan	10318	27676	4654685	2340094
西　藏 Tibet				
陕　西 Shaanxi	9059	11709	1159970	538877
甘　肃 Gansu	3250	4348	363429	173925
青　海 Qinghai	951	3080	302093	167632
宁　夏 Ningxia	11	107	12955	5153
新　疆 Xinjiang	1892	7507	1241703	546921

培训学校基本情况
Training Schools for Peasants

单位:人次
unit:person

注册学生数 Enrolment		教职工数 Educational Personnel		聘请校外教师 Part-time Teachers
合计 Total	其中:女 of Which: Female	合计 Total	其中:专任教师 of Which: Full-time Teacher	
31760829	**15166326**	**170322**	**87761**	**167771**
451245	255569	1640	815	2868
415102	209933	2597	910	3546
1203883	591436	8974	4833	7230
1447743	701558	8952	2674	6243
374692	153437	3774	2744	1769
1153325	537024	3827	2036	2076
247446	93789	2363	1007	1490
241820	112816	4765	3160	1103
550963	314590	928	638	1620
4057560	1791058	15335	10393	23055
2303703	1065866	8233	5146	19482
197346	98212	789	411	2927
523844	250925	3701	631	5195
111895	56892	1438	672	1019
1487991	711505	15518	12729	8503
2591993	1280908	17172	10594	17344
301652	135297	2782	2030	1295
296459	123450	1835	953	880
1114418	537144	5600	3633	3791
389665	155153	2060	731	1846
35968	26475	763	15	748
1296885	652969	3916	1899	4409
1979646	912283	7718	3539	5877
1835066	941172	13893	3313	9006
3886446	1941125	7348	2248	15327
1146708	513640	13230	5337	11378
413673	198552	8067	3306	1793
284456	157384	1545	743	1097
12422	4440	161	112	28
1406814	641724	1398	509	4826

地　区 Region	学校数 (所) Schools	教学班(点) (个) External Teaching Sites (class)	结业生数 Graduates	
			合计 Total	其中:女 of Which: Female
总　计 Total	**20989**	**192150**	**9655622**	**5014828**
北　京 Beijing	1518	29998	1751930	882404
天　津 Tianjin	634	14434	596352	332952
河　北 Hebei	644	4262	136094	77249
山　西 Shanxi	607	3432	199189	94285
内蒙古 Inner Mongolia	226	909	35145	18134
辽　宁 Liaoning	4899	30328	877013	443791
吉　林 Jilin	1143	3121	72224	35992
黑龙江 Heilongjiang	1114	5654	256192	130085
上　海 Shanghai	674	20182	912475	494943
江　苏 Jiangsu	1647	11356	1741139	866289
浙　江 Zhejiang	1257	8772	503404	268416
安　徽 Anhui	44	307	38600	17793
福　建 Fujian	316	2582	196890	119842
江　西 Jiangxi	59	394	21772	9551
山　东 Shandong	1923	6756	600232	309686
河　南 Henan	561	1343	208071	106261
湖　北 Hubei	112	715	42382	19809
湖　南 Hunan	114	575	44622	22675
广　东 Guangdong	1384	31368	712217	406448
广　西 Guangxi	22	92	11259	3810
海　南 Hainan				
重　庆 Chongqing	195	1459	63260	30596
四　川 Sichuan	350	1616	136221	69435
贵　州 Guizhou	321	1397	118354	55992
云　南 Yunnan	142	953	28943	16861
西　藏 Tibet				
陕　西 Shaanxi	673	5783	177159	91158
甘　肃 Gansu	219	848	106375	51906
青　海 Qinghai	14	89	4833	1979
宁　夏 Ningxia	27	297	14819	7545
新　疆 Xinjiang	150	3128	48456	28941

基本情况
of Others

单位:人次
unit:person

注册学生数 Enrolment		教职工数 Educational Personnel		聘请校外教师 Part-time Teachers
合计 Total	其中:女 of Which: Female	合计 Total	其中:专任教师 of Which: Full-time Teacher	
10987726	**5606481**	**276313**	**151358**	**106080**
2053930	1003546	55948	17786	16570
768709	364736	14723	7225	8239
169746	94199	6751	3997	1969
289937	166067	8666	5324	2567
40496	20294	1125	819	240
1070724	582013	47067	28502	15610
140059	67186	5452	3620	659
181884	73203	9742	6432	838
1090682	601496	15283	5746	11086
1774633	829602	17783	11251	13034
574685	300048	9819	6318	5817
32286	15604	835	627	270
196488	118802	4918	2716	1357
22464	9977	965	756	129
546121	274880	29652	20250	7759
224432	115430	5018	3332	1641
45454	21257	1940	1510	655
65310	32636	1376	1098	338
772533	431954	17711	10244	8892
9879	3830	93	48	105
75826	37590	1957	1285	793
150229	77874	3247	2223	942
157403	80709	3395	1767	612
36131	20775	942	538	465
242088	123826	7884	5353	4088
119256	61775	1674	1237	521
4846	2055	64	6	171
20152	10590	359	270	38
111343	64527	1924	1078	675

Condition of Fixed Assets and Teaching Resources

地　区 Region	占地面积 （平方米） Area of School Sites（m^2）	教学行政用房 建筑面积 （平方米） Administrative （m^2）	图书（册） Books （volume）
总　计 Total	**122923905**	**45483121**	**141260129**
北　京 Beijing	4509534	1638262	30161761
天　津 Tianjin	1985590	815076	3187041
河　北 Hebei	6415817	1350645	4144959
山　西 Shanxi	2796831	1289239	11542229
内蒙古 Inner Mongolia	2535989	949279	1413024
辽　宁 Liaoning	5951751	4031495	5287188
吉　林 Jilin	2378594	535267	730987
黑龙江 Heilongjiang	2565797	730201	1573953
上　海 Shanghai	1722398	991214	2790346
江　苏 Jiangsu	16836129	8775694	20831792
浙　江 Zhejiang	7106913	2951160	5859904
安　徽 Anhui	1873554	740907	972832
福　建 Fujian	812679	662712	1766820
江　西 Jiangxi	2785239	706185	2225096
山　东 Shandong	8857501	3466797	5277443
河　南 Henan	8971075	3019306	7663955
湖　北 Hubei	8580021	3199839	1854990
湖　南 Hunan	8473684	735092	2827949
广　东 Guangdong	5479963	2114178	12277831
广　西 Guangxi	854099	145297	566369
海　南 Hainan	64300	69930	138730
重　庆 Chongqing	863854	470419	955087
四　川 Sichuan	2242075	1076995	2547864
贵　州 Guizhou	4041516	775687	2054814
云　南 Yunnan	2999467	1532060	2054068
西　藏 Tibet			
陕　西 Shaanxi	5139085	1541314	5702074
甘　肃 Gansu	3062506	625997	1635015
青　海 Qinghai	312260	55748	385067
宁　夏 Ningxia	328625	95038	234740
新　疆 Xinjiang	2377059	392088	2596201

构资产情况

in Vocational Technical Training Institutions

教学用计算机（台）No. of Computers Used for Instruction (set)	多媒体教室座位数（个）No. of Seats in Multimedia Class Rooms (seat)	语音实验室座位数（个）No. of Seats in Audio Labs (seat)	固定资产总值(万元) Fixed Assets (10,000 yuan)	
			合计 Total	其中:教学、实习仪器设备资产值 of Which: Teaching Equipment & Instruments
801277	**1094096**	**1167204**	**4769955.92**	**1355773.21**
48512	57978	48921	317958.46	103497.44
78065	23139	10717	44236.90	19568.50
23085	22301	9848	237005.74	24734.30
22734	26733	31500	368277.59	172234.39
7134	12088	7157	82719.71	17703.99
52461	65308	47074	558405.00	165860.00
6574	9630	5946	71973.87	11757.94
16615	19505	16014	57181.83	17742.25
27633	57063	13415	127562.00	51431.00
114189	262625	24109	601110.45	126498.71
52076	82464	40734	284882.21	64273.82
5048	9154	4814	41505.91	9626.17
14059	36074	13613	57313.23	14033.51
9930	45760	11537	83028.02	13315.35
77319	65318	20775	361955.61	73465.41
43663	46861	25285	202750.59	42432.45
18760	23348	23106	81126.17	18650.50
13149	10784	3746	70026.56	16984.08
66850	54624	730748	332883.07	196455.21
2490	8332	5048	13641.64	3136.77
396	795	860	1784.00	427.00
9090	10912	4941	67221.15	11115.04
24143	20431	14289	96114.04	19816.53
15975	32764	14761	66132.55	13703.28
4808	15927	4423	116734.34	5411.57
26411	32475	21070	262959.50	103022.87
10174	19353	8695	108258.24	21643.43
1052	3242	205	3510.83	690.85
1712	2550	505	26246.12	10211.30
7170	16558	3348	25450.59	6329.55

Condition of Fixed Assets and Teaching

地　区 Region	占地面积 （平方米） Area of School Sites（m^2）	教学行政用房 建筑面积 （平方米） Administrative （m^2）	图书（册） Books （volume）
总　计 Total	**27098728**	**8338376**	**19100379**
北　京 Beijing	136520	51702	921990
天　津 Tianjin	462116	179560	470177
河　北 Hebei	1151702	277201	841857
山　西 Shanxi	1003342	593460	1631958
内蒙古 Inner Mongolia	1270540	426685	470422
辽　宁 Liaoning	875236	256381	294128
吉　林 Jilin	602236	94370	113781
黑龙江 Heilongjiang	718550	85457	264609
上　海 Shanghai	156982	125802	706974
江　苏 Jiangsu	2531215	1076873	1896421
浙　江 Zhejiang	1454034	572772	1111031
安　徽 Anhui	621132	529753	448186
福　建 Fujian	324556	216431	759814
江　西 Jiangxi	292756	67945	186311
山　东 Shandong	693463	181043	323774
河　南 Henan	3783361	1067764	2512210
湖　北 Hubei	896901	509122	724262
湖　南 Hunan	2784947	290663	1504367
广　东 Guangdong	269785	113881	346672
广　西 Guangxi	361411	63246	112950
海　南 Hainan	29800	33150	67530
重　庆 Chongqing	47720	41120	51460
四　川 Sichuan	781961	433121	919731
贵　州 Guizhou	1238294	63771	180077
云　南 Yunnan	1104038	45150	24551
西　藏 Tibet			
陕　西 Shaanxi	1455713	527536	1188196
甘　肃 Gansu	1756342	311409	740244
青　海 Qinghai	53407	30990	85963
宁　夏 Ningxia	186367	63904	184420
新　疆 Xinjiang	54301	8114	16313

学校资产情况
Resources in Technical Training Schools

教学用计算机（台）No. of Computers Used for Instruction (set)	多媒体教室座位数（个）No. of Seats in Multimedia Class Rooms (seat)	语音实验室座位数（个）No. of Seats in Audio Labs (seat)	固定资产总值(万元) Fixed Assets (10,000 yuan)	
			合计 Total	其中:教学、实习仪器设备资产值 of Which:Teaching Equipment & Instruments
142551	**176842**	**93983**	**1328472.43**	**317304.70**
5228	2992	716	8374.68	4577.79
4411	6325	1365	14903.66	5167.08
4850	4954	1264	30655.20	7802.30
6541	7526	16068	240489.81	90916.78
2846	4900	3182	43341.39	9747.30
3389	3981	3512	139214.00	10110.00
1540	1246	287	12250.30	1218.90
3319	2595	1515	18313.71	5196.34
3205	7350	3611	37044.00	10555.00
21433	23696	5406	225324.16	44969.39
11201	11357	3581	79704.77	21903.13
2077	2999	1084	21862.20	5394.20
4679	12110	1836	26253.69	6370.76
2931	2545	2295	18368.25	2550.63
3701	2728	1872	19999.05	3614.48
14467	18751	7327	96043.32	21499.60
4818	12330	13977	29830.00	7180.00
7132	6906	2296	43507.20	11426.85
2837	1723	7755	8398.51	2688.66
1266	2953	1925	7154.81	1700.61
260	650	860	656.00	167.00
2010	1282	454	5857.00	2338.00
9790	9298	4987	48294.06	9991.12
810	760	175	8373.15	883.22
335	310	88	2357.20	593.30
8483	8720	4235	59674.77	13235.56
6381	11535	1755	65538.77	11553.36
808	618	163	2094.31	541.15
900	1682	65	12081.30	2979.30
903	2020	327	2513.16	432.89

Condition of Fixed Assets and Teaching Resources

地　区 Region	占地面积（平方米） Area of School Sites（m^2）	教学行政用房建筑面积（平方米） Administrative（m^2）	图书（册） Books（volume）
总　计 Total	**59480652**	**16784019**	**44535113**
北　京 Beijing	1590883	329746	1504567
天　津 Tianjin	574308	163797	510265
河　北 Hebei	4488733	663328	2522224
山　西 Shanxi	1297008	367229	1994825
内蒙古 Inner Mongolia	639829	162954	607537
辽　宁 Liaoning	1505605	422620	862333
吉　林 Jilin	1256685	168796	258600
黑龙江 Heilongjiang	1210751	268486	784411
上　海 Shanghai	378096	191331	428671
江　苏 Jiangsu	5550885	1692836	4814687
浙　江 Zhejiang	4724906	1743716	3727770
安　徽 Anhui	1169050	150801	309350
福　建 Fujian	200547	136046	427995
江　西 Jiangxi	182619	72337	527928
山　东 Shandong	4464268	1239995	2309507
河　南 Henan	4609784	1567338	4486280
湖　北 Hubei	7225818	2463591	521367
湖　南 Hunan	3638231	352070	840607
广　东 Guangdong	2467243	671184	4114896
广　西 Guangxi	473825	74811	435899
海　南 Hainan	34500	36780	71200
重　庆 Chongqing	641691	296413	786977
四　川 Sichuan	953436	315307	957654
贵　州 Guizhou	2569898	615659	1557409
云　南 Yunnan	1751704	1392754	1854249
西　藏 Tibet			
陕　西 Shaanxi	2691628	656382	3908276
甘　肃 Gansu	1018579	228733	704470
青　海 Qinghai	232925	23103	296984
宁　夏 Ningxia	29747	11213	20040
新　疆 Xinjiang	1907470	304663	2388135

培训学校资产情况
in Technical Training Schools for Peasants

教学用计算机（台）No. of Computers Used for Instruction (set)	多媒体教室座位数（个）No. of Seats in Multimedia Class Rooms (seat)	语音实验室座位数（个）No. of Seats in Audio Labs (seat)	固定资产总值(万元) Fixed Assets (10,000 yuan)	
			合计 Total	其中:教学、实习仪器设备资产值 of Which: Teaching Equipment & Instruments
230500	**310113**	**191467**	**1460659.15**	**283529.98**
8178	15079	3700	28597.07	8468.00
2474	1699	900	6768.00	1610.45
8771	10597	5492	174245.78	5735.92
8596	7828	6544	19605.87	3944.33
1505	3956	1649	21742.70	2540.10
5208	8164	4521	39239.00	3060.00
514	1523	1345	14850.30	1642.64
4804	6495	4503	10504.67	2889.90
5074	8772	978	21848.00	6059.00
35082	26554	10494	153441.60	34925.88
25077	47478	18984	136777.27	28231.27
1370	4098	2641	9378.90	1687.20
3258	8609	6051	12965.59	2313.69
2700	8022	2081	34999.58	6686.82
11589	13067	5226	93153.28	15787.87
22610	22726	10095	74627.40	14774.69
8854	5856	6793	29571.40	4568.10
4447	1964	645	14063.36	3103.23
24795	16347	57823	101386.93	21694.93
968	4799	2682	5957.83	1186.16
136	145		1128.00	260.00
3751	6135	3339	50238.15	5548.74
9136	7606	5623	21273.22	4958.10
12715	26501	11571	46808.63	9607.25
3425	13187	3203	111444.88	3513.12
9776	15129	10197	170777.77	76418.07
2456	4539	2441	39528.16	9086.06
192	2572	22	1075.52	85.70
212	50	20	2877.00	891.00
2827	10616	1904	11783.29	2251.76

地　区 Region	占地面积 （平方米） Area of School Sites（m^2）	教学行政用房建筑面积 （平方米） Administrative （m^2）	图书(册) Books (volume)
总　计 Total	**36344525**	**20360726**	**77624637**
北　京 Beijing	2782131	1256814	27735204
天　津 Tianjin	949166	471719	2206599
河　北 Hebei	775382	410116	780878
山　西 Shanxi	496481	328550	7915446
内蒙古 Inner Mongolia	625620	359640	335065
辽　宁 Liaoning	3570910	3352494	4130727
吉　林 Jilin	519673	272101	358606
黑龙江 Heilongjiang	636496	376258	524933
上　海 Shanghai	1187320	674081	1654701
江　苏 Jiangsu	8754029	6005985	14120684
浙　江 Zhejiang	927973	634672	1021103
安　徽 Anhui	83372	60353	215296
福　建 Fujian	287576	310235	579011
江　西 Jiangxi	2309864	565903	1510857
山　东 Shandong	3699770	2045759	2644162
河　南 Henan	577930	384204	665465
湖　北 Hubei	457302	227126	609361
湖　南 Hunan	2050506	92359	482975
广　东 Guangdong	2742935	1329113	7816263
广　西 Guangxi	18863	7240	17520
海　南 Hainan			
重　庆 Chongqing	174443	132886	116650
四　川 Sichuan	506678	328567	670479
贵　州 Guizhou	233324	96257	317328
云　南 Yunnan	143725	94156	175268
西　藏 Tibet			
陕　西 Shaanxi	991744	357396	605602
甘　肃 Gansu	287585	85855	190301
青　海 Qinghai	25928	1655	2120
宁　夏 Ningxia	112511	19921	30280
新　疆 Xinjiang	415288	79311	191753

资产情况
Teaching Resources in Others

教学用计算机（台）No. of Computers Used for Instruction (set)	多媒体教室座位数（个）No. of Seats in Multimedia Class Rooms (seat)	语音实验室座位数（个）No. of Seats in Audio Labs (seat)	固定资产总值(万元) Fixed Assets (10,000 yuan)	
			合计 Total	其中:教学、实习仪器设备资产值 of Which:Teaching Equipment & Instruments
428226	**607141**	**881754**	**1980824.34**	**754938.53**
35106	39907	44505	280986.71	90451.65
71180	15115	8452	22565.24	12790.97
9464	6750	3092	32104.76	11196.08
7597	11379	8888	108181.91	77373.28
2783	3232	2326	17635.62	5416.59
43864	53163	39041	379952.00	152690.00
4520	6861	4314	44873.27	8896.40
8492	10415	9996	28363.45	9656.01
19354	40941	8826	68670.00	34817.00
57674	212375	8209	222344.69	46603.44
15798	23629	18169	68400.17	14139.42
1601	2057	1089	10264.81	2544.77
6122	15355	5726	18093.95	5349.06
4299	35193	7161	29660.19	4077.90
62029	49523	13677	248803.28	54063.06
6586	5384	7863	32079.87	6158.16
5088	5162	2336	21724.77	6902.40
1570	1914	805	12456.00	2454.00
39218	36554	665170	223097.63	172071.62
256	580	441	529.00	250.00
3329	3495	1148	11126.00	3228.30
5217	3527	3679	26546.76	4867.31
2450	5503	3015	10950.77	3212.81
1048	2430	1132	2932.26	1305.15
8152	8626	6638	32506.96	13369.24
1337	3279	4499	3191.31	1004.01
52	52	20	341.00	64.00
600	818	420	11287.82	6341.00
3440	3922	1117	11154.14	3644.90

初中校

Number of Schools, Classes of

	学校数(所) Schools			
	合计 Total	初级中学 Regular Junior Secondary Schools	九年一贯制学校 9-year Schools	职业初中 Vocational Junior Secondary Schools
总 计 Total	**53216**	**39592**	**13575**	**49**
北 京 Beijing	341	257	84	
天 津 Tianjin	317	279	38	
河 北 Hebei	2435	2042	393	
山 西 Shanxi	2023	1546	477	
内蒙古 Inner Mongolia	763	546	217	
辽 宁 Liaoning	1607	998	609	
吉 林 Jilin	1213	897	307	9
黑龙江 Heilongjiang	1648	1224	421	3
上 海 Shanghai	514	356	158	
江 苏 Jiangsu	2066	1712	354	
浙 江 Zhejiang	1735	1320	415	
安 徽 Anhui	2920	2296	623	1
福 建 Fujian	1240	1092	148	
江 西 Jiangxi	2107	1567	539	1
山 东 Shandong	2965	2440	525	
河 南 Henan	4551	4016	535	
湖 北 Hubei	2047	1643	404	
湖 南 Hunan	3296	2261	1035	
广 东 Guangdong	3309	2274	1035	
广 西 Guangxi	1860	1639	221	
海 南 Hainan	388	223	165	
重 庆 Chongqing	969	759	210	
四 川 Sichuan	3908	1880	2025	3
贵 州 Guizhou	2215	1601	594	20
云 南 Yunnan	1691	1463	217	11
西 藏 Tibet	92	91	1	
陕 西 Shaanxi	1765	1376	389	
甘 肃 Gansu	1588	1062	525	1
青 海 Qinghai	261	103	158	
宁 夏 Ningxia	251	180	71	
新 疆 Xinjiang	1131	449	682	

数、班数(总计)

Junior Secondary Schools (Total)

班数(个) Classes				
合计 Total	一年级 Grade 1	二年级 Grade 2	三年级 Grade 3	四年级 Grade 4
947575	**313536**	**311607**	**311835**	**10597**
9354	3218	3068	3042	26
6883	2215	2176	2172	320
41443	14438	13717	13288	
28803	9237	9508	10058	
15985	5268	5333	5324	60
25371	8392	8376	8463	140
16012	5303	5300	5396	13
26467	7680	7820	7923	3044
12288	3170	3176	3042	2900
45043	14746	14787	15497	13
36335	12390	11958	11938	49
43837	14468	14454	14887	28
24963	8552	8115	8296	
36468	12284	12236	11948	
63720	20021	19744	20271	3684
78192	27126	26052	24748	266
32195	10526	10704	10938	27
39776	13670	13187	12919	
85848	27920	28864	29062	2
33285	11497	11158	10627	3
6996	2410	2339	2247	
22059	7104	7368	7583	4
58582	19261	19480	19834	7
37256	12853	12525	11878	
35355	11896	11837	11617	5
2618	853	870	895	
27055	8747	9009	9299	
23414	7565	7758	8085	6
4282	1485	1398	1399	
5358	1838	1795	1725	
22332	7403	7495	7434	

初中校数、班数(城区)

Number of Schools, Classes of Junior Secondary Schools (Urban Area)

	学校数(所) Schools				班数(个) Classes				
	合计 Total	初级中学 Regular Junior Secondary Schools	九年一贯制学校 9-year Schools	职业初中 Vocational Junior Secondary Schools	合计 Total	一年级 Grade 1	二年级 Grade 2	三年级 Grade 3	四年级 Grade 4
总　计 Total	**10932**	**7476**	**3452**	**4**	**291023**	**97273**	**94521**	**93100**	**6129**
北　京 Beijing	193	143	50		7354	2546	2417	2365	26
天　津 Tianjin	131	111	20		3929	1301	1271	1250	107
河　北 Hebei	380	293	87		11026	3843	3629	3554	
山　西 Shanxi	327	243	84		8285	2711	2732	2842	
内蒙古 Inner Mongolia	218	171	47		6172	2058	2031	2025	58
辽　宁 Liaoning	643	498	145		12816	4251	4240	4195	130
吉　林 Jilin	292	230	59	3	6570	2194	2162	2201	13
黑龙江 Heilongjiang	455	362	93		10072	2881	2906	2912	1373
上　海 Shanghai	391	282	109		9994	2562	2572	2474	2386
江　苏 Jiangsu	700	563	137		19841	6667	6541	6620	13
浙　江 Zhejiang	598	428	170		15160	5185	5022	4904	49
安　徽 Anhui	349	244	104	1	9042	3117	2953	2970	2
福　建 Fujian	204	155	49		8155	2875	2658	2622	
江　西 Jiangxi	220	115	105		7022	2454	2324	2244	
山　东 Shandong	762	555	207		21028	6519	6300	6414	1795
河　南 Henan	767	604	163		17359	6024	5730	5451	154
湖　北 Hubei	507	379	128		11003	3704	3643	3647	9
湖　南 Hunan	340	216	124		9135	3172	3102	2861	
广　东 Guangdong	1352	708	644		38767	13206	12994	12565	2
广　西 Guangxi	300	174	126		6459	2261	2158	2040	
海　南 Hainan	80	28	52		2426	840	802	784	
重　庆 Chongqing	156	112	44		6289	2134	2084	2071	
四　川 Sichuan	388	197	191		12619	4353	4130	4129	7
贵　州 Guizhou	310	138	172		5360	1890	1782	1688	
云　南 Yunnan	171	97	74		4796	1656	1592	1543	5
西　藏 Tibet	12	12			304	99	106	99	
陕　西 Shaanxi	272	202	70		7408	2479	2447	2482	
甘　肃 Gansu	135	76	59		3928	1328	1294	1306	
青　海 Qinghai	30	12	18		853	291	283	279	
宁　夏 Ningxia	57	53	4		2027	702	673	652	
新　疆 Xinjiang	192	75	117		5824	1970	1943	1911	

初中校数、班数(城乡结合区)

Number of Schools, Classes of Junior Secondary Schools (Urban-rural Transitional Area)

	学校数(所) Schools				班数(个) Classes				
	合计 Total	初级中学 Regular Junior Secondary Schools	九年一贯制学校 9-year Schools	职业初中 Vocational Junior Secondary Schools	合计 Total	一年级 Grade 1	二年级 Grade 2	三年级 Grade 3	四年级 Grade 4
总　计 Total	**2393**	**1507**	**886**		**48915**	**16745**	**16034**	**15505**	**631**
北　京 Beijing	31	27	4		693	236	235	222	
天　津 Tianjin	17	13	4		306	109	101	96	
河　北 Hebei	120	89	31		2278	807	745	726	
山　西 Shanxi	52	41	11		709	237	227	245	
内蒙古 Inner Mongolia	11	7	4		231	80	72	77	2
辽　宁 Liaoning	67	50	17		1160	390	386	380	4
吉　林 Jilin	28	17	11		334	118	99	117	
黑龙江 Heilongjiang	51	36	15		906	265	256	253	132
上　海 Shanghai	23	17	6		642	179	173	156	134
江　苏 Jiangsu	114	79	35		2350	794	781	775	
浙　江 Zhejiang	179	114	65		3314	1156	1102	1056	
安　徽 Anhui	69	45	24		1202	419	395	388	
福　建 Fujian	60	48	12		1882	673	609	600	
江　西 Jiangxi	49	29	20		1198	430	395	373	
山　东 Shandong	217	152	65		4714	1476	1424	1456	358
河　南 Henan	203	159	44		3220	1145	1073	1001	1
湖　北 Hubei	82	56	26		1372	467	460	445	
湖　南 Hunan	88	57	31		1839	655	611	573	
广　东 Guangdong	493	228	265		12221	4234	4122	3865	
广　西 Guangxi	68	39	29		1264	436	427	401	
海　南 Hainan	5	4	1		180	65	60	55	
重　庆 Chongqing	20	14	6		589	194	192	203	
四　川 Sichuan	82	36	46		1785	623	589	573	
贵　州 Guizhou	90	36	54		1010	369	340	301	
云　南 Yunnan	35	24	11		1021	359	330	332	
西　藏 Tibet									
陕　西 Shaanxi	71	55	16		954	307	316	331	
甘　肃 Gansu	19	9	10		386	124	129	133	
青　海 Qinghai	5	1	4		124	47	41	36	
宁　夏 Ningxia	9	8	1		306	107	101	98	
新　疆 Xinjiang	35	17	18		725	244	243	238	

初中校数、班数(镇区)

Number of Schools, Classes of Junior Secondary Schools (Counties & Towns Area)

	学校数(所) Schools				班数(个) Classes				
	合计 Total	初级中学 Regular Junior Secondary Schools	九年一贯制学校 9-year Schools	职业初中 Vocational Junior Secondary Schools	合计 Total	一年级 Grade 1	二年级 Grade 2	三年级 Grade 3	四年级 Grade 4
总　计 Total	**22876**	**18403**	**4447**	**26**	**453567**	**149766**	**149800**	**151046**	**2955**
北　京 Beijing	86	66	20		1338	451	435	452	
天　津 Tianjin	107	97	10		2025	620	623	639	143
河　北 Hebei	1151	974	177		21420	7441	7123	6856	
山　西 Shanxi	836	689	147		13976	4504	4596	4876	
内蒙古 Inner Mongolia	392	294	98		8460	2778	2847	2833	2
辽　宁 Liaoning	610	322	288		9191	3032	3025	3124	10
吉　林 Jilin	463	363	95	5	5887	1951	1950	1986	
黑龙江 Heilongjiang	622	443	177	2	10848	3209	3271	3354	1014
上　海 Shanghai	99	61	38		1945	508	517	485	435
江　苏 Jiangsu	1137	969	168		22425	7205	7343	7877	
浙　江 Zhejiang	826	693	133		17373	5899	5684	5790	
安　徽 Anhui	1053	874	179		21657	7173	7114	7365	5
福　建 Fujian	466	443	23		10993	3743	3577	3673	
江　西 Jiangxi	932	735	196	1	19187	6425	6424	6338	
山　东 Shandong	1469	1252	217		31449	10017	9963	10237	1232
河　南 Henan	1966	1727	239		37951	13251	12622	11993	85
湖　北 Hubei	953	820	133		15034	4850	5019	5147	18
湖　南 Hunan	1294	1003	291		18940	6543	6218	6179	
广　东 Guangdong	1361	1113	248		37515	11716	12633	13166	
广　西 Guangxi	983	934	49		20470	7088	6878	6501	3
海　南 Hainan	256	167	89		4126	1414	1390	1322	
重　庆 Chongqing	567	492	75		13272	4219	4433	4616	4
四　川 Sichuan	1688	1096	591	1	32396	10553	10805	11038	
贵　州 Guizhou	775	679	87	9	18553	6346	6256	5951	
云　南 Yunnan	613	568	38	7	16734	5612	5599	5523	
西　藏 Tibet	61	60	1		1684	546	555	583	
陕　西 Shaanxi	1126	893	233		16562	5298	5541	5723	
甘　肃 Gansu	408	332	75	1	9467	3092	3126	3245	4
青　海 Qinghai	103	50	53		2308	809	744	755	
宁　夏 Ningxia	96	71	25		2314	784	776	754	
新　疆 Xinjiang	377	123	254		8067	2689	2713	2665	

初中校数、班数(镇乡结合区)
Number of Schools,Classes of Junior Secondary Schools (County-town Transitional Area)

	学校数(所) Schools				班数(个) Classes				
	合计 Total	初级中学 Regular Junior Secondary Schools	九年一贯制学校 9-year Schools	职业初中 Vocational Junior Secondary Schools	合计 Total	一年级 Grade 1	二年级 Grade 2	三年级 Grade 3	四年级 Grade 4
总 计 Total	**6069**	**4887**	**1174**	**8**	**116665**	**38920**	**38467**	**38578**	**700**
北 京 Beijing	25	21	4		379	131	120	128	
天 津 Tianjin	42	40	2		728	221	227	215	65
河 北 Hebei	497	425	72		9520	3338	3163	3019	
山 西 Shanxi	207	158	49		3626	1167	1189	1270	
内蒙古 Inner Mongolia	38	25	13		638	200	213	225	
辽 宁 Liaoning	92	45	47		1303	433	439	426	5
吉 林 Jilin	54	34	19	1	542	179	182	181	
黑龙江 Heilongjiang	59	52	7		967	295	295	306	71
上 海 Shanghai	29	18	11		531	141	133	131	126
江 苏 Jiangsu	296	253	43		5271	1698	1720	1853	
浙 江 Zhejiang	281	236	45		5975	2056	1957	1962	
安 徽 Anhui	269	212	57		5233	1725	1700	1808	
福 建 Fujian	140	133	7		3443	1177	1120	1146	
江 西 Jiangxi	213	158	54	1	3637	1219	1211	1207	
山 东 Shandong	565	472	93		12354	3967	3927	4039	421
河 南 Henan	769	660	109		13011	4536	4352	4115	8
湖 北 Hubei	237	201	36		3615	1173	1201	1241	
湖 南 Hunan	503	394	109		6857	2388	2228	2241	
广 东 Guangdong	420	333	87		11696	3715	3951	4030	
广 西 Guangxi	173	164	9		3423	1180	1154	1089	
海 南 Hainan	24	11	13		545	186	185	174	
重 庆 Chongqing	106	93	13		2724	899	920	901	4
四 川 Sichuan	321	190	131		5033	1664	1673	1696	
贵 州 Guizhou	185	145	35	5	4331	1521	1451	1359	
云 南 Yunnan	130	116	13	1	3878	1312	1290	1276	
西 藏 Tibet	5	4	1		135	42	45	48	
陕 西 Shaanxi	220	186	34		3515	1106	1180	1229	
甘 肃 Gansu	82	60	22		1809	602	593	614	
青 海 Qinghai	27	8	19		398	135	127	136	
宁 夏 Ningxia	21	16	5		529	180	178	171	
新 疆 Xinjiang	39	24	15		1019	334	343	342	

初中校数、班数(乡村)
Number of Schools, Classes of Junior Secondary Schools (Rural Area)

	学校数(所) Schools				班数(个) Classes				
	合计 Total	初级中学 Regular Junior Secondary Schools	九年一贯制学校 9-year Schools	职业初中 Vocational Junior Secondary Schools	合计 Total	一年级 Grade 1	二年级 Grade 2	三年级 Grade 3	四年级 Grade 4
总　计 Total	**19408**	**13713**	**5676**	**19**	**202985**	**66497**	**67286**	**67689**	**1513**
北　京 Beijing	62	48	14		662	221	216	225	
天　津 Tianjin	79	71	8		929	294	282	283	70
河　北 Hebei	904	775	129		8997	3154	2965	2878	
山　西 Shanxi	860	614	246		6542	2022	2180	2340	
内蒙古 Inner Mongolia	153	81	72		1353	432	455	466	
辽　宁 Liaoning	354	178	176		3364	1109	1111	1144	
吉　林 Jilin	458	304	153	1	3555	1158	1188	1209	
黑龙江 Heilongjiang	571	419	151	1	5547	1590	1643	1657	657
上　海 Shanghai	24	13	11		349	100	87	83	79
江　苏 Jiangsu	229	180	49		2777	874	903	1000	
浙　江 Zhejiang	311	199	112		3802	1306	1252	1244	
安　徽 Anhui	1518	1178	340		13138	4178	4387	4552	21
福　建 Fujian	570	494	76		5815	1934	1880	2001	
江　西 Jiangxi	955	717	238		10259	3405	3488	3366	
山　东 Shandong	734	633	101		11243	3485	3481	3620	657
河　南 Henan	1818	1685	133		22882	7851	7700	7304	27
湖　北 Hubei	587	444	143		6158	1972	2042	2144	
湖　南 Hunan	1662	1042	620		11701	3955	3867	3879	
广　东 Guangdong	596	453	143		9566	2998	3237	3331	
广　西 Guangxi	577	531	46		6356	2148	2122	2086	
海　南 Hainan	52	28	24		444	156	147	141	
重　庆 Chongqing	246	155	91		2498	751	851	896	
四　川 Sichuan	1832	587	1243	2	13567	4355	4545	4667	
贵　州 Guizhou	1130	784	335	11	13343	4617	4487	4239	
云　南 Yunnan	907	798	105	4	13825	4628	4646	4551	
西　藏 Tibet	19	19			630	208	209	213	
陕　西 Shaanxi	367	281	86		3085	970	1021	1094	
甘　肃 Gansu	1045	654	391		10019	3145	3338	3534	2
青　海 Qinghai	128	41	87		1121	385	371	365	
宁　夏 Ningxia	98	56	42		1017	352	346	319	
新　疆 Xinjiang	562	251	311		8441	2744	2839	2858	

初中学生数(总计)

Number of Students in Junior Secondary Schools (Total)

单位:人
unit:person

	毕业生数 Graduates	招生数 Entrants	在校生数 Enrolment						预计毕业生数 Estimated Graduates for Next Year
			合计 Total	其中:女 of Which: Female	一年级 Grade 1	二年级 Grade 2	三年级 Grade 3	四年级 Grade 4	
总　计 Total	**16607751**	**15707700**	**47630607**	**22430465**	**15725952**	**15668210**	**15764287**	**472158**	**15783497**
北　京 Beijing	95782	108133	305510	143877	108260	100430	96002	818	95882
天　津 Tianjin	84072	83845	256541	121686	83868	81170	80587	10916	81308
河　北 Hebei	703054	777679	2173677	1057332	777681	714582	681414		681414
山　西 Shanxi	578684	462450	1502433	731482	462468	497640	542325		542325
内蒙古 Inner Mongolia	263265	242465	746308	360316	242465	251773	249674	2396	250066
辽　宁 Liaoning	410708	369537	1134585	540548	369588	367167	391228	6602	394131
吉　林 Jilin	259666	226574	696588	334990	226578	226629	242688	693	242480
黑龙江 Heilongjiang	394270	345555	1204786	583119	345565	352789	361584	144848	376162
上　海 Shanghai	94645	117489	432686	204624	117757	115194	104360	95375	95375
江　苏 Jiangsu	752183	640312	1970169	903306	640342	643112	686223	492	686257
浙　江 Zhejiang	514374	510594	1492985	697469	510672	488252	492231	1830	492413
安　徽 Anhui	869576	689414	2130347	980395	689562	700997	738230	1558	738454
福　建 Fujian	404766	381878	1120356	511318	381967	358073	380316		380316
江　西 Jiangxi	651764	655925	1945486	886457	657170	656799	631517		631517
山　东 Shandong	1049116	1016968	3281023	1551833	1016984	1013200	1060978	189861	1071672
河　南 Henan	1498054	1581590	4537868	2148759	1582126	1494635	1446574	14533	1445016
湖　北 Hubei	575799	510866	1577701	713846	511109	528796	536489	1307	536618
湖　南 Hunan	688731	742493	2111100	976758	742502	698820	669778		669778
广　东 Guangdong	1619805	1402496	4424650	2017869	1402561	1495871	1526120	98	1526218
广　西 Guangxi	643804	668655	1966202	931932	669700	653851	642651		642651
海　南 Hainan	134944	119426	364677	165994	125037	123159	116481		116481
重　庆 Chongqing	403096	340251	1087258	516841	340388	365130	381555	185	381737
四　川 Sichuan	1093729	988311	3041867	1458022	988664	1021805	1031045	353	1031037
贵　州 Guizhou	663275	731931	2100850	1010120	732725	710404	657721		657721
云　南 Yunnan	666942	674396	1954348	933517	675636	652242	626177	293	626131
西　藏 Tibet	46578	43424	130266	63616	43424	42984	43858		43858
陕　西 Shaanxi	521287	411451	1315464	612571	415382	442409	457673		457673
甘　肃 Gansu	442640	375938	1180171	565571	377423	387888	414860		414860
青　海 Qinghai	68547	73382	208723	100415	73750	68582	66391		66389
宁　夏 Ningxia	95094	99874	292813	144415	100111	98585	94117		94117
新　疆 Xinjiang	319501	314398	943169	461467	314487	315242	313440		313440

初中学生数(城区)

Number of Students in Junior Secondary Schools (Urban Area)

单位:人
unit: person

	毕业生数 Graduates	招生数 Entrants	在校生数 Enrolment						预计毕业生数 Estimated Graduates for Next Year
			合计 Total	其中:女 of Which: Female	一年级 Grade 1	二年级 Grade 2	三年级 Grade 3	四年级 Grade 4	
总 计 Total	**4618755**	**4819611**	**14410251**	**6696576**	**4823540**	**4685069**	**4627691**	**273951**	**4634200**
北 京 Beijing	74993	88043	247092	116356	88113	81387	76774	818	76654
天 津 Tianjin	46427	48481	145900	70262	48502	47303	46195	3900	46472
河 北 Hebei	186564	218262	609847	294351	218263	200532	191052		191052
山 西 Shanxi	168575	148385	467168	227762	148386	152689	166093		166093
内蒙古 Inner Mongolia	105130	102934	312096	150345	102934	103620	103179	2363	103566
辽 宁 Liaoning	195843	187292	569036	270892	187308	186165	189326	6237	191936
吉 林 Jilin	115016	106363	323919	154219	106363	104779	112084	693	111876
黑龙江 Heilongjiang	156190	136493	491750	235862	136493	141050	144659	69548	151331
上 海 Shanghai	78333	94681	352285	167184	94898	93238	85034	79115	79115
江 苏 Jiangsu	298220	293724	867315	400445	293737	284381	288705	492	288739
浙 江 Zhejiang	208606	217614	638231	295603	217634	211433	207334	1830	207516
安 徽 Anhui	161984	152515	454568	206383	152529	148909	153039	91	153130
福 建 Fujian	122620	138429	387343	173727	138440	123449	125454		125454
江 西 Jiangxi	115201	130890	375634	162919	131368	125550	118716		118716
山 东 Shandong	329199	339317	1105933	519324	339321	327925	340691	97996	344175
河 南 Henan	291611	351557	1000268	465349	351568	326424	312656	9620	311532
湖 北 Hubei	183511	181591	543902	244662	181734	181619	180045	504	180144
湖 南 Hunan	147819	178682	499213	227709	178691	165019	155503		155503
广 东 Guangdong	647421	653064	1943224	855706	653089	655920	634117	98	634215
广 西 Guangxi	111003	127445	361026	164983	127446	120824	112756		112756
海 南 Hainan	46182	44796	135194	57652	46553	45279	43362		43362
重 庆 Chongqing	101824	102619	308604	147524	102633	103134	102837		102837
四 川 Sichuan	212892	224527	663165	318638	224534	219351	218927	353	218919
贵 州 Guizhou	89904	107525	308178	146504	107836	104517	95825		95825
云 南 Yunnan	79807	93187	260853	127348	93192	85468	81900	293	81854
西 藏 Tibet	4874	5081	15101	7365	5081	5000	5020		5020
陕 西 Shaanxi	133874	127308	381629	176572	127450	127023	127156		127156
甘 肃 Gansu	69501	68797	208131	97412	69427	68564	70140		70140
青 海 Qinghai	12625	15825	44382	21257	15825	14686	13871		13871
宁 夏 Ningxia	36464	39940	114973	56312	39944	38349	36680		36680
新 疆 Xinjiang	86542	94244	274291	135949	94248	91482	88561		88561

初中学生数(城乡结合区)
Number of Students in Junior Secondary Schools (Urban-rural Transitional Area)

单位:人
unit:person

	毕业生数 Graduates	招生数 Entrants	在校生数 Enrolment						预计毕业生数 Estimated Graduates for Next Year
			合计 Total	其中:女 of Which: Female	一年级 Grade 1	二年级 Grade 2	三年级 Grade 3	四年级 Grade 4	
总 计 Total	**776191**	**823156**	**2407389**	**1092858**	**823662**	**789949**	**763742**	**30036**	**766039**
北 京 Beijing	6510	7780	22564	10321	7788	7947	6829		6829
天 津 Tianjin	3652	4084	11400	5420	4085	3691	3624		3624
河 北 Hebei	36772	44955	123280	58904	44955	39972	38353		38353
山 西 Shanxi	14873	10914	34218	16489	10914	11020	12284		12284
内蒙古 Inner Mongolia	3762	3596	11230	5062	3596	3806	3743	85	3828
辽 宁 Liaoning	17714	16859	50801	24070	16864	16495	17236	206	17442
吉 林 Jilin	5264	4608	13649	6540	4608	3947	5094		5094
黑龙江 Heilongjiang	14709	10903	42054	20217	10903	12785	11615	6751	13694
上 海 Shanghai	5006	6965	23085	10531	6984	6248	5308	4545	4545
江 苏 Jiangsu	34504	34368	99716	45286	34368	32879	32469		32469
浙 江 Zhejiang	41527	48047	135578	61455	48051	44653	42874		42874
安 徽 Anhui	21133	18967	55850	25466	18969	18003	18878		18878
福 建 Fujian	27210	31585	87039	39518	31593	27654	27792		27792
江 西 Jiangxi	17282	22870	63011	26613	22883	21461	18667		18667
山 东 Shandong	75541	72795	238324	110911	72797	71340	75780	18407	76496
河 南 Henan	52924	65137	177150	81137	65140	57696	54272	42	54246
湖 北 Hubei	23127	22299	66136	28276	22301	22400	21435		21435
湖 南 Hunan	28914	35853	99552	43700	35855	32921	30776		30776
广 东 Guangdong	203632	210430	616689	267908	210431	209160	197098		197098
广 西 Guangxi	24426	25760	74541	33653	25760	25129	23652		23652
海 南 Hainan	3242	3817	10842	4812	3927	3770	3145		3145
重 庆 Chongqing	10012	9282	28600	12859	9285	9409	9906		9906
四 川 Sichuan	28514	30835	89262	42266	30835	29863	28564		28564
贵 州 Guizhou	15487	20490	57350	27165	20666	19920	16764		16764
云 南 Yunnan	18136	20343	57385	28058	20343	18539	18503		18503
西 藏 Tibet									
陕 西 Shaanxi	17120	12935	41317	18495	13007	13733	14577		14577
甘 肃 Gansu	6800	6589	20039	9903	6664	6722	6653		6653
青 海 Qinghai	1570	2449	6108	2950	2449	1926	1733		1733
宁 夏 Ningxia	5881	6363	18214	8799	6363	6093	5758		5758
新 疆 Xinjiang	10947	11278	32405	16074	11278	10767	10360		10360

初中学生数(镇区)

Number of Students in Junior Secondary Schools (Counties & Towns Area)

单位:人
unit:person

	毕业生数 Graduates	招生数 Entrants	在校生数 Enrolment						预计毕业生数 Estimated Graduates for Next Year
			合计 Total	其中:女 of Which: Female	一年级 Grade 1	二年级 Grade 2	三年级 Grade 3	四年级 Grade 4	
总 计 Total	**8349423**	**7703760**	**23479363**	**11095053**	**7715082**	**7761379**	**7871487**	**131415**	**7880704**
北 京 Beijing	14125	13958	40189	19049	13999	13111	13079		13079
天 津 Tianjin	26204	24733	77006	36270	24735	23488	24115	4668	24586
河 北 Hebei	369953	411374	1152684	562263	411375	379944	361365		361365
山 西 Shanxi	286048	227957	741405	361825	227970	246245	267190		267190
内蒙古 Inner Mongolia	137756	123962	383686	186045	123962	130899	128792	33	128797
辽 宁 Liaoning	160902	137833	427089	203818	137866	136186	152672	365	152965
吉 林 Jilin	92251	80314	245456	119426	80318	79907	85231		85231
黑龙江 Heilongjiang	161464	148764	496894	242436	148774	150134	150524	47462	156296
上 海 Shanghai	13880	19468	69028	32255	19507	18915	16613	13993	13993
江 苏 Jiangsu	404116	312300	989440	450834	312315	321818	355307		355307
浙 江 Zhejiang	254378	242952	712118	335924	243002	230358	238758		238758
安 徽 Anhui	437436	358269	1096349	496505	358385	359588	378097	279	378130
福 建 Fujian	182828	167188	497804	227862	167250	160139	170415		170415
江 西 Jiangxi	356691	352321	1050393	478727	352928	352983	344482		344482
山 东 Shandong	534728	511064	1630335	774926	511074	517797	541502	59962	546836
河 南 Henan	747344	786337	2250370	1059126	786857	738914	720934	3665	720653
湖 北 Hubei	277376	237380	743679	338146	237453	250190	255233	803	255263
湖 南 Hunan	340890	366880	1044232	482419	366880	346351	331001		331001
广 东 Guangdong	776991	602012	1991826	931619	602046	673229	716551		716551
广 西 Guangxi	412979	429450	1263155	604796	430021	421684	411450		411450
海 南 Hainan	80791	68354	210249	99582	71871	71460	66918		66918
重 庆 Chongqing	254931	203171	661788	314245	203269	222390	235944	185	236126
四 川 Sichuan	627534	555764	1728275	830669	556033	582759	589483		589483
贵 州 Guizhou	339146	372136	1073658	515320	372157	364533	336968		336968
云 南 Yunnan	319649	321396	940801	454616	322476	314107	304218		304218
西 藏 Tibet	29983	27405	83156	40973	27405	27323	28428		28428
陕 西 Shaanxi	326931	245684	805585	376751	249065	272524	283996		283996
甘 肃 Gansu	186855	157912	490048	233291	158330	160343	171375		171375
青 海 Qinghai	38143	40420	113843	55382	40486	36993	36364		36362
宁 夏 Ningxia	40677	42964	127937	63104	43176	43341	41420		41420
新 疆 Xinjiang	116443	114038	340885	166849	114097	113726	113062		113062

初中学生数(镇乡结合区)

Number of Students in Junior Secondary Schools (County-town Transitional Area)

单位:人
unit:person

	毕业生数 Graduates	招生数 Entrants	在校生数 Enrolment						预计毕业生数 Estimated Graduates for Next Year
			合计 Total	其中:女 of Which: Female	一年级 Grade 1	二年级 Grade 2	三年级 Grade 3	四年级 Grade 4	
总 计 Total	**2107504**	**2013273**	**6049443**	**2837266**	**2015616**	**1994175**	**2008892**	**30760**	**2010528**
北 京 Beijing	3818	3482	10011	4757	3500	3196	3315		3315
天 津 Tianjin	9081	8504	26961	12823	8504	8224	7978	2255	8154
河 北 Hebei	162449	188624	522541	254621	188625	172090	161826		161826
山 西 Shanxi	70852	58894	191537	93037	58899	63674	68964		68964
内蒙古 Inner Mongolia	10688	8858	28458	13694	8858	9757	9843		9843
辽 宁 Liaoning	22754	18386	58070	27447	18395	19509	19995	171	20166
吉 林 Jilin	8917	7139	21940	10698	7139	7293	7508		7508
黑龙江 Heilongjiang	14173	13663	44909	22012	13663	13624	14376	3246	14676
上 海 Shanghai	4105	5304	18453	8732	5310	4714	4438	3991	3991
江 苏 Jiangsu	91361	72034	226052	100505	72039	73142	80871		80871
浙 江 Zhejiang	84436	84628	243263	114308	84658	78995	79610		79610
安 徽 Anhui	104330	87623	266101	116266	87636	87761	90704		90704
福 建 Fujian	56097	53575	158933	71483	53593	51440	53900		53900
江 西 Jiangxi	67330	65606	197864	89233	65886	65845	66133		66133
山 东 Shandong	218613	203908	646213	303383	203915	204545	217166	20587	218461
河 南 Henan	247387	261966	743360	347753	262248	245468	235319	325	235275
湖 北 Hubei	65168	58049	179758	82807	58059	60217	61482		61482
湖 南 Hunan	118861	129427	369475	169136	129427	122238	117810		117810
广 东 Guangdong	241401	194706	627698	292947	194706	212148	220844		220844
广 西 Guangxi	71349	71517	214030	103712	71711	71150	71169		71169
海 南 Hainan	11182	9837	30173	13923	10015	10486	9672		9672
重 庆 Chongqing	51015	44208	136537	64661	44227	45664	46461	185	46646
四 川 Sichuan	92321	83342	254621	122583	83360	85613	85648		85648
贵 州 Guizhou	76165	89747	252857	120089	89767	85388	77702		77702
云 南 Yunnan	71545	74639	218005	105766	74670	72353	70982		70982
西 藏 Tibet	2387	2245	7156	3677	2245	2518	2393		2393
陕 西 Shaanxi	68677	52162	172361	78760	53160	57415	61786		61786
甘 肃 Gansu	32960	30492	91701	44130	30583	29537	31581		31581
青 海 Qinghai	5641	6128	18346	9093	6129	6088	6129		6129
宁 夏 Ningxia	8679	9857	29531	14658	9932	10103	9496		9496
新 疆 Xinjiang	13762	14723	42528	20572	14757	13980	13791		13791

初中学生数(乡村)

Number of Students in Junior Secondary Schools (Rural Area)

单位:人
unit:person

	毕业生数 Graduates	招生数 Entrants	在校生数 Enrolment						预计毕业生数 Estimated Graduates for Next Year
			合计 Total	其中:女 of Which: Female	一年级 Grade 1	二年级 Grade 2	三年级 Grade 3	四年级 Grade 4	
总　计 Total	**3639573**	**3184329**	**9740993**	**4638836**	**3187330**	**3221762**	**3265109**	**66792**	**3268593**
北　京 Beijing	6664	6132	18229	8472	6148	5932	6149		6149
天　津 Tianjin	11441	10631	33635	15154	10631	10379	10277	2348	10250
河　北 Hebei	146537	148043	411146	200718	148043	134106	128997		128997
山　西 Shanxi	124061	86108	293860	141895	86112	98706	109042		109042
内蒙古 Inner Mongolia	20379	15569	50526	23926	15569	17254	17703		17703
辽　宁 Liaoning	53963	44412	138460	65838	44414	44816	49230		49230
吉　林 Jilin	52399	39897	127213	61345	39897	41943	45373		45373
黑龙江 Heilongjiang	76616	60298	216142	104821	60298	61605	66401	27838	68535
上　海 Shanghai	2432	3340	11373	5185	3352	3041	2713	2267	2267
江　苏 Jiangsu	49847	34288	113414	52027	34290	36913	42211		42211
浙　江 Zhejiang	51390	50028	142636	65942	50036	46461	46139		46139
安　徽 Anhui	270156	178630	579430	277507	178648	192500	207094	1188	207194
福　建 Fujian	99318	76261	235209	109729	76277	74485	84447		84447
江　西 Jiangxi	179872	172714	519459	244811	172874	178266	168319		168319
山　东 Shandong	185189	166587	544755	257583	166589	167478	178785	31903	180661
河　南 Henan	459099	443696	1287230	624284	443701	429297	412984	1248	412831
湖　北 Hubei	114912	91895	290120	131038	91922	96987	101211		101211
湖　南 Hunan	200022	196931	567655	266630	196931	187450	183274		183274
广　东 Guangdong	195393	147420	489600	230544	147426	166722	175452		175452
广　西 Guangxi	119822	111760	342021	162153	112233	111343	118445		118445
海　南 Hainan	7971	6276	19234	8760	6613	6420	6201		6201
重　庆 Chongqing	46341	34461	116866	55072	34486	39606	42774		42774
四　川 Sichuan	253303	208020	650427	308715	208097	219695	222635		222635
贵　州 Guizhou	234225	252270	719014	348296	252732	241354	224928		224928
云　南 Yunnan	267486	259813	752694	351553	259968	252667	240059		240059
西　藏 Tibet	11721	10938	32009	15278	10938	10661	10410		10410
陕　西 Shaanxi	60482	38459	128250	59248	38867	42862	46521		46521
甘　肃 Gansu	186284	149229	481992	234868	149666	158981	173345		173345
青　海 Qinghai	17779	17137	50498	23776	17439	16903	16156		16156
宁　夏 Ningxia	17953	16970	49903	24999	16991	16895	16017		16017
新　疆 Xinjiang	116516	106116	327993	158669	106142	110034	111817		111817

初中女学生数

Number of Female Students in Junior Secondary Schools

单位:人

unit:person

	毕业生数 Graduates	招生数 Entrants	在校生数 Enrolment					预计毕业生数 Estimated Graduates for Next Year
			合计 Total	一年级 Grade 1	二年级 Grade 2	三年级 Grade 3	四年级 Grade 4	
总　计 Total	**7899380**	**7353018**	**22430465**	**7358201**	**7360292**	**7484532**	**227440**	**7476049**
北　京 Beijing	46036	50710	143877	50741	47304	45441	391	45397
天　津 Tianjin	40155	39596	121686	39598	38402	38438	5248	38920
河　北 Hebei	345720	376246	1057332	376246	346989	334097		334097
山　西 Shanxi	281461	223822	731482	223831	242021	265630		265532
内蒙古 Inner Mongolia	128419	116386	360316	116386	120763	122022	1145	122230
辽　宁 Liaoning	196120	176381	540548	176395	174764	186244	3145	187559
吉　林 Jilin	126620	109141	334990	109143	107958	117543	346	117391
黑龙江 Heilongjiang	192809	166567	583119	166567	169728	177051	69773	183183
上　海 Shanghai	46046	54666	204624	54719	54208	49494	46203	46203
江　苏 Jiangsu	345382	294600	903306	294607	293842	314614	243	314639
浙　江 Zhejiang	241894	238141	697469	238158	227219	231224	868	231196
安　徽 Anhui	408949	314147	980395	314191	322268	343177	759	343268
福　建 Fujian	183214	175692	511318	175712	163129	172477		172477
江　西 Jiangxi	298912	299173	886457	299324	299129	288004		288004
山　东 Shandong	499975	480099	1551833	480100	477693	502669	91371	507944
河　南 Henan	711326	744888	2148759	745079	708703	688138	6839	687713
湖　北 Hubei	267114	231435	713846	231501	238458	243249	638	243275
湖　南 Hunan	327150	338619	976758	338619	322363	315776		315776
广　东 Guangdong	761823	629374	2017869	629377	680077	708355	60	697059
广　西 Guangxi	305517	315347	931932	315745	310632	305555		304535
海　南 Hainan	62666	54387	165994	55645	55548	54801		54801
重　庆 Chongqing	195646	160255	516841	160300	172437	183996	108	180886
四　川 Sichuan	528030	469469	1458022	469536	488189	500128	169	500110
贵　州 Guizhou	322031	346923	1010120	347189	340479	322452		322452
云　南 Yunnan	316903	319233	933517	319807	311918	301658	134	301637
西　藏 Tibet	22339	21422	63616	21440	21109	21067		20483
陕　西 Shaanxi	244667	191526	612571	193082	204743	214746		214746
甘　肃 Gansu	213111	178316	565571	178366	185476	201729		199818
青　海 Qinghai	33529	34841	100415	35060	32889	32466		32427
宁　夏 Ningxia	47987	48645	144415	48723	48183	47509		47509
新　疆 Xinjiang	157829	152971	461467	153014	153671	154782		154782

初中专任教师学历、

Number of Full-time Teachers in Junior Secondary Schools by

	合计 Total	其中:女 of Which: Female	按学历分 By Educational Attainment			
			研究生毕业 Graduate	本科毕业 Under-graduate	专科毕业 Associate Bachelor	高中阶段毕业 High School Graduate
总　计 Total	**3504363**	**1784590**	**36424**	**2473810**	**963243**	**30136**
北　京 Beijing	31067	23191	2592	27563	877	33
天　津 Tianjin	26055	17191	996	22451	2356	241
河　北 Hebei	167800	109221	1097	121859	43757	1082
山　西 Shanxi	118231	74690	715	76682	39697	1119
内蒙古 Inner Mongolia	62154	38943	870	46308	14546	417
辽　宁 Liaoning	101083	65990	1264	75738	23359	658
吉　林 Jilin	66898	42887	999	52407	13135	351
黑龙江 Heilongjiang	100044	62140	637	72127	26391	856
上　海 Shanghai	35202	25194	1654	32296	1233	16
江　苏 Jiangsu	182231	88487	3043	153964	24434	775
浙　江 Zhejiang	118855	65953	1483	104965	12000	401
安　徽 Anhui	161007	58210	1208	109824	48710	1256
福　建 Fujian	96638	42325	763	77353	17906	597
江　西 Jiangxi	122771	45858	795	74223	46203	1479
山　东 Shandong	261611	129945	3587	198826	57203	1967
河　南 Henan	282413	152768	1959	167387	109911	3152
湖　北 Hubei	141409	55687	1388	87812	49761	2369
湖　南 Hunan	171197	76515	1349	110189	57201	2425
广　东 Guangdong	273493	145728	4018	179931	87166	2335
广　西 Guangxi	117478	56541	726	81769	33607	1320
海　南 Hainan	25075	11177	81	17223	7592	178
重　庆 Chongqing	76060	35253	645	60610	14228	562
四　川 Sichuan	203905	90464	978	134110	67575	1211
贵　州 Guizhou	114753	43872	308	72664	40635	1114
云　南 Yunnan	120817	55947	547	88086	30943	1180
西　藏 Tibet	8982	4297	97	7106	1667	101
陕　西 Shaanxi	112604	61116	1573	81120	28574	1308
甘　肃 Gansu	84377	34046	384	58670	24213	1077
青　海 Qinghai	14846	7560	203	10270	4250	119
宁　夏 Ningxia	19383	9742	154	15947	3174	104
新　疆 Xinjiang	85924	53652	311	54330	30939	333

职称情况(总计)

Educational Attainment and Professional Rank (Total)

单位:人
unit:person

高中阶段毕业以下 Below High School Graduate	按职称分 By Professional Rank				
	中学高级 Senior Secondary	中学一级 1st Grade	中学二级 2nd Grade	中学三级 3rd Grade	未定职级 No-ranking
750	**523172**	**1504325**	**1176614**	**72541**	**227711**
2	5827	12446	10551	95	2148
11	8144	12954	4378	50	529
5	23542	77736	55472	2138	8912
18	8977	38681	53488	4559	12526
13	18801	24402	14338	712	3901
64	41019	37911	17209	1289	3655
6	8902	32854	21195	890	3057
33	21395	48681	26498	995	2475
3	4108	18775	10755	49	1515
15	35922	90157	49095	873	6184
6	22266	57237	33652	601	5099
9	25099	62136	53863	5308	14601
19	15833	42147	34310	1218	3130
71	28486	45828	38046	3433	6978
28	36733	119271	91568	2646	11393
4	42060	110428	102575	8404	18946
79	23594	77653	33455	2089	4618
33	16953	93783	48248	2186	10027
43	22281	134736	72623	8420	35433
56	10012	62014	37690	2327	5435
1	3586	9075	10386	414	1614
15	8041	28063	34388	1140	4428
31	26667	81567	81580	1793	12298
32	9132	36396	49993	4559	14673
61	18698	45605	44272	4517	7725
11	268	2783	4768	202	961
29	10672	36446	54063	3991	7432
33	5565	25987	43242	3312	6271
4	3649	6271	4200	110	616
4	3416	6415	6349	229	2974
11	13524	25887	34364	3992	8157

初中专任教师学历、

Number of Full-time Teachers in Junior Secondary Schools by

	合计 Total	其中:女 of Which: Female	按学历分 By Educational Attainment			
			研究生毕业 Graduate	本科毕业 Under- graduate	专科毕业 Associate Bachelor	高中阶段毕业 High School Graduate
总　计 Total	**1021532**	**640760**	**26549**	**833121**	**157971**	**3731**
北　京 Beijing	23317	18104	2372	20320	600	23
天　津 Tianjin	14358	10929	906	12416	975	56
河　北 Hebei	43275	31973	642	35622	6867	143
山　西 Shanxi	32225	22794	400	25482	6204	133
内蒙古 Inner Mongolia	22506	15768	686	18019	3744	57
辽　宁 Liaoning	50120	37044	1129	41623	7209	140
吉　林 Jilin	26508	19441	856	22344	3167	139
黑龙江 Heilongjiang	39483	28186	534	31299	7480	164
上　海 Shanghai	28326	20915	1388	26055	880	3
江　苏 Jiangsu	75157	43132	2395	65599	6892	262
浙　江 Zhejiang	48895	30134	978	43868	3965	83
安　徽 Anhui	31275	15184	530	23822	6802	121
福　建 Fujian	27284	16114	559	23117	3511	86
江　西 Jiangxi	22770	11772	453	16333	5839	143
山　东 Shandong	79843	48196	2133	68519	8954	232
河　南 Henan	62343	39341	1346	47245	13582	170
湖　北 Hubei	44766	22100	1061	32763	10505	416
湖　南 Hunan	32796	19117	774	25978	5933	110
广　东 Guangdong	120201	71351	3604	94150	22041	388
广　西 Guangxi	21653	13304	493	16353	4658	120
海　南 Hainan	7834	4472	53	6430	1329	21
重　庆 Chongqing	21523	12189	481	19008	1951	81
四　川 Sichuan	41940	23926	606	33520	7645	161
贵　州 Guizhou	16455	9683	152	12292	3876	132
云　南 Yunnan	15846	9764	350	13435	2003	56
西　藏 Tibet	1167	611	21	954	179	13
陕　西 Shaanxi	25468	16655	1017	20686	3601	159
甘　肃 Gansu	13673	7610	236	10835	2540	61
青　海 Qinghai	2988	1933	60	2336	576	16
宁　夏 Ningxia	6455	3883	91	5652	698	14
新　疆 Xinjiang	21082	15135	243	17046	3765	28

职称情况(城区)
Educational Attainment and Professional Rank (Urban Area)

单位:人
unit:person

	按职称分 By Professional Rank				
高中阶段毕业以下 Below High School Graduate	中学高级 Senior Secondary	中学一级 1st Grade	中学二级 2nd Grade	中学三级 3rd Grade	未定职级 No-ranking
160	**216959**	**447582**	**282273**	**10910**	**63808**
2	4692	9316	7509	76	1724
5	4662	6599	2638	41	418
1	9031	20618	10937	409	2280
6	4555	12051	11879	573	3167
	7805	7880	4558	197	2066
19	20365	19799	7671	395	1890
2	4854	13199	6975	362	1118
6	11455	18236	8657	246	889
	3529	15495	8103	34	1165
9	19100	35643	17909	195	2310
1	11625	22634	12185	138	2313
	6224	11732	9560	958	2801
11	5827	11058	8719	266	1414
2	6682	8482	6130	320	1156
5	13352	35821	26485	554	3631
	13653	24566	19707	935	3482
21	12233	22106	8885	441	1101
1	5842	17356	7429	307	1862
18	15243	56212	31041	2245	15460
29	3777	10982	5289	366	1239
1	1477	2738	2805	90	724
2	3290	8571	8453	85	1124
8	7558	17700	14347	231	2104
3	2775	5619	4890	275	2896
2	3365	6811	4482	173	1015
	100	585	395	12	75
5	3996	9202	10261	458	1551
1	2291	5702	5020	144	516
	968	1186	640	34	160
	1607	2539	1686	36	587
	5026	7144	7028	314	1570

初中专任教师学历、

Number of Full-time Teachers in Junior Secondary Schools by Educational

	合计 Total	其中:女 of Which: Female	按学历分 By Educational Attainment			
			研究生毕业 Graduate	本科毕业 Under-graduate	专科毕业 Associate Bachelor	高中阶段毕业 High School Graduate
总　计 Total	**173873**	**98976**	**2785**	**133469**	**36649**	**925**
北　京 Beijing	2151	1561	123	1959	68	1
天　津 Tianjin	1068	764	40	947	75	6
河　北 Hebei	9448	6874	49	7057	2286	56
山　西 Shanxi	2909	1910	26	2095	781	7
内蒙古 Inner Mongolia	771	527	33	648	88	2
辽　宁 Liaoning	4720	3297	71	3727	892	27
吉　林 Jilin	1757	1165	87	1377	286	7
黑龙江 Heilongjiang	3788	2656	25	2684	1041	38
上　海 Shanghai	1746	1227	88	1612	46	
江　苏 Jiangsu	9312	4637	127	7892	1239	53
浙　江 Zhejiang	10535	6164	250	9129	1121	34
安　徽 Anhui	4436	1721	34	3065	1318	19
福　建 Fujian	6689	3401	48	5564	1041	31
江　西 Jiangxi	3675	1614	27	2521	1084	43
山　东 Shandong	19009	10452	379	15940	2604	83
河　南 Henan	12021	7283	199	8605	3153	64
湖　北 Hubei	6157	2635	24	3969	2103	51
湖　南 Hunan	7144	3850	187	5454	1441	61
广　东 Guangdong	37221	20525	704	27360	8984	160
广　西 Guangxi	4582	2720	24	3212	1313	29
海　南 Hainan	631	294	1	547	83	
重　庆 Chongqing	1759	862	34	1403	308	14
四　川 Sichuan	6077	3301	50	4524	1469	32
贵　州 Guizhou	2938	1592	21	1981	892	44
云　南 Yunnan	3269	1907	31	2690	525	22
西　藏 Tibet						
陕　西 Shaanxi	4097	2445	62	3260	752	23
甘　肃 Gansu	1543	794	18	1002	519	3
青　海 Qinghai	401	249	9	312	77	3
宁　夏 Ningxia	1086	571	4	916	160	6
新　疆 Xinjiang	2933	1978	10	2017	900	6

职称情况(城乡结合区)

Attainment and Professional Rank (Urban-rural Transitional Area)

单位:人
unit:person

高中阶段毕业以下 Below High School Graduate	按职称分 By Professional Rank				
	中学高级 Senior Secondary	中学一级 1st Grade	中学二级 2nd Grade	中学三级 3rd Grade	未定职级 No-ranking
45	**26972**	**76780**	**51197**	**2777**	**16147**
	320	845	808	15	163
	318	482	227	3	38
	1428	4437	2746	55	782
	229	1144	1237	89	210
	200	294	203	3	71
3	2144	1724	607	62	183
	324	844	459	33	97
	1099	1766	790	57	76
	196	834	587	1	128
1	2074	4558	2328	53	299
1	1738	5100	2769	31	897
	709	1775	1429	146	377
5	1497	2778	2033	60	321
	849	1372	1057	93	304
3	2476	8729	6452	166	1186
	1969	4406	4367	295	984
10	1278	3134	1433	93	219
1	912	3829	1696	85	622
13	2813	17472	9387	876	6673
4	670	2417	1114	103	278
	84	179	252	1	115
	171	578	851	13	146
2	858	2349	2387	40	443
	297	856	954	80	751
1	684	1428	957	28	172
	515	1430	1796	147	209
1	155	525	774	25	64
	133	162	83	10	13
	259	422	308	1	96
	573	911	1106	113	230

初中专任教师学历、

Number of Full-time Teachers in Junior Secondary Schools by

	合计 Total	其中:女 of Which: Female	按学历分 By Educational Attainment			
			研究生毕业 Graduate	本科毕业 Under-graduate	专科毕业 Associate Bachelor	高中阶段毕业 High School Graduate
总 计 Total	**1701220**	**815126**	**7476**	**1153874**	**523622**	**15904**
北 京 Beijing	5024	3352	149	4724	146	5
天 津 Tianjin	7970	4486	66	6828	954	120
河 北 Hebei	86535	55727	329	60960	24709	536
山 西 Shanxi	57060	35863	240	34772	21454	590
内蒙古 Inner Mongolia	33566	20088	163	24293	8833	266
辽 宁 Liaoning	37332	21640	83	25094	11779	348
吉 林 Jilin	25074	15167	112	18604	6227	130
黑龙江 Heilongjiang	39730	23778	45	27635	11736	307
上 海 Shanghai	5893	3693	234	5346	300	12
江 苏 Jiangsu	95106	40366	597	78665	15367	472
浙 江 Zhejiang	57316	29476	394	50166	6527	228
安 徽 Anhui	76653	27552	474	51810	23818	547
福 建 Fujian	43609	17651	154	34386	8777	287
江 西 Jiangxi	65126	23514	259	38696	25357	776
山 东 Shandong	133500	61197	1076	96124	35038	1246
河 南 Henan	135540	73765	440	76077	57604	1417
湖 北 Hubei	69143	24762	212	39240	28266	1386
湖 南 Hunan	83126	36493	441	52606	28992	1068
广 东 Guangdong	122618	59412	286	69509	51385	1418
广 西 Guangxi	72557	34080	198	49955	21510	873
海 南 Hainan	15451	6039	27	9743	5543	138
重 庆 Chongqing	45951	19601	150	35361	10041	389
四 川 Sichuan	113149	48333	315	74152	37949	713
贵 州 Guizhou	57354	20974	88	35884	20854	515
云 南 Yunnan	57660	26233	109	42383	14590	553
西 藏 Tibet	5815	2727	55	4629	1054	67
陕 西 Shaanxi	71916	37452	492	50383	20109	909
甘 肃 Gansu	34116	14284	98	23788	9846	372
青 海 Qinghai	7627	3912	108	5117	2325	76
宁 夏 Ningxia	8690	4069	48	7012	1594	36
新 疆 Xinjiang	31013	19440	34	19932	10938	104

职称情况(镇区)

Educational Attainment and Professional Rank (Counties & Towns Area)

单位:人

unit:person

高中阶段毕业以下 Below High School Graduate	按职称分 By Professional Rank				
	中学高级 Senior Secondary	中学一级 1st Grade	中学二级 2nd Grade	中学三级 3rd Grade	未定职级 No-ranking
344	**225575**	**743314**	**593145**	**37101**	**102085**
	719	2050	1933	12	310
2	2505	4217	1165	9	74
1	10870	39418	30023	1230	4994
4	3475	18349	27260	2431	5545
11	9623	13830	8213	418	1482
28	15383	13670	6476	559	1244
1	2813	12361	8406	326	1168
7	7217	20169	10838	499	1007
1	498	2810	2258	12	315
5	15315	48495	27447	569	3280
1	9247	28371	17165	378	2155
4	11880	29314	24966	2719	7774
5	6461	19719	15749	547	1133
38	15026	25320	19992	1768	3020
16	17546	61277	47299	1646	5732
2	18246	52534	50780	4592	9388
39	8349	40120	17314	1176	2184
19	7629	46333	24104	1041	4019
20	5940	63974	33289	4895	14520
21	5142	38508	24264	1474	3169
	1910	5773	6795	259	714
10	4205	16878	21673	779	2416
20	14685	45891	45603	1017	5953
13	4957	19359	25409	2003	5626
25	10051	23047	20537	1530	2495
10	134	1690	3231	114	646
23	5732	22603	35916	2865	4800
12	1899	10601	18222	1064	2330
1	1840	3212	2227	60	288
	1388	2923	2979	115	1285
5	4890	10498	11612	994	3019

初中专任教师学历、

Number of Full-time Teachers in Junior Secondary Schools by Educational

	合计 Total	其中：女 of Which: Female	按学历分 By Educational Attainment			
			研究生毕业 Graduate	本科毕业 Under-graduate	专科毕业 Associate Bachelor	高中阶段毕业 High School Graduate
总　计 Total	**437094**	**215699**	**2106**	**297182**	**133444**	**4288**
北　京 Beijing	1462	957	47	1373	41	1
天　津 Tianjin	2865	1624	15	2423	367	60
河　北 Hebei	37751	24572	163	26625	10696	266
山　西 Shanxi	14647	9773	34	8739	5760	112
内蒙古 Inner Mongolia	2665	1659	11	1884	740	30
辽　宁 Liaoning	5139	3025	15	3550	1520	53
吉　林 Jilin	2657	1448	6	1846	773	32
黑龙江 Heilongjiang	3898	2257	4	2629	1195	70
上　海 Shanghai	1743	1083	32	1612	95	4
江　苏 Jiangsu	21918	9566	167	18099	3519	131
浙　江 Zhejiang	19722	10141	144	17206	2290	81
安　徽 Anhui	18460	6554	96	12272	5969	123
福　建 Fujian	12856	5158	25	10147	2603	79
江　西 Jiangxi	12386	4422	31	7140	5041	161
山　东 Shandong	52303	24375	448	38295	13022	530
河　南 Henan	46357	25591	110	25773	19899	573
湖　北 Hubei	16161	5847	139	9178	6570	267
湖　南 Hunan	29549	12751	131	18715	10345	349
广　东 Guangdong	37577	19290	132	21974	15033	433
广　西 Guangxi	12434	5927	24	8789	3474	145
海　南 Hainan	1906	838	2	1420	474	10
重　庆 Chongqing	9360	4126	20	7220	2021	94
四　川 Sichuan	18125	8207	82	12411	5524	105
贵　州 Guizhou	13267	5250	26	8041	5047	149
云　南 Yunnan	12941	6381	32	10069	2757	80
西　藏 Tibet	475	204	2	388	79	6
陕　西 Shaanxi	14819	7961	121	10146	4324	226
甘　肃 Gansu	6360	2664	21	4421	1848	68
青　海 Qinghai	1491	697	11	1035	427	18
宁　夏 Ningxia	1916	911	8	1534	370	4
新　疆 Xinjiang	3884	2440	7	2228	1621	28

职称情况(镇乡结合区)

Attainment and Professional Rank (County-town Transitional Area)

单位:人

unit:person

	按职称分 By Professional Rank				
高中阶段毕业以下 Below High School Graduate	中学高级 Senior Secondary	中学一级 1st Grade	中学二级 2nd Grade	中学三级 3rd Grade	未定职级 No-ranking
74	**54660**	**192881**	**151647**	**9614**	**28292**
	201	585	611	4	61
	873	1533	433	3	23
1	4638	16702	13796	491	2124
2	891	4730	6798	600	1628
	832	1094	604	32	103
1	2039	1947	923	48	182
	234	1342	884	34	163
	682	1910	1184	75	47
	197	861	626	6	53
2	3865	10983	6170	140	760
1	3003	9534	6177	150	858
	2727	6854	5923	816	2140
2	1867	5559	4882	121	427
13	2791	4675	3721	492	707
8	6730	23776	18630	775	2392
2	5993	18053	17568	1663	3080
7	1983	9274	4142	250	512
9	2504	16455	8583	350	1657
5	1834	19515	9722	1138	5368
2	868	6660	4243	181	482
	259	661	858	34	94
5	864	3273	4476	138	609
3	2414	7576	7027	130	978
4	1189	4379	5663	543	1493
3	2440	5682	4243	199	377
	11	138	243		83
2	1206	4744	7322	722	825
2	355	1893	3274	306	532
	286	679	473	8	45
	258	620	749	42	247
	626	1194	1699	123	242

初中专任教师学历、

Number of Full-time Teachers in Junior Secondary Schools by

	合计 Total	其中:女 of Which: Female	按学历分 By Educational Attainment			
			研究生毕业 Graduate	本科毕业 Under-graduate	专科毕业 Associate Bachelor	高中阶段毕业 High School Graduate
总　计 Total	**781611**	**328704**	**2399**	**486815**	**281650**	**10501**
北　京 Beijing	2726	1735	71	2519	131	5
天　津 Tianjin	3727	1776	24	3207	427	65
河　北 Hebei	37990	21521	126	25277	12181	403
山　西 Shanxi	28946	16033	75	16428	12039	396
内蒙古 Inner Mongolia	6082	3087	21	3996	1969	94
辽　宁 Liaoning	13631	7306	52	9021	4371	170
吉　林 Jilin	15316	8279	31	11459	3741	82
黑龙江 Heilongjiang	20831	10176	58	13193	7175	385
上　海 Shanghai	983	586	32	895	53	1
江　苏 Jiangsu	11968	4989	51	9700	2175	41
浙　江 Zhejiang	12644	6343	111	10931	1508	90
安　徽 Anhui	53079	15474	204	34192	18090	588
福　建 Fujian	25745	8560	50	19850	5618	224
江　西 Jiangxi	34875	10572	83	19194	15007	560
山　东 Shandong	48268	20552	378	34183	13211	489
河　南 Henan	84530	39662	173	44065	38725	1565
湖　北 Hubei	27500	8825	115	15809	10990	567
湖　南 Hunan	55275	20905	134	31605	22276	1247
广　东 Guangdong	30674	14965	128	16272	13740	529
广　西 Guangxi	23268	9157	35	15461	7439	327
海　南 Hainan	1790	666	1	1050	720	19
重　庆 Chongqing	8586	3463	14	6241	2236	92
四　川 Sichuan	48816	18205	57	26438	21981	337
贵　州 Guizhou	40944	13215	68	24488	15905	467
云　南 Yunnan	47311	19950	88	32268	14350	571
西　藏 Tibet	2000	959	21	1523	434	21
陕　西 Shaanxi	15220	7009	64	10051	4864	240
甘　肃 Gansu	36588	12152	50	24047	11827	644
青　海 Qinghai	4231	1715	35	2817	1349	27
宁　夏 Ningxia	4238	1790	15	3283	882	54
新　疆 Xinjiang	33829	19077	34	17352	16236	201

职称情况(乡村)

Educational Attainment and Professional Rank (Rural Area)

单位:人

unit:person

	按职称分 By Professional Rank				
高中阶段毕业以下 Below High School Graduate	中学高级 Senior Secondary	中学一级 1st Grade	中学二级 2nd Grade	中学三级 3rd Grade	未定职级 No-ranking
246	**80638**	**313429**	**301196**	**24530**	**61818**
	416	1080	1109	7	114
4	977	2138	575		37
3	3641	17700	14512	499	1638
8	947	8281	14349	1555	3814
2	1373	2692	1567	97	353
17	5271	4442	3062	335	521
3	1235	7294	5814	202	771
20	2723	10276	7003	250	579
2	81	470	394	3	35
1	1507	6019	3739	109	594
4	1394	6232	4302	85	631
5	6995	21090	19337	1631	4026
3	3545	11370	9842	405	583
31	6778	12026	11924	1345	2802
7	5835	22173	17784	446	2030
2	10161	33328	32088	2877	6076
19	3012	15427	7256	472	1333
13	3482	30094	16715	838	4146
5	1098	14550	8293	1280	5453
6	1093	12524	8137	487	1027
	199	564	786	65	176
3	546	2614	4262	276	888
3	4424	17976	21630	545	4241
16	1400	11418	19694	2281	6151
34	5282	15747	19253	2814	4215
1	34	508	1142	76	240
1	944	4641	7886	668	1081
20	1375	9684	20000	2104	3425
3	841	1873	1333	16	168
4	421	953	1684	78	1102
6	3608	8245	15724	2684	3568

初中办

Condition of School Buildings in Junior Secondary

	校舍建筑面积 Floor Space	教学及辅助用房 Teaching & Assistant Buildings						
		合计 Total	其中 of Which					
			教室 Classroom	实验室 Laboratory	图书室 Library	微机室 PC-room	语音室 Linguistic	体育馆 Gymnasium
总　计 Total	**475820604**	**200105084**	**144474083**	**27816576**	**9922133**	**8834770**	**3127670**	**5929852**
北　京 Beijing	3369943	1329825	823258	246274	82045	63570	11976	102702
天　津 Tianjin	2298491	1116574	767672	167076	61597	47645	22001	50583
河　北 Hebei	20894224	9410971	6477640	1708733	515894	406864	205479	96361
山　西 Shanxi	14006374	5451432	4002451	650207	298976	256009	106798	136991
内蒙古 Inner Mongolia	8114301	3404766	2363053	450717	190314	152085	77659	170938
辽　宁 Liaoning	12735208	5854522	4052930	829248	289893	310213	131164	241074
吉　林 Jilin	6990505	3327121	2358339	453333	136780	187114	93908	97647
黑龙江 Heilongjiang	9951623	5195261	3834308	634577	191161	218848	123669	192698
上　海 Shanghai	6260427	3140245	1848672	556080	208001	137560	45086	344846
江　苏 Jiangsu	30055154	13881435	9281003	2174537	941578	649752	170068	664497
浙　江 Zhejiang	23219584	9628868	6036095	1469221	594298	404797	146409	978048
安　徽 Anhui	19992094	9047149	6867114	1075382	405178	457616	109331	132528
福　建 Fujian	10860578	4403757	2915023	832107	303689	181504	50267	121167
江　西 Jiangxi	16503136	6589325	5120147	711047	295626	278860	109282	74363
山　东 Shandong	34210710	14293561	9665332	2503779	782019	643315	270674	428442
河　南 Henan	37238509	14576178	11117650	1856043	678928	638363	188197	96997
湖　北 Hubei	23165858	8095650	5997263	1054999	387475	367695	147406	140812
湖　南 Hunan	27353592	10892760	8293234	1254906	483607	399869	168206	292938
广　东 Guangdong	41393756	18093417	12914726	2403222	884094	630804	311040	949531
广　西 Guangxi	18064288	6007472	4622613	722229	231556	258718	59007	113349
海　南 Hainan	3406718	1252212	964782	141741	63269	56208	16540	9672
重　庆 Chongqing	10335737	3948035	3151430	424220	138207	145956	37325	50897
四　川 Sichuan	28970047	12401903	9664184	1398708	509744	543704	152986	132577
贵　州 Guizhou	13160480	5774016	4426414	740254	248051	260082	51341	47874
云　南 Yunnan	15123685	5798321	4383083	811008	236998	258653	65685	42894
西　藏 Tibet	1820040	537930	418378	66342	15401	15887	7981	13941
陕　西 Shaanxi	13368797	5859610	4186288	968333	257191	282609	114633	50556
甘　肃 Gansu	8740830	4122146	3197915	481499	171078	205297	35700	30657
青　海 Qinghai	2248462	1097549	864834	118222	42559	48281	15429	8224
宁　夏 Ningxia	2684488	1283655	850933	244989	65851	75904	24988	20990
新　疆 Xinjiang	9282965	4289418	3007319	667543	211075	250988	57435	95058

学条件(一)(总计)

Schools (1) (Total)

单位:平方米

unit: m^2

行政办公用房 Administrative		生活用房 Residential and Welfare							其他用房 Rooms for Other Purposes	校舍面积中 of the Floor Space	
			教工宿舍 Apartments for Single								
合计 Total	其中:教师办公室 of Which: for Teachers	合计 Total	小计 Subtotal	其中:教师周转宿舍 of Which: Accommodation for Circulation of Teachers	学生宿舍 Students' Dormitories	食堂 Dining Halls	厕所 Toilet	其他 Others		危房面积 Floor Space of Dilapidated Buildings	当年新增 New Added in Current Year
44613008	**29123306**	**196471052**	**51196351**	**7420821**	**87541082**	**32842001**	**13107646**	**11783972**	**34631460**	**22844357**	**15396902**
483632	233985	775133	120635	7168	182784	170605	122984	178125	781353	2982	122235
371075	240086	400587	50409	4246	60110	82460	87726	119882	410255	13056	39352
2127137	1538310	8001889	1170591	159356	4320820	1427176	585702	497600	1354227	437977	719405
1645741	1185231	5825786	916356	57704	3077855	1067347	403234	360994	1083415	97137	365160
988693	707971	3026269	130250	30866	1704709	628404	254237	308669	694573	174597	468307
1784144	1097458	3113287	117076	17634	1154332	845390	451805	544684	1983255	173287	262718
1051667	688912	1923691	39416	4927	877870	450918	249693	305794	688026		280068
1416827	990340	2443837	69718	16466	1250991	502095	313698	307335	895698	572470	203222
775917	397490	1242036	52787	2708	154500	440548	245749	348452	1102229		230947
3071924	1832878	10834662	1945858	251785	4734202	2668028	718847	767727	2267133		952627
2156783	1293654	8980586	1504788	208672	3836575	2281115	666576	691532	2453347		624711
1850504	1254567	8267659	2624183	234850	3530366	1275532	556552	281026	826782	461525	604285
956850	463496	4571052	1680024	231291	1672014	695542	251199	272273	928919	119256	382365
1243948	729412	7857280	2463141	189228	3483060	1212128	382213	316738	812583	2252527	376569
3878728	2390231	12946581	3132620	465125	5354681	2495974	1175566	787740	3091840	452584	1133606
4180270	3139555	16812490	3775575	384565	8233215	2928384	1174242	701074	1669571	1602493	1085485
1797747	1147348	11863984	5136292	605637	4133473	1552203	497682	544334	1408477	1523050	352894
1944635	1369898	12831801	4480660	554038	4708496	2044582	704061	894002	1684396	1576873	337785
3099678	1850287	15780887	5922575	639649	5804913	2088853	922720	1041826	4419774	222331	1042561
905617	613768	10491384	3309309	447935	5329679	1138914	341504	371978	659815	2558500	487503
168637	99093	1860858	767939	140064	744569	211869	80308	56173	125011	98276	206461
719992	423268	4985699	1305739	226419	2522882	751949	213078	192051	682011	659470	137002
2005451	1300999	13441301	4025019	993494	6214975	1869163	855400	476744	1121392	1496247	1497713
858272	542473	5937202	1042963	270951	3517965	837840	353505	184929	590990	28896	813860
744405	471596	8135711	2249198	512383	4221400	1053178	354377	257558	445248	4785978	696822
99763	83539	1085797	447397	323229	481260	112610	19775	24755	96550	318	20262
1738047	1258168	5153491	1528862	173748	2188502	781022	398429	256676	617649	232291	477531
972572	769999	3244850	680482	74449	1612218	384022	318434	249694	401262	3195559	324153
172878	123828	843299	143378	56496	447630	133667	58855	59769	134736	32861	302301
355602	248258	875254	102938	21860	485165	153343	79232	54576	169977	20836	192440
1045872	637208	2916709	260173	113878	1499871	557140	270263	329262	1030966	52980	656552

初中办
Condition of School Buildings in Junior Secondary

	校舍建筑面积 Floor Space	教学及辅助用房 Teaching & Assistant Buildings						
		合计 Total	其中 of Which					
			教室 Classroom	实验室 Laboratory	图书室 Library	微机室 PC-room	语音室 Linguistic	体育馆 Gymnasium
总 计 Total	**130407215**	**61551038**	**41653188**	**8840272**	**3522891**	**2576662**	**1011115**	**3946910**
北 京 Beijing	1941576	768987	495503	116891	47373	36044	6859	66317
天 津 Tianjin	1160876	550842	359362	81993	34975	24359	9446	40707
河 北 Hebei	4207373	2088338	1464913	330121	115418	84742	41003	52141
山 西 Shanxi	3022714	1361667	933443	180424	85340	56147	28142	78171
内蒙古 Inner Mongolia	2485500	1208104	780134	171096	77447	56644	25342	97441
辽 宁 Liaoning	5717597	2668285	1753599	373923	143361	132501	52140	212761
吉 林 Jilin	2809589	1381004	985962	157527	49113	71358	33604	83440
黑龙江 Heilongjiang	3626586	1959578	1369073	248956	69874	73588	44659	153428
上 海 Shanghai	4859518	2419606	1428562	414690	158276	103725	38906	275447
江 苏 Jiangsu	12648551	6323758	4012264	1010284	497834	279772	57075	466529
浙 江 Zhejiang	9815224	4455109	2669485	649525	297782	173412	68184	596721
安 徽 Anhui	3683598	2040007	1475634	274117	92817	89995	27135	80309
福 建 Fujian	2504390	1174065	733626	209419	95195	45655	19081	71089
江 西 Jiangxi	2460099	1156435	865692	127072	57144	44844	23701	37982
山 东 Shandong	10773231	4843554	3098926	818878	311568	223772	102919	287491
河 南 Henan	8119070	3658435	2629387	572465	180492	146994	50586	78511
湖 北 Hubei	5877203	2632166	1889279	368819	125185	107167	46222	95494
湖 南 Hunan	4290429	1854777	1318138	238899	96638	62862	31357	106883
广 东 Guangdong	20015096	9265890	6289828	1238672	505184	332892	164986	734328
广 西 Guangxi	2717929	1242535	898492	146335	50996	48780	14028	83904
海 南 Hainan	703302	280783	226558	23064	12587	12022	2702	3850
重 庆 Chongqing	2174889	967945	735348	103002	43510	41221	11963	32901
四 川 Sichuan	4503710	2187785	1616236	268576	111162	85220	36174	70417
贵 州 Guizhou	1573647	805226	608417	98604	38608	36090	8999	14508
云 南 Yunnan	1772297	832031	586235	118932	57562	39749	12198	17355
西 藏 Tibet	169247	61028	45953	7658	3236	3652	529	
陕 西 Shaanxi	2446160	1171598	837736	177663	54672	54511	22035	24981
甘 肃 Gansu	1072330	627978	478838	66531	31069	25665	9908	15967
青 海 Qinghai	294912	174974	131535	25239	6136	8750	3190	124
宁 夏 Ningxia	806058	410593	253429	88692	24792	20664	8465	14551
新 疆 Xinjiang	2154514	977955	681601	132205	47545	53865	9577	53162

条件(一)(城区)
Schools (1) (Urban Area)

单位:平方米
unit:m²

行政办公用房 Administrative		生活用房 Residential and Welfare							其他用房 Rooms for Other Purposes	校舍面积中 of the Floor Space	
			教工宿舍 Apartments for Single								
合计 Total	其中:教师办公室 of Which: for Teachers	合计 Total	小计 Subtotal	其中:教师周转宿舍 of Which: Accommodation for Circulation of Teachers	学生宿舍 Students' Dormitories	食堂 Dining Halls	厕所 Toilet	其他 Others		危房面积 Floor Space of Dilapidated Buildings	当年新增 New Added in Current Year
15365873	**9355335**	**37759350**	**7114741**	**890387**	**14790156**	**7692857**	**3907495**	**4254101**	**15730954**	**2462447**	**4497509**
299193	138901	382577	40444	2060	84254	87636	66987	103256	490819	1550	77014
198306	120060	190863	17921	499	16958	51091	47703	57190	220865	13056	18033
536788	372885	1179395	104339	4641	654981	194461	110056	115558	402852	79220	99036
445412	304568	852747	122291	10578	415826	143938	90095	80597	362888	9815	106501
369452	255144	598505	37160	3868	263456	101045	85421	111423	309439	2303	117417
854738	476353	1019151	35024	1888	207228	288315	216530	272054	1175423	42130	182061
451252	278033	615476	14300	110	211119	147804	102307	139946	361857		78673
602610	383548	574312	18622	3180	199516	93066	120765	142343	490086	214407	58772
607543	306750	939696	30168	773	111037	314020	191282	293189	892673		206330
1472200	851320	3622064	384321	38844	1491999	1045371	324966	375407	1230529		485603
1027323	620484	3205195	401682	52950	1286913	922903	293405	300292	1127597		302086
482555	312732	832887	154103	8874	335334	150977	121207	71266	328149	16084	138964
294190	134404	694510	196319	58488	243743	110718	63274	80456	341625	28415	147338
248985	141900	767303	213560	18345	276544	161653	68242	47304	287376	140994	65905
1437113	840023	3088158	524596	73925	1195574	704241	357119	306628	1404406	16773	446505
1084764	767209	2732926	527884	77037	1279036	505216	246979	173811	642945	230664	275850
676400	436511	1984974	745746	71132	629551	288937	150072	170668	583663	244668	142148
337884	229772	1746654	405466	70837	652493	309631	125110	253954	351114	89760	92452
1701930	972980	6276832	1867805	208759	2285881	1034269	505535	583342	2770444	98160	447950
209799	142600	1082835	273642	24176	547368	134595	60189	67041	182760	175131	83332
43229	24033	339709	120281	19483	143474	35782	21913	18259	39581	9051	23107
213032	126278	683512	102890	10763	340822	126390	55093	58317	310400	36717	19931
422665	263715	1614743	264522	33386	787026	304394	156837	101964	278517	75809	381590
186133	115216	436244	87695	10753	194685	64843	56714	32307	146044	4506	58737
149089	84182	644522	134615	25492	287801	111175	49340	61591	146655	432857	82862
14370	11324	84569	37263	14390	33927	5796	2594	4989	9280		1202
353644	245172	668431	191802	28403	222414	99938	77624	76653	252487	43334	123008
156635	107514	194731	17991	3876	72141	22488	42245	39866	92986	437624	31148
37678	26481	39294	7901	5599	9848	4678	11279	5588	42966	5134	28048
146532	85113	175984	7583	1123	100522	36460	19099	12320	72949	13016	64062
304429	180130	490551	26805	6155	208685	91026	67513	96522	381579	1269	111844

初中办

Condition of School Buildings in Junior Secondary

	校舍建筑面积 Floor Space	教学及辅助用房 Teaching & Assistant Buildings						
		合计 Total	其中 of Which					
			教室 Classroom	实验室 Laboratory	图书室 Library	微机室 PC-room	语音室 Linguistic	体育馆 Gymnasium
总 计 Total	**26824387**	**12095204**	**8440851**	**1682949**	**600415**	**494969**	**212630**	**663390**
北 京 Beijing	341730	114164	78177	18854	8953	5297	921	1962
天 津 Tianjin	182817	79940	57976	9790	2695	2457	1305	5717
河 北 Hebei	1129420	541117	386518	86523	29538	23145	11805	3588
山 西 Shanxi	323533	146277	106749	17872	6666	6430	2413	6147
内蒙古 Inner Mongolia	142232	60584	37595	15094	2714	3031	2150	
辽 宁 Liaoning	541553	254543	167285	39501	12235	13292	5173	17057
吉 林 Jilin	190047	96206	71383	10597	3044	4854	2348	3980
黑龙江 Heilongjiang	337982	174917	128838	24230	6812	7208	4264	3565
上 海 Shanghai	383444	166467	91173	32784	9828	8812	3801	20069
江 苏 Jiangsu	1581086	764004	510534	127400	48181	36831	7287	33771
浙 江 Zhejiang	2466858	1105489	656615	157885	71263	48410	19338	151978
安 徽 Anhui	649212	347857	250551	46210	16818	16588	5729	11961
福 建 Fujian	671237	269903	183537	42573	17323	9099	4720	12651
江 西 Jiangxi	585459	254088	198592	26522	8328	8856	5029	6761
山 东 Shandong	3004428	1271764	811628	218399	66880	61963	31852	81042
河 南 Henan	1902522	784013	585392	99630	36758	33770	13734	14729
湖 北 Hubei	896705	356592	278468	41247	12458	14468	6186	3765
湖 南 Hunan	971137	386340	274170	46350	21142	14506	7984	22188
广 东 Guangdong	6928310	3291212	2335540	421218	150789	103735	57060	222870
广 西 Guangxi	515876	195906	155732	20050	5743	7828	1426	5127
海 南 Hainan	61896	20260	15581	1614	1462	1107		496
重 庆 Chongqing	186029	82884	71437	6428	2585	2109	175	150
四 川 Sichuan	866582	412484	319619	43860	21036	14646	6681	6642
贵 州 Guizhou	378399	195077	148398	21348	8015	9145	2069	6102
云 南 Yunnan	406106	174093	128889	24267	8361	9655	1930	991
西 藏 Tibet								
陕 西 Shaanxi	521829	236872	167384	40146	10080	11724	3842	3696
甘 肃 Gansu	141659	77231	59153	8239	2803	3307	902	2827
青 海 Qinghai	60023	35286	30199	2478	803	1208	598	
宁 夏 Ningxia	140452	50194	31770	10099	1725	2424	1040	3136
新 疆 Xinjiang	315824	149440	101968	21741	5377	9064	868	10422

学条件(一)(城乡结合区)

Schools (1) (Urban-rural Transitional Area)

单位:平方米

unit: m^2

行政办公用房 Administrative		生活用房 Residential and Welfare							其他用房 Rooms for Other Purposes	校舍面积中 of the Floor Space	
合计 Total	其中:教师办公室 of Which: for Teachers	合计 Total	教工宿舍 Apartments for Single: 小计 Subtotal	教工宿舍 Apartments for Single: 其中:教师周转宿舍 of Which: Accommodation for Circulation of Teachers	学生宿舍 Students' Dormitories	食堂 Dining Halls	厕所 Toilet	其他 Others		危房面积 Floor Space of Dilapidated Buildings	当年新增 New Added in Current Year
2673030	**1586002**	**9260807**	**1997720**	**235430**	**3909122**	**1870345**	**774113**	**709507**	**2795346**	**432768**	**1022276**
63473	21694	94686	9300	224	28603	18947	10247	27589	69407		1644
26612	16244	32083	2892		2661	9798	6412	10320	44182	1424	2368
116579	88898	378296	40034	1627	196443	71814	30413	39592	93428	13414	21361
52233	36357	99686	14455	780	50732	20057	9576	4866	25337		20423
25181	11424	38469	1333	180	17990	8448	4941	5757	17998		
94966	47057	123088	6112	120	37962	35589	20187	23238	68956	14232	4174
26890	14884	41939	119		14979	12378	8788	5675	25012		31585
48634	33585	66697	2650		30591	12847	8740	11869	47734	30759	8621
52213	22138	106842	1807		23831	39221	18030	23953	57922		60454
176518	107029	517449	82377	10306	213035	141509	37594	42934	123115		87462
225007	127967	876066	113625	11578	360522	259983	67054	74882	260296		48890
59543	41627	185887	40202	227	74465	44288	19416	7516	55925	1544	41653
66358	34710	242099	88730	35003	83347	35869	16592	17561	92877		29532
54469	22063	225617	50367	5756	106851	40368	14484	13547	51285	19476	30306
354764	204167	969837	139607	25191	439596	222177	102642	65815	408063	360	213078
192042	142769	793243	130447	29917	408761	165222	56007	32806	133224	18974	34506
83802	50933	430711	162735	8048	170849	62846	21547	12734	25600	36273	76685
70219	51711	422902	106165	18518	175502	79351	26302	35582	91676	30622	9414
533139	299328	2261886	742083	53053	805959	369218	178693	165933	842073	15712	130486
25409	17844	272248	59466	4118	158556	33255	9888	11083	22313	84424	6779
3494	1553	37090	8285	1479	21009	5241	2419	136	1052	1858	2852
14757	8496	77542	15351	3044	41685	13794	4345	2367	10846	2464	140
66628	43009	363059	67564	12724	187439	64124	29290	14642	24411	12637	44181
33073	22710	115357	21314	920	49703	17438	15322	11580	34892	1035	9089
29663	18148	165758	29056	4882	79831	29778	13186	13907	36592	89156	19874
77843	50179	155174	52256	6542	47850	24183	14846	16039	51940	17747	26924
18095	14661	37817	2997	233	16854	4107	8541	5318	8516	37618	6600
6239	4277	11802	1600		4475	2810	2667	250	6696		3749
43863	9986	25049	120		14614	6149	1957	2209	21346	3039	23490
31324	20554	92428	4671	960	44427	19536	13987	9807	42632		25956

Condition of School Buildings in Junior Secondary

	校舍建筑面积 Floor Space	教学及辅助用房 Teaching & Assistant Buildings						
		合计 Total	其中 of Which					
			教室 Classroom	实验室 Laboratory	图书室 Library	微机室 PC-room	语音室 Linguistic	体育馆 Gymnasium
总 计 Total	**229149923**	**91263918**	**67351372**	**12699935**	**4222220**	**3974436**	**1476599**	**1539356**
北 京 Beijing	840516	320768	192919	75321	22725	17232	3139	9432
天 津 Tianjin	746507	365922	266909	53957	17952	15247	7785	4072
河 北 Hebei	11454863	4893515	3407542	862726	270615	207877	105965	38790
山 西 Shanxi	6999960	2658439	2012269	304165	134110	123145	51535	33215
内蒙古 Inner Mongolia	4708822	1827300	1298013	239138	95612	79176	45719	69642
辽 宁 Liaoning	5045423	2292953	1683470	314654	102981	123553	52197	16098
吉 林 Jilin	2519638	1149192	819379	169159	48167	67919	35996	8572
黑龙江 Heilongjiang	4247166	2125615	1620221	258417	78365	86089	55713	26810
上 海 Shanghai	1178217	612849	360744	118451	42270	28990	5207	57187
江 苏 Jiangsu	15105049	6585167	4598848	1003225	385677	320509	100625	176283
浙 江 Zhejiang	10760002	4138146	2656705	668900	240331	184487	64109	323614
安 徽 Anhui	8613081	3708102	2847359	447884	161658	175325	48346	27530
福 建 Fujian	4413780	1743835	1165639	342859	116395	70551	18032	30359
江 西 Jiangxi	8481027	3379936	2643000	361960	152107	140255	56759	25855
山 东 Shandong	17285417	6926237	4843392	1221033	332125	296917	124135	108635
河 南 Henan	17662894	6609419	5156333	775623	291366	280027	88338	17732
湖 北 Hubei	11836480	3699685	2792840	463345	166111	174964	73145	29280
湖 南 Hunan	12766625	4981110	3763787	587026	220444	179692	82408	147753
广 东 Guangdong	16850820	6804336	5096240	905665	295209	231091	113650	162481
广 西 Guangxi	11116735	3433462	2703171	404628	123366	143354	35472	23471
海 南 Hainan	2375611	859722	653812	106966	41327	38969	12826	5822
重 庆 Chongqing	6382973	2308423	1849785	266907	75475	81598	21589	13069
四 川 Sichuan	15108748	6215735	4800078	757028	254563	272382	80129	51555
贵 州 Guizhou	6020263	2480333	1894166	324849	103312	108197	24301	25508
云 南 Yunnan	6847407	2580038	1986815	348754	91266	108198	30584	14421
西 藏 Tibet	1227175	346295	265047	44257	8816	9219	5729	13227
陕 西 Shaanxi	8825030	3781575	2710848	638146	161145	178481	74419	18536
甘 肃 Gansu	3319552	1518808	1180946	185050	56201	73331	12823	10457
青 海 Qinghai	1246771	569894	458364	56793	20161	20327	6617	7632
宁 夏 Ningxia	1231361	571526	382041	110300	26719	36020	10429	6017
新 疆 Xinjiang	3932010	1775581	1240690	282749	85649	101314	28878	36301

学条件(一)(镇区)

Schools (1) (Counties & Towns Area)

单位:平方米

unit: m^2

行政办公用房 Administrative		生活用房 Residential and Welfare							其他用房 Rooms for Other Purposes	校舍面积中 of the Floor Space	
合计 Total	其中:教师办公室 of Which: for Teachers	合计 Total	教工宿舍 Apartments for Single 小计 Subtotal	其中:教师周转宿舍 of Which: Accommodation for Circulation of Teachers	学生宿舍 Students' Dormitories	食堂 Dining Halls	厕所 Toilet	其他 Others		危房面积 Floor Space of Dilapidated Buildings	当年新增 New Added in Current Year
19689297	**13126945**	**105225965**	**28126548**	**4095214**	**49150465**	**17062337**	**5911212**	**4975403**	**12970743**	**10907324**	**7212869**
102725	51761	232423	42812	1280	54749	43817	37462	53583	184600	1432	29909
118198	81288	134355	20320	2131	27120	23234	25481	38200	128032		17757
1046820	767391	4847566	687332	99762	2664534	921210	311411	263079	666962	184541	454913
773730	569167	3112005	441601	24286	1733762	574478	194047	168117	455786	56564	155981
517900	372796	2040866	69124	21326	1233760	442542	135981	159459	322756	76613	315064
672906	444569	1542632	47420	10984	732249	402751	167633	192579	536932	87399	52236
355127	239916	795631	13151	3316	427939	170923	86123	97495	219688		157042
550436	393473	1264150	28222	9053	733832	270931	123410	107755	306965	242517	92383
142211	76899	250989	17471	1435	33970	107378	45987	46183	172168		16397
1384120	852560	6252104	1330776	178833	2832905	1425069	335356	327998	883658		342806
913078	542055	4651042	862603	130964	2055756	1111125	305860	315698	1057736		289614
743579	502211	3897407	1126751	101907	1838672	608212	221336	102436	263993	175760	240552
361157	189113	1990902	736554	93063	745745	291364	105497	111742	317886	59311	129720
648626	375080	4123055	1282467	102007	1892369	627153	184410	136656	329410	993042	205598
1816447	1138053	7304889	1962670	308524	3104421	1323754	585621	328423	1237844	322164	544921
1852963	1389810	8592267	1915518	185970	4330761	1467717	534315	343956	608245	633241	510622
776900	482469	6820845	3094013	327468	2387090	864949	226679	248114	539050	871434	148238
904396	633063	6159987	2213375	263131	2343522	963043	304493	335554	721132	726207	137679
1054323	658249	7685448	3235528	348761	2924372	859462	315840	350246	1306713	80516	489923
508798	355406	6837346	2180830	255593	3508461	724311	207696	216048	337129	1827888	289502
109590	65021	1330634	567240	100231	520749	156314	51791	34540	75665	72496	168981
398330	238087	3400353	922981	180138	1756108	499889	121731	99644	275867	449136	92607
1043416	679671	7256906	2007965	536241	3567131	1033997	415545	232268	592691	766423	735824
378242	234582	2908359	485279	99269	1782800	404110	148810	87360	253329	3561	325724
335129	219301	3750502	1002486	222456	1979040	501609	156898	110469	181738	2050553	287818
60584	50193	737005	321948	245178	307863	77026	13248	16920	83291	318	10302
1116108	817410	3638093	1067916	115015	1620614	544449	252468	152646	289254	147726	291802
359395	274132	1286734	233026	39091	669271	168371	113042	103024	154615	1021766	83950
87723	63888	524590	80659	40053	286577	88779	30154	38421	64564	16276	188516
146073	116864	453349	37768	9826	268927	80833	40495	25326	60413	6418	77369
410267	252467	1403531	90742	37922	785396	283537	112392	131464	342631	34022	329119

初中办

Condition of School Buildings in Junior Secondary

	校舍建筑面积 Floor Space	教学及辅助用房 Teaching & Assistant Buildings						
		合计 Total	其中 of Which					
			教室 Classroom	实验室 Laboratory	图书室 Library	微机室 PC-room	语音室 Linguistic	体育馆 Gymnasium
总　计 Total	**60663512**	**24368927**	**17895232**	**3416754**	**1176437**	**1043422**	**390283**	**446799**
北　京 Beijing	269787	88366	43968	23920	9883	5254	1351	3990
天　津 Tianjin	253099	139139	106037	19488	5356	5220	2616	422
河　北 Hebei	5072279	2178776	1516161	382944	126449	89950	43422	19850
山　西 Shanxi	1717660	662506	507581	66533	35340	28013	12252	12787
内蒙古 Inner Mongolia	414811	184350	118967	26431	17292	6091	4178	11391
辽　宁 Liaoning	741681	337322	245194	52594	14555	17744	6571	664
吉　林 Jilin	260105	111352	78480	18095	4188	7026	3370	193
黑龙江 Heilongjiang	377243	192155	147322	24052	6462	6823	3629	3867
上　海 Shanghai	306502	160357	102872	32533	8950	7646	1588	6768
江　苏 Jiangsu	3688727	1589221	1102507	255969	93277	82755	20583	34130
浙　江 Zhejiang	3581193	1373062	888438	230179	79298	61098	23142	90907
安　徽 Anhui	2179759	906820	701810	109935	37320	41213	12738	3804
福　建 Fujian	1420495	577457	377103	114178	43262	23671	7266	11977
江　西 Jiangxi	1942927	786509	605134	81285	39806	36201	12145	11938
山　东 Shandong	6599343	2666445	1818133	507823	131885	117884	51539	39181
河　南 Henan	6616242	2450428	1921025	268553	104903	107676	38063	10208
湖　北 Hubei	2847713	935960	721285	109821	39813	41736	20265	3040
湖　南 Hunan	4792342	1828368	1382235	206351	78262	65259	28726	67535
广　东 Guangdong	5078466	2196660	1668984	253911	104036	74912	33285	61532
广　西 Guangxi	1809562	570362	454041	62403	21153	26115	4234	2416
海　南 Hainan	274851	95605	69779	11230	5151	4593	1496	3356
重　庆 Chongqing	1240457	452390	363036	54247	13614	16665	3390	1438
四　川 Sichuan	2735859	1171759	921438	127170	49492	47610	14141	11908
贵　州 Guizhou	1478407	589110	431901	77535	23217	27583	7008	21866
云　南 Yunnan	1590789	621560	489664	68943	21388	24366	7482	9717
西　藏 Tibet	105587	28009	22990	3503	690	443	383	
陕　西 Shaanxi	1797491	776092	562989	124282	32061	39010	17377	373
甘　肃 Gansu	639327	308274	243781	35732	10610	13623	3650	878
青　海 Qinghai	231692	111183	85858	16348	2901	4926	1030	120
宁　夏 Ningxia	273638	123345	81731	26041	7382	5384	2264	543
新　疆 Xinjiang	325478	155985	114788	24725	8441	6932	1099	

学条件(一)(镇乡结合区)

Schools (1) (County – town Transitional Area)

单位:平方米

unit: m^2

行政办公用房 Administrative		生活用房 Residential and Welfare							其他用房 Rooms for Other Purposes	校舍面积中 of the Floor Space	
合计 Total	其中:教师办公室 of Which: for Teachers	合计 Total	教工宿舍 Apartments for Single: 小计 Subtotal	其中:教师周转宿舍 of Which: Accommodation for Circulation of Teachers	学生宿舍 Students' Dormitories	食堂 Dining Halls	厕所 Toilet	其他 Others		危房面积 Floor Space of Dilapidated Buildings	当年新增 New Added in Current Year
5291235	**3511004**	**27479636**	**6933376**	**920346**	**12930658**	**4660507**	**1625173**	**1329922**	**3523714**	**2545305**	**1939173**
28779	15863	94240	14928	810	26125	18248	10656	24283	58402	1432	18342
44726	28424	41268	7137	1138	4746	4317	8484	16584	27966		986
445791	328109	2207402	321399	34198	1218150	415301	134221	118331	240310	85560	250585
186223	134362	766731	96598	7190	444799	141045	46040	38249	102200	16322	66415
45066	34016	171690	7906	4700	105904	33126	9995	14759	13705	1434	11281
87847	52778	214470	5533	980	106007	57998	22518	22414	102042	11487	4620
34819	20840	83150	2075	20	43246	16643	9569	11617	30784		7926
52237	36050	111634	1145	96	62272	25783	13475	8959	21217	34154	17829
41959	21177	57444	3048	455	1421	28048	12101	12826	46742		800
358557	209349	1475301	336741	49594	599252	368842	74076	96390	265648		49752
294056	177740	1557399	279784	50938	690973	375417	98999	112226	356676		70412
179587	126510	1026825	277546	24938	493643	161065	58079	36492	66527	36299	55796
125641	57720	619657	236625	33648	230011	84045	37607	31369	97740	12423	43049
130335	72266	949499	239123	20372	484107	150318	47493	28458	76584	235017	69183
645834	412055	2839132	735687	108669	1258533	512321	223099	109492	447932	146006	279663
703191	513166	3240322	611910	82437	1712258	569828	209175	137151	222301	271466	232040
178380	112519	1609608	673351	71979	611099	204656	59774	60728	123765	234891	58865
335990	234103	2334424	788167	76447	943654	376923	115377	110303	293560	224703	40228
371397	234682	2056292	826276	73658	766149	248206	113329	102332	454117	18200	109316
87007	64466	1096305	306306	23931	600361	124759	32418	32461	55888	291838	37548
13308	6554	156711	54952	9605	72098	16098	5709	7854	9227	2494	29700
79372	51319	664017	153504	32063	359893	108652	22837	19131	44678	82416	17671
198307	129224	1256998	338693	95479	607886	199962	78331	32126	108795	155353	123552
106335	60922	709738	104457	21326	440608	102702	38320	23651	73224	1091	127460
97268	68731	828773	206229	30621	424812	126268	40934	30530	43188	466106	83322
3561	2579	64151	35865	19658	20267	5440	909	1670	9866	268	236
257701	190458	713451	205345	34368	311084	108555	52097	36370	50247	24921	52027
77257	60635	225151	40528	5486	116548	25118	22345	20612	28645	184827	32240
17667	13214	98729	13956	5052	51870	13419	7396	12088	4113	437	13543
23681	18577	109540	3465		70564	19256	10246	6009	17072		11450
39356	22596	99584	5097	490	52318	18148	9564	14457	30553	6160	23336

Condition of School Buildings in Junior Secondary

	校舍建筑面积 Floor Space	教学及辅助用房 Teaching & Assistant Buildings						
		合计 Total	其中 of Which					
			教室 Classroom	实验室 Laboratory	图书室 Library	微机室 PC-room	语音室 Linguistic	体育馆 Gymnasium
总　计 Total	**116263466**	**47290128**	**35469523**	**6276369**	**2177022**	**2283672**	**639956**	**443586**
北　京 Beijing	587851	240070	134836	54062	11947	10294	1978	26953
天　津 Tianjin	391108	199810	141401	31126	8670	8039	4770	5804
河　北 Hebei	5231988	2429118	1605185	515886	129861	114245	58511	5430
山　西 Shanxi	3983700	1431326	1056739	165618	79526	76717	27121	25605
内蒙古 Inner Mongolia	919979	369362	284906	40483	17255	16265	6598	3855
辽　宁 Liaoning	1972188	893284	615861	140671	43551	54159	26827	12215
吉　林 Jilin	1661278	796925	552998	126647	39500	47837	24308	5635
黑龙江 Heilongjiang	2077871	1110068	845014	127204	42922	59171	23297	12460
上　海 Shanghai	222692	107790	59366	22939	7455	4845	973	12212
江　苏 Jiangsu	2301554	972510	669891	161028	58067	49471	12368	21685
浙　江 Zhejiang	2644358	1035613	709905	150796	56185	46898	14116	57713
安　徽 Anhui	7695415	3299040	2544121	353381	150703	192296	33850	24689
福　建 Fujian	3942408	1485857	1015758	279829	92099	65298	13154	19719
江　西 Jiangxi	5562010	2052954	1611455	222015	86375	93761	28822	10526
山　东 Shandong	6152062	2523770	1723014	463868	138326	122626	43620	32316
河　南 Henan	11456545	4308324	3331930	507955	207070	211342	49273	754
湖　北 Hubei	5452175	1763799	1315144	222835	96179	85564	28039	16038
湖　南 Hunan	10296538	4056873	3211309	428981	166525	157315	54441	38302
广　东 Guangdong	4527840	2023191	1528658	258885	83701	66821	32404	52722
广　西 Guangxi	4229624	1331475	1020950	171266	57194	66584	9507	5974
海　南 Hainan	327805	111707	84412	11711	9355	5217	1012	
重　庆 Chongqing	1777875	671667	566297	54311	19222	23137	3773	4927
四　川 Sichuan	9357589	3998383	3247870	373104	144019	186102	36683	10605
贵　州 Guizhou	5566570	2488457	1923831	316801	106131	115795	18041	7858
云　南 Yunnan	6503981	2386252	1810033	343322	88170	110706	22903	11118
西　藏 Tibet	423618	130607	107378	14427	3349	3016	1723	714
陕　西 Shaanxi	2097607	906437	637704	152524	41374	49617	18179	7039
甘　肃 Gansu	4348948	1975360	1538131	229918	83808	106301	12969	4233
青　海 Qinghai	706779	352681	274935	36190	16262	19204	5622	468
宁　夏 Ningxia	647069	301536	215463	45997	14340	19220	6094	422
新　疆 Xinjiang	3196441	1535882	1085028	252589	77881	95809	18980	5595

学条件(一)(乡村)
Schools (1) (Rural Area)

单位:平方米
unit:m^2

行政办公用房 Administrative		生活用房 Residential and Welfare							其他用房 Rooms for Other Purposes	校舍面积中 of the Floor Space	
合计 Total	其中:教师办公室 of Which: for Teachers	合计 Total	教工宿舍 Apartments for Single 小计 Subtotal	教工宿舍 Apartments for Single 其中:教师周转宿舍 of Which: Accommodation for Circulation of Teachers	学生宿舍 Students' Dormitories	食堂 Dining Halls	厕所 Toilet	其他 Others		危房面积 Floor Space of Dilapidated Buildings	当年新增 New Added in Current Year
9557838	**6641026**	**53485737**	**15955062**	**2435220**	**23600461**	**8086807**	**3288939**	**2554468**	**5929763**	**9474586**	**3686524**
81714	43323	160133	37379	3828	43781	39152	18535	21286	105934		15312
54571	38738	75369	12168	1616	16032	8135	14542	24492	61358		3562
543529	398034	1974928	378920	54953	1001305	311505	164235	118963	284413	174216	165456
426599	311496	1861034	352464	22840	928267	348931	119092	112280	264741	30758	102678
101341	80031	386898	23966	5672	207493	84817	32835	37787	62378	95681	35826
256500	176536	551504	34632	4762	214855	154324	67642	80051	270900	43758	28421
245288	170963	512584	11965	1501	238812	132191	61263	68353	106481		44353
263781	213319	605375	22874	4233	317643	138098	69523	57237	98647	115546	52067
26163	13841	51351	5148	500	9493	19150	8480	9080	37388		8220
215604	128998	960494	230761	34108	409298	197588	58525	64322	152946		124218
216382	131115	1124349	240503	24758	493906	247087	67311	75542	268014		33011
624370	439624	3537365	1343329	124069	1356360	516343	214009	107324	234640	269681	224769
301503	139979	1885640	747151	79740	682526	293460	82428	80075	269408	31530	105307
346337	212432	2966922	967114	68876	1314147	423322	129561	132778	195797	1118491	105066
625168	412155	2553534	645354	82676	1054686	467979	232826	152689	449590	113647	142180
1242543	982536	5487297	1332173	121558	2623418	955451	392948	183307	418381	738588	299013
344447	228368	3058165	1296533	207037	1116832	398317	120931	125552	285764	406948	62508
702355	507063	4925160	1861819	220070	1712481	771908	274458	304494	612150	760906	107654
343425	219058	1818607	819242	82129	594660	195122	101345	108238	342617	43655	104688
187020	115762	2571203	854837	168166	1273850	280008	73619	88889	139926	555481	114669
15818	10039	190515	80418	20350	80346	19773	6604	3374	9765	16729	14373
108630	58903	901834	279868	35518	425952	125670	36254	34090	95744	173617	24464
539370	357613	4569652	1752532	423867	1860818	530772	283018	142512	250184	654015	380299
293897	192675	2592599	469989	160929	1540480	368887	147981	65262	191617	20829	429399
260187	168113	3740687	1112097	264435	1954559	440394	148139	85498	116855	2302568	326142
24809	22022	264223	88186	63661	139470	29788	3933	2846	3979		8758
268295	195586	846967	269144	30330	345474	136635	68337	27377	75908	41231	62721
456542	388353	1763385	429465	31482	870806	193163	163147	106804	153661	1736169	209055
47477	33459	279415	54818	10844	151205	40210	17422	15760	27206	11451	85737
62997	46281	245921	57587	10911	115716	36050	19638	16930	36615	1402	51009
331176	204611	1022627	142626	69801	505790	182577	90358	101276	306756	17689	215589

初中办
Condition of School Buildings in Junior Secondary

	占地面积(平方米) Areas of School Sites (m²)			图书(册) Books & Magazines in Libraries (volume)
	合计 Total	其中 of Which		
		绿化用地面积 Green Areas	运动场地面积 Sports Areas	
总计 Total	**1499945086**	**281889523**	**393597441**	**1176481041**
北京 Beijing	9399287	1730237	3334760	9308815
天津 Tianjin	8135897	839447	2998134	8244656
河北 Hebei	72905422	7514912	22817600	69564511
山西 Shanxi	40713305	3976660	11006511	29837167
内蒙古 Inner Mongolia	35161456	4522866	9978728	16659078
辽宁 Liaoning	48049575	6436302	19087589	38452554
吉林 Jilin	33093440	6010682	11295098	15505814
黑龙江 Heilongjiang	46296946	5685552	16528905	19099094
上海 Shanghai	11530717	3404508	3516768	21569873
江苏 Jiangsu	86559894	24080858	23894007	73121324
浙江 Zhejiang	54083523	13883516	15936663	57826630
安徽 Anhui	79363131	11893815	17091903	51127665
福建 Fujian	31904664	7741071	9167301	26435632
江西 Jiangxi	55839391	10102481	12111006	34358595
山东 Shandong	129073427	28051998	38622878	93167452
河南 Henan	112383311	13225650	25387947	96215323
湖北 Hubei	62542454	17049608	14656015	49451430
湖南 Hunan	86632505	15104735	17274890	64339647
广东 Guangdong	108860382	29839475	28188577	104267903
广西 Guangxi	52152335	9451739	9514124	32707404
海南 Hainan	16423803	3982939	3092230	6626043
重庆 Chongqing	22339223	4303921	5556201	13809499
四川 Sichuan	67038558	11744854	18270067	70986571
贵州 Guizhou	41192932	7932752	10818053	42090913
云南 Yunnan	49398883	10466689	8249540	29697537
西藏 Tibet	5895924	519797	777246	2578206
陕西 Shaanxi	36021825	4640257	9670239	41127805
甘肃 Gansu	29888029	3823888	8370133	24364092
青海 Qinghai	7301693	795953	1696031	5198059
宁夏 Ningxia	9887195	1701759	2974284	5979856
新疆 Xinjiang	49875959	11430602	11714013	22761893

学条件(二)(总计)
Schools (2) (Total)

计算机数(台) PC (set)		多媒体教室座位数(个) No. of Seats in Multi-media Classrooms	固定资产总值(万元) Total Volue of Fixed Asset (10,000 yuan)		
合计 Total	其中:教学用计算机 of Which: No. of Computers Used for Instruction		合计 Total	其中:教学仪器设备资产值 of Which: Total Volue of Equip & Instru.	
				小计 Subtotal	其中:实验设备 of Which: for Prefession
4968448	**3899977**	**11767111**	**44552155.85**	**4831994.31**	**1975771.87**
72466	61024	302305	552110.08	132328.19	16219.26
36997	27630	94162	273509.02	46490.10	15550.88
216877	178375	475492	1755502.99	190670.07	102289.63
122026	100182	258980	1214456.46	104025.24	56454.35
63343	48958	71957	876866.81	67802.14	29524.02
213189	159139	343497	1246608.94	193361.46	77545.26
85491	62656	125184	614966.13	72373.42	36300.23
122989	97564	128334	941594.65	111019.41	52611.85
139910	120124	84247	1127277.01	209791.97	59154.14
415663	311183	1566638	3989633.21	437897.81	145983.11
338171	271268	1413999	2860491.28	302107.06	93173.01
197961	157697	332192	1859244.70	136671.47	62735.24
109473	82156	363136	939337.90	93962.16	43917.47
118471	93121	238403	973154.34	96896.54	46337.18
477362	329977	1330757	3454993.59	375827.40	110508.25
266174	223826	514324	2471434.96	212305.23	108719.48
170785	144460	353069	1816360.16	205632.88	87189.16
188789	157331	336491	1915845.85	188945.36	93249.74
448237	339500	1081725	4355348.00	539390.00	269694.00
124011	96489	305576	1180057.12	124360.37	65301.58
27679	21541	54040	361617.20	27647.54	12594.72
80825	62396	240255	756981.90	73917.11	26319.14
259639	205219	589557	2848531.54	291645.69	105448.17
115802	93537	233018	998948.75	98320.06	52836.40
128742	106105	228084	1343862.27	94054.83	38442.89
9413	7440	8381	224988.97	9046.23	3674.30
145277	122486	199680	1135931.68	131070.94	71122.73
105093	86228	188017	879263.47	95120.45	38278.52
24962	19383	27517	320043.43	19296.11	7054.76
36343	29273	74424	324481.50	35379.42	12722.41
106288	83709	203670	938711.94	114637.64	34819.98

Condition of School Buildings in Junior Secondary

	占地面积(平方米) Areas of School Sites (m^2)			图书 (册) Books & Magazines in Libraries (volume)
	合计 Total	其中 of Which		
		绿化用地面积 Green Areas	运动场地面积 Sports Areas	
总　计 Total	**305791219**	**64025400**	**91228251**	**324047868**
北　京 Beijing	4240012	649499	1674036	5346155
天　津 Tianjin	3047090	263164	1089232	4110760
河　北 Hebei	10716369	1288960	3562983	13713760
山　西 Shanxi	7495218	706896	2061241	6849173
内蒙古 Inner Mongolia	7090030	868657	2387378	5650460
辽　宁 Liaoning	15627680	2052254	6736578	19331347
吉　林 Jilin	6973191	1053226	2668784	6178372
黑龙江 Heilongjiang	10098641	1179716	3900349	6129621
上　海 Shanghai	7590708	2044836	2334641	16136053
江　苏 Jiangsu	29119352	8473837	8419650	29243327
浙　江 Zhejiang	19498346	5473232	5669110	21702765
安　徽 Anhui	9932350	1748486	2412621	8860716
福　建 Fujian	5981764	1393463	1769220	7037482
江　西 Jiangxi	5983605	1113749	1500923	5123248
山　东 Shandong	30801729	6989324	9952383	31237313
河　南 Henan	19384444	2811364	5040012	17639269
湖　北 Hubei	12977018	3597382	3706195	15795538
湖　南 Hunan	11002529	1927444	2348245	8248842
广　东 Guangdong	40891727	11016047	10792322	47173278
广　西 Guangxi	6963161	1374108	1566271	5299567
海　南 Hainan	1519020	322857	361900	1470147
重　庆 Chongqing	4138179	891696	1077449	3409373
四　川 Sichuan	9065806	1858458	2791542	10008614
贵　州 Guizhou	3042387	432024	936312	5675342
云　南 Yunnan	4220124	1130929	1088776	3914946
西　藏 Tibet	563923	114759	79905	211490
陕　西 Shaanxi	5052354	768592	1599733	7816666
甘　肃 Gansu	2521817	411872	885019	3040095
青　海 Qinghai	921526	141877	301240	923639
宁　夏 Ningxia	2585909	551713	789131	1718791
新　疆 Xinjiang	6745210	1374979	1725070	5051719

学条件(二)(城区)
Schools (2) (Urban Area)

计算机数(台) PC (set)		多媒体教室座位数(个) No. of Seats in Multi-media Classrooms	固定资产总值(万元) Total Volue of Fixed Asset (10,000 yuan)		
合计 Total	其中:教学用计算机 of Which: No. of Computers Used for Instruction		合计 Total	其中:教学仪器设备资产值 of Which: Total Volue of Equip & Instru. 小计 Subtotal	其中:实验设备 of Which: for Prefession
1793842	**1370751**	**4734396**	**16018999.67**	**2056078.84**	**704969.77**
44558	37809	195473	318918.34	81755.30	8536.99
19836	14424	56903	135563.75	26496.17	7822.34
56402	45579	145361	374882.57	49764.07	22056.34
29142	22865	64678	312708.00	31485.36	14931.71
24709	19397	25943	251817.83	25747.63	10985.09
112180	80777	201078	611459.69	118172.37	41222.07
35476	24743	67367	298800.63	34065.86	15144.28
51501	39329	52091	394453.81	42316.76	16994.87
109797	94617	65616	889959.61	167151.72	43323.95
184099	138392	697723	2193534.16	228601.13	66943.06
145739	115490	608296	1319239.09	151946.15	43270.86
45225	35276	66789	476985.92	41039.25	18296.86
33449	24322	145735	298632.43	34393.37	11655.34
24525	18639	37934	231902.51	26344.74	9504.68
185689	124876	567285	1422261.84	169115.85	39833.25
76588	59678	198358	651838.65	67777.18	28904.84
59737	50408	130193	596869.88	83390.61	30137.51
35690	28067	94660	472088.50	43420.22	17313.17
269905	199979	634044	2516996.00	358331.00	168099.00
28810	21004	78999	213135.17	26404.93	12117.24
6753	5418	10963	80270.77	6151.57	2336.82
22647	18024	101087	224578.90	23148.62	5987.79
51186	41631	161795	557724.45	75335.64	20756.14
20893	17072	39020	167389.59	17964.90	7285.12
20873	16465	52835	217670.02	19343.38	5275.32
1097	874	1094	18133.91	1727.50	261.86
33045	26875	64598	242078.41	30022.20	14999.37
16807	12960	32412	126658.32	21643.42	4762.61
6292	4811	5980	45594.58	4040.83	1892.77
12118	9598	27473	126574.08	14998.92	5663.15
29074	21352	102613	230278.26	33982.19	8655.36

Condition of School Buildings in Junior Secondary

	占地面积(平方米) Areas of School Sites (m^2)			图书(册) Books & Magazines in Libraries (volume)
	合计 Total	其中 of Which		
		绿化用地面积 Green Areas	运动场地面积 Sports Areas	
总　计 Total	**74354048**	**16526273**	**20284981**	**62657252**
北　京 Beijing	1059898	194143	395698	884732
天　津 Tianjin	436233	40529	135324	471601
河　北 Hebei	3399378	393760	1183024	4117859
山　西 Shanxi	937328	92991	284491	846867
内蒙古 Inner Mongolia	434026	42484	149424	208135
辽　宁 Liaoning	1915300	274398	828891	1826338
吉　林 Jilin	762151	107062	229055	314535
黑龙江 Heilongjiang	1276355	123815	449848	563822
上　海 Shanghai	752577	209002	206211	949004
江　苏 Jiangsu	4691091	1372825	1252835	3698451
浙　江 Zhejiang	5263552	1295245	1485163	4864660
安　徽 Anhui	2643048	432677	491483	1254335
福　建 Fujian	2189141	540354	605326	1666437
江　西 Jiangxi	1810817	257221	370612	978706
山　东 Shandong	10774010	2785666	3126041	8035297
河　南 Henan	5585220	784092	1443553	3905910
湖　北 Hubei	2445255	692301	626317	1882294
湖　南 Hunan	2772375	476386	576122	2008373
广　东 Guangdong	15744678	4535872	4061034	16129414
广　西 Guangxi	1340509	243626	321090	939043
海　南 Hainan	237381	32789	29593	82291
重　庆 Chongqing	469444	76384	87177	226498
四　川 Sichuan	2030314	569765	591527	1717754
贵　州 Guizhou	779521	119997	222739	1177723
云　南 Yunnan	966096	212126	246571	848721
西　藏 Tibet				
陕　西 Shaanxi	1261136	185981	393971	1663583
甘　肃 Gansu	304224	34015	97801	420693
青　海 Qinghai	156839	41292	50196	160473
宁　夏 Ningxia	409164	142341	119040	200050
新　疆 Xinjiang	1506987	217134	224824	613653

学条件(二)(城乡结合区)
Schools (2) (Urban-rural Transitional Area)

计算机数(台) PC (set)		多媒体教室座位数(个) No. of Seats in Multi-media Classrooms	固定资产总值(万元) Total Volue of Fixed Asset (10,000 yuan)		
合计 Total	其中:教学用计算机 of Which: No. of Computers Used for Instruction		合计 Total	其中:教学仪器设备资产值 of Which: Total Volue of Equip & Instru. 小计 Subtotal	其中:实验设备 of Which: for Prefession
318358	**245540**	**891071**	**3335441.52**	**376384.44**	**152640.12**
6311	5457	28182	44359.35	10638.82	1633.24
2287	1375	5542	27213.33	4279.21	1134.31
14985	12604	46244	106209.45	13752.40	6132.59
3376	2831	2823	28968.10	3415.75	1154.75
834	668	710	17908.75	752.77	269.05
9898	7429	12654	65814.08	9517.25	5213.13
2258	1288	2322	25534.50	1651.38	683.57
3957	2857	3654	23779.68	3018.07	1761.72
6263	5369	3462	79379.31	10758.50	3023.83
23217	17325	74297	282860.01	24905.31	9027.78
32460	25375	129985	341064.99	37662.08	10417.24
5514	4568	11043	78230.91	6889.11	3170.50
7320	5417	26370	90846.93	7555.72	3162.35
4335	3432	9887	71775.54	7009.12	3243.96
40922	28641	141911	417172.43	41123.60	13958.56
14279	10884	29700	170542.48	12267.93	6060.63
6960	5805	15151	83212.74	10580.67	4222.65
7231	5860	38391	113238.24	12172.25	4143.09
88706	68786	220118	870930.00	119183.00	59719.00
4767	3620	12875	43449.97	4595.08	2067.85
654	557	914	11614.09	493.28	187.37
1662	1281	4248	12082.51	1498.57	526.17
8185	6731	22666	125037.12	13527.79	3413.66
4525	3678	5817	31751.58	3134.93	1578.90
3775	2961	11630	53046.98	3832.75	1496.91
6007	5099	11647	50864.23	5099.82	2799.71
1730	1404	3837	18695.01	1636.16	721.23
1165	832	788	10412.25	1067.91	385.21
1543	1219	1437	13789.74	674.82	241.38
3232	2187	12766	25657.22	3690.39	1089.78

初中办

Condition of School Buildings in Junior Secondary

	占地面积(平方米) Areas of School Sites (m^2)			图书(册) Books & Magazines in Libraries (volume)
	合计 Total	其中 of Which		
		绿化用地面积 Green Areas	运动场地面积 Sports Areas	
总　计 Total	**742018944**	**140442693**	**190099531**	**556884494**
北　京 Beijing	2941434	655093	996163	2528076
天　津 Tianjin	3033607	357830	1157282	2708645
河　北 Hebei	38685521	3836173	11692242	35819092
山　西 Shanxi	18994684	1858156	5172826	14291342
内蒙古 Inner Mongolia	21017570	2657648	5749658	9116322
辽　宁 Liaoning	22187049	2768906	8429975	13658354
吉　林 Jilin	13700440	2620034	4666661	5307073
黑龙江 Heilongjiang	21058556	2907799	7267234	8781148
上　海 Shanghai	3278431	1111164	995417	4606342
江　苏 Jiangsu	49131440	13408388	13113587	38225741
浙　江 Zhejiang	27259232	6810196	8066525	29161422
安　徽 Anhui	32151426	4838781	7042073	22382771
福　建 Fujian	13080192	3137123	3599576	10479707
江　西 Jiangxi	28634023	5341454	5922887	17872431
山　东 Shandong	68774931	14473171	20049507	45236367
河　南 Henan	52259369	6218060	11590341	46138554
湖　北 Hubei	33313976	9182220	7123909	22984546
湖　南 Hunan	40178404	7367610	7959496	29780992
广　东 Guangdong	50728646	14112183	13121400	44655225
广　西 Guangxi	32396101	5688166	5792966	19677426
海　南 Hainan	12609664	3125343	2400992	4551761
重　庆 Chongqing	14056172	2693995	3476121	8065700
四　川 Sichuan	34970326	6806609	9648706	36495739
贵　州 Guizhou	19765711	4065623	4936928	19531640
云　南 Yunnan	22065854	4494635	3728158	13254908
西　藏 Tibet	4065870	328528	555331	1825388
陕　西 Shaanxi	23588467	2985840	6275854	27322554
甘　肃 Gansu	10214801	1343986	2895203	8723502
青　海 Qinghai	3780505	376058	776879	2133722
宁　夏 Ningxia	4424931	672177	1303399	2592466
新　疆 Xinjiang	19671611	4199744	4592235	8975538

学条件(二)(镇区)

Schools (2) (Counties & Towns Area)

计算机数(台) PC (set)		多媒体教室座位数(个) No. of Seats in Multi-media Classrooms	固定资产总值(万元) Total Volue of Fixed Asset (10,000 yuan)		
合计 Total	其中:教学用计算机 of Which: No. of Computers Used for Instruction		合计 Total	其中:教学仪器设备资产值 of Which: Total Volue of Equip & Instru. 小计 Subtotal	其中:实验设备 of Which: for Prefession
2118848	**1679256**	**5188199**	**20000675.42**	**1924907.87**	**856613.44**
18162	15215	68688	141070.65	33312.19	5151.33
10872	8304	24442	89699.28	13753.97	4998.85
106918	88618	243865	1016776.22	94701.74	51631.37
55939	47676	141322	604971.69	48445.80	26933.18
32595	24901	39374	541744.25	36789.41	15710.21
71557	55621	104242	455755.88	52482.45	24199.06
28544	21493	35740	192554.75	23615.33	12629.88
47934	38017	51771	397381.09	55323.96	27414.85
25322	21487	14454	204921.67	34992.32	12499.94
201536	150920	792606	1596909.74	183966.03	68487.09
155605	126724	668675	1277761.57	124724.86	41265.40
79277	63568	153992	793218.59	54282.45	25572.39
40218	30351	131455	363385.67	33073.91	18295.86
57562	45343	135004	481466.75	44971.90	23190.47
212162	149575	562707	1496084.19	153604.20	51976.22
115729	98907	209749	1192310.01	93642.07	51628.06
73822	62519	160028	830259.00	78511.82	37297.61
82364	68732	141430	886960.46	86323.90	44531.64
135457	106110	355145	1436481.00	140519.00	78535.00
68042	53596	170239	693374.07	59563.41	32892.13
18553	14288	38508	251859.71	19125.95	9078.89
45648	34685	111704	427257.06	40304.00	16006.66
130534	100964	313724	1587087.12	149257.38	54579.15
48079	38801	120238	459191.11	43669.87	22851.44
54437	45333	98067	592987.50	38807.20	16082.28
6272	5055	6112	156734.94	5810.72	2693.04
91418	77910	109862	744091.40	84902.05	47407.77
36156	29715	79154	327124.28	29160.37	12870.49
10897	8871	11711	196950.42	9804.94	3176.02
15813	12686	35326	138531.11	15549.84	4930.98
41424	33271	58865	425774.24	41914.83	12096.18

初中办

Condition of School Buildings in Junior Secondary

	占地面积(平方米) Areas of School Sites (m^2)			图书(册) Books & Magazines in Libraries (volume)
	合计 Total	其中 of Which		
		绿化用地面积 Green Areas	运动场地面积 Sports Areas	
总 计 Total	**193582965**	**36880750**	**49309265**	**148971731**
北 京 Beijing	878842	190407	303886	693033
天 津 Tianjin	1094515	139266	426832	1029547
河 北 Hebei	17419617	1780053	5087244	15439652
山 西 Shanxi	4529274	418659	1320869	3783445
内蒙古 Inner Mongolia	1945661	361685	572017	850841
辽 宁 Liaoning	3088018	407232	1191841	2169818
吉 林 Jilin	1503199	341382	527335	596056
黑龙江 Heilongjiang	1743770	198014	710364	654539
上 海 Shanghai	891434	289081	319153	1318784
江 苏 Jiangsu	11937472	3202766	3204197	8888687
浙 江 Zhejiang	9383218	2307269	2701918	9462489
安 徽 Anhui	8102850	1192178	1801289	5512066
福 建 Fujian	4445297	969932	1232315	3173276
江 西 Jiangxi	6557621	1076742	1303734	3261227
山 东 Shandong	25013423	5516981	7347230	17045556
河 南 Henan	20222832	2406191	4231905	15794957
湖 北 Hubei	7981021	2014754	1794564	5182251
湖 南 Hunan	14943977	2867723	2928677	11481901
广 东 Guangdong	14630569	4004929	3574215	13889521
广 西 Guangxi	6588364	1127657	1114174	3330786
海 南 Hainan	1341769	354411	241493	495564
重 庆 Chongqing	2670093	426462	656217	1422797
四 川 Sichuan	6682571	1416660	1803941	6413368
贵 州 Guizhou	5125276	1305942	1271086	4733523
云 南 Yunnan	4557092	926877	910648	3326611
西 藏 Tibet	272455	33867	37984	164842
陕 西 Shaanxi	4976096	765025	1372262	5253423
甘 肃 Gansu	1912001	212497	559985	1715607
青 海 Qinghai	591141	37479	123833	454926
宁 夏 Ningxia	978395	152856	233290	577027
新 疆 Xinjiang	1575102	435773	404767	855611

学条件(二)(镇乡结合区)

Schools (2) (County-town Transitional Area)

计算机数(台) PC (set)		多媒体教室座位数(个) No. of Seats in Multi-media Classrooms	固定资产总值(万元) Total Volue of Fixed Asset (10,000 yuan)		
合计 Total	其中:教学用计算机 of Which: No. of Computers Used for Instruction		合计 Total	其中:教学仪器设备资产值 of Which: Total Volue of Equip & Instru.	
				小计 Subtotal	其中:实验设备 of Which: for Prefession
560008	**441742**	**1379012**	**5566161.51**	**516122.91**	**233128.22**
4732	3923	18984	37121.77	8972.87	1517.92
3888	3195	7616	30487.72	4854.37	1960.50
45502	37650	96320	446980.39	42679.56	22214.18
13009	11028	36018	155472.02	11361.78	6425.63
3248	2481	5741	62929.77	3404.87	1635.82
10976	8767	16976	70874.00	8521.40	4880.78
3306	2642	3337	17618.15	2177.86	1311.18
3780	3160	3864	30042.26	2494.34	1450.72
7437	6461	5424	62191.87	11428.25	4717.36
48590	36127	138097	420009.02	42962.59	16816.28
50188	42085	220955	453904.87	43452.24	11954.44
20510	15850	36970	207337.69	15029.05	7819.68
12917	10124	49105	132650.10	11417.72	5906.58
11790	8858	23115	142679.54	12754.52	6970.99
82478	55923	211548	561417.47	61871.07	20604.74
41988	35695	65860	461213.46	32759.01	18558.64
17480	14988	38691	241282.95	19388.95	8608.52
30538	25344	50855	333571.77	30174.26	17140.37
41421	31619	123423	455783.00	44793.00	26813.00
11750	9397	25722	115239.91	13557.59	8861.42
2012	1508	3631	40341.31	2208.42	1170.48
8643	6343	17469	92548.05	7013.30	3114.61
24877	19191	79471	362151.01	29531.26	8744.73
12739	10255	28122	129349.23	13415.53	6089.89
12620	10637	25828	166628.71	9710.20	3675.96
676	467	1236	13104.90	1055.60	319.20
17385	15058	19167	153592.96	14312.48	8755.27
6664	5600	14925	67917.76	5095.46	2443.54
1860	1566	2293	30027.05	2377.80	464.67
3419	2948	4019	39740.83	3632.37	915.15
3585	2852	4230	31951.97	3715.19	1265.97

初中办
Condition of School Buildings in Junior Secondary

	占地面积(平方米) Areas of School Sites (m^2)			图书(册) Books & Magazines in Libraries (volume)
	合计 Total	其中 of Which		
		绿化用地面积 Green Areas	运动场地面积 Sports Areas	
总　计 Total	**452134923**	**77421430**	**112269659**	**295548679**
北　京 Beijing	2217841	425645	664561	1434584
天　津 Tianjin	2055200	218453	751620	1425251
河　北 Hebei	23503532	2389779	7562375	20031659
山　西 Shanxi	14223403	1411608	3772444	8696652
内蒙古 Inner Mongolia	7053856	996561	1841692	1892296
辽　宁 Liaoning	10234846	1615142	3921036	5462853
吉　林 Jilin	12419809	2337422	3959653	4020369
黑龙江 Heilongjiang	15139749	1598037	5361322	4188325
上　海 Shanghai	661578	248508	186710	827478
江　苏 Jiangsu	8309102	2198633	2360770	5652256
浙　江 Zhejiang	7325945	1600088	2201028	6962443
安　徽 Anhui	37279355	5306548	7637209	19884178
福　建 Fujian	12842708	3210485	3798505	8918443
江　西 Jiangxi	21221763	3647278	4687196	11362916
山　东 Shandong	29496767	6589503	8620988	16693772
河　南 Henan	40739498	4196226	8757594	32437500
湖　北 Hubei	16251460	4270006	3825911	10671346
湖　南 Hunan	35451572	5809681	6967149	26309813
广　东 Guangdong	17240009	4711245	4274855	12439400
广　西 Guangxi	12793073	2389465	2154887	7730411
海　南 Hainan	2295119	534739	329338	604135
重　庆 Chongqing	4144872	718230	1002631	2334426
四　川 Sichuan	23002426	3079787	5829819	24482218
贵　州 Guizhou	18384834	3435105	4944813	16883931
云　南 Yunnan	23112905	4841125	3432606	12527683
西　藏 Tibet	1266131	76510	142010	541328
陕　西 Shaanxi	7381004	885825	1794652	5988585
甘　肃 Gansu	17151411	2068030	4589911	12600495
青　海 Qinghai	2599662	278018	617912	2140698
宁　夏 Ningxia	2876355	477869	881754	1668599
新　疆 Xinjiang	23459138	5855879	5396708	8734636

学条件(二)(乡村)

Schools (2) (Rural Area)

计算机数(台) PC (set)		多媒体教室座位数(个) No. of Seats in Multi-media Classrooms	固定资产总值(万元) Total Volue of Fixed Asset (10,000 yuan)		
合计 Total	其中:教学用计算机 of Which: No. of Computers Used for Instruction		合计 Total	其中:教学仪器设备资产值 of Which: Total Volue of Equip & Instru. 小计 Subtotal	其中:实验设备 of Which: for Prefession
1055758	**849970**	**1844516**	**8532480.76**	**851007.59**	**414188.66**
9746	8000	38144	92121.09	17260.70	2530.94
6289	4902	12817	48245.99	6239.96	2729.69
53557	44178	86266	363844.20	46204.26	28601.92
36945	29641	52980	296776.77	24094.08	14589.46
6039	4660	6640	83304.73	5265.10	2828.72
29452	22741	38177	179393.37	22706.64	12124.13
21471	16420	22077	123610.75	14692.23	8526.07
23554	20218	24472	149759.75	13378.69	8202.13
4791	4020	4177	32395.73	7647.93	3330.25
30028	21871	76309	199189.31	25330.65	10552.96
36827	29054	137028	263490.62	25436.05	8636.75
73459	58853	111411	589040.19	41349.77	18865.99
35806	27483	85946	277319.80	26494.88	13966.27
36384	29139	65465	259785.08	25579.90	13642.03
79511	55526	200765	536647.56	53107.35	18698.78
73857	65241	106217	627286.30	50885.98	28186.58
37226	31533	62848	389231.28	43730.45	19754.04
70735	60532	100401	556796.89	59201.24	31404.93
42875	33411	92536	401871.00	40540.00	23060.00
27159	21889	56338	273547.88	38392.03	20292.21
2373	1835	4569	29486.72	2370.02	1179.01
12530	9687	27464	105145.94	10464.49	4324.69
77919	62624	114038	703719.97	67052.67	30112.88
46830	37664	73760	372368.05	36685.29	22699.84
53432	44307	77182	533204.75	35904.25	17085.29
2044	1511	1175	50120.12	1508.01	719.40
20814	17701	25220	149761.87	16146.69	8715.59
52130	43553	76451	425480.87	44316.66	20645.42
7773	5701	9826	77498.43	5450.34	1985.97
8412	6989	11625	59376.31	4830.66	2128.28
35790	29086	42192	282659.44	38740.62	14068.44

小学校数、

Number of Schools, External Teaching Sites &

	学校数(所) Schools	教学点数(个) External Teaching Sites	班数(个) 合计 Total	一年级 Grade 1
总　计 Total	**228585**	**69796**	**2566539**	**481102**
北　京 Beijing	1081		21989	4124
天　津 Tianjin	843		15293	2949
河　北 Hebei	12898	4315	148128	28722
山　西 Shanxi	10042	1073	78281	13513
内蒙古 Inner Mongolia	2443	363	36148	6625
辽　宁 Liaoning	4779	179	60877	10279
吉　林 Jilin	5186	117	48427	8401
黑龙江 Heilongjiang	4834	328	52989	9550
上　海 Shanghai	761		19878	4325
江　苏 Jiangsu	4128	851	97689	18666
浙　江 Zhejiang	3698	444	83151	15052
安　徽 Anhui	12547	3699	120747	22812
福　建 Fujian	5414	2578	69033	13229
江　西 Jiangxi	11173	5613	115809	24047
山　东 Shandong	11573	985	151237	27946
河　南 Henan	27452	6022	255961	48511
湖　北 Hubei	6614	2470	82212	16553
湖　南 Hunan	10165	6040	117372	23718
广　东 Guangdong	13396	3263	204637	37654
广　西 Guangxi	13535	8172	123308	23715
海　南 Hainan	2036	647	22626	4514
重　庆 Chongqing	4810	643	49265	9202
四　川 Sichuan	8586	8478	136482	25792
贵　州 Guizhou	11529	3352	103138	17906
云　南 Yunnan	13020	4078	114454	19956
西　藏 Tibet	857	515	8572	1726
陕　西 Shaanxi	7994	1019	68252	12092
甘　肃 Gansu	10336	3025	76091	14126
青　海 Qinghai	1425	455	13460	2632
宁　夏 Ningxia	1896	253	16032	3060
新　疆 Xinjiang	3534	819	55001	9705

教学点数及班数(总计)
Classes in Primary Schools（Total）

Classes					
二年级 Grade 2	三年级 Grade 3	四年级 Grade 4	五年级 Grade 5	六年级 Grade 6	复式班 Multiple-grade Classes
458919	**427942**	**404862**	**398032**	**381162**	**14520**
3955	3583	3353	3524	3450	
2821	2469	2409	2502	2143	
27573	24526	22717	22330	21523	737
13020	12668	12043	12369	12578	2090
6372	5778	5710	5860	5770	33
10419	9986	9786	10320	10087	
8539	8303	7588	7920	7670	6
9635	9493	9105	9348	5799	59
4203	3844	3690	3677	139	
17688	16507	15223	14825	14772	8
14728	13898	13167	13254	13022	30
21454	19989	18914	18195	17786	1597
12398	11423	10758	10461	10537	227
21475	19617	17569	16215	14984	1902
28081	25764	24227	24292	20924	3
46182	43333	41556	39776	36431	172
15092	13819	12688	11962	11759	339
21881	19299	17831	17100	16698	845
35798	34064	31960	31948	33046	167
22177	20351	19017	18062	18023	1963
4112	3690	3494	3401	3407	8
8675	8123	7785	7714	7739	27
24141	22860	21414	21029	20947	299
17402	16619	16591	16745	17246	629
19905	19140	18832	18243	18029	349
1650	1512	1264	1225	1193	2
11755	11231	10848	10730	10774	822
13213	12273	11772	11468	11297	1942
2409	2139	2104	2075	2007	94
2912	2683	2568	2453	2279	77
9254	8958	8879	9009	9103	93

小学校数、

Number of Schools, External Teaching Sites &

	学校数(所) Schools	教学点数(个) External Teaching Sites	班数(个) 合计 Total	一年级 Grade 1
总　计 Total	**26146**	**812**	**578813**	**106314**
北　京 Beijing	684		17000	3213
天　津 Tianjin	363		8582	1622
河　北 Hebei	1375	41	22888	4147
山　西 Shanxi	884	3	15939	2807
内蒙古 Inner Mongolia	488		10935	1916
辽　宁 Liaoning	1223	5	24683	4243
吉　林 Jilin	551	3	12398	2152
黑龙江 Heilongjiang	723	7	14494	2681
上　海 Shanghai	579		15356	3329
江　苏 Jiangsu	1228	42	39441	7209
浙　江 Zhejiang	1029	49	32729	5988
安　徽 Anhui	856	17	16532	2920
福　建 Fujian	971	34	18895	3563
江　西 Jiangxi	687	52	15459	2923
山　东 Shandong	1796	28	38044	7285
河　南 Henan	2075	64	35414	6403
湖　北 Hubei	1007	36	21862	4031
湖　南 Hunan	970	71	19266	3536
广　东 Guangdong	3370	65	87391	16397
广　西 Guangxi	752	72	14593	2712
海　南 Hainan	212	7	5271	1019
重　庆 Chongqing	488	8	11252	2071
四　川 Sichuan	756	111	21687	3937
贵　州 Guizhou	612	8	10482	1826
云　南 Yunnan	583	57	10814	1902
西　藏 Tibet	23		550	98
陕　西 Shaanxi	911	12	14343	2495
甘　肃 Gansu	378	12	7126	1200
青　海 Qinghai	71		1692	275
宁　夏 Ningxia	157		3365	611
新　疆 Xinjiang	344	8	10330	1803

教学点数及班数(城区)
Classes in Primary Schools (Urban Area)

Classes					
二年级 Grade 2	三年级 Grade 3	四年级 Grade 4	五年级 Grade 5	六年级 Grade 6	复式班 Multiple-grade Classes
102114	**97090**	**91914**	**93684**	**87639**	**58**
3068	2763	2581	2720	2655	
1560	1367	1330	1401	1302	
4037	3803	3493	3752	3656	
2667	2638	2480	2651	2695	1
1892	1742	1758	1834	1793	
4211	4090	3814	4241	4084	
2106	2089	1887	2095	2069	
2676	2645	2459	2672	1361	
3257	2980	2860	2883	47	
7016	6622	6223	6207	6161	3
5883	5484	5195	5184	4995	
2847	2791	2679	2641	2650	4
3377	3176	2964	2898	2916	1
2638	2636	2412	2408	2420	22
7270	6560	6081	6264	4581	3
6120	5901	5730	5709	5545	6
3793	3701	3450	3423	3461	3
3299	3229	3073	3050	3077	2
15369	14479	13662	13616	13863	5
2546	2418	2308	2290	2317	2
907	835	834	830	846	
1940	1829	1761	1808	1843	
3739	3651	3383	3439	3538	
1716	1699	1704	1743	1794	
1876	1786	1750	1757	1743	
93	92	93	89	85	
2422	2403	2316	2337	2370	
1190	1163	1139	1211	1217	6
280	283	281	288	285	
583	560	541	535	535	
1736	1675	1673	1708	1735	

小学校数、

Number of Schools, External Teaching Sites &

	学校数(所) Schools	教学点数(个) External Teaching Sites	班数(个) 合计 Total	一年级 Grade 1
总 计 Total	**8526**	**594**	**125153**	**23465**
北 京 Beijing	102		1643	324
天 津 Tianjin	65		997	186
河 北 Hebei	643	38	7062	1301
山 西 Shanxi	288	2	2680	468
内蒙古 Inner Mongolia	48		432	75
辽 宁 Liaoning	251	5	3006	504
吉 林 Jilin	115	3	1117	183
黑龙江 Heilongjiang	118	5	1582	274
上 海 Shanghai	69		1655	376
江 苏 Jiangsu	213	24	4554	888
浙 江 Zhejiang	335	33	8778	1683
安 徽 Anhui	252	11	2674	471
福 建 Fujian	476	22	5769	1098
江 西 Jiangxi	306	38	4055	800
山 东 Shandong	699	24	10491	1987
河 南 Henan	903	44	9263	1717
湖 北 Hubei	266	22	3227	623
湖 南 Hunan	304	63	3766	712
广 东 Guangdong	1526	48	31738	6072
广 西 Guangxi	270	62	3570	664
海 南 Hainan	46	6	487	90
重 庆 Chongqing	105	7	1325	254
四 川 Sichuan	133	85	3160	582
贵 州 Guizhou	195	6	2567	454
云 南 Yunnan	213	27	2745	494
西 藏 Tibet				
陕 西 Shaanxi	374	8	3690	644
甘 肃 Gansu	76	5	892	155
青 海 Qinghai	15		237	38
宁 夏 Ningxia	35		533	96
新 疆 Xinjiang	85	6	1458	252

教学点数及班数(城乡结合区)

Classes in Primary Schools (Urban-rural Transitional Area)

Classes

二年级 Grade 2	三年级 Grade 3	四年级 Grade 4	五年级 Grade 5	六年级 Grade 6	复式班 Multiple-grade Classes
22163	**20922**	**19858**	**19747**	**18965**	**33**
288	270	253	257	251	
191	159	153	156	152	
1264	1156	1109	1141	1091	
446	448	426	441	450	1
82	68	70	75	62	
505	493	476	507	521	
182	188	175	192	197	
287	298	277	297	149	
354	315	295	285	30	
843	760	698	679	683	3
1587	1487	1375	1348	1298	
454	455	434	423	435	2
1022	973	898	884	894	
704	690	656	598	592	15
1962	1770	1688	1704	1377	3
1625	1556	1501	1471	1393	
566	547	511	484	494	2
662	623	597	588	582	2
5614	5265	4945	4903	4939	
618	586	570	563	567	2
83	77	80	78	79	
227	209	200	212	223	
551	523	494	491	519	
413	411	425	426	438	
476	458	441	437	439	
631	618	604	597	596	
153	145	143	149	144	3
39	41	41	38	40	
93	92	84	83	85	
241	241	239	240	245	

小学校数、

Number of Schools, External Teaching Sites &

	学校数(所) Schools	教学点数(个) External Teaching Sites	班数(个)	
			合计 Total	一年级 Grade 1
总　计 Total	**47431**	**6440**	**752001**	**134067**
北　京 Beijing	145		2651	487
天　津 Tianjin	176		3168	616
河　北 Hebei	3560	490	47673	8754
山　西 Shanxi	1816	42	23374	3988
内蒙古 Inner Mongolia	732	10	15175	2672
辽　宁 Liaoning	706	10	14885	2463
吉　林 Jilin	643	13	11620	2016
黑龙江 Heilongjiang	792	15	16570	2955
上　海 Shanghai	116		3315	736
江　苏 Jiangsu	1622	138	41750	7922
浙　江 Zhejiang	1278	77	32328	5811
安　徽 Anhui	2397	394	33326	6031
福　建 Fujian	1383	95	20901	3786
江　西 Jiangxi	2404	566	37713	7145
山　东 Shandong	2774	121	45674	8187
河　南 Henan	5924	692	71102	12292
湖　北 Hubei	1629	249	25923	4899
湖　南 Hunan	2359	438	36867	6689
广　东 Guangdong	3132	419	52980	9270
广　西 Guangxi	2213	1057	30287	5372
海　南 Hainan	532	77	8097	1489
重　庆 Chongqing	1178	72	20620	3763
四　川 Sichuan	2209	773	47940	8742
贵　州 Guizhou	1581	139	22275	3614
云　南 Yunnan	1586	249	21986	3561
西　藏 Tibet	142	4	1913	318
陕　西 Shaanxi	2538	153	27889	4723
甘　肃 Gansu	941	65	12274	2035
青　海 Qinghai	213	12	3993	666
宁　夏 Ningxia	232	18	3683	642
新　疆 Xinjiang	478	52	14049	2423

教学点数及班数(镇区)

Classes in Primary Schools (Counties & Towns Area)

Classes

二年级 Grade 2	三年级 Grade 3	四年级 Grade 4	五年级 Grade 5	六年级 Grade 6	复式班 Multiple-grade Classes
128441	**123697**	**120063**	**122078**	**122812**	**843**
478	435	403	429	419	
588	521	512	513	418	
8435	7919	7424	7619	7478	44
3864	3854	3677	3863	4053	75
2605	2444	2420	2514	2517	3
2483	2401	2418	2555	2565	
2030	1998	1820	1903	1852	1
2930	2935	2829	2874	2044	3
698	633	615	585	48	
7429	7075	6513	6356	6454	1
5699	5414	5113	5150	5139	2
5689	5450	5344	5262	5453	97
3565	3456	3321	3314	3455	4
6480	6129	5771	5833	6181	174
8212	7743	7328	7432	6772	
11956	11720	11609	11845	11671	9
4609	4338	4045	3983	4009	40
6191	6097	5866	5938	6054	32
8804	8464	8393	8630	9397	22
5113	4887	4779	4871	5153	112
1379	1257	1303	1292	1377	
3531	3368	3274	3319	3364	1
8106	7826	7622	7712	7925	7
3551	3514	3669	3811	4101	15
3560	3525	3658	3763	3911	8
296	299	337	336	327	
4627	4562	4470	4635	4733	139
1964	1973	1963	2094	2210	35
637	611	679	683	715	2
615	600	598	604	619	5
2317	2249	2290	2360	2398	12

小学校数、

Number of Schools, External Teaching Sites &

	学校数(所) Schools	教学点数(个) External Teaching Sites	班数(个) 合计 Total	一年级 Grade 1
总 计 Total	**22780**	**4755**	**265370**	**48357**
北 京 Beijing	43		689	126
天 津 Tianjin	92		1308	257
河 北 Hebei	2473	446	28187	5255
山 西 Shanxi	822	26	7799	1351
内蒙古 Inner Mongolia	85	6	1515	262
辽 宁 Liaoning	264	5	3226	538
吉 林 Jilin	172	11	1632	277
黑龙江 Heilongjiang	140	13	2080	355
上 海 Shanghai	36		933	206
江 苏 Jiangsu	612	98	11718	2199
浙 江 Zhejiang	550	63	12583	2315
安 徽 Anhui	964	246	9765	1798
福 建 Fujian	657	66	7664	1399
江 西 Jiangxi	1254	428	12476	2515
山 东 Shandong	1534	98	21018	3793
河 南 Henan	3872	585	36178	6499
湖 北 Hubei	681	179	7907	1568
湖 南 Hunan	1280	330	15032	2797
广 东 Guangdong	1955	338	24941	4453
广 西 Guangxi	1105	742	11250	2076
海 南 Hainan	168	28	1725	314
重 庆 Chongqing	382	55	4276	790
四 川 Sichuan	557	636	9938	1871
贵 州 Guizhou	675	78	7005	1140
云 南 Yunnan	719	121	8006	1323
西 藏 Tibet	10	2	205	34
陕 西 Shaanxi	998	80	8764	1548
甘 肃 Gansu	375	42	3587	622
青 海 Qinghai	74	10	941	153
宁 夏 Ningxia	94	4	932	159
新 疆 Xinjiang	137	19	2090	364

教学点数及班数(镇乡结合区)

Classes in Primary Schools (County-town Transitional Area)

Classes

二年级 Grade 2	三年级 Grade 3	四年级 Grade 4	五年级 Grade 5	六年级 Grade 6	复式班 Multiple-grade Classes
46347	**44201**	**42283**	**42014**	**41674**	**494**
125	116	103	110	109	
240	211	220	216	164	
5080	4722	4399	4426	4283	22
1288	1279	1235	1273	1319	54
250	241	234	261	267	
533	522	531	547	555	
282	293	248	273	259	
361	370	355	361	278	
204	177	170	160	16	
2074	1995	1845	1793	1811	1
2246	2109	1969	1972	1972	
1712	1607	1572	1499	1536	41
1326	1278	1222	1201	1234	4
2280	2095	1909	1817	1725	135
3763	3565	3346	3373	3178	
6310	6114	5904	5773	5570	8
1429	1336	1222	1176	1159	17
2602	2512	2360	2375	2362	24
4219	4050	3942	4036	4227	14
1980	1860	1765	1712	1787	70
289	264	284	283	291	
757	696	682	663	687	1
1746	1676	1603	1500	1535	7
1125	1115	1154	1190	1272	9
1332	1328	1353	1326	1343	1
32	31	36	35	37	
1501	1433	1396	1410	1414	62
594	580	568	590	612	21
169	143	169	156	150	1
153	152	152	157	157	2
345	331	335	350	365	

小学校数、

Number of Schools, External Teaching Sites &

	学校数(所) Schools	教学点数(个) External Teaching Sites	班数(个) 合计 Total	一年级 Grade 1
总 计 Total	**155008**	**62544**	**1235725**	**240721**
北 京 Beijing	252		2338	424
天 津 Tianjin	304		3543	711
河 北 Hebei	7963	3784	77567	15821
山 西 Shanxi	7342	1028	38968	6718
内蒙古 Inner Mongolia	1223	353	10038	2037
辽 宁 Liaoning	2850	164	21309	3573
吉 林 Jilin	3992	101	24409	4233
黑龙江 Heilongjiang	3319	306	21925	3914
上 海 Shanghai	66		1207	260
江 苏 Jiangsu	1278	671	16498	3535
浙 江 Zhejiang	1391	318	18094	3253
安 徽 Anhui	9294	3288	70889	13861
福 建 Fujian	3060	2449	29237	5880
江 西 Jiangxi	8082	4995	62637	13979
山 东 Shandong	7003	836	67519	12474
河 南 Henan	19453	5266	149445	29816
湖 北 Hubei	3978	2185	34427	7623
湖 南 Hunan	6836	5531	61239	13493
广 东 Guangdong	6894	2779	64266	11987
广 西 Guangxi	10570	7043	78428	15631
海 南 Hainan	1292	563	9258	2006
重 庆 Chongqing	3144	563	17393	3368
四 川 Sichuan	5621	7594	66855	13113
贵 州 Guizhou	9336	3205	70381	12466
云 南 Yunnan	10851	3772	81654	14493
西 藏 Tibet	692	511	6109	1310
陕 西 Shaanxi	4545	854	26020	4874
甘 肃 Gansu	9017	2948	56691	10891
青 海 Qinghai	1141	443	7775	1691
宁 夏 Ningxia	1507	235	8984	1807
新 疆 Xinjiang	2712	759	30622	5479

教学点数及班数(农村)

Classes in Primary Schools (Rural Area)

Classes

二年级 Grade 2	三年级 Grade 3	四年级 Grade 4	五年级 Grade 5	六年级 Grade 6	复式班 Multiple-grade Classes
228364	**207155**	**192885**	**182270**	**170711**	**13619**
409	385	369	375	376	
673	581	567	588	423	
15101	12804	11800	10959	10389	693
6489	6176	5886	5855	5830	2014
1875	1592	1532	1512	1460	30
3725	3495	3554	3524	3438	
4403	4216	3881	3922	3749	5
4029	3913	3817	3802	2394	56
248	231	215	209	44	
3243	2810	2487	2262	2157	4
3146	3000	2859	2920	2888	28
12918	11748	10891	10292	9683	1496
5456	4791	4473	4249	4166	222
12357	10852	9386	7974	6383	1706
12599	11461	10818	10596	9571	
28106	25712	24217	22222	19215	157
6690	5780	5193	4556	4289	296
12391	9973	8892	8112	7567	811
11625	11121	9905	9702	9786	140
14518	13046	11930	10901	10553	1849
1826	1598	1357	1279	1184	8
3204	2926	2750	2587	2532	26
12296	11383	10409	9878	9484	292
12135	11406	11218	11191	11351	614
14469	13829	13424	12723	12375	341
1261	1121	834	800	781	2
4706	4266	4062	3758	3671	683
10059	9137	8670	8163	7870	1901
1492	1245	1144	1104	1007	92
1714	1523	1429	1314	1125	72
5201	5034	4916	4941	4970	81

小学学生

Number of Students in Primary

	毕业生数 Graduates	招生数 Entrants		在校学生数	
		合计 Total	其中:受过学前教育 of Which: Those Received the Pre-school Education	合计 Total	其中:女 of Which: Female
总　计 Total	**16415565**	**17146640**	**16376140**	**96958985**	**44854417**
北　京 Beijing	109492	141738	141146	718655	331036
天　津 Tianjin	86548	102514	99468	532282	246456
河　北 Hebei	796079	1062931	1058186	5622191	2648536
山　西 Shanxi	547270	440460	427361	2617602	1252142
内蒙古 Inner Mongolia	242927	233545	231663	1365080	649079
辽　宁 Liaoning	371386	353057	352127	2129695	1001181
吉　林 Jilin	230619	242215	240534	1423679	677094
黑龙江 Heilongjiang	346553	328950	323614	1867729	895836
上　海 Shanghai	129542	172297	170322	760377	347232
江　苏 Jiangsu	645061	794802	792089	4227557	1922812
浙　江 Zhejiang	538276	607186	605007	3467269	1591725
安　徽 Anhui	720927	693919	661079	4047018	1835582
福　建 Fujian	391264	467450	446774	2527264	1153753
江　西 Jiangxi	670134	800412	758760	4341438	1958491
山　东 Shandong	1061562	1095534	1091640	6276696	2926121
河　南 Henan	1704498	1909667	1908123	10791827	4962817
湖　北 Hubei	513818	634766	603198	3267498	1487307
湖　南 Hunan	770212	880773	872695	4737920	2152621
广　东 Guangdong	1499644	1452959	1379463	8082401	3595420
广　西 Guangxi	686423	742110	706251	4264831	1984280
海　南 Hainan	128221	122521	111953	752187	328964
重　庆 Chongqing	336066	352068	342069	1943177	912669
四　川 Sichuan	1001656	1009618	921728	5607407	2661628
贵　州 Guizhou	760174	591024	495314	3800803	1775234
云　南 Yunnan	722779	622875	533004	4067038	1912239
西　藏 Tibet	47537	51552	18134	292016	142036
陕　西 Shaanxi	448555	378875	375710	2346152	1083056
甘　肃 Gansu	398700	341155	254953	2063549	969910
青　海 Qinghai	80967	83111	64496	498663	239488
宁　夏 Ningxia	107655	104822	94417	618140	294850
新　疆 Xinjiang	321020	331734	294862	1900844	914822

数(总计)

Schools (Total)

单位:人

unit:person

Enrolment						预计毕业生数 Estimated Graduates for Next Year
一年级 Grade 1	二年级 Grade 2	三年级 Grade 3	四年级 Grade 4	五年级 Grade 5	六年级 Grade 6	
17278773	**16754480**	**16152389**	**15429664**	**15804784**	**15538895**	**15994027**
141999	135170	115765	105031	112607	108083	109145
102541	99720	83175	82512	88758	75576	86557
1062944	1023426	933654	857567	888530	856070	856132
441189	424718	432949	401688	446165	470893	470893
233545	238200	212073	214351	233026	233885	235671
353513	359616	341986	329582	376452	368546	372649
242227	245762	242388	216436	238199	238667	239703
328965	335599	340925	312462	336747	213031	336675
172438	166480	146005	135228	133729	6497	131902
794817	766554	727164	657457	640419	641146	641547
607336	621368	596537	547144	553532	541352	543819
695298	705645	680796	660889	648515	655875	657139
468895	448255	426488	397194	387377	399055	399055
849509	761554	723097	675472	670358	661448	661448
1095558	1157725	1084756	1002805	1027384	908468	1075405
1916773	1860193	1811739	1764099	1777133	1661890	1676096
635734	585281	552624	507804	491760	494295	495556
880797	800626	785932	742457	756923	771185	771185
1453057	1377850	1327060	1260030	1286809	1377595	1377595
753297	725479	713584	685542	684466	702463	702463
138763	130169	120751	117530	120749	124225	124225
352494	327566	315900	305394	316278	325545	325545
1017799	944994	915168	878758	911667	939021	939021
592461	585402	597809	631034	669899	724198	724198
626145	659180	667153	688941	711532	714087	714585
51565	48712	48611	50140	47481	45507	45507
393881	391984	388948	379062	390214	402063	402063
348357	325053	334486	331917	354569	369167	369186
85305	81608	80437	82711	84000	84602	84602
106115	106527	100797	100467	102022	102212	102212
335456	314064	303632	307960	317484	322248	322248

小学学生

Number of Students in Primary

	毕业生数 Graduates	招生数 Entrants		在校学生数	
		合计 Total	其中:受过学前教育 of Which: Those Received the Pre-school Education	合计 Total	其中:女 of Which: Female
总　计 Total	**4402989**	**4830142**	**4729128**	**26884287**	**12245579**
北　京 Beijing	87029	113163	112631	572888	263419
天　津 Tianjin	49948	59073	56252	307605	143842
河　北 Hebei	173106	204989	203016	1120760	521598
山　西 Shanxi	141270	136655	131829	785389	373436
内蒙古 Inner Mongolia	91594	87096	86062	514748	244359
辽　宁 Liaoning	177993	173117	172693	1024758	482663
吉　林 Jilin	92862	90040	88989	538634	254327
黑龙江 Heilongjiang	121238	119519	117797	650536	308110
上　海 Shanghai	99860	128523	127512	569245	262037
江　苏 Jiangsu	265951	311903	310065	1739820	790555
浙　江 Zhejiang	212168	249494	248465	1415674	643714
安　徽 Anhui	130466	127644	122161	779691	350079
福　建 Fujian	130692	174281	167099	919666	411617
江　西 Jiangxi	114954	129616	124486	709878	309697
山　东 Shandong	302591	331976	330515	1799442	834459
河　南 Henan	296380	335951	335388	1884401	850874
湖　北 Hubei	162653	186695	181671	1027061	462202
湖　南 Hunan	156515	175840	174785	982453	439112
广　东 Guangdong	668422	762776	725841	4085553	1772050
广　西 Guangxi	109499	133259	128218	730884	326671
海　南 Hainan	40780	37464	36815	244889	100776
重　庆 Chongqing	87823	90285	86750	503973	239196
四　川 Sichuan	192865	181391	181227	1059380	502237
贵　州 Guizhou	97171	91828	90558	552884	252930
云　南 Yunnan	88615	91971	91280	550022	259604
西　藏 Tibet	4271	5252	4595	27999	13484
陕　西 Shaanxi	115172	112520	112072	665475	305326
甘　肃 Gansu	63696	59834	58885	372424	172662
青　海 Qinghai	15291	14648	14184	91410	43494
宁　夏 Ningxia	31533	32197	31586	184837	86607
新　疆 Xinjiang	80581	81142	75701	471908	224442

数(城区)
Schools (Urban Area)

单位:人
unit:person

Enrolment						预计毕业生数 Estimated Graduates for Next Year
一年级 Grade 1	二年级 Grade 2	三年级 Grade 3	四年级 Grade 4	五年级 Grade 5	六年级 Grade 6	
4844811	**4736144**	**4522361**	**4208359**	**4398854**	**4173758**	**4443064**
113235	108238	92077	83567	89851	85920	86982
59086	57160	47984	46874	50620	45881	50168
204989	199460	184969	162626	185623	183093	183155
136672	130241	130188	115727	134136	138425	138425
87096	90578	77719	79621	89935	89799	91549
173125	175052	167371	150288	183190	175732	179835
90040	89760	89270	80374	94204	94986	96022
119522	117844	119746	105698	122195	65531	122380
128598	125750	109230	101370	102135	2162	101195
311909	313103	297581	273661	273331	270235	270636
249549	257294	243834	223787	225485	215725	218192
127662	133279	133058	126326	128491	130875	130875
174474	167538	157250	143194	138227	138983	138983
131489	121437	118791	110030	112372	115759	115759
331999	346873	314649	285018	301314	219589	308065
336542	322628	316277	303125	309478	296351	305195
186832	177359	175681	161594	162043	163552	163990
175840	163767	165781	154867	159188	163010	163010
762843	720604	682799	636122	633363	649822	649822
133653	127001	122501	115701	114872	117156	117156
42586	41907	40152	38742	40580	40922	40922
90339	85028	82318	78084	82559	85645	85645
181423	176253	175708	165708	174687	185601	185601
92004	88448	89109	89391	94776	99156	99156
92057	95645	90123	88726	92695	90776	91274
5252	4808	4779	4553	4410	4197	4197
115568	111931	111343	104952	109952	111729	111729
62243	61961	61484	57997	63858	64881	64881
14650	15315	15038	15168	15727	15512	15512
32220	31027	30033	29057	30740	31760	31760
81314	78855	75518	76411	78817	80993	80993

小学学生

Number of Students in Primary

	毕业生数 Graduates	招生数 Entrants		在校学生数	
		合计 Total	其中:受过学前教育 of Which: Those Received the Pre-school Education	合计 Total	其中:女 of Which: Female
总　计 Total	**831591**	**977169**	**955732**	**5223635**	**2333537**
北　京 Beijing	6900	11377	11293	53584	24245
天　津 Tianjin	5819	6811	6403	34858	16059
河　北 Hebei	42303	49665	48204	270412	125188
山　西 Shanxi	18748	17281	16869	95785	46016
内蒙古 Inner Mongolia	2604	2480	2456	13673	6383
辽　宁 Liaoning	18473	17329	17321	105121	49074
吉　林 Jilin	5148	4469	4468	27034	12819
黑龙江 Heilongjiang	12265	10525	10396	61536	29169
上　海 Shanghai	11759	17008	16778	74449	32575
江　苏 Jiangsu	28004	37797	37785	191216	85701
浙　江 Zhejiang	52816	72279	72159	378365	167321
安　徽 Anhui	18211	16389	15870	99458	44831
福　建 Fujian	35265	50704	48237	258292	115622
江　西 Jiangxi	21465	28112	26685	147902	63671
山　东 Shandong	71929	82930	82292	443330	204104
河　南 Henan	58021	71677	71658	385266	172092
湖　北 Hubei	19612	25236	23873	128860	57550
湖　南 Hunan	24513	28445	28344	155998	68327
广　东 Guangdong	230383	272965	264333	1424688	608578
广　西 Guangxi	25224	29483	28238	161082	71520
海　南 Hainan	2924	2767	2707	16987	7253
重　庆 Chongqing	9119	9856	9588	50813	23549
四　川 Sichuan	22828	23269	23241	129559	60601
贵　州 Guizhou	21689	20334	20024	120383	55453
云　南 Yunnan	21109	22155	21926	129915	61860
西　藏 Tibet					
陕　西 Shaanxi	22225	22489	22447	128911	59090
甘　肃 Gansu	6352	6629	6466	39698	18645
青　海 Qinghai	1919	1919	1866	12076	5741
宁　夏 Ningxia	4793	4897	4723	28510	13572
新　疆 Xinjiang	9171	9892	9082	55874	26928

数(城乡结合区)
Schools (Urban-rural Transitional Area)

单位:人
unit:person

Enrolment						预计毕业生数 Estimated Graduates for Next Year
一年级 Grade 1	二年级 Grade 2	三年级 Grade 3	四年级 Grade 4	五年级 Grade 5	六年级 Grade 6	
980739	**926921**	**880040**	**817067**	**824359**	**794509**	**828637**
11399	10045	8679	7912	8040	7509	7509
6814	6764	5561	5291	5358	5070	5270
49665	47338	43750	40585	44468	44606	44606
17282	15844	15579	14239	15771	17070	17070
2480	2662	2015	2145	2279	2092	2453
17332	17841	16877	16200	18366	18505	18505
4469	4432	4365	4063	4349	5356	5356
10525	10916	11917	10731	12153	5294	12223
17011	16194	14333	13057	12459	1395	11784
37797	36256	32922	28521	28060	27660	27660
72290	69465	66142	59310	57249	53909	53909
16397	16836	17045	16175	15904	17101	17101
50795	47407	44325	39850	38293	37622	37622
29292	25852	24484	22798	22306	23170	23170
82953	84347	75464	70166	72206	58194	73766
72203	67119	65566	61312	60967	58099	58776
25241	22285	22005	20121	19109	20099	20099
28445	26042	26029	24144	25304	26034	26034
272978	253076	239873	221006	218605	219150	219150
29529	27441	26796	25836	25479	26001	26001
3140	2780	2719	2694	2767	2887	2887
9863	8522	8029	7511	8180	8708	8708
23270	21930	21103	19826	20917	22513	22513
20334	18662	19142	19874	20652	21719	21719
22239	22383	21296	21116	21650	21231	21231
23158	21779	21482	20446	20985	21061	21061
7030	6720	6731	6159	6663	6395	6395
1919	2023	2047	2160	1979	1948	1948
4900	4700	4674	4618	4771	4847	4847
9989	9260	9090	9201	9070	9264	9264

小学学生
Number of Students in Primary

	毕业生数 Graduates	招生数 Entrants		在校学生数	
		合计 Total	其中:受过学前教育 of Which: Those Received the Pre-school Education	合计 Total	其中:女 of Which: Female
总　计 Total	**5770092**	**5743893**	**5598014**	**33549812**	**15410122**
北　京 Beijing	12760	16482	16433	83984	38900
天　津 Tianjin	19014	21868	21737	114830	52398
河　北 Hebei	287257	373656	372745	2049719	957232
山　西 Shanxi	204306	168175	163848	1000160	474551
内蒙古 Inner Mongolia	110087	104620	104411	622603	297391
辽　宁 Liaoning	104992	98013	97971	598209	279914
吉　林 Jilin	69407	78557	78473	455227	216956
黑龙江 Heilongjiang	131302	126629	124839	716089	344584
上　海 Shanghai	21724	32185	31522	139373	62400
江　苏 Jiangsu	293893	356935	356301	1893888	857833
浙　江 Zhejiang	221532	241783	240898	1405492	647014
安　徽 Anhui	254811	234118	226100	1433268	629692
福　建 Fujian	142611	161509	156166	899757	407525
江　西 Jiangxi	305695	304913	294407	1769490	787665
山　东 Shandong	353042	349041	348354	2070935	956094
河　南 Henan	564955	546531	546199	3409261	1534833
湖　北 Hubei	177913	220893	212443	1160375	532105
湖　南 Hunan	319624	332907	331323	1879972	845773
广　东 Guangdong	437722	373795	358110	2191099	982272
广　西 Guangxi	219789	220737	215975	1306691	597160
海　南 Hainan	56273	49309	45866	324351	141996
重　庆 Chongqing	160284	168793	165379	943464	440506
四　川 Sichuan	429833	425185	408818	2388802	1137718
贵　州 Guizhou	211456	166560	153747	1089996	497161
云　南 Yunnan	169096	140134	132710	938397	444227
西　藏 Tibet	14543	13823	5209	82905	40486
陕　西 Shaanxi	217495	174177	172629	1120830	516110
甘　肃 Gansu	98921	88197	78408	538363	247751
青　海 Qinghai	31587	30277	21590	189180	91842
宁　夏 Ningxia	31566	30934	29411	184250	86872
新　疆 Xinjiang	96602	93157	85992	548852	263161

数(镇区)
Schools (Counties & Towns Area)

单位:人
unit:person

Enrolment						预计毕业生数 Estimated Graduates for Next Year
一年级 Grade 1	二年级 Grade 2	三年级 Grade 3	四年级 Grade 4	五年级 Grade 5	六年级 Grade 6	
5788865	**5623404**	**5528264**	**5358361**	**5574512**	**5676406**	**5780518**
16559	15574	13700	12162	13167	12822	12822
21871	21460	18069	18136	19314	15980	18741
373656	364360	344545	316451	330595	320112	320112
168576	160792	166172	153063	171144	180413	180413
104620	107395	97953	99024	106231	107380	107416
98149	98599	93623	95673	105557	106608	106608
78567	78959	78271	69877	75194	74359	74359
126641	127391	130191	119681	123702	88483	123107
32243	30008	26763	24927	23075	2357	22397
356944	339403	325824	294153	285871	291693	291693
241839	250306	242328	222811	225175	223033	223033
234478	239305	237860	235853	235937	249835	249984
162048	155554	150724	142569	141179	147683	147683
320422	295184	285645	273060	285971	309208	309208
349041	369479	356546	330989	341986	322894	364929
549004	553614	559008	559450	596498	591687	595372
221266	204980	194878	180054	177909	181288	182070
332912	301784	309700	298763	312587	324226	324226
373821	352233	344787	347881	364465	407912	407912
222928	214297	212571	208927	216415	231553	231553
56882	54887	51121	51560	53589	56312	56312
168928	157874	154133	149771	154290	158468	158468
428269	394485	383939	375448	394128	412533	412533
166562	162541	170810	183421	194857	211805	211805
141311	144904	148168	158035	169090	176889	176889
13826	12631	12659	15428	14825	13536	13536
181486	183570	185276	182274	190562	197662	197662
89272	82940	86499	86550	94297	98805	98805
31278	29121	29216	32254	33032	34279	34279
31335	30749	29729	30055	30911	31471	31471
94131	89025	87556	90061	92959	95120	95120

小学学生

Number of Students in Primary

	毕业生数 Graduates	招生数 Entrants		在校学生数	
		合计 Total	其中:受过学前教育 of Which: Those Received the Pre-school Education	合计 Total	其中:女 of Which: Female
总　计 Total	**1779508**	**1836799**	**1790648**	**10494030**	**4828955**
北　京 Beijing	2765	4146	4115	21442	9843
天　津 Tianjin	7244	8790	8770	44090	20151
河　北 Hebei	154916	204870	204415	1104351	519255
山　西 Shanxi	61247	48916	48223	285429	135880
内蒙古 Inner Mongolia	11210	9270	9243	56516	26302
辽　宁 Liaoning	19763	18755	18745	110027	51502
吉　林 Jilin	8180	8721	8686	49758	23706
黑龙江 Heilongjiang	15081	13840	13776	85564	40975
上　海 Shanghai	6195	9142	9068	39916	18067
江　苏 Jiangsu	77208	93400	93241	494971	223864
浙　江 Zhejiang	82546	98736	98522	549148	250229
安　徽 Anhui	60518	53928	51778	328835	147235
福　建 Fujian	46440	55345	51900	302246	137604
江　西 Jiangxi	74983	87917	83221	474021	215623
山　东 Shandong	156407	152817	152469	896676	413469
河　南 Henan	238075	253306	253182	1499478	681681
湖　北 Hubei	51022	61656	58519	311765	143805
湖　南 Hunan	108159	119514	118815	658111	296983
广　东 Guangdong	192032	165329	156400	959560	435716
广　西 Guangxi	66741	66846	65500	387592	182442
海　南 Hainan	9787	8197	7880	54859	23151
重　庆 Chongqing	30495	32130	31291	177768	82723
四　川 Sichuan	71519	70937	68571	392131	186667
贵　州 Guizhou	61130	45586	40722	304117	140749
云　南 Yunnan	53638	45601	43534	302076	141600
西　藏 Tibet	1486	1463	406	8841	4139
陕　西 Shaanxi	59450	50918	49845	314821	142961
甘　肃 Gansu	23817	21197	17769	127400	59291
青　海 Qinghai	6980	6095	4787	40219	19595
宁　夏 Ningxia	8186	6386	5570	39396	18654
新　疆 Xinjiang	12288	13045	11685	72906	35093

数(镇乡结合区)
Schools (County-town Transitional Area)

单位:人
unit: person

Enrolment 一年级 Grade 1	二年级 Grade 2	三年级 Grade 3	四年级 Grade 4	五年级 Grade 5	六年级 Grade 6	预计毕业生数 Estimated Graduates for Next Year
1848159	**1782689**	**1743714**	**1669584**	**1713994**	**1735890**	**1760339**
4168	4040	3614	3109	3271	3240	3240
8791	8318	6815	7106	7380	5680	7105
204870	198809	185771	170738	175686	168477	168477
48978	45126	47242	44106	48577	51400	51400
9270	9732	8822	8712	9945	10035	10035
18765	18118	16846	17699	19058	19541	19541
8721	8495	8745	7592	8210	7995	7995
13840	14671	15346	14278	14906	12523	15233
9154	8753	7660	7053	6531	765	6339
93406	88564	85428	77605	74433	75535	75535
98759	98845	94706	86344	86218	84276	84276
54127	55000	54914	54481	54025	56288	56323
55510	53015	50806	47813	46615	48487	48487
92302	81148	78002	71803	74025	76741	76741
152817	160686	154476	141372	145571	141754	156210
254335	252687	250630	244933	251808	245085	245334
61826	54992	52567	47659	46869	47852	47852
119514	107265	108755	103663	107566	111348	111348
165341	156273	153930	152115	158784	173117	173117
67357	64757	64391	61991	61946	67150	67150
9414	9081	8686	8776	9286	9616	9616
32149	29818	28634	28212	28818	30137	30137
71125	64915	63354	62215	63487	67035	67035
45588	44759	47366	51076	54509	60819	60819
46012	47178	48443	51301	53797	55345	55345
1463	1335	1439	1599	1564	1441	1441
53232	52070	52036	50748	52423	54312	54312
21455	19649	20185	20117	22288	23706	23706
6197	6195	6511	7044	7276	6996	6996
6505	6587	6266	6563	6814	6661	6661
13168	11808	11328	11761	12308	12533	12533

小学学生

Number of Students in Primary

	毕业生数 Graduates	招生数 Entrants		在校学生数	
		合计 Total	其中:受过学前教育 of Which: Those Received the Pre-school Education	合计 Total	其中:女 of Which: Female
总　计 Total	**6242484**	**6572605**	**6048998**	**36524886**	**17198716**
北　京 Beijing	9703	12093	12082	61783	28717
天　津 Tianjin	17586	21573	21479	109847	50216
河　北 Hebei	335716	484286	482425	2451712	1169706
山　西 Shanxi	201694	135630	131684	832053	404155
内蒙古 Inner Mongolia	41246	41829	41190	227729	107329
辽　宁 Liaoning	88401	81927	81463	506728	238604
吉　林 Jilin	68350	73618	73072	429818	205811
黑龙江 Heilongjiang	94013	82802	80978	501104	243142
上　海 Shanghai	7958	11589	11288	51759	22795
江　苏 Jiangsu	85217	125964	125723	593849	274424
浙　江 Zhejiang	104576	115909	115644	646103	300997
安　徽 Anhui	335650	332157	312818	1834059	855811
福　建 Fujian	117961	131660	123509	707841	334611
江　西 Jiangxi	249485	365883	339867	1862070	861129
山　东 Shandong	405929	414517	412771	2406319	1135568
河　南 Henan	843163	1027185	1026536	5498165	2577110
湖　北 Hubei	173252	227178	209084	1080062	493000
湖　南 Hunan	294073	372026	366587	1875495	867736
广　东 Guangdong	393500	316388	295512	1805749	841098
广　西 Guangxi	357135	388114	362058	2227256	1060449
海　南 Hainan	31168	35748	29272	182947	86192
重　庆 Chongqing	87959	92990	89940	495740	232967
四　川 Sichuan	378958	403042	331683	2159225	1021673
贵　州 Guizhou	451547	332636	251009	2157923	1025143
云　南 Yunnan	465068	390770	309014	2578619	1208408
西　藏 Tibet	28723	32477	8330	181112	88066
陕　西 Shaanxi	115888	92178	91009	559847	261620
甘　肃 Gansu	236083	193124	117660	1152762	549497
青　海 Qinghai	34089	38186	28722	218073	104152
宁　夏 Ningxia	44556	41691	33420	249053	121371
新　疆 Xinjiang	143837	157435	133169	880084	427219

数(乡村)
Schools (Rural Area)

单位:人
unit: person

Enrolment						预计毕业生数 Estimated Graduates for Next Year
一年级 Grade 1	二年级 Grade 2	三年级 Grade 3	四年级 Grade 4	五年级 Grade 5	六年级 Grade 6	
6645097	**6394932**	**6101764**	**5862944**	**5831418**	**5688731**	**5770445**
12205	11358	9988	9302	9589	9341	9341
21584	21100	17122	17502	18824	13715	17648
484299	459606	404140	378490	372312	352865	352865
135941	133685	136589	132898	140885	152055	152055
41829	40227	36401	35706	36860	36706	36706
82239	85965	80992	83621	87705	86206	86206
73620	77043	74847	66185	68801	69322	69322
82802	90364	90988	87083	90850	59017	91188
11597	10722	10012	8931	8519	1978	8310
125964	114048	103759	89643	81217	79218	79218
115948	113768	110375	100546	102872	102594	102594
333158	333061	309878	298710	284087	275165	276280
132373	125163	118514	111431	107971	112389	112389
397598	344933	318661	292382	272015	236481	236481
414518	441373	413561	386798	384084	365985	402411
1031227	983951	936454	901524	871157	773852	775529
227636	202942	182065	166156	151808	149455	149496
372045	335075	310451	288827	285148	283949	283949
316393	305013	299474	276027	288981	319861	319861
396716	384181	378512	360914	353179	353754	353754
39295	33375	29478	27228	26580	26991	26991
93227	84664	79449	77539	79429	81432	81432
408107	374256	355521	337602	342852	340887	340887
333895	334413	337890	358222	380266	413237	413237
392777	418631	428862	442180	449747	446422	446422
32487	31273	31173	30159	28246	27774	27774
96827	96483	92329	91836	89700	92672	92672
196842	180152	186503	187370	196414	205481	205500
39377	37172	36183	35289	35241	34811	34811
42560	44751	41035	41355	40371	38981	38981
160011	146184	140558	141488	145708	146135	146135

五年制小

Number of Students in

	招生数 Entrants		在校生数	
	合计 Total	其中:受过学前教育 of Which:Received the Pre-school Education	合计 Total	其中:女 of Which: Female
总　计 Total	**483817**	**481151**	**2333242**	**1094522**
北　京 Beijing	1284	1284	5612	2674
天　津 Tianjin	12272	12239	55026	25360
河　北 Hebei	67	67	323	132
山　西 Shanxi				
内蒙古 Inner Mongolia	1784	1784	8556	4074
辽　宁 Liaoning	3751	3733	18639	8847
吉　林 Jilin			1036	401
黑龙江 Heilongjiang	123445	122878	612011	291288
上　海 Shanghai	159994	158303	703729	323197
江　苏 Jiangsu	262	262	1796	851
浙　江 Zhejiang	2249	2249	12262	5633
安　徽 Anhui	1221	1110	6422	2961
福　建 Fujian				
江　西 Jiangxi				
山　东 Shandong	160210	160011	827323	393166
河　南 Henan	14773	14756	70312	31157
湖　北 Hubei	999	997	6138	2929
湖　南 Hunan				
广　东 Guangdong	828	800	1281	570
广　西 Guangxi				
海　南 Hainan				
重　庆 Chongqing	21	21	74	22
四　川 Sichuan				
贵　州 Guizhou				
云　南 Yunnan	606	606	2516	1192
西　藏 Tibet				
陕　西 Shaanxi				
甘　肃 Gansu	51	51	186	68
青　海 Qinghai				
宁　夏 Ningxia				
新　疆 Xinjiang				

学学生数
5-year Primary Schools

单位:人
unit: person

Enrolment

一年级 Grade 1	二年级 Grade 2	三年级 Grade 3	四年级 Grade 4	五年级 Grade 5
483966	**499051**	**460589**	**434504**	**455132**
1284	1287	1076	903	1062
12280	11894	10098	9773	10981
67	62	66	66	62
1784	1733	1793	1460	1786
3751	3803	3640	3342	4103
				1036
123451	124635	126159	114122	123644
160128	155831	136133	126232	125405
262	379	376	378	401
2249	2708	2522	2316	2467
1221	1361	1311	1265	1264
160211	179232	161673	159270	166937
14773	14040	13780	13513	14206
999	1260	1330	1288	1261
828	192	183	78	
21	53			
606	542	412	458	498
51	39	37	40	19

小学女
Number of Female Students

	毕业生数 Graduates	招生数 Entrants		在校学生数
		合计 Total	其中:受过学前教育 of Which: Those Received the Pre-school Education	合 计 Total
总 计 Total	**7634753**	**7981804**	**7595179**	**44854417**
北 京 Beijing	51438	65027	64785	331036
天 津 Tianjin	40434	47596	46222	246456
河 北 Hebei	377900	502309	497654	2648536
山 西 Shanxi	261158	212250	204930	1252142
内蒙古 Inner Mongolia	115470	111771	110797	649079
辽 宁 Liaoning	175283	166568	166208	1001181
吉 林 Jilin	111074	115629	114338	677094
黑龙江 Heilongjiang	165944	158125	155218	895836
上 海 Shanghai	59714	78467	77671	347232
江 苏 Jiangsu	294338	362493	360804	1922812
浙 江 Zhejiang	248983	277753	276669	1591725
安 徽 Anhui	329382	315361	298079	1835582
福 建 Fujian	179859	214039	204043	1153753
江 西 Jiangxi	302301	368029	349261	1958491
山 东 Shandong	500485	510632	506554	2926121
河 南 Henan	788490	887805	884102	4962817
湖 北 Hubei	234318	289095	271350	1487307
湖 南 Hunan	357958	405651	400749	2152621
广 东 Guangdong	669672	658224	620593	3595420
广 西 Guangxi	318915	347957	330522	1984280
海 南 Hainan	55348	57254	52235	328964
重 庆 Chongqing	158743	166476	161175	912669
四 川 Sichuan	474490	481737	440174	2661628
贵 州 Guizhou	360648	274612	228750	1775234
云 南 Yunnan	340040	293336	251377	1912239
西 藏 Tibet	22907	25133	8776	142036
陕 西 Shaanxi	204172	178767	177290	1083056
甘 肃 Gansu	188968	160926	118252	969910
青 海 Qinghai	38525	39981	30867	239488
宁 夏 Ningxia	52212	49867	44708	294850
新 疆 Xinjiang	155584	158934	141026	914822

学生数
in Primary Schools

单位：人
unit: person

Enrolment						预计毕业生数 Estimated Graduates for Next Year
一年级 Grade 1	二年级 Grade 2	三年级 Grade 3	四年级 Grade 4	五年级 Grade 5	六年级 Grade 6	
8035130	**7755808**	**7479251**	**7099299**	**7294423**	**7190506**	**7402279**
65111	62414	53617	47765	52168	49961	50493
47604	46049	38767	37711	41048	35277	40313
502314	483294	441460	399955	418866	402647	402674
212616	203465	207490	191044	212261	225266	225266
111771	112681	101805	100996	110226	111600	112508
166729	168691	163133	151949	177657	173022	174979
115630	116174	116011	102451	113076	113752	114307
158127	161643	163667	148339	162032	102028	161306
78517	76231	66757	61537	61418	2772	60725
362496	345547	330953	299127	291538	293151	293365
277813	284967	274251	250365	254579	249750	250879
315982	320022	307484	299492	295199	297403	297997
214570	205421	194787	181187	176016	181772	181783
387900	343845	324240	301864	301076	299566	299566
510632	538657	507318	464304	481103	424107	503671
890907	859406	832408	807240	811610	761246	767611
289456	267872	253573	231401	221926	223079	223685
405661	366268	356421	334336	340004	349931	349931
658272	617847	591300	555231	564845	607925	607043
352753	337010	331772	318300	316954	327491	326670
62330	57688	52692	50330	52049	53875	53875
166632	154335	148061	142283	148062	153296	152035
485546	449255	434844	415752	431060	445171	445171
275253	269944	277523	294401	314758	343355	343355
294716	308446	314563	322794	334848	336872	337113
25138	23774	23795	24462	23154	21713	21851
184964	181453	179336	173090	179390	184823	184823
163982	152815	157224	155761	166127	174001	173788
40963	39008	38875	39655	40027	40960	40802
50436	50622	48228	47874	48611	49079	49079
160309	150964	146896	148303	152735	155615	155615

小学教职工
Number of Educational Personnel

	教职工数		
	合计 Total	专任教师 Full-time Teachers	行政人员 Adm. Personnel
总　计 Total	**5538481**	**5121626**	**189924**
北　京 Beijing	55710	46783	4463
天　津 Tianjin	41626	36015	3633
河　北 Hebei	324755	302572	11486
山　西 Shanxi	185103	170923	4499
内蒙古 Inner Mongolia	127745	103344	5935
辽　宁 Liaoning	135608	117036	15707
吉　林 Jilin	127992	108035	9460
黑龙江 Heilongjiang	145978	128792	7896
上　海 Shanghai	48936	40223	3669
江　苏 Jiangsu	252300	231044	6403
浙　江 Zhejiang	173611	162754	4541
安　徽 Anhui	233150	225015	4231
福　建 Fujian	157362	148160	4949
江　西 Jiangxi	195472	190717	2134
山　东 Shandong	387203	360619	8432
河　南 Henan	504933	479460	9570
湖　北 Hubei	193609	179512	4195
湖　南 Hunan	231358	217938	4986
广　东 Guangdong	422977	381046	27242
广　西 Guangxi	232714	211315	13252
海　南 Hainan	49314	45796	900
重　庆 Chongqing	115394	107297	4815
四　川 Sichuan	262440	247086	6490
贵　州 Guizhou	199179	186880	6232
云　南 Yunnan	237762	226609	3867
西　藏 Tibet	18966	18696	42
陕　西 Shaanxi	169723	156651	6438
甘　肃 Gansu	134514	130492	1724
青　海 Qinghai	22467	21518	134
宁　夏 Ningxia	33415	32697	148
新　疆 Xinjiang	117165	106601	2451

数(总计)

in Primary Schools (Total)

单位:人
unit: person

Educational Personnel			代课教师 Substitute Teachers	兼任教师 Part-time Teachers
教辅人员 Supporting Staff	工勤人员 Workers	校办企业职工 Employees in School-run Factories & Farms		
96767	**128849**	**1315**	**176979**	**14173**
2661	1786	17		937
1082	890	6	470	104
5328	5348	21	18549	557
4149	5403	129	15460	549
8176	9899	391	3304	132
1391	1451	23	748	35
7357	3139	1	1175	301
5088	4185	17	795	233
2273	2724	47	492	83
9200	5548	105	7199	240
2321	3964	31		1034
1125	2779		7904	312
2329	1839	85	5473	238
718	1885	18	9605	521
11071	7058	23	4489	801
4848	11048	7	15846	1333
4570	5302	30	10586	325
3479	4881	74	7446	522
3856	10704	129	4456	740
3443	4689	15	12193	1575
537	2076	5	1047	297
761	2472	49	2952	456
1374	7464	26	14336	377
1300	4747	20	756	674
1826	5453	7	8630	419
38	190		373	11
2698	3925	11	5063	322
883	1411	4	8655	676
101	710	4	3893	80
137	433		1603	243
2647	5446	20	3481	46

小学教职工
Number of Educational Personnel

教职工数

	合计 Total	专任教师 Full-time Teachers	行政人员 Adm. Personnel
总　计 Total	**1382016**	**1254960**	**59963**
北　京 Beijing	41362	35523	3176
天　津 Tianjin	26063	22042	2414
河　北 Hebei	59142	54621	2237
山　西 Shanxi	43583	39604	1505
内蒙古 Inner Mongolia	31491	28220	1679
辽　宁 Liaoning	66664	56760	8161
吉　林 Jilin	37717	31341	2760
黑龙江 Heilongjiang	45118	38742	2997
上　海 Shanghai	37777	31420	2662
江　苏 Jiangsu	98049	91595	2340
浙　江 Zhejiang	67255	63001	1543
安　徽 Anhui	37450	36107	654
福　建 Fujian	42092	39738	1164
江　西 Jiangxi	28521	27460	522
山　东 Shandong	96999	89242	2928
河　南 Henan	86598	80720	2312
湖　北 Hubei	54139	49999	1729
湖　南 Hunan	44556	41404	1190
广　东 Guangdong	178273	158502	9451
广　西 Guangxi	31482	28634	1265
海　南 Hainan	11231	9915	215
重　庆 Chongqing	28414	26389	961
四　川 Sichuan	50127	45973	1295
贵　州 Guizhou	21533	20155	763
云　南 Yunnan	24586	23064	610
西　藏 Tibet	1808	1724	25
陕　西 Shaanxi	36484	32318	2335
甘　肃 Gansu	18759	17934	398
青　海 Qinghai	3292	3223	14
宁　夏 Ningxia	9036	8911	40
新　疆 Xinjiang	22415	20679	618

数(城区)

in Primary Schools (Urban Area)

单位:人

unit: person

Educational Personnel			代课教师 Substitute Teachers	兼任教师 Part-time Teachers
教辅人员 Supporting Staff	工勤人员 Workers	校办企业职工 Employees in School-run Factories & Farms		
28045	**38525**	**523**	**31706**	**4540**
1632	1015	16		913
855	746	6	112	90
1109	1170	5	2234	71
1002	1462	10	2512	83
868	715	9	1151	110
948	780	15	129	
2492	1124		425	51
1820	1543	16	153	150
1896	1763	36	355	58
2295	1780	39	1762	49
859	1832	20		298
243	446		1881	204
374	732	84	2364	106
107	429	3	660	18
2620	2186	23	793	195
1217	2342	7	3156	275
1259	1137	15	1911	59
707	1203	52	1949	344
2611	7620	89	3583	434
513	1070		1073	233
247	854		323	153
334	684	46	510	231
554	2293	12	1780	58
185	424	6	76	245
221	684	7	14	
23	36		9	2
505	1326		826	58
96	330	1	57	38
12	43		464	
13	72		202	8
428	684	6	1242	6

小学教职工

Number of Educational Personnel

	教职工数		
	合计 Total	专任教师 Full-time Teachers	行政人员 Adm. Personnel
总　计 Total	**267207**	**243218**	**11034**
北　京 Beijing	3751	3142	309
天　津 Tianjin	2894	2455	274
河　北 Hebei	16130	15121	595
山　西 Shanxi	6825	6283	215
内蒙古 Inner Mongolia	1328	1200	66
辽　宁 Liaoning	7454	6536	834
吉　林 Jilin	3263	2796	243
黑龙江 Heilongjiang	5582	4677	400
上　海 Shanghai	3863	3081	284
江　苏 Jiangsu	10604	9701	292
浙　江 Zhejiang	16019	14922	384
安　徽 Anhui	5607	5401	69
福　建 Fujian	12082	11351	383
江　西 Jiangxi	6085	5904	93
山　东 Shandong	26686	24691	573
河　南 Henan	19999	18914	382
湖　北 Hubei	7593	6934	166
湖　南 Hunan	7592	6951	170
广　东 Guangdong	58465	51471	3550
广　西 Guangxi	7313	6754	288
海　南 Hainan	1216	1116	19
重　庆 Chongqing	3128	2874	152
四　川 Sichuan	6154	5559	169
贵　州 Guizhou	4706	4408	176
云　南 Yunnan	6370	6009	154
西　藏 Tibet			
陕　西 Shaanxi	9182	8087	699
甘　肃 Gansu	2430	2314	28
青　海 Qinghai	379	376	2
宁　夏 Ningxia	1274	1257	5
新　疆 Xinjiang	3233	2933	60

数(城乡结合区)
in Primary Schools (Urban-rural Transitional Area)

单位 :人
unit: person

Educational Personnel				
教辅人员 Supporting Staff	工勤人员 Workers	校办企业职工 Employees in School-run Factories & Farms	代课教师 Substitute Teachers	兼任教师 Part-time Teachers
4295	**8609**	**51**	**5775**	**754**
153	147			75
111	49	5	15	12
182	232		528	23
161	166		425	3
23	39		43	18
37	44	3	59	
122	102		8	
229	274	2	11	
98	400		62	
352	257	2	366	2
240	470	3		228
67	70		212	16
136	212		1063	36
7	81		162	11
767	652	3	200	42
189	512	2	315	42
230	263		244	
113	358		372	38
637	2782	25	911	79
84	187		118	51
8	73		31	
15	87		16	5
81	345		264	3
29	93		11	70
60	141	6	5	
91	305		199	
31	57		4	
	1		35	
3	9		59	
39	201		37	

	教职工数		
	合计 Total	专任教师 Full-time Teachers	行政人员 Adm. Personnel
总　计 Total	**1858932**	**1703810**	**63260**
北　京 Beijing	7578	5741	703
天　津 Tianjin	7595	6802	566
河　北 Hebei	110738	102193	3934
山　西 Shanxi	62815	57717	1376
内蒙古 Inner Mongolia	59373	46889	2654
辽　宁 Liaoning	30518	26014	3776
吉　林 Jilin	37741	30229	3207
黑龙江 Heilongjiang	47873	41723	2503
上　海 Shanghai	8084	6441	729
江　苏 Jiangsu	114415	102698	3233
浙　江 Zhejiang	71183	66461	2067
安　徽 Anhui	74329	70793	1679
福　建 Fujian	56672	52768	2215
江　西 Jiangxi	74917	72871	945
山　东 Shandong	125812	115789	2951
河　南 Henan	154345	143139	3415
湖　北 Hubei	67003	62223	1022
湖　南 Hunan	89071	83064	2107
广　东 Guangdong	124195	113100	8115
广　西 Guangxi	73511	65860	3822
海　南 Hainan	20119	18606	398
重　庆 Chongqing	52288	48364	2444
四　川 Sichuan	111865	105599	2753
贵　州 Guizhou	55235	51836	1749
云　南 Yunnan	57826	54209	1170
西　藏 Tibet	5934	5819	13
陕　西 Shaanxi	77982	71874	2465
甘　肃 Gansu	33289	31829	561
青　海 Qinghai	8091	7739	86
宁　夏 Ningxia	9302	9062	52
新　疆 Xinjiang	29233	26358	550

数(镇区)
in Primary Schools (Counties & Towns Area)

单位:人
unit: person

Educational Personnel			代课教师 Substitute Teachers	兼任教师 Part-time Teachers
教辅人员 Supporting Staff	工勤人员 Workers	校办企业职工 Employees in School-run Factories & Farms		
41153	**50058**	**651**	**44231**	**3535**
672	461	1		
156	71		231	
2152	2445	14	5030	189
1613	1990	119	5228	90
4338	5169	323	1296	11
307	414	7	102	28
3161	1143	1	226	99
1746	1900	1	253	33
290	617	7	76	20
5424	3008	52	1959	50
1080	1564	11		419
423	1434		1829	38
1094	594	1	1006	39
352	749		2756	155
4376	2696		1935	189
2257	5534		6214	347
1677	2068	13	2382	177
1699	2187	14	1476	83
907	2054	19	252	53
1819	2002	8	1738	575
246	864	5	301	78
347	1130	3	1263	143
545	2958	10	3230	126
606	1030	14	53	112
809	1638		512	58
4	98		18	3
1695	1937	11	2317	187
382	514	3	807	111
37	229		988	48
71	117		380	59
868	1443	14	373	15

	教职工数		
	合计 Total	专任教师 Full-time Teachers	行政人员 Adm. Personnel
总　计 Total	**600204**	**559101**	**18652**
北　京 Beijing	1800	1430	177
天　津 Tianjin	2970	2614	271
河　北 Hebei	62305	58289	1943
山　西 Shanxi	19061	17917	415
内蒙古 Inner Mongolia	5448	4382	198
辽　宁 Liaoning	6464	5514	824
吉　林 Jilin	5217	4384	393
黑龙江 Heilongjiang	6831	6216	336
上　海 Shanghai	2174	1763	165
江　苏 Jiangsu	31739	28594	848
浙　江 Zhejiang	27033	25137	755
安　徽 Anhui	19181	18327	394
福　建 Fujian	17782	16835	639
江　西 Jiangxi	22009	21595	177
山　东 Shandong	55410	51618	1070
河　南 Henan	72174	68220	1298
湖　北 Hubei	19368	18080	256
湖　南 Hunan	33216	31171	671
广　东 Guangdong	56536	51503	3997
广　西 Guangxi	23043	20969	1248
海　南 Hainan	3644	3424	57
重　庆 Chongqing	10515	9744	472
四　川 Sichuan	20770	19613	498
贵　州 Guizhou	15647	14855	446
云　南 Yunnan	18723	17820	314
西　藏 Tibet	592	587	
陕　西 Shaanxi	22664	21459	578
甘　肃 Gansu	8819	8498	115
青　海 Qinghai	1617	1580	15
宁　夏 Ningxia	2336	2303	6
新　疆 Xinjiang	5116	4660	76

数(镇乡结合区)
in Primary Schools (County-town Transitional Area)

单位:人
unit: person

Educational Personnel			代课教师 Substitute Teachers	兼任教师 Part-time Teachers
教辅人员 Supporting Staff	工勤人员 Workers	校办企业职工 Employees in School-run Factories & Farms		
9554	**12688**	**209**	**15818**	**1166**
89	104			
54	31		143	
899	1171	3	2685	35
372	349	8	1691	7
426	307	135	58	1
60	65	1	45	16
261	179		19	21
147	131	1	52	
53	192	1	11	3
1466	794	37	850	1
435	706			299
97	363		471	29
187	121		628	39
82	155		851	39
1604	1118		919	4
773	1883		2463	253
459	571	2	813	10
563	798	13	663	35
304	729	3	99	31
313	512	1	1006	194
22	141		114	1
66	233		311	18
76	580	3	774	42
113	233		20	1
174	415		88	6
	5		1	1
242	385		406	6
82	124		355	64
	22		139	
5	22		51	5
130	249	1	92	5

小学教职工

Number of Educational Personnel

	教职工数		
	合计 Total	专任教师 Full-time Teachers	行政人员 Adm. Personnel
总　计 Total	**2297533**	**2162856**	**66701**
北　京 Beijing	6770	5519	584
天　津 Tianjin	7968	7171	653
河　北 Hebei	154875	145758	5315
山　西 Shanxi	78705	73602	1618
内蒙古 Inner Mongolia	36881	28235	1602
辽　宁 Liaoning	38426	34262	3770
吉　林 Jilin	52534	46465	3493
黑龙江 Heilongjiang	52987	48327	2396
上　海 Shanghai	3075	2362	278
江　苏 Jiangsu	39836	36751	830
浙　江 Zhejiang	35173	33292	931
安　徽 Anhui	121371	118115	1898
福　建 Fujian	58598	55654	1570
江　西 Jiangxi	92034	90386	667
山　东 Shandong	164392	155588	2553
河　南 Henan	263990	255601	3843
湖　北 Hubei	72467	67290	1444
湖　南 Hunan	97731	93470	1689
广　东 Guangdong	120509	109444	9676
广　西 Guangxi	127721	116821	8165
海　南 Hainan	17964	17275	287
重　庆 Chongqing	34692	32544	1410
四　川 Sichuan	100448	95514	2442
贵　州 Guizhou	122411	114889	3720
云　南 Yunnan	155350	149336	2087
西　藏 Tibet	11224	11153	4
陕　西 Shaanxi	55257	52459	1638
甘　肃 Gansu	82466	80729	765
青　海 Qinghai	11084	10556	34
宁　夏 Ningxia	15077	14724	56
新　疆 Xinjiang	65517	59564	1283

(乡村)

in Primary Schools (Rural Area)

单位：人
unit: person

Educational Personnel				
教辅人员 Supporting Staff	工勤人员 Workers	校办企业职工 Employees in School-run Factories & Farms	代课教师 Substitute Teachers	兼任教师 Part-time Teachers
27569	**40266**	**141**	**101042**	**6098**
357	310			24
71	73		127	14
2067	1733	2	11285	297
1534	1951		7720	376
2970	4015	59	857	11
136	257	1	517	7
1704	872		524	151
1522	742		389	50
87	344	4	61	5
1481	760	14	3478	141
382	568			317
459	899		4194	70
861	513		2103	93
259	707	15	6189	348
4075	2176		1761	417
1374	3172		6476	711
1634	2097	2	6293	89
1073	1491	8	4021	95
338	1030	21	621	253
1111	1617	7	9382	767
44	358		423	66
80	658		1179	82
275	2213	4	9326	193
509	3293		627	317
796	3131		8104	361
11	56		346	6
498	662		1920	77
405	567		7791	527
52	438	4	2441	32
53	244		1021	176
1351	3319		1866	25

小学教职工总数

Number of Primary Schools Educational

	教职工数		
	合计 Total	专任教师 Full-time Teachers	行政人员 Adm. Personnel
总　计 Total	**196875**	**143115**	**11173**
北　京 Beijing	1852	1302	191
天　津 Tianjin	383	238	47
河　北 Hebei	12117	8449	745
山　西 Shanxi	8854	5930	384
内蒙古 Inner Mongolia	1053	733	103
辽　宁 Liaoning	943	835	62
吉　林 Jilin	1343	1022	95
黑龙江 Heilongjiang	369	270	34
上　海 Shanghai	8763	6612	670
江　苏 Jiangsu	4599	3689	144
浙　江 Zhejiang	9699	7508	476
安　徽 Anhui	5870	4247	278
福　建 Fujian	3418	2479	204
江　西 Jiangxi	2061	1368	174
山　东 Shandong	10837	7845	648
河　南 Henan	42590	31027	2100
湖　北 Hubei	2636	1743	149
湖　南 Hunan	5922	3698	349
广　东 Guangdong	40134	30023	2344
广　西 Guangxi	4842	3359	362
海　南 Hainan	2762	1729	152
重　庆 Chongqing	2310	1701	151
四　川 Sichuan	8100	5685	322
贵　州 Guizhou	5094	4181	306
云　南 Yunnan	2601	2048	209
西　藏 Tibet	54	31	12
陕　西 Shaanxi	6603	4632	386
甘　肃 Gansu	137	109	10
青　海 Qinghai	83	47	3
宁　夏 Ningxia	324	202	9
新　疆 Xinjiang	522	373	54

中民办教职工数

Personnel Maintained by Communities

单位 :人

unit: person

Educational Personnel			代课教师 Substitute Teachers	兼任教师 Part-time Teachers
教辅人员 Supporting Staff	工勤人员 Workers	校办企业职工 Employees in School-run Factories & Farms		
7869	**34291**	**427**	**11250**	**1962**
96	256	7		9
37	61		86	33
662	2245	16	566	35
586	1905	49	828	212
38	179			6
10	36			
48	178		2	6
12	53			
256	1223	2	182	58
102	655	9	34	97
354	1355	6		813
156	1189		459	113
107	545	83		35
137	382		48	2
473	1861	10	1610	10
1860	7597	6	6264	172
121	616	7	213	23
448	1366	61	55	45
1228	6454	85	409	129
173	945	3	24	101
84	792	5	1	
60	355	43	178	12
336	1747	10		46
105	484	18	17	3
63	274	7	35	
2	9		5	2
248	1337		164	
5	13			
	33		40	
38	75		4	
24	71		26	

小学女教
Number of Female Educational

	教职工数		
	合计 Total	专任教师 Full-time Teachers	行政人员 Adm. Personnel
总　计 Total	**3172805**	**3025866**	**52270**
北　京 Beijing	41644	36953	2491
天　津 Tianjin	28533	25820	1723
河　北 Hebei	221365	213767	2933
山　西 Shanxi	132652	126103	1446
内蒙古 Inner Mongolia	73886	66724	1882
辽　宁 Liaoning	92852	83867	7690
吉　林 Jilin	80841	72995	3477
黑龙江 Heilongjiang	88991	82094	3315
上　海 Shanghai	37288	32369	2145
江　苏 Jiangsu	146481	140334	1459
浙　江 Zhejiang	116870	112504	1039
安　徽 Anhui	102631	100541	534
福　建 Fujian	92051	89686	813
江　西 Jiangxi	99215	97666	451
山　东 Shandong	195514	188178	1964
河　南 Henan	292613	282068	2570
湖　北 Hubei	93779	89599	1068
湖　南 Hunan	125266	121039	1011
广　东 Guangdong	272785	259180	5496
广　西 Guangxi	129097	123499	2118
海　南 Hainan	23895	22335	138
重　庆 Chongqing	60316	58387	842
四　川 Sichuan	137165	132541	1293
贵　州 Guizhou	91848	87950	846
云　南 Yunnan	115630	111515	639
西　藏 Tibet	9553	9452	18
陕　西 Shaanxi	99841	95238	1692
甘　肃 Gansu	61288	60231	234
青　海 Qinghai	11576	11135	48
宁　夏 Ningxia	18158	17837	29
新　疆 Xinjiang	79181	74259	866

职工数

Personnel in Primary Schools

单位 :人

unit: person

Educational Personnel			代课教师 Substitute Teachers	兼任教师 Part-time Teachers
教辅人员 Supporting Staff	工勤人员 Workers	校办企业职工 Employees in School-run Factories & Farms		
41208	**52864**	**597**	**126993**	**8765**
1549	645	6		748
682	307	1	407	74
2373	2284	8	16023	329
2140	2870	93	13469	384
2713	2443	124	2450	85
900	391	4	700	29
3561	808		948	158
2308	1268	6	479	173
1588	1160	26	346	52
2752	1903	33	6557	184
1234	2084	9		659
368	1188		5265	221
822	669	61	4603	152
318	765	15	6824	283
3240	2129	3	3408	431
2737	5236	2	12839	711
1469	1627	16	5985	209
1395	1784	37	5743	353
2467	5579	63	3248	412
1225	2245	10	8276	1058
264	1154	4	691	95
385	671	31	2155	307
635	2687	9	8260	265
449	2591	12	295	383
506	2966	4	4494	189
14	69		128	9
1223	1685	3	3362	221
263	556	4	3803	350
51	340	2	2276	35
61	231		1164	177
1516	2529	11	2795	29

小学专任教师学历、

Number of Full-time Teacher in Primary Schools by

	合 计 Total	其中:女 of Which: Female	按学历分 By Educational Attainment			
			研究生毕业 Graduate	本科毕业 Under-graduate	专科毕业 Associate Bachelor	高中阶段毕业 High School Graduate
总　计 Total	**5585476**	**3328015**	**14459**	**1805118**	**2922865**	**832459**
北　京 Beijing	52472	41585	896	42784	7471	1296
天　津 Tianjin	37769	27185	351	22722	11039	3608
河　北 Hebei	316962	224963	442	100846	177805	37736
山　西 Shanxi	184326	136429	199	58206	102619	23179
内蒙古 Inner Mongolia	112898	73077	342	47600	53698	11105
辽　宁 Liaoning	144633	102215	574	50938	74645	18231
吉　林 Jilin	119274	80766	528	52063	54567	12010
黑龙江 Heilongjiang	144208	92977	178	46448	78119	19133
上　海 Shanghai	48066	38448	769	31464	14204	1601
江　苏 Jiangsu	252580	154023	1273	137883	90760	22571
浙　江 Zhejiang	179473	124273	797	105309	59461	13757
安　徽 Anhui	241504	109713	323	62899	128896	49285
福　建 Fujian	153941	93498	242	42401	81986	29105
江　西 Jiangxi	205470	107097	283	52778	101038	50648
山　东 Shandong	382562	203025	1932	158980	156787	64608
河　南 Henan	496856	295789	688	129925	285235	80930
湖　北 Hubei	191699	96778	486	51579	101110	38107
湖　南 Hunan	246859	137049	500	62798	141229	42149
广　东 Guangdong	432374	295815	1588	126779	252717	50736
广　西 Guangxi	217151	127843	297	48289	127626	40458
海　南 Hainan	51243	25893	17	6911	34424	9836
重　庆 Chongqing	114036	61941	222	34140	66890	12591
四　川 Sichuan	304899	162081	397	68509	187293	48481
贵　州 Guizhou	197983	94049	138	36015	126265	33227
云　南 Yunnan	233710	115958	232	58736	133504	39101
西　藏 Tibet	18853	9558	18	4211	12656	1794
陕　西 Shaanxi	166822	101996	390	60130	84610	21518
甘　肃 Gansu	140235	65252	153	45513	65526	28497
青　海 Qinghai	26103	13783	77	9453	13870	2656
宁　夏 Ningxia	34385	18748	38	10808	17417	6058
新　疆 Xinjiang	136130	96208	89	38001	79398	18447

职称情况(总计)

Educational Attainment and Prefession Rank (Total)

单位:人
unit: person

高中阶段毕业以下 Below High School Graduate	按职称分 By Professional Rank					
	中学高级 Senior Secondary	小学高级 Senior Primary	小学一级 1st Grade Primary	小学二级 2nd Grade Primary	小学三级 3rd Grade Primary	未定职级 No-ranking
10575	**103437**	**2929897**	**1928523**	**186585**	**14168**	**422866**
25	404	28786	17791	422	128	4941
49	958	29528	5796	113	21	1353
133	3385	160104	127546	6099	364	19464
123	925	68863	89256	8204	982	16096
153	23925	54617	23480	1732		9144
245	7100	107546	23136	1513	137	5201
106	1845	63344	45738	3620	124	4603
330	7421	81373	50281	1923	190	3020
28	875	24366	15757	533	59	6476
93	8757	159837	66770	2908	201	14107
149	4066	96668	57924	2012	291	18512
101	1812	139495	75721	7267	405	16804
207	1187	90676	48042	5518	192	8326
723	2854	103650	67404	12169	969	18424
255	8455	195052	148047	9065	197	21746
78	6182	232413	193906	19324	1011	44020
417	4049	130197	47024	3457	437	6535
183	2645	156430	63905	4604	463	18812
554	3847	268016	79979	13801	4586	62145
481	1148	127142	69108	7973	826	10954
55	177	23807	20526	4246	66	2421
193	809	45810	57679	3927	249	5562
219	4596	138856	135921	5450	330	19746
2338	326	81489	75320	15801	840	24207
2137	532	118793	83704	15569	326	14786
174	232	5198	9204	1611	164	2444
174	940	59406	86674	9129	8	10665
546	1034	52406	65481	9402	257	11655
47	893	16678	6564	457	21	1490
64	360	16378	12464	607	40	4536
195	1698	52973	58375	8129	284	14671

小学专任教师学历、

Number of Full-time Teacher in Primary Schools by

	合 计 Total	其中:女 of Which: Female	按学历分 By Educational Attainment			
			研究生毕业 Graduate	本科毕业 Under-graduate	专科毕业 Associate Bachelor	高中阶段毕业 High School Graduate
总　计 Total	**1415505**	**1096466**	**10657**	**750339**	**573542**	**80253**
北　京 Beijing	39658	32982	755	33087	5180	623
天　津 Tianjin	23378	18962	314	15150	6400	1476
河　北 Hebei	59104	50168	191	29437	26416	3017
山　西 Shanxi	43304	37010	113	21130	19967	2086
内蒙古 Inner Mongolia	30349	24273	266	18461	10483	1132
辽　宁 Liaoning	62785	51302	503	30752	27876	3615
吉　林 Jilin	34161	28641	418	21042	10935	1752
黑龙江 Heilongjiang	41947	33883	94	20883	18492	2452
上　海 Shanghai	36965	31088	604	25481	9873	987
江　苏 Jiangsu	101599	74751	1055	67021	27900	5608
浙　江 Zhejiang	71830	55403	647	47608	20353	3205
安　徽 Anhui	40302	27324	175	16927	19420	3780
福　建 Fujian	42373	33256	201	21032	17912	3211
江　西 Jiangxi	31507	23435	104	15413	13375	2592
山　东 Shandong	98762	71628	1081	63686	28704	5273
河　南 Henan	87334	68955	521	41262	40919	4599
湖　北 Hubei	55297	39809	402	24794	25146	4897
湖　南 Hunan	46852	36516	356	22192	21765	2525
广　东 Guangdong	194280	148875	1469	90933	92719	9081
广　西 Guangxi	32341	25759	178	13103	16523	2515
海　南 Hainan	11730	8267	6	3120	7672	930
重　庆 Chongqing	28170	20117	179	15189	11554	1234
四　川 Sichuan	54662	39845	321	23568	27321	3436
贵　州 Guizhou	23386	17931	82	7712	13166	2328
云　南 Yunnan	25801	19111	153	12484	11001	2129
西　藏 Tibet	1802	1223	7	539	1000	247
陕　西 Shaanxi	35623	28229	279	19563	14077	1684
甘　肃 Gansu	19671	14679	89	9020	9181	1377
青　海 Qinghai	4098	3172	18	2075	1668	333
宁　夏 Ningxia	9035	7005	22	4550	3913	548
新　疆 Xinjiang	27399	22867	54	13125	12631	1581

职称情况(城区)

Educational Attainment and Prefession Rank (Urban Area)

单位:人

unit: person

高中阶段毕业以下 Below High School Graduate	按职称分 By Professional Rank					
	中学高级 Senior Secondary	小学高级 Senior Primary	小学一级 1st Grade Primary	小学二级 2nd Grade Primary	小学三级 3rd Grade Primary	未定职级 No-ranking
714	**35830**	**788792**	**435133**	**31284**	**5303**	**119163**
13	368	21956	13476	273	99	3486
38	468	17760	4059	100	20	971
43	697	33442	19562	1440	116	3847
8	177	18558	19275	1470	175	3649
7	6681	14030	6245	398		2995
39	2810	47874	9674	434	43	1950
14	943	19288	12246	735	28	921
26	3304	24928	12261	473	33	948
20	732	19700	12230	291	8	4004
15	4755	63630	27185	759	17	5253
17	2457	38035	22050	668	183	8437
	356	24189	12490	908	66	2293
17	483	22943	13674	1366	97	3810
23	793	16553	10862	1277	117	1905
18	2320	47111	41547	2084	71	5629
33	1312	43802	31207	3227	241	7545
58	1709	37772	13070	840	110	1796
14	781	30300	11934	705	77	3055
78	1701	109070	39236	6719	2873	34681
22	366	20365	7499	1126	358	2627
2	88	5447	4208	945	6	1036
14	316	13000	13533	228	8	1085
16	934	27323	23214	622	109	2460
98	54	10289	6775	806	142	5320
34	50	14245	8150	767	207	2382
9	50	869	759	29		95
20	249	14864	16715	1402	1	2392
4	271	10361	7778	388	23	850
4	105	2576	999	42		376
2	96	4873	3092	231	5	738
8	404	13639	10128	531	70	2627

小学专任教师学历、

Number of Full-time Teacher in Primary Schools by

	合计 Total	其中:女 of Which: Female	按学历分 By Educational Attainment			
			研究生毕业 Graduate	本科毕业 Under-graduate	专科毕业 Associate Bachelor	高中阶段毕业 High School Graduate
总　计 Total	**283858**	**201756**	**1166**	**123775**	**134550**	**24139**
北　京 Beijing	3678	2861	50	2782	716	128
天　津 Tianjin	2570	1835	40	1735	583	195
河　北 Hebei	17197	13978	46	6902	8900	1309
山　西 Shanxi	6552	5388	5	2790	3325	432
内蒙古 Inner Mongolia	1309	915	6	739	490	74
辽　宁 Liaoning	7437	5610	11	2997	3679	744
吉　林 Jilin	3152	2318	12	1631	1275	233
黑龙江 Heilongjiang	5175	4021	3	1965	2685	522
上　海 Shanghai	3602	2724	41	1674	1632	249
江　苏 Jiangsu	11584	7114	44	6561	4013	965
浙　江 Zhejiang	17711	12912	113	10534	6035	1020
安　徽 Anhui	6200	3322	12	1890	3317	981
福　建 Fujian	11981	8785	17	5516	5136	1301
江　西 Jiangxi	6702	4485	13	2648	3165	872
山　东 Shandong	27164	17157	214	15336	9189	2416
河　南 Henan	20689	14981	50	7983	10868	1757
湖　北 Hubei	7900	4582	15	2477	4360	1041
湖　南 Hunan	8299	5909	60	3434	4019	786
广　东 Guangdong	66720	48729	264	26891	35597	3931
广　西 Guangxi	7595	5587	23	2375	4400	792
海　南 Hainan	1174	705		192	775	206
重　庆 Chongqing	3009	1810	2	987	1749	269
四　川 Sichuan	7434	4945	35	2648	3954	796
贵　州 Guizhou	5331	3860	15	1473	3106	719
云　南 Yunnan	6498	4592	3	2500	3144	841
西　藏 Tibet						
陕　西 Shaanxi	8863	6406	60	4288	3922	585
甘　肃 Gansu	2656	1917	6	924	1422	304
青　海 Qinghai	528	368	4	231	226	67
宁　夏 Ningxia	1292	898	2	446	695	149
新　疆 Xinjiang	3856	3042		1226	2173	455

职称情况（城乡结合区）

Educational Attainment and Prefession Rank（Urban-rural Transitional Area）

单位：人

unit：person

	按职称分 By Professional Rank					
高中阶段毕业以下 Below High School Graduate	中学高级 Senior Secondary	小学高级 Senior Primary	小学一级 1st Grade Primary	小学二级 2nd Grade Primary	小学三级 3rd Grade Primary	未定职级 No-ranking
228	**4212**	**144089**	**88934**	**8171**	**1946**	**36506**
2	19	1756	1286	35	46	536
17	16	1853	540	1	2	158
40	189	8898	6201	395	40	1474
	27	2630	3231	176	18	470
	269	570	244	7		219
6	370	5803	1006	59	1	198
1	58	1733	1200	64	2	95
	452	3126	1440	66	2	89
6	27	962	805	44	3	1761
1	420	7098	3301	76	3	686
9	313	7871	5876	191	28	3432
	30	3593	2046	117	21	393
11	60	6238	3915	537	55	1176
4	88	3554	2271	296	40	453
9	597	12973	11272	769	28	1525
31	241	9480	8058	941	95	1874
7	171	5094	1974	253	27	381
	101	5145	1976	170	36	871
37	438	32446	13783	2663	1337	16053
5	79	4569	2051	306	74	516
1	3	699	307	88		77
2	11	1420	1460	23		95
1	75	3359	3346	61	9	584
18	8	2203	1405	189	29	1497
10	13	3982	1959	98	34	412
8	39	3257	4608	358		601
	24	1159	1242	64	5	162
	17	329	146	5		31
	18	724	407	21		122
2	39	1565	1578	98	11	565

小学专任教师学历、

Number of Full-time Teacher in Primary Schools by

	合 计 Total	其中:女 of Which: Female	按学历分 By Educational Attainment			
			研究生毕业 Graduate	本科毕业 Under-graduate	专科毕业 Associate Bachelor	高中阶段毕业 High School Graduate
总 计 Total	**1869869**	**1207839**	**2014**	**574147**	**1057649**	**234204**
北 京 Beijing	6838	4882	99	5380	1142	211
天 津 Tianjin	7037	4678	26	3813	2318	880
河 北 Hebei	109210	83735	158	35844	62877	10321
山 西 Shanxi	62711	50930	34	19916	36466	6285
内蒙古 Inner Mongolia	51166	34122	41	20175	26225	4679
辽 宁 Liaoning	40550	27796	42	11169	23122	6130
吉 林 Jilin	33822	24149	52	14663	16038	3050
黑龙江 Heilongjiang	49726	34175	14	14770	28961	5879
上 海 Shanghai	8344	5556	138	4626	3162	414
江 苏 Jiangsu	112291	64075	186	57496	43875	10707
浙 江 Zhejiang	71483	47990	108	39870	25419	6003
安 徽 Anhui	76542	41769	62	20492	44295	11681
福 建 Fujian	53790	34916	26	12038	33081	8594
江 西 Jiangxi	78689	48876	63	21726	43052	13684
山 东 Shandong	125056	72701	403	51871	55505	17181
河 南 Henan	151040	106362	66	39029	94038	17891
湖 北 Hubei	65828	35177	33	15630	38431	11634
湖 南 Hunan	92402	57784	76	22010	57204	13053
广 东 Guangdong	123535	84264	65	21754	84698	16850
广 西 Guangxi	67145	47365	53	16231	41810	8952
海 南 Hainan	21499	11605	4	2633	15079	3769
重 庆 Chongqing	50707	28067	27	12334	33052	5251
四 川 Sichuan	126452	72077	56	26025	82242	18074
贵 州 Guizhou	53783	32621	14	9508	36787	7279
云 南 Yunnan	55433	35218	33	15343	32288	7570
西 藏 Tibet	5898	3407	7	1430	3874	558
陕 西 Shaanxi	77299	50353	72	27220	41690	8278
甘 肃 Gansu	33756	21332	13	12501	17060	4143
青 海 Qinghai	9567	6035	28	3582	5358	595
宁 夏 Ningxia	9709	6222	3	3173	5329	1195
新 疆 Xinjiang	38561	29600	12	11895	23171	3413

职称情况（镇区）

Educational Attainment and Prefession Rank（Counties & Towns Area）

单位：人

unit：person

高中阶段毕业以下 Below High School Graduate	按职称分 By Professional Rank					
	中学高级 Senior Secondary	小学高级 Senior Primary	小学一级 1st Grade Primary	小学二级 2nd Grade Primary	小学三级 3rd Grade Primary	未定职级 No-ranking
1855	**39820**	**1002410**	**644617**	**55464**	**4347**	**123211**
6	30	3563	2301	107	27	810
	312	5698	837	3	1	186
10	1172	54531	43739	2170	176	7422
10	336	22473	31228	2704	378	5592
46	11314	24786	10795	789		3482
87	2268	29604	6689	468	52	1469
19	459	17119	13596	1075	29	1544
102	2610	28057	16891	806	104	1258
4	113	3843	2848	165	44	1331
27	3546	71442	29324	1643	129	6207
83	1376	40237	22776	817	82	6195
12	615	44300	23040	2144	272	6171
51	463	33043	16348	1644	53	2239
164	1090	39876	26876	4326	450	6071
96	3234	60996	48977	3857	82	7910
16	1801	66230	59982	7136	594	15297
100	1386	44613	16200	1315	143	2171
59	925	58654	24948	1797	249	5829
168	1259	86580	18943	3162	825	12766
99	480	44457	17512	1629	139	2928
14	54	10789	8226	1557	18	855
43	361	20862	25838	1408	91	2147
55	2323	60212	56462	1369	108	5978
195	96	27030	20273	2940	102	3342
199	115	34688	17480	1801	10	1339
29	149	2033	2581	504	77	554
39	466	26221	40906	4575	6	5125
39	273	12625	17064	1789	25	1980
4	398	6238	2309	193	9	420
9	112	4456	3742	170	12	1217
70	684	17154	15886	1401	60	3376

小学专任教师学历、

Number of Full-time Teacher in Primary Schools by Educational

	合 计 Total	其中:女 of Which: Female	按学历分 By Educational Attainment			
			研究生毕业 Graduate	本科毕业 Under-graduate	专科毕业 Associate Bachelor	高中阶段毕业 High School Graduate
总 计 Total	**599502**	**377818**	**641**	**172639**	**338011**	**87517**
北 京 Beijing	1733	1197	38	1304	317	73
天 津 Tianjin	2680	1702	10	1350	944	376
河 北 Hebei	61023	46044	47	17646	36845	6478
山 西 Shanxi	19642	15914	9	5944	11384	2298
内蒙古 Inner Mongolia	4905	3446	4	2083	2369	439
辽 宁 Liaoning	7911	5344	7	2287	4395	1211
吉 林 Jilin	4903	3245	6	2000	2409	488
黑龙江 Heilongjiang	6516	4149	1	1785	3704	1001
上 海 Shanghai	2339	1509	30	1176	1009	124
江 苏 Jiangsu	30908	17301	61	15094	12320	3432
浙 江 Zhejiang	26740	17992	41	14718	9706	2238
安 徽 Anhui	20037	9721	22	4853	11253	3908
福 建 Fujian	17214	11183	13	4101	9944	3144
江 西 Jiangxi	23069	12624	22	4897	12342	5737
山 东 Shandong	54828	29994	157	21581	24158	8892
河 南 Henan	72085	46226	29	17460	44247	10333
湖 北 Hubei	19100	8741	15	3636	11065	4329
湖 南 Hunan	34286	20079	33	7850	20496	5901
广 东 Guangdong	54957	37679	29	9507	37518	7791
广 西 Guangxi	21132	14309	6	4529	13060	3506
海 南 Hainan	3799	1944	4	583	2527	683
重 庆 Chongqing	10153	5431	9	2143	6822	1169
四 川 Sichuan	23778	13316	14	4792	15068	3888
贵 州 Guizhou	15651	9104	4	2694	10512	2346
云 南 Yunnan	18245	11905	11	5096	10439	2621
西 藏 Tibet	666	422		256	325	79
陕 西 Shaanxi	22256	14869	14	7456	12356	2423
甘 肃 Gansu	8978	5421		3042	4520	1402
青 海 Qinghai	2154	1367	3	791	1198	160
宁 夏 Ningxia	2432	1517	1	682	1387	357
新 疆 Xinjiang	5382	4123	1	1303	3372	690

职称情况(镇乡结合区)

Attainment and Prefession Rank (County-town Transitional Area)

单位:人

unit: person

	按职称分 By Professional Rank					
高中阶段毕业以下 Below High School Graduate	中学高级 Senior Secondary	小学高级 Senior Primary	小学一级 1st Grade Primary	小学二级 2nd Grade Primary	小学三级 3rd Grade Primary	未定职级 No-ranking
694	**8619**	**318928**	**210253**	**18156**	**1466**	**42080**
1	5	873	591	28	7	229
	65	2160	364	1		90
7	622	30052	25255	1129	100	3865
7	102	7066	10127	907	112	1328
10	1117	2415	987	75		311
11	433	5885	1229	53	13	298
	63	2405	1991	167	2	275
25	285	3586	2421	118	10	96
	43	1065	657	39	24	511
1	809	19527	8421	424	36	1691
37	356	14200	8895	241	49	2999
1	124	11675	6030	516	105	1587
12	132	9871	5803	531	7	870
71	235	11905	7621	1345	158	1805
40	1399	27553	21154	1599	7	3116
16	811	32146	29264	3242	204	6418
55	292	12967	4821	366	22	632
6	338	21804	8861	778	116	2389
112	504	36909	9003	1395	302	6844
31	99	13577	6177	500	28	751
2	5	1690	1741	233	7	123
10	100	3858	5252	286	38	619
16	361	11656	10174	309	24	1254
95	24	7066	6443	1035	37	1046
78	43	11405	6131	382	5	279
6	12	213	282	50	30	79
7	80	7021	12198	1634	4	1319
14	42	3466	4446	440	5	579
2	66	1493	476	34		85
5	19	1137	966	73	10	227
16	33	2282	2472	226	4	365

小学专任教师学历、

Number of Full-time Teacher in Primary Schools by

	合 计 Total	其中:女 of Which: Female	按学历分 By Educational Attainment			
			研究生毕业 Graduate	本科毕业 Under-graduate	专科毕业 Associate Bachelor	高中阶段毕业 High School Graduate
总 计 Total	**2300102**	**1023710**	**1788**	**480632**	**1291674**	**518002**
北 京 Beijing	5976	3721	42	4317	1149	462
天 津 Tianjin	7354	3545	11	3759	2321	1252
河 北 Hebei	148648	91060	93	35565	88512	24398
山 西 Shanxi	78311	48489	52	17160	46186	14808
内蒙古 Inner Mongolia	31383	14682	35	8964	16990	5294
辽 宁 Liaoning	41298	23117	29	9017	23647	8486
吉 林 Jilin	51291	27976	58	16358	27594	7208
黑龙江 Heilongjiang	52535	24919	70	10795	30666	10802
上 海 Shanghai	2757	1804	27	1357	1169	200
江 苏 Jiangsu	38690	15197	32	13366	18985	6256
浙 江 Zhejiang	36160	20880	42	17831	13689	4549
安 徽 Anhui	124660	40620	86	25480	65181	33824
福 建 Fujian	57778	25326	15	9331	30993	17300
江 西 Jiangxi	95274	34786	116	15639	44611	34372
山 东 Shandong	158744	58696	448	43423	72578	42154
河 南 Henan	258482	120472	101	49634	150278	58440
湖 北 Hubei	70574	21792	51	11155	37533	21576
湖 南 Hunan	107605	42749	68	18596	62260	26571
广 东 Guangdong	114559	62676	54	14092	75300	24805
广 西 Guangxi	117665	54719	66	18955	69293	28991
海 南 Hainan	18014	6021	7	1158	11673	5137
重 庆 Chongqing	35159	13757	16	6617	22284	6106
四 川 Sichuan	123785	50159	20	18916	77730	26971
贵 州 Guizhou	120814	43497	42	18795	76312	23620
云 南 Yunnan	152476	61629	46	30909	90215	29402
西 藏 Tibet	11153	4928	4	2242	7782	989
陕 西 Shaanxi	53900	23414	39	13347	28843	11556
甘 肃 Gansu	86808	29241	51	23992	39285	22977
青 海 Qinghai	12438	4576	31	3796	6844	1728
宁 夏 Ningxia	15641	5521	13	3085	8175	4315
新 疆 Xinjiang	70170	43741	23	12981	43596	13453

职称情况(乡村)

Educational Attainment and Prefession Rank (Rural Area)

单位:人

unit: person

	按职称分 By Professional Rank					
高中阶段毕业以下 Below High School Graduate	中学高级 Senior Secondary	小学高级 Senior Primary	小学一级 1st Grade Primary	小学二级 2nd Grade Primary	小学三级 3rd Grade Primary	未定职级 No-ranking
8006	**27787**	**1138695**	**848773**	**99837**	**4518**	**180492**
6	6	3267	2014	42	2	645
11	178	6070	900	10		196
80	1516	72131	64245	2489	72	8195
105	412	27832	38753	4030	429	6855
100	5930	15801	6440	545		2667
119	2022	30068	6773	611	42	1782
73	443	26937	19896	1810	67	2138
202	1507	28388	21129	644	53	814
4	30	823	679	77	7	1141
51	456	24765	10261	506	55	2647
49	233	18396	13098	527	26	3880
89	841	71006	40191	4215	67	8340
139	241	34690	18020	2508	42	2277
536	971	47221	29666	6566	402	10448
141	2901	86945	57523	3124	44	8207
29	3069	122381	102717	8961	176	21178
259	954	47812	17754	1302	184	2568
110	939	67476	27023	2102	137	9928
308	887	72366	21800	3920	888	14698
360	302	62320	44097	5218	329	5399
39	35	7571	8092	1744	42	530
136	132	11948	18308	2291	150	2330
148	1339	51321	56245	3459	113	11308
2045	176	44170	48272	12055	596	15545
1904	367	69860	58074	13001	109	11065
136	33	2296	5864	1078	87	1795
115	225	18321	29053	3152	1	3148
503	490	29420	40639	7225	209	8825
39	390	7864	3256	222	12	694
53	152	7049	5630	206	23	2581
117	610	22180	32361	6197	154	8668

小学办
Condition of School Buildings in Primary

	校舍建筑面积 Floor Space	教学及辅助用房 Teaching & Assistant Buildings						
		合计 Total	其中 of Which					
			教室 Classroom	实验室 Laboratory	图书室 Library	微机室 PC-room	语音室 Linguistic	体育馆 Gymnasium
总　计 Total	**590619336**	**334002186**	**283680811**	**16285405**	**14060007**	**11310579**	**3319119**	**5346265**
北　京 Beijing	5891766	2784326	2186583	198788	134606	130320	15817	118212
天　津 Tianjin	3914924	2010666	1626381	91045	91618	87782	42291	71549
河　北 Hebei	30707818	18590856	15122263	1297374	982402	841577	302644	44596
山　西 Shanxi	17480508	8996047	7596480	429163	415427	364698	113194	77085
内蒙古 Inner Mongolia	10303234	4900169	3966357	264018	228474	190286	94450	156584
辽　宁 Liaoning	10896353	6192197	4952961	368325	308196	302711	93381	166623
吉　林 Jilin	8432305	5055809	4200710	284055	210620	220328	80794	59302
黑龙江 Heilongjiang	9749391	6050254	5042258	346270	230024	223054	90992	117656
上　海 Shanghai	4846469	2650688	1916505	221111	151647	108353	34275	218797
江　苏 Jiangsu	29599900	17493339	13956560	975979	851973	784230	151887	772710
浙　江 Zhejiang	24286377	11990034	9326405	719761	547211	497644	156309	742704
安　徽 Anhui	23724789	15632018	13878270	479053	605390	490239	98255	80811
福　建 Fujian	19784889	10451730	8693066	522781	539867	394503	96809	204704
江　西 Jiangxi	21981219	13793399	12402191	464730	432933	288837	103539	101169
山　东 Shandong	31355495	18307021	14738569	1311926	920297	846659	257697	231873
河　南 Henan	51179105	31085405	27060731	1276038	1444351	1049213	219546	35526
湖　北 Hubei	26114866	13107059	10947122	798730	595738	502913	143094	119462
湖　南 Hunan	30569335	16645664	14567001	758032	567796	365271	139740	247824
广　东 Guangdong	59171094	31760541	26704245	1406495	1297921	778018	431122	1142740
广　西 Guangxi	27988433	16445139	14995319	511082	529057	273802	46928	88951
海　南 Hainan	5095873	2696036	2398248	88786	108403	62915	18825	18859
重　庆 Chongqing	16543194	9072982	8115326	326078	242856	221067	53949	113706
四　川 Sichuan	30127074	16728528	14589996	700429	581895	551357	153360	151491
贵　州 Guizhou	17962190	11560203	10093615	564973	489370	324269	46570	41406
云　南 Yunnan	25096450	13763481	12223176	608722	460917	364290	75834	30542
西　藏 Tibet	2718813	890725	782613	30691	35133	29486	7771	5031
陕　西 Shaanxi	17031167	9348518	7954511	478153	373237	377730	134571	30316
甘　肃 Gansu	13076391	7882198	7010188	280858	282286	248455	31175	29236
青　海 Qinghai	2982458	1521658	1321590	49063	54586	63945	20157	12317
宁　夏 Ningxia	3401014	1980094	1652755	96553	88763	101261	21678	19084
新　疆 Xinjiang	8606442	4615402	3658816	336343	257013	225366	42465	95399

学条件(一)(总计)

Schools (1) (Total)

单位:平方米

unit: m^2

行政办公用房 Administrative		生活用房 Residential and Welfare							其他用房 Rooms for Other Purposes	校舍面积中 of the Floor Space	
			教工宿舍 Apartments for Single								
合计 Total	其中:教师办公室 of Which: for Teachers	合计 Total	小计 Subtotal	其中:教师周转宿舍 of Which: Accommodation for Circulation of Teachers	学生宿舍 Students' Dormitories	食堂 Dining Halls	厕所 Toilet	其他 Others		危房面积 Floor Space of Dilapidated Buildings	当年新增 New Added in Current Year
58790844	**42206859**	**141783641**	**49656245**	**6332710**	**31131155**	**22053502**	**23816266**	**15126473**	**56042665**	**40251644**	**19322802**
725811	402375	1000207	108187	8863	111385	231166	252875	296594	1381422	276	250059
533568	357532	553764	27282	2845	16952	93878	180256	235396	816926	11478	90799
3303623	2625173	5574875	955186	117687	1676003	689453	1356521	897712	3238464	778256	1105274
2414444	1869909	4206768	886805	58229	1392491	743092	678504	505876	1863249	211592	438097
1335633	1025856	3086204	150645	19756	1444877	609273	439263	442146	981228	357961	511587
1389485	911030	1424184	67081	9794	127101	318706	485637	425659	1890487	345207	138294
1190901	814645	1233493	57170	3482	158479	225729	424273	367842	952102		299946
1290539	949187	1423805	46743	5978	435600	211418	408632	321412	984793	719016	199390
627122	344753	826799	16862	1825	21297	322516	211005	255119	741860		92078
3226657	1867908	5556986	925593	129526	910921	1946636	967501	806335	3322918		1534113
2367404	1445028	6167387	1546421	176434	1004052	1987756	886064	743094	3761552		676983
2518572	1915391	4218559	1762053	111454	461843	531770	1079300	383593	1355640	524047	866804
1522035	931853	4877182	2287935	247018	773007	550702	750569	514969	2933942	206119	930318
1741892	1233807	5270157	2183479	135655	986176	825062	858690	416750	1175771	3949019	527837
3885617	2632303	5358057	1300673	211436	732945	872068	1695477	756894	3804800	414781	886797
6934910	5614312	10237506	2766717	250663	2509306	1249093	2812838	899552	2921284	2838299	1295940
1976837	1355864	9235929	4144213	402671	2121856	1451539	842901	675420	1795041	2433699	404659
2577917	1976400	8804966	3179644	322110	1970624	1734556	1115237	804905	2540788	2246271	555543
4724740	3184348	13824729	7653562	691175	1517666	1367407	1619106	1666988	8861084	452058	836603
1715178	1389149	7912721	3790406	467449	1864703	722003	857573	678036	1915395	3991396	664170
318732	235112	1822057	1275711	193562	289188	93965	105138	58055	259048	232124	235502
1417867	879290	4631660	2112047	310461	920588	673521	543732	381772	1420685	999563	277819
2284402	1561823	9467116	3657851	975512	2481006	1345592	1312177	670490	1647028	1879183	1778930
1419978	1027264	3940345	1363251	257478	818457	673518	826274	258845	1041664	91776	1002997
1260392	888187	9203262	3535452	426923	3332708	1050662	878184	406256	869315	10194015	1346846
183632	150358	1573402	718600	457478	519213	229799	61640	44150	71054	5605	249356
2494365	1943795	4177073	1390655	104799	1072499	626824	768725	318370	1011211	417930	407659
1745432	1526992	2833755	1047332	50822	490792	222140	742792	330699	615006	6536942	495860
218798	161388	1038130	300933	95854	390054	134376	100832	111935	203872	149389	388913
430765	318518	659564	215021	35164	77929	88982	186714	90918	330591	62967	303405
1013596	667309	1642999	182735	50607	501437	230300	367836	360691	1334445	202675	530224

小学办

Condition of School Buildings in Primary

	校舍建筑面积 Floor Space	教学及辅助用房 Teaching & Assistant Buildings						
		合计 Total	其中 of Which					
			教室 Classroom	实验室 Laboratory	图书室 Library	微机室 PC-room	语音室 Linguistic	体育馆 Gymnasium
总　计 Total	**146120083**	**80167013**	**64532958**	**4203232**	**3495535**	**3143344**	**1132109**	**3659835**
北　京 Beijing	4464298	2112183	1675187	127271	98255	93297	12076	106097
天　津 Tianjin	2228256	1071685	855636	42124	47645	44340	19402	62538
河　北 Hebei	5359257	3065456	2542621	169364	147190	131637	55110	19534
山　西 Shanxi	3723970	1995398	1672666	88989	80545	80292	36551	36355
内蒙古 Inner Mongolia	2945322	1543133	1226755	71187	65231	61267	29067	89626
辽　宁 Liaoning	5527957	3014570	2402539	140685	141959	137939	54064	137384
吉　林 Jilin	2854956	1599051	1310666	64755	61486	78367	32311	51466
黑龙江 Heilongjiang	3240579	1899004	1544270	84166	61966	72932	41801	93869
上　海 Shanghai	3913125	2130964	1527326	181939	122136	85345	28783	185435
江　苏 Jiangsu	12935431	7449696	5795525	386343	358995	297080	56728	555025
浙　江 Zhejiang	9387805	4751352	3505536	287144	227122	179772	65728	486050
安　徽 Anhui	3897752	2545378	2128634	117879	96739	110360	32149	59617
福　建 Fujian	4909209	2526834	2014739	122645	141524	112186	33992	101748
江　西 Jiangxi	2733887	1634068	1378364	64168	57553	57121	27358	49504
山　东 Shandong	8860415	4872715	3836861	341778	232244	212023	93438	156371
河　南 Henan	8258860	4696827	4074969	196168	180490	165083	51433	28684
湖　北 Hubei	5758750	3449955	2869845	185036	133504	127915	47278	86377
湖　南 Hunan	4887413	2611634	2158245	123650	100748	82020	39611	107360
广　东 Guangdong	24417092	12372455	9637611	720664	560141	434214	195848	823977
广　西 Guangxi	3182800	1791506	1518335	83599	64823	63367	14661	46721
海　南 Hainan	982685	529943	446334	18501	23686	17796	7544	16082
重　庆 Chongqing	4029478	2231443	1882029	94030	72445	69245	18692	95002
四　川 Sichuan	5292319	3187769	2616102	168071	139732	124639	43881	95344
贵　州 Guizhou	1711734	1051322	877845	50292	46202	43864	10557	22562
云　南 Yunnan	2439323	1480189	1256314	69509	54712	58156	18725	22773
西　藏 Tibet	164957	84802	76485	1876	1714	3076	1531	120
陕　西 Shaanxi	3243229	1830307	1556648	87570	66144	72947	27414	19584
甘　肃 Gansu	1518248	892252	771933	26147	31115	38510	9412	15135
青　海 Qinghai	349871	192192	153268	10470	9307	11532	6378	1237
宁　夏 Ningxia	900177	516815	422290	24213	21831	26706	9283	12492
新　疆 Xinjiang	2000928	1036115	797380	52999	48351	50316	11303	75766

学条件(一)(城区)

Schools (1) (Urban Area)

单位:平方米

unit: m^2

行政办公用房 Administrative		生活用房 Residential and Welfare							其他用房 Rooms for Other Purposes	校舍面积中 of the Floor Space	
合计 Total	其中:教师办公室 of Which: for Teachers	合计 Total	教工宿舍 Apartments for Single		学生宿舍 Students' Dormitories	食堂 Dining Halls	厕所 Toilet	其他 Others		危房面积 Floor Space of Dilapidated Buildings	当年新增 New Added in Current Year
			小计 Subtotal	其中:教师周转宿舍 of Which: Accommodation for Circulation of Teachers							
16615150	**10560141**	**25423133**	**5946796**	**716525**	**3839859**	**5130606**	**5457776**	**5048096**	**23914787**	**3717840**	**4734572**
536938	307905	703994	53510	3294	72449	168055	185367	224613	1111183	276	158299
315755	213454	316108	2669	238	14648	66583	98093	134115	524708	3466	29860
679521	491400	736168	71216	6225	185366	79169	195897	204520	878112	132810	194478
582733	400052	530877	92693	5961	109783	57473	142742	128186	614962	45289	124078
436058	304724	503211	29249	1657	137688	64614	118950	152710	462920	5966	137852
713653	428408	640579	7858	1212	30411	150841	223528	227941	1159155	58372	84489
413629	258263	388061	17307	260	23727	84680	115249	147098	454215		110892
518631	339498	346483	6623	392	50937	43580	115024	130319	476461	229501	44739
502166	280238	669819	7788	350	21297	240793	173359	226582	610176		71028
1520579	806800	2152686	145116	19682	275912	891961	431439	408258	1812470		781332
992987	587871	1984517	260303	40991	297468	750164	360091	316491	1658949		222498
483911	332231	444285	139140	10118	36173	48676	149819	70477	424178	30524	151580
427523	250785	730589	229074	38291	38611	92432	201415	169057	1224263	36839	296251
275127	184109	465412	132723	12531	64501	75129	105950	87109	359280	182394	77189
1173694	703945	1260379	159249	22325	184417	281715	388933	246065	1553627	37129	292388
1177211	853977	1496428	383253	51270	372737	188195	345207	207036	888394	227574	187989
612575	396624	1148119	460529	27844	178683	210863	171815	126229	548101	331624	120563
421530	298834	1082089	294285	30923	271903	212568	170982	132351	772160	165809	137959
1846980	1140166	5070470	2097394	262815	661012	711115	749050	851899	5127187	200011	304931
276016	205895	759277	313715	31627	163787	87592	112443	81740	356001	218298	116075
71786	51730	313519	218034	35957	43192	16462	28440	7391	67437	13737	34940
455213	276400	741901	159247	22140	136855	177659	134026	134114	600921	67306	98366
556900	364777	1082425	211797	22681	221157	236725	232418	180328	465225	86197	437376
187316	121515	245413	56270	5613	34881	39475	74004	40783	227683	9788	67965
231859	155865	470888	167593	19987	71286	52296	88610	91103	256387	836523	200124
29110	22763	41512	31533	26379	3313	1039	4836	791	9533		14188
465804	312765	568522	155228	13450	103974	68971	136497	103852	378596	67270	71767
220592	164564	176768	17539	1057	10503	7315	68962	72449	228636	683136	34834
50617	31147	45055	3419		2419	1850	16696	20671	62007	14114	14246
156688	95865	87355	4939	112	608	4308	45750	31750	139319	28646	74707
282048	177571	220224	17503	1143	20161	18308	72184	92068	462541	5241	41589

小学办

Condition of School Buildings in Primary

	校舍建筑面积 Floor Space	教学及辅助用房 Teaching & Assistant Buildings						
		合计 Total	其中 of Which					
			教室 Classroom	实验室 Laboratory	图书室 Library	微机室 PC-room	语音室 Linguistic	体育馆 Gymnasium
总　计 Total	**31766306**	**17363485**	**14099785**	**948694**	**778729**	**663977**	**234304**	**637996**
北　京 Beijing	395772	220814	160564	18827	10292	11518	1174	18439
天　津 Tianjin	291606	137189	109412	7591	7592	6034	2163	4397
河　北 Hebei	1524987	886056	713068	60644	47266	45756	16015	3307
山　西 Shanxi	723286	381437	316568	17433	17287	18302	7222	4625
内蒙古 Inner Mongolia	151756	79370	62265	4018	6491	3002	789	2805
辽　宁 Liaoning	668226	350408	281077	19163	17508	17990	6696	7974
吉　林 Jilin	253433	137564	109385	8166	6620	7468	2812	3113
黑龙江 Heilongjiang	401857	240237	193958	10532	8491	9444	5198	12614
上　海 Shanghai	309015	173994	133495	9883	9523	6808	2445	11840
江　苏 Jiangsu	1473272	811242	649351	38386	38032	32598	7285	45590
浙　江 Zhejiang	2349449	1202410	916881	67152	54731	45286	15295	103065
安　徽 Anhui	638146	397254	337954	18311	17067	15950	3348	4624
福　建 Fujian	1637652	822631	657290	46283	44347	36389	10516	27806
江　西 Jiangxi	662713	437925	376855	20231	13574	11468	3920	11877
山　东 Shandong	2487296	1401563	1109710	105767	71763	66220	27991	20112
河　南 Henan	2122815	1233452	1047476	63517	59411	47456	10912	4680
湖　北 Hubei	977807	533532	437610	34101	23116	19940	7734	11031
湖　南 Hunan	971476	511251	424583	27229	19387	14941	8096	17015
广　东 Guangdong	9037199	4583102	3642515	239810	198504	148643	67437	286193
广　西 Guangxi	803861	492998	437021	22350	15253	11593	2400	4381
海　南 Hainan	117944	62290	52193	2155	3316	1361	676	2589
重　庆 Chongqing	443248	254899	225243	9774	8028	7080	1404	3370
四　川 Sichuan	744800	446189	374237	21790	19302	17703	4393	8764
贵　州 Guizhou	436395	278078	231830	13501	14159	11454	3877	3257
云　南 Yunnan	677061	414843	353197	18270	15942	14804	4150	8480
西　藏 Tibet								
陕　西 Shaanxi	912697	534810	457811	27293	17860	21243	6935	3668
甘　肃 Gansu	192778	121086	107392	4019	4026	4213	823	613
青　海 Qinghai	39237	21811	18145	1182	1034	955	495	
宁　夏 Ningxia	124575	74133	62883	3736	2797	3481	936	300
新　疆 Xinjiang	195947	120917	99816	7580	6010	4877	1167	1467

学条件(一)(城乡结合区)

Schools (1) (Urban-rural Transitional Area)

单位:平方米

unit:m^2

行政办公用房 Administrative		生活用房 Residential and Welfare							其他用房 Rooms for Other Purposes	校舍面积中 of the Floor Space	
合计 Total	其中:教师办公室 of Which: for Teachers	合计 Total	教工宿舍 Apartments for Single 小计 Subtotal	其中:教师周转宿舍 of Which: Accommodation for Circulation of Teachers	学生宿舍 Students' Dormitories	食堂 Dining Halls	厕所 Toilet	其他 Others		危房面积 Floor Space of Dilapidated Buildings	当年新增 New Added in Current Year
3227437	**2085194**	**6355144**	**2003230**	**239915**	**955950**	**1173780**	**1229836**	**992348**	**4820240**	**959373**	**1222503**
48989	23398	56350	9047	350	1452	10114	15976	19761	69619		28884
36655	25115	44205	919	32		14955	11938	16393	73557	296	6562
171608	133449	247046	37687	3104	61621	22933	66753	58052	220277	56323	40738
113684	79572	108254	23661	2593	20471	15253	29027	19842	119911	5747	23654
20286	14746	31587	3287	353	5655	5501	6439	10705	20513	2101	4799
72887	44745	89948	2112	190	1660	19113	31940	35123	154983	6663	21813
36669	23036	43247	105	20	6070	8581	11257	17234	35953		10882
65163	44064	50019	1894	102	8682	5964	13717	19762	46438	21275	4100
42229	23205	55318	3958	80		24993	14413	11954	37474		17541
185916	92982	294304	32899	3757	60024	112673	54790	33918	181810		163634
239282	134979	575962	95715	12702	79695	228195	86442	85915	331795		94809
65519	46526	104788	34153	3534	15201	15598	26422	13414	70585	3014	62160
126611	73489	290233	128870	24412	11193	33943	68191	48036	398177	2342	119100
59068	34731	109548	34146	9079	10721	21902	29185	13594	56172	69128	22346
321090	197218	405975	61413	9828	67702	82847	128670	65343	358668	21356	85688
295516	227787	387364	75277	11338	102540	50867	109585	49095	206483	76986	48724
88954	58045	269263	103996	10194	71154	41467	32798	19848	86058	86699	23754
77071	55735	272147	77025	11508	69879	56374	38868	30001	111007	56707	46186
652960	406848	1981776	976893	102902	172903	247497	261068	323415	1819361	55205	123223
56572	44132	187706	64697	8750	51618	24251	28029	19111	66585	129980	34868
9760	8232	37966	23656	4630	6964	2595	4182	569	7928	3025	923
42469	24223	87915	26868	3486	16231	21267	14074	9475	57965	12696	4555
69712	43508	179901	45540	6489	41842	46861	31708	13950	48998	18034	59743
48268	29133	59809	12601	860	10673	12046	19221	5268	50240	665	19277
63416	42904	146875	62856	4954	25499	19341	27213	11966	51927	186691	102621
146192	103191	161394	51862	4408	27958	22292	43782	15500	70301	45347	35867
21654	17567	33237	5889	198	6108	2045	9733	9462	16801	87690	6312
4155	3149	6242	1716		1999	441	1239	847	7029	5909	
19663	12341	16878	1457	62	48	1375	5301	8697	13901	5494	7271
25419	17144	19887	3031		387	2496	7875	6098	29724		2469

小学办
Condition of School Buildings in Primary

	校舍建筑面积 Floor Space	教学及辅助用房 Teaching & Assistant Buildings						
		合计 Total	其中 of Which					
			教室 Classroom	实验室 Laboratory	图书室 Library	微机室 PC-room	语音室 Linguistic	体育馆 Gymnasium
总　计 Total	**183197962**	**100647843**	**85796915**	**4899328**	**3991938**	**3577179**	**1222851**	**1159632**
北　京 Beijing	705754	319145	252235	25887	15492	16462	2311	6758
天　津 Tianjin	755380	426439	354562	20161	18066	18206	9678	5766
河　北 Hebei	9875389	5830930	4745940	402213	294918	260591	108805	18463
山　西 Shanxi	5405706	2719871	2310932	128527	116661	105935	38762	19054
内蒙古 Inner Mongolia	4679381	2130685	1732121	106312	98740	87715	50171	55626
辽　宁 Liaoning	2170998	1190784	986839	68597	51990	56609	18403	8346
吉　林 Jilin	2116388	1200043	995840	62422	49559	55522	30789	5911
黑龙江 Heilongjiang	2943364	1748222	1499843	79004	56031	62469	31645	19230
上　海 Shanghai	682531	380673	288875	26690	22167	16220	3719	23002
江　苏 Jiangsu	12236976	7136251	5808982	416404	322257	322590	70763	195255
浙　江 Zhejiang	9451641	4655450	3693884	277596	201763	202189	64002	216016
安　徽 Anhui	6844840	4378623	3869020	153324	158533	143948	36938	16860
福　建 Fujian	6055699	3194317	2661506	155041	154957	118210	31227	73376
江　西 Jiangxi	7389140	4520569	4026227	157485	132897	114974	49398	39588
山　东 Shandong	9585211	5422973	4402381	381493	260982	237222	82049	58846
河　南 Henan	14929167	8640841	7518019	367696	386316	293238	71258	4314
湖　北 Hubei	8464462	3981949	3352021	243919	165405	153899	47970	18735
湖　南 Hunan	10096934	5323173	4576617	267768	187689	144159	57845	89095
广　东 Guangdong	15887282	8561878	7404525	326127	312777	210757	144695	162997
广　西 Guangxi	7519832	4156549	3775898	136940	123504	87295	14361	18551
海　南 Hainan	1990881	997502	891743	32996	35882	27853	7568	1460
重　庆 Chongqing	6954699	3837395	3471419	132247	99102	91940	27243	15444
四　川 Sichuan	11506473	6239068	5439595	263009	211102	216702	67714	40946
贵　州 Guizhou	4339044	2654266	2317313	126524	99777	86969	18754	4929
云　南 Yunnan	5430294	3027372	2667879	131706	101796	95285	27063	3643
西　藏 Tibet	783011	256322	229243	6505	7211	8301	2241	2821
陕　西 Shaanxi	7274901	3863286	3249480	207702	158404	170989	68644	8067
甘　肃 Gansu	2852487	1697186	1493140	70061	58238	61857	8963	4927
青　海 Qinghai	1054782	498913	424017	18846	17653	21836	9482	7079
宁　夏 Ningxia	864036	496391	415634	28528	19221	24182	6430	2396
新　疆 Xinjiang	2351279	1160777	941185	77598	52848	63055	13960	12131

学条件(一)(镇区)

Schools (1) (Counties & Towns Area)

单位:平方米

unit:m²

行政办公用房 Administrative		生活用房 Residential and Welfare							其他用房 Rooms for Other Purposes	校舍面积中 of the Floor Space	
合计 Total	其中:教师办公室 of Which: for Teachers	合计 Total	教工宿舍 Apartments for Single: 小计 Subtotal	教工宿舍 Apartments for Single: 其中:教师周转宿舍 of Which: Accommodation for Circulation of Teachers	学生宿舍 Students' Dormitories	食堂 Dining Halls	厕所 Toilet	其他 Others		危房面积 Floor Space of Dilapidated Buildings	当年新增 New Added in Current Year
18518868	**13043357**	**48828983**	**17180197**	**2401002**	**12826762**	**7790353**	**6585149**	**4446522**	**15202268**	**9584180**	**6866523**
89110	46987	162682	26180	1908	23260	34548	35363	43331	134817		33388
97272	66489	99589	8913	1417	1320	19864	35506	33986	132080	2334	32111
1058694	840374	1950321	306669	37793	705315	255231	412713	270393	1035444	215931	340467
756534	568405	1368925	245115	19562	519011	249972	196972	157855	560376	44672	150775
578433	445703	1617615	57300	12284	876504	333228	177971	172612	352648	52410	206714
305721	206737	362185	18538	4662	63623	92739	88828	98457	312308	86157	31575
306345	202507	380320	10000	1887	97618	87992	89475	95235	229680		98936
367606	273847	564308	13046	1843	243712	96510	110101	100939	263228	128274	94647
94065	47682	111291	6112	545		58821	27445	18913	96502		18617
1291824	780216	2661242	594786	78293	534074	861949	365045	305388	1147659		577276
913448	561338	2484196	677641	68271	414066	782788	341139	268562	1398547		335240
740270	522796	1362955	605044	31814	216435	175712	259982	105782	362992	142916	310732
516697	297327	1609925	727986	83778	362590	175142	218615	125592	734760	65913	340127
682161	449984	1801013	730845	58675	427271	269073	241033	132791	385397	1110578	238513
1174500	802165	1999303	604755	110591	366796	321342	484783	221627	988435	155985	269286
1897759	1522950	3614612	879794	88520	1241744	517233	714667	261174	775955	650062	466891
609007	416917	3452738	1707216	159541	782053	503181	240633	219655	420768	657549	137614
855469	639010	3200949	1170117	126855	805010	630121	329649	266052	717343	650040	228855
1306130	879994	4205852	2465288	235312	624475	339949	391669	384471	1813422	88151	274003
495024	379253	2381310	1176620	169122	584368	220530	213518	186274	486949	1147204	208942
132436	90273	763124	479251	74832	167527	46676	40670	29000	97819	81528	129670
592648	361358	2034616	982150	164650	423288	277082	207741	144355	490040	409422	124803
924082	612592	3712842	1449698	408629	1059962	501542	444969	256671	630481	619342	639064
404699	267056	983296	356746	68939	245046	142532	169074	69898	296783	12752	258191
394915	271936	1769154	711796	135394	613159	186685	162100	95414	238853	1928178	344284
55433	41756	447716	227074	139794	135487	57072	11499	16584	23540	5191	72802
1047622	818546	2002099	640052	51798	633185	320002	290645	118215	361894	121184	244088
374264	306381	608110	158402	6149	181311	59285	126412	82700	172927	1156253	155560
77588	53877	404982	74905	34006	195912	59812	29004	45349	73299	22783	210338
118302	95651	156312	31447	10492	37242	25679	41833	20111	93031	11651	82803
260810	173250	555401	36711	13646	245398	88061	86095	99136	374291	17720	210211

小学办

Condition of School Buildings in Primary

	校舍建筑面积 Floor Space	教学及辅助用房 Teaching & Assistant Buildings						
		合计 Total	其中 of Which					
			教室 Classroom	实验室 Laboratory	图书室 Library	微机室 PC-room	语音室 Linguistic	体育馆 Gymnasium
总 计 Total	**63056172**	**36109900**	**30714004**	**1796846**	**1548982**	**1269786**	**395533**	**384749**
北 京 Beijing	168960	84259	62828	11137	5581	4314	204	195
天 津 Tianjin	323878	191957	158976	8920	8412	8589	4949	2111
河 北 Hebei	5691179	3423105	2778140	234223	182065	159521	60152	9004
山 西 Shanxi	1748673	925785	776884	43842	44056	41381	12546	7076
内蒙古 Inner Mongolia	446095	206594	164583	12379	9249	8220	5373	6790
辽 宁 Liaoning	482924	277260	224791	17603	15062	14160	3732	1912
吉 林 Jilin	298539	174735	145537	9869	7023	7855	4368	83
黑龙江 Heilongjiang	419176	237643	198930	12661	8388	9761	4281	3622
上 海 Shanghai	170587	98284	74345	7829	5692	4347	724	5347
江 苏 Jiangsu	3489290	2046672	1667992	111147	100221	97168	18831	51313
浙 江 Zhejiang	3560476	1829009	1469890	103242	78311	77268	22176	78122
安 徽 Anhui	1933842	1236244	1099786	37663	48448	36745	9820	3782
福 建 Fujian	2211036	1211525	1012806	62744	58069	44337	12662	20907
江 西 Jiangxi	2394233	1508762	1356682	52151	48101	33415	10484	7929
山 东 Shandong	4400832	2565964	2066437	194496	124619	113837	37328	29247
河 南 Henan	7301799	4404279	3791734	191631	227306	157926	32005	3677
湖 北 Hubei	2629627	1249710	1025583	91977	61519	53554	13203	3874
湖 南 Hunan	4193392	2228046	1932352	102332	82094	54852	19688	36728
广 东 Guangdong	7636043	4235761	3688432	152810	154288	95814	59406	85011
广 西 Guangxi	2509225	1559675	1423793	50603	48988	26756	3508	6027
海 南 Hainan	390582	206388	185512	7062	8574	4833	407	
重 庆 Chongqing	1446297	791875	714501	29262	19633	18621	5039	4819
四 川 Sichuan	2310152	1307819	1140514	57663	46658	44100	10321	8563
贵 州 Guizhou	1291051	852436	741947	43901	34673	25295	4679	1941
云 南 Yunnan	1838310	1121102	998655	46015	36366	31059	8288	719
西 藏 Tibet	69336	21285	19319	205	910	621	145	85
陕 西 Shaanxi	2225571	1254914	1056032	66655	48811	57272	23756	2388
甘 肃 Gansu	767709	454432	397419	17249	17778	17828	2654	1504
青 海 Qinghai	180270	100054	88388	2217	3045	4334	2010	60
宁 夏 Ningxia	190116	116404	97301	5647	5850	6850	584	172
新 疆 Xinjiang	336972	187922	153915	11711	9192	9153	2210	1741

学条件(一)(镇乡结合区)

Schools (1) (County-town Transitional Area)

单位:平方米
unit:m^2

行政办公用房 Administrative		生活用房 Residential and Welfare							其他用房 Rooms for Other Purposes	校舍面积中 of the Floor Space	
合计 Total	其中:教师办公室 of Which: for Teachers	合计 Total	教工宿舍 Apartments for Single		学生宿舍 Students' Dormitories	食堂 Dining Halls	厕所 Toilet	其他 Others		危房面积 Floor Space of Dilapidated Buildings	当年新增 New Added in Current Year
			小计 Subtotal	其中:教师周转宿舍 of Which: Accommodation for Circulation of Teachers							
6417588	**4621114**	**15187930**	**5423201**	**622431**	**3282396**	**2410026**	**2519748**	**1552559**	**5340754**	**3614267**	**1940817**
23367	11331	37709	4599	120	6341	7520	9675	9574	23625		14738
43081	29881	42333	5948	979		6966	14258	15161	46507	2334	12487
594980	473313	1089540	179694	18469	369445	126215	255110	159076	583554	135153	210095
255438	193948	375956	77987	5133	116595	63459	64137	53778	191494	13957	37606
54383	44276	148346	6321	1011	78766	28401	17816	17042	36772	3559	20172
77625	54622	64648	3896	551	8168	11843	21218	19523	63391	12069	3699
40149	26646	51342	1769	139	14440	12006	12861	10266	32313		4388
53433	38846	81761	990	604	33691	12600	16763	17717	46339	26652	19320
24579	11863	29693	2846	78		13534	6898	6415	18031		308
360912	217185	714728	176016	17282	80270	254652	105805	97985	366978		106176
337142	204605	896527	259873	26873	114590	294617	126378	101069	497798		98632
215857	156199	385589	145245	8060	65400	51262	88247	35435	96152	61044	89816
174752	101429	542631	273457	35876	81749	54528	85351	47546	282128	8057	133014
209538	142285	566201	211750	9909	112804	98560	94967	48120	109732	423580	73515
519596	360565	848336	252346	53035	140790	127305	236280	91615	466936	70002	94956
969736	789253	1577526	394716	38238	449604	209874	400207	123125	350258	397473	232534
195645	136526	1068484	503945	46112	252343	158642	83340	70214	115788	260490	34723
357521	263727	1301676	437658	44182	323808	279793	143504	116913	306149	312891	91333
664552	465305	1846363	1093173	86020	176538	150964	207268	218420	889367	53229	94544
167574	134625	611493	279259	37747	129160	56227	81889	64958	170483	486295	59766
25285	18077	143041	102814	20751	20763	6923	8630	3911	15868	15605	11676
123490	73274	441079	202313	38242	91976	61259	49789	35742	89853	94476	24399
178962	121588	698966	224993	52040	197678	105943	105423	64929	124405	121975	112600
117424	78673	237962	87956	13922	36914	39183	54458	19451	83229	3324	83463
126702	89513	508863	222787	21109	134178	56459	60764	34675	81643	738642	115228
4727	3504	42986	19251	16660	13713	4997	977	4048	338	1961	812
323989	245493	532594	180042	15033	138377	82398	99554	32223	114074	61248	60266
102900	81893	157808	42019	3091	45883	15115	38716	16075	52569	301881	35734
12838	10721	53882	16295	8208	22655	5884	6067	2981	13496	2433	20566
24523	18628	34300	10519	2138	4700	5127	9781	4173	14889	1922	24579
36888	23320	55567	2724	819	21057	7770	13617	10399	56595	4015	19672

小学办

Condition of School Buildings in Primary

	校舍建筑面积 Floor Space	教学及辅助用房 Teaching & Assistant Buildings						
		合计 Total	其中 of Which					
			教室 Classroom	实验室 Laboratory	图书室 Library	微机室 PC-room	语音室 Linguistic	体育馆 Gymnasium
总　计 Total	**261301291**	**153187330**	**133350938**	**7182845**	**6572534**	**4590056**	**964159**	**526798**
北　京 Beijing	721714	352998	259161	45630	20859	20561	1430	5357
天　津 Tianjin	931288	512542	416183	28760	25907	25236	13211	3245
河　北 Hebei	15473172	9694470	7833702	725797	540294	449349	138729	6599
山　西 Shanxi	8350832	4280778	3612882	211647	218221	178471	37881	21676
内蒙古 Inner Mongolia	2678531	1226351	1007481	86519	64503	41304	15212	11332
辽　宁 Liaoning	3197398	1986843	1563583	159043	114247	108163	20914	20893
吉　林 Jilin	3460961	2256715	1894204	156878	99575	86439	17694	1925
黑龙江 Heilongjiang	3565448	2403028	1998145	183100	112027	87653	17546	4557
上　海 Shanghai	250813	139051	100304	12482	7344	6788	1773	10360
江　苏 Jiangsu	4427493	2907392	2352053	173232	170721	164560	24396	22430
浙　江 Zhejiang	5446931	2583232	2126985	155021	118326	115683	26579	40638
安　徽 Anhui	12982197	8708017	7880616	207850	350118	235931	29168	4334
福　建 Fujian	8819981	4730579	4016821	245095	243386	164107	31590	29580
江　西 Jiangxi	11858192	7638762	6997600	243077	242483	116742	26783	12077
山　东 Shandong	12909869	8011333	6499327	588655	427071	397414	82210	16656
河　南 Henan	27991078	17747737	15467743	712174	877545	590892	96855	2528
湖　北 Hubei	11891654	5675155	4725256	369775	296829	221099	47846	14350
湖　南 Hunan	15584988	8710857	7832139	366614	279359	139092	42284	51369
广　东 Guangdong	18866720	10826208	9662109	359704	425003	133047	90579	155766
广　西 Guangxi	17285801	10497084	9701086	290543	340730	123140	17906	23679
海　南 Hainan	2122307	1168591	1060171	37289	48835	17266	3713	1317
重　庆 Chongqing	5559017	3004144	2761878	99801	71309	59882	8014	3260
四　川 Sichuan	13328282	7301691	6534299	269349	231061	210016	41765	15201
贵　州 Guizhou	11911412	7854615	6898457	388157	343391	193436	17259	13915
云　南 Yunnan	17226833	9255920	8298983	407507	304409	210849	30046	4126
西　藏 Tibet	1770845	549601	476885	22310	26208	18109	3999	2090
陕　西 Shaanxi	6513037	3654925	3148383	182881	148689	133794	38513	2665
甘　肃 Gansu	8705656	5292760	4745115	184650	192933	148088	12800	9174
青　海 Qinghai	1577805	830553	744305	19747	27626	30577	4297	4001
宁　夏 Ningxia	1636801	966888	814831	43812	47711	50373	5965	4196
新　疆 Xinjiang	4254235	2418510	1920251	205746	155814	111995	17202	7502

学条件(一)(乡村)

Schools (1) (Rural Area)

单位:平方米

unit:m^2

行政办公用房 Administrative		生活用房 Residential and Welfare							其他用房 Rooms for Other Purposes	校舍面积中 of the Floor Space	
合计 Total	其中:教师办公室 of Which: for Teachers	合计 Total	教工宿舍 Apartments for Single 小计 Subtotal	教工宿舍 Apartments for Single 其中:教师周转宿舍 of Which: Accommodation for Circulation of Teachers	学生宿舍 Students' Dormitories	食堂 Dining Halls	厕所 Toilet	其他 Others		危房面积 Floor Space of Dilapidated Buildings	当年新增 New Added in Current Year
23656826	**18603361**	**67531525**	**26529252**	**3215183**	**14464534**	**9132543**	**11773341**	**5631855**	**16925610**	**26949624**	**7721707**
99763	47483	133531	28497	3661	15676	28563	32145	28650	135422		58372
120541	77589	138067	15700	1190	984	7431	46657	67295	160138	5678	28828
1565408	1293399	2888386	577301	73669	785322	355053	747911	422799	1324908	429515	570329
1075177	901452	2306966	548997	32706	763697	435647	338790	219835	687911	121631	163244
321142	275429	965378	64096	5815	430685	211431	142342	116824	165660	299585	167021
370111	275885	421420	40685	3920	33067	75126	173281	99261	419024	200678	22230
470927	353875	465112	29863	1335	37134	53057	219549	125509	268207		90118
404302	335842	513014	27074	3743	140951	71328	183507	90154	245104	361241	60004
30891	16833	45689	2962	930		22902	10201	9624	35182		2433
414254	280892	743058	185691	31551	100935	192726	171017	92689	362789		175505
460969	295819	1698674	608477	67172	292518	454804	184834	158041	704056		119245
1294391	1060364	2411319	1017869	69522	209235	307382	669499	207334	568470	350607	404492
577815	383741	2536668	1330875	124949	371806	283128	330539	220320	974919	103367	293940
784604	599714	3003732	1319911	64449	494404	480860	511707	196850	431094	2656047	212135
1537423	1126193	2098375	536669	78520	181732	269011	821761	289202	1262738	221667	325123
3859940	3237385	5126466	1503670	110873	894825	543665	1752964	431342	1256935	1960663	641060
755255	542323	4635072	1976468	215286	1161120	737495	430453	329536	826172	1444526	146482
1300918	1038556	4521928	1715242	164332	893711	891867	614606	406502	1051285	1430422	188729
1571630	1164188	4548407	3090880	193048	232179	316343	478387	430618	1920475	163896	257669
944138	804001	4772134	2300071	266700	1116548	413881	531612	410022	1072445	2625894	339153
114510	93109	745414	578426	82773	78469	30827	36028	21664	93792	136859	70892
370006	241532	1855143	970650	123671	360445	218780	201965	103303	329724	522835	54650
803420	584454	4671849	1996356	544202	1199887	607325	634790	233491	551322	1173644	702490
827963	638693	2711636	950235	182926	538530	491511	583196	148164	517198	69236	676841
633618	460386	6963220	2656063	271542	2648263	811681	627474	219739	374075	7429314	802438
99089	85839	1084174	459993	291305	380413	171688	45305	26775	37981	414	162366
980939	812484	1606452	595375	39551	335340	237851	341583	96303	270721	229476	91804
1150576	1056047	2048877	871391	43616	298978	155540	547418	175550	213443	4697553	305466
90593	76364	588093	222609	61848	191723	72714	55132	45915	68566	112492	164329
155775	127002	415897	178635	24560	40079	58995	99131	39057	98241	22670	145895
470738	316488	867374	128521	35818	235878	123931	209557	169487	497613	179714	278424

小学办

Condition of School Buildings in Primary

	占地面积(平方米) Areas of School Sites (m^2)			图书(册) Books & Magazines in Libraries (volume)
	合计 Total	其中 of Which		
		绿化用地面积 Green Areas	运动场地面积 Sports Areas	
总　计 Total	**2250438395**	**361298689**	**656926911**	**1659899090**
北　京 Beijing	13670667	2112082	5523005	25600500
天　津 Tianjin	11772873	1188581	4449962	15184453
河　北 Hebei	143675404	13475090	49645812	120370483
山　西 Shanxi	60579625	5545508	18372443	42013671
内蒙古 Inner Mongolia	59747970	8338403	17731819	23454803
辽　宁 Liaoning	51099023	5191402	25082091	40818447
吉　林 Jilin	61701291	11237957	23715317	23247917
黑龙江 Heilongjiang	63965944	7011930	28768358	20737235
上　海 Shanghai	8873883	2353339	2905717	21395422
江　苏 Jiangsu	98161722	24346108	29944998	92925709
浙　江 Zhejiang	59907801	12858149	19884458	85738462
安　徽 Anhui	115519110	15166340	28277089	67346341
福　建 Fujian	51689649	9674424	19628765	58132318
江　西 Jiangxi	75283031	9783545	22724488	46401363
山　东 Shandong	155522186	31529724	55996302	113085966
河　南 Henan	200313384	24023601	47245651	144518693
湖　北 Hubei	90311442	22408731	23265227	67145194
湖　南 Hunan	95191523	13397121	21947036	76689257
广　东 Guangdong	173989505	40875639	51691073	170656274
广　西 Guangxi	102682416	16290197	21698109	52226531
海　南 Hainan	38381648	8189124	6918763	11172757
重　庆 Chongqing	42236090	6418179	11963835	24952057
四　川 Sichuan	77842217	10455910	22388992	77739224
贵　州 Guizhou	62117820	9427217	18552772	49374797
云　南 Yunnan	86249980	13945225	14186991	53618937
西　藏 Tibet	15280240	1300767	1399860	4634715
陕　西 Shaanxi	57816741	6724430	17398709	56028249
甘　肃 Gansu	68537428	7498280	19592659	34274676
青　海 Qinghai	14628707	1274042	2811139	7804678
宁　夏 Ningxia	19984300	3037926	5926083	9958273
新　疆 Xinjiang	73704775	16219718	17289388	22651688

学条件(二)(总计)

Schools (2) (Total)

计算机数(台) PC (set)		多媒体教室座位数(个) No. of Seats in Multi-media Classrooms	固定资产总值(万元) Total Volue of Fixed Asset (10,000 yuan)		
合计 Total	其中:教学用计算机 of Which: No. of Computers Used for Instruction		合计 Total	其中:教学仪器设备资产值 of Which: Total Volue of Equip & Instru. 小计 Subtotal	其中:实验设备 of Which: for Prefession
6317533	**4973352**	**15346691**	**51593515.71**	**5676189.63**	**1731163.18**
178776	150548	795416	1083194.25	343086.50	16415.11
75305	57999	166147	453975.52	75400.71	14250.30
389721	331530	707252	2344696.32	273399.75	124802.98
142421	117702	339128	1422111.11	121936.51	52033.83
85964	67260	100333	1076250.60	78354.91	27831.82
218482	161789	266051	935150.49	180370.19	50481.41
91666	68791	99057	690274.82	72545.82	28255.77
112905	91122	97093	755877.86	92681.29	36041.77
135257	112083	76353	955101.00	194548.32	42866.08
567578	452389	1857420	3844235.45	504029.57	117906.06
486293	403240	2328123	2784880.21	362355.57	78393.60
186705	150025	337071	2041356.99	142084.13	39994.60
247529	190915	815794	1746527.24	180707.73	66169.08
120539	90242	269776	1124280.69	88189.75	32371.86
589263	422739	1327770	3205517.63	358394.16	88125.93
269684	223874	643220	3057281.73	240945.37	102887.00
231328	202343	454681	1775832.87	225074.40	79854.27
190518	156853	263904	1861018.58	173726.73	72344.18
636605	478797	1618320	6092332.00	720175.00	268897.00
115472	76977	266696	1675314.23	120978.41	49022.28
36968	29853	51121	526027.33	40157.87	10976.54
140070	101711	421248	1341906.24	119634.20	28573.74
262783	206157	682974	3024441.55	298931.52	87397.38
116915	85587	246097	1231841.78	100985.37	46275.20
167051	127365	256887	2103997.26	134062.64	40729.32
28454	22915	22579	418391.64	17734.64	4698.31
183037	151026	300575	1430473.40	152975.05	57863.85
119807	92493	179242	1029637.28	95484.48	31376.49
33356	24166	42842	378476.55	25940.48	4538.69
52290	42949	119409	368638.90	40138.23	9453.72
104791	81912	194112	814474.20	101160.32	20334.97

小学办

Condition of School Buildings in Primary

	占地面积(平方米) Areas of School Sites (m^2)			图书(册) Books & Magazines in Libraries (volume)
	合计 Total	其中 of Which		
		绿化用地面积 Green Areas	运动场地面积 Sports Areas	
总　计 Total	**336093228**	**63856207**	**114476339**	**501369071**
北　京 Beijing	8014703	1113516	3209553	19476972
天　津 Tianjin	4703340	408525	1681038	8811903
河　北 Hebei	14904276	1522010	5337719	24392613
山　西 Shanxi	8537791	869296	2712830	11339751
内蒙古 Inner Mongolia	8237144	1134170	3081323	8737095
辽　宁 Liaoning	15194226	1708267	7753557	24584859
吉　林 Jilin	6914751	902771	3105927	9211497
黑龙江 Heilongjiang	9016169	943030	4221010	8066935
上　海 Shanghai	6461263	1683498	2124606	16932728
江　苏 Jiangsu	29001914	7318870	9514445	38531274
浙　江 Zhejiang	18989462	4577601	6016473	31572727
安　徽 Anhui	10385570	1677068	3054715	12458193
福　建 Fujian	9397269	2029382	3547795	19632789
江　西 Jiangxi	6023715	907535	1792286	7894599
山　东 Shandong	26949816	5277011	10391376	35856295
河　南 Henan	20326846	2581580	5789231	25625803
湖　北 Hubei	12896995	3397645	4075246	21685721
湖　南 Hunan	10670736	2037713	2893069	16818179
广　东 Guangdong	50920943	13325828	15845574	79855299
广　西 Guangxi	7525657	1355014	2080406	8864371
海　南 Hainan	3213089	515351	630259	3118731
重　庆 Chongqing	7559575	1447046	2226197	7359954
四　川 Sichuan	9770782	1834648	3320025	14222329
贵　州 Guizhou	3525428	488554	1293284	6981882
云　南 Yunnan	5379614	1267368	1536740	8373657
西　藏 Tibet	524953	43700	86615	406118
陕　西 Shaanxi	7721147	1090417	2714849	13816947
甘　肃 Gansu	3363806	464174	1285731	5704550
青　海 Qinghai	871169	115810	314662	1764753
宁　夏 Ningxia	3191577	655260	1015926	2796709
新　疆 Xinjiang	5899502	1163549	1823872	6473838

学条件(二)(城区)

Schools (2) (Urban Area)

计算机数(台) PC (set)		多媒体教室座位数(个) No. of Seats in Multi-media Classrooms	固定资产总值(万元) Total Volue of Fixed Asset (10,000 yuan)		
合计 Total	其中:教学用计算机 of Which: No. of Computers Used for Instruction		合计 Total	其中:教学仪器设备资产值 of Which: Total Volue of Equip & Instru.	
				小计 Subtotal	其中:实验设备 of Which: for Prefession
2587460	**2011694**	**7538917**	**18183482.63**	**2723184.65**	**649302.48**
139814	117988	640972	864908.68	276625.50	11788.50
44023	32596	105541	228310.74	46640.08	5507.46
99396	84262	301762	456808.13	81706.00	28013.14
45407	36171	101376	356738.27	43157.80	16064.33
33616	26575	40744	290158.02	31236.57	9631.05
139208	103637	195506	549259.03	131800.32	30203.43
42582	30995	50648	304906.84	35673.89	10992.42
56091	43316	46310	285174.09	49466.51	15625.19
112899	93861	62543	798561.55	160900.40	33892.65
247949	194362	1048119	2053733.23	271307.89	50518.11
190834	156337	993209	1253195.17	159074.34	32219.03
62439	50724	92074	519183.36	46275.25	12021.99
92295	69216	430790	592140.40	72200.62	21545.00
35844	26691	67920	216586.19	27661.98	9262.15
208568	138020	565135	1291039.60	166365.34	29924.79
82996	64961	202515	681923.97	70655.20	25038.08
86863	75369	196807	623422.22	97180.22	27740.71
60131	47738	87505	481859.87	61308.22	20586.68
402991	297798	1084918	3346431.00	503144.00	170523.00
39083	28023	86755	274455.27	32698.88	10968.45
13663	11176	17033	153084.62	15599.59	2559.15
53727	44201	241728	513069.38	51258.11	9759.92
83253	67367	344047	645533.26	98607.20	20957.45
25670	21203	49715	198113.28	19496.16	6253.95
42246	33761	78029	279422.74	39609.07	6647.02
2397	1885	6688	23273.79	2269.55	1293.31
55696	45998	160309	343531.05	53971.65	15715.74
26605	20765	44769	150290.26	20060.13	5006.52
9952	6346	20410	48528.84	6342.70	772.64
16457	13278	49409	126010.72	15767.23	3091.37
34765	27074	125631	233829.06	35124.25	5179.22

小学办

Condition of School Buildings in Primary

	占地面积(平方米) Areas of School Sites (m^2)			图书 (册) Books & Magazines in Libraries (volume)
	合计 Total	其中 of Which		
		绿化用地面积 Green Areas	运动场地面积 Sports Areas	
总　计 Total	**100288799**	**20699597**	**32549730**	**94948746**
北　京 Beijing	1363944	199024	601752	1800990
天　津 Tianjin	973474	63798	378401	1102552
河　北 Hebei	6281894	717304	2337734	6122588
山　西 Shanxi	2229549	277212	705342	1909357
内蒙古 Inner Mongolia	667963	114834	245652	339366
辽　宁 Liaoning	2987231	391650	1572824	2257293
吉　林 Jilin	1487049	232987	593780	531697
黑龙江 Heilongjiang	1648982	205678	751068	746281
上　海 Shanghai	627011	132993	229538	1645611
江　苏 Jiangsu	4602738	1215034	1394256	4033628
浙　江 Zhejiang	5697592	1274795	1834471	7663010
安　徽 Anhui	2510466	463692	695420	1521042
福　建 Fujian	4277262	836629	1496937	5322100
江　西 Jiangxi	1915159	230617	591663	1507267
山　东 Shandong	10826746	2297683	4057879	9133777
河　南 Henan	7149571	977875	2045649	5864163
湖　北 Hubei	3388261	941567	913220	2513736
湖　南 Hunan	2828762	566667	716172	2725959
广　东 Guangdong	23994914	6829641	7027082	25992197
广　西 Guangxi	2493603	431170	638766	1664798
海　南 Hainan	844779	149362	128233	232370
重　庆 Chongqing	1234913	229343	341280	780105
四　川 Sichuan	1877861	425704	606216	1653130
贵　州 Guizhou	1096372	159150	394859	1264156
云　南 Yunnan	1937624	434054	465564	1953007
西　藏 Tibet				
陕　西 Shaanxi	2928615	459538	1038898	3130472
甘　肃 Gansu	531045	85490	206663	531718
青　海 Qinghai	144336	13348	54088	151182
宁　夏 Ningxia	513573	83165	176407	306551
新　疆 Xinjiang	1227510	259593	309916	548643

学条件(二)(城乡结合区)

Schools (2) (Urban-rural Transitional Area)

计算机数(台) PC (set)		多媒体教室座位数(个) No. of Seats in Multi-media Classrooms	固定资产总值(万元) Total Volue of Fixed Asset (10,000 yuan)		
合计 Total	其中:教学用计算机 of Which: No. of Computers Used for Instruction		合计 Total	其中:教学仪器设备资产值 of Which: Total Volue of Equip & Instru. 小计 Subtotal	其中:实验设备 of Which: for Prefession
458935	**352927**	**1300801**	**3671636.04**	**430779.52**	**131862.60**
12078	10609	50842	69590.13	22018.09	1158.81
5483	3971	10961	39685.31	6581.95	773.72
25286	21876	56273	117921.77	17922.40	7993.28
7836	6290	16031	79790.84	7677.33	2769.23
1612	1339	1456	15000.57	1023.33	299.05
13602	10064	13957	63187.21	12583.74	3446.45
2943	2080	2416	19586.81	1656.26	645.57
5472	4506	5226	31215.80	4260.13	2126.02
6985	5703	3901	37369.87	8092.79	1903.76
23938	18949	87064	232298.21	21219.93	3800.34
44812	34876	217342	305584.79	31727.07	6608.37
6432	5394	16542	70656.33	4267.80	1277.15
25586	19680	94315	196423.77	16679.71	5599.91
5250	4016	11249	39303.10	3326.71	1043.75
52451	36815	142517	344289.24	34172.87	8339.08
14912	12009	45270	165192.36	12744.23	5211.16
10702	8438	21054	81743.16	9413.17	3544.06
10102	8295	13127	110092.04	12717.73	3991.97
127533	93958	375181	1186542.00	154979.00	58133.00
5704	4030	14767	64099.60	5835.67	2213.66
1193	897	908	10354.33	1137.95	434.85
4991	4068	10829	34087.12	3959.11	903.27
9343	7514	35953	92995.58	10155.36	2395.06
5399	4486	8235	57840.16	3396.07	1440.56
9017	6954	11185	78401.48	6610.01	1280.70
11898	9766	16333	77586.01	9442.03	3024.09
2318	1796	7390	18072.53	2144.98	422.15
998	660	1990	3416.73	1048.05	75.03
2543	2023	3245	11972.48	991.88	246.21
2516	1865	5242	17336.70	2994.18	762.34

小学办

Condition of School Buildings in Primary

	占地面积(平方米) Areas of School Sites (m^2)			图书 (册) Books & Magazines in Libraries (volume)
	合计 Total	其中 of Which		
		绿化用地面积 Green Areas	运动场地面积 Sports Areas	
总　计 Total	**623340805**	**101730177**	**182609274**	**547889694**
北　京 Beijing	2212327	471891	887427	2583993
天　津 Tianjin	2761742	291951	1102676	3163165
河　北 Hebei	42311596	4083052	14622415	39609376
山　西 Shanxi	15575942	1429385	4656878	13900205
内蒙古 Inner Mongolia	21548378	2466278	6722711	9883371
辽　宁 Liaoning	10150047	940613	4816840	7932513
吉　林 Jilin	11009616	1898243	4269199	6118795
黑龙江 Heilongjiang	13849868	1456413	5762324	6467825
上　海 Shanghai	1666773	478063	539226	3208497
江　苏 Jiangsu	43304522	11104053	12973603	40059272
浙　江 Zhejiang	24690684	5231834	7997255	36487568
安　徽 Anhui	28082091	3649321	7200788	22920676
福　建 Fujian	14704652	2814892	5626550	19614913
江　西 Jiangxi	23526581	3394560	6691109	18839042
山　东 Shandong	45781875	9235392	15825647	35040134
河　南 Henan	50943716	5696815	12001707	43558888
湖　北 Hubei	26794634	6880610	7101906	22369906
湖　南 Hunan	30185413	4464990	7089818	28146348
广　东 Guangdong	48262463	10820075	14669110	46701938
广　西 Guangxi	24393065	3393290	5269685	16788530
海　南 Hainan	11906184	2030637	2230204	4615041
重　庆 Chongqing	17424188	2610426	4830286	10525532
四　川 Sichuan	26965297	4076804	7814654	33409732
贵　州 Guizhou	13826783	2017068	4102860	14819787
云　南 Yunnan	16586793	3011145	2891464	13604729
西　藏 Tibet	3783473	362081	367011	1246001
陕　西 Shaanxi	20824806	2294467	6438400	25550214
甘　肃 Gansu	10175203	1338297	3116828	8775884
青　海 Qinghai	4058632	377540	805380	2612560
宁　夏 Ningxia	4065241	640695	1294485	2315104
新　疆 Xinjiang	11968220	2769296	2890828	7020155

学条件(二)(镇区)
Schools (2) (Counties & Towns Area)

计算机数(台) PC (set)		多媒体教室座位数(个) No. of Seats in Multi-media Classrooms	固定资产总值(万元) Total Value of Fixed Asset (10,000 yuan)		
合计 Total	其中:教学用计算机 of Which: No. of Computers Used for Instruction		合计 Total	其中:教学仪器设备资产值 of Which: Total Value of Equip & Instru. 小计 Subtotal	其中:实验设备 of Which: for Prefession
1983530	**1585895**	**4931984**	**16162847.25**	**1586706.41**	**542193.46**
18992	15831	80478	112951.69	32459.53	2233.96
14486	11554	35062	105531.20	13122.58	3399.57
121080	102525	209183	823203.49	87327.60	41081.62
46654	39020	153022	468884.22	37523.05	14503.38
37576	29177	48242	567437.51	33569.83	11902.38
39923	29733	40319	189488.50	23826.48	9049.72
25613	19110	31615	186324.01	20598.50	9038.41
33190	27894	34067	258795.58	28094.38	12266.22
16309	13516	10209	116067.43	24833.65	7290.33
236246	189512	663555	1414881.66	180493.18	50068.03
195596	163956	921188	1032593.90	138963.03	31617.69
65090	53415	141678	654612.88	47317.71	13883.83
75537	57585	228477	543169.62	53391.26	20482.92
54919	41532	146971	415320.21	37174.68	12862.85
164841	121100	415035	923004.05	91677.87	25940.68
86938	73663	210845	967309.92	76786.90	32823.95
69352	60434	147883	537127.37	64065.16	25637.69
69089	58196	118946	659775.95	60920.21	26997.43
138302	108440	352244	1409955.00	125084.00	57166.00
38687	27163	105346	493577.76	38231.81	16498.38
15437	12464	25307	204270.34	15359.54	5247.43
54562	38224	135144	430173.94	44533.34	10377.65
107074	83485	242532	1231147.37	115752.27	36051.30
36942	27869	101425	341116.70	31136.62	12970.33
42529	33192	79797	500976.83	28994.67	9889.18
8632	7167	4901	129971.76	4938.49	1329.16
81460	70220	102095	700119.32	66325.11	27017.12
33401	26787	61892	270974.43	22765.99	6747.30
11273	8462	13078	156430.60	9575.13	1455.67
14108	11580	38964	94173.39	10340.39	2135.51
29692	23089	32484	223480.63	21523.44	4227.77

Condition of School Buildings in Primary

	占地面积(平方米) Areas of School Sites (m^2)			图书(册) Books & Magazines in Libraries (volume)
	合计 Total	其中 of Which		
		绿化用地面积 Green Areas	运动场地面积 Sports Areas	
总 计 Total	**235962894**	**38436699**	**69960667**	**181069936**
北 京 Beijing	635808	156639	240572	697498
天 津 Tianjin	1339813	133808	530495	1260986
河 北 Hebei	26282023	2600168	9112076	22541897
山 西 Shanxi	5405236	519135	1707480	4473768
内蒙古 Inner Mongolia	2158619	289064	634198	759530
辽 宁 Liaoning	2869613	277131	1406409	1519424
吉 林 Jilin	2195309	374897	926448	822041
黑龙江 Heilongjiang	2265041	244240	976239	685405
上 海 Shanghai	409034	114580	142511	824764
江 苏 Jiangsu	13764273	3475608	4052960	11351695
浙 江 Zhejiang	9576272	2015346	3067653	13529929
安 徽 Anhui	9200383	1212732	2371062	5104010
福 建 Fujian	6158077	1173204	2419149	6350561
江 西 Jiangxi	8544485	1182616	2561865	4734963
山 东 Shandong	22133255	4511569	7963909	15513962
河 南 Henan	28848337	3313932	6784949	20074554
湖 北 Hubei	9535545	2441699	2434624	6273119
湖 南 Hunan	13335820	1953377	3091537	10819812
广 东 Guangdong	23641049	5256833	6967215	21324198
广 西 Guangxi	9625860	1418478	2064942	4535801
海 南 Hainan	2890665	511110	515313	809000
重 庆 Chongqing	3840165	545752	1091618	1915783
四 川 Sichuan	6599446	1023640	1960146	5571383
贵 州 Guizhou	4437991	647996	1398930	3906018
云 南 Yunnan	5749605	1105191	1111112	4190520
西 藏 Tibet	227989	16570	32773	95933
陕 西 Shaanxi	7105444	810230	2309410	7180699
甘 肃 Gansu	3133292	385305	959419	2104495
青 海 Qinghai	670265	36894	124029	623777
宁 夏 Ningxia	1111758	160494	335461	534403
新 疆 Xinjiang	2272422	528461	666163	940008

学条件(二)(镇乡结合区)
Schools (2) (County-town Transitional Area)

计算机数(台) PC (set)		多媒体教室座位数(个) No. of Seats in Multi-media Classrooms	固定资产总值(万元) Total Volue of Fixed Asset (10,000 yuan)		
合计 Total	其中:教学用计算机 of Which: No. of Computers Used for Instruction		合计 Total	其中:教学仪器设备资产值 of Which: Total Volue of Equip & Instru.	
				小计 Subtotal	其中:实验设备 of Which: for Prefession
627825	**503857**	**1538113**	**5113138.46**	**483424.50**	**178150.87**
4667	4067	18071	27239.58	7449.98	462.00
6278	4893	11545	38560.77	5906.09	1442.01
67968	58470	99345	441728.76	42659.96	22319.82
15573	13040	35008	142914.24	11489.46	5176.74
3072	2329	5571	50027.00	2181.48	753.51
7841	5773	6913	41444.14	4467.39	1602.27
2865	2191	3087	23441.00	2026.14	941.30
4258	3595	3955	43273.95	5648.19	1698.74
4105	3425	3026	29161.06	6872.56	1752.24
67351	53866	196292	376271.92	50626.29	14447.39
74500	62475	334710	400529.15	51426.34	11905.72
13477	11133	29583	169156.03	9169.42	3005.94
26208	20682	74494	182567.45	18716.61	7483.48
10356	7916	29076	109566.48	6511.96	2650.45
75028	55560	169867	425735.32	40837.10	11710.73
35028	29544	85953	435237.18	33153.56	15610.40
19642	17312	35184	147024.03	17538.97	7476.62
24843	21299	35560	244215.72	22823.71	10611.30
60017	46669	159737	657633.00	53865.00	25283.00
7897	5017	20846	144454.97	9189.87	4099.61
2711	2130	3250	33521.50	2376.03	801.63
12184	7301	16184	90675.29	7828.54	2068.52
19590	15206	63370	251380.39	22853.10	6828.63
9515	7001	21444	92652.94	8283.21	3917.13
13511	10261	22098	161322.70	9488.41	3361.10
783	581	451	11206.79	212.08	48.06
21007	17789	27284	191352.39	16518.11	7328.62
8206	6424	14410	75808.21	6828.74	1709.45
1824	1564	1788	24257.26	1320.14	336.96
3253	2830	6025	19952.10	1919.17	627.22
4267	3514	3986	30827.14	3236.89	690.28

	占地面积(平方米) Areas of School Sites (m^2)			图书(册) Books & Magazines in Libraries (volume)
	合计 Total	其中 of Which		
		绿化用地面积 Green Areas	运动场地面积 Sports Areas	
总　计 Total	**1291004362**	**195712305**	**359841298**	**610640325**
北　京 Beijing	3443637	526675	1426025	3539535
天　津 Tianjin	4307791	488105	1666248	3209385
河　北 Hebei	86459532	7870028	29685678	56368494
山　西 Shanxi	36465892	3246827	11002735	16773715
内蒙古 Inner Mongolia	29962448	4737955	7927785	4834337
辽　宁 Liaoning	25754750	2542522	12511694	8301075
吉　林 Jilin	43776924	8436943	16340191	7917625
黑龙江 Heilongjiang	41099907	4612487	18785024	6202475
上　海 Shanghai	745847	191778	241885	1254197
江　苏 Jiangsu	25855286	5923185	7456950	14335163
浙　江 Zhejiang	16227655	3048714	5870730	17678167
安　徽 Anhui	77051449	9839951	18021586	31967472
福　建 Fujian	27587728	4830150	10454420	18884616
江　西 Jiangxi	45732735	5481450	14241093	19667722
山　东 Shandong	82790495	17017321	29779279	42189537
河　南 Henan	129042822	15745206	29454713	75334002
湖　北 Hubei	50619813	12130476	12088075	23089567
湖　南 Hunan	54335374	6894418	11964149	31724730
广　东 Guangdong	74806099	16729736	21176389	44099037
广　西 Guangxi	70763694	11541893	14348018	26573630
海　南 Hainan	23262375	5643136	4058300	3438985
重　庆 Chongqing	17252327	2360707	4907352	7066571
四　川 Sichuan	41106138	4544458	11254313	30107163
贵　州 Guizhou	44765609	6921595	13156628	27573128
云　南 Yunnan	64283573	9666712	9758787	31640551
西　藏 Tibet	10971814	894986	946234	2982596
陕　西 Shaanxi	29270788	3339546	8245460	16661088
甘　肃 Gansu	54998419	5695809	15190100	19794242
青　海 Qinghai	9698906	780692	1691097	3427365
宁　夏 Ningxia	12727482	1741971	3615672	4846460
新　疆 Xinjiang	55837053	12286873	12574688	9157695

学条件(二)(乡村)
Schools (2) (Rural Area)

计算机数(台) PC (set)		多媒体教室座位数(个) No. of Seats in Multi-media Classrooms	固定资产总值(万元) Total Volue of Fixed Asset (10,000 yuan)		
合计 Total	其中:教学用计算机 of Which: No. of Computers Used for Instruction		合计 Total	其中:教学仪器设备资产值 of Which: Total Volue of Equip & Instru. 小计 Subtotal	其中:实验设备 of Which: for Prefession
1746543	**1375763**	**2875790**	**17247185.83**	**1366298.57**	**539667.24**
19970	16729	73966	105333.88	34001.47	2392.65
16796	13849	25544	120133.58	15638.05	5343.27
169245	144743	196307	1064684.70	104366.15	55708.22
50360	42511	84730	596488.62	41255.66	21466.12
14772	11508	11347	218655.07	13548.51	6298.39
39351	28419	30226	196402.96	24743.39	11228.26
23471	18686	16794	199043.97	16273.43	8224.94
23624	19912	16716	211908.19	15120.40	8150.36
6049	4706	3601	40472.02	8814.27	1683.10
83383	68515	145746	375620.56	52228.50	17319.92
99863	82947	413726	499091.14	64318.20	14556.88
59176	45886	103319	867560.75	48491.17	14088.78
79697	64114	156527	611217.22	55115.85	24141.16
29776	22019	54885	492374.29	23353.09	10246.86
215854	163619	347600	991473.98	100350.95	32260.46
99750	85250	229860	1408047.84	93503.27	45024.97
75113	66540	109991	615283.28	63829.02	26475.87
61298	50919	57453	719382.76	51498.30	24760.07
95312	72559	181158	1335946.00	91947.00	41208.00
37702	21791	74595	907281.20	50047.72	21555.45
7868	6213	8781	168672.37	9198.74	3169.96
31781	19286	44376	398662.92	23842.75	8436.17
72456	55305	96395	1147760.92	84572.05	30388.63
54303	36515	94957	692611.80	50352.59	27050.92
82276	60412	99061	1323597.69	65458.90	24193.12
17425	13863	10990	265146.09	10526.60	2075.84
45881	34808	38171	386823.03	32678.29	15130.99
59801	44941	72581	608372.59	52658.36	19622.67
12131	9358	9354	173517.11	10022.65	2310.38
21725	18091	31036	148454.79	14030.61	4226.84
40334	31749	35997	357164.51	44512.63	10927.98

工读学校

Basic Statistics of Correctional

	学校数(所) Schools	班数(个) Classes	离校人数 Sclools Leavers
总　计 Total	**79**	**396**	**3653**
北　京 Beijing	6	43	294
天　津 Tianjin	3		
河　北 Hebei			
山　西 Shanxi	1	9	58
内蒙古 Inner Mongolia			
辽　宁 Liaoning	10	76	737
吉　林 Jilin	4	6	155
黑龙江 Heilongjiang	3	3	3
上　海 Shanghai	13	98	693
江　苏 Jiangsu			
浙　江 Zhejiang	1	10	60
安　徽 Anhui	3	3	16
福　建 Fujian			
江　西 Jiangxi	1		
山　东 Shandong			
河　南 Henan	3	12	39
湖　北 Hubei	2	10	180
湖　南 Hunan	1	6	70
广　东 Guangdong	2	11	118
广　西 Guangxi	3	2	11
海　南 Hainan			
重　庆 Chongqing	4	7	33
四　川 Sichuan	7	29	266
贵　州 Guizhou	5	10	268
云　南 Yunnan	1	6	108
西　藏 Tibet			
陕　西 Shaanxi	1	4	12
甘　肃 Gansu			
青　海 Qinghai			
宁　夏 Ningxia			
新　疆 Xinjiang	5	51	532

基本情况
Work-study Schools

单位:人
unit: person

入校人数 No. of Persons Enrolled	在校生数 Enrolment	教职工数 Educational Personnel	
		合计 Total	其中:专任教师 of Which: Full-time Teachers
4547	**10640**	**2706**	**1756**
299	728	300	212
		106	35
67	194	82	63
621	1969	319	213
74	399	119	97
3	10	24	20
643	1608	520	380
65	130	58	46
18	20	71	41
		4	
43	213	71	51
212	259	50	35
62	230	56	42
112	204	80	59
8	48	32	16
33	70	55	45
282	893	180	121
609	549	139	82
114	124	49	40
35	68	43	38
1247	2924	348	120

特殊教育基本

Basic Statistics of Special Education

	学校数（所）Schools	班数（个）Classes	毕业生数 Graduates	招生数 Entrants	在校生数				
					合计 Total	其中:女 of Which: Female	小学阶段		
							一年级 Grade 1	二年级 Grade 2	三年级 Grade 3
总　计 Total	**1853**	**17674**	**48590**	**65699**	**378751**	**133990**	**47202**	**44636**	**44736**
北　京 Beijing	22	332	1747	1190	8118	2899	499	579	707
天　津 Tianjin	20	207	311	536	2963	1026	367	315	357
河　北 Hebei	151	1094	1202	1913	12408	4538	2139	1896	1669
山　西 Shanxi	53	562	882	1215	7873	3438	1050	962	977
内蒙古 Inner Mongolia	39	369	392	874	4455	1574	849	546	502
辽　宁 Liaoning	74	729	804	905	8593	3145	1061	854	873
吉　林 Jilin	46	476	574	805	6261	2422	742	754	722
黑龙江 Heilongjiang	74	775	894	1423	11150	4414	1291	1324	1434
上　海 Shanghai	29	464	1455	1202	8138	2951	421	408	661
江　苏 Jiangsu	107	1270	3271	3534	24702	8537	2481	2544	2835
浙　江 Zhejiang	79	830	1550	2741	14425	5135	1781	1627	1689
安　徽 Anhui	64	606	1114	2165	9986	3657	1667	1243	1112
福　建 Fujian	73	778	3604	4350	27291	9086	2758	3086	3174
江　西 Jiangxi	80	618	1751	4094	21510	6491	3031	3124	2828
山　东 Shandong	145	1602	2793	3555	21239	7435	2786	2491	2563
河　南 Henan	132	1079	2381	2994	16689	6121	2916	2225	2079
湖　北 Hubei	77	685	1292	1483	10557	3755	1385	1570	1330
湖　南 Hunan	61	571	1058	1812	10184	3519	1786	1311	1281
广　东 Guangdong	94	1010	2917	4632	24485	7765	2635	2777	2666
广　西 Guangxi	62	574	1441	2538	14270	4943	2187	2168	2181
海　南 Hainan	4	63	214	313	1616	508	216	176	230
重　庆 Chongqing	36	339	1836	2090	13083	5110	1149	1298	1209
四　川 Sichuan	113	858	7969	8398	44287	15489	4943	4937	5210
贵　州 Guizhou	56	407	1389	2904	13657	4716	2109	1719	1870
云　南 Yunnan	47	369	3071	3294	16777	6183	1798	1791	1800
西　藏 Tibet	3	34	39	185	633	269	169	106	88
陕　西 Shaanxi	46	396	1010	1266	6046	2164	847	795	746
甘　肃 Gansu	28	222	834	1434	8337	3061	842	1025	1017
青　海 Qinghai	11	62	189	359	2124	817	307	299	267
宁　夏 Ningxia	8	80	84	358	1985	858	292	270	208
新　疆 Xinjiang	19	213	522	1137	4909	1964	698	416	451

情况(总计)
(Total)

单位:人
unit:person

Enrolment									
Primary Education			初中阶段 Junior Secondary Education				高中阶段 Senior Secondary Education		
四年级 Grade 4	五年级 Grade 5	六年级 Grade 6	一年级 Grade 1	二年级 Grade 2	三年级 Grade 3	四年级 Grade 4	一年级 Grade 1	二年级 Grade 2	三年级及以上 Over Grade 3
44769	**44722**	**42467**	**32194**	**33155**	**32389**	**2030**	**3985**	**3333**	**3133**
868	976	1265	778	1027	1049	38	132	94	106
333	378	398	240	191	190	18	71	58	47
1443	1415	1279	800	775	653	18	111	113	97
904	862	868	695	630	561	29	159	108	68
513	464	390	290	355	297	4	77	80	88
968	889	875	844	719	762	129	221	230	168
713	671	726	528	544	588	8	114	68	83
1375	1340	1265	878	890	868	161	119	131	74
878	1030	1	958	1075	1078	978	287	174	189
2913	3010	3021	2130	2142	2329	88	429	363	417
1548	1765	1616	1372	1197	1273		216	213	128
1101	1091	1087	711	746	673	12	179	153	211
3550	3690	3739	2150	2296	2308	26	206	148	160
2628	2362	2217	1748	1860	1383	29	71	96	133
2346	2272	2006	1862	1885	1735	339	337	354	263
2005	1877	1594	1323	1205	1019	11	151	171	113
1318	1161	1217	720	724	748	66	115	97	106
1320	1285	1132	704	657	547		57	56	48
2752	2786	2877	2226	2572	2417	20	363	217	177
1894	1863	1550	814	745	664	48	58	61	37
165	199	164	119	157	115		30	26	19
1253	1343	1231	1498	1749	2170		68	57	58
5534	5409	5391	4061	4112	4371		145	73	101
1771	1721	1694	968	856	735		81	86	47
1978	2179	2124	1625	1803	1666		13		
63	45	44	31	31	24		10	8	14
671	711	664	506	503	521		37	25	20
982	998	1019	797	789	781		54	7	26
291	222	264	162	154	119	8	12	6	13
265	190	224	149	155	172		27	21	12
426	518	525	507	611	573		35	39	110

特殊教育基本
Basic Statistics of Special Education

	学校数（所）Schools	班数（个）Classes	毕业生数 Graduates	招生数 Entrants	在校生数				
					合计 Total	其中:女 of Which: Female	小学阶段		
							一年级 Grade 1	二年级 Grade 2	三年级 Grade 3
总　计 Total	**925**	**10714**	**19742**	**24084**	**154216**	**57247**	**18391**	**16535**	**16774**
北　京 Beijing	18	300	1382	902	6491	2277	432	466	563
天　津 Tianjin	17	184	275	416	2434	869	276	237	270
河　北 Hebei	48	502	653	842	5469	2011	908	649	557
山　西 Shanxi	28	299	574	576	4237	1932	480	428	485
内蒙古 Inner Mongolia	18	238	250	383	2486	898	431	313	265
辽　宁 Liaoning	54	586	662	623	6623	2433	802	623	604
吉　林 Jilin	35	393	454	476	4298	1710	462	501	517
黑龙江 Heilongjiang	38	440	385	500	4633	1827	548	470	514
上　海 Shanghai	26	408	1190	1028	6936	2498	379	349	556
江　苏 Jiangsu	79	919	1622	1606	12499	4552	1285	1227	1344
浙　江 Zhejiang	52	575	960	1454	8114	2962	1074	941	926
安　徽 Anhui	18	214	419	655	3173	1244	405	352	364
福　建 Fujian	35	428	1098	1180	7589	2670	784	885	784
江　西 Jiangxi	24	254	368	730	4624	1508	582	590	584
山　东 Shandong	80	939	1753	1727	11208	4177	1216	1130	1226
河　南 Henan	56	530	732	928	6434	2371	1006	725	663
湖　北 Hubei	43	438	801	877	5982	2114	740	828	732
湖　南 Hunan	25	302	441	669	4375	1644	848	564	528
广　东 Guangdong	61	814	1635	2637	13911	4544	1630	1476	1450
广　西 Guangxi	21	306	472	788	4481	1719	641	596	691
海　南 Hainan	2	58	146	177	794	296	94	76	83
重　庆 Chongqing	17	185	412	536	3435	1334	351	342	358
四　川 Sichuan	41	354	1109	1239	7468	2759	831	784	862
贵　州 Guizhou	15	157	193	506	2467	979	308	258	298
云　南 Yunnan	18	248	733	1016	4971	2076	544	602	514
西　藏 Tibet	1	11	3	77	212	85	74	57	37
陕　西 Shaanxi	19	203	372	501	2640	1041	389	331	312
甘　肃 Gansu	14	169	287	378	2703	1182	272	352	316
青　海 Qinghai	2	14	58	56	549	211	57	64	65
宁　夏 Ningxia	5	66	46	120	851	398	117	116	78
新　疆 Xinjiang	15	180	257	481	2129	926	425	203	228

情况(城区)
(Urban Area)

单位:人
unit:person

Enrolment									
Primary Education			初中阶段 Junior Secondary Education				高中阶段 Senior Secondary Education		
四年级 Grade 4	五年级 Grade 5	六年级 Grade 6	一年级 Grade 1	二年级 Grade 2	三年级 Grade 3	四年级 Grade 4	一年级 Grade 1	二年级 Grade 2	三年级及以上 Over Grade 3
16929	**17353**	**16125**	**13599**	**13969**	**13229**	**1633**	**3666**	**3037**	**2976**
665	761	966	615	812	841	38	132	94	106
249	313	331	227	172	165	18	71	58	47
587	535	564	461	461	408	18	111	113	97
472	477	471	422	396	364		120	75	47
293	225	212	140	212	170	4	57	76	88
742	684	698	637	558	571	129	196	211	168
471	436	501	386	365	405		114	57	83
537	512	380	402	452	425	104	101	114	74
743	868	1	809	896	908	824	271	157	175
1361	1412	1400	1061	1091	1072	88	423	338	397
798	892	800	773	721	710		170	181	128
307	312	301	217	244	219		143	126	183
966	972	968	575	584	597	10	163	141	160
561	466	424	395	391	302	29	71	96	133
1193	1158	991	1016	1146	1018	238	325	308	243
774	680	620	607	483	462		146	171	97
692	610	734	408	440	441	65	106	87	99
537	552	399	307	273	206		57	56	48
1439	1571	1599	1286	1394	1289	20	363	217	177
525	587	474	268	242	253	48	58	61	37
74	87	70	72	90	73		30	26	19
366	415	421	287	329	392		59	57	58
884	913	962	694	685	590		121	58	84
217	224	288	227	234	217		81	68	47
518	609	552	548	585	486		13		
14	8	16	3	2	1				
310	353	298	200	203	162		37	25	20
333	364	340	237	193	209		54	7	26
57	75	71	56	41	32		12	6	13
93	56	98	77	74	82		27	21	12
151	226	175	186	200	159		34	32	110

特殊教育基本
Basic Statistics of Special Education

	学校数（所）Schools	班数（个）Classes	毕业生数 Graduates	招生数 Entrants	在校生数				
					合计 Total	其中：女 of Which: Female	小学阶段		
							一年级 Grade 1	二年级 Grade 2	三年级 Grade 3
总　计 Total	**130**	**1468**	**2604**	**3733**	**23596**	**8701**	**2959**	**2931**	**2707**
北　京 Beijing	1	7	90	58	436	139	19	34	55
天　津 Tianjin			41	19	155	58	3	8	15
河　北 Hebei	14	123	134	200	1126	429	253	182	172
山　西 Shanxi	1	4	1	7	85	27	6	20	15
内蒙古 Inner Mongolia	1	19	6	47	183	88	46	34	23
辽　宁 Liaoning	3	62	61	56	783	286	54	76	62
吉　林 Jilin	3	28	21	42	324	107	42	44	39
黑龙江 Heilongjiang	4	50	44	65	526	232	95	72	60
上　海 Shanghai			21	28	134	49	3	7	12
江　苏 Jiangsu	5	62	100	126	1094	384	91	89	124
浙　江 Zhejiang	9	111	147	272	1618	575	159	173	174
安　徽 Anhui	2	14	6	26	250	101	22	44	36
福　建 Fujian	7	79	218	257	1720	604	169	248	206
江　西 Jiangxi	3	13	14	98	478	138	79	69	102
山　东 Shandong	20	267	498	388	3337	1270	367	396	427
河　南 Henan	6	65	77	107	877	349	120	129	94
湖　北 Hubei	10	90	113	162	1035	382	194	199	97
湖　南 Hunan	5	41	43	95	578	215	79	89	77
广　东 Guangdong	11	148	309	482	3087	1016	338	359	279
广　西 Guangxi	3	23	26	87	564	186	76	116	81
海　南 Hainan	1	48	117	148	591	232	84	56	64
重　庆 Chongqing	3	35	33	87	560	245	135	74	71
四　川 Sichuan	5	47	226	256	1187	415	154	130	161
贵　州 Guizhou	2	12	14	74	271	101	54	19	25
云　南 Yunnan	4	41	121	334	1325	538	152	142	104
西　藏 Tibet									
陕　西 Shaanxi	3	23	43	64	386	154	45	48	52
甘　肃 Gansu	1	6	25	35	233	105	31	32	28
青　海 Qinghai				4	20	4	2	2	6
宁　夏 Ningxia	1	17	2	17	245	119	40	20	17
新　疆 Xinjiang	2	33	53	92	388	153	47	20	29

情况(城乡结合区)
(Urban-rural Transitional Area)

单位:人
unit:person

Enrolment									
Primary Education			初中阶段 Junior Secondary Education				高中阶段 Senior Secondary Education		
四年级 Grade 4	五年级 Grade 5	六年级 Grade 6	一年级 Grade 1	二年级 Grade 2	三年级 Grade 3	四年级 Grade 4	一年级 Grade 1	二年级 Grade 2	三年级及以上 Over Grade 3
2711	**2776**	**2713**	**2092**	**2135**	**1837**	**73**	**291**	**247**	**124**
57	57	62	51	52	49				
25	28	50	16	10					
120	133	126	64	48	22		6		
12	19	7	1	4	1				
12	13	10	9	8	7		6	7	8
88	78	94	85	72	64		35	43	32
37	43	31	29	28	31				
36	61	30	43	36	60	4	13	16	
11	15	1	25	12	27	21			
149	135	152	103	92	74		30	28	27
149	198	177	192	155	136		42	39	24
24	55	10	19	22	18				
230	240	238	118	123	130	10	8		
67	51	48	23	22	17				
421	356	384	274	334	242	38	37	47	14
108	89	102	69	53	77		12	24	
93	121	124	90	56	61				
81	90	47	39	50	26				
372	375	361	262	348	348		32	13	
81	84	62	26	27	11				
52	67	47	48	56	50		27	21	19
68	46	60	40	43	23				
147	80	143	135	121	106		10		
29	25	63	20	10	26				
106	151	99	191	228	139		13		
46	55	62	31	23	24				
40	31	35	8	14	14				
3	3		2	2					
28	15	33	26	24	17		16	9	
19	62	55	53	62	37		4		

特殊教育基本

Basic Statistics of Special Education

	学校数（所）Schools	班数（个）Classes	毕业生数 Graduates	招生数 Entrants	在校生数				
					合计 Total	其中:女 of Which: Female	小学阶段		
							一年级 Grade 1	二年级 Grade 2	三年级 Grade 3
总　计 Total	**826**	**6195**	**19372**	**27394**	**142969**	**50594**	**18651**	**17246**	**16611**
北　京 Beijing	2	18	238	226	1024	381	54	71	81
天　津 Tianjin	3	23	22	106	419	122	77	70	66
河　北 Hebei	92	529	428	774	5384	2025	987	945	897
山　西 Shanxi	20	186	176	423	2340	1029	373	325	332
内蒙古 Inner Mongolia	18	100	133	388	1580	529	350	198	180
辽　宁 Liaoning	18	127	120	220	1615	591	190	209	231
吉　林 Jilin	10	81	90	243	1559	591	208	198	147
黑龙江 Heilongjiang	34	318	352	669	5099	2066	612	717	722
上　海 Shanghai	3	55	217	158	1065	401	37	53	92
江　苏 Jiangsu	26	337	1503	1599	10303	3411	897	1016	1199
浙　江 Zhejiang	18	204	442	1015	4646	1609	518	460	525
安　徽 Anhui	39	300	385	905	3843	1394	774	544	407
福　建 Fujian	32	284	1439	1829	11084	3534	1147	1220	1302
江　西 Jiangxi	55	354	793	1917	9064	2891	1258	1285	1081
山　东 Shandong	62	642	828	1428	8178	2792	1296	1131	1111
河　南 Henan	73	529	1529	1498	7690	3073	1473	1054	1005
湖　北 Hubei	30	221	394	453	3312	1199	519	576	429
湖　南 Hunan	34	255	479	821	3966	1429	698	543	557
广　东 Guangdong	25	149	967	1349	6670	2086	580	778	657
广　西 Guangxi	41	267	709	1124	5757	1916	949	878	772
海　南 Hainan	2	5	45	100	527	144	75	56	82
重　庆 Chongqing	18	144	1105	1148	7052	2827	554	616	512
四　川 Sichuan	61	445	4360	4868	23220	8221	2635	2427	2369
贵　州 Guizhou	37	232	537	1107	4780	1729	816	579	624
云　南 Yunnan	23	99	1104	1282	5079	1834	603	400	402
西　藏 Tibet	1	7	10	72	172	67	61	24	18
陕　西 Shaanxi	23	159	515	600	2612	874	347	326	311
甘　肃 Gansu	11	38	252	444	2205	763	208	222	230
青　海 Qinghai	9	47	98	213	1036	420	171	150	126
宁　夏 Ningxia	3	14	25	154	666	273	121	92	60
新　疆 Xinjiang	3	26	77	261	1022	373	63	83	84

情况(镇区)
(Counties & Towns Area)

单位:人
unit:person

Enrolment									
Primary Education			初中阶段 Junior Secondary Education				高中阶段 Senior Secondary Education		
四年级 Grade 4	五年级 Grade 5	六年级 Grade 6	一年级 Grade 1	二年级 Grade 2	三年级 Grade 3	四年级 Grade 4	一年级 Grade 1	二年级 Grade 2	三年级及以上 Over Grade 3
16113	**15965**	**15566**	**13802**	**13935**	**14160**	**314**	**240**	**251**	**115**
120	107	199	106	140	146				
60	44	49	11	18	24				
643	670	528	277	250	187				
277	223	226	178	149	135	29	39	33	21
179	189	137	112	116	106		9	4	
155	178	129	194	134	172		14	9	
179	172	177	128	166	165	8		11	
688	679	733	320	258	290	45	18	17	
116	132		136	166	159	127	16	17	14
1273	1295	1328	1031	1002	1211		6	25	20
485	581	584	503	414	498		46	32	
436	386	393	316	305	282				
1398	1382	1435	1018	1050	1077	16	32	7	
936	979	1064	855	990	616				
893	859	808	695	636	601	70	12	46	20
880	864	731	610	579	463	10	5		16
403	383	275	254	218	228	1	9	10	7
509	398	472	298	248	243				
693	691	754	747	897	873				
721	662	566	466	409	334				
54	61	49	44	66	40				
509	579	455	1032	1207	1579		9		
2606	2600	2609	2531	2574	2813		24	15	17
565	570	523	434	357	294			18	
449	487	526	727	756	729				
23	17	9	11	9					
274	279	262	247	244	322				
198	233	239	284	298	293				
168	74	113	78	83	65	8			
113	77	81	37	40	45				
110	114	112	122	156	170		1	7	

特殊教育基本

Basic Statistics of Special Education

	学校数（所）Schools	班数（个）Classes	毕业生数 Graduates	招生数 Entrants	在校生数		小学阶段		
					合计 Total	其中:女 of Which: Female	一年级 Grade 1	二年级 Grade 2	三年级 Grade 3
总　计 Total	**283**	**2012**	**4510**	**7916**	**40783**	**14223**	**6081**	**5250**	**5129**
北　京 Beijing	1	4	54	123	271	85	28	29	24
天　津 Tianjin			1		46	9		8	7
河　北 Hebei	54	300	228	395	2874	1082	557	496	434
山　西 Shanxi	5	37	35	121	532	226	147	67	92
内蒙古 Inner Mongolia	2	10	13	57	165	32	52	25	15
辽　宁 Liaoning	1	7	17	22	130	44	25	26	16
吉　林 Jilin		1	4	15	51	13	14	3	4
黑龙江 Heilongjiang	3	33	43	83	670	287	51	80	99
上　海 Shanghai	1	23	80	32	349	125	10	21	49
江　苏 Jiangsu	7	97	400	387	2859	934	227	286	332
浙　江 Zhejiang	9	122	210	518	2488	827	294	251	266
安　徽 Anhui	14	103	102	254	1167	423	215	146	151
福　建 Fujian	13	132	416	570	3763	1247	387	427	447
江　西 Jiangxi	13	66	213	511	2066	627	341	337	241
山　东 Shandong	23	269	245	587	3328	1036	524	513	500
河　南 Henan	29	186	252	620	3053	1220	644	473	425
湖　北 Hubei	10	88	92	160	1152	446	180	209	185
湖　南 Hunan	9	39	69	170	855	315	173	117	105
广　东 Guangdong	9	44	348	486	2318	731	255	235	293
广　西 Guangxi	10	76	158	266	1487	494	325	216	200
海　南 Hainan	2	5	19	42	125	37	42	10	29
重　庆 Chongqing	8	58	194	325	1881	689	175	177	131
四　川 Sichuan	13	72	609	772	3647	1321	500	446	433
贵　州 Guizhou	11	79	177	376	1610	567	292	199	212
云　南 Yunnan	13	53	364	407	1799	656	262	205	199
西　藏 Tibet	1	7		55	101	40	55	17	13
陕　西 Shaanxi	10	56	79	176	695	227	94	98	116
甘　肃 Gansu	6	19	51	110	599	212	97	63	76
青　海 Qinghai	3	10	20	33	149	47	38	16	16
宁　夏 Ningxia	2	10	8	82	259	101	64	38	10
新　疆 Xinjiang	1	6	9	161	294	123	13	16	9

情况(镇乡结合区)
(County-town Transitional Area)

单位:人
unit:person

Enrolment									
Primary Education			初中阶段 Junior Secondary Education				高中阶段 Senior Secondary Education		
四年级 Grade 4	五年级 Grade 5	六年级 Grade 6	一年级 Grade 1	二年级 Grade 2	三年级 Grade 3	四年级 Grade 4	一年级 Grade 1	二年级 Grade 2	三年级及以上 Over Grade 3
4717	**4636**	**4474**	**3378**	**3327**	**3565**	**73**	**82**	**59**	**12**
26	14	22	29	51	48				
9	9	9		2	2				
369	345	316	154	126	77				
45	34	48	41	29	29				
20	20	13	5	11	4				
15	14	23	5	5	1				
7	15	7	1						
66	112	83	58	46	68	7			
50	58		35	52	36	38			
392	366	398	252	269	337				
239	341	313	252	199	255		46	32	
146	112	123	88	109	77				
447	487	550	331	351	307	6	23		
188	192	251	157	187	172				
424	343	310	230	220	198	22	12	20	12
342	378	289	208	182	112				
124	126	99	76	70	83				
131	90	83	54	47	55				
281	265	316	204	228	241				
149	167	121	153	88	68				
9	5	8		14	8				
123	193	121	225	202	534				
439	364	410	336	350	369				
223	194	193	113	111	73				
186	214	186	171	190	186				
16									
86	57	76	55	36	77				
72	61	48	49	70	63				
17	16	16	11	11	8				
35	12	23	20	30	27				
41	32	19	65	41	50		1	7	

特殊教育基本
Basic Statistics of Special Education

	学校数（所）Schools	班数（个）Classes	毕业生数 Graduates	招生数 Entrants	在校生数				
					合计 Total	其中：女 of Which: Female	小学阶段		
							一年级 Grade 1	二年级 Grade 2	三年级 Grade 3
总　计 Total	**102**	**765**	**9476**	**14221**	**81566**	**26149**	**10160**	**10855**	**11351**
北　京 Beijing	2	14	127	62	603	241	13	42	63
天　津 Tianjin			14	14	110	35	14	8	21
河　北 Hebei	11	63	121	297	1555	502	244	302	215
山　西 Shanxi	5	77	132	216	1296	477	197	209	160
内蒙古 Inner Mongolia	3	31	9	103	389	147	68	35	57
辽　宁 Liaoning	2	16	22	62	355	121	69	22	38
吉　林 Jilin	1	2	30	86	404	121	72	55	58
黑龙江 Heilongjiang	2	17	157	254	1418	521	131	137	198
上　海 Shanghai		1	48	16	137	52	5	6	13
江　苏 Jiangsu	2	14	146	329	1900	574	299	301	292
浙　江 Zhejiang	9	51	148	272	1665	564	189	226	238
安　徽 Anhui	7	92	310	605	2970	1019	488	347	341
福　建 Fujian	6	66	1067	1341	8618	2882	827	981	1088
江　西 Jiangxi	1	10	590	1447	7822	2092	1191	1249	1163
山　东 Shandong	3	21	212	400	1853	466	274	230	226
河　南 Henan	3	20	120	568	2565	677	437	446	411
湖　北 Hubei	4	26	97	153	1263	442	126	166	169
湖　南 Hunan	2	14	138	322	1843	446	240	204	196
广　东 Guangdong	8	47	315	646	3904	1135	425	523	559
广　西 Guangxi		1	260	626	4032	1308	597	694	718
海　南 Hainan			23	36	295	68	47	44	65
重　庆 Chongqing	1	10	319	406	2596	949	244	340	339
四　川 Sichuan	11	59	2500	2291	13599	4509	1477	1726	1979
贵　州 Guizhou	4	18	659	1291	6410	2008	985	882	948
云　南 Yunnan	6	22	1234	996	6727	2273	651	789	884
西　藏 Tibet	1	16	26	36	249	117	34	25	33
陕　西 Shaanxi	4	34	123	165	794	249	111	138	123
甘　肃 Gansu	3	15	295	612	3429	1116	362	451	471
青　海 Qinghai		1	33	90	539	186	79	85	76
宁　夏 Ningxia			13	84	468	187	54	62	70
新　疆 Xinjiang	1	7	188	395	1758	665	210	130	139

情况(乡村)
(Rural Area)

单位:人
unit:person

Enrolment									
Primary Education			初中阶段 Junior Secondary Education				高中阶段 Senior Secondary Education		
四年级 Grade 4	五年级 Grade 5	六年级 Grade 6	一年级 Grade 1	二年级 Grade 2	三年级 Grade 3	四年级 Grade 4	一年级 Grade 1	二年级 Grade 2	三年级及以上 Over Grade 3
11727	**11404**	**10776**	**4793**	**5251**	**5000**	**83**	**79**	**45**	**42**
83	108	100	57	75	62				
24	21	18	2	1	1				
213	210	187	62	64	58				
155	162	171	95	85	62				
41	50	41	38	27	21		11		
71	27	48	13	27	19		11	10	
63	63	48	14	13	18				
150	149	152	156	180	153	12			
19	30		13	13	11	27			
279	303	293	38	49	46				
265	292	232	96	62	65				
358	393	393	178	197	172	12	36	27	28
1186	1336	1336	557	662	634		11		
1131	917	729	498	479	465				
260	255	207	151	103	116	31			
351	333	243	106	143	94	1			
223	168	208	58	66	79				
274	335	261	99	136	98				
620	524	524	193	281	255				
648	614	510	80	94	77				
37	51	45	3	1	2				
378	349	355	179	213	199				
2044	1896	1820	836	853	968				
989	927	883	307	265	224				
1011	1083	1046	350	462	451				
26	20	19	17	20	23		10	8	14
87	79	104	59	56	37				
451	401	440	276	298	279				
66	73	80	28	30	22				
59	57	45	35	41	45				
165	178	238	199	255	244				

Number of Female Students

	毕业生数 Graduates	招生数 Entrants	在校生数				
			合 计 Total	小学阶段 Primary Education			
				一年级 Grade 1	二年级 Grade 2	三年级 Grade 3	四年级 Grade 4
总 计 Total	**16236**	**23356**	**133990**	**16958**	**15734**	**15700**	**15597**
北 京 Beijing	633	414	2899	172	187	244	334
天 津 Tianjin	95	172	1026	125	95	127	112
河 北 Hebei	441	706	4538	797	707	599	513
山 西 Shanxi	361	524	3438	463	408	437	412
内蒙古 Inner Mongolia	131	320	1574	307	191	159	172
辽 宁 Liaoning	309	316	3145	363	296	334	348
吉 林 Jilin	237	287	2422	264	310	259	256
黑龙江 Heilongjiang	354	549	4414	483	529	556	559
上 海 Shanghai	539	460	2951	158	147	222	328
江 苏 Jiangsu	1148	1248	8537	901	900	976	978
浙 江 Zhejiang	560	887	5135	606	547	621	550
安 徽 Anhui	362	748	3657	590	459	416	424
福 建 Fujian	1100	1458	9086	941	1048	1047	1234
江 西 Jiangxi	495	1321	6491	1028	941	814	780
山 东 Shandong	1005	1172	7435	978	891	884	776
河 南 Henan	576	1087	6121	1049	804	766	725
湖 北 Hubei	474	525	3755	452	567	512	448
湖 南 Hunan	401	616	3519	619	468	443	443
广 东 Guangdong	921	1507	7765	798	837	819	847
广 西 Guangxi	460	919	4943	804	772	782	634
海 南 Hainan	56	99	508	75	42	80	57
重 庆 Chongqing	613	822	5110	449	492	420	458
四 川 Sichuan	2618	2983	15489	1801	1778	1842	1911
贵 州 Guizhou	445	1021	4716	741	572	644	591
云 南 Yunnan	1032	1296	6183	699	679	670	700
西 藏 Tibet	11	67	269	64	53	37	26
陕 西 Shaanxi	294	531	2164	361	277	250	237
甘 肃 Gansu	258	524	3061	328	376	378	341
青 海 Qinghai	74	130	817	128	93	92	121
宁 夏 Ningxia	32	152	858	125	109	88	115
新 疆 Xinjiang	201	495	1964	289	159	182	167

女学生数
in Special Education

单位:人
unit: person

Enrolment

		初中阶段 Junior Secondary Education				高中阶段 Senior Secondary Education		
五年级 Grade 5	六年级 Grade 6	一年级 Grade 1	二年级 Grade 2	三年级 Grade 3	四年级 Grade 4	一年级 Grade 1	二年级 Grade 2	三年级及以上 Over Grade 3
15440	**14337**	**11736**	**11788**	**11588**	**780**	**1666**	**1373**	**1293**
362	440	278	345	381	22	55	38	41
121	147	93	58	79	7	26	20	16
503	455	321	279	221	6	49	51	37
370	332	304	275	258	16	74	49	40
176	142	103	130	103		31	25	35
315	324	315	248	311	44	90	92	65
272	254	201	225	251		59	29	42
572	463	359	345	335	70	58	60	25
373	1	357	349	391	374	108	69	74
970	1008	760	723	779	41	168	153	180
648	579	500	422	422		90	99	51
379	385	259	275	257	5	62	62	84
1202	1217	729	764	696	7	80	56	65
685	594	542	579	411	13	24	39	41
747	678	667	698	620	137	125	133	101
710	580	475	446	394	1	60	62	49
414	429	260	246	248	20	72	44	43
410	402	247	228	190		25	19	25
863	898	775	847	794	4	136	88	59
634	483	285	248	214	10	29	26	22
66	47	33	39	43		11	8	7
508	425	622	735	918		29	25	29
1843	1739	1422	1441	1555		71	36	50
596	560	338	306	263		42	43	20
765	732	667	672	596		3		
20	16	14	14	16			4	5
237	221	193	180	181		12	9	6
315	406	294	281	294		36	3	9
87	106	53	68	52	3	6	1	7
80	90	58	71	90		13	12	7
197	184	212	251	225		22	18	58

特殊教育学校教职工数(总计)

Number of Educational Personnel in Special Education Schools (Total)

单位:人

unit: person

	教职工数 Educational Personnel					代课教师 Substitute Teachers	兼任教师 Part-time Teachers
	合计 Total	专任教师 Full-time Teachers	行政人员 Adm. Personnel	教辅人员 Supporting Staff	工勤人员 Workers		
总　计 Total	**53615**	**43697**	**3724**	**2404**	**3790**	**1078**	**193**
北　京 Beijing	1231	898	139	95	99		3
天　津 Tianjin	739	575	81	40	43	3	
河　北 Hebei	3553	2912	266	124	251	55	2
山　西 Shanxi	1583	1316	82	66	119	86	3
内蒙古 Inner Mongolia	1312	1103	102	59	48	2	
辽　宁 Liaoning	2648	1967	455	103	123		
吉　林 Jilin	1751	1382	195	70	104	8	
黑龙江 Heilongjiang	2312	1879	189	79	165	19	2
上　海 Shanghai	1580	1177	158	103	142	5	5
江　苏 Jiangsu	3911	3124	218	202	367	61	4
浙　江 Zhejiang	2185	1915	86	60	124		
安　徽 Anhui	1507	1283	61	60	103	64	8
福　建 Fujian	1863	1636	80	43	104	104	6
江　西 Jiangxi	1074	961	45	17	51	56	19
山　东 Shandong	5700	4595	318	363	424	121	44
河　南 Henan	3767	3211	186	161	209	89	18
湖　北 Hubei	1826	1560	104	49	113	61	5
湖　南 Hunan	1673	1349	144	85	95	22	
广　东 Guangdong	3329	2527	221	304	277	77	11
广　西 Guangxi	1516	1105	81	164	166	24	15
海　南 Hainan	217	160	27	7	23	17	
重　庆 Chongqing	927	804	64	18	41	18	3
四　川 Sichuan	2220	1941	96	33	150	97	23
贵　州 Guizhou	1139	996	79	21	43	16	4
云　南 Yunnan	1140	934	45	24	137	3	
西　藏 Tibet	110	92	5	1	12		
陕　西 Shaanxi	1147	904	113	21	109	18	6
甘　肃 Gansu	673	572	24	9	68	3	
青　海 Qinghai	166	140	9	5	12	6	
宁　夏 Ningxia	242	227	8	1	6	13	
新　疆 Xinjiang	574	452	43	17	62	30	12

特殊教育学校女教职工数

Number of Female Educational Personnel in Special Education Schools

单位：人
unit: person

	教职工数 Educational Personnel					代课教师 Substitute Teachers	兼任教师 Part-time Teachers
	合计 Total	专任教师 Full-time Teachers	行政人员 Adm. Personnel	教辅人员 Supporting Staff	工勤人员 Workers		
总　计 Total	**36428**	**31624**	**1762**	**1467**	**1575**	**821**	**115**
北　京 Beijing	859	699	76	54	30		2
天　津 Tianjin	526	440	53	23	10	3	
河　北 Hebei	2630	2314	123	78	115	36	2
山　西 Shanxi	1140	1003	38	48	51	68	3
内蒙古 Inner Mongolia	828	754	36	26	12	2	
辽　宁 Liaoning	1941	1554	292	62	33		
吉　林 Jilin	1240	1079	98	35	28	6	
黑龙江 Heilongjiang	1471	1301	96	38	36	13	2
上　海 Shanghai	1207	966	108	74	59	5	2
江　苏 Jiangsu	2499	2185	81	109	124	51	2
浙　江 Zhejiang	1579	1424	36	46	73		
安　徽 Anhui	929	828	20	34	47	51	2
福　建 Fujian	1381	1248	35	34	64	88	6
江　西 Jiangxi	755	702	16	10	27	44	14
山　东 Shandong	3367	2954	120	175	118	90	18
河　南 Henan	2650	2388	71	102	89	66	8
湖　北 Hubei	1124	1015	38	23	48	54	3
湖　南 Hunan	1053	899	55	54	45	16	
广　东 Guangdong	2434	1896	126	243	169	44	11
广　西 Guangxi	1098	874	37	89	98	19	10
海　南 Hainan	150	113	14	5	18	7	
重　庆 Chongqing	616	570	27	6	13	15	2
四　川 Sichuan	1471	1346	38	24	63	76	14
贵　州 Guizhou	800	728	35	17	20	3	2
云　南 Yunnan	783	664	18	21	80		
西　藏 Tibet	53	51	1	1			
陕　西 Shaanxi	744	654	38	14	38	17	2
甘　肃 Gansu	431	385	5	7	34	2	
青　海 Qinghai	98	88	3	1	6	6	
宁　夏 Ningxia	176	173	2	1		12	
新　疆 Xinjiang	395	329	26	13	27	27	10

特殊教育学校专任教师
Number of Full-time Teachers in Special Education Schools

	合计 Total	其中:女 of Which: Female	按学历分 By Educational Attainment			
			研究生毕业 Graduate	本科毕业 Under-graduate	专科毕业 Associate Bachelor	高中阶段毕业 High School Graduate
总　计 Total	**43697**	**31624**	**614**	**22480**	**17665**	**2849**
北　京 Beijing	898	699	49	692	131	26
天　津 Tianjin	575	440	14	358	166	33
河　北 Hebei	2912	2314	15	1462	1273	159
山　西 Shanxi	1316	1003	13	707	478	117
内蒙古 Inner Mongolia	1103	754	12	538	457	93
辽　宁 Liaoning	1967	1554	12	1149	732	68
吉　林 Jilin	1382	1079	9	816	408	149
黑龙江 Heilongjiang	1879	1301	3	797	902	167
上　海 Shanghai	1177	966	66	883	207	21
江　苏 Jiangsu	3124	2185	34	1829	1063	195
浙　江 Zhejiang	1915	1424	48	1050	696	112
安　徽 Anhui	1283	828	10	704	493	76
福　建 Fujian	1636	1248	13	733	756	134
江　西 Jiangxi	961	702	6	453	439	59
山　东 Shandong	4595	2954	67	2747	1456	306
河　南 Henan	3211	2388	14	1191	1785	221
湖　北 Hubei	1560	1015	12	726	708	110
湖　南 Hunan	1349	899	5	506	731	106
广　东 Guangdong	2527	1896	145	1386	808	186
广　西 Guangxi	1105	874	19	476	511	94
海　南 Hainan	160	113		68	81	11
重　庆 Chongqing	804	570		388	378	37
四　川 Sichuan	1941	1346	14	693	1091	141
贵　州 Guizhou	996	728	6	401	531	52
云　南 Yunnan	934	664	9	559	326	37
西　藏 Tibet	92	51	2	48	37	5
陕　西 Shaanxi	904	654	10	366	460	67
甘　肃 Gansu	572	385	1	323	213	33
青　海 Qinghai	140	88	3	68	59	10
宁　夏 Ningxia	227	173	2	116	95	14
新　疆 Xinjiang	452	329	1	247	194	10

学历、职称情况
by Educational Attainment and Professional Rank

单位：人
unit: person

	按职称分 By Professional Rank					
高中阶段以下毕业 Below High School Graduate	中学高级 Senior Secondary	小学高级 Senior Primary	小学一级 1st Grade Primary	小学二级 2nd Grade Primary	小学三级 3rd Grade Primary	未定职级 No-ranking
89	**3549**	**21916**	**12902**	**1352**	**98**	**3880**
	51	435	315	4		93
4	70	392	67	3		43
3	232	1583	880	32	4	181
1	24	474	563	109		146
3	238	440	229	36	3	157
6	158	1291	381	59	6	72
	158	773	398	19	1	33
10	280	1061	477	22	4	35
	43	636	421	15	3	59
3	262	1804	802	60	6	190
9	143	846	533	50	3	340
	82	628	383	45		145
	24	899	476	111	8	118
4	99	380	283	64	2	133
19	512	2215	1399	163	5	301
	340	1541	1035	115		180
4	142	973	365	30	3	47
1	138	739	321	38	1	112
2	90	1174	606	87	12	558
5	20	590	275	48	18	154
	9	55	41	7		48
1	34	348	320	31	3	68
2	127	874	776	25		139
6	31	437	368	50	15	95
3	91	400	318	40	1	84
	3	34	47			8
1	30	323	328	29		194
2	31	217	239	26		59
	32	80	24			4
	6	117	80	12		12
	49	157	152	22		72

Condition of School Buildings

	校舍建筑面积 Floor Space	教学及辅助用房 Teaching & Assistant Buildings				
		合计 Total	其中 of Which			
			普通教室 General Classroom	专用教室 Special Classroom	实验室 Laboratory	微机室 PC-room
总　计 Total	**6629702**	**3005817**	**1771701**	**860857**	**131547**	**118904**
北　京 Beijing	133960	53759	28055	18876	1322	3350
天　津 Tianjin	85035	41029	21273	14835	711	1416
河　北 Hebei	386487	194859	104085	62123	10829	8784
山　西 Shanxi	159277	55934	35185	13507	1285	2742
内蒙古 Inner Mongolia	154629	65933	37813	20766	2841	2321
辽　宁 Liaoning	196597	92664	43492	37225	3124	4682
吉　林 Jilin	159391	77847	46179	21383	3497	3775
黑龙江 Heilongjiang	176010	86606	47389	28064	3197	4109
上　海 Shanghai	161725	73243	26458	37553	2795	2604
江　苏 Jiangsu	547605	227044	121283	73119	12874	9167
浙　江 Zhejiang	330099	135525	74791	46756	4189	4874
安　徽 Anhui	262501	129827	81331	36236	3111	4610
福　建 Fujian	281462	119724	65650	40200	4377	3983
江　西 Jiangxi	180483	88110	49454	26205	4264	4191
山　东 Shandong	569686	248298	128686	81482	18164	9949
河　南 Henan	373273	172221	108793	42263	5545	7722
湖　北 Hubei	284705	135759	92154	27743	6601	4134
湖　南 Hunan	269421	108917	73638	22716	3408	4389
广　东 Guangdong	386565	163093	98901	46937	3921	6481
广　西 Guangxi	176045	85449	54000	23111	3409	2422
海　南 Hainan	40568	17761	11064	2935	2503	737
重　庆 Chongqing	147840	72752	49574	12970	4685	2936
四　川 Sichuan	329022	153968	103568	34614	5160	5388
贵　州 Guizhou	174281	76648	52617	15833	2610	2787
云　南 Yunnan	214186	112188	75152	24651	4876	4073
西　藏 Tibet	17086	4253	3192	655	55	173
陕　西 Shaanxi	141298	68491	44135	14762	3500	2817
甘　肃 Gansu	121654	69268	50762	10978	4291	1689
青　海 Qinghai	26346	11570	7127	1406	2212	380
宁　夏 Ningxia	41433	22892	14829	6309	577	793
新　疆 Xinjiang	101032	40185	21071	14644	1614	1426

办学条件(一)
in Special Education Schools (1)

单位：平方米
unit：m^2

图书室 Library	行政办公用房 Administrative 合计 Total	行政办公用房 Administrative 其中：教师办公室 of Which: for Teachers	生活用房 Residential and Welfare	其他用房 Rooms for Other Purposes	校舍面积中 of the Floor Space 危房面积 Floor Space of Dilapidated Buildings	校舍面积中 of the Floor Space 当年新增 New Added in Current Year
122808	**737184**	**437468**	**1933011**	**953690**	**180694**	**559186**
2156	14487	6979	27388	38326		
2794	10032	6063	15952	18022		315
9038	56911	32427	90961	43756	9487	29613
3215	23783	15653	58196	21364	3624	13486
2192	15280	11245	55015	18401	7766	4125
4141	24744	16244	42815	36374	10668	1641
3013	20203	12933	38414	22927		13276
3847	26601	17633	41315	21488	17269	9638
3833	21293	10102	29206	37983		
10601	53455	31256	168040	99066		9911
4915	31324	18431	101088	62162	2147	8404
4539	25210	17448	81429	26035	550	8849
5514	34447	17331	89164	38127		26683
3996	18794	10813	53689	19890	9846	18620
10017	78902	42446	160285	82201	12341	19976
7898	53977	37382	103143	43932	14196	26962
5127	27965	16115	85424	35557	17469	20094
4766	24358	15762	91745	44401	12877	45483
6853	34002	17405	117975	71495	300	10232
2507	10898	7893	58433	21265	3443	20506
522	2797	2170	11826	8184		
2587	14208	8656	47813	13067	4425	11657
5238	27712	15096	116693	30649	5441	67245
2801	16383	9694	60679	20571		29902
3436	17589	8496	63447	20962	34204	54530
178	813	501	8203	3817		
3277	19910	11345	40229	12668	624	23431
1548	12954	9233	30970	8462	12750	28340
445	3911	2614	6488	4377	1115	3000
384	4075	3048	11026	3440		11849
1430	10166	5054	25960	24721	152	41418

特殊教育学校办学条件(二)
Condition of School Buildings in Special Education Schools (2)

	占地面积(平方米) Areas of School Sites (m^2)			图书(册) Books & Magazines in Libraries (volume)	数字资源 (GB) Digital Resources
	合计 Total	其中 of Which			
		绿化用地面积 Green Areas	运动场地面积 Sports Areas		
总 计 Total	**14872521**	**2957166**	**3349573**	**6553114**	**266477.45**
北 京 Beijing	207669	36258	40429	252832	6617.00
天 津 Tianjin	133356	10917	50510	76089	42431.90
河 北 Hebei	1081749	137288	238020	430219	10450.20
山 西 Shanxi	316149	39912	52408	128455	8978.00
内蒙古 Inner Mongolia	420000	68318	116008	85805	1496.00
辽 宁 Liaoning	506717	54190	159652	366122	29347.61
吉 林 Jilin	492102	92250	134279	144418	2216.00
黑龙江 Heilongjiang	498308	56759	148332	152486	1341.50
上 海 Shanghai	303422	110162	60953	281048	35518.64
江 苏 Jiangsu	1106413	305169	250274	642015	25564.37
浙 江 Zhejiang	664563	181473	154578	255056	4697.13
安 徽 Anhui	628049	172047	105641	211618	2737.00
福 建 Fujian	582239	155834	149224	285122	4026.00
江 西 Jiangxi	408188	105634	103070	152918	2210.50
山 东 Shandong	1621513	365632	421748	640921	7663.50
河 南 Henan	823603	114236	154131	329979	13148.00
湖 北 Hubei	543622	119965	125158	175310	4945.00
湖 南 Hunan	569003	152520	103733	363064	8532.00
广 东 Guangdong	737734	170879	154405	351654	17896.00
广 西 Guangxi	361702	62493	56437	185109	9018.00
海 南 Hainan	56047	12290	10120	13850	
重 庆 Chongqing	265636	54649	48891	68180	6154.60
四 川 Sichuan	572779	87230	122251	340434	2524.00
贵 州 Guizhou	430982	61039	75946	120954	2299.60
云 南 Yunnan	496040	88449	93319	159495	1447.40
西 藏 Tibet	79071	8516	5118	5450	
陕 西 Shaanxi	268302	32249	69671	137067	2273.50
甘 肃 Gansu	240660	42323	60696	103457	9790.00
青 海 Qinghai	67487	10930	17554	13292	1238.00
宁 夏 Ningxia	149767	10680	23550	28926	692.00
新 疆 Xinjiang	239649	36875	43467	51769	1224.00

幼儿园基本情况(总计)
Basic Statistics of Kindergartens (Total)

	园数(所) Kindergartens		班数(个) Classes	入园(班)人数(人) Entrants	在园(班)人数(人) Enrolment	离园(班)人数(人) Leavers
	合计 Total	其中:少数民族幼儿园 of Which: Minorities				
总　计 Total	**181251**	**3857**	**1266496**	**19119154**	**36857624**	**14335717**
北　京 Beijing	1266	9	11882	115248	331713	79131
天　津 Tianjin	1461	8	7993	101708	228537	76813
河　北 Hebei	9327	78	69179	1010131	1962188	796961
山　西 Shanxi	5489	2	35541	420160	914797	326027
内蒙古 Inner Mongolia	2585	166	18341	231974	492175	197174
辽　宁 Liaoning	8667	51	37070	322689	859492	289174
吉　林 Jilin	3491	86	20722	242976	432784	194043
黑龙江 Heilongjiang	4796	45	24383	358252	578793	320563
上　海 Shanghai	1401	2	15786	164879	480560	136897
江　苏 Jiangsu	4392	1	60764	793156	2204476	725378
浙　江 Zhejiang	9573	2	65186	594778	1886304	601833
安　徽 Anhui	5192	7	54399	908939	1578657	577127
福　建 Fujian	7183	16	45634	609403	1399835	467364
江　西 Jiangxi	10560	15	56950	902810	1521149	631009
山　东 Shandong	17530	39	90310	1126287	2518583	925797
河　南 Henan	12912	38	101605	1950390	3197372	1342936
湖　北 Hubei	5321	12	42067	785848	1355395	522932
湖　南 Hunan	11030	180	72239	1082809	1764130	735088
广　东 Guangdong	12720	17	116585	1545551	3307177	1139751
广　西 Guangxi	7554	26	60941	1111219	1659317	741110
海　南 Hainan	1323	9	8831	120312	269624	98937
重　庆 Chongqing	4401		29531	482232	892635	374737
四　川 Sichuan	10794	346	64737	1223405	2192890	933062
贵　州 Guizhou	3159	34	27458	668389	982511	477201
云　南 Yunnan	4768	17	36260	705269	1122327	571035
西　藏 Tibet	480	133	2253	41793	61495	19694
陕　西 Shaanxi	5784	4	40723	674346	1174619	400421
甘　肃 Gansu	2712	32	18384	261696	480189	205013
青　海 Qinghai	1143	394	5599	91728	153340	63023
宁　夏 Ningxia	527	22	4691	89999	160254	77552
新　疆 Xinjiang	3710	2066	20452	380778	694306	287934

幼儿园基本情况(城区)
Basic Statistics of Kindergartens (Urban Area)

	园数(所) Kindergartens		班数(个) Classes	入园(班)人数(人) Entrants	在园(班)人数(人) Enrolment	离园(班)人数(人) Leavers
	合计 Total	其中:少数民族幼儿园 of Which: Minorities				
总　计 Total	**57677**	**340**	**433113**	**5086902**	**12508076**	**4041462**
北　京 Beijing	922	8	9821	93013	275439	61864
天　津 Tianjin	710	6	4478	57651	124096	36610
河　北 Hebei	1672	50	12931	175709	394327	145844
山　西 Shanxi	1354		9691	117820	281360	91408
内蒙古 Inner Mongolia	978	23	6778	68074	185444	63284
辽　宁 Liaoning	4510	27	21648	149813	470140	133216
吉　林 Jilin	1747	71	9691	96060	205718	78265
黑龙江 Heilongjiang	1929	7	9946	109390	222199	119005
上　海 Shanghai	1131	2	12826	129681	383382	106348
江　苏 Jiangsu	2157	1	26208	328311	896460	281191
浙　江 Zhejiang	3368		28870	261599	835183	248454
安　徽 Anhui	1408	2	13376	159519	377851	111571
福　建 Fujian	2398	1	16703	203833	522496	163212
江　西 Jiangxi	1767	3	10931	140753	301019	101035
山　东 Shandong	4972	15	32087	349441	919394	305332
河　南 Henan	3132	12	25281	330303	745534	226436
湖　北 Hubei	1998	1	15702	242511	496741	172157
湖　南 Hunan	2805	5	19480	229401	437601	146748
广　东 Guangdong	7400	14	64485	679303	1848526	564437
广　西 Guangxi	1754	2	13686	180947	371712	126921
海　南 Hainan	571		3803	39318	112727	40045
重　庆 Chongqing	1531		9705	154061	286284	105948
四　川 Sichuan	2381		16949	234715	551208	182125
贵　州 Guizhou	899	2	5774	93816	195295	67948
云　南 Yunnan	914	6	7548	111906	254170	94110
西　藏 Tibet	38		258	4868	11369	3708
陕　西 Shaanxi	1461	3	11648	167843	372184	110036
甘　肃 Gansu	647	8	4739	58816	148938	52867
青　海 Qinghai	175	4	1151	14861	38861	12833
宁　夏 Ningxia	258	8	1937	29222	68075	24302
新　疆 Xinjiang	690	59	4982	74344	174343	64202

幼儿园基本情况(城乡结合区)
Basic Statistics of Kindergartens (Urban-rural Transitional Area)

	园数(所) Kindergartens		班数(个) Classes	入园(班)人数(人) Entrants	在园(班)人数(人) Enrolment	离园(班)人数(人) Leavers
	合计 Total	其中:少数民族幼儿园 of Which: Minorities				
总　计 Total	**11784**	**58**	**79847**	**983620**	**2266867**	**764811**
北　京 Beijing	89		624	6040	16309	4937
天　津 Tianjin	174	1	598	7607	13095	4878
河　北 Hebei	484	2	3166	44092	89530	32989
山　西 Shanxi	281		1621	19633	45841	13731
内蒙古 Inner Mongolia	66		401	3767	9456	3005
辽　宁 Liaoning	552	1	1958	15404	43068	14249
吉　林 Jilin	103	1	470	4142	9000	3982
黑龙江 Heilongjiang	138		647	8187	15003	8920
上　海 Shanghai	83		977	10490	30511	9024
江　苏 Jiangsu	236		2415	36086	84844	29225
浙　江 Zhejiang	1050		7616	65936	219258	67322
安　徽 Anhui	212		2088	23180	53558	15923
福　建 Fujian	749	1	4790	60747	146513	48325
江　西 Jiangxi	335	1	1754	24620	49106	17241
山　东 Shandong	1668	5	8564	90957	229694	78717
河　南 Henan	661		4765	78439	140436	45877
湖　北 Hubei	318		2126	33908	65353	25598
湖　南 Hunan	502		3702	42732	76867	27288
广　东 Guangdong	2287		19069	220322	569175	181290
广　西 Guangxi	394	1	3303	38765	73399	27798
海　南 Hainan	39		249	3097	7125	2284
重　庆 Chongqing	185		862	13957	26535	9817
四　川 Sichuan	362		2108	29366	63798	20316
贵　州 Guizhou	148	1	946	19841	31155	13063
云　南 Yunnan	195	1	1555	27464	49571	21706
西　藏 Tibet						
陕　西 Shaanxi	280		2134	32546	65443	20121
甘　肃 Gansu	41		387	5792	11400	4147
青　海 Qinghai	27		150	1321	4345	1541
宁　夏 Ningxia	36	2	289	5252	9910	4455
新　疆 Xinjiang	89	41	513	9930	17569	7042

幼儿园基本情况(镇区)

Basic Statistics of Kindergartens (Counties & Towns Area)

	园数(所) Kindergartens		班数(个) Classes	入园(班)人数(人) Entrants	在园(班)人数(人) Enrolment	离园(班)人数(人) Leavers
	合计 Total	其中:少数民族幼儿园 of Which: Minorities				
总　计 Total	**60483**	**726**	**434595**	**7461483**	**13951769**	**5434482**
北　京 Beijing	179	1	1272	14050	37044	11067
天　津 Tianjin	325		1767	22849	52999	19392
河　北 Hebei	2914	13	22245	352919	673812	279637
山　西 Shanxi	1694	2	12239	171986	366196	132377
内蒙古 Inner Mongolia	1142	102	7908	120957	231777	96544
辽　宁 Liaoning	2184	16	8985	95033	230774	90734
吉　林 Jilin	1175	14	6178	90308	146696	68713
黑龙江 Heilongjiang	1681	7	9362	162365	236051	128782
上　海 Shanghai	221		2533	30384	82913	26099
江　苏 Jiangsu	1695		27441	363576	1044103	352170
浙　江 Zhejiang	3210	2	23724	224352	719626	240107
安　徽 Anhui	2157	2	19244	356516	624620	222347
福　建 Fujian	2451	1	15272	224575	507132	165064
江　西 Jiangxi	4173	4	26077	435876	738429	301873
山　东 Shandong	4172	11	25701	385223	797825	298159
河　南 Henan	4173	19	32026	645226	1064770	443712
湖　北 Hubei	1850	4	14164	320634	518603	200782
湖　南 Hunan	4196	121	27227	475941	779583	322815
广　东 Guangdong	3653		31325	526255	960945	347558
广　西 Guangxi	3101	4	21798	453337	679297	283315
海　南 Hainan	613	8	3769	60741	125691	44193
重　庆 Chongqing	1807		12918	227303	433464	180844
四　川 Sichuan	4072	46	27948	595545	1050109	433104
贵　州 Guizhou	1400	21	10024	268507	400019	174838
云　南 Yunnan	1583	1	11051	219254	380715	162683
西　藏 Tibet	106	32	529	12060	19575	6613
陕　西 Shaanxi	2648	1	18500	345153	567866	201042
甘　肃 Gansu	750	13	5188	94507	177224	69798
青　海 Qinghai	223	56	1381	28840	50305	18834
宁　夏 Ningxia	167	4	1395	30030	53848	26971
新　疆 Xinjiang	768	221	5404	107181	199758	84315

幼儿园基本情况(镇乡结合区)
Basic Statistics of Kindergartens (County-town Transitional Area)

	园数(所) Kindergartens		班数(个) Classes	入园(班)人数(人) Entrants	在园(班)人数(人) Enrolment	离园(班)人数(人) Leavers
	合计 Total	其中:少数民族幼儿园 of Which: Minorities				
总　计 Total	**19233**	**167**	**131774**	**2120748**	**3920327**	**1553077**
北　京 Beijing	47		289	3446	8117	2368
天　津 Tianjin	151		784	10433	25093	9456
河　北 Hebei	1658	3	12614	192198	360454	147568
山　西 Shanxi	613		3832	50920	110897	39215
内蒙古 Inner Mongolia	114	7	703	9402	18859	8104
辽　宁 Liaoning	454		1473	13129	34099	13303
吉　林 Jilin	123	5	680	10272	15742	7787
黑龙江 Heilongjiang	236	2	994	16851	24608	15551
上　海 Shanghai	58		612	7235	19776	6327
江　苏 Jiangsu	479		5870	75159	217395	76728
浙　江 Zhejiang	1465	1	9411	87955	283745	96161
安　徽 Anhui	384	1	4218	78000	122163	44497
福　建 Fujian	842	1	5163	71448	161383	54614
江　西 Jiangxi	1098		6041	97177	159504	72292
山　东 Shandong	2292	9	12345	171661	358025	137378
河　南 Henan	1772	9	13193	261071	415038	176073
湖　北 Hubei	497	1	3763	79091	128960	49038
湖　南 Hunan	1471	23	10187	158419	249429	101471
广　东 Guangdong	1416		12286	195612	356703	133730
广　西 Guangxi	543		5172	103321	137508	71565
海　南 Hainan	97		581	8445	18160	5701
重　庆 Chongqing	496		2981	47408	91107	36884
四　川 Sichuan	981	6	5450	99147	179250	70569
贵　州 Guizhou	299	3	2217	63225	88183	40399
云　南 Yunnan	535		3307	64884	110939	52278
西　藏 Tibet	11	4	58	1695	2588	750
陕　西 Shaanxi	728		5116	94481	145174	50019
甘　肃 Gansu	165	3	1112	20368	30009	12181
青　海 Qinghai	42	7	271	6039	9614	4476
宁　夏 Ningxia	29	1	209	4711	7279	4629
新　疆 Xinjiang	137	81	842	17545	30526	11965

幼儿园基本情况(乡村)

Basic Statistics of Kindergartens (Rural Area)

	园数(所) Kindergartens		班数(个) Classes	入园(班)人数(人) Entrants	在园(班)人数(人) Enrolment	离园(班)人数(人) Leavers
	合计 Total	其中:少数民族幼儿园 of Which: Minorities				
总　计 Total	**63091**	**2791**	**398788**	**6570769**	**10397779**	**4859773**
北　京 Beijing	165		789	8185	19230	6200
天　津 Tianjin	426	2	1748	21208	51442	20811
河　北 Hebei	4741	15	34003	481503	894049	371480
山　西 Shanxi	2441		13611	130354	267241	102242
内蒙古 Inner Mongolia	465	41	3655	42943	74954	37346
辽　宁 Liaoning	1973	8	6437	77843	158578	65224
吉　林 Jilin	569	1	4853	56608	80370	47065
黑龙江 Heilongjiang	1186	31	5075	86497	120543	72776
上　海 Shanghai	49		427	4814	14265	4450
江　苏 Jiangsu	540		7115	101269	263913	92017
浙　江 Zhejiang	2995		12592	108827	331495	113272
安　徽 Anhui	1627	3	21779	392904	576186	243209
福　建 Fujian	2334	14	13659	180995	370207	139088
江　西 Jiangxi	4620	8	19942	326181	481701	228101
山　东 Shandong	8386	13	32522	391623	801364	322306
河　南 Henan	5607	7	44298	974861	1387068	672788
湖　北 Hubei	1473	7	12201	222703	340051	149993
湖　南 Hunan	4029	54	25532	377467	546946	265525
广　东 Guangdong	1667	3	20775	339993	497706	227756
广　西 Guangxi	2699	20	25457	476935	608308	330874
海　南 Hainan	139	1	1259	20253	31206	14699
重　庆 Chongqing	1063		6908	100868	172887	87945
四　川 Sichuan	4341	300	19840	393145	591573	317833
贵　州 Guizhou	860	11	11660	306066	387197	234415
云　南 Yunnan	2271	10	17661	374109	487442	314242
西　藏 Tibet	336	101	1466	24865	30551	9373
陕　西 Shaanxi	1675		10575	161350	234569	89343
甘　肃 Gansu	1315	11	8457	108373	154027	82348
青　海 Qinghai	745	334	3067	48027	64174	31356
宁　夏 Ningxia	102	10	1359	30747	38331	26279
新　疆 Xinjiang	2252	1786	10066	199253	320205	139417

幼儿教育中女儿童数
Number of Female Children in Kindergartens

	入园(班)人数(人) Entrants	在园(班)人数(人) Enrolment	离园(班)人数(人) Leavers
总　计 Total	**8697429**	**17071302**	**6880483**
北　京 Beijing	54714	157203	37797
天　津 Tianjin	46837	107847	37531
河　北 Hebei	461873	928319	383507
山　西 Shanxi	196982	439786	160312
内蒙古 Inner Mongolia	108168	231938	94892
辽　宁 Liaoning	151610	400386	137699
吉　林 Jilin	110713	203511	95090
黑龙江 Heilongjiang	165524	281167	155861
上　海 Shanghai	77647	225836	66466
江　苏 Jiangsu	357751	1017028	340173
浙　江 Zhejiang	269169	867435	285470
安　徽 Anhui	406586	728207	277662
福　建 Fujian	271960	635875	223558
江　西 Jiangxi	399120	688219	299158
山　东 Shandong	504914	1173032	447888
河　南 Henan	891679	1495217	643831
湖　北 Hubei	346246	615072	252197
湖　南 Hunan	484294	807097	352278
广　东 Guangdong	695821	1482068	523609
广　西 Guangxi	501822	751400	357704
海　南 Hainan	53657	118697	43893
重　庆 Chongqing	220474	422092	188571
四　川 Sichuan	583594	1045233	449236
贵　州 Guizhou	298638	446059	231294
云　南 Yunnan	324852	524856	277974
西　藏 Tibet	19814	29611	9565
陕　西 Shaanxi	307787	547018	196473
甘　肃 Gansu	118351	221096	100202
青　海 Qinghai	42732	71698	31342
宁　夏 Ningxia	42003	75062	38260
新　疆 Xinjiang	182097	333237	140990

幼儿园教职工数(总计)

Number of Educational Personnel in Kindergarten (Total)

单位:人

unit: person

	教职工数 Educational Personnel						代课教师 Substitute Teachers	兼任教师 Part-time Teachers
	合计 Total	园长 Kindergarten Heads	专任教师 Full-time Teachers	保健医 Health Physician	保育员 Caretaker	其他 Other		
总 计 Total	**2489972**	**198238**	**1479237**	**65305**	**408871**	**338321**	**153164**	**22935**
北 京 Beijing	48080	1892	26330	1748	8194	9916		699
天 津 Tianjin	18567	1336	11286	628	2637	2680	1432	187
河 北 Hebei	99777	9189	67120	2186	11465	9817	10277	648
山 西 Shanxi	58666	4935	38194	1431	7165	6941	12433	1455
内蒙古 Inner Mongolia	41035	3199	25807	1043	5272	5714	2561	310
辽 宁 Liaoning	71829	7425	45493	1228	7822	9861	1176	2007
吉 林 Jilin	39451	4061	23487	1336	5705	4862	787	481
黑龙江 Heilongjiang	44708	4978	25427	2018	6626	5659	993	372
上 海 Shanghai	49034	1838	31289	1672	6873	7362	1191	135
江 苏 Jiangsu	152943	6824	94660	4052	30052	17355	22420	778
浙 江 Zhejiang	180518	9754	107289	5115	30549	27811		1238
安 徽 Anhui	70140	6208	42959	2108	11403	7462	5597	626
福 建 Fujian	102660	7772	59163	2482	18918	14325	8670	298
江 西 Jiangxi	94067	11147	57338	2250	13646	9686	2558	743
山 东 Shandong	175801	17267	116408	3279	18315	20532	21088	2082
河 南 Henan	183529	15143	112551	5453	28871	21511	16916	1340
湖 北 Hubei	92024	7011	49153	2644	19014	14202	7842	400
湖 南 Hunan	126187	11849	65413	3761	27731	17433	3127	2038
广 东 Guangdong	303996	18751	168842	8159	57423	50821	2668	1166
广 西 Guangxi	79864	8344	44857	1746	13905	11012	2438	1273
海 南 Hainan	21599	1856	11473	774	4427	3069	196	146
重 庆 Chongqing	52971	4729	26735	1361	12352	7794	3360	926
四 川 Sichuan	115028	11260	65403	2590	20670	15105	5636	1174
贵 州 Guizhou	41030	3458	23846	858	7145	5723	1022	436
云 南 Yunnan	59613	5093	35581	1560	8674	8705	1800	424
西 藏 Tibet	2221	174	1593	19	225	210	106	39
陕 西 Shaanxi	85327	6746	49462	2457	14007	12655	6898	428
甘 肃 Gansu	25003	2157	17086	437	2644	2679	2986	690
青 海 Qinghai	7243	722	4361	126	1011	1023	1556	135
宁 夏 Ningxia	10109	681	6145	238	1334	1711	1510	59
新 疆 Xinjiang	36952	2439	24486	546	4796	4685	3920	202

幼儿园教职工数(城区)

Number of Educational Personnel in Kindergarten (Urban Area)

单位:人

unit: person

	教职工数 Educational Personnel						代课教师 Substitute Teachers	兼任教师 Part-time Teachers
	合计 Total	园长 Kindergarten Heads	专任教师 Full-time Teachers	保健医 Health Physician	保育员 Caretaker	其他 Other		
总　计 Total	**1298693**	**81484**	**737289**	**38006**	**237546**	**204368**	**39433**	**8702**
北　京 Beijing	42041	1557	22669	1566	7492	8757		527
天　津 Tianjin	14171	978	8437	491	2033	2232	222	174
河　北 Hebei	37466	2449	22783	1039	5725	5470	2120	175
山　西 Shanxi	29832	1830	18240	857	4258	4647	3502	970
内蒙古 Inner Mongolia	20385	1396	12195	649	2887	3258	1112	205
辽　宁 Liaoning	53007	4755	31794	1033	7008	8417	301	875
吉　林 Jilin	24896	2264	14182	854	4135	3461	415	337
黑龙江 Heilongjiang	24461	2235	13236	1170	3881	3939	433	152
上　海 Shanghai	40269	1486	25526	1431	5690	6136	852	111
江　苏 Jiangsu	88126	3844	51088	2542	18791	11861	3534	255
浙　江 Zhejiang	90243	3898	53020	2732	16937	13656		409
安　徽 Anhui	30468	2160	17554	977	5848	3929	2400	161
福　建 Fujian	51009	3295	28255	1445	10706	7308	2839	148
江　西 Jiangxi	28451	2508	16466	832	5176	3469	490	186
山　东 Shandong	91918	6743	57259	2170	11663	14083	5227	892
河　南 Henan	75827	4605	44809	2225	13425	10763	5471	473
湖　北 Hubei	48077	3333	25101	1390	10324	7929	2610	201
湖　南 Hunan	48583	3756	23888	1479	11623	7837	272	308
广　东 Guangdong	219563	11952	119045	6189	43867	38510	1132	614
广　西 Guangxi	32595	2494	18263	867	6296	4675	514	237
海　南 Hainan	11030	868	5820	466	2306	1570	40	104
重　庆 Chongqing	28606	2126	14368	917	6625	4570	577	346
四　川 Sichuan	52013	3625	27613	1424	10889	8462	1084	176
贵　州 Guizhou	16784	1220	8825	406	3648	2685	115	62
云　南 Yunnan	23841	1353	13803	763	3943	3979	175	42
西　藏 Tibet	726	68	393	14	133	118	28	4
陕　西 Shaanxi	37404	2249	20589	1170	6740	6656	1648	126
甘　肃 Gansu	12599	868	7964	301	1664	1802	695	336
青　海 Qinghai	3168	245	1938	59	474	452	158	16
宁　夏 Ningxia	6106	383	3679	155	789	1100	804	26
新　疆 Xinjiang	15028	941	8487	393	2570	2637	663	54

幼儿园教职工数(城乡结合区)
Number of Educational Personnel in Kindergarten (Urban-rural Transitional Area)

单位:人
unit: person

	教职工数 Educational Personnel						代课教师 Substitute Teachers	兼任教师 Part-time Teachers
	合计 Total	园长 Kindergarten Heads	专任教师 Full-time Teachers	保健医 Health Physician	保育员 Caretaker	其他 Other		
总 计 Total	**202782**	**14568**	**115372**	**5670**	**35970**	**31202**	**6883**	**1388**
北 京 Beijing	2039	133	1110	84	339	373		12
天 津 Tianjin	1237	172	647	75	193	150	40	18
河 北 Hebei	5578	512	3536	151	727	652	532	26
山 西 Shanxi	3299	258	2174	88	392	387	905	52
内蒙古 Inner Mongolia	888	81	540	30	117	120	53	18
辽 宁 Liaoning	3619	469	2183	51	401	515	37	28
吉 林 Jilin	924	124	522	38	123	117	23	8
黑龙江 Heilongjiang	1589	143	762	67	256	361	27	42
上 海 Shanghai	3015	107	1725	114	577	492	45	2
江 苏 Jiangsu	6897	347	4057	205	1437	851	510	8
浙 江 Zhejiang	21384	1167	12559	687	3709	3262		214
安 徽 Anhui	2665	245	1494	89	506	331	404	13
福 建 Fujian	12145	916	6728	314	2407	1780	795	43
江 西 Jiangxi	3751	400	2219	94	566	472	3	16
山 东 Shandong	18870	1859	12447	376	1885	2303	1683	394
河 南 Henan	11868	872	6917	375	2175	1529	555	101
湖 北 Hubei	5339	430	2692	154	1192	871	234	22
湖 南 Hunan	7542	605	3667	244	1805	1221	18	51
广 东 Guangdong	61594	3423	33969	1612	11829	10761	210	98
广 西 Guangxi	5586	542	3327	136	874	707	90	26
海 南 Hainan	646	60	328	29	128	101		1
重 庆 Chongqing	2247	206	1067	63	548	363	91	30
四 川 Sichuan	5736	494	2830	174	1251	987	61	19
贵 州 Guizhou	2403	188	1170	65	553	427	5	13
云 南 Yunnan	3636	242	2068	104	593	629	41	12
西 藏 Tibet								
陕 西 Shaanxi	5632	381	2932	185	1093	1041	248	40
甘 肃 Gansu	493	36	361	13	27	56	87	79
青 海 Qinghai	350	39	227	10	40	34		1
宁 夏 Ningxia	705	43	432	21	99	110	149	
新 疆 Xinjiang	1105	74	682	22	128	199	37	1

幼儿园教职工数(镇区)

Number of Educational Personnel in Kindergarten (Counties & Towns Area)

单位:人
unit: person

	教职工数 Educational Personnel						代课教师 Substitute Teachers	兼任教师 Part-time Teachers
	合计 Total	园长 Kindergarten Heads	专任教师 Full-time Teachers	保健医 Health Physician	保育员 Caretaker	其他 Other		
总　计 Total	**817647**	**66857**	**512385**	**18656**	**124232**	**95517**	**75753**	**8928**
北　京 Beijing	4321	202	2540	134	530	915		116
天　津 Tianjin	2594	228	1546	97	401	322	712	10
河　北 Hebei	37361	3131	25882	823	4246	3279	3517	140
山　西 Shanxi	20314	1680	14194	411	2236	1793	5611	305
内蒙古 Inner Mongolia	17270	1350	11533	342	2013	2032	1239	66
辽　宁 Liaoning	12453	1700	8945	147	613	1048	495	733
吉　林 Jilin	10836	1250	7010	331	1169	1076	259	107
黑龙江 Heilongjiang	15121	1712	9033	649	2245	1482	321	160
上　海 Shanghai	7568	300	5006	198	993	1071	230	23
江　苏 Jiangsu	54689	2464	36725	1257	9641	4602	16614	435
浙　江 Zhejiang	63943	3468	38663	1644	10016	10152		629
安　徽 Anhui	27979	2586	18436	740	3795	2422	2030	261
福　建 Fujian	35599	2678	21439	711	6028	4743	3987	101
江　西 Jiangxi	44915	4717	28518	1010	6401	4269	1356	329
山　东 Shandong	45349	4216	32147	728	4145	4113	8548	666
河　南 Henan	59296	4867	38377	1558	8478	6016	7310	454
湖　北 Hubei	29376	2253	16437	801	5747	4138	3337	121
湖　南 Hunan	51148	4534	27676	1404	11162	6372	1711	1298
广　东 Guangdong	64902	4969	38628	1498	10474	9333	1266	446
广　西 Guangxi	33437	3463	19293	638	5604	4439	1214	683
海　南 Hainan	9069	830	4847	266	1842	1284	155	36
重　庆 Chongqing	19577	1837	10157	371	4632	2580	2211	458
四　川 Sichuan	47020	4475	28802	901	7630	5212	3989	350
贵　州 Guizhou	18525	1538	11486	358	2786	2357	622	260
云　南 Yunnan	23346	1702	14812	485	3084	3263	804	225
西　藏 Tibet	913	71	770	1	37	34	7	1
陕　西 Shaanxi	35277	2904	21920	833	5255	4365	4415	230
甘　肃 Gansu	8573	661	6601	96	661	554	1176	171
青　海 Qinghai	2403	198	1511	44	301	349	502	35
宁　夏 Ningxia	3246	209	2016	71	445	505	576	19
新　疆 Xinjiang	11227	664	7435	109	1622	1397	1539	60

幼儿园教职工数(镇乡结合区)
Number of Educational Personnel in Kindergarten (County-town Transitional Area)

单位:人
unit: person

	教职工数 Educational Personnel						代课教师 Substitute Teachers	兼任教师 Part-time Teachers
	合计 Total	园长 Kindergarten Heads	专任教师 Full-time Teachers	保健医 Health Physician	保育员 Caretaker	其他 Other		
总　计 Total	**220190**	**19811**	**135198**	**5417**	**33341**	**26423**	**21231**	**2397**
北　京 Beijing	834	46	509	24	107	148		24
天　津 Tianjin	728	73	500	21	82	52	332	
河　北 Hebei	17291	1617	12118	406	1818	1332	1889	57
山　西 Shanxi	5516	528	3775	119	616	478	1753	90
内蒙古 Inner Mongolia	1427	127	927	27	169	177	68	6
辽　宁 Liaoning	1992	324	1345	36	102	185	33	92
吉　林 Jilin	1101	128	725	36	114	98	17	10
黑龙江 Heilongjiang	1519	230	918	70	181	120	90	10
上　海 Shanghai	1850	78	1140	51	305	276	36	7
江　苏 Jiangsu	12053	618	7838	328	2026	1243	3711	51
浙　江 Zhejiang	24609	1548	14569	677	3883	3932		266
安　徽 Anhui	4450	454	2844	134	634	384	198	30
福　建 Fujian	10754	862	6254	196	1876	1566	1219	53
江　西 Jiangxi	8693	1095	5413	187	1151	847	306	118
山　东 Shandong	19956	2077	13841	351	1907	1780	4294	158
河　南 Henan	20545	1963	12708	583	3147	2144	2392	155
湖　北 Hubei	6560	576	3569	194	1295	926	946	17
湖　南 Hunan	15718	1502	8487	478	3367	1884	460	629
广　东 Guangdong	22075	1838	13204	533	3305	3195	302	124
广　西 Guangxi	4770	548	2752	91	745	634	89	106
海　南 Hainan	1422	133	784	51	272	182	11	3
重　庆 Chongqing	4268	462	1985	94	1084	643	470	106
四　川 Sichuan	9675	1034	5221	267	1792	1361	724	76
贵　州 Guizhou	3619	311	2013	70	681	544	96	48
云　南 Yunnan	6607	559	3929	154	1042	923	104	44
西　藏 Tibet	99	9	63		4	23		1
陕　西 Shaanxi	8642	785	5343	209	1276	1029	1056	74
甘　肃 Gansu	1318	136	1020	10	78	74	186	16
青　海 Qinghai	358	31	210	8	43	66	72	7
宁　夏 Ningxia	283	26	182	3	39	33	100	
新　疆 Xinjiang	1458	93	1012	9	200	144	277	19

幼儿园教职工数(乡村)

Number of Educational Personnel in Kindergarten (Rural Area)

单位:人

unit: person

	教职工数 Educational Personnel						代课教师 Substitute Teachers	兼任教师 Part-time Teachers
	合计 Total	园长 Kindergarten Heads	专任教师 Full-time Teachers	保健医 Health Physician	保育员 Caretaker	其他 Other		
总　计 Total	**373632**	**49897**	**229563**	**8643**	**47093**	**38436**	**37978**	**5305**
北　京 Beijing	1718	133	1121	48	172	244		56
天　津 Tianjin	1802	130	1303	40	203	126	498	3
河　北 Hebei	24950	3609	18455	324	1494	1068	4640	333
山　西 Shanxi	8520	1425	5760	163	671	501	3320	180
内蒙古 Inner Mongolia	3380	453	2079	52	372	424	210	39
辽　宁 Liaoning	6369	970	4754	48	201	396	380	399
吉　林 Jilin	3719	547	2295	151	401	325	113	37
黑龙江 Heilongjiang	5126	1031	3158	199	500	238	239	60
上　海 Shanghai	1197	52	757	43	190	155	109	1
江　苏 Jiangsu	10128	516	6847	253	1620	892	2272	88
浙　江 Zhejiang	26332	2388	15606	739	3596	4003		200
安　徽 Anhui	11693	1462	6969	391	1760	1111	1167	204
福　建 Fujian	16052	1799	9469	326	2184	2274	1844	49
江　西 Jiangxi	20701	3922	12354	408	2069	1948	712	228
山　东 Shandong	38534	6308	27002	381	2507	2336	7313	524
河　南 Henan	48406	5671	29365	1670	6968	4732	4135	413
湖　北 Hubei	14571	1425	7615	453	2943	2135	1895	78
湖　南 Hunan	26456	3559	13849	878	4946	3224	1144	432
广　东 Guangdong	19531	1830	11169	472	3082	2978	270	106
广　西 Guangxi	13832	2387	7301	241	2005	1898	710	353
海　南 Hainan	1500	158	806	42	279	215	1	6
重　庆 Chongqing	4788	766	2210	73	1095	644	572	122
四　川 Sichuan	15995	3160	8988	265	2151	1431	563	648
贵　州 Guizhou	5721	700	3535	94	711	681	285	114
云　南 Yunnan	12426	2038	6966	312	1647	1463	821	157
西　藏 Tibet	582	35	430	4	55	58	71	34
陕　西 Shaanxi	12646	1593	6953	454	2012	1634	835	72
甘　肃 Gansu	3831	628	2521	40	319	323	1115	183
青　海 Qinghai	1672	279	912	23	236	222	896	84
宁　夏 Ningxia	757	89	450	12	100	106	130	14
新　疆 Xinjiang	10697	834	8564	44	604	651	1718	88

幼儿园女

Number of Female Educational

	教职工数 Educational Personnel		
	合计 Total	园长 Kindergarten Heads	专任教师 Full-time Teachers
总 计 Total	**2280135**	**180177**	**1449139**
北 京 Beijing	44130	1812	25785
天 津 Tianjin	16586	1180	10569
河 北 Hebei	89518	6967	63639
山 西 Shanxi	54843	4364	37817
内蒙古 Inner Mongolia	36938	2898	24702
辽 宁 Liaoning	67247	6984	44804
吉 林 Jilin	36250	3764	22984
黑龙江 Heilongjiang	41163	4573	24794
上 海 Shanghai	46514	1815	30964
江 苏 Jiangsu	144624	6577	93747
浙 江 Zhejiang	167353	9390	106378
安 徽 Anhui	64413	5590	42050
福 建 Fujian	94601	7622	58618
江 西 Jiangxi	86778	10434	56297
山 东 Shandong	159976	14883	113842
河 南 Henan	165531	12930	110256
湖 北 Hubei	82484	6280	48100
湖 南 Hunan	112484	10774	64217
广 东 Guangdong	279447	18165	166571
广 西 Guangxi	73948	7897	44276
海 南 Hainan	19924	1784	11350
重 庆 Chongqing	48219	4374	26348
四 川 Sichuan	105675	10591	64436
贵 州 Guizhou	37548	3128	23148
云 南 Yunnan	54137	4388	34310
西 藏 Tibet	1865	137	1400
陕 西 Shaanxi	76146	5815	48082
甘 肃 Gansu	22810	1800	16374
青 海 Qinghai	6224	514	4077
宁 夏 Ningxia	9063	570	5925
新 疆 Xinjiang	33696	2177	23279

教职工数
Personnel in Kindergarten

单位:人
unit:person

保健医 Health Physician	保育员 Caretaker	其他 Other	代课教师 Substitute Teachers	兼任教师 Part-time Teachers
57494	**396333**	**196992**	**142501**	**18963**
1715	8077	6741		568
551	2421	1865	1344	177
1886	10930	6096	9599	521
1227	6990	4445	11907	1228
909	4950	3479	2372	244
1151	7738	6570	1162	1810
1214	5466	2822	717	363
1841	6229	3726	833	307
1663	6802	5270	1132	90
3940	29459	10901	21797	665
4760	29936	16889		1135
1736	10995	4042	5191	509
2204	18592	7565	8008	210
1796	13060	5191	2346	575
2922	17465	10864	19477	1722
4272	27358	10715	15392	1016
2246	18483	7375	7006	232
2903	26513	8077	2872	1795
7576	56641	30494	2440	880
1531	13465	6779	2274	1107
690	4280	1820	121	119
1180	12053	4264	3221	751
2284	20116	8248	5306	935
760	6925	3587	915	372
1358	8368	5713	1616	324
14	212	102	86	39
1928	13322	6999	6191	330
395	2568	1673	2780	630
106	904	623	1316	99
214	1317	1037	1415	40
522	4698	3020	3665	170

幼儿园园长、专任教师

Number of Kindergarten Heads, Full-time Teachers by Educational

	合计 Total	按学历分 By Educational Attainment			
		研究生毕业 Graduate	本科毕业 Under-graduate	专科毕业 Associate Bachelor	高中阶段毕业 High School Graduate
总　计 Total	**1677475**	**3393**	**256028**	**854014**	**515125**
北　京 Beijing	28222	296	9022	13913	4803
天　津 Tianjin	12622	168	4836	5103	2137
河　北 Hebei	76309	113	12925	42771	18845
山　西 Shanxi	43129	74	8043	22966	11247
内蒙古 Inner Mongolia	29006	80	7573	15168	5593
辽　宁 Liaoning	52918	181	7601	28115	15152
吉　林 Jilin	27548	145	6948	14047	5736
黑龙江 Heilongjiang	30405	51	5654	17190	6500
上　海 Shanghai	33127	174	18864	12228	1801
江　苏 Jiangsu	101484	195	28842	55538	16101
浙　江 Zhejiang	117043	181	19276	59504	36887
安　徽 Anhui	49167	58	6159	30589	11169
福　建 Fujian	66935	31	7801	27612	29058
江　西 Jiangxi	68485	81	4885	27640	30015
山　东 Shandong	133675	257	19283	62341	47379
河　南 Henan	127694	147	13883	68215	40594
湖　北 Hubei	56164	105	6834	26425	20583
湖　南 Hunan	77262	87	6282	42992	26051
广　东 Guangdong	187593	385	13931	87572	78569
广　西 Guangxi	53201	77	4977	27885	17281
海　南 Hainan	13329	11	860	7491	4418
重　庆 Chongqing	31464	49	3923	16635	10136
四　川 Sichuan	76663	119	7451	40931	27369
贵　州 Guizhou	27304	17	3290	14764	8512
云　南 Yunnan	40674	79	7436	19706	11889
西　藏 Tibet	1767	2	270	1050	373
陕　西 Shaanxi	56208	123	8301	32138	14266
甘　肃 Gansu	19243	45	4394	10288	4115
青　海 Qinghai	5083	13	780	2252	1853
宁　夏 Ningxia	6826	20	1050	4343	1320
新　疆 Xinjiang	26925	29	4654	16602	5373

学历、职称情况(总计)

Attainment and Professional Rank (Total)

单位:人
unit:person

高中阶段以下毕业 Below High School Graduate	按职称分 By Professional Rank					
	中学高级 Senior Secondary	小学高级 Senior Primary	小学一级 1st Grade Primary	小学二级 2nd Grade Primary	小学三级 3rd Grade Primary	未定职级 No-ranking
48915	**12279**	**201446**	**230668**	**66750**	**13634**	**1152698**
188	213	5045	5672	1989	254	15049
378	272	4856	1843	108	451	5092
1655	561	19384	17637	2015	400	36312
799	124	5874	9042	2340	374	25375
592	1677	4529	3650	822	163	18165
1869	839	6501	3898	1070	785	39825
672	362	5044	3831	689	147	17475
1010	686	4786	4132	789	287	19725
60	514	9264	11756	2127	125	9341
808	1306	18176	22347	3985	599	55071
1195	630	9250	23138	5783	390	77852
1192	164	6688	5454	2359	430	34072
2433	265	8214	5612	2597	307	49940
5864	312	3520	4324	2245	699	57385
4415	900	12135	15858	4590	682	99510
4855	785	10923	14749	5195	1014	95028
2217	416	7963	7918	2893	811	36163
1850	290	4469	6933	3207	817	61546
7136	592	14187	14979	7768	2478	147589
2981	201	4663	4380	3010	798	40149
549	62	696	966	703	51	10851
721	135	2366	3050	758	240	24915
793	277	7427	11067	1917	280	55695
721	37	3765	4007	1065	201	18229
1564	116	7837	5507	1939	216	25059
72	6	301	629	183	14	634
1380	217	4547	8230	2337	231	40646
401	64	3749	4963	1041	92	9334
185	75	902	451	181	18	3456
93	29	1198	969	168	17	4445
267	152	3187	3676	877	263	18770

幼儿园园长、专任教师

Number of Kindergarten Heads, Full-time Teachers by Educational

	合计 Total	按学历分 By Educational Attainment			
		研究生毕业 Graduate	本科毕业 Under-graduate	专科毕业 Associate Bachelor	高中阶段毕业 High School Graduate
总　计 Total	**818773**	**2909**	**159731**	**444218**	**200405**
北　京 Beijing	24226	280	7525	12312	3980
天　津 Tianjin	9415	162	3999	3949	1126
河　北 Hebei	25232	85	5244	14979	4725
山　西 Shanxi	20070	54	4590	11232	3939
内蒙古 Inner Mongolia	13591	49	3781	7420	2224
辽　宁 Liaoning	36549	160	6286	21381	8223
吉　林 Jilin	16446	133	4494	8468	3115
黑龙江 Heilongjiang	15471	46	3591	8922	2602
上　海 Shanghai	27012	159	15188	10253	1366
江　苏 Jiangsu	54932	170	19418	30762	4488
浙　江 Zhejiang	56918	155	12108	29672	14704
安　徽 Anhui	19714	48	3115	13256	3116
福　建 Fujian	31550	27	4606	13990	12291
江　西 Jiangxi	18974	64	2446	9755	6242
山　东 Shandong	64002	221	12193	34872	15712
河　南 Henan	49414	123	7624	28458	12361
湖　北 Hubei	28434	89	4724	14855	8109
湖　南 Hunan	27644	79	3425	17431	6448
广　东 Guangdong	130997	350	11840	63831	51717
广　西 Guangxi	20757	55	2706	12619	4892
海　南 Hainan	6688	7	519	4307	1732
重　庆 Chongqing	16494	38	2767	9329	4286
四　川 Sichuan	31238	98	4225	18823	7945
贵　州 Guizhou	10045	9	1425	5649	2813
云　南 Yunnan	15156	58	3723	8293	2883
西　藏 Tibet	461		101	190	131
陕　西 Shaanxi	22838	104	3489	14334	4576
甘　肃 Gansu	8832	38	1897	5106	1647
青　海 Qinghai	2183	7	303	915	939
宁　夏 Ningxia	4062	20	672	2615	698
新　疆 Xinjiang	9428	21	1707	6240	1375

学历、职称情况（城区）
Attainment and Professional Rank (Urban Area)

单位：人
unit: person

	按职称分 By Professional Rank					
高中阶段以下毕业 Below High School Graduate	中学高级 Senior Secondary	小学高级 Senior Primary	小学一级 1st Grade Primary	小学二级 2nd Grade Primary	小学三级 3rd Grade Primary	未定职级 No-ranking
11510	**7656**	**103181**	**114970**	**36977**	**8113**	**547876**
129	201	4176	4808	1761	244	13036
179	172	3634	1629	100	451	3429
199	215	4969	4179	620	254	14995
255	96	3002	3792	1328	111	11741
117	668	1823	1597	307	81	9115
499	561	4459	2839	639	512	27539
236	245	2362	1634	450	95	11660
310	378	2550	1664	472	144	10263
46	426	8090	9263	1686	106	7441
94	915	11357	14048	2390	240	25982
279	472	5794	12914	2559	226	34953
179	108	2768	2241	1132	189	13276
636	173	3363	2605	1426	209	23774
467	187	1447	1943	1007	332	14058
1004	554	5821	6554	2398	468	48207
848	481	5236	5548	2646	600	34903
657	302	4501	3992	1461	327	17851
261	189	1854	3079	1458	336	20728
3259	489	9128	11925	6107	1827	101521
485	137	1999	1993	1430	480	14718
123	49	405	575	367	16	5276
74	107	1291	1406	442	150	13098
147	132	3160	5056	1049	229	21612
149	25	1092	1041	309	58	7520
199	80	3034	2185	1069	117	8671
39		98	89	2		272
335	133	1797	2531	1222	132	17023
144	37	1595	1715	495	52	4938
19	16	203	231	124	4	1605
57	23	620	524	127	16	2752
85	85	1553	1370	394	107	5919

幼儿园园长、专任教师

Number of Kindergarten Heads, Full-time Teachers by Educational

	合计 Total	按学历分 By Educational Attainment			
		研究生毕业 Graduate	本科毕业 Under-graduate	专科毕业 Associate Bachelor	高中阶段毕业 High School Graduate
总　计 Total	**129940**	**188**	**14053**	**64641**	**47615**
北　京 Beijing	1243	23	277	654	268
天　津 Tianjin	819	2	85	309	319
河　北 Hebei	4048	7	734	2319	947
山　西 Shanxi	2432	2	408	1304	667
内蒙古 Inner Mongolia	621	4	111	303	199
辽　宁 Liaoning	2652	4	288	1300	983
吉　林 Jilin	646	3	196	286	149
黑龙江 Heilongjiang	905		260	420	195
上　海 Shanghai	1832	3	847	680	294
江　苏 Jiangsu	4404	2	1104	2764	526
浙　江 Zhejiang	13726	14	1714	6754	5154
安　徽 Anhui	1739		176	1054	473
福　建 Fujian	7644	3	542	2869	3906
江　西 Jiangxi	2619	1	136	1039	1300
山　东 Shandong	14306	15	1856	7237	4804
河　南 Henan	7789	17	846	4269	2485
湖　北 Hubei	3122	4	303	1613	1097
湖　南 Hunan	4272	6	455	2680	1068
广　东 Guangdong	37392	51	1810	16601	17545
广　西 Guangxi	3869	4	356	2269	1133
海　南 Hainan	388		12	226	141
重　庆 Chongqing	1273	2	140	662	451
四　川 Sichuan	3324	3	284	1887	1115
贵　州 Guizhou	1358	3	156	739	437
云　南 Yunnan	2310	3	395	1188	642
西　藏 Tibet					
陕　西 Shaanxi	3313	8	291	2140	787
甘　肃 Gansu	397	2	81	219	83
青　海 Qinghai	266		14	86	166
宁　夏 Ningxia	475	2	82	269	121
新　疆 Xinjiang	756		94	501	160

学历、职称情况(城乡结合区)

Attainment and Professional Rank (Urban-rural Transitional Area)

单位:人
unit: person

高中阶段以下毕业 Below High School Graduate	按职称分 By Professional Rank					
	中学高级 Senior Secondary	小学高级 Senior Primary	小学一级 1st Grade Primary	小学二级 2nd Grade Primary	小学三级 3rd Grade Primary	未定职级 No-ranking
3443	**607**	**7446**	**11247**	**3895**	**1190**	**105555**
21	2	91	136	52	1	961
104	5	63	15		45	691
41	23	791	752	36	7	2439
51	9	207	345	109	21	1741
4	3	36	30	11		541
77	19	210	118	34	62	2209
12	7	91	67	12	1	468
30	17	233	101	4	2	548
8	23	309	471	66	1	962
8	37	650	983	132	19	2583
90	31	534	1970	378	82	10731
36	5	134	113	48	12	1427
324	26	363	269	154	28	6804
143	11	46	101	71	29	2361
394	110	1022	1312	386	122	11354
172	28	295	501	288	111	6566
105	16	196	153	91	34	2632
63	10	270	522	278	39	3153
1385	149	928	1953	1251	425	32686
107	33	182	224	159	57	3214
9		1	9	7		371
18	6	90	112	28	3	1034
35	4	73	168	72	7	3000
23		55	62	20	2	1219
82	15	257	295	75	27	1641
87	8	124	235	90	34	2822
12		76	117	10	6	188
		1	2	18	1	244
1	2	81	52	2	1	337
1	8	37	59	13	11	628

幼儿园园长、专任教师

Number of Kindergarten Heads, Full-time Teachers by Educational

	合计 Total	按学历分 By Educational Attainment			
		研究生毕业 Graduate	本科毕业 Under-graduate	专科毕业 Associate Bachelor	高中阶段毕业 High School Graduate
总　计 Total	**579242**	**411**	**76212**	**292780**	**190771**
北　京 Beijing	2742	14	1034	1152	498
天　津 Tianjin	1774	5	540	692	452
河　北 Hebei	29013	24	4949	16048	7193
山　西 Shanxi	15874	19	2945	8376	4349
内蒙古 Inner Mongolia	12883	31	3415	6533	2587
辽　宁 Liaoning	10645	12	969	4637	4272
吉　林 Jilin	8260	9	1804	4181	1967
黑龙江 Heilongjiang	10745	5	1681	6217	2459
上　海 Shanghai	5306	13	3250	1674	357
江　苏 Jiangsu	39189	23	8450	21016	9249
浙　江 Zhejiang	42131	26	5747	22083	13861
安　徽 Anhui	21022	9	2452	12883	5144
福　建 Fujian	24117	4	2699	9789	10768
江　西 Jiangxi	33235	15	2075	13536	14926
山　东 Shandong	36363	26	5134	16075	13923
河　南 Henan	43244	20	4473	24063	13174
湖　北 Hubei	18690	7	1576	8123	8080
湖　南 Hunan	32210	7	2197	17828	11385
广　东 Guangdong	43597	32	1746	19017	20039
广　西 Guangxi	22756	21	1934	11412	8054
海　南 Hainan	5677	4	310	2791	2252
重　庆 Chongqing	11994	11	1035	6099	4451
四　川 Sichuan	33277	19	2923	17814	12191
贵　州 Guizhou	13024	7	1496	7030	4125
云　南 Yunnan	16514	17	3144	8018	4830
西　藏 Tibet	841	1	126	575	122
陕　西 Shaanxi	24824	17	4112	13691	6425
甘　肃 Gansu	7262	3	1910	3845	1412
青　海 Qinghai	1709	3	334	917	408
宁　夏 Ningxia	2225		322	1433	445
新　疆 Xinjiang	8099	7	1430	5232	1373

学历、职称情况(镇区)

Attainment and Professional Rank (Counties & Towns Area)

单位:人
unit: person

高中阶段以下毕业 Below High School Graduate	按职称分 By Professional Rank					
	中学高级 Senior Secondary	小学高级 Senior Primary	小学一级 1st Grade Primary	小学二级 2nd Grade Primary	小学三级 3rd Grade Primary	未定职级 No-ranking
19068	**3683**	**74400**	**84023**	**21232**	**3856**	**392048**
44	10	558	618	158	8	1390
85	49	509	136	6		1074
799	207	7050	6652	763	80	14261
185	19	2344	3931	686	173	8721
317	893	2302	1836	433	69	7350
755	202	1457	610	256	163	7957
299	106	1913	1631	148	51	4411
383	236	1630	1738	215	118	6808
12	75	1035	2210	369	18	1599
451	367	6029	7077	1338	292	24086
414	147	2922	7858	2335	132	28737
534	39	3260	2423	932	206	14162
857	69	3830	2329	872	60	16957
2683	106	1736	1825	967	298	28303
1205	246	3859	4999	1185	112	25962
1514	243	4382	6122	1527	215	30755
904	83	2762	2992	1036	295	11522
793	81	1924	2882	1268	316	25739
2763	46	4441	2490	1339	536	34745
1335	45	2340	1917	1098	209	17147
320	11	272	364	287	31	4712
398	25	925	1339	271	81	9353
330	136	3957	5065	644	26	23449
366	7	2241	2353	585	91	7747
505	26	4117	2674	636	70	8991
17	6	159	339	147	14	176
579	71	2470	4915	937	85	16346
92	24	1604	2546	410	25	2653
47	49	543	179	53	11	874
25	5	477	364	35	1	1343
57	54	1352	1609	296	70	4718

幼儿园园长、专任教师

Number of Kindergarten Heads, Full-time Teachers by Educational

	合计 Total	按学历分 By Educational Attainment			
		研究生毕业 Graduate	本科毕业 Under-graduate	专科毕业 Associate Bachelor	高中阶段毕业 High School Graduate
总　计 Total	**155009**	**72**	**16500**	**75230**	**56532**
北　京 Beijing	555	6	246	226	74
天　津 Tianjin	573	1	99	179	237
河　北 Hebei	13735	2	1974	7622	3626
山　西 Shanxi	4303	1	707	2320	1178
内蒙古 Inner Mongolia	1054	2	272	485	249
辽　宁 Liaoning	1669	3	104	677	769
吉　林 Jilin	853	2	242	412	172
黑龙江 Heilongjiang	1148	1	175	591	325
上　海 Shanghai	1218	3	609	478	121
江　苏 Jiangsu	8456	3	1896	4591	1872
浙　江 Zhejiang	16117	2	1565	8052	6270
安　徽 Anhui	3298		344	1877	937
福　建 Fujian	7116	2	751	2726	3280
江　西 Jiangxi	6508	1	262	2408	3120
山　东 Shandong	15918	10	1733	6911	6674
河　南 Henan	14671	2	1114	7863	5020
湖　北 Hubei	4145		275	1765	1861
湖　南 Hunan	9989	1	578	5506	3595
广　东 Guangdong	15042	17	460	6085	7012
广　西 Guangxi	3300	5	240	1613	1198
海　南 Hainan	917		55	438	346
重　庆 Chongqing	2447	2	140	1221	999
四　川 Sichuan	6255	3	478	3054	2646
贵　州 Guizhou	2324		184	1205	864
云　南 Yunnan	4488	3	655	2095	1559
西　藏 Tibet	72		8	51	11
陕　西 Shaanxi	6128		857	3219	1898
甘　肃 Gansu	1156		242	647	243
青　海 Qinghai	241		19	93	114
宁　夏 Ningxia	208		21	143	42
新　疆 Xinjiang	1105		195	677	220

学历、职称情况(镇乡结合区)

Attainment and Professional Rank (County-town Transitional Area)

单位:人

unit:person

	按职称分 By Professional Rank					
高中阶段以下毕业 Below High School Graduate	中学高级 Senior Secondary	小学高级 Senior Primary	小学一级 1st Grade Primary	小学二级 2nd Grade Primary	小学三级 3rd Grade Primary	未定职级 No-ranking
6675	**692**	**15289**	**19005**	**5430**	**862**	**113731**
3		115	128	42		270
57	8	136	20			409
511	93	3437	3194	442	42	6527
97	7	532	1021	247	26	2470
46	99	234	94	27		600
116	27	128	97	35	36	1346
25	15	252	205	30	3	348
56	16	148	173	5	9	797
7	19	173	383	75		568
94	64	1170	1642	250	33	5297
228	17	660	2235	748	30	12427
140	4	400	311	153	34	2396
357	23	915	485	229	4	5460
717	4	170	239	226	61	5808
590	89	1350	1964	564	58	11893
672	80	997	1542	429	39	11584
244	21	455	658	261	80	2670
309	25	439	770	353	114	8288
1468	15	900	708	443	154	12822
244	4	171	180	193	50	2702
78		6	13	33	4	861
85	3	119	174	45	18	2088
74	15	386	389	68	3	5394
71		314	299	84	9	1618
176	15	807	542	164	23	2937
2		5	23	8	7	29
154	15	399	943	187	24	4560
24	4	216	350	58		528
15	9	24	12	8		188
2		62	13			133
13	1	169	198	23	1	713

幼儿园园长、专任教师

Number of Kindergarten Heads, Full-time Teachers by Educational

	合计 Total	按学历分 By Educational Attainment			
		研究生毕业 Graduate	本科毕业 Under-graduate	专科毕业 Associate Bachelor	高中阶段毕业 High School Graduate
总 计 Total	**279460**	**73**	**20085**	**117016**	**123949**
北 京 Beijing	1254	2	463	449	325
天 津 Tianjin	1433	1	297	462	559
河 北 Hebei	22064	4	2732	11744	6927
山 西 Shanxi	7185	1	508	3358	2959
内蒙古 Inner Mongolia	2532		377	1215	782
辽 宁 Liaoning	5724	9	346	2097	2657
吉 林 Jilin	2842	3	650	1398	654
黑龙江 Heilongjiang	4189		382	2051	1439
上 海 Shanghai	809	2	426	301	78
江 苏 Jiangsu	7363	2	974	3760	2364
浙 江 Zhejiang	17994		1421	7749	8322
安 徽 Anhui	8431	1	592	4450	2909
福 建 Fujian	11268		496	3833	5999
江 西 Jiangxi	16276	2	364	4349	8847
山 东 Shandong	33310	10	1956	11394	17744
河 南 Henan	35036	4	1786	15694	15059
湖 北 Hubei	9040	9	534	3447	4394
湖 南 Hunan	17408	1	660	7733	8218
广 东 Guangdong	12999	3	345	4724	6813
广 西 Guangxi	9688	1	337	3854	4335
海 南 Hainan	964		31	393	434
重 庆 Chongqing	2976		121	1207	1399
四 川 Sichuan	12148	2	303	4294	7233
贵 州 Guizhou	4235	1	369	2085	1574
云 南 Yunnan	9004	4	569	3395	4176
西 藏 Tibet	465	1	43	285	120
陕 西 Shaanxi	8546	2	700	4113	3265
甘 肃 Gansu	3149	4	587	1337	1056
青 海 Qinghai	1191	3	143	420	506
宁 夏 Ningxia	539		56	295	177
新 疆 Xinjiang	9398	1	1517	5130	2625

学历、职称情况(乡村)

Attainment and Professional Rank (Rural Area)

单位:人

unit: person

	按职称分 By Professional Rank					
高中阶段以下毕业 Below High School Graduate	中学高级 Senior Secondary	小学高级 Senior Primary	小学一级 1st Grade Primary	小学二级 2nd Grade Primary	小学三级 3rd Grade Primary	未定职级 No-ranking
18337	**940**	**23865**	**31675**	**8541**	**1665**	**212774**
15	2	311	246	70	2	623
114	51	713	78	2		589
657	139	7365	6806	632	66	7056
359	9	528	1319	326	90	4913
158	116	404	217	82	13	1700
615	76	585	449	175	110	4329
137	11	769	566	91	1	1404
317	72	606	730	102	25	2654
2	13	139	283	72	1	301
263	24	790	1222	257	67	5003
502	11	534	2366	889	32	14162
479	17	660	790	295	35	6634
940	23	1021	678	299	38	9209
2714	19	337	556	271	69	15024
2206	100	2455	4305	1007	102	25341
2493	61	1305	3079	1022	199	29370
656	31	700	934	396	189	6790
796	20	691	972	481	165	15079
1114	57	618	564	322	115	11323
1161	19	324	470	482	109	8284
106	2	19	27	49	4	863
249	3	150	305	45	9	2464
316	9	310	946	224	25	10634
206	5	432	613	171	52	2962
860	10	686	648	234	29	7397
16		44	201	34		186
466	13	280	784	178	14	7277
165	3	550	702	136	15	1743
119	10	156	41	4	3	977
11	1	101	81	6		350
125	13	282	697	187	86	8133

幼儿园校舍及其他
Statistics of Kindergarten Buildings

	校舍建筑面积 Floor Space	教学及辅助用房 Teaching & Assistant Buildings				
		合计 Total	其中 of Which			
			活动室 Recreational	洗手间 Toilet	睡眠室 Bed Room	保健室 Health Care
总　计 Total	**171794977**	**118814381**	**70194147**	**9661819**	**30637075**	**3796177**
北　京 Beijing	2832682	1694829	869856	178097	555565	40751
天　津 Tianjin	1193650	780525	469019	80141	186427	22580
河　北 Hebei	6790130	4710275	2945254	305090	1052142	194773
山　西 Shanxi	4010079	2663535	1696178	198054	559658	92551
内蒙古 Inner Mongolia	2732500	1772604	1016687	152552	487016	51871
辽　宁 Liaoning	4643955	3295996	1904690	296300	843719	120351
吉　林 Jilin	1947400	1361702	752998	114584	393174	48035
黑龙江 Heilongjiang	2565781	1734665	963679	140100	478721	74721
上　海 Shanghai	4842753	2951601	1960928	260034	602978	62727
江　苏 Jiangsu	14438150	9848774	5971226	849046	2447381	239188
浙　江 Zhejiang	12284902	8240443	4733616	732465	2328194	193968
安　徽 Anhui	4427528	3231704	2049208	247754	685131	111581
福　建 Fujian	6502485	4454204	2787165	402137	1044302	104605
江　西 Jiangxi	6339804	4743954	2731739	367136	1273775	171769
山　东 Shandong	12914340	9022135	5732169	735298	1898460	280753
河　南 Henan	11292156	8226590	4918749	682449	1962820	296344
湖　北 Hubei	6264002	4427069	2446569	389221	1243585	170309
湖　南 Hunan	9031226	6487117	3439185	541853	1889813	310100
广　东 Guangdong	20216763	13514105	8077341	1090628	3454615	355211
广　西 Guangxi	5109610	3750145	2068686	289118	1148203	116758
海　南 Hainan	1179049	820681	456462	73235	230449	27791
重　庆 Chongqing	3182101	2336500	1383613	182194	604184	76336
四　川 Sichuan	7686555	5540653	3289679	416048	1450257	178299
贵　州 Guizhou	2573351	1841921	1013449	140004	556721	65460
云　南 Yunnan	4293425	2945037	1673998	169503	897149	99568
西　藏 Tibet	225612	131603	79678	7698	32832	6837
陕　西 Shaanxi	4987157	3445892	1982443	285856	907246	122624
甘　肃 Gansu	1874305	1256315	825879	79489	263874	38893
青　海 Qinghai	620678	411804	253051	28980	105984	11538
宁　夏 Ningxia	690982	467442	272716	41833	126680	12428
新　疆 Xinjiang	4101866	2704561	1428237	184922	926020	97457

情况(总计)(一)
and Others (Total) (1)

单位：平方米
unit：m^2

图书室 Picture Books	行政办公用房 Administrative 合计 Total	行政办公用房 其中:教师办公室 of Which: Office	生活用房 Residential and Welfare 合计 Total	生活用房 其中:厨房 of Which: Kitchen	其他用房 for Other Purposes	校舍面积中 of the Floor Space 危房面积 Floor Space of Dilapidated Buildings	校舍面积中 当年新增 New Added in Current Year
4525163	**12497927**	**7669790**	**18431363**	**8530112**	**22051306**	**1778360**	**6090672**
50560	236325	104013	368004	166310	533524		83670
22358	94557	53057	131333	64461	187235	5265	27345
213016	618613	433163	610927	275831	850315	82805	139926
117094	435770	299050	417443	161331	493331	60742	110719
64478	232107	144859	330727	156488	397062	72943	144068
130936	316880	188334	484020	285382	547059	34386	86003
52911	134374	80318	203661	102535	247663		46465
77444	205128	117897	327591	149172	298397	23420	108589
64934	368273	152185	656623	215244	866256		155201
341933	957317	507384	1336086	647301	2295973		606917
252200	832839	475603	1317651	644831	1893969	61	260691
138030	351857	229416	418769	197818	425198	56251	149755
115995	434107	265487	652493	303033	961681	9612	251789
199535	407097	270420	619986	304370	568767	85425	105736
375455	1036645	699139	1176249	586956	1679311	31171	418322
366228	1007716	655955	1027520	530568	1030330	46284	303867
177385	418519	258974	759870	349851	658544	114177	129251
306166	677759	448059	1004559	460107	861791	67675	151270
536310	1123087	616370	2371422	969596	3208149	41519	368905
127380	262377	178539	629675	318349	467413	198018	81413
32744	67572	39859	155183	67381	135613	6491	34933
90173	198957	124537	331032	154106	315612	27964	68461
206370	492615	309559	901967	390117	751320	67241	929806
66287	180496	114225	278541	135851	272393	9437	274943
104819	310036	180910	584031	218593	454321	501758	242321
4558	17833	11878	44229	13255	31947	2113	21721
147723	527147	348746	511376	264940	502742	17463	257463
48180	192044	136271	195145	82242	230801	173029	114575
12251	46524	32201	81554	29650	80796	16851	50742
13785	66761	40803	70462	42343	86317	12665	27135
67925	246595	152579	433234	242100	717476	13594	338670

幼儿园校舍及其他

Statistics of Kindergarten Buildings

	校舍建筑面积 Floor Space	教学及辅助用房 Teaching & Assistant Buildings				
		合计 Total	其中 of Which			
			活动室 Recreational	洗手间 Toilet	睡眠室 Bed Room	保健室 Health Care
总　计 Total	**81561374**	**55958877**	**32345053**	**4856943**	**15540178**	**1385879**
北　京 Beijing	2364478	1427232	729386	148352	474495	33444
天　津 Tianjin	813943	529835	312087	54225	134682	12738
河　北 Hebei	2118436	1460451	806567	119402	448044	39251
山　西 Shanxi	1668444	1089593	610059	94242	316282	31425
内蒙古 Inner Mongolia	1228494	834906	466876	78565	238674	21467
辽　宁 Liaoning	3117572	2195584	1253067	213478	580869	71527
吉　林 Jilin	1205565	836811	460033	75694	244092	26453
黑龙江 Heilongjiang	1245752	830423	447358	70291	241435	35311
上　海 Shanghai	3912457	2411677	1612658	211488	483102	50311
江　苏 Jiangsu	7328943	4912217	2935331	436219	1295967	98260
浙　江 Zhejiang	5886990	3978282	2291767	366337	1130782	78050
安　徽 Anhui	1786721	1298138	755113	109142	356641	32476
福　建 Fujian	3022640	2078796	1273428	188685	527447	41575
江　西 Jiangxi	1779875	1346570	727435	106199	428183	38882
山　东 Shandong	5890413	4097387	2410209	370196	1057524	108439
河　南 Henan	4375549	3183092	1791175	266133	932867	84142
湖　北 Hubei	2865061	2034454	1130416	183720	597714	56681
湖　南 Hunan	2936416	2175119	1146119	194143	672026	73180
广　东 Guangdong	14122981	9347214	5654006	778856	2373330	206242
广　西 Guangxi	1911821	1404979	787498	116788	423810	34423
海　南 Hainan	593055	406600	222969	38720	115830	12657
重　庆 Chongqing	1530066	1123294	621146	92231	343922	27798
四　川 Sichuan	3010690	2196118	1245604	165785	664215	52076
贵　州 Guizhou	901798	662934	364927	48141	210251	18024
云　南 Yunnan	1519305	1036928	591873	64350	327850	22902
西　藏 Tibet	57199	32088	19040	2184	9974	485
陕　西 Shaanxi	1910612	1366356	765313	118225	404813	35163
甘　肃 Gansu	787867	559694	326681	41595	158256	14285
青　海 Qinghai	190415	130938	69716	11939	42761	3310
宁　夏 Ningxia	375302	251366	139742	23007	74593	6449
新　疆 Xinjiang	1102514	719801	377454	68611	229747	18453

情况(城区)(一)
and Others (Urban Area) (1)

单位：平方米
unit：m^2

图书室 Picture Books	行政办公用房 Administrative 合计 Total	行政办公用房 Administrative 其中:教师办公室 of Which: Office	生活用房 Residential and Welfare 合计 Total	生活用房 Residential and Welfare 其中:厨房 of Which: Kitchen	其他用房 for Other Purposes	校舍面积中 of the Floor Space 危房面积 Floor Space of Dilapidated Buildings	校舍面积中 of the Floor Space 当年新增 New Added in Current Year
1830824	**5352721**	**2794752**	**8635005**	**4063638**	**11614771**	**509571**	**1939275**
41555	193475	82053	304488	137132	439283		53379
16103	62695	33664	90586	45445	130827	5265	7886
47187	170496	95897	197615	104182	289874	11243	29824
37585	157113	81166	188735	75878	233003	21364	34099
29324	90646	48527	133744	72405	169198	31156	51429
76643	192285	103934	328583	195983	401120	18062	49089
30539	75493	42070	130460	64521	162801		21003
36028	95324	46391	155687	75675	164318	12517	15667
54118	297329	122424	536400	173358	667051		90389
146440	468113	219649	702091	336328	1246522		315717
111346	396500	211125	594766	291896	917442		85831
44766	128467	67895	158739	88017	201377	14289	38556
47661	186672	103737	278741	135355	478431	2918	108196
45871	96521	59236	139183	70698	197601	28423	31234
151019	412078	239180	559293	314104	821655	10395	114596
108775	330014	175703	381433	195084	481010	12663	77349
65923	176115	95041	317515	146537	336977	34625	30580
89651	181363	105638	272590	134776	307344	22050	38124
334780	756066	381901	1669230	679520	2350471	37185	199073
42460	97338	56738	223492	112585	186012	36365	31256
16424	31414	17604	79014	32986	76027	2358	9541
38197	80626	44724	150051	75630	176095	8278	15467
68438	178957	98187	317676	152629	317939	8208	291267
21591	61561	34002	85639	44593	91664	762	16672
29953	98747	49673	202117	73980	181513	145219	74689
405	3115	1397	7428	2283	14568		16
42842	152094	75129	180412	96618	211750	4592	55163
18877	60278	36747	77080	40518	90815	32351	32628
3212	12392	7252	21859	9593	25226	850	3128
7575	37352	20033	36331	23370	50253	5392	1078
25536	72082	38035	114027	61959	196604	3041	16349

幼儿园校舍及其他

Statistics of Kindergarten Buildings

	校舍建筑面积 Floor Space	教学及辅助用房 Teaching & Assistant Buildings				
		合计 Total	其中 of Which			
			活动室 Recreational	洗手间 Toilet	睡眠室 Bed Room	保健室 Health Care
总　计 Total	**13700893**	**9313970**	**5441078**	**804673**	**2458396**	**263089**
北　京 Beijing	131461	78961	42499	7974	23951	2392
天　津 Tianjin	61548	47217	27517	4667	11702	1578
河　北 Hebei	352886	247768	150530	16192	61892	9143
山　西 Shanxi	219815	144738	86666	12275	34949	5265
内蒙古 Inner Mongolia	55088	37706	20618	3385	10975	1163
辽　宁 Liaoning	245317	170693	96713	14502	43862	7669
吉　林 Jilin	49488	32479	17586	4122	7812	1543
黑龙江 Heilongjiang	92414	60445	30475	5770	18381	2915
上　海 Shanghai	281914	183240	119771	15826	39619	3875
江　苏 Jiangsu	676358	451844	272549	40751	111044	11546
浙　江 Zhejiang	1348292	927175	529537	86850	259120	22138
安　徽 Anhui	163516	124110	79686	8900	27073	3698
福　建 Fujian	779405	526813	323359	47402	133844	10768
江　西 Jiangxi	268783	198758	110230	16388	58989	5674
山　东 Shandong	1448107	994872	601542	89034	232739	30649
河　南 Henan	703761	496772	290908	42414	122974	17800
湖　北 Hubei	302650	223756	121487	19702	64316	8376
湖　南 Hunan	449437	318831	167908	28134	95867	12194
广　东 Guangdong	4338704	2803384	1666042	244021	717091	67517
广　西 Guangxi	369883	274324	150797	22359	87014	6253
海　南 Hainan	31640	24677	13350	2663	7048	653
重　庆 Chongqing	118136	84064	46189	6460	25044	2993
四　川 Sichuan	319218	237676	130887	18221	73582	6999
贵　州 Guizhou	125588	89243	47659	6990	27944	2904
云　南 Yunnan	233087	157736	83820	10245	52066	4827
西　藏 Tibet						
陕　西 Shaanxi	305981	218689	121685	17321	64780	6842
甘　肃 Gansu	43859	28616	18097	1895	6813	924
青　海 Qinghai	21775	15990	8254	1065	5333	723
宁　夏 Ningxia	60144	39988	23806	3784	9457	1567
新　疆 Xinjiang	102638	73405	40911	5361	23115	2501

情况（城乡结合区）（一）
and Others（Urban-rural Transitional Area）（1）

单位：平方米
unit：m^2

图书室 Picture Books	行政办公用房 Administritive		生活用房 Residential and Welfare		其他用房 for Other Purposes	校舍面积中 of the Floor Space	
	合计 Total	其中：教师办公室 of Which：Office	合计 Total	其中：厨房 of Which：Kitchen		危房面积 Floor Space of Dilapidated Buildings	当年新增 New Added in Current Year
346734	**889302**	**503421**	**1516453**	**699505**	**1981168**	**38822**	**415721**
2145	12142	5568	15463	8627	24895		7100
1753	3151	2586	6693	5306	4487		2419
10011	32527	20812	29598	14999	42993	2853	12493
5583	21498	13477	17795	8703	35784	566	9701
1565	3910	2365	5425	3213	8047		3991
7947	15510	8723	27198	15462	31916		1140
1416	2796	2246	5078	3115	9135		280
2904	9095	3733	10153	5352	12721		951
4149	21667	7696	37037	12951	39970		17956
15954	48126	21978	72714	31655	103674		16489
29530	89523	49639	139692	72532	191902		21504
4753	11965	7484	13685	7499	13756	2939	6335
11440	49598	28246	72994	35526	130000		50370
7477	16852	11589	23805	11454	29368	3043	18058
40908	101672	65823	139426	73851	212137	1757	25224
22676	62908	38385	64701	33882	79380	2138	21494
9875	18610	11819	31828	17529	28456	3342	8505
14728	27414	17024	52114	24914	51078	2300	9029
108713	226784	118465	553552	216305	754984	4620	87782
7901	18785	12084	49604	24679	27170	4389	5151
963	1413	1094	3799	1670	1751		420
3378	6525	4315	16714	6220	10833		1003
7987	17450	9736	34133	18570	29959		25684
3746	8577	5562	13919	6978	13849		4245
6778	16761	9219	26198	11247	32392	9643	30801
8061	28481	13917	29336	16159	29475	522	22785
887	3918	2819	4384	1827	6941	710	4278
615	1318	954	1764	1195	2703		185
1374	4806	2688	7229	3269	8121		25
1517	5520	3375	10422	4816	13291		323

幼儿园校舍及其他

Statistics of Kindergarten Buildings

	校舍建筑面积 Floor Space	教学及辅助用房 Teaching & Assistant Buildings				
		合计 Total	其中 of Which			
			活动室 Recreational	洗手间 Toilet	睡眠室 Bed Room	保健室 Health Care
总　计 Total	**59919968**	**41805306**	**24879302**	**3269975**	**10515953**	**1457094**
北　京 Beijing	324365	189362	97140	21230	59798	4631
天　津 Tianjin	218723	139693	81393	15012	35167	4794
河　北 Hebei	2509267	1758563	1089882	119392	402614	70022
山　西 Shanxi	1499706	997492	666907	70604	179842	34779
内蒙古 Inner Mongolia	1241808	776357	452589	62010	210242	23918
辽　宁 Liaoning	951685	689146	407160	53410	169501	28576
吉　林 Jilin	543782	381091	211094	29168	111000	14348
黑龙江 Heilongjiang	986362	668800	373971	52466	184141	27818
上　海 Shanghai	809118	474355	308051	41800	104240	10623
江　苏 Jiangsu	6085630	4206092	2604003	355174	970705	113989
浙　江 Zhejiang	4525858	2986607	1712174	258588	852643	72223
安　徽 Anhui	1791068	1320718	887512	93097	230674	48233
福　建 Fujian	2285133	1579067	1003011	142230	352772	39421
江　西 Jiangxi	2978743	2240470	1292323	174467	593326	81687
山　东 Shandong	3790464	2602900	1678910	201743	520853	88095
河　南 Henan	3767588	2761434	1682825	228701	610631	107216
湖　北 Hubei	2245876	1592195	887321	133822	431099	70721
湖　南 Hunan	3841156	2760997	1466980	218228	807055	139641
广　东 Guangdong	4656216	3186152	1844144	237682	847078	109490
广　西 Guangxi	2180928	1607073	881304	117695	499148	53406
海　南 Hainan	485409	347290	194566	28848	97376	12693
重　庆 Chongqing	1303595	967391	607750	70367	213643	36063
四　川 Sichuan	3430433	2468704	1493268	181349	610700	88829
贵　州 Guizhou	1157457	824424	449509	62482	252004	30314
云　南 Yunnan	1701095	1194261	679679	63599	370218	40018
西　藏 Tibet	90089	54526	30862	2838	14702	3964
陕　西 Shaanxi	2248455	1524325	884743	123914	385957	58076
甘　肃 Gansu	637919	420396	297666	25780	68502	12853
青　海 Qinghai	207265	138121	85327	9952	35337	3084
宁　夏 Ningxia	239019	166875	104928	14424	39547	3853
新　疆 Xinjiang	1185756	780429	422310	59903	255438	23716

情况(镇区)(一)

and Others (Counties & Towns Area) (1)

单位:平方米

unit: m^2

	行政办公用房 Administrative		生活用房 Residential and Welfare		其他用房 for Other Purposes	校舍面积中 of the Floor Space	
图书室 Picture Books	合计 Total	其中:教师办公室 of Which: Office	合计 Total	其中:厨房 of Which: Kitchen		危房面积 Floor Space of Dilapidated Buildings	当年新增 New Added in Current Year
1682982	**4559189**	**2975702**	**6355918**	**2867241**	**7199555**	**805920**	**2740922**
6563	26893	13813	41808	20420	66302		15348
3327	15510	8793	26335	12744	37185		7061
76653	220604	154636	232623	104286	297477	20397	65519
45360	168732	128129	144177	55389	189305	27620	54308
27598	114906	76396	156067	66597	194478	24018	81635
30499	72075	49758	94447	53674	96017	10355	22924
15481	43321	26961	56434	28537	62936		15721
30404	83109	50637	123697	51871	110756	10375	67896
9641	62207	26395	108017	36069	164539		47709
162221	425051	245047	530789	261086	923698		253689
90979	304927	176961	496563	237154	737761	61	128437
61202	147454	102814	169635	68739	153261	24931	79988
41633	156597	97988	236692	107554	312777	4892	85574
98667	192746	125251	290503	141141	255024	34948	51339
113299	314747	220528	353605	159033	519212	11524	221293
132061	352053	244502	340895	173489	313206	19338	124281
69232	157736	105334	291195	132536	204750	66411	58651
129093	297277	199399	435440	188497	347442	24715	71940
147758	279670	173554	532764	215871	657630	4324	125074
55520	108995	77770	265577	126751	199283	139445	33905
13807	30344	18667	62477	26777	45298	4133	23333
39568	89708	57861	135996	59023	110500	16171	45697
94558	224149	144353	400925	163601	336655	47938	459843
30115	79363	52168	127590	60993	126080	6277	142513
40747	127358	72660	213425	79857	166051	210178	93478
2160	9133	6556	16865	5380	9565		6305
71635	268190	193679	235916	117589	220024	9389	138851
15595	71434	52030	64247	23979	81842	71454	58028
4421	15590	9749	22837	8533	30717	5406	33282
4123	21344	15294	24746	14066	26054	4226	15497
19062	77966	48019	123631	66005	203730	7394	111803

幼儿园校舍及其他
Statistics of Kindergarten Buildings

	校舍建筑面积 Floor Space	教学及辅助用房 Teaching & Assistant Buildings				
		合计 Total	其中 of Which			
			活动室 Recreational	洗手间 Toilet	睡眠室 Bed Room	保健室 Health Care
总　计 Total	**16376208**	**11400248**	**6775836**	**902533**	**2796887**	**427738**
北　京 Beijing	65733	35909	18618	4712	10431	936
天　津 Tianjin	74982	51402	32472	4950	11175	1900
河　北 Hebei	1213303	855606	543236	51713	179258	37982
山　西 Shanxi	441344	286326	188223	20294	49983	12825
内蒙古 Inner Mongolia	95530	58796	38340	4151	13056	1879
辽　宁 Liaoning	149590	106011	61444	8999	24388	5365
吉　林 Jilin	54169	39276	22031	2963	11587	1206
黑龙江 Heilongjiang	95511	65517	36759	5346	18313	2759
上　海 Shanghai	164059	104478	69023	7758	23390	2499
江　苏 Jiangsu	1321339	897825	549884	81635	210784	22163
浙　江 Zhejiang	1671605	1127379	635540	95135	329336	28468
安　徽 Anhui	278737	204459	133431	13220	37981	9516
福　建 Fujian	716197	485674	297914	44828	116973	12632
江　西 Jiangxi	585818	437950	259729	33070	107704	16446
山　东 Shandong	1663769	1157372	751599	88801	221962	42079
河　南 Henan	1378644	993153	588485	85701	224279	42254
湖　北 Hubei	548522	389561	208899	37758	106955	18351
湖　南 Hunan	1244860	879980	471069	68447	248918	48881
广　东 Guangdong	1621936	1095144	645643	83569	273940	39794
广　西 Guangxi	328745	242793	129987	19274	74623	9217
海　南 Hainan	74585	57285	31290	4780	16606	2354
重　庆 Chongqing	275855	208261	125121	16300	47935	8899
四　川 Sichuan	679637	491229	280169	40079	134050	17876
贵　州 Guizhou	241843	163689	90327	13600	49102	4995
云　南 Yunnan	496028	344594	190783	17847	105921	14229
西　藏 Tibet	9170	6248	4071	858	1067	102
陕　西 Shaanxi	547119	380999	227046	29751	90858	14935
甘　肃 Gansu	101315	69420	50249	4245	9107	2843
青　海 Qinghai	28961	23060	14769	2413	3792	213
宁　夏 Ningxia	26572	19054	12716	1443	3613	457
新　疆 Xinjiang	180730	121798	66969	8893	39800	3683

情况(镇乡结合区)(一)
and Others (County-town Transitional Area) (1)

单位：平方米
unit：m²

	行政办公用房 Administrative		生活用房 Residential and Welfare		其他用房 for Other Purposes	校舍面积中 of the Floor Space	
图书室 Picture Books	合计 Total	其中:教师办公室 of Which: Office	合计 Total	其中:厨房 of Which: Kitchen		危房面积 Floor Space of Dilapidated Buildings	当年新增 New Added in Current Year
497254	**1273196**	**842837**	**1714154**	**791656**	**1988610**	**162276**	**658531**
1212	5407	3239	8297	4621	16120		6904
905	5659	3426	8757	3681	9164		1342
43417	113487	81945	113184	49568	131026	10925	24789
15001	49785	39948	40155	14885	65078	5267	12188
1370	9386	5274	11469	5014	15879	2097	12308
5815	12289	7565	14518	8629	16772	225	6601
1489	3566	2279	5438	3635	5889		1165
2340	7997	5619	12728	5144	9269	231	9375
1808	11334	5282	21915	8893	26332		5547
33359	81323	50067	124349	62644	217842		35910
38900	108949	64479	193967	93194	241310		42405
10311	23076	16540	28619	11546	22583	3452	5942
13327	50001	31194	71509	35289	109013	104	26168
21001	38886	25529	58314	30523	50668	6296	8156
52931	141486	100107	146946	66219	217965	7693	72608
52434	131627	91030	125322	63812	128542	4068	43622
17598	38876	25698	70946	31567	49139	28277	13366
42665	100240	67302	146605	60849	118035	5394	20061
52198	111668	64091	176940	74200	238184	740	33482
9692	16682	12346	37375	19681	31895	14456	5109
2255	3883	2619	8715	3747	4702	240	3940
10006	19743	13047	26921	14467	20930	523	9849
19055	43226	27507	77441	37213	67741	2164	104606
5665	16339	10471	29074	12671	32741		35942
15814	38438	23683	62090	26369	50906	56400	32548
150	1039	467	1532	562	351		538
18409	60892	42792	58206	28085	47022	893	48315
2976	11637	8363	9262	2983	10996	11957	12679
1873	2385	1744	2463	1267	1053		5045
825	1751	1179	3551	1670	2216	300	160
2453	12139	8005	17546	9028	29247	574	17861

幼儿园校舍及其他

Statistics of Kindergarten Buildings

	校舍建筑面积 Floor Space	教学及辅助用房 Teaching & Assistant Buildings				
		合计 Total	其中 of Which			
			活动室 Recreational	洗手间 Toilet	睡眠室 Bed Room	保健室 Health Care
总　计 Total	**30313635**	**21050198**	**12969792**	**1534901**	**4580944**	**953204**
北　京 Beijing	143839	78235	43330	8515	21272	2676
天　津 Tianjin	160984	110997	75539	10904	16578	5048
河　北 Hebei	2162427	1491261	1048805	66296	201484	85500
山　西 Shanxi	841929	576450	419212	33208	63534	26347
内蒙古 Inner Mongolia	262198	161341	97222	11977	38100	6486
辽　宁 Liaoning	574698	411266	244463	29412	93349	20248
吉　林 Jilin	198053	143800	81871	9722	38082	7234
黑龙江 Heilongjiang	333667	235442	142350	17343	53145	11592
上　海 Shanghai	121178	65569	40219	6746	15636	1793
江　苏 Jiangsu	1023577	730465	431892	57653	180709	26939
浙　江 Zhejiang	1872054	1275554	729675	107540	344769	43695
安　徽 Anhui	849739	612848	406583	45515	97816	30872
福　建 Fujian	1194712	796341	510726	71222	164083	23609
江　西 Jiangxi	1581186	1156914	711981	86470	252266	51200
山　东 Shandong	3233463	2321848	1643050	163359	320083	84219
河　南 Henan	3149019	2282064	1444749	187615	419322	104986
湖　北 Hubei	1153065	800420	428832	71679	214772	42907
湖　南 Hunan	2253654	1551001	826086	129482	410732	97279
广　东 Guangdong	1437566	980739	579191	74090	234207	39479
广　西 Guangxi	1016861	738093	399884	54635	225245	28929
海　南 Hainan	100585	66791	38927	5667	17243	2441
重　庆 Chongqing	348440	245815	154717	19596	46619	12475
四　川 Sichuan	1245432	875831	550807	68914	175342	37394
贵　州 Guizhou	514096	354563	199013	29381	94466	17122
云　南 Yunnan	1073025	713848	402446	41554	199081	36648
西　藏 Tibet	78324	44989	29776	2676	8156	2388
陕　西 Shaanxi	828090	555211	332387	43717	116476	29385
甘　肃 Gansu	448519	276225	201532	12114	37116	11755
青　海 Qinghai	222998	142745	98008	7089	27886	5144
宁　夏 Ningxia	76661	49201	28046	4402	12540	2126
新　疆 Xinjiang	1813596	1204331	628473	56408	440835	55288

情况(乡村)(一)

and Others (Rural Area)(1)

单位：平方米
unit：m²

图书室 Picture Books	行政办公用房 Administrative 合计 Total	行政办公用房 Administrative 其中:教师办公室 of Which: Office	生活用房 Residential and Welfare 合计 Total	生活用房 Residential and Welfare 其中:厨房 of Which: Kitchen	其他用房 for Other Purposes	校舍面积中 of the Floor Space 危房面积 Floor Space of Dilapidated Buildings	校舍面积中 of the Floor Space 当年新增 New Added in Current Year
1011357	**2586017**	**1899336**	**3440440**	**1599233**	**3236980**	**462869**	**1410475**
2442	15957	8147	21708	8758	27939		14943
2928	16352	10600	14412	6272	19223		12398
89176	227513	182630	180689	67363	262964	51165	44583
34149	109925	89755	84531	30064	71023	11758	22312
7556	26555	19936	40916	17486	33386	17769	11004
23794	52520	34642	60990	35725	49922	5969	13990
6891	15560	11287	16767	9477	21926		9741
11012	26695	20869	48207	21626	23323	528	25026
1175	8737	3366	12206	5817	34666		17103
33272	64153	42688	103206	49887	125753		37511
49875	131412	87517	226322	115781	238766		46423
32062	75936	58707	90395	41062	70560	17031	31211
26701	90838	63762	137060	60124	170473	1802	58019
54997	117830	85933	190300	92531	116142	22054	23163
111137	309820	239431	263351	113819	338444	9252	82433
125392	325649	235750	305192	161995	236114	14283	102237
42230	84668	58599	151160	70778	116817	13141	40020
87422	199119	143022	296529	136834	207005	20910	41206
53772	87351	60915	169428	74205	200048	10	44758
29400	56044	44031	140606	79013	82118	22208	16252
2513	5814	3588	13692	7618	14288		2059
12408	28623	21952	44985	19453	29017	3515	7297
43374	89509	67019	183366	73887	96726	11095	178696
14581	39572	28055	65312	30265	54649	2398	115758
34119	83931	58577	168489	64756	106757	146361	74154
1993	5585	3925	19936	5592	7814	2113	15400
33246	106863	79938	95048	50733	70968	3482	63449
13708	60332	47494	53818	17745	58144	69224	23919
4618	18542	15200	36858	11524	24853	10595	14332
2087	8065	5476	9385	4907	10010	3047	10560
23327	96547	66525	195576	114136	317142	3159	210518

幼儿园办学条件(总计)(二)

Statistics of Kindergarten Buildings and Others (Total) (2)

	占地面积(平方米) Areas of School Sites (m^2)			图书(册) Books & Magazines in Libraries (volume)	数字资源 (GB) Digital Resources
	合计 Total	其中 of Which			
		绿化用地面积 Green Areas	运动场地面积 Sports Areas		
总　计 Total	**345445818**	**55105136**	**113171739**	**182233569**	**18191527.39**
北　京 Beijing	4866599	782832	1714179	3622677	571565.64
天　津 Tianjin	2570056	318925	935069	905593	198751.37
河　北 Hebei	21620040	2472049	7787474	10543735	849693.10
山　西 Shanxi	8973116	878134	3175447	4448080	207083.52
内蒙古 Inner Mongolia	6832075	822961	2180857	1970985	116338.70
辽　宁 Liaoning	10055138	1335155	4177278	5003925	714658.93
吉　林 Jilin	4466879	628361	1633170	2204915	252054.98
黑龙江 Heilongjiang	6561331	816926	2405730	1680166	107671.45
上　海 Shanghai	7312533	2062501	1970857	2671690	1208333.05
江　苏 Jiangsu	27477150	6070953	9924142	20210564	698102.79
浙　江 Zhejiang	19199767	3533660	6686831	14097029	793331.03
安　徽 Anhui	9834870	1475413	2948213	5093211	446139.19
福　建 Fujian	10119663	1611073	3695869	4219896	459585.12
江　西 Jiangxi	10843933	1340389	3118141	4377794	493518.82
山　东 Shandong	36066043	6204167	13473530	13893118	1202003.12
河　南 Henan	25865320	3524924	8222524	11693076	1708635.22
湖　北 Hubei	12010248	2157765	3452344	5348608	382287.89
湖　南 Hunan	16927021	2239322	4205508	10584482	689279.60
广　东 Guangdong	28983380	5911790	9414209	21040776	3046575.00
广　西 Guangxi	7796032	1023345	2354595	3989950	391355.71
海　南 Hainan	1960205	365785	600162	1189478	106157.40
重　庆 Chongqing	5514571	759035	1838032	3599391	925083.12
四　川 Sichuan	12620980	1632179	3808179	10382506	521820.50
贵　州 Guizhou	4685803	547029	1526619	2614356	254184.55
云　南 Yunnan	7887128	1301282	2302001	4568181	371904.76
西　藏 Tibet	900435	103930	107220	114332	4055.00
陕　西 Shaanxi	10302075	1291569	3283960	6851038	472148.62
甘　肃 Gansu	4846887	585383	1636872	2337264	308957.24
青　海 Qinghai	2785957	263323	583346	450633	34494.92
宁　夏 Ningxia	1674835	231955	564236	621115	59097.00
新　疆 Xinjiang	13885748	2813021	3445145	1905005	596660.04

幼儿园办学条件(城区)(二)
Statistics of Kindergarten Buildings and Others (Urban Area) (2)

	占地面积(平方米) Areas of School Sites (m^2)			图书(册) Books & Magazines in Libraries (volume)	数字资源 (GB) Digital Resources
	合计 Total	其中 of Which			
		绿化用地面积 Green Areas	运动场地面积 Sports Areas		
总　计 Total	**128865934**	**21983453**	**43151338**	**86428274**	**11885584.99**
北　京 Beijing	3811598	593497	1334551	3103020	514349.24
天　津 Tianjin	1352169	183211	489428	569979	190670.90
河　北 Hebei	4079916	438318	1467258	3126996	461481.30
山　西 Shanxi	2839006	274065	992159	1654634	101913.76
内蒙古 Inner Mongolia	2163774	271922	751335	977530	80543.30
辽　宁 Liaoning	5496508	771161	2101542	3152730	539230.29
吉　林 Jilin	2217519	305269	764028	1333179	191891.68
黑龙江 Heilongjiang	2362065	263332	809607	789696	71949.98
上　海 Shanghai	5813345	1622578	1542587	2178135	1002546.57
江　苏 Jiangsu	11964134	2691367	4390402	9465764	493159.34
浙　江 Zhejiang	8285469	1595109	2807889	6827231	453319.14
安　徽 Anhui	2900601	481451	869425	2031918	229305.09
福　建 Fujian	4016893	650204	1484134	2060064	250535.86
江　西 Jiangxi	2560502	349767	745852	1285773	190662.70
山　东 Shandong	12332670	1916555	4401950	6809686	843786.99
河　南 Henan	7570135	1097056	2611580	4404052	901819.72
湖　北 Hubei	4418825	807797	1355499	2252423	229607.24
湖　南 Hunan	4630518	642282	1186392	4034823	366509.30
广　东 Guangdong	18606358	3797140	6231961	13893031	2690050.00
广　西 Guangxi	2827122	439398	888610	1852633	199266.82
海　南 Hainan	816119	127698	259747	642521	42011.10
重　庆 Chongqing	2378505	333171	735968	1760328	663618.37
四　川 Sichuan	4401313	651566	1321872	4045076	266086.60
贵　州 Guizhou	1264101	136357	414475	1186096	185770.25
云　南 Yunnan	2251593	432459	664040	1879124	263067.15
西　藏 Tibet	113957	14953	21335	46580	444.00
陕　西 Shaanxi	2952284	405875	1032833	2515201	204654.30
甘　肃 Gansu	1399031	180799	494277	1043787	99718.39
青　海 Qinghai	326366	52538	91000	239694	14156.80
宁　夏 Ningxia	669209	93840	243028	332442	42255.00
新　疆 Xinjiang	2044329	362718	646574	934128	101203.80

幼儿园办学条件(城乡结合区)(二)
Statistics of Kindergarten Buildings and Others (Urban-rural Transitional Area) (2)

	占地面积(平方米) Areas of School Sites (m^2)			图书(册) Books & Magazines in Libraries (volume)	数字资源 (GB) Digital Resources
	合计 Total	其中 of Which			
		绿化用地面积 Green Areas	运动场地面积 Sports Areas		
总　计 Total	**23463410**	**4072636**	**7917560**	**12969820**	**2276268.06**
北　京 Beijing	259942	41204	89546	123577	17858.01
天　津 Tianjin	99773	10842	33921	39685	4973.00
河　北 Hebei	942758	117687	367841	472193	30106.10
山　西 Shanxi	496036	42883	170172	241044	12582.60
内蒙古 Inner Mongolia	106510	13092	43272	36378	763.00
辽　宁 Liaoning	502879	64799	203714	234992	37603.00
吉　林 Jilin	97836	18639	34107	27923	2532.00
黑龙江 Heilongjiang	207692	20783	77045	39709	8799.00
上　海 Shanghai	472275	121002	127408	125674	64776.30
江　苏 Jiangsu	1243873	302670	448604	800143	19951.00
浙　江 Zhejiang	1933389	347484	635589	1520721	95742.40
安　徽 Anhui	305426	42765	103218	186044	32933.30
福　建 Fujian	1052431	154855	390900	423807	47681.60
江　西 Jiangxi	378943	48577	107044	146111	17190.50
山　东 Shandong	3463664	564032	1346544	1431779	106125.38
河　南 Henan	1524845	217693	504106	661971	152442.50
湖　北 Hubei	558455	101310	167043	195857	13968.00
湖　南 Hunan	710132	104815	197490	737926	36591.50
广　东 Guangdong	6177893	1318935	1978979	3825821	1275527.00
广　西 Guangxi	527728	76159	155327	317132	56210.52
海　南 Hainan	44120	9567	12717	39644	808.00
重　庆 Chongqing	211452	25822	65567	134910	56506.10
四　川 Sichuan	528397	73775	158329	374313	26761.00
贵　州 Guizhou	197684	19257	72174	139413	8656.30
云　南 Yunnan	478082	62585	106963	312094	110433.95
西　藏 Tibet					
陕　西 Shaanxi	495573	81544	180791	280368	21091.00
甘　肃 Gansu	82610	9029	31707	23487	1422.00
青　海 Qinghai	28302	2750	6540	9395	719.00
宁　夏 Ningxia	97251	12529	32653	23328	8817.00
新　疆 Xinjiang	237459	45552	68249	44381	6697.00

幼儿园办学条件(镇区)(二)
Statistics of Kindergarten Buildings and Others (Counties & Towns Area) (2)

	占地面积(平方米) Areas of School Sites (m^2)			图书(册) Books & Magazines in Libraries (volume)	数字资源 (GB) Digital Resources
	合计 Total	其中 of Which			
		绿化用地面积 Green Areas	运动场地面积 Sports Areas		
总　计 Total	**123600613**	**19107654**	**39867175**	**65100317**	**4049972.77**
北　京 Beijing	657776	112703	253862	399134	38288.00
天　津 Tianjin	526786	64449	199166	145722	4590.50
河　北 Hebei	7019887	796289	2454996	3546639	235046.60
山　西 Shanxi	3176048	311203	1140394	1730964	59911.46
内蒙古 Inner Mongolia	3419605	429340	1028802	858482	29677.40
辽　宁 Liaoning	2485228	296705	1090786	1109095	104493.12
吉　林 Jilin	1436768	168331	557511	686394	49020.30
黑龙江 Heilongjiang	2491066	294325	877144	654388	26894.37
上　海 Shanghai	1288658	376172	372891	420202	175231.48
江　苏 Jiangsu	12841274	2807537	4584199	9086260	172318.45
浙　江 Zhejiang	7389806	1356255	2589629	5191638	225303.64
安　徽 Anhui	4206965	587812	1253793	1991542	160276.50
福　建 Fujian	3639585	541470	1342201	1481498	127363.26
江　西 Jiangxi	5074246	610329	1423150	2084958	231732.57
山　东 Shandong	11086244	2008654	4040655	3817506	228257.77
河　南 Henan	8841627	1157152	2678885	3898832	427657.50
湖　北 Hubei	4830600	850572	1316306	2111026	89426.05
湖　南 Hunan	7232018	941295	1792751	4291907	241367.80
广　东 Guangdong	7568638	1516317	2290727	5697706	309751.00
广　西 Guangxi	3082067	363307	916967	1565150	150983.29
海　南 Hainan	919233	185045	271819	481936	58985.80
重　庆 Chongqing	2368793	323544	812273	1490073	112000.05
四　川 Sichuan	5661032	701445	1680344	4716438	192886.30
贵　州 Guizhou	2183348	254631	693743	1059036	57055.90
云　南 Yunnan	2898341	426690	852954	1640837	68585.31
西　藏 Tibet	289542	42662	34843	26985	39.00
陕　西 Shaanxi	4899768	560430	1503230	3099579	194252.17
甘　肃 Gansu	1451258	159342	522086	886259	101424.29
青　海 Qinghai	563043	59671	124719	89931	11776.00
宁　夏 Ningxia	600263	81609	211105	252657	11645.30
新　疆 Xinjiang	3471100	722368	955244	587543	153731.59

幼儿园办学条件(镇乡结合区)(二)
Statistics of Kindergarten Buildings and Others (County-town Transitional Area) (2)

	占地面积(平方米) Areas of School Sites (m^2)			图书(册) Books & Magazines in Libraries (volume)	数字资源 (GB) Digital Resources
	合计 Total	其中 of Which			
		绿化用地面积 Green Areas	运动场地面积 Sports Areas		
总　计 Total	**35999124**	**5558863**	**11765963**	**17935578**	**1114386.24**
北　京 Beijing	158642	26713	53948	77423	7888.00
天　津 Tianjin	216366	23971	95036	55916	1274.60
河　北 Hebei	3781313	424739	1293172	1811834	67603.30
山　西 Shanxi	915801	74510	351712	468169	18564.30
内蒙古 Inner Mongolia	292128	35313	93040	50741	3808.50
辽　宁 Liaoning	417571	53811	169599	169819	14721.40
吉　林 Jilin	147648	22795	55659	74969	1800.00
黑龙江 Heilongjiang	262218	26685	97983	49604	3761.96
上　海 Shanghai	258556	64812	81433	82757	30999.18
江　苏 Jiangsu	2976933	679297	1102427	2076931	59228.00
浙　江 Zhejiang	2715691	443185	950579	1995359	89642.63
安　徽 Anhui	727104	90218	211141	313626	18590.00
福　建 Fujian	1144274	170630	421627	486964	45564.60
江　西 Jiangxi	1070390	111605	302041	402394	32681.00
山　东 Shandong	5319090	982358	1903413	1682319	142116.80
河　南 Henan	3466959	463632	1083682	1372720	145011.00
湖　北 Hubei	1130658	191351	290958	484796	13381.00
湖　南 Hunan	2642368	345711	644034	1293892	60471.30
广　东 Guangdong	2590730	525938	781840	1978324	131662.00
广　西 Guangxi	446198	55147	141436	178736	38926.50
海　南 Hainan	122994	25335	34798	56330	2900.80
重　庆 Chongqing	511478	74518	173076	291413	24493.50
四　川 Sichuan	1188845	162628	356663	892077	45094.00
贵　州 Guizhou	460994	52799	171777	196864	12264.90
云　南 Yunnan	840258	112178	259607	476445	17855.70
西　藏 Tibet	26851	1693	3541	3084	2.00
陕　西 Shaanxi	1212810	144235	385577	707036	50104.70
甘　肃 Gansu	232959	29090	90924	108596	21521.90
青　海 Qinghai	89064	17976	20687	14870	4927.00
宁　夏 Ningxia	74521	12101	27075	16946	953.80
新　疆 Xinjiang	557712	113889	117478	64624	6571.87

幼儿园办学条件(乡村)(二)
Statistics of Kindergarten Buildings and Others (Rural Area) (2)

	占地面积(平方米) Areas of School Sites (m^2)			图书(册) Books & Magazines in Libraries (volume)	数字资源 (GB) Digital Resources
	合计 Total	其中 of Which			
		绿化用地面积 Green Areas	运动场地面积 Sports Areas		
总　计 Total	**92979271**	**14014029**	**30153226**	**30704978**	**2255969.63**
北　京 Beijing	397225	76632	125766	120523	18928.40
天　津 Tianjin	691101	71265	246475	189892	3489.97
河　北 Hebei	10520237	1237442	3865220	3870100	153165.20
山　西 Shanxi	2958062	292866	1042894	1062482	45258.30
内蒙古 Inner Mongolia	1248696	121699	400720	134973	6118.00
辽　宁 Liaoning	2073402	267289	984950	742100	70935.52
吉　林 Jilin	812592	154761	311631	185342	11143.00
黑龙江 Heilongjiang	1708200	259269	718979	236082	8827.10
上　海 Shanghai	210530	63751	55379	73353	30555.00
江　苏 Jiangsu	2671742	572049	949541	1658540	32625.00
浙　江 Zhejiang	3524492	582296	1289313	2078160	114708.25
安　徽 Anhui	2727304	406150	824995	1069751	56557.60
福　建 Fujian	2463185	419399	869534	678334	81686.00
江　西 Jiangxi	3209185	380293	949139	1007063	71123.55
山　东 Shandong	12647129	2278958	5030925	3265926	129958.36
河　南 Henan	9453558	1270716	2932059	3390192	379158.00
湖　北 Hubei	2760823	499396	780539	985159	63254.60
湖　南 Hunan	5064485	655745	1226365	2257752	81402.50
广　东 Guangdong	2808384	598333	891521	1450039	46774.00
广　西 Guangxi	1886843	220640	549018	572167	41105.60
海　南 Hainan	224853	53042	68596	65021	5160.50
重　庆 Chongqing	767273	102320	289791	348990	149464.70
四　川 Sichuan	2558635	279168	805963	1620992	62847.60
贵　州 Guizhou	1238354	156041	418401	369224	11358.40
云　南 Yunnan	2737194	442133	785007	1048220	40252.30
西　藏 Tibet	496936	46315	51042	40767	3572.00
陕　西 Shaanxi	2450023	325264	747897	1236258	73242.15
甘　肃 Gansu	1996598	245242	620509	407218	107814.56
青　海 Qinghai	1896548	151114	367627	121008	8562.12
宁　夏 Ningxia	405363	56506	110103	36016	5196.70
新　疆 Xinjiang	8370319	1727935	1843327	383334	341724.65

第二部分
Part Ⅱ

办 学 条 件
PHYSICAL FACILITIES

一、教育经费
Public Expenditure on Education

全国教育经费来源和支出情况

Sources of Educational Funds and Expenditure for Education

单位：万元
unit:10,000 yuan

年份 Year	合计 Total	国家财政性教育经费 Government Appropriation for Education	#公共财政预算教育经费 Public Expenditure on Education	民办学校办学经费 School Funding for Private Schools	社会捐赠经费 Donor Funding for the Community	事业收入 Income from Teaching Research and Other Auxiliary Activity	学杂费 Tuition	其他教育经费 Other Educational Funds
1992	8670490.5	7287505.8	5387381.7		696285.2		439319.3	
1993	10599374.4	8677618.3	6443914.0	33322.7	701856.1		871476.9	
1994	14887812.6	11747395.6	8839794.7	107795.2	974487.1		1469228.1	
1995	18779501.1	14115233.3	10283930.0	203671.5	1628414.0		2012422.5	
1996	22623393.5	16717045.5	12119133.6	261998.9	1884189.5		2610361.2	
1997	25317325.7	18625416.3	13577262.1	301746.4	1706587.6		3260792.0	
1998	29490592.0	20324526.0	15655917.0	480314.0	1418537.0	6091514.9	3697474.0	1175699.9
1999	33490416.4	22871756.1	18157597.3	628957.1	1258694.2	7497173.7	4636107.9	1233835.3
2000	38490805.8	25626055.7	20856792.0	858537.2	1139556.9	9382716.7	5948304.3	1483939.3
2001	46376626.2	30570099.5	25823761.9	1280895.2	1128851.8	11575137.1	7456013.5	1821642.6
2002	54800277.6	34914047.5	31142383.3	1725548.7	1272791.0	14609168.8	9227791.7	2278721.6
2003	62082653.0	38506236.6	34538582.6	2590147.8	1045926.9	17218399.1	11214984.7	2721942.6
2004	72425989.2	44658574.8	40278158.0	3478528.8	934203.8	20114268.0	13465517.3	3240413.8
2005	84188390.5	51610759.3	46656939.0	4522185.0	931612.9	23399990.9	15530544.6	3723842.4
2006	98153086.5	63483647.5	57956138.0	5490583.0	899077.6	24073042.2	15523301.0	4206736.2
2007	121480663.0	82802142.1	76549081.9	809337.4	930583.9	31772357.3	21309082.2	5166242.3
2008	145007374.2	104496295.6	96855601.9	698479.3	1026663.3	33670710.7	23492982.8	5115225.3
2009	165027065.0	122310935.4	114193032.4	749829.1	1254990.5	35275939.1	25155982.6	5435370.9
2010	195618470.7	146700669.6	134895628.5	1054253.6	1078839.4	41060663.5	30155593.4	5724044.6
2011	238692935.6	185867009.2	168045616.5	1119319.8	1118675.1	44246926.6	33169741.9	6341004.9

注:1. 2007 年对部分教育经费统计指标进行了修订,“民办学校中举办者投入”数据 1992－2006 年为社会团体和公民个人办学总经费,2007 年起为民办学校中举办者投入。

2. 按照政府预算体系改革要求,2011 年起将原“预算内教育经费”表述为“公共财政预算教育经费”。

各地区教育经费来源

Sources of Educational Fund and Expenditure

地 区 Region	合 计 Total	国家财政性教育经费 Government Appropriation for Education	#公共财政预算教育经费 Public Expenditure on Education
中 央 Central Government	23356524.6	15634143.7	14413470.1
地 方 Local Government	215336411.0	170232865.5	153632146.4
北 京 Beijing	7373843.2	6277348.4	5577282.6
天 津 Tianjin	4136097.2	3389119.7	2920630.5
河 北 Hebei	8447882.0	6844587.7	6106369.6
山 西 Shanxi	5494902.8	4451666.8	4067347.8
内蒙古 Inner Mongolia	5040005.4	4463713.9	4038148.6
辽 宁 Liaoning	7809412.6	6325914.0	5649334.3
吉 林 Jilin	4293876.9	3543183.3	3329165.6
黑龙江 Heilongjiang	4838173.2	3859461.8	3573011.3
上 海 Shanghai	7106254.9	5844327.1	4795156.8
江 苏 Jiangsu	15882131.9	11768473.8	9974983.8
浙 江 Zhejiang	12069077.7	8732600.1	7081451.8
安 徽 Anhui	8172010.2	6461026.9	5903475.4
福 建 Fujian	6344838.8	4856150.3	4256931.8
江 西 Jiangxi	6307865.9	5036881.7	4718264.2
山 东 Shandong	13727938.5	11225099.1	9869201.3
河 南 Henan	11821418.4	9292216.5	8786207.0
湖 北 Hubei	6844037.5	4787820.7	4489739.8
湖 南 Hunan	7987606.8	5846551.2	5447449.5
广 东 Guangdong	18846364.8	13592333.9	12282083.9
广 西 Guangxi	5938482.4	4905638.2	4635386.3
海 南 Hainan	1732236.5	1370535.6	1240893.2
重 庆 Chongqing	5039549.8	3832059.3	3590884.5
四 川 Sichuan	10244130.2	8017199.6	7393262.6
贵 州 Guizhou	4510531.0	3869566.5	3624513.8
云 南 Yunnan	6582934.5	5652685.4	5235529.1
西 藏 Tibet	826101.6	807466.4	800259.8
陕 西 Shaanxi	6838342.4	5249804.1	4952664.3
甘 肃 Gansu	3608173.5	3129281.7	2938827.7
青 海 Qinghai	1552462.4	1469582.1	1398059.9
宁 夏 Ningxia	1313861.5	1147143.7	1075863.7
新 疆 Xinjiang	4605866.5	4183426.0	3879765.9

和支出情况(2011 年)

for Education by Region (2011)

单位：万元
unit：10,000 yuan

民办学校中举办者投入 Funds from Runners of Private Schools	社会捐赠经费 Donor Funding for the Community	事业收入 Income from Teaching Research and Other Auxiliary Activity	学杂费 Tuition	其他教育经费 Other Educational Funds
	266792.8	6096207.9	2937487.1	1359380.2
1119319.8	851882.3	38150718.7	30232254.8	4981624.7
2893.9	42607.9	851454.5	622422.8	199538.5
239.0	5531.1	594113.7	436349.9	147093.7
22060.0	6391.6	1484576.1	1302985.1	90266.6
51370.0	14322.8	902811.3	733005.3	74731.9
10479.6	3596.6	512773.4	399327.3	49441.9
30859.9	5744.0	1332249.7	1121184.1	114645.0
6701.9	2877.7	703764.0	595837.8	37350.0
2842.6	868.6	941145.6	793588.3	33854.6
5214.6	6330.9	1006085.2	821000.1	244297.1
50533.7	179648.6	3149369.9	2437172.1	734105.9
20810.0	154064.7	2591357.4	2080309.1	570245.5
57899.6	20122.3	1456866.5	1132575.6	176094.9
80851.3	37395.1	1286252.6	983115.1	84189.5
89662.2	19065.9	1056872.9	878232.9	105383.2
40991.5	22969.1	2307704.9	1779355.5	131173.9
131297.9	5734.8	2103536.0	1881919.5	288633.2
18227.4	20305.3	1809428.6	1337659.6	208255.5
53567.4	17603.7	1791758.6	1394362.0	278125.9
174939.6	105231.2	4655226.6	3769240.6	318633.5
31746.5	7328.4	925395.7	732020.7	68373.6
33157.2	15086.3	279938.1	233588.0	33519.3
24470.0	45120.5	926746.3	679349.5	211153.7
116696.7	51510.7	1932561.7	1279067.2	126161.5
18761.6	7811.1	519549.8	386484.8	94842.0
18172.1	23784.0	767760.1	604635.1	120532.9
200.5	683.3	17621.8	14318.1	129.6
12917.1	10035.0	1326982.7	1072041.5	238603.5
4558.1	7346.9	431518.7	361412.8	35468.1
1337.8	3906.8	63800.0	48434.8	13835.7
4249.2	1977.5	119956.6	93927.3	40534.5
1610.9	6879.9	301539.7	227332.3	112410.0

各类学校教育经费
Sources of Educational Funds and Expenditure

学校类别 Type of Schools	合　计 Total	国家财政性教育经费 Government Appropriation for Education	#公共财政预算教育经费 Public Expenditure on Education
全国总计 National Total	**238692935.6**	**185867009.2**	**168045616.5**
中 央 Central Government	23356524.6	15634143.7	14413470.1
地 方 Local Government	215336411.0	170232865.5	153632146.4
按学校类别分组 Grouped by Type of Schools			
高等学校 HEIs	70208739.8	40963276.9	38303347.7
普通高等学校 Regular HEIs	68802316.4	40234989.2	37632641.0
成人高等学校 Adult HEIs	1406423.4	728287.7	670706.7
中等职业学校 Secondary Vocational Schools	16385030.1	12590643.7	10379262.7
普通中专 Regular Specialized Secondary Schools	7560390.2	5671922.2	4728780.9
成人中专 Adult Specialized Secondary Schools	6177797.3	5062497.2	4025549.0
职业高中 Vocational High Schools	1854711.7	1236387.7	1064615.0
技工学校 Skilled Workers Schools	792130.9	619836.6	560317.8
中 学 Secondary Schools	66709034.2	57114549.6	50782295.4
普通中学 Regular Secondary Schools	66607151.3	57023627.6	50710861.1
普通高中 Regular Senior Secondary Schools	24943611.1	17999617.0	15376403.6
普通初中 Regular Junior Secondary Schools	41663540.2	39024010.6	35334457.5
#农村 Rural	22879621.2	22308622.4	20740121.3
成人中学 Adult Secondary Schools	101882.9	90922.0	71434.3
小学 Primary Schools	60124182.6	57599831.0	53147915.1
普通小学 Regular Primary Schools	60120840.8	57596541.9	53144650.9
#农 村 Rural	37975039.5	37249144.3	35088711.1
成人小学 Adult Primary Schools	3341.8	3289.1	3264.2
特殊教育学校 Special Education Schools	790438.5	766926.5	654864.7
幼儿园 Kindergartens	10185760.6	4156986.1	3516392.2
教育行政单位 Education Administrative Department	3281499.1	2989851.9	2628782.0
教育事业单位 Education Public Institutions	8777740.4	7712372.9	6676854.8
其　它 Others	2230510.3	1972570.6	1955901.9

来源和支出情况（2011 年）
for Education in Various School（2011）

单位：万元
unit：10,000 yuan

民办学校中举办者投入 Funds from Runners of Private Schools	社会捐赠经费 Donor Funding for the Community	事业收入 Income from Teaching Research and Other Auxiliary Activity		其他教育经费 Other Educational Funds
			学杂费 Tuition	
1119319.8	**1118675.1**	**44246926.6**	**33169741.9**	**6341004.9**
	266792.8	6096207.9	2937487.1	1359380.2
1119319.8	851882.3	38150718.7	30232254.8	4981624.7
332915.3	434533.6	24620019.0	18623612.3	3857995.0
332915.3	431869.8	24007176.0	18121026.0	3795366.1
	2663.8	612843.0	502586.3	62628.9
128687.6	24765.0	3226600.3	2668383.8	414333.5
58264.2	9057.7	1619122.1	1350179.6	202024.0
55130.3	13427.4	942753.9	803664.2	103988.5
7359.0	1756.8	522611.6	436449.6	86596.6
7934.1	523.1	142112.7	78090.4	21724.4
215221.1	363248.0	8144613.5	5770464.5	871402.0
215221.1	363154.2	8136798.7	5769061.1	868349.7
76990.1	186049.6	6238203.8	4546107.6	442750.6
138231.0	177104.6	1898594.9	1222953.5	425599.1
41210.7	63884.3	304463.4	173900.5	161440.4
	93.8	7814.8	1403.4	3052.3
149896.7	218536.5	1638763.4	1141006.3	517155.0
149896.7	218536.5	1638728.5	1141006.3	517137.2
48293.4	102146.3	358382.2	223509.3	217073.3
		34.9		17.8
173.9	5220.7	7732.9	1435.3	10384.5
292425.2	50189.0	5497585.7	4927263.0	188574.6
	11908.9	135171.4		144566.9
	9970.6	785482.8		269914.1
	302.8	190957.6	37576.7	66679.3

二、教育基本建设投资
Capital Construction Investment in the Educational Sector

教育基本建设
Data on the Completion of Capital Construction

学校类别 Type of School	投资合计 Total Investment Completed in the Curent year (10,000 yuan)	本年完成投资按 Investment by Source of			
		国家预算内 Budgetary Allocation			
		合计 Total	中央 Central	省级 Local	合计 Total
总　计 Total	**29442109**	**19371551**	**4579616**	**14791935**	**7261802**
高等教育学校 Higher Education Schools	9619292	1708833	196365	1512468	5649291
中等职业学校 Secondary Vocational Schools	1734565	1466616	241084	1225532	210767
普通中学 Regular Secondary Schools	8886962	7912971	1723317	6189654	726269
职业初中 Vocational Junior Secondary Schools	17918	15835	5826	10008	1610
小学 Primary Schools	6056492	5523230	1591545	3931685	376797
特殊教育学校 Special Education Schools	188006	172636	61867	110769	10619
幼儿园 Kindergartens	2316033	2026010	647634	1378376	225809
其他 Other	622842	545420	111977	433443	60641

投资完成情况(总计)

Investment in the Educational Sector(Total)

资金来源分(万元) Fund (10,000 yuan)			本年竣工建筑面积(平方米) Building Floor Area Completed (m^2)			
自筹资金 Self-raised Fund		其他 Other Sources	合计 Total	教学及辅助用房 Teaching and Administrative	行政办公用房 Adm. Building Rooms for Other Purpose	其他用房 Others
其中 of Which						
学校自筹 Raised by School	个人捐资 Individual Donations					
7068269	**193534**	**2808757**	**130283205**	**79026927**	**4554604**	**46701674**
5497381	151909	2261168	25577803	12604621	943162	12030020
208068	2698	57182	7302236	4413220	251412	2637604
703235	23034	247723	45348705	25224775	1663248	18460682
1610		473	93370	60804	1792	30774
371003	5793	156465	34614064	22508007	1114952	10991105
10619		4751	882742	606865	38144	237733
215761	10048	64214	13566091	11599472	391463	1575156
60591	50	16781	2898194	2009163	150431	738600

地方所属各级学校

Data on the Completion of Capital Construction

学校类别 Type of School	投资合计 (万人) Total Investment Completed in the Curent year (10,000 yuan)	本年完成投资按 Investment by Source of 国家预算内 Budgetary Allocation 合计 Total	中央 Central	省级 Local	合计 Total
总　计 Total	**29442109**	**19371551**	**4579616**	**14791935**	**7261802**
北　京 Beijing	611664	515295	740	514555	96368
天　津 Tianjin	342284	164651	8600	156051	174428
河　北 Hebei	958826	836631	176576	660055	113325
山　西 Shanxi	604533	164118	59473	104645	408554
内蒙古 Inner Mongolia	723265	505266	52656	452610	192567
辽　宁 Liaoning	684560	385798	23549	362248	281113
大连 Dalian	207570	206888	600	206288	95
吉　林 Jilin	122911	40726	23016	17710	80044
黑龙江 Heilongjiang	372809	285586	51849	233737	82228
上　海 Shanghai	537174	282156		282156	246653
江　苏 Jiangsu	3081723	859380	975	858406	307873
浙　江 Zhejiang	1230718	847528	5373	842155	301975
宁波 Ningbo	264954	264062	10250	253812	668
安　徽 Anhui	482536	229541	84298	145243	244715
福　建 Fujian	560808	382500	17019	365482	128440
厦门 Xiamen	137221	130521		130521	6700
江　西 Jiangxi	806775	555699	252099	303600	225521
山　东 Shandong	1402958	910209	92714	817496	403193
青岛 Qingdao	173823	141766		141766	12435
河　南 henan	1689880	773206	263385	509822	882947
湖　北 Hubei	851645	626408	193457	432951	213034
湖　南 Hunan	730682	565689	135581	430108	160772
广　东 Guangdong	1952926	1556786	4287	1552499	341930
深圳 Shenzhen	545788	532565		532565	13223
广　西 Guangxi	1121254	775122	270480	504641	319828
海　南 Hainan	396235	361564	76756	284809	34352
重　庆 Chongqing	670284	373954	100012	273943	276339
四　川 Sichuan	1332076	875772	436859	438913	389235
贵　州 guizhou	1487773	1028224	419969	608256	398576
云　南 Yunnan	1597144	1113522	503150	610373	301234
西　藏 Tibet	210177	205562	163555	42008	2357
陕　西 Shaanxi	912766	630625	124485	506140	271384
甘　肃 Gansu	942002	816850	435602	381248	116588
青　海 Qinghai	478548	391711	99068	292643	84837
宁　夏 Ningxia	310064	277515	146350	131165	30109
新　疆 Xinjiang	846921	703419	303239	400180	116340
新疆生产建设兵团 Xinjiang Construction Corps	58836	54734	43595	11139	1822

投资完成情况
Investment in the Educational Sector

资金来源分(万元) Fund (10,000 yuan)			本年竣工建筑面积(平方米) Building Floor Area Completed (m^2)			
自筹资金 Self-raised Fund		其他 Other Sources	合计 Total	教学及辅助用房 Teaching and Administrative	行政办公用房 Adm. Building Rooms for Other Purpose	其他用房 Others
其中 of Which						
学校自筹 Raised by School	个人捐资 Individual Donations					
7068269	**193534**	**2808757**	**130283205**	**79026927**	**4554604**	**46701674**
96368			1467200	1074927	98787	293486
174428		3205	1145975	821730	17227	307018
111871	1454	8870	6046030	4139385	269960	1636685
397378	11176	31861	1352181	733930	3994	614257
183468	9099	25432	3050265	1859510	208503	982252
272371	8742	17649	2745899	1875786	125145	744968
95		587	1116481	874828	39299	202354
79929	115	2141	751698	422480	25591	303627
81876	352	4996	1971394	1523691	64435	383268
246653		8365	800210	781253		18957
307223	650	1914469	5613485	4186983	269640	1156862
300553	1422	81215	3287365	2072923	182064	1032378
668		224	512250	361534	32797	117919
242654	2061	8280	3025681	1580354	50191	1395136
128440		49868	3743588	2728559	78437	936592
6700			753254	660253	4687	88314
219340	6181	25555	4972019	2469436	171383	2331200
399635	3558	89555	7794150	5758688	478614	1556848
12435		19622	1475844	1184207	126576	165061
836773	46174	33727	8684629	4520251	449941	3714437
212078	956	12203	4788262	2777330	98848	1912084
157315	3458	4221	4504130	2719642	94696	1689792
324697	17232	54210	8132766	4931306	307193	2894267
13223			1274222	786297	51589	436336
299551	20278	26304	6839005	3630905	135355	3072745
34352		319	1688320	1095010	15940	577370
272266	4072	19991	3266017	1723209	96876	1445932
388479	756	67070	7183761	4254328	209797	2719636
398576		60973	7774021	3740716	129030	3904275
298651	2583	182388	7899394	4011306	237966	3650122
2357		2258	786437	312429	25447	448561
248163	23221	10757	4432878	2472701	175207	1784970
111764	4824	8564	4810602	2936239	87950	1786413
84837		2000	1311922	622805	39317	649800
26965	3144	2440	1246228	1010801	21877	213550
94314	22026	27162	3715112	2182424	122518	1410170
1822		2280	320530	188771	7727	124032

第三部分
Part Ⅲ

科学研究活动及其他
SCIENTIFIC RESEARCH ACTIVITES & OTHER

一、自然科学与技术
Natural Science and Technology

	教学与科研人员 Personnel Engaged in S&T Activities		研究与发展人员 R & D Personnel	
	合计 Total	其中:科学家和工程师 of Which: Scientists & Engineers	合计 Total	其中:科学家和工程师 of Which: Scientists & Engineers
总　计 Total	**861169**	**826435**	**347861**	**340869**
按学校规格分 Breakdown by Category of HEIs				
"211"及省部共建高等学校 Key HEIs	302748	286989	149332	145139
其他本科院校 Ordinary Degree Level HEIs	484129	467720	187957	185221
高等专科学校 Short – cycle HEIs	74292	71726	10572	10509
按学校隶属分 Breakdown by Control				
部委院校 HEIs under Other Central Ministries	30730	29689	19643	19262
教育部直属院校 HEIs under Ministry of Education	216924	204561	105976	102737
地方院校 HEIs under Local Govermments	613515	592185	222242	218870
按学校类型分 Breakdown by Type of HEIs				
综合大学 Comprehensive Universities	263446	249781	111317	108522
工科院校 Engineering	272076	265065	117617	116100
农林院校 Agriculture	47865	45629	21472	20936
医药院校 Medicine & Pharmacy	204509	194507	66798	65029
师范院校 Teachers Training	58177	56819	25337	25008
其他院校 Others	15096	14634	5320	5274

科技人力情况
in Regular HEIs

单位:人
unit: person

研究与发展全时人员 R & D FTEs (Full-time Equivalents)		R&D 成果应用及科技服务人员 R & D Personnel		R&D 成果应用及科技服务全时人员 R & D FTEs (Full-time Equivalents)	
合计 Total	其中:科学家和工程师 of Which: Scientists & Engineers	合计 Total	其中:科学家和工程师 of Which: Scientists & Engineers	合计 Total	其中:科学家和工程师 of Which: Scientists & Engineers
208657	**204462**	**42896**	**42085**	**25721**	**25245**
89595	87075	22884	22321	13727	13392
112734	111101	18403	18181	11037	10913
6328	6286	1609	1583	957	940
11784	11554	1843	1815	1106	1089
63581	61636	16954	16499	10171	9901
133292	131272	24099	23771	14444	14255
66779	65100	15101	14663	9053	8797
70552	69641	20878	20683	12516	12402
12882	12557	3560	3446	2135	2068
40060	39006	1145	1126	687	675
15200	15000	1912	1867	1150	1123
3184	3158	300	300	180	180

	拨 入 Revenues			
	合 计 Total	政府资金 Government Funds	企事业单位委托 Contract Research Fund	其 他 Others
总 计 Total	**117033550**	**70913205**	**39181397**	**6938948**
按学校规格分 Breakdown by Category of HEIs				
"211"及省部共建高等学校 Key HEIs	81233805	50914874	27534582	2784349
其他本科院校 Ordinary Degree Level HEIs	34942331	19533609	11392803	4015919
高等专科学校 Short – cycle HEIs	857414	464722	254012	138680
按学校隶属分 Breakdown by Control				
部委院校 HEIs under Other Central Ministries	13821526	9049168	4576698	195660
教育部直属院校 HEIs under Ministry of Education	60113946	37658798	20323416	2131732
地方院校 HEIs under Local Govermments	43098078	24205239	14281283	4611556
按学校类型分 Breakdown by Type of HEIs				
综合大学 Comprehensive Universities	39331864	25892478	11251553	2187833
工科院校 Engineering	58383835	30230302	25457532	2696001
农林院校 Agriculture	7257317	5713698	1208871	334748
医药院校 Medicine & Pharmacy	6063663	5031374	257304	774985
师范院校 Teachers Training	5130078	3464468	847868	817742
其他院校 Others	866793	580885	158269	127639

科技经费情况
in Regular HEIs

单位：千元
unit：1,000 yuan

支出 Expenditures				
合计 Total	劳务费 Personnel Costs	业务费 Non-Personnel Expenses	转拨外单位经费 Expenses on Extermal Services	其他 Others
104530459	**2963252**	**2667453**	**8797400**	**86586461**
72154794	2552808	1986768	7116386	58424115
31606704	407376	673121	1666237	27464315
768961	3068	7564	14777	698031
12265742	115950	320749	1026585	10062777
52907361	2288950	1621346	5787848	42076389
39357356	558352	725358	1982967	34447295
34409658	1445613	504723	2948403	28138614
52965889	973262	1899293	4257378	43828000
6637058	342036	193660	1009554	5220345
5097938	134611	42763	385178	4454094
4654003	65020	25949	164938	4250345
765913	2710	1065	31949	695063

普通高等学校研究与
Statistics of R & D Projects and

	科技课题 R & D Projects			出版科技专著(部) No. of Mono-graphs Published
	课题数(项) No. of Projects	投入人数 No. of Input of S&D Manpower	实际支出 Actual Exp.	
总　计 Total	**423366**	**260472**	**73173237**	**12060**
按学校规格分 Breakdown by Category of HEIs				
"211"及省部共建高等学校 Key HEIs	211420	114800	52584401	2940
其他本科院校 Ordinary Degree Level HEIs	201106	137577	20150713	6411
高等专科学校 Short – cycle HEIs	10840	8095	438123	2709
按学校隶属分 Breakdown by Control				
部委院校 HEIs under Other Central Ministries	26168	14324	8401230	469
教育部直属院校 HEIs under Ministry of Education	156025	81947	39028156	1983
地方院校 HEIs under Local Govermments	241173	164201	25743851	9608
按学校类型分 Breakdown by Type of HEIs				
综合大学 Comprehensive Universities	130871	84253	23716754	2232
工科院校 Engineering	175821	92299	39314519	5006
农林院校 Agriculture	31288	16685	4598345	1093
医药院校 Medicine & Pharmacy	47624	45334	2556756	2771
师范院校 Teachers Training	32438	18159	2635169	705
其他院校 Others	5324	3742	351694	253

发展课题、成果情况

Achievements in Regular HEIs

单位：千元

unit：1,000 yuan

发表学士论文（篇）No. of Papers Published	成果获奖 Achieverment Awards		技术转让 Techonlogical Transfer		知识产权授权数 No. of Awarded	专利出售 Income from License Arrangements	
	合计 Total	其中：国家奖 of Which：National Awards	合同数 No. of Contracts	收入 Actual Revenues		项数 No. of Items	实现金额 Income
797104	**5283**	**289**	**10275**	**2756117**	**68971**	**2357**	**821096**
370044	2742	226	5524	1977404	38600	1182	544878
390767	2482	63	4708	776887	28043	1148	275377
36293	59	0	43	1826	2328	27	841
46584	262	23	423	94433	5326	108	41020
270671	2080	191	4340	1752421	28157	842	446668
479849	2941	75	5512	909263	35488	1407	333408
249513	1577	100	3346	747569	21717	716	264306
308577	2230	142	4733	1721237	36971	1278	452105
51779	461	29	1378	133658	4208	137	24686
116338	717	13	134	62130	1667	21	34690
58371	236	4	484	73491	3074	135	38394
12526	62	1	200	18032	1334	70	6915

二、社会科学
Social Science

普通高等学校人文、
Professional Manpower in Regular HEIs in the

		学校数（所）No. of HEIs	社科活动人员（人）Personnel Engaged in Social Science Research (person)				
			合 计 Total	高 级 Senior	中 级 Middle	初级 Junior	其他人员 Others
总 计 Total		**1090**	**482050**	**183482**	**211274**	**82344**	**4950**
按学校隶属关系分 Breakdown by Control	教育部直属院校 HEIs under Ministry of Education	73	61278	32727	23871	4190	490
	其他部委院校 HEIs under Other Central Ministries	30	15055	6554	6643	1752	106
	地方院校 HEIs under Local Govermments	987	405717	144201	180760	76402	4354
按学校规格分 Breakdown by Category of HEIs	本科院校 Regular HEIs	750	424105	168104	185834	66365	3802
	专科院校 Short-cycle HEIs	340	57945	15378	25440	15979	1148
按学校类型分 Breakdown by Type of HEIs	综合大学 Comprehensive Universities	217	134086	54923	56827	20922	1414
	理工农医院校 HEIs Science and Technology, Agriculture and Medicine	471	146275	51042	68655	25060	1518
	师范院校 Teachers Training	160	94119	36049	40164	17070	836
	语文院校 Languages	25	13655	4955	6188	2402	110
	财经院校 Finance and Economics	102	51259	19910	21530	9243	576
	政法院校 Political Science & Law	41	13214	5712	5564	1826	112
	体育院校 Physical Culture	18	6338	2536	2614	1102	86
	艺术院校 Art	41	14160	4794	5911	3263	192
	民族院校 Minorities	15	8944	3561	3821	1456	106

社会科学人力情况

Fields of the Humanities and Social Science

研究与发展人员(人) R & D Personnel (person)						研究与发展人员(人年) R & D Personnel (man/year)					
合 计 Total	高 级 Senior	中 级 Middle	初 级 Junior	其他人员 Others	研究生 Postgraduates	合 计 Total	高 级 Senior	中 级 Middle	初 级 Junior	其他人员 Others	研究生 Postgraduates
329799	**137204**	**112105**	**29155**	**4158**	**47177**	**81619.3**	**37851.5**	**27055.3**	**6262.9**	**761.0**	**9688.6**
70119	28803	14541	1747	1372	23656	18977.6	9435.2	4096.3	415.9	279.2	4751.0
11366	4847	3735	519	139	2126	3059.6	1415.1	956.3	112.4	28.4	547.4
248314	103554	93829	26889	2647	21395	59582.1	27001.2	22002.7	5734.6	453.4	4390.2
307760	129045	102209	25437	3908	47161	77156.1	36082.8	25079.2	5587.2	720.5	9686.4
22039	8159	9896	3718	250	16	4463.2	1768.7	1976.1	675.7	40.5	2.2
101191	42923	30518	6956	2055	18739	25703.8	12562.0	7551.8	1501.2	377.4	3711.4
93947	36283	35710	8865	461	12628	22511.6	9284.9	8328.3	1871.4	84.8	2942.2
64062	27096	22213	6671	709	7373	15865.5	7429.8	5420.3	1488.5	135.0	1391.9
9489	3936	3496	891	76	1090	2106.8	1038.1	730.0	153.0	12.1	173.6
36745	16220	12318	3362	535	4310	8956.7	4382.9	2949.9	680.5	92.6	850.8
9339	4521	2862	723	122	1111	2302.4	1258.7	711.6	151.9	19.6	160.6
4493	1815	1430	445	44	759	1296.7	622.0	419.2	107.8	7.5	140.2
5419	2052	1763	830	80	694	1514.8	622.1	486.4	216.3	17.2	172.8
5114	2358	1795	412	76	473	1361.0	651.0	457.8	92.3	14.8	145.1

		学校数（所） No. Of HEIs	拨　入 Revenues						
			合计 Total	科研活动经费 Funds for R&D	科技活动人员工资 Personnel Costs	科研基建费 Capital Construction Funds for R&D	企事业单位委托项目经费 Contract Research Funds Provided by Ent. & Inst.	金融机构贷款 Loans Provided by Financial Inst.	自筹经费 Self-raised Fubds
总　计 Total		**1090**	**99813674.21**	**42767324.05**	**15018862.8**	**484493.1**	**26371036.04**	**749.2**	**11998460.38**
按学校隶属关系分 Breakdown by Control	教育部直属院校 HEIs under Ministry of Education	73	42611133.29	20431972.27	3322208.67		13878385.38		3275648.91
	其他部委院校 HEIs under Other Central Ministries	30	3868585.8	1936417.02	574135.5	13500	861475.92		444489.03
	地方院校 HEIs under Local Govermments	987	53333955.12	20398934.76	11122518.63	470993.1	11631174.74	749.2	8278322.44
按学校规格分 Breakdown by Category of HEIs	本科院校 Regular HEIs	750	97842904.26	42267044.13	14142893.91	478391.6	26179089.24		11631276.45
	专科院校 Short-cycle HEIs	340	1970769.95	500279.92	875968.89	6101.5	191946.8	749.2	367183.93
按学校类型分 Breakdown by Type of HEIs	综合大学 Comprehensive Universities	217	38128840.4	16865770.03	4738027.34	25284	11231299.42		4065126.47
	理工农医院校 HEIs Science and Technology, Agriculture and Medicine	471	23782288.01	9012973.07	3933494.79	3000	8137368.34	300	2092047.99
	师范院校 Teachers Training	160	16145695.9	6923453.4	2984308.81	74682.5	2851409.81	449.2	2568804.19
	语文院校 Languages	25	2561332.5	956579.39	387169.29	44000	476478.27		617147.99
	财经院校 Finance and Economics	102	10391171.99	4470289.8	1720709.87	86256.6	2189543.42		1724280.81
	政法院校 Political Science & Law	41	2806706.53	1402333.59	478410	36500	293411.3		444334.92
	体育院校 Physical Culture	18	1348979.81	801034.43	255383.85	39700	84538.13		115156
	艺术院校 Art	41	3309846.79	1576734.33	279169.85	175070	1005981.31		211359.53
	民族院校 Minorities	15	1338812.28	758156.01	242189		101006.04		160202.48

学研究与发展经费情况
Expenditure in Regular HEIs

单位：百元

unit：100 Yuan

国外资金 Foreign Funds	其他收入 Others Revenues	支出 Expenditures									转拨给外单位经费 Extra-mural Exp.
		合计 Total	内部支出 Intramural Expenditures								
			小计 Subtotal	科研人员费 Personnel Costs	业务费 Non-Personnel Expenses	科研基建费 Capital Constr-uction Funds for R&D	仪器设备费 Instruments and Equipment	图书资料费 Books and Infor-mation	管理费 Manage-ment	其他 Others	
1507382.87	**1665365.77**	**93031343.31**	**91866323.21**	**19885766.85**	**42043093.32**	**405512.34**	**8689511.35**	**10786898.01**	**2910394.22**	**7145147.12**	**1165020.1**
1237886.62	465031.44	40024219.56	39131668.8	5139972.43	19984528.28	3826	3947440.33	4730406.71	1542351.8	3783143.25	892550.76
20622.55	17945.78	3653203.61	3640438.61	652052.52	1992783.27	10600	338084.05	410844.81	89807.64	146266.32	12765
248873.7	1182388.55	49353920.14	49094215.8	14093741.9	20065781.77	391086.34	4403986.97	5645646.49	1278234.78	3215737.55	259704.34
1503557.87	1640651.06	91208645.42	90050918.32	18894063.12	41569962.33	398120.34	8629694.84	10640142.12	2873134.47	7045801.1	1157727.1
3825	24714.71	1822697.89	1815404.89	991703.73	473130.99	7392	59816.51	146755.89	37259.75	99346.02	7293
677702.99	525630.15	34968723.02	34697337.39	6984207.33	15235376.66	23695	3659992.94	4406108.84	1172018.69	3215937.93	271385.63
421533.46	181570.36	22540356.22	21936730.21	4817687.46	10500559.59	9818	1453295.8	6678053.75	2126888.82	5144492.25	603626.01
192291.66	550296.33	15399434.6	15263304.32	3515481.23	6439426.33	61531	1781490.51	8839474.5	2469891.91	6105443.66	136130.28
4875.67	75081.89	2401844.65	2395974.65	589552.77	1110272.87	33214	192424.49	9087169.87	2528783.12	6269367.6	5870
64006.42	136085.07	9747575.6	9648672.29	2370688.55	4409831.35	84426	777522.8	10255069.58	2785031.01	6851423.59	98903.31
134943.15	16773.57	2478580.45	2453483	571417.47	1329848.83	36500	216619.57	10406643.99	2818268.64	6965708.68	25097.45
829	52338.4	1391535.85	1372983.43	361743.78	535496.82	36800	251100.24	10495198.43	2858410.2	7024855.27	18552.42
161.77	61370	3016196.32	3010741.32	394547.76	2013181.09	119528.34	250218.36	10619890.77	2890670.33	7101168.57	5455
11038.75	66220	1087096.6	1087096.6	280440.5	469099.78		106846.64	10786898.01	2910394.22	7145147.12	

普通高等学校人文、社会科学研
Basic Statistics of Humunities and Social Sciences

		课题数（项）No. of Projects	当年投入人数（人年）Input of Man-year（man/year）		当年拨入经费（百元）Revenues（100 yuan）	当年支出经费（百元）Expenditures（100 yuan）
				其中：研究生 of Which: Graduate Students		
总　计 Total		**291606**	**81206.3**	**9703.5**	**63619953.34**	**53699133.86**
按学校隶属关系分 Breakdown by Control	教育部直属院校 HEIs under Ministry of Education	78597	18934.6	4751.0	31387545.72	26187696.83
	其他部委院校 HEIs under Other Central Ministries	9833	3031.0	550.0	2893910.31	2556887.7
	地方院校 HEIs under Local Govermments	203176	59240.7	4402.5	29338497.31	24954549.33
按学校规格分 Breakdown by Category of HEIs	本科院校 Regular HEIs	276830	76770.0	9698.5	62843195.54	53064435.3
	专科院校 Short-cycle HEIs	14776	4436.3	5.0	776757.8	634698.56
按学校类型分 Breakdown by Type of HEIs	综合大学 Comprehensive Universities	98053	25544.2	3711.2	25251751.98	20705507.05
	理工农医院校 HEIs Science and Technology, Agriculture and Medicine	77761	22453.8	2951.2	17622695.61	15951157.81
	师范院校 Teachers Training	55299	15770.5	1391.9	9035786.1	7883843.92
	语文院校 Languages	8029	2099.3	173.6	1286909.34	867292.71
	财经院校 Finance and Economics	30734	8915.7	850.8	5873786.47	4626565.01
	政法院校 Political Science & Law	8668	2290.7	161.6	1312231.02	1055680.18
	体育院校 Physical Culture	3702	1290.6	140.2	681252.06	546859.94
	艺术院校 Art	4879	1481.9	177.9	1566628.98	1358782.03
	民族院校 Minorities	4481	1359.6	145.1	988911.78	703445.21

究与发展课题、成果情况
R & D and Achievements in Regular HEIs

出版专著（部） Monographs Published（titles）	发表论文（篇） No. of Papers Published				研究与咨询报告 Research and Consulting Report	
	合计 Total	国内学术刊物 In Domestic Journals	国外学术刊物 In Foreignal Journals	港澳台刊物 In Hong Kong and Macao Journals	合计 Total	其中：被采纳数 of Which：Accepted Number
12474	**320638**	**310761**	**9106**	**771**	**8878**	**4407**
4039	69173	64453	4373	347	3265	1998
536	12298	11727	510	61	261	102
7899	239167	234581	4223	363	5352	2307
12176	293647	283975	8932	740	8176	4119
298	26991	26786	174	31	702	288
4537	99407	95545	3527	335	3580	2150
2285	85381	82582	2696	103	2017	1045
2683	66187	65084	989	114	1180	497
447	8934	8432	460	42	313	97
1310	33687	32664	966	57	1115	446
525	11226	10930	215	81	283	54
86	4072	3922	139	11	177	16
330	5346	5314	26	6	102	81
271	6398	6288	88	22	111	21

附　　表

Appendixes

（摘自国家统计局《2012 年中国统计年鉴》）

Data from “2012 China Statisical Yearbook”

国内生产总值

Gross Domestic Product

单位:亿元

unit: 100 million yuan

年份 Year	国民生产总值 Gross National Product	国内生产总值 Gross Domestic Product								人均国内生产总值(元) Per Capita GDP (yuan)
		合计 Total	第一产业 Primary Industry	第二产业 Secondary Industry			第三产业 Tertiary Industry			
				小计 Subtotal	工业 Industry	建筑业 Construction	小计 Subtotal	交通运输仓储邮电通信业 Transportation, Post and Telecommunications	批发和零售贸易餐饮业 Wholesale, Retail & Catering Trade	
1952	679.0	679.0	342.9	141.8	119.8	22.0	194.3	29.0	80.3	119
1953	824.0	824.0	378.0	192.5	163.5	29.0	253.5	35.0	115.5	142
1954	859.0	859.0	392.0	211.7	184.7	27.0	255.3	38.0	120.3	144
1955	910.0	910.0	421.0	222.2	191.2	31.0	266.8	39.0	119.8	150
1956	1028.0	1028.0	443.9	280.7	224.7	56.0	303.4	46.0	131.4	165
1957	1068.0	1068.0	430.0	317.0	271.0	46.0	321.0	49.0	133.0	168
1958	1307.0	1307.0	445.9	483.5	414.5	69.0	377.6	71.0	136.6	200
1959	1439.0	1439.0	383.8	615.5	538.5	77.0	439.7	94.0	145.7	216
1960	1457.0	1457.0	340.7	648.2	568.2	80.0	468.1	104.0	133.1	218
1961	1220.0	1220.0	441.1	388.9	362.1	26.8	390.0	69.2	110.8	185
1962	1149.3	1149.3	453.1	359.3	325.4	33.9	336.9	57.4	80.5	173
1963	1233.3	1233.3	497.5	407.6	365.6	42.0	328.2	55.0	76.1	181
1964	1454.0	1454.0	559.0	513.5	161.1	52.4	381.5	58.4	94.0	208
1965	1716.1	1716.1	651.1	602.2	546.5	55.7	462.8	77.4	118.3	240
1966	1868.0	1868.0	702.2	709.5	648.6	60.9	456.3	85.1	148.1	254
1967	1773.9	1773.9	714.2	602.8	544.9	57.9	456.9	72.3	153.5	235
1968	1723.1	1723.1	726.3	537.3	190.3	47.0	459.5	70.5	138.9	222
1969	1937.9	1937.9	736.2	689.1	626.1	63.0	512.6	84.9	163.6	243
1970	2252.7	2252.7	793.3	912.2	828.1	84.1	547.2	100.2	178.1	275
1971	2426.4	2426.4	826.3	1022.8	926.6	96.2	577.3	108.4	178.3	288
1972	2518.1	2518.1	827.4	1084.2	989.9	94.3	606.5	118.0	194.3	292
1973	2720.9	2720.9	907.5	1173.0	1072.5	100.5	640.4	125.5	211.0	309
1974	2789.9	2789.9	945.2	1192.0	1083.6	108.4	652.7	126.1	206.6	310
1975	2997.3	2997.3	971.1	1370.5	1244.9	125.6	655.7	141.6	175.8	327
1976	2943.7	2943.7	967.0	1337.2	1204.6	132.6	639.5	139.6	147.2	316
1977	3201.9	3201.9	942.1	1509.1	1372.4	136.7	750.7	156.9	213.8	339
1978	3645.2	3645.2	1027.5	1745.2	1607.0	138.2	872.5	182.0	242.3	381
1979	4062.6	4062.6	1270.2	1913.5	1769.7	143.8	878.9	193.7	200.9	419
1980	4545.6	4545.6	1371.6	2192.0	1996.5	195.5	982.0	213.4	193.8	463
1981	4889.5	4891.6	1559.5	2255.5	2048.4	207.1	1076.6	220.7	231.1	492
1982	5330.5	5323.4	1777.4	2383.0	2162.3	220.7	1163.0	246.9	171.4	528
1983	5985.6	5962.7	1978.4	2646.2	2375.6	270.6	1338.1	274.9	198.7	583
1984	7243.8	7208.1	2316.1	3105.7	2789.0	316.7	1786.3	338.5	363.5	695
1985	9040.7	9016.0	2564.4	3866.6	3448.7	417.9	2585.0	421.7	802.4	858
1986	10274.4	10275.2	2788.7	4492.7	3967.0	525.7	2993.8	498.8	852.6	963
1987	12050.6	12058.6	3233.0	5251.6	4585.8	665.8	3574.0	568.3	1059.6	1112
1988	15036.8	15042.8	3865.4	6587.2	5777.2	810.0	4590.3	685.7	1483.4	1366
1989	17000.9	16992.3	4265.9	7278.0	6484.0	794.0	5448.4	812.7	1536.2	1519
1990	18718.3	18667.8	5062.0	7717.4	6858.0	859.4	5888.4	1167.0	1268.9	1644
1991	21826.2	21781.5	5342.2	9102.2	8087.1	1015.1	7337.1	1420.3	1834.6	1893
1992	26937.3	26923.5	5866.6	11699.5	10284.5	1415.0	9357.4	1689.0	2405.0	2311
1993	35260.0	35333.9	6963.8	16454.4	14188.0	2266.5	11915.7	2174.0	2816.6	2998
1994	48108.5	48197.9	9572.7	22445.4	19480.7	2964.7	16179.8	2787.9	3773.4	4044
1995	59810.5	60793.7	12135.8	28679.5	24950.6	3728.8	19978.5	3244.3	4778.6	5046
1996	70142.5	71176.6	14015.4	33835.0	29447.6	4387.4	23326.2	3782.2	5599.7	5846
1997	78060.9	78973.0	14441.9	37543.0	32921.4	4621.6	26988.1	4148.6	6327.4	6420
1998	83024.3	84402.3	14817.6	39004.2	34018.4	4985.8	30580.5	4660.9	6913.2	6796
1999	88479.2	89677.1	14770.0	41033.6	35861.5	5172.1	33873.4	5175.2	7491.1	7159
2000	98000.5	99214.6	14944.7	45555.9	40033.6	5522.3	38714.0	6161.0	8158.6	7858
2001	108068.2	109655.2	15781.3	49512.3	43580.6	5931.7	44361.6	6870.3	9119.4	8622
2002	119095.7	120332.7	16537.0	53896.8	47431.3	6465.5	49898.9	7492.9	9995.4	9398
2003	134977.0	135822.8	17381.7	62436.3	54945.5	7490.8	56004.7	7913.2	11169.5	10542
2004	159453.6	159878.3	21412.7	73904.3	65210.0	8694.3	64561.3	9304.4	12453.8	12336
2005	183617.4	184937.4	22420.0	87598.1	77230.8	10367.3	74919.3	10666.2	13966.2	14185
2006	215904.4	216314.4	24040.0	103719.5	91310.9	12408.6	88554.9	12183.0	16530.7	16500
2007	266422.0	265810.3	28627.0	125831.4	110534.9	15296.5	111351.9	14601.0	20937.8	20169
2008	316030.3	314045.4	33702.0	149003.4	130260.2	18743.2	131340.0	16362.5	26182.3	23708
2009	340320.0	340902.8	35226.0	157638.8	135239.9	22398.8	148038.0	16727.1	28984.5	25608
2010	399759.5	401512.8	40533.6	187383.2	160722.2	26661.0	173596.0	19132.2	35746.1	30015
2011	472115.0	472881.6	47486.2	220412.8	188470.2	31942.7	204982.5	21931.9	43445.2	35181

注:本表按当年价格计算。

Note:The data in Value terms in this table are calculated at current prices.

各地区国内生产总值(2011 年)
Gross Domestic Product by Region (2011)

单位:亿元
unit: 100 million yuan

地　区 Region	国内生产总值 Gross Domestic Product						人均国内生产总值(元) Per Capita GDP (yuan)
	合　计 Total	第一产业 Primary Industry	第二产业 Secondary Industry			第三产业 Tertiary Industry	
			小　计 Subtotal	工　业 Industry	建筑业 Construction		
北　京 Beijing	16251.93	136.27	3752.48	3048.79	703.69	12363.18	81658
天　津 Tianjin	11307.28	159.72	5928.32	5430.84	497.48	5219.24	85213
河　北 Hebei	24515.76	2905.73	13126.86	11770.38	1356.48	8483.17	33969
山　西 Shanxi	11237.55	641.42	6635.26	5959.96	675.30	3960.87	31357
内蒙古 Inner Mongolia	14359.88	1306.30	8037.69	7101.60	936.09	5015.89	57974
辽　宁 Liaoning	22226.70	1915.57	12152.15	10696.54	1455.61	8158.98	50760
吉　林 Jilin	10568.83	1277.44	5611.48	4917.95	693.53	3679.91	38460
黑龙江 Heilongjiang	12582.00	1701.50	6330.53	5602.76	727.77	4549.97	32819
上　海 Shanghai	19195.69	124.94	7927.89	7208.59	719.30	11142.86	82560
江　苏 Jiangsu	49110.27	3064.77	25203.28	22280.61	2922.67	20842.21	62290
浙　江 Zhejiang	32318.85	1583.04	16555.58	14683.03	1872.55	14180.23	59249
安　徽 Anhui	15300.65	2015.31	8309.38	7062.00	1247.38	4975.95	25659
福　建 Fujian	17560.18	1612.24	9069.20	7675.09	1394.11	6878.74	47377
江　西 Jiangxi	11702.82	1391.07	6390.55	5411.86	978.69	3921.20	26150
山　东 Shandong	45361.85	3973.85	24017.11	21275.89	2741.22	17370.89	47335
河　南 Henan	26931.03	3512.24	15427.08	13949.32	1477.76	7991.72	28661
湖　北 Hubei	19632.26	2569.30	9815.94	8538.04	1277.90	7247.02	34197
湖　南 Hunan	19669.56	2768.03	9361.99	8122.75	1239.24	7539.54	29880
广　东 Guangdong	53210.28	2665.20	26447.38	24649.60	1797.78	24097.70	50807
广　西 Guangxi	11720.87	2047.23	5675.32	4851.37	823.95	3998.33	25326
海　南 Hainan	2522.66	659.23	714.50	475.04	239.46	1148.93	28898
重　庆 Chongqing	10011.37	844.52	5543.04	4690.46	852.58	3623.81	34500
四　川 Sichuan	21026.68	2983.51	11029.13	9491.05	1538.08	7014.04	26133
贵　州 Guizhou	5701.84	726.22	2194.33	1829.20	365.13	2781.29	16413
云　南 Yunnan	8893.12	1411.01	3780.32	2994.30	786.02	3701.79	19265
西　藏 Tibet	605.83	74.47	208.79	48.18	160.61	322.57	20077
陕　西 Shaanxi	12512.30	1220.90	6935.59	5857.92	1077.67	4355.81	33464
甘　肃 Gansu	5020.37	678.75	2377.83	1923.95	453.88	1963.79	19595
青　海 Qinghai	1670.44	155.08	975.18	811.73	163.45	540.18	29522
宁　夏 Ningxia	2102.21	184.14	1056.15	816.79	239.36	861.92	33043
新　疆 Xinjiang	6610.05	1139.03	3225.90	2700.20	525.70	2245.12	30087

注:本表绝对数按当年价格计算,指数按可比价格计算。

Note: Absolute figures in this table are calculated at current prices while indices are calculated at comparable prices.

国家财政收支总额及增长速度

Total Government Revenue and Expenditures and Their Increase Rate

年　份 Year	财政收入 (亿元) Revenue (100 million yuan)	财政支出 (亿元) Expenditures (100 million yuan)	增长速度 Increase Rate (%)	
			财政收入 Revenue	财政支出 Expenditures
1978	1132.26	1122.09	29.5	33.0
1980	1159.93	1228.83	1.2	-4.1
1985	2004.82	2004.25	22.0	17.8
1990	2937.10	3083.59	10.2	9.2
1991	3149.48	3386.62	7.2	9.8
1992	3483.37	3742.20	10.6	10.5
1993	4348.95	4642.30	24.8	24.1
1994	5218.10	5792.62	20.0	24.8
1995	6242.20	6823.72	19.6	17.8
1996	7407.99	7937.55	18.7	16.3
1997	8651.14	9233.56	16.8	16.3
1998	9875.95	10798.18	14.2	16.9
1999	11444.08	13187.67	15.9	22.1
2000	13395.23	15886.50	17.0	20.5
2001	16386.04	18902.58	22.3	19.0
2002	18903.64	22053.15	15.4	16.7
2003	21715.25	24649.95	14.9	11.8
2004	26396.47	28486.89	21.6	15.6
2005	31649.29	33930.28	19.9	19.1
2006	38760.20	40422.73	22.5	19.1
2007	51321.78	49781.35	32.4	23.2
2008	61330.35	62592.66	19.5	25.7
2009	68518.30	76299.93	11.7	21.9
2010	83101.51	89874.16	21.3	17.8
2011	103874.43	109247.79	25.0	21.6

中央财政和地方财政收支总额

Total Revenue and Expenditures of Central and Local Governments

单位:亿元

unit: 100 million yuan

年份 Year	财政收入 Revenue			财政支出 Expenditures		
	合计 Total	中央 Central Government	地方 Local Government	合计 Total	中央 Central Government	地方 Local Government
1978	1132.26	175.77	956.49	1122.09	532.12	589.97
1980	1159.93	284.45	875.48	1228.83	666.81	562.02
1985	2004.82	769.63	1235.19	2004.25	795.25	1209.00
1990	2937.10	992.42	1944.68	3083.59	1004.47	2079.12
1991	3149.48	938.25	2211.23	3386.62	1090.81	2295.81
1992	3483.37	979.51	2503.86	3742.20	1170.44	2571.76
1993	4348.95	957.51	3391.44	4642.30	1312.06	3330.24
1994	5218.10	2906.50	2311.60	5792.62	1754.43	4038.19
1995	6242.20	3256.62	2985.58	6823.72	1995.39	4828.33
1996	7407.99	3661.07	3746.92	7937.55	2151.27	5786.28
1997	8651.14	4226.92	4424.22	9233.56	2532.50	6701.06
1998	9875.95	4892.00	4983.95	10798.18	3125.60	7672.58
1999	11444.08	5849.21	5594.87	13187.67	4152.33	9035.34
2000	13395.23	6989.17	6406.06	15886.50	5519.85	10366.65
2001	16386.04	8582.74	7803.30	18902.58	5768.02	13134.56
2002	18903.64	10388.64	8515.00	22053.15	6771.70	15281.45
2003	21715.25	11865.27	9849.98	24649.95	7420.10	17229.85
2004	26396.47	14503.10	11893.37	28486.89	7894.08	20592.81
2005	31649.29	16548.53	15100.76	33930.28	8775.97	25154.31
2006	38760.20	20456.62	18303.58	40422.73	9991.40	30431.33
2007	51321.78	27749.16	23572.62	49781.35	11442.06	38339.29
2008	61330.35	32680.56	28649.79	62592.66	13344.17	49248.49
2009	68518.30	35915.71	32602.59	76299.93	15255.79	61044.14
2010	83101.51	42488.47	40613.04	89874.16	15989.73	73884.43
2011	103874.43	51327.32	52547.11	109247.79	16514.11	92733.68

人口数及构成
Population and Its Composition

单位：万人
unit：10 thousand persons

年 份 Year	年底总人口 Population (year-end)	按性别分 By Sex				按城乡分 By Residence			
		男 Male		女 Female		城镇总人口 Urban		农村总人口 Rural	
		人口数 Population	比重(%) Proportion	人口数 Population	比重(%) Proportion	人口数 Population	比重(%) Proportion	人口数 Population	比重(%) Proportion
1978	96259	49567	51.49	46692	48.51	17245	17.92	79014	82.08
1979	97542	50192	51.63	47350	48.37	18495	36.22	79047	63.78
1980	98705	50785	51.45	47920	48.55	19140	19.39	79565	80.61
1981	100072	51519	51.47	48553	48.53	20171	39.09	79901	60.91
1982	101654	52352	51.50	49302	48.50	21480	40.53	80174	59.47
1983	103008	53152	51.52	49856	48.48	22274	41.76	80734	58.24
1984	104357	53848	51.53	50509	48.47	24017	42.99	80340	57.01
1985	105851	54725	51.70	51126	48.30	25094	23.71	80757	76.29
1986	107507	55581	51.50	51926	48.50	26366	45.89	81141	54.11
1987	109300	56290	51.47	53010	48.53	27674	46.99	81626	53.01
1988	111026	57201	45.89	53825	43.91	28661	48.34	82365	51.66
1989	112704	58099	46.09	54605	44.23	29540	49.95	83164	50.05
1990	114333	58904	51.52	55429	48.48	30195	26.41	84138	73.59
1991	115823	59466	51.34	56357	48.66	31203	26.94	84620	73.06
1992	117171	59811	51.05	57360	48.95	32175	27.46	84996	72.54
1993	118517	60472	51.02	58045	48.98	33173	27.99	85344	72.01
1994	119850	61246	51.10	58604	48.90	34169	28.51	85681	71.49
1995	121121	61808	51.03	59313	48.97	35174	29.04	85947	70.96
1996	122389	62200	50.82	60189	49.18	37304	30.48	85085	69.52
1997	123626	63131	51.07	60495	48.93	39449	31.91	84177	68.09
1998	124761	63940	51.25	60821	48.75	41608	33.35	83153	66.65
1999	125786	64692	51.43	61094	48.57	43748	34.78	82038	65.22
2000	126743	65437	51.63	61306	48.37	45906	36.22	80837	63.78
2001	127627	65672	51.46	61955	48.54	48064	37.66	79563	62.34
2002	128453	66115	51.47	62338	48.53	50212	39.09	78241	60.91
2003	129227	66556	51.50	62671	48.50	52376	40.53	76851	59.47
2004	129988	66976	51.52	63012	48.48	54283	41.76	75705	58.24
2005	130756	67375	51.53	63381	48.47	56212	42.99	74544	57.01
2006	131448	67728	51.52	63720	48.48	58288	44.34	73160	55.66
2007	132129	68048	51.50	64081	48.50	60633	45.89	71496	54.11
2008	132802	68357	51.47	64445	48.53	62403	46.99	70399	53.01
2009	133450	68647	51.44	64803	48.56	64512	48.34	68938	51.66
2010	134091	68748	51.27	65343	48.73	66978	49.95	67113	50.05
2011	134735	69068	51.26	65667	48.74	69079	51.27	65656	48.73

注：总人口和城镇人口中包括中国人民解放军现役军人。

Note：Urban Population include the military personnel of Chinese People's Liberation Army.

各地区按性别分的15岁及以上文盲人口

Illterate Population Aged 15 and Over by Sex and Region

本表是2011年全国人口变动情况抽样调查样本数据,抽样比为0.850‰。

单位:人,%

unit: person,%

地　区 Region	15岁及以上人口(人) Population Aged 15 & Over			文盲人口(人) Illiterate			文盲人口占15岁及以上人口比重 Percentage to total Population Aged 15 & Over (%)		
	合计 Total	男 Male	女 Female	合计 Total	男 Male	女 Female	合计 Total	男 Male	女 Female
总　计 Total	**956619**	**484840**	**471779**	**49876**	**13240**	**36636**	**5.21**	**2.73**	**7.77**
北　京 Beijing	15737	8012	7725	272	60	213	1.73	0.74	2.75
天　津 Tianjin	10344	5101	5243	251	60	192	2.43	1.17	3.66
河　北 Hebei	50971	26109	24862	1879	490	1388	3.69	1.88	5.58
山　西 Shanxi	25737	13139	12598	746	242	504	2.90	1.84	4.00
内蒙古 Inner Mongolia	18303	9081	9222	800	242	558	4.37	2.66	6.05
辽　宁 Liaoning	33193	16656	16537	757	197	560	2.28	1.18	3.38
吉　林 Jilin	20501	10402	10099	458	143	315	2.24	1.38	3.12
黑龙江 Heilongjiang	28912	14474	14437	757	210	547	2.62	1.45	3.79
上　海 Shanghai	18394	9727	8667	442	87	356	2.40	0.89	4.10
江　苏 Jiangsu	58720	28967	29753	2855	574	2281	4.86	1.98	7.67
浙　江 Zhejiang	40789	19801	20988	2553	657	1896	6.26	3.32	9.04
安　徽 Anhui	41801	20765	21036	3525	896	2630	8.43	4.31	12.50
福　建 Fujian	26774	13033	13740	1183	214	969	4.42	1.64	7.05
江　西 Jiangxi	30114	15532	14582	1115	249	866	3.70	1.60	5.94
山　东 Shandong	69550	34507	35043	4607	1147	3460	6.62	3.32	9.87
河　南 Henan	63576	32155	31421	3622	1017	2605	5.70	3.16	8.29
湖　北 Hubei	42154	21402	20752	2469	596	1873	5.86	2.78	9.03
湖　南 Hunan	46264	23459	22805	1959	541	1418	4.23	2.31	6.22
广　东 Guangdong	74285	39321	34964	2264	484	1780	3.05	1.23	5.09
广　西 Guangxi	30969	16127	14842	1261	283	978	4.07	1.76	6.59
海　南 Hainan	6003	3077	2926	290	64	226	4.82	2.07	7.73
重　庆 Chongqing	20938	10616	10322	1043	298	745	4.98	2.81	7.22
四　川 Sichuan	57636	29278	28358	4156	1177	2978	7.21	4.02	10.50
贵　州 Guizhou	22475	11793	10682	2751	723	2028	12.24	6.13	18.99
云　南 Yunnan	31821	16187	15633	2773	885	1888	8.71	5.47	12.08
西　藏 Tibet	1994	1011	982	589	214	374	29.54	21.20	38.13
陕　西 Shaanxi	27172	13772	13400	1410	461	950	5.19	3.35	7.09
甘　肃 Gansu	18211	9355	8856	1778	566	1212	9.77	6.05	13.69
青　海 Qinghai	3856	1929	1927	409	133	275	10.60	6.92	14.28
宁　夏 Ningxia	4320	2264	2056	362	110	252	8.37	4.86	12.23
新　疆 Xinjiang	15107	7787	7320	541	221	320	3.58	2.83	4.37

注:本表"文盲人口"指15岁及15岁以上不识字及识字很少人口。

Note: Illiterate population in this table refers to the population aged 15 and over, who are unable or very difficult to read.

各地区按性别和受教育程度分的人口
Population by Sex, Educational Level and Region

本表是 2011 年全国人口变动情况抽样调查样本数据,抽样比为 0.850‰。

单位:人
unit: person

地　区 Region	6岁及6岁以上人口 Population Aged 6 and Over			未上过学 Illterate			小学 Primary School			初中 Junior Secondary School			高中 Senior Secondary School			大专及以上 College and Higher Level		
	合计 Total	男 Male	女 Female	合计 Total	男 Male	女 Female	合计 Total	男 Male	女 Female	合计 Total	男 Male	女 Female	合计 Total	男 Male	女 Female	合计 Total	男 Male	女 Female
全国 National Total	**1067267**	**544753**	**522514**	**58732**	**17464**	**41268**	**294232**	**139378**	**154854**	**441905**	**236369**	**205537**	**165049**	**94528**	**70521**	**107348**	**57013**	**50334**
北京 Beijing	16491	8402	8088	306	74	232	1742	803	939	5201	2909	2292	3645	1845	1801	5597	2772	2825
天津 Tianjin	11019	5454	5565	307	86	220	1837	876	961	4059	2143	1916	2503	1293	1210	2313	1055	1257
河北 Hebei	56753	29296	27457	2317	698	1619	14771	6918	7853	28324	15055	13269	8296	5015	3281	3045	1610	1435
山西 Shanxi	28941	14827	14114	965	350	615	6518	3034	3483	13699	7251	6448	5412	2977	2436	2347	1214	1131
内蒙古 Inner Mongolia	20015	9958	10057	934	314	620	5082	2317	2765	7977	4345	3632	3490	1843	1647	2532	1139	1394
辽宁 Liaoning	35906	18085	17822	943	289	654	7869	3704	4165	16810	8661	8149	5785	3034	2751	4500	2396	2103
吉林 Jilin	22363	11389	10974	600	215	384	6163	2907	3256	9588	5050	4539	3980	2163	1817	2031	1055	977
黑龙江 Heilongjiang	31272	15714	15558	935	296	639	7505	3566	3939	15248	7975	7273	4638	2486	2153	2945	1391	1555
上海 Shanghai	19183	10168	9016	509	113	396	2633	1207	1426	7809	4288	3522	4168	2353	1815	4063	2206	1857
江苏 Jiangsu	63465	31594	31871	3396	808	2588	15096	6728	8368	26449	13822	12627	10873	6530	4343	7651	3706	3944
浙江 Zhejiang	44170	21561	22609	2912	844	2068	12682	6173	6509	17195	9272	7923	5833	3389	2444	5547	1883	3664
安徽 Anhui	47067	23683	23384	3780	1009	2771	13720	6313	7407	20595	11055	9540	5755	3367	2388	3218	1940	1278
福建 Fujian	29539	14489	15049	1530	355	1175	9413	4268	5145	11043	6388	4655	3969	2320	1648	3583	1157	2427
江西 Jiangxi	34969	18281	16688	1468	424	1044	10562	4844	5718	14420	7864	6556	5982	3662	2320	2536	1486	1049
山东 Shandong	76910	38406	38503	5427	1534	3893	19602	8681	10922	33569	17734	15835	11427	6666	4760	6885	3791	3093
河南 Henan	73413	37725	35689	4165	1298	2867	19191	9150	10040	33086	16937	16149	11359	6844	4515	5612	3494	2117
湖北 Hubei	46101	23542	22559	2775	746	2029	11150	5108	6042	18884	10099	8785	8111	4536	3575	5181	3052	2129
湖南 Hunan	51951	26553	25398	2349	717	1632	14722	7127	7595	21941	11303	10637	8826	5092	3733	4114	2313	1801
广东 Guangdong	83713	44609	39105	2845	772	2074	19618	8995	10623	35612	19229	16383	16788	9934	6854	8852	5679	3172
广西 Guangxi	36046	18805	17241	1660	489	1171	11836	5584	6252	14642	7896	6746	4737	2772	1965	3172	2064	1108
海南 Hainan	6845	3542	3303	348	97	252	1563	739	824	3295	1746	1549	1111	661	451	526	299	227
重庆 Chongqing	23431	11951	11479	1264	404	860	7869	3922	3947	7955	4197	3758	3647	1935	1712	2696	1493	1202
四川 Sichuan	64328	32857	31471	4676	1406	3271	22847	11518	11329	23843	13065	10778	7623	4186	3437	5338	2681	2657
贵州 Guizhou	27087	14274	12813	3033	854	2178	10837	5537	5300	9004	5286	3718	1982	1120	862	2232	1477	755
云南 Yunnan	36655	18653	18002	3174	1067	2107	15759	7867	7892	11906	6713	5194	3258	1796	1462	2558	1212	1346
西藏 Tibet	2355	1204	1151	704	275	428	1032	571	461	378	222	155	126	69	57	117	67	51
陕西 Shaanxi	30034	15364	14670	1741	603	1138	7339	3485	3854	12936	6838	6098	4967	2841	2127	3050	1597	1454
甘肃 Gansu	20547	10641	9906	2048	702	1346	6885	3327	3558	6803	3741	3062	2996	1767	1229	1816	1105	712
青海 Qinghai	4454	2244	2210	534	195	339	1699	836	863	1261	732	529	554	284	270	405	195	209
宁夏 Ningxia	5045	2650	2395	406	134	272	1546	749	797	1955	1123	831	685	406	279	452	238	214
新疆 Xinjiang	17200	8833	8367	679	294	385	5147	2525	2622	6419	3431	2988	2522	1341	1181	2433	1242	1191